LE POUVOIR
DANS LES ORGANISATIONS

DU MÊME AUTEUR, CHEZ LE MÊME ÉDITEUR

— Le manager au quotidien
— Structure et dynamique des organisations

Traduit de « Power In and Around Organizations »
Prentice-Hall Inc., Englewood Cliffs, New Jersey

Henry MINTZBERG

Mc Gill University

LE POUVOIR
DANS LES
ORGANISATIONS

Traduit par Paul SAGER

1986

**les éditions
d'organisation**

5, rue Rousselet
75007 PARIS

Les éditions
Agence d'ARC Inc.

6872 est, rue Jarry,
Montréal, H1P 3C1

AUX ÉDITIONS D'ORGANISATION

Gaston Cuendet, Yves Émery et François Nankobogo
Motiver aujourd'hui.

Yves Enrègle
Du conflit à la motivation : la gestion sociale.

Jean-Christian Fauvet et Xavier Stephani
La sociodynamique : un art de gouverner.

Patrick Korenblit et Gérard Layole
Savoir déléguer.

Michel Liu
Approche sociotechnique de l'organisation.

Jean Lochard
2 000 mots pour l'entreprise.

Pierre Morin
Le management et le pouvoir.

Richard Tanner Pascale et Antony G. Athos
Le management est-il un art japonais ?

Gabrielle Rolland
Le temps des leaders.

Jean-Paul Sallenave
Direction générale et stratégie de l'entreprise.

Maurice Thévenet
Audit de la culture d'entreprise.

AUX ÉDITIONS HOMMES ET TECHNIQUES

Octave Gélinier
Stratégie de l'entreprise et motivation des hommes.

Andrew S. Grove
Le management multiplicateur.

Jean-Louis Muller
Le pouvoir dans les relations quotidiennes

ISBN américain : 0-13-686857-6
ISBN français : 2-7081-0597-3

Table des matières

Pages

TROISIÈME PARTIE
Buts organisationnels   Pages

AVANT-PROPOS

La politique présente dans le management a longtemps été un sujet d'étude qui faisait figure de parent pauvre dans les écoles de gestion. C'est une question qu'il fallait traiter car les sujets qui s'y rapportent étaient trop importants pour qu'on les ignore ; pourtant c'est un domaine de recherches qui n'a jamais été reconnu comme par exemple, la science du management, le comportement de l'entreprise et le marketing. La raison en est apparemment simple. Tandis que les autres domaines d'investigation voyaient s'élaborer des théories importantes par leur contenu dans les années 1960 et 1970, tout ce qui se rapportait à la politique et le management — après qu'une orientation des « principes » anciens ait été donnée — se concentrait sur l'enseignement d'études de cas. La théorie — qui est une mise en système des connaissances — était et demeure souvent encore importune dans un cours de politique.

J'ai eu la chance de faire des études en vue de l'obtention d'un doctorat en politique dans une école de management (la Sloan School au M.I.T.), qui n'avait pas la politique comme domaine de recherches, ni même de professeur dans cette spécialité. Cette situation me permit d'explorer ce domaine dans une perspective différente. Au M.I.T., les études de cas ne tiennent pas de place particulière. La théorie elle, par contre, y joue un rôle important. Aussi mes investigations devinrent une recherche portant sur la théorie de la politique : une théorie plus précisément descriptive qui se fonde sur une recherche empirique. Cette recherche m'apporta la conviction suivante : il existait réellement un ensemble considérable et pertinent de données théoriques dans ce domaine, suffisamment important pour constituer un fondement théorique solide concernant ce domaine de recherches. Mais cette théorie ne se trouvait résumée nulle part, il n'y avait pas de manuel par exemple, portant sur cette discipline ; en vérité, bien des documents n'étaient pas reconnus comme faisant partie d'une théorie portant sur la politique, en tant que telle.

En d'autres termes, ce domaine de spécialité souffrait d'une absence de synthèse, manquait même d'un abrégé ; il y avait lieu de rassembler toutes les données théoriques utiles. Aussi, quand j'eus achevé mon Ph. D. à la Sloan School en 1968, j'étais décidé à écrire un ouvrage qui serait intitulé : « La théorie sur la politique du management » ('The Theory of Management Policy').

Dix ans d'études furent le prix de cette décision. Les dossiers consacrés à chaque chapitre devinrent des cartons, puis les cartons se mirent à déborder, augmentèrent deux à trois fois de volume. Convaincu de ce que ce champ d'investigation exigeait une recherche approfondie, je laissais les chapitres se gonfler naturellement. Dans deux cas, ils en vinrent à dépasser quatre cents pages. D'où la nécessité de concevoir une série d'ouvrages à publier.

Le premier jet de « La théorie sur la politique du management » comportait onze chapitres, dont huit apparaissent sur la figure ci-dessous. Deux chapitres non mentionnés sur la figure, étaient des chapitres d'introduction. Le premier, intitulé « L'étude de la politique du management » ('The Study

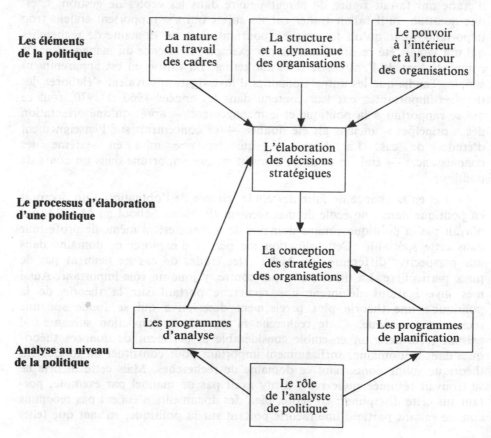

of Management Policy') décrivait l'évolution de ce domaine de spécialité, allant des principes et de la tradition qui consiste à l'aborder à travers des études de cas, jusqu'aux approches actuelles qui se fondent sur des conceptions grandioses et des bases théoriques éclectiques et descriptives. Ce chapitre affirmait que ce domaine de spécialité devait s'appuyer sur une théorie descriptive, que cette théorie devait se fonder sur une recherche inductive des processus d'élaboration des politiques des organisations en matière de management et qu'elle devait bénéficier des apports d'autres domaines de spécialités également fondamentaux, tels que la psychologie cognitive, la sociologie des organisations et les sciences politiques ; enfin cette recherche sur l'élaboration de politiques devait comporter de nombreuses descriptions d'exemples pris dans le monde réel et ne devait pas être obnubilée par le fait d'avoir un cadre très rigide. Le second chapitre, intitulé « Une théorie sous-jacente à la politique de management » ('An Underlying Theory for Management Policy'), associait la théorie des systèmes généraux de Ludwig von Bertalanffy et la théorie sur la décision de Herbert Simon en vue de concevoir un cadre susceptible d'intégrer tous les différents thèmes de la politique du management. Les deux chapitres existent effectivement en tant que chapitres et risquent de voir le jour sous la forme d'un seul ouvrage qui en ferait la synthèse. En attendant, certaines parties de ces chapitres ont fait l'objet d'une publication intitulée « La politique, un domaine de la théorie du management » ('Policy as a Field of Management Theory' publié en janvier 1977 dans « *Academy of Management Review* ») ; cet article présente mes idées générales sur le sujet.

Cinq chapitres constituaient l'essentiel de l'ouvrage projeté et concernaient la théorie descriptive ; ces chapitres forment maintenant les différentes parties de la série d'ouvrages, telle qu'elle est envisagée. Les trois premiers chapitres que j'ai appelés « Les éléments de la politique » ont pour objet de présenter une synthèse de la recherche empirique à propos de trois questions — que l'on considère habituellement comme faisant partie de la théorie de l'organisation — et qui, je crois, sont fondamentales quand il s'agit d'étudier l'élaboration d'une politique d'entreprise : le travail des cadres, la structure de l'organisation et le pouvoir organisationnel. « *Le manager au quotidien* » ('The Nature of Managerial Work') qui s'appuyait sur les travaux de recherches liés à mon doctorat, ainsi que sur la littérature de type empirique qui traitait de ce sujet, fut d'abord publié en 1973 en anglais « Structure et dynamique des organisations » correspondait au départ au chapitre 3 qui est devenu plus important et a constitué le premier ouvrage de la série, qui a été publié en 1979. Ce livre-ci « Le pouvoir à l'intérieur et à l'entour des organisations » correspondait au chapitre 5 ; ce dernier est devenu plus important encore. Tout comme pour l'ouvrage « Structure et dynamique des organisations », ce dernier livre se fonde sur l'étude d'un corpus important de documents essentiellement de type empirique.

Les deux chapitres portant sur le(s) processus d'élaboration de politiques devaient s'intéresser à la partie centrale de ce domaine de spécialité qu'est la politique du management. « L'élaboration des stratégies de décisions » existe pour le moment sous forme de chapitre de taille raisonnablement importante ; c'est le chapitre 6 et il deviendra un ouvrage pas trop épais, et ce sera le quatrième (ou le cinquième). Tout comme l'ouvrage sur le travail des cadres, il constitue une synthèse entre la littérature empirique et nos propres travaux de recherches, travaux poursuivis à l'université McGill. Ces travaux de recherches firent l'objet d'une publication en collaboration avec Duru Raisinghani et André Théorêt, intitulée « La structure des processus de décision "non structurés" », et qui a paru en juin 1976 dans l'« *Administrative Science Quaterly* ». Dans cet ouvrage on examine la question de savoir comment les organisations opèrent effectivement en matière de décisions stratégiques. Le dernier volume de la série « La conception des stratégies des organisations » a pour finalité d'étudier la façon dont les organisations associent des décisions pour constituer finalement des stratégies. Ce dernier ouvrage est le seul dans la série à n'avoir pas encore pris corps réellement, encore qu'il ait commencé à être esquissé dans un certain nombre d'articles parmi lesquels on peut citer « Trois modes d'élaboration de stratégies » publié dans « *California Management Review* », hiver 1973, « Modèles de conception de stratégies » publié dans le numéro de mai 1973 de « *Management Science* » et en collaboration avec James A. Waters « Étude approfondie de la stratégie d'une entreprise », publié en septembre 1982 dans « *Academy of Management Journal.* » Ici, encore des données empiriques ainsi que les résultats de nos recherches sont associés, avec une différence pourtant en ce qui concerne l'ampleur ; il existe déjà quatre boîtes pleines d'articles publiés sans parler des résultats de dix ans de recherches.

Dans la « Théorie sur la politique de management » la partie qui comporte trois chapitres sur « l'analyse au niveau de la politique » et un quatrième sur l'avenir de la politique de management, reste un projet flou. Un certain nombre de points ont été traités en ce qui concerne l'analyse de la politique, comme par exemple « Obstacles à l'utilisation de l'information en matière de management » ('Impediments to the Use of Management Information'), une monographie de 1975 produite par « *National Association of Accountants and the Society of Industrial Accountants of Canada* », un autre article publié en mai 1968, en collaboration avec James S. Hekimian dans « *Management Review* » et intitulé « Les dilemmes de la planification » ; une attention particulière doit être portée à l'article intitulé « Au-delà de la mise en œuvre : une analyse des résistances à l'analyse de la politique » publié sous la direction de K. B. Haley dans « *Operational Research* » 78, North Holland, 1979. Il est possible qu'une synthèse de ces articles soit faite, un jour, sous forme d'un sixième volume sur l'analyse de la politique, mais il est plus probable que ce volume se concentrera sur le problème plus vaste de l'efficacité des organisations.

Et qu'en est-il maintenant de la « Théorie de la politique de management ? » Dans un avenir proche, j'espère rassembler dans un seul ouvrage tous les concepts importants qui se trouvent dans les livres et les articles ; un manuel qui se placerait dans le même cadre d'idées, que celui qui a été conçu au départ.

S'il y a une idée centrale dans cette série d'ouvrages c'est bien celle qui consiste à vouloir essayer de faire la synthèse et de chercher à rapprocher des théories qui s'opposent. Il s'agit d'une approche qui tient compte du caractère fortuit des phénomènes ; il ne s'agit pas de savoir quelle théorie est la bonne, mais de voir dans quelles conditions chaque théorie est applicable. Il n'est pas question d'opposer la planification au système D mais de savoir *quand* il faut planifier, *quand* il faut savoir se débrouiller ; non pas *d'opposer* la maximisation à la satisfaction, mais de savoir *où* il importe de maximiser, *où* il importe de donner satisfaction.

Les « Théories » sont utiles car elles permettent de réduire la nécessité de collecter des masses d'informations. Il n'est pas utile de retenir tous les détails connus d'un phénomène. Au contraire, l'on retient une théorie et le fait d'abstraire permet d'expliquer une multitude de détails. Le degré d'abstraction peut varier considérablement. Ces différents ouvrages s'efforcent de présenter une théorie de niveau intermédiaire. Ainsi, cette suite de livres se situe dans un entre-deux et de cette façon l'on rejette les deux positions extrêmes, à savoir la tradition classique des études de cas, qui n'ont jamais cherché à élaborer des interprétations conceptuelles à partir de descriptions concrètes, de même que la tradition qui s'attache à concevoir des principes, dont le haut niveau d'abstraction fait perdre tout contact avec la réalité.

Un autre projet lié à cette série d'ouvrages est d'offrir une théorie qui ait une bonne « assise », qui trouve son point d'ancrage dans des faits, et qui se développe d'une façon inductive à partir d'investigations systématiques sur le comportement des organisations. Je suis fermement convaincu que la meilleure direction à prendre quand on veut créer une politique plus efficace est pour la personne intéressée d'avoir une meilleure connaissance du monde auquel elle est confrontée. Ceci revient à dire que je considère mon rôle de chercheur et écrivain, comme devant être un rôle de genèse et de transmission de la meilleure théorie *descriptive* possible. J'estime qu'il est de la responsabilité de tout praticien, qu'il soit dirigeant, analyste ou consultant (y compris moi-même quand j'ai ce rôle) de faire des recommandations, de découvrir de nouvelles approches en matière d'élaboration de politiques. Autrement dit, je pense que le meilleur conseil consiste à appliquer un savoir conceptuel à un fait ou phénomène *dans un contexte précis et familier*. Pour moi, une bonne théorie descriptive entre de bonnes mains *est* un instrument directionnel, peut être le plus puissant dont nous puissions disposer.

Je me sers du mot « management » plutôt que du mot « affaires » comme complément du mot « politique », afin de bien faire comprendre que cette série d'ouvrages touche à toutes sortes d'organisations, non pas seulement les usines automobiles, les banques, les cabinets conseil, mais également les centres culturels, les prisons et les agences spatiales. Cette vision plus large nous est possible parce que nous centrons notre attention davantage sur les processus que sur les contenus, sur l'élaboration des stratégies plutôt que sur les stratégies elles-mêmes, sur les flux du pouvoir plutôt que sur les buts atteints.

Enfin le mot « politique » est un terme utilisé de bien des façons. Ainsi la politique d'un gouvernement peut concerner l'obligation d'utiliser de l'encre noire pour remplir tel type de formulaire aussi bien que le refus d'apporter une aide aux pays non alignés. Pour nous, ce mot sert à désigner un domaine d'étude portant sur le management de l'organisation prise dans sa totalité, et nous portons une attention particulière aux comportements des organisations en matière de prises de décisions. Nous avons préféré le terme de « politique de management » au terme de « management stratégique », qui est souvent utilisé dans ce domaine d'études, car le « management stratégique » nous semble avoir une implication trop normative et ne couvrir qu'une partie du domaine concerné.

Il me faut témoigner ma reconnaissance d'une manière précise à propos de chacun des ouvrages de la série. Ce volume fait exception car j'ai commencé à travailler sur la « Théorie de la politique de management » quand j'ai enseigné pour la première fois la politique dans un cours de maîtrise en gestion des entreprises à l'université McGill, en 1968 ; je donnais alors la première version détaillée des éléments de la théorie. Au fil des ans, pratiquement un millier d'étudiants de maîtrise de l'université McGill ont travaillé à partir de différentes formulations de la théorie, la plupart d'entre eux y ont passé trop de temps d'ailleurs. Ces étudiants peuvent se consoler en pensant que cette série d'ouvrages a largement bénéficié de leurs apports considérables. Ils ont étudié les organisations de Montréal, en s'appuyant sur la théorie ; ils ont pu appliquer, élaborer, modifier et rejeter diférents éléments de la théorie et l'ont ainsi enrichie et ont permis de lui donner une assise comme rien d'autre n'aurait pu le faire. Je dois à ces étudiants une très grande reconnaissance. J'ose espérer que ce faisant, ils ont appris quelque chose.

Henry Mintzberg

PRÉFACE

LE POUVOIR A L'INTÉRIEUR ET A L'ENTOUR DES ORGANISATIONS

« Le renard comprend bien des choses, mais le hérisson n'en comprend qu'une seule importante. » Cette citation qui remonte à l'Antiquité grecque, m'a toujours intrigué, vraisemblablement parce que je n'ai jamais été tout à fait certain d'en saisir le sens. Ce que je sais avec certitude c'est que mes deux premiers ouvrages « Le manager au quotidien » et « Structure et dynamique des organisations » étaient des ouvrages à l'image du hérisson. Chacun de ces livres comprenait une seule chose importante ; le premier faisait état de ce que le travail d'un manager ne correspondait pas à ce que les écrits publiés ces cent dernières années laissaient supposer ; le second faisait savoir que le contenu de bien des publications disparates et complexes, portant sur les organisations, pouvait trouver un point d'ancrage grâce au concept de « configuration » qui permettait d'en faire la synthèse. Ce troisième ouvrage est un livre à l'image du renard. Il comprend bien des choses. Il fait savoir que les publications concernant le pouvoir — qui sont encore plus disparates — peuvent faire l'objet d'une synthèse grâce au concept de « configuration », concept conçu et élaboré dans l'ouvrage « Structure et dynamique des organisations », et développé depuis. Il fait savoir, en outre, que le pouvoir n'est pas ce qu'un bon nombre d'écrits laisse supposer. Le pouvoir est à la fois moins compliqué que les abstractions présentes dans la littérature théorique et plus complexe que les interprétations toutes faites que l'on trouve dans la littérature ordinaire portant sur des sujets tels que la responsabilité sociale, les conseils d'administration, la démocratie dans l'entreprise, la fixation des objectifs. Il comprend également, pour ne citer que quelques parties :

— Comment les détenteurs d'influence essaient de contrôler le comportement des organisations (cf. chapitre 4), comment ils y parviennent parfois (cf. chapitre 18) mais aussi pourquoi, souvent, ils échouent (cf. chapitre 19).

— Comment les idéologies se développent dans les organisations (cf. chapitre 11) et comment parfois elles en prennent le contrôle pour le meilleur aussi bien que pour le pire (cf. chapitre 21).

— Comment la politique se développe dans les organisations (cf. chapitre 13) et comment parfois elle domine l'organisation pour le meilleur comme pour le pire (cf. chapitre 23).

— Comment les organisations résolvent les conflits qui naissent de buts contradictoires et ce que signifie pour certains la maximisation d'un seul but (cf. chapitre 15).

— Pour quelles raisons l'efficience est un mot couvert d'opprobre et comment cette notion tout comme d'autres buts de « systèmes » (comme la survie, la croissance, le contrôle) ont fini ces deux derniers siècles par supplanter la vocation des grandes organisations.

— Pour quelles raisons les syndicats qui apparaissent à la suite du mauvais fonctionnement des organisations professionnelles mettent ces dernières en plus mauvaise posture encore (cf. chapitre 22).

— Comment les forces destructrices intrinsèques à chacune des configurations de pouvoir ont tendance à donner naissance à un modèle des cycles de vie des organisations, et comment celles-ci nous ont enfermés dans une société d'entreprises monolithiques politisées et servant leurs seuls intérêts.

Le renard est un symbole tout à fait adéquat pour ce livre car le pouvoir est un phénomène subtil et insaisissable. Même cerné, il risque d'échapper. Et un ouvrage à l'image du renard comprenant plusieurs centaines de pages, n'a rien d'un « livre-renard » ordinaire. Il me semble (à la date du 2 juillet 1982), que j'ai travaillé à cet ouvrage tout au long de ma carrière. En réalité, j'ai commencé en 1971, par rédiger quelque chose qui ressemblait à un chapitre et à l'époque je pensais qu'il traiterait des buts. Pendant quatre ans, je l'ai laissé de côté. Puis à l'occasion d'un congé sabbatique d'un an, passé à Aix-en-Provence, loin des obligations professionnelles et des relations de pouvoir, je me suis mis à réécrire sur le sujet. En 1976, j'avais l'équivalent de deux gros volumes. Je mis le manuscrit de côté pour achever mon ouvrage « Structure et dynamique des organisations ». Puis vers 1978, je repris mon manuscrit pour le mettre en forme en vue d'une publication. Je le réécrivis plusieurs fois. Quand Cynthia Derynck, ma secrétaire, m'adressa le dernier chapitre de ce qui devait être la dernière version, alors que je passais mes vacances en France, l'été 1980, elle m'écrivait, « tout ce qui me reste, c'est l'index ». Je rentrais chez moi et réécrivis ce livre une fois encore. Un an plus tard, le 18 juillet 1981, je faisais les dernières corrections, huit heures avant d'embarquer pour d'autres vacances en France.

On peut se demander pour quelles raisons l'achèvement de cet ouvrage aura été si difficile ? D'une part : il s'avérait être trop long si bien qu'à chaque fois que je revoyais et corrigeais le dernier chapitre, il me fallait revenir au premier chapitre et le réécrire. C'est un peu l'histoire d'un renard, comportant plusieurs centaines de pages, qui chercherait à attraper sa queue. Plus importante pourtant, est la nature même du phénomène. La littérature portant sur le pouvoir est si disparate, si insaisissable, les questions sont si complexes que je ne me satisfaisais jamais des ébauches quand une fois tapées je les relisais. C'est pourquoi je tenais sans cesse à les réécrire.

En dépit de tout ceci, je pense que le résultat final est une réussite. Ce livre est volumineux et par endroits difficile. Il ne présente pas l'unité qu'on trouve dans « Structure et dynamique des organisations », ni la simplicité du « manager au quotidien », ni l'uniformité qu'on trouve dans les deux. Je me suis efforcé d'atteindre une unité et je crois y être parvenu, mais pas aussi bien que dans mon second livre. Le domaine à couvrir est énorme et le phénomène à étudier est complexe. Le pouvoir à l'intérieur et à l'entour des organisations est un sujet qui intéresse toutes sortes de spécialistes — les théoriciens du management, les sociologues, les spécialistes de sciences politiques, les économistes, les juristes, les philosophes, les anthropologues — sans parler des praticiens eux-mêmes qui œuvrent dans les organisations. Il n'existe pas d'endroit où le chercheur qui s'intéresse au pouvoir puisse se rendre. Il n'existe pas d'ensemble de périodiques, ni de manuel fondamental donnant une bibliographie complète, portant sur les différents domaines d'investigation et encore moins à propos du pouvoir organisationnel pris globalement. Des sources aussi différentes que l'« *American Journal of Sociology* » sur les mouvements de masse dans les organisations et la « *Harvard Business Review* » à propos de la responsabilité sociale des entreprises, devaient non seulement être mentionnées mais aussi rapprochées. J'ai passé deux longues périodes de ma vie à trouver des centaines de références et je sais bien qu'il y en a bien d'autres qui m'ont échappé, cachées qu'elles étaient en des endroits inconnus. La volonté de cohérence fut entravée par suite des brèches énormes que l'on trouve dans la littérature faisant état des recherches sur le pouvoir, sans compter que certaines publications purement théoriques sont souvent trop abstraites pour être d'un quelconque usage. Il s'ensuit que certaines parties de ce livre ne sont pas aussi solides que d'autres.

Pourtant je vois dans ce livre une réussite, simplement parce que j'ai beaucoup appris à propos du pouvoir à l'intérieur et à l'entour des organisations ; également, et c'était inattendu, j'ai beaucoup appris sur les raisons de l'impact des organisations dans notre vie. Ce savoir est accessible au lecteur patient. Il le trouvera en saisissant le fil directeur qui court tout au long de ce livre, ainsi que dans les différentes notes et remarques personnelles placées ici et là.

Cette recherche me mènera à étudier de nouvelles questions, et elle m'a déjà donné l'occasion de le faire. Je ne suis ni sociologue ni spécialiste des sciences politiques et même quand j'ai fait une utilisation importante des publications de sociologie et un peu moins des ouvrages de sciences politiques, je n'avais pas pour but de me livrer à un commentaire sur les problèmes de gouvernement en tant que tels, mais par contre je me suis intéressé aux organisations qui font partie d'un gouvernement. Il est également évident que je n'avais pas pour but de discourir sur la société au sens large. Mes perspectives étaient d'ordre organisationnel. Certes, nous vivons dans un monde d'organisations, voire d'organisations gigantesques, et cela, de plus en plus. Et dans un tel monde le théoricien des questions d'organisation peut faire progresser considérablement les connaissances en matière de gouvernement et de société. Le gouvernement d'aujourd'hui ressemble davantage à un ensemble de vastes organisations, qu'à un appareil législatif ; de même l'économie et d'autres sphères d'activités, ressemblent plus à des réseaux d'organisations gigantesques qui négocient entre eux, d'une façon politique, qu'à des systèmes regroupant des petites unités qui s'adapteraient à l'environnement économique et social général. Les théoriciens de l'organisation ont vraisemblablement bien plus à dire à propos d'une telle société que les spécialistes en question politique et économique, et ils devraient être amenés à le faire.

Ainsi, un thème qui occupe une place centrale dans ce livre, même d'une façon involontaire, est l'étude du pouvoir en tant que sujet de préoccupations sociales dans un environnement d'organisations. Ce thème apparaît tout au long du livre, parfois d'une façon indirecte, comme c'est le cas lors de notre discussion des « moyens d'influence externes » au chapitre 4, ce qui revient à évaluer les moyens qu'a la société de contrôler ses organisations ; parfois aussi d'une manière directe mais périphérique quand nous avons décrit des formes de structure de gouvernement en termes de configurations de pouvoir que nous étudions dans la quatrième partie. C'est ce thème qui me force à croire que, si ce livre me paraît plus difficile que les précédents, il s'avère finalement plus important. Ce thème contient le message de ce livre. Le renard pourrait bien être un hérisson après tout.

N'importe quel ouvrage, mais bien plus encore quand il est volumineux, exige bien des services, oblige parfois que l'on se morde très fort les lèvres, et demande beaucoup de considération parfois imméritée. Cynthia Derynck aura été merveilleuse tout au long de cette entreprise ; c'est elle qui a tapé bien plus d'ébauches que nous pouvons l'imaginer. Élise Beauregard, s'occupa de deux rédactions ; Janet Rose réussit à trouver les références les plus inaccessibles et a fait office d'assistante de recherches de bien d'autres façons. Au New Jersey, Esther Koehn aura toujours été prête à m'aider dans la réalisation de ce livre. Nous avons vécu cet événement trois fois et nous sommes toujours amis grâce à son bon caractère. A vous toutes mes remerciements les plus sincères.

Grâce à l'Institut d'Administration des Entreprises d'Aix-en-Provence, en France, j'ai pu bénéficier d'une période calme pour écrire la première ébauche de ce livre. Plus calmes encore furent les étés passés à la ferme de Madame Bost dans le Périgord, en un endroit où le monde des organisations paraît si éloigné, si irréel, (et si peu nécessaire ?). Il se peut que ce n'est qu'en s'éloignant totalement de ce monde que l'on commence à le percer.

Des collègues me firent part de leurs remarques sur des parties du manuscrit et également sur le tout. Maurice Boisvert, dont la disparition prématurée constitue une perte considérable pour nous tous, fut prodigue de conseils à propos de la première ébauche de ce livre. Michel Paquin le fut également. Amittai Niv commenta abondamment le chapitre sur les missionnaires. Ma famille, Yvette, Suzy, Lisa, m'ont supporté patiemment et ont partagé mes préoccupations ; d'une certaine façon au travers de cette entreprise folle nous nous sommes rapprochés.

Note au lecteur

Dans la note au lecteur qui figure dans l'ouvrage « Structure et dynamique des organisations », ouvrage qui est le pendant de celui-ci, j'ai établi une analogie avec le banquet, insistant non pas sur la qualité des plats offerts, mais sur l'ordre dans lequel ils devaient être présentés. Et bien, si « Structure et dynamique des organisations » peut être comparé à un banquet, alors cet ouvrage sur le Pouvoir, se rapproche d'une pièce de théâtre. Dans notre société, le pouvoir à l'intérieur et à l'entour des organisations, constitue une sorte de tragicomédie ; nous aimerions en rire, et cela nous arrive parfois, mais il y a bien des raisons d'en pleurer.

Une fois encore, les plats sont censés être présentés dans l'ordre indiqué. A la manière d'un Mystère du Moyen Age, ceci est une pièce dramatique qui se déroule en s'intensifiant, pour atteindre un point culminant. Pour tisser la trame de l'histoire, il faut qu'il y ait une introduction, et dans cette introduction, il y faut des fils directeurs et bien d'autres détails. Certaines indications sont manifestement importantes, d'autres sont plus subtiles, d'autres encore peuvent paraître triviales. Mais le public n'est jamais certain de savoir de quoi il en retourne, jusqu'à ce que le point culminant soit atteint, ou peut-être seulement plus tard, après réflexion.

Il ne s'agit pas ici d'une pièce facile. Elle est longue et son rythme varie. Les meilleures parties, de mon point de vue, se trouvent de-ci de-là, sans qu'il y ait vraiment un ordre particulier. La pièce commence par une ouverture, qui couvre trois chapitres ; elle est suivie par l'essentiel de la présentation, et il y a là quatre parties qui totaLisent vingt et un chapitres — ou si vous préférez, quatre actes en vingt et une scènes —, et le point culminant se situe dans la dernière scène. Le reste sert d'épilogue.

D'une manière plus précise, l'on commence par trois chapitres d'introduction qui plantent le décor où évolue le pouvoir, tel qu'on l'envisage dans cet ouvrage. Le premier chapitre donne le ton et présente, ou plus exactement précise les termes indispensables et donne les définitions. Le deuxième chapitre jette un regard en arrière sur la littérature qui traite du pouvoir dans les organisations, — un théâtre à part entière —, et on y étudie les buts des organisations. Le troisième chapitre introduit la troupe des acteurs. L'on passe ensuite aux quatre actes de cette pièce sur le pouvoir.

Les parties, I, II, III et IV décrivent les bases fondamentales du pouvoir, à l'intérieur et à l'entour des organisations. La première partie considère le pouvoir à l'entour des organisations. Qui le recherche ? Pourquoi ? Et surtout comment ? Comment les personnes qui sont à l'extérieur des organisations, essayent d'influer sur ce que les organisations font ? Ces personnes sont vues comme constituant trois coalitions de base du pouvoir externe ; la première coalition est une coalition où une personne ou un groupe de personnes, d'accord entre elles, dominent. La deuxième est une coalition où les personnes divisent le pouvoir externe, et la troisième est une coalition où tout le monde demeure réellement passif. La deuxième partie examine le pouvoir à l'intérieur de l'organisation, et à nouveau, il s'agit de découvrir : Qui le recherche ? Pourquoi ? Et comment ? On introduit cinq systèmes d'influence internes : le contrôle personnel, le contrôle bureaucratique, l'idéologie, les compétences spécialisées et les politiques ; chacun de ces systèmes, quand il est dominant, fait naître une coalition de pouvoir interne différente. La troisième partie étudie les conséquences du jeu du pouvoir à l'intérieur et à l'entour des organisations, et plus précisément, les types de systèmes de buts que les organisations semblent utiliser, ainsi que les buts spécifiques, qu'elles s'efforcent de poursuivre en tant que systèmes.

Tout ces éléments sont regroupés en une seule synthèse dans la quatrième partie. On y présente six « configurations » fondamentales du pouvoir, en essayant de voir comment les trois types de coalitions de pouvoir à l'entour de l'organisation, peuvent se combiner naturellement avec les cinq types de coalitions de pouvoir à l'intérieur de l'organisation. Chaque configuration est définie par des termes empruntés au théâtre ; l'*Instrument* est vu comme « une représentation de gala en deux actes », le *Système Clos*, comme « une représentation privée en un acte », l'*Autocratie*, comme « une prestation en solo », le *Missionnaire*, comme « un jeu de la passion », la *Méritocratie*, comme « une présentation de personnages de talent » et l'*Arène Politique*, comme « un cirque qui compte plusieurs pistes ». Puis, au chapitre 24, après avoir envisagé les différentes transitions qui sont possibles entre ces neuf configurations, un modèle est présenté, modèle qui illustre les différents stades du développement et du cycle de vie d'une organisation. C'est là le point culminant ou la grande scène de notre pièce sur le pouvoir organisationnel.

Dans l'ouvrage « Structure et dynamique des organisations », j'ai utilisé des caractères gras, chaque fois qu'il s'agissait de résumer un point étudié, de telle sorte que le lecteur pouvait avoir accès à l'essentiel de l'ouvrage, en se contentant de lire ces passages qu'il était facile de repérer. J'ai égalemen utilisé ces caractères dans cet ouvrage-ci, mais dans un autre but. **Ces caractères plus épais et plus noirs, servent à mettre en valeur les propositions essentielles ; il ne s'agit pas, ici, de résumer la ligne générale d'une argumen-**

tation, mais simplement de mettre l'accent sur certains points importants. Le lecteur qui souhaite une approche rapide de l'ouvrage, et en avoir une idée générale, pourra lire avec profit, les chapitres 1 et 3, pour les données d'introduction, le chapitre 7, qui intègre l'essentiel de la première partie, le début du chapitre 8 et le chapitre 14 en entier, qui introduisent et intègrent l'essentiel de la deuxième partie, de même que le chapitre 17, ainsi que la dernière partie du chapitre 24 portant sur les différents stades du développement des organisations qui introduisent et intègrent l'essentiel de la quatrième partie. Tous les chapitres de la quatrième partie sont tout à fait intéressants à lire, car ils constituent la synthèse des données présentées dans les trois premières parties de l'ouvrage.

Voilà, vous savez tout. Rideau, s'il vous plaît !

Chapitre 1
Le pouvoir

On a défini l'expert comme étant une personne qui n'a pas de connaissances élémentaires. Il semble que le pouvoir exige un bon nombre de connaissances élémentaires. Voilà, sans doute, la raison pour laquelle tout le monde semble savoir ce qu'est le pouvoir, hormis les experts. Interminablement ces derniers débattent des définitions du pouvoir et de quelle façon il diffère de l'influence, du contrôle, de l'autorité et ainsi de suite. Et pourtant ce concept ne semble pas présenter de difficultés pour le commun des mortels. Ils savent ce que veut dire « avoir le pouvoir » et reconnaissent instinctivement ceux qui l'ont. Salancik et Pfeffer (1977) ont demandé à dix chefs de service d'une compagnie d'assurances, d'établir la liste de vingt et un de leurs collègues par ordre d'influence, dans leur organisation ; tous, sauf un, s'y sont mis sans hésiter. Une seule personne a cru bon de poser la question : « Qu'entendez-vous par influence ? », quand on lui eut répondu « le pouvoir » elle fit « Ah ! » et poursuivit (p. 4.). Les dix chefs de service établirent leurs listes respectives, en procédant de manières étonnamment semblables.

Ce livre part du principe que le pouvoir est à notre portée, à nous aussi, et que l'intérêt de l'étude du pouvoir à l'intérieur et à l'entour des organisations est de savoir qui le détient, quand, comment et pourquoi, et non pas ce qu'il est en tant que tel. Si vous ignorez ce qu'est le pouvoir, mieux vaut lire un autre ouvrage.

Pourquoi se donner la peine d'étudier le pouvoir ? Pourquoi passer son temps à étudier ce qu'un certain auteur a appelé « un bourbier sans fond » ou un autre encore « le pire des embrouillaminis » (Dahl 1957, p. 201 ; Perrow 1970, p. IX).

Bien qu'il y ait de nombreuses autres composantes qui ont un effet sur les activités des organisations, — comme par exemple les habitudes d'achat de la clientèle, l'invention d'une machine nouvelle, une reprise économique —

la réponse à nos questions est que le pouvoir représente un facteur essentiel, qui ne peut être mésestimé par ceux qui cherchent à comprendre le fonctionnement des organisations, et ce qui les amène à faire ce qu'elles font. Si nous tenons à améliorer le fonctionnement de nos organisations en agissant de l'intérieur, et à les contrôler de l'extérieur, afin de nous assurer qu'elles agissent au mieux de nos intérêts, alors il nous importe de comprendre les différentes relations de pouvoir qui les entourent et les imprègnent.

Pour ceux qui ont décidé de lire un autre ouvrage, le choix est vaste. Il couvre tout l'éventail des études, des individus au sein des organisations jusqu'aux regroupements d'organisations ; ces études sont nées sous la plume d'auteurs qui se disent sociologues, économistes, psychologues, anthropologues, et de quelques autres.

Tout le monde semble s'intéresser aux questions soulevées par le pouvoir des organisations. Mais nulle part, jusqu'à présent, ce type de littérature n'a été l'objet d'une attention particulière. Aussi, l'objectif initial de ce livre est de faire la synthèse des écrits d'auteurs qui d'habitude ne communiquent pas entre eux ; des auteurs qui s'intéressent aussi bien aux responsabilités sociales des hommes d'affaires, au pouvoir des gardiens dans les hôpitaux psychiatriques, à des établissements universitaires typiques, des entreprises multibranches, voire la construction d'empires au sein des organisations, qu'à la destruction par l'extérieur de ces empires. En d'autres termes, ce livre repose sur une lecture de la littérature susceptible d'éclairer de la meilleure façon qui soit, la question du pouvoir à l'intérieur et à l'entour des organisations. Mais, en premier lieu, il importe d'expliciter peut-être mes partis pris dans la sélection que j'ai faite, à partir de cette littérature.

Ainsi qu'il a été dit, une bonne partie des auteurs se préoccupent davantage du pouvoir en tant qu'entité abstraite plutôt que des réalités de son utilisation. On nous apprend par exemple que John R.P. French Junior, définit « le pouvoir de A sur B (par rapport à une opinion donnée) comme étant égal à la force maximale que A peut imposer à B, moins la force de résistance maximale que B peut mobiliser en sens contraire ». (Dahl 1957, p. 202.). Nos préoccupations à cet égard sont davantage circonscrites ; il s'agit de savoir si les P.D.G. écoutent leurs actionnaires ou non, si les directeurs d'hôpitaux écoutent leurs garçons de salle, et de savoir ce que le droit donné aux travailleurs d'élire leur directeur d'usine, aurait comme effet sur son pouvoir ; ou encore d'étudier comment Ralph Nader réussit à faire en sorte que Général Motors lui dise autant de « oui, d'accord » alors que des milliers d'employés de l'administration semblent incapables de changer tant soit peu les systèmes scolaires ou hospitaliers.

Quant à la littérature la plus accessible, il semble bien que la plus grande partie de celle-ci traite du pouvoir du point de vue de l'individu, du type de personne qui recherche le pouvoir, comment en tant qu'individu, il ou elle l'obtient, plutôt que de savoir comment cette quête du pouvoir influe sur les modes de fonctionnement des organisations. Et à l'opposé, un autre domaine de littérature — moins important, mais qui se développe — porte sur les interférences du pouvoir entre les organisations. Les perspectives de cette littérature concernent davantage la société ou du moins les organisations entre elles, et cette littérature laisse de côté les aspects des processus internes de fonctionnement des organisations. Cet ouvrage se situe entre ces deux domaines de littérature et s'efforce de ne traiter ni l'aspect individuel, ni l'aspect proprement relationnel, mais s'inscrit davantage dans l'optique de l'organisation elle-même[1]. En d'autres termes, ce livre concerne la structure et les jeux du pouvoir à l'intérieur et à l'entour des organisations.

En premier lieu, nous voulons comprendre les éléments essentiels de cette activité qui a partie liée avec le pouvoir organisationnel ; plus précisément il importe de savoir quels sont les acteurs ou détenteurs d'influence qu'ils utilisent pour acquérir du pouvoir et quels sont les objectifs et les ensembles d'objectifs qui découlent de leurs efforts ; puis de rassembler ces éléments pour pouvoir décrire les différentes figures ou configurations principales du pouvoir organisationnel pour finalement envisager quels usages l'on peut faire de ces configurations afin de mieux comprendre le comportement des organisations. Le fait de prendre en compte, comme perspective, la perspective de l'organisation, plutôt que la perspective de l'individu ou de la société ne revient pas à dire que cet ouvrage prenne toujours nécessairement parti pour l'organisation. Nous vivons assurément dans un monde d'organisations — et il en sera longtemps ainsi — et il ne nous reste qu'à en prendre notre parti. Mais à certains moments de notre discussion, nous demanderons au lecteur de se poser la question de savoir si nos organisations sont toujours effectivement un bienfait.

Dans la sélection que j'ai faite de la littérature portant sur la perspective organisationnelle, j'ai fait preuve de partis pris supplémentaires. Plus précisément mes efforts se sont portés davantage sur des ouvrages pratiques, en particulier ceux qui concernent l'étude directe et empirique des organisations. Malheureusement, ce parti pris réduit considérablement la littérature en question — dans certains cas, il n'en demeure rien — car cela fait longtemps que les chercheurs hésitent à aller sur le terrain pour étudier directement les problèmes posés par le pouvoir. En conséquence, je n'ai pas pu toujours satisfaire ce choix particulier, étant contraint de me référer à des ouvrages non empiriques dans certains cas[2]. Jusqu'à il y a peu de temps, le pouvoir — dans les organisations, sinon dans les gouvernements, principalement aux États-Unis — n'était pas un sujet d'étude très bien considéré. Peu de chercheurs étaient prêts à frapper à la porte d'une organisation pour dire : « Je

---

[1] La perspective interorganisationnelle est fort bien résumée par Pfeffer et Salancik (1978).

[2] L'ouvrage complémentaire de celui-ci, dans la même série « Structure et dynamique des organisations (les Éditions d'Organisation, Paris, 1982) », qui cherche à réunir les ouvrage sur la structuration des organisations, avait pour sous-titre « Une synthèse de la recherche car les conclusions se fondaient pour une large part sur les résultats des recherches empiriques. Dans le cas présent, au contraire je n'ai pu avec bonne conscience utiliser le même sous-titre, encore que ce fût mon intention première, car j'ai dû faire référence à des ouvrages purement conceptuels en l'absence de résultats empiriques pertinents ».

suis venu pour découvrir qui détient le pouvoir ici.. ». Ainsi ce domaine de recherches était laissé principalement aux sociologues qui étaient enclins à retenir la perspective de la société plutôt que celle de l'organisation et à étudier le pouvoir de l'organisation de l'extérieur, voire de loin. Il existe néanmoins quelques exceptions remarquables — comme par exemple l'analyse détaillée de Selznick (1966) à propos des services administratifs de la vallée du Tennessee ou encore l'étude sur place d'une usine faite par Dalton (1959) — mais la plupart de ceux qui ont étudié le pouvoir, ont eu tendance à se tenir à distance et à se livrer à des abstractions.

Dans un sens, la situation a changé considérablement en gros depuis 1975, surtout dans le domaine du management. Aujourd'hui tout le monde semble vouloir examiner les problèmes du pouvoir à l'intérieur et à l'entour des organisations. C'est devenu un sujet bien considéré voire à la mode. Il subsiste néanmoins bien des distances entre les chercheurs et les organisations qu'ils prétendent étudier, même dans le domaine du management, il existe une tendance, quand on étudie le pouvoir, à examiner l'organisation d'un point de vue extérieur, sans prendre en compte son fonctionnement. Selon les dires de l'un de mes collègues James A. Waters, ces chercheurs semblent dépourvus d'un point d'ancrage et de ce fait, leurs théories semblent être accrochées dans le vide. Si je peux me permettre de pousser la comparaison un peu plus loin, j'aime à croire que ce livre, étant donné la perspective envisagée, tente de rattacher cette recherche davantage à la réalité.

En résumé, ce livre expose une théorie du pouvoir à l'intérieur et à l'entour des organisations ; cette théorie a été mise au point pour faire la synthèse dans un certain nombre de domaines, de la littérature qui s'est intéressée aux aspects pratiques et quand cela était possible s'est appuyée sur des comptes rendus d'expériences. Après deux autres brefs chapitres d'introduction — le premier retrace l'évolution de la théorie sur le pouvoir et les buts des organisations, le second introduit le jeu du pouvoir et ceux qui y prennent part — nous pénétrons au centre du livre. Il comporte quatre parties en tout. Les trois premières présentent les éléments de notre théorie sur le pouvoir organisationnel et le dernier offre une synthèse qui utilise ces éléments. La première partie envisage le pouvoir à *l'entour* de l'organisation et cherche à connaître qui sont les détenteurs d'influence *extérieurs*, et comment ceux-ci — en réalité comment la société sous différentes formes — essaient de dominer les activités de l'organisation, grâce à des moyens d'influence tels que la législation, des compagnies organisées pour exercer des pressions et le fait d'être membre du conseil d'administration.

La deuxième partie s'intéresse au pouvoir à *l'intérieur* de l'organisation, aux détenteurs d'influence *internes* qui subissent ces pressions et à leurs manières de réagir sur les résultats en utilisant leurs propres moyens d'influence tels que les systèmes de contrôle personnel et bureaucratique, l'idéologie, les niveaux de compétences et la politique. Dans la troisième partie, nous nous intéressons brièvement à la question des buts des organisations en commençant par les différents systèmes de finalité et ensuite aux buts spécifiques communs à plusieurs organisations. Dans la quatrième partie, nous voulons réunir le contenu des trois premières parties pour donner une description des six modèles de base ou « configurations » du pouvoir organisationnel. Nous les appelons : « instrument », « système clos », « autocratie », « mission », « méritocratie », « arène politique ».

QUELQUES DÉFINITIONS NÉCESSAIRES, MALGRÉ TOUT

Si vous avez lu jusqu'ici et que vous n'êtes pas allé à la recherche d'un autre ouvrage et que vous êtes toujours embarrassé par le problème des définitions, les brèves remarques qui suivent ont pour but de vous indiquer mes points de vue sur le sujet vis-à-vis de ceux d'autres auteurs.

Pour l'essentiel, je tiens à m'efforcer de simplifier le problème autant que possible pour éviter de discourir sur des abstractions. **Le pouvoir se définit dans ce livre comme étant tout simplement la capacité à produire ou modifier les résultats ou effets organisationnels.**

Le mot « pouvoir » en français signifie à la fois le nom « pouvoir » et le verbe « pouvoir » ou « être capable ». Avoir le pouvoir revient à être capable de faire exécuter ce que l'on souhaite, à obtenir des résultats, ainsi que les actions et les décisions qui les précèdent[3].

Les mots « pouvoir » en tant qu'autorité et « pouvoir » en tant qu'être capable peuvent être considérés comme synonymes en français, mais ce n'est pas toujours le cas en anglais. Dahl (1957, p. 202) a peut-être raison quand il dit que le problème sémantique du mot « pouvoir » en anglais (c'est-à-dire « power ») réside dans le fait que ce mot (« power ») n'a pas de forme verbale appropriée. Par conséquent nous sommes contraints d'utiliser des périphrases comme par exemple « le fait d'avoir de l'influence sur... » ou encore « le fait d'avoir la maîtrise ou le contrôle de... » ; il s'ensuit un chapelet de problèmes sémantiques. En tout cas, nous ne sommes pas les seuls à interpréter le pouvoir comme voulant dire « être capable de » ; Bertrand Russel définit le pouvoir comme étant « la production d'effets voulus » (1938, p. 35). Pour Rosabeth Moss Kanter « le pouvoir est l'aptitude à *faire* (plus tard à « mobiliser les ressources ») ; dans l'acception classique du pouvoir physique, le pouvoir comme étant « la production d'effets voulus » (1938, p. 35). Pour Rosabeht Moss Kanter « le pouvoir est l'aptitude à *faire* (plus tard à "mobiliser les ressources") ; dans l'acception classique du pouvoir physique, le pouvoir s'apparente à l'énergie » (1977, pp. 166-247). Mais une

---

[3] Puisqu'une décision correspond à un engagement à l'action, le pouvoir peut parfois s'exercer entre la prise de décision et la mise en œuvre de l'action. Ceci signifie que l'exécution de la décision parfois ne suffit pas ; c'est la mise en œuvre effective de l'action qui compte. Nous y reviendrons au chapitre 8.

définition plus largement utilisée voit dans le pouvoir, la capacité de modifier
le comportement d'autres personnes. La définition de Dahl est vraisemblablement la définition la plus souvent citée : « A a le pouvoir sur B dans la
mesure où A peut faire faire à B quelque chose que B, autrement, ne ferait
pas ». (1957, pp. 202-3). Cette seconde définition est néanmoins plus limitée
que la première, car le pouvoir quand il consiste à modifier le comportement
de quelqu'un est un sous-ensemble du pouvoir en tant que production de
résultats. Il n'est pas toujours nécessaire de changer un comportement pour
obtenir que certaines choses soient faites, il n'est pas nécessaire non plus de
modifier un comportement pour « avoir du pouvoir », dans l'acception populaire du terme. Selon la définition de Dahl, l'hermite qui sait cultiver un
champ de maïs n'a pas de pouvoir, ni d'ailleurs le dirigeant qui est suivi par
des personnes qui suivraient tout aussi bien quelqu'un d'autre.

　　Définir le pouvoir uniquement en termes de capacité à modifier des
comportements semble rapprocher la notion de pouvoir de celle de manipulation plutôt que de production de résultats. Le pouvoir serait synonyme de
politique. Ce qui importe n'est pas ce qui se fait mais qui l'on convaint de le
faire. L'attention finit par se porter sur le pouvoir pour lui-même comme le
dit McCall, à propos de « l'imposition d'une volonté » (1979, p. 196). En utilisant, dans notre cas, la première définition, nous envisageons la
« politique » comme étant un sous-ensemble du pouvoir et nous y voyons un
« pouvoir informel, illégitime » par nature. Nous y reviendrons plus amplement dans le chapitre 13. De la même façon nous voyons également dans
« l'autorité », un sous-ensemble du pouvoir, mais dans ce cas le pouvoir est
« formel », il s'agit d'un « pouvoir lié à une fonction », ce qui revient à la
capacité de faire faire des choses grâce au fait que l'on occupe un rang hiérarchique. L'influence est un autre terme qui fait l'objet d'une grande attention dans la littérature et bon nombre d'auteurs font la différence en termes
de réalisation effective et de réalisation potentielle. Là encore, je rejoins un
nombre restreint d'auteurs tels que Kanter (1977) et McCall (1979), et comme
eux, je trouve cette différenciation de peu d'utilité dans l'étude du pouvoir.
« C'est une division irréaliste du phénomène que de vouloir séparer le pouvoir qu'une personne détient de celui dont elle fait usage réellement (McCall,
p. 188). Il s'ensuit que l'influence sera considérée comme étant synonyme du
pouvoir dans notre ouvrage et ces deux termes seront utilisés indifférem-
ment[4].

　　Voyons le terme « but ». Nous y reviendrons en détail dans les chapitres 15 et 16. Il suffit de définir ici, **les « buts » comme étant les intentions
précédant les décisions ou les actions,** les états d'esprit qui poussent les individus ou les groupes d'individus appelés organisations à faire ce qu'ils font.
Mais comme nous le verrons bientôt, ceci est bien plus complexe qu'il n'y

---

[4] Il est intéressant de noter que le Dictionnaire de l'étudiant, de Webster, définit le pouvoir
comme étant entre autres choses « le fait d'avoir le contrôle, l'autorité, ou de l'influence » et
l'influence entre autres choses est « le pouvoir de modifier autrui ».

paraît. A la différence du but, **la mission ou la vocation décrit les fonctions essentielles de l'organisation dans la société en termes de produits et de services qu'elle propose à ses clients.** De ce fait, la vocation d'une maison d'édition est de placer des livres sur le marché, encore qu'un de ses objectifs soit peut-être également de remplir les poches de son propriétaire. La mission ou la vocation d'un syndicat est de représenter ses membres lors des discussions avec les employeurs, mais son but primordial peut être aussi de défaire ou au contraire de soutenir l'ordre politique existant. Est-ce que la vocation n'est pas une sorte de but ? Il semble que cela dépende de certaines conditions. Le chef qui fait de la grande cuisine et le franchisé d'une chaîne de restaurants à hamburger tiennent l'un et l'autre un restaurant ; de ce fait, leurs vocations sont identiques, à savoir nourrir des clients. Mais leurs buts sont différents. Pour le chef faisant de la grande cuisine, le but et la vocation coïncident. Il prépare le repas pour satisfaire à la fois son client et lui-même. Son but, l'intention précédant l'action est de bien répondre à sa mission. Il n'en est pas nécessairement de même pour le franchisé. Il prépare ses repas pour faire de l'argent — ou pour se faire des amis, ou que sais-je encore. S'il pouvait gagner plus d'argent à vendre des courroies de ventilateurs, il le ferait ; le chef de grande cuisine ne le pourrait pas.

Un objectif est un but exprimé en termes de réalisation mesurable[5]. **Un objectif opérationnel est celui qui se prête à une telle évaluation.** L'objectif opérationnel est de réduire les coûts, l'objectif est de réduire le budget de 5 %. Un objectif *non opérationnel* ne se prête pas à la mesure, c'est-à-dire qu'il ne peut pas être rendu « opérationnel », aisément, comme par exemple « la finalité de cette université est la recherche de la vérité », ou bien « aime ton prochain comme toi-même ».

De ce fait, nous trouvons dans « L'Agenda d'une dame » :

Buts à long terme

1. Santé — davantage de loisirs.
2. Argent.
3. Écrire un livre (une pièce ?) — la gloire !!!??.
4. Inde.

Objectifs (immédiats)

• Passer prendre le patron chez Hilda.
• Changer les robinets — appeler le plombier (lequel ?).
• Se mettre aux yoghourts.

(Extrait du « The New Yorker », cité par Ansoff (1965, p. 43).

---

[5] Malheureusement, une partie de la littérature définit le but et l'objectif d'une manière tout à fait opposée. Ackoff écrit : « Des états ou des résultats de comportements souhaités constituent des objectifs... Les buts sont des objectifs dont la réalisation est souhaitée pour une date fixée à l'intérieur d'un calendrier déterminé par le plan... » (1970, pp. 23-24). Mais l'usage quotidien semble préférer les autres définitions ; par exemple, « le management par objectifs » signifie le management qui s'accompagne de résultats mesurables. L'on peut également signaler que Richards appelle judicieusement les objectifs (selon notre définition) des « buts fermés », c'est-à-dire, ceux « que l'on peut atteindre et qui sont ''bouclés'' une fois acquis » (1978, p. 6).

Les organisations également peuvent rencontrer des difficultés à rendre opérationnels leurs buts grandioses, la conséquence étant souvent que leurs buts *officiels* — ou ce qu'ils prétendent être leurs buts — ne correspondent pas aux finalités qu'ils semblent poursuivre effectivement. Parfois, bien sûr, les buts officiels n'existent que pour la satisfaction du public, et non pas pour permettre de prendre des décisions internes. De ce fait, Zald a découvert que les institutions qui s'occupent de la délinquance juvénile mettaient l'accent sur la réhabilitation et refusaient la condamnation et la liberté surveillée, quel que soit le comportement des délinquants, car la réhabilitation « allait davantage dans le sens d'un soutien du public » (1963, p. 214). Et Warringer conclut qu'en général, les déclarations officielles à finalité organisationnelle « doivent être interprétées comme des inventions lancées par une organisation afin de justifier, d'expliquer ou de rendre compte de sa raison d'être aux yeux d'un public particulier... » (1965, p. 141). En d'autres termes, les buts n'ont pas d'existence en soi, indépendamment des actions. Il s'ensuit que dans notre ouvrage, nous sommes plus à l'aise, quand nous parlons de pouvoir plutôt que des buts, et c'est là un point que nous développerons dans le chapitre suivant. Ce n'est qu'en étudiant le pouvoir tel qu'il se manifeste dans des décisions et des actions effectives que nous parvenons à comprendre les buts.

Mais nous avons assez parlé de définitions. Esquissons rapidement le changement de centre d'intérêt, dans la théorie du management, qui passe d'une focalisation sur les buts à une focalisation sur le pouvoir et ainsi entamons l'étude du pouvoir.

Chapitre 2
La littérature portant sur le management : des buts au pouvoir

La théorie du management, en particulier la théorie portant sur les buts d'une entreprise, a fait une volte-face complète ces dix dernières années environ ; elle, qui se fondait, sur la théorie économique classique, a porté son attention d'une manière croissante vers des thèmes sociologiques plus modernes ; à la notion de buts organisationnels particuliers s'est substituée la notion d'un pouvoir fluide à l'intérieur et à l'entour de l'organisation sans buts précis. D'une organisation sans détenteurs d'influence, on est passé à un type d'organisations où pratiquement tout le monde est un agent influent ; de la vision de l'organisation, en tant qu'instrument de la société, on en est venu à la vision d'une arène politique. Comme nous le verrons bientôt, quatre principes essentiels qui servaient de fondement à cette théorie au début, ont été ébranlés l'un après l'autre ; des propositions ont été faites pour remplacer chacun d'entre eux par une hypothèse diamétralement opposée. Le fait de relater brièvement ces changements au cours de ce chapitre — sous la forme de quatre étapes essentielles — permet de « débloquer » certaines notions portant sur la manière traditionnelle de concevoir la circulation du pouvoir dans les organisations. Ceci servira de préparation à la présentation de notre théorie du pouvoir à l'intérieur et à l'entour des organisations.

UN SEUL AGENT, UN SEUL BUT

Une des premières théories économiques considérait l'organisation comme allant de pair avec le seul chef d'entreprise — en vérité le directeur-propriétaire — qui œuvrait dans un système de marché aux tendances purement compétitives. Seules les entreprises qui maximisaient leurs bénéfices continuaient d'exister. Pour l'essentiel cette conception des organisations reposait sur quatre hypothèses.

1. Il existe un seul agent dans le système de pouvoir organisationnel, c'est-à-dire, une seule personne qui prend des décisions.
2. On peut dire de l'organisation qu'elle a des buts, à dire vrai, un but unique.
3. Ce but est la recherche des profits.
4. Ce but est maximisé.

Schéma 2-1 illustre d'une manière schématique cette notion d'un seul agent, un seul but.

Schéma 2-1. *Un seul agent, un seul but (Théorie économique classique)*

A juste titre, Allison (1971) y a fait référence en parlant du « modèle de l'agent rationnel ». On considérait l'organisation comme se résumant à un seul individu qui agissait rationnellement, ce qui voulait dire pour l'économiste, que cet individu faisait tout ce qu'il fallait pour atteindre un but donné. Certes, même cet agent n'avait pas, en un certain sens, d'influence véritable puisque le chef d'entreprise ne faisait que répondre à des pressions économiques et prenait des décisions qu'il se voyait obligé de prendre et non pas celles qu'il voulait prendre. La maximisation du profit était un comportement nécessaire si l'on voulait survivre. De ce fait, l'étude du pouvoir organisationnel était hors de propos. L'organisation, ainsi qu'Adam Smith (1937) l'a montré clairement, bien qu'elle servît d'intermédiaire au chef d'entreprise était, involontairement *l'instrument* de l'économie.

Ce que les premiers économistes ont réalisé — et les économistes classiques continuent dans le même sens — fut de fournir une théorie du management qui comporte à la fois un point de départ ainsi qu'un homme de paille. Car, l'une après l'autre, chacune de leurs hypothèses fut remise en question. La première hypothèse dont la validité fut mise en brèche fut celle portant sur la maximisation des profits. Trois questions importantes se posaient.

Premièrement, le profit est-il le but qui est maximisé ? Pourquoi le profit ? Pourquoi ne pas envisager d'autre but ? Robert Gardon (1945) et ensuite William Baumol (1959) avancèrent l'argument persuasif affirmant que de nombreuses firmes maximisaient les ventes dont les profits étaient limités. En d'autres termes, aussi longtemps que le profit était suffisant, ils mettaient plutôt l'accent sur la croissance :

« Assurément, c'est une expérience fréquemment vécue, quand on interroge un cadre dirigeant "Comment vont les affaires" ? que de l'entendre répondre que les ventes augmentent — ou diminuent — et de se rendre compte qu'il ne pense au profit que par après, si jamais cela se produit.

Pratiquement chaque fois que j'ai rencontré un exemple de conflit entre les profits et les ventes, les hommes d'affaires avec qui j'ai travaillé ont laissé peu de doute dans mon esprit quant à savoir où allaient leurs préférences. Il n'est pas rare de trouver une firme qui fasse des profits, pour laquelle certains secteurs de ventes peuvent se révéler hautement déficitaires... Quand on fait état à la direction d'une pareille situation, elle est habituellement réticente à abandonner les marchés déficitaires. » (Baumol 1959, pp. 47-48).

D'autres auteurs ont suggéré, que l'entreprise maximisait des buts différents, comme par exemple « le bien-être des cadres » ou même « la durée de vie (de l'entreprise) » (Williamson 1963 ; Easterbrooke, cité dans Papandréou 1952, p. 216).

Pour l'essentiel, les premières attaques lancées contre la maximisation des profits visaient la troisième hypothèse, à savoir que le but de l'organisation c'est le profit. Ces attaques laissèrent pourtant intactes les autres hypothèses, en particulier celle de la maximisation. Même les sociologues de l'époque, qui s'en prenaient à la maximisation des profits, concentrèrent leurs critiques sur les conflits entre les buts personnels et les buts publics et ne remettaient pas vraiment en question l'hypothèse de ce que Talcott Parson appelle « la primauté donnée à une orientation vers la réalisation d'un but spécifique » (1960, p. 17).

En voyant dans l'entreprise un instrument de la société, ils se contentaient de substituer un but public à un but privé :

« De ce fait, une entreprise peut se définir comme un système social organisé en vue de poursuivre un but particulier : la production économique... le profit restant un but secondaire. La poursuite d'un but principal est également la réalisation d'une fonction spécifique pour ce système social général qu'est la société. » (Sales 1972, p. 234).

Deuxièmement, la maximisation est-elle possible ?

Cette critique frappait davantage à la base de la théorie économique classique, en s'en prenant directement à la notion d'un but unique. La question était posée : comment doit-on mettre en place une maximisation des profits ? Quels types de profits et pour qui ? et quand ? La réponse des économistes était que le chef d'entreprise fixait une recette marginale égale au coût marginal, afin d'obtenir la plus-value la plus importante possible. Malheureusement cette recommandation ne s'est jamais vraiment concrétisée. Les comptables n'ont jamais pu trouver le moyen de mesurer les recettes marginales, même s'ils ont fait des progrès dans le calcul des coûts marginaux. Selon l'un de leurs meilleurs auteurs « c'est une tâche extrêmement difficile, à tel point qu'on envisage rarement sa mise en œuvre. Toutes les études portant sur des réalisations effectives dans ce domaine, que je connais, témoignent d'une rareté certaine. Qui peut estimer d'une manière précise la demande portant sur un produit même s'il n'y a qu'un seul prix ? » (Anthony 1960, p. 129).

« A la place du calcul économique traditionnel, les théoriciens de la finance déclaraient que les entreprises pouvaient maximiser les profits en choisissant uniquement ceux des projets d'investissement qui offraient des rentabilités d'investissement qui dépassaient le coût en capital. Mais les problèmes demeuraient ; par exemple la prévision de rentabilité concernant des marchés incertains — à vrai dire ils le sont tous. En fait, on avait la preuve que cette incertitude pouvait être la cause de beaucoup de distorsion dans les estimations de ce genre d'investissement. » (Cf. Cyert et March 1963, p. 81).

Les arguments contre l'éventualité d'une maximisation semblaient se limiter essentiellement à quatre :

1. Les problèmes liés au choix d'un cadre temporel ; est-ce que les profits doivent être maximisés à court ou long terme ? Est-ce que le chef d'entreprise doit tirer profit d'un marché à la hausse en imposant des prix à la limite de ce que le marché peut tolérer, ou bien doit-il prendre en compte l'avis à long terme de la clientèle et maintenir des prix bas ? L'économiste Andréas Papandréou a fait le commentaire suivant : « En l'absence de connaissances portant sur l'avenir et les perspectives des entreprises, le schéma d'une maximisation du profit devient un pléonasme qui n'a pas de rapport avec la réalité empirique » (1952, p. 208).

2. Le problème de l'absence de certitude, étant donné « qu'il n'existe pas dans ces conditions de critère généralement reconnu » (Feldman et Kanter 1965, p. 631). Comment peut-on savoir quelles actions, entre autres, il faut entreprendre, alors que l'issue de celles-ci demeure un mystère ?

3. Des exigences de connaissances humaines qui ne peuvent être satisfaites. En termes plus clairs, on a prétendu que personne, ni même une organisation n'était assez habile pour maximiser quoi que ce soit. « Même l'ordinateur le plus rapide et le plus grand n'est à même d'effectuer les calculs requis par une stratégie de maximisation » (Feldman et Kanter 1965, p. 631). Même dans une version simplifiée de jeu d'échecs, aucun ordinateur ne peut traiter la quantité d'information nécessaire pour détecter le « meilleur » coup. Dans le monde bien plus complexe des affaires, le calcul de recette marginale exige un niveau de connaissances — en matière de comportement des acheteurs futurs — bien plus poussé même que celui des chercheurs de l'équipe de marketing la plus avancée.

4. Une perspective unique qui manque de réalisme ; les gens (y compris les chefs d'entreprise et les économistes) dorment, mangent et jouent parfois au golf ; l'alternance de ces activités fait partie de leurs activités quotidiennes. S'il est vrai qu'un but puisse être recherché plutôt que d'autres (ainsi, certains d'entre nous vivent pour manger alors que d'autres mangent pour vivre), aucun être humain ne peut s'autoriser à voir un but unique absorber toute son activité.

Pour clore ce deuxième sujet de controverse, la maximisation, et particulièrement la maximisation du profit, telle qu'elle est exposée dans la théorie économique, fut simplement rejetée car c'était un concept non-opérationnel. Dans le monde réel, soumis au temps, aux incertitudes, un monde où les individus ont à la fois des connaissances limitées et des motivations dispersées, l'hypothèse de la maximisation semblait s'effondrer.

Troisièmement, est-ce que la maximisation du profit est une démarche responsable ?

Le troisième argument contre la maximisation du profit a conduit aux mêmes conclusions que le deuxième, si ce n'est par un cheminement différent. Dans le cas présent (la question n'était pas) que les organisations *ne puissent* pas maximiser leurs profits mais qu'elles ne *doivent* pas répondre à cette finalité :

> « La maximisation des profits oblige l'homme d'affaires à utiliser toutes les astuces qu'il peut imaginer pour maintenir les salaires et les indemnités à leur niveau le plus bas, à arracher du consommateur jusqu'à son dernier dollar, à vendre des marchandises d'une mauvaise qualité à la limite de la législation et de forcer le client à acheter, tout en l'abusant, de n'utiliser les revenus qu'à seule fin d'en faire bénéficier les actionnaires, à renoncer à toute responsabilité par rapport à la communauté, à se débrouiller pour obtenir le prix le plus bas possible auprès de ses vendeurs, sans se préoccuper des conséquences que cela a pour eux et ainsi de suite.
>
> Les maximisateurs de profit nient l'existence d'une conscience chez l'homme d'affaires et ils excluent toutes considérations morales comme étant hors de propos. » (Anthony 1960, p. 132).

Par contre, on a soutenu que les entreprises devaient, et c'est ce qu'elles font habituellement, chercher à réaliser un profit *raisonnable*. Ce point de vue a été exprimé au début des années cinquante chez un certain nombre de théoriciens du management libéraux et pragmatiques, notamment chez Joel Dean. Dans un ouvrage classique intitulé « L'économie directoriale » Dean déclarait :

> « "Cette tendance" (vers une redéfinition du concept de maximisation des profits) reflète une prise de conscience croissante chez les théoriciens, de ce que de nombreuses entreprises et surtout les plus importantes, fonctionnent sur le principe d'une maximisation des profits, en termes de coûts et de revenus marginaux mais fixent les normes ou des cibles de profits raisonnables. » (1951, p. 28).

Le résultat de ces trois argumentations contre la maximisation des profits — à savoir que ce ne sont pas les profits qui sont maximisés et que la maximisation des profits est soit impossible, soit irrationnelle, fut de mettre en avant un plaidoyer en faveur de l'organisation aux buts multiples. L'hypothèse d'un but unique fut éliminée de la théorie. Surgit alors pourtant une nouvelle question pour les théoriciens du management : comment l'organisation réconcilie-t-elle des buts contradictoires ?

UN AGENT, DES BUTS MULTIPLES

LA MODIFICATION DE PAPANDRÉOU   Andréas Papandréou fut parmi les premiers économistes à voir de manière claire le problème auquel il était confronté. Si la théorie classique économique devait être sauvegardée, il fallait alors retenir, à la fois les hypothèses de maximisation ainsi que celle d'un agent unique,. même si l'hypothèse d'un but unique était abandonnée. La solution de Papandréou publiée dans une étude importante en 1952 devait considérer l'organisation comme un système sur lequel on imposait des buts multiples de l'extérieur, qui passaient tous par un seul agent, que Papandréou appelait le *coordinateur au sommet*. Cet agent, à son tour, ramenait ces buts à une *seule fonction préférentielle* qui était par la suite maximisée. La figure 2.2. illustre cela de manière symbolique.

Figure 2.2. *Un agent, des buts multiples (Papandréou).*

La publication de Papandréou eut pour résultat de permettre à l'organisation de s'ouvrir en théorie à des détenteurs d'influence autres que l'agent principal ou le chef d'entreprise.

Les *influences* extérieures et l'autorité qui peuvent s'exercer sur une entreprise sont les suivantes :
a) le gouvernement (dans son autorité souveraine) ;
b) les secteurs professionnels touchant des revenus pour leur contribution et leur participation au système d'ensemble, (à savoir les propriétaires actionnaires, les bailleurs de fonds, les fournisseurs de marchandises sous concession, la main-d'œuvre qualifiée, le personnel dirigeant et les experts) ;
c) les acheteurs des produits de l'entreprise ;
d) les vendeurs de biens ou de services à l'entreprise ;
e) les concurrents sur les marchés de produits et de services ;
f) d'autres personnes, des groupes ou des organisations qui ont un intérêt dans les activités de l'entreprise en question (p. 193).

Mais au sein de l'entreprise, selon l'étude de Papandréou, même si les buts étaient multiples, l'hypothèse de la maximisation subsistait, tout comme celle de l'existence d'un agent unique. Cette personne était la seule à dominer l'ensemble :

> « Un argument essentiel de cette recherche veut que la fonction préféren-tielle et maximisée par le coordinateur au sommet de l'organisation est elle-même la résultante des influences qui s'exercent sur l'entreprise. Ce Coordina-teur suprême a pour mission de réaliser le processus d'intégration ; on attend de lui qu'il formalise le système des choix préférentiels de l'entreprise. Il s'exécute, toutefois, en subissant le "poids" des influences conscientes et inconscientes, exercées sur lui. » (p. 211).

Pendant ce temps, la conception de l'agent unique qui réalisait les buts de l'organisation, prévalait également dans les théories des sociologues. Ainsi que Zald l'a déclaré en 1963 : « Le sociologue considère habituellement que les buts sont nécessairement définis à l'extérieur de l'organisation, mais qu'ils deviennent des objectifs internes par l'intermédiaire des cadres de la direction, ceux qui détiennent le pouvoir légitime. » (p. 209).

L'apport de Papandréou consista à introduire des tiers extérieurs à l'organisation, intervenant dans la procédure de mise en place des buts ; également à introduire l'idée que la haute direction sert de cible à ces tiers quand ils tentent d'influencer les buts de l'organisation. Les problèmes subsistaient néanmoins encore que Papandréou fut le premier à reconnaître au moins l'un d'entre eux :

> « Cette formulation comporte une possibilité troublante. Il est évident que si l'influence prend la forme de l'autorité et si l'autorité est simultanément exercée par deux ou plusieurs groupes d'intérêt, d'une manière contradictoire, le coordinateur suprême sera incapable de mettre en forme un système de préfé-rence cohérent. » (p. 211).

Les tenants de la critique de la théorie de l'utilité, mettaient plus encore en doute que l'on puisse mettre en pratique la notion d'une fonction d'utilité ou de préférence dans un monde où les choix changent, et que les individus puissent même se faire les porte-parole de telles fonctions. Ainsi, à l'occasion d'un article résumant un manuel dans lequel ils s'efforçaient de rapprocher des théories de psychologie et d'économie qui s'opposent, Simon et Stedry se demandaient si même la possibilité d'une échelle d'utilité « *existait* » si un comportement pouvait rester le même sans subir les effets du temps, et si des choix pouvaient être suffisamment décisifs pour permettre au concept d'utilité d'avoir un sens dans la pratique (1968, p. 273). L'examen qu'ils firent d'études de laboratoire, leur fournit une réponse négative. Dans des situations où il y avait une certaine complexité (et même dans des situations assez sim-ples) les personnes concernées ne pouvaient évaluer d'une manière précise le poids des arguments qu'ils prétendaient avoir pris en compte au moment des prises de décision, et ce qui était plus important encore, ils ne donnaient même pas l'impression de vouloir laisser croire à l'existence d'arguments suffisamment pesants. En fin de compte, la théorie de l'utilité s'avérait inutile et à l'extrême, comme Stigler l'avait fait remarquer en 1948, il y avait là, une tautologie :

> « L'affirmation qu'une personne cherche à maximiser l'utilité, constitue, (dans bien des formulations) une tautologie ; il est impossible d'envisager un phénomène d'observation qui contredise cette affirmation... On peut toujours attribuer n'importe quel élément qui contredise un théorème dérivé de la théorie de l'utilité, à un changement de goûts plutôt qu'à une erreur ou à des postulats inclus dans le raisonnement logique de la théorie. » (pp. 603-604).

SIMON ARRIVE, LA MAXIMISATION S'EN VA Papandréou reconnut l'existence de buts multiples, mais sa méthode pour les rapprocher s'avéra insoutenable. Survint alors Herbert Simon en 1964, avec sa publication fondamentale intitulée « A propos du concept de but organisationnel » ; il suggérait dans cette publication que « l'hypothèse de la maximisation devait être entièrement abandonnée au profit de la conception des buts en tant que contraintes ou en tant que niveaux de satisfaction à atteindre. L'organisation pour reprendre l'expression initiale de Simon « se satisfait d'un satisfecit » plutôt qu'elle ne maximisait. L'organisation vue par Simon était confrontée à de nombreuses contraintes ; lors d'une prise de décision, certaines contraintes étaient mises en avant tandis que d'autres étaient mises en veilleuse. Par exemple, à l'occasion de la construction d'une nouvelle usine, une entreprise pouvait bien vouloir sauvegarder une rentabilité de dix pour cent par rapport à l'investissement, offrir une image moderne de ses installations, sans dépasser un coût en capital de $ 3 000 000 et garantir des conditions de travail respectant les normes de sécurité au moment où les responsables concevaient le plan de l'usine.

Simon, par cette formulation, semblait se dispenser de trouver une solution au problème des buts contradictoires. Ainsi que ses collègues Cyert et March l'ont fait remarquer : « chaque but entre dans la prise de décision comme une simple contrainte. Tous les buts pris ensemble constituent un terrain de solutions acceptables » (1963, p. 10).

Dans sa publication de 1964, Simon n'a pas pris directement en compte la notion de coordinateur au sommet. Mais dans ses autres ouvrages (1957, March et Simon 1958) il a décrit l'organisation comme un ensemble hiérarchisé de moyens et d'objectifs, agissant du haut et ils étaient développés et différenciés par les services et les départements au fur et à mesure où ils descendaient l'échelle hiérarchique comme on le voit à la figure 2-3.

C'est ainsi que l'organisation prenait en compte les limites du savoir de ses membres : « Chaque partie de l'organisation... peut se voir attribuer un but de sorte que si tous les buts sont atteints, le problème de l'organisation

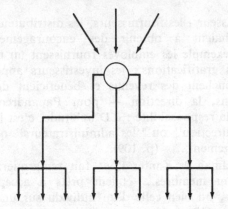

Figure 2-3 *Une autorité, des buts multiples (Simon)*

trouve une solution... » (Feldman et Kanter 1965, p. 35). Mais en ayant tous ces buts « donnés » à partir d'un point unique, l'hypothèse d'un seul agent, — ou plus exactement, un seul centre de pouvoir — était maintenue dans la théorie de Simon. L'organisation restait fondamentalement un agent rationnel :

> « ... dans la tentative même de suppression de la vieille théorie du déci-
> deur parfaitement objectif, Simon a contribué à créer une autre notion qui a
> plu considérablement aux tenants des « techniques de planification *rationnelle* »
> qui veulent qu'un problème de planification peut se résoudre en divisant ration-
> nellement le tout entre les objectifs et les moyens, eux-mêmes répartis d'une
> manière hiérarchisée. De ce fait, en dépit de ses observations, Simon n'aban-
> donne pas réellement tout à fait le modèle fondé sur l'idée de rationalité. Il se
> contente par contre d'opérer des modifications et des extensions à l'intérieur du
> cadre existant. » (Normann et Rhenman, 1975, p. 13).

DANS L'INTERVALLE, DE RETOUR CHEZ BARNARD   En 1938, Chester Barnard, dans un domaine proche, avait introduit ce que l'on a con-venu d'appeler « la théorie de l'équilibre », l'idée en est que ceux qui sont impliqués dans le fonctionnement de l'organisation devaient se voir offrir des *encouragements* suite à leurs *contributions*. Une organisation ne pouvait fonc-tionner d'une manière effective que si une sorte d'équilibre était atteint entre les apports et les bénéfices des différents participants. En effet, Barnard a introduit l'idée que les participants acceptaient les buts de l'organisation non pas d'une manière automatique mais à un certain prix, eux aussi se voyaient attribuer du pouvoir à l'intérieur du système.

La théorie de Barnard fut développée par Simon et ses collègues dans différentes publications. Dans un chapitre intitulé : « Les contraintes qui tou-chent à la motivation : la décision de participer » March et Simon (1968) exa-minaient cinq catégories principales de participants dans une organisation : les employés, les investisseurs, les fournisseurs, les distributeurs et les consomma-teurs. Tous cherchaient à obtenir des encouragements suite à leurs contributions ; par exemple les employés fournissent un travail pour toucher un salaire et autres gratifications ; les investisseurs apportent des capitaux pour lesquels ils touchent des revenus et bénéficient de certains types de garanties. Néanmoins, la direction — pour Papandréou, le coordinateur suprême — gardait la responsabilité : « D'habitude, c'est le groupe de partici-pants appelés ''la direction'' ou ''les administrateurs'' qui assument la res-ponsabilité du changement... » (p. 109).

Ainsi que Feldman et Kanter l'ont fait remarquer, les autres partici-pants, « en devenant membres... étaient prêts à accepter l'autorité d'un groupe de dirigeants, ou bien celle d'un individu sur une certaine partie de leurs vies. » (1965, p. 637).

Ainsi, bien que la théorie de l'équilibre ait en fin de compte retenu l'hypothèse d'un seul centre du pouvoir, — à tout du moins un pouvoir formel (l'autorité) — cette théorie a provoqué une fissure importante dans cette hypothèse. L'autorité centrale conservait le contrôle, mais subissait les demandes des autres. Cela revenait à dire que des groupes tels que par exemple des groupes d'employés avaient leurs propres buts, distincts de ceux de l'organisation, qu'ils essayaient de rendre opérationnels grâce à leur parti-cipation à l'organisation. Le coordinateur suprême restait le responsable, mais afin d'atteindre les buts de l'organisation, il devait négocier avec ces groupes. Ces derniers, eux aussi, étaient en voie de devenir des agents dans le système, voire des détenteurs d'influence. La figure 2-4 montre ce changement.

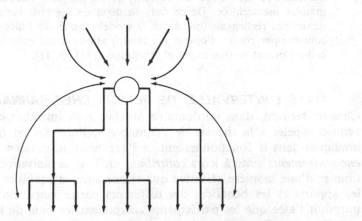

Figure 2-4. *Une autorité, des buts multiples, la négociation (Barnard)*

DES AGENTS MULTIPLES, DES BUTS MULTIPLES

LA COALITION DE CYERT ET MARCH

Le cadre était prêt maintenant pour l'apparition d'une autre hypothèse, à savoir celle de l'agent unique ou de centre de pouvoir. A l'époque à peu près où Simon développait sa théorie des buts organisationnels envisagés comme des contraintes, ses collègues Cyert et March (1963), dans leur tentative de rapprocher la théorie économique et la théorie comportementale en matière de management, présentaient une théorie dans laquelle une *coalition* d'individus se livrait à des négociations entre eux pour déterminer les buts de l'organisation. Ce que permit effectivement la théorie de Cyert et March fut le remplacement d'une seule autorité au centre du pouvoir par de multiples autorités, ainsi qu'on peut le voir dans la figure 2-5. Les participants qui étaient précédemment présentés comme étant à l'extérieur du système de prise de décision en train de négocier individuellement avec le coordinateur suprême, en vue d'obtenir des gratifications suite à leurs contributions, devenaient maintenant des agents à l'intérieur du système de prise de décision ; et ils négociaient afin de déterminer des résultats et par là se concertaient pour établir les buts de l'organisation.

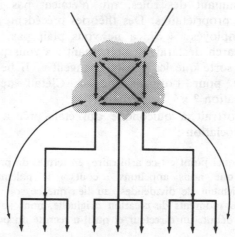

Figure 2-5. *Des agents multiples, des buts multiples (Cyert et March)*

Mais comment une telle organisation pouvait-elle résoudre des conflits qui survenaient parmi des buts différents ? Et que faisait-elle du problème du changement : nouveaux participants, nouveaux besoins, changement de pouvoir au sein de la coalition ?

Cyert et March introduisirent un concept astucieux pour expliquer comment les organisations traitaient les demandes de changement ainsi que les demandes qui présentaient des contradictions.

Ils suggéraient de les traiter l'une après l'autre : « ... l'entreprise est susceptible de résoudre les conflits et les tensions en vue "d'aplanir les problèmes de production" et "de satisfaire les clients" en traitant un problème après l'autre. » (p. 118).

Évidemment, ceci fit surgir le problème des comportements incohérents et pourtant logiques. Mais cet argument ne faisait problème ni pour Cyert et March, ni pour l'organisation qu'ils décrivaient. Le principe de « rationalité », du moins tel qu'il était décrit par les économistes, n'était pas valable dans la pratique :

> « Porter son attention sur les buts, d'une manière ordonnée et suivie, est un automatisme simple. Une des conséquences de cet automatisme est que les organisations méconnaissent plusieurs conditions que les observateurs extérieurs considèrent comme des contradictions immédiates. Ce ne sont des contradictions que dans la mesure où nous croyons à un ordonnancement bien établi, décidé en commun ou à une négociation savante. Aucune de ces conditions n'existe dans une organisation. » (p. 36).

Et dans la théorie de Cyert et March l'entreprise ne fonctionnait plus du haut en bas. Les employés avaient leur place aux côtés d'autres membres de la coalition, assumant des rôles, qui n'étaient pas moins importants, disons que ceux des propriétaires. Des théories précédentes avaient effectivement appris aux employés : « Si ça ne vous plaît pas, nous n'avez qu'à partir. » Cyert et March déclaraient maintenant : « vous pouvez rester, vous plaindre et faire en sorte que les choses changent ». Il ne s'agissait plus du « que puis-je faire pour l'organisation ? » C'était devenu « que peut m'apporter l'organisation ? »

Le pouvoir s'offrait à quiconque qui était prêt à s'en accaparer à l'occasion d'une négociation :

> « Jusqu'à quel point est-ce arbitraire, en termes de procédures comptables traditionnelles, que nous appelions « coûts » le paiement des salaires et « profit » le paiement de dividendes, au lieu que ce soit l'inverse ? Pourquoi faut-il qu'en nos moments de création originelle, nous soyons portés à croire qu'il y avait au début, un directeur et qu'il a recruté du personnel et recherché du capital ?...
>
> En définitive, cela n'a guère plus de sens de dire que le but d'une entreprise commerciale est de maximiser un profit, plutôt que de prendre pour but, de maximiser le salaire de Sam Smith, l'assistant du concierge. » (p. 30).

Ainsi que Cyert et March l'ont fait remarquer, « le processus de négociation se poursuit d'une manière plus ou moins continue, aboutissant à une longue série d'engagements... » (p. 32). Du point de vue des participants, ces engagements consistaient en « gratifications annexes » qui revêtaient toutes sortes de formes : argent, prise en considération de chacun et, plus important des promesses de mesures à prendre en matière de politique commerciale comme par exemple une nouvelle ligne de produits que le représentant souhaitait vendre. Cette notion d'engagements portant sur la politique de l'entreprise conduisit à une rupture fondamentale avec la théorie de l'équilibre. Selon cette dernière les buts de l'organisation étaient donnés *a priori* ; la négociation suivait ensuite de manière à encourager les employés à participer à leur réalisation. Pour Cyert et March, cependant, les buts n'étaient pas donnés à l'avance ; ils étaient issus directement du processus de négociation lui-même. « Les gratifications annexes, loin d'être une manne fortuite provenant de la distribution d'un profit déterminé mais répartissable, représentent le processus central de définition des buts » (p. 30). De ce fait, dans la théorie de Cyert et March, l'élaboration des buts se tranforma en jeu du pouvoir dans lequel de multiples agents se disputaient des avantages personnels.

Mais il importe de remarquer que dans la théorie de Cyert et March, les buts résultaient effectivement du processus de négociation, qu'ils étaient rendus opérationnels sous la forme de budgets, à propos desquels des accords avaient été obtenus, sous la forme de procédures de fonctionnement qui avaient été normalisées et ainsi de suite, processus qui se développait dans l'organisation. Ces buts pouvaient bien n'être ni cohérents, ni clairs, ils n'en étaient pas moins, aux yeux de Cyert et March, assez stables. C'est-à-dire, qu'ils ne changeaient pas complètement d'une période à l'autre, mais évoluaient plutôt graduellement, en se fondant sur la façon dont l'organisation a progressé ou créé des précédents : « ... les personnes dans la coalition sont fortement motivées à accepter des précédents comme étant des manières de contrat d'engagement... elles retirent de toute prise de conscience sérieuse de nombreux accords, décisions et engagements qui pourraient bien être sujets à une négociation dans une entreprise qui n'aurait pas de mémoire » (p. 33).

De ce fait, en mettant en brèche de si nombreux principes de la théorie classique, Cyert et March réussissaient à conserver l'un d'eux, à savoir que les organisations ont effectivement des objectifs.

AGENTS MULTIPLES/AUCUN BUT

La fin logique de notre histoire — logique au moins en termes d'évolution de la théorie des buts, sinon sur la façon dont les organisations se comportent réellement — est que les organisations comptent de multiples agents mais n'ont *aucun* but. Effectivement la théorie du management était prête maintenant à une mise à mort provoquée par la théorie des sociologues, qui n'étant pas gênés par des *perspectives* liées au management avaient abouti à ce point de vue particulier. Petro Georgiou, parmi d'autres, rendit ce service, à l'occasion d'un article en 1973, dans lequel il fit le saut que Cyert et March évitaient. Georgiou démontra que les organisations sont en vérité des arènes politiques, sans buts propres. Elles constituent « des centres d'intérêts arbitraires, des marchés dont les structures et les procédures sont les résultats des arrangements complexes effectués par des agents qui s'échangent une variété de stimulations et poursuivent une diversité de buts » (p. 291).

Ainsi aux yeux de Georgiou, les organisations n'étaient pas les instruments de leurs propriétaires, ni même des endroits où la négociation entre des agents différents finissait par aboutir sous la forme de buts stables. En des termes qui, non sans ironie, rappelaient le ton dogmatique des économistes classiques, Georgiou affirmait que :

> « Les analystes de l'organisation ont été incapables de faire face à la réalité des organisations, du fait que leur vision se limite à une image de l'organisation considérée comme un tout ; une entité pas seulement plus grande que la somme des parties, mais tellement supérieure qu'elle est effectivement coupée de l'influence des différentes parties. Le tout est considéré non pas comme le produit d'une interaction entre les parties, mais comme les déterminant. L'organisation est dotée d'une personnalité alors que les individus qui la constituent sont désindividualisés, sont des acteurs de théâtre au service des buts de l'organisation. » (p. 299).

En remplacement, Georgiou proposa trois points fondamentaux :

1. « Le concept d'organisation doit être reconnu comme un centre d'intérêt arbitrairement défini » (p. 304).

2. « L'élément stratégique de base dans une organisation est l'individu » (p. 305), le comportement de l'organisation n'étant compréhensible qu'en termes de récompenses recherchées par les individus.

3. Et que l'organisation est « un marché où s'échangent des incitations » (p. 306). La figure 2-6 illustre ce point de vue d'une manière schématique ; on y voit des ressources introduites en vue d'une procédure de négociation sous la forme de buts pour les agents — employés et autres agents indifférentiables — mais aucun résultat en termes de buts communs.

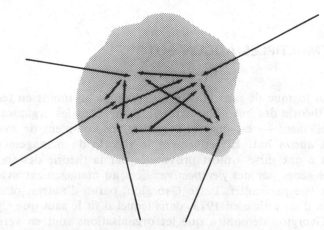

Figure 2-6 *Agents multiples, aucun but (Georgiou)*

Ainsi la littérature a effectué tout un cycle ; de la théorie classique des buts de l'organisation, comprenant des hypothèses rigides et fermées sur elles-mêmes, en passant par une série de modifications qui ont assoupli chacune d'elles, pour aboutir à la conclusion logique d'une théorie du pouvoir organisationnel qui, et c'est là l'ironie, semble tout aussi rigide et aussi fermée sur elle-même que la théorie classique. L'organisation est passée d'un système à un seul agent, à un système à plusieurs, d'un système à but unique, à un système où il y en a tellement, qu'il n'en reste plus, d'un dispositif de maximisation, à un dispositif de satisfaction suffisante, d'un instrument donné avec une finalité déterminée et une absence de conflit, à une arène politique arbitraire sans finalité et dévorée par des conflits.

LES QUESTIONS FONDAMENTALES

Quatre questions fondamentales se dégagent de cet examen. Ce livre a été écrit pour les poser.

Premièrement, *comment l'organisation gère-t-elle des buts multiples ou des tensions conflictuelles ?*

Y a-t-il quelqu'un qui domine ? Pousse-t-elle à des comportements de maximisation ? Dans ce cas, comment le concept de maximisation peut-il devenir opérationnel ? Ou bien, si des buts multiples doivent coexister, comment peut-on résoudre les conflits ? Par un système de pondération ? En voyant dans les buts des contraintes ? En s'en occupant un après l'autre ?

Deuxièmement, les buts sont-ils des variables indépendantes ? En d'autres termes *est-ce que l'organisation* est **l'instrument** d'un groupe quelconque — *propriétaires, société, un autre groupe — qui lui impose des buts, ou bien est-ce que l'organisation est une* **arène politique** *dans laquelle les individus luttent pour le pouvoir ? Ou bien est-ce peut-être un* **système** *dirigé sur lui-même, avec ses buts intrinsèques,* ainsi qu'un autre groupe de théoriciens, en sociologie, l'a montré ? Pour présenter ces questions importantes d'une autre façon encore, pour qui donc existe l'organisation ? Pour elle-même ? Pour ses propriétaires reconnus ? Pour la société ? Pour ses clients ? Pour ceux qui y travaillent ? Pour ses administrateurs ? Pour eux tous ? Pour aucun d'entre eux ?

Troisièmement, *peut-on dire que les organisations ont des buts en fait ? Ou seulement ceux qui en font partie ?* Ayant à l'esprit notre définition du but — l'intention derrière une décision ou une action — peut-on dire de l'organisation en tant qu'entité qu'elle a un « projet collectif » ? Ou bien ne peut-on rien dire de plus sinon que les agents individuels ont des intentions qui se traduisent en actions organisationnelles ? Y-a-t-il en d'autres termes, un projet commun qui soit différent de la somme des projets individuels ?

Est-ce que l'organisation est pourvue d'une « vie » séparée de ceux qui y agissent, d'un système cohérent de buts différent des leurs ?

Quatrièmement et c'est la question primordiale : *Comment est-ce que les buts, les valeurs, les intentions, les besoins et les attentes personnels, des agents pris individuellement se traduisent en décisions et actions organisationnelles ?*

En d'autres termes, comment le pouvoir est-il rendu opérationnel ? Qu'est-ce qui nous fait passer du besoin individuel à l'action de l'organisation ? La question qui est posée dans ce livre et qui est au-dessus de toutes les autres est la suivante : comment se rejoignent les besoins et le pouvoir des agents individuels d'une part, et les actions des organisations, d'autre part ?

Les différents points de vue exprimés dans les publications portant sur les buts, tentent tous de répondre à ces questions, et proposent des suggestions, mais aucun point de vue n'explore assez profondément la réalité du pouvoir[1]. Aussi, tournons-nous vers les publications sur le pouvoir pour y trouver d'autres faits, d'autres témoignages.

---

[1] Même les points de vue élaborés et complexes de Simon, Cyert et March laissent bien des questions sans réponse d'après certains théoriciens :

« ... La conceptualisation de Simon se contente simplement de passer du besoin de définition du mot « but » au mot « contrainte ». Nous n'avons aucune règle pour définir ce qui est ou ce qui n'est pas une contrainte... » (Mohr 1973, p. 472).

... bien que Cyert et March parlent de conflit, ils ne sont jamais précis quant aux termes qui le définissent. Ils ne proposent que de vagues discussions portant sur l'identification par rapport aux sous-buts. Leur modèle de formation de coalition, manque de profondeur dans la présentation, malgré des relents de réalisme. Il n'est fait aucune mention de la structure d'organisation de l'entreprise, ni par conséquent de la nature de la participation des sous-groupes qui négocient dans la coalition. Peu d'attention est prêtée sur la finalité et les modes de formation et de changement des coalitions, sur les processus de génération de soutien et sur les façons dont la structure d'organisation pourrait limiter de tels développements. » (Pettigrew 1973, p. 22).

Chapitre 3
Le jeu du pouvoir et les joueurs

L'essentiel de ce livre est consacré à l'étude d'une théorie du pouvoir organisationnel. Il se fonde sur le principe que les attitudes dans une organisation correspondent à un jeu du pouvoir dans lequel différents joueurs, appelés les *détenteurs d'influence*, cherchent à contrôler les décisions et les actions des entreprises. L'organisation voit d'abord le jour quand un groupe initial de détenteurs d'influence se mettent ensemble pour accomplir une mission en commun. D'autres détenteurs d'influence sont par suite attirés vers l'organisation qui représente pour eux un véhicule pour satisfaire quelques-uns de leur besoins. Du fait que les besoins de ces détenteurs d'influence diffèrent selon les uns et les autres, chacun s'efforce d'utiliser son ou ses leviers du pouvoir — *moyens ou systèmes d'influence* — pour contrôler les décisions et les actions. La manière dont ils y parviennent, détermine le type de configuration du pouvoir organisationnel qui apparaît. De ce fait, pour comprendre les attitudes, le comportement de l'organisation, il est nécessaire de comprendre quels sont les détenteurs d'influence à présent, quels besoins chacun d'eux essaie de satisfaire dans l'organisation, et comment chacun est capable d'exercer son pouvoir pour aboutir.

A l'évidence, c'est bien autre chose que le pouvoir, qui détermine ce qu'une organisation fait. Mais notre perspective dans ce livre est que ce qui importe c'est le pouvoir, et que si l'on veut, tout le monde fait preuve d'une soif de pouvoir (une opinion, en passant, que je n'approuve pas personnellement, mais qui s'avère utile quant aux raisons d'être de ce livre). Quand nos conclusions ici rejoignent celles du premier ouvrage de notre série « Structure et dynamique des organisations » (Mintzberg 1979 a, auquel nous nous référons à plusieurs reprises par la suite), c'est un panorama plus complet des façons d'agir ou de se comporter des organisations qui apparaît.

L'EXERCICE DU POUVOIR

Hirschman (1970) constate dans un petit ouvrage — mais qui donne à penser — intitulé « Faire sa sortie, protester, être loyal » (en anglais : « Exit, Voice and Loyalty ») qu'un membre faisant parti d'un système a trois choix fondamentaux :

- Rester et participer comme prévu, ce que Hirschman appelle la « loyauté » (en termes plus familiers : « Tu te tais, et fais avec... »)
- Partir, ce que Hirschman appelle « faire sa sortie » (« Je prends mes billes et je pars »)
- Rester et s'efforcer de changer le système, ce que Hirschman décrit par « protestation » (« Je préfère me battre plutôt que me renier »).

Pour peu qu'il ou elle choisisse de s'exprimer, ce membre de l'organisation devient ce que l'on appelle un détenteur d'influence[1]. Ceux qui quittent — tel le client qui cesse d'acheter ou l'employé qui cherche du travail ailleurs — cessent d'être des détenteurs d'influence, tandis que ceux qui choisissent la loyauté plutôt que la protestation — c'est le client qui achète sans discuter au tarif pratiqué, ce sont les employés qui font tout ce qu'on leur dit gentiment de faire — choisissent de ne pas participer en tant que détenteurs d'influence actifs (autrement qu'en soutenant d'une façon implicite la structure de pouvoir existant) :

> « Recourir à la protestation plutôt qu'au départ, revient pour le client ou le membre de l'organisation à changer les pratiques, les politiques ou les productions de la firme auprès de laquelle on achète, ou les résultats de l'organisation à laquelle on appartient. La protestation correspond ici à n'importe quelle tentative de changement, plutôt qu'à essayer d'échapper à un état de choses tout à fait insupportable... » (Hirschman 1970, p. 30)[2].

---

[1] Certains auteurs appellent le détenteur d'influence, un « dépositaire d'enjeux » du fait qu'il ou elle détient un enjeu dans l'organisation à la manière de l'actionnaire qui détient des actions.

D'autres utilisent le terme « requérant » en ce sens qu'il ou elle a un droit aux bénéfices de l'organisation. L'un et l'autre de ces termes, cependant ont tendance à inclure ceux qui font preuve de loyauté aussi bien que de volonté de s'exprimer.

[2] Il y a quelques liens entre ces trois options, ainsi que l'indique Hirschman. Quitter la scène ou faire sa sortie est quelquefois le dernier recours après une protestation qui est restée frustrée, ou dans le cas d'une grève (sortie momentanée) qui constitue un moyen d'ajouter à la protestation verbale. L'effet de sortie peut donner « un coup de fouet » quand la contestation verbale est la norme, ou vice versa, comme dans le cas de Ralph Nader qui a montré aux consommateurs comment utiliser la protestation au lieu de prendre la porte et ce à l'encontre des firmes automobiles (p. 125). Bien sûr, une incapacité à partir force l'individu mécontent à faire usage de la voix. Hirschman fait également la remarque intéressante suivante : la sortie fait partie de l'étude de l'économie et la prise de parole, des sciences politiques. Dans la théorie économique, le client ou employé non satisfait d'une entreprise, est censé passer à une autre... « soit l'on part, soit l'on reste ; c'est impersonnel » (p. 15). Par opposition, la protestation est un concept « bien plus embrouillé » car elle peut évoluer graduellement, en allant du grommellement

Qu'est-ce qui donne du pouvoir à la protestation de ceux qui restent et se battent ? **Le détenteur d'influence a essentiellement besoin 1) d'une source ou d'un fondement de pouvoir, 2) qui s'accompagne d'une dépense d'énergie, 3) d'une façon politiquement adroite quand cela s'avère nécessaire.** Ce sont là les trois conditions de base à l'exercice du pouvoir. Selon la formule concise d'Allison : « Le pouvoir... est un mélange flou de ... marchandages d'avantages, d'habilité et de volonté à utiliser les avantages du marchandage... » (1971, p. 168).

LES FONDEMENTS GÉNÉRAUX DU POUVOIR Le pouvoir d'un individu sur l'organisation ou à l'intérieur de celle-ci, dans le sens le plus élémentaire du terme, reflète une *dépendance* que l'organisation a — une brèche dans son propre pouvoir en tant que système — une « incertitude » selon le terme de Crozier, à laquelle l'organisation fait face (Crozier 1964 ; également Crozier et Friedberg 1977)[3]. Ceci est particulièrement vrai à propos des trois fondements du pouvoir sur les cinq que nous décrivons ici. **Ces trois fondements principaux sont le contrôle 1) d'une ressource, 2) d'un savoir-faire technique, ou 3) d'un ensemble de connaissances, n'importe lequel pour peu qu'il soit crucial pour l'entreprise.** Par exemple un fournisseur en position de monopole peut contrôler la fourniture de matière brute à une organisation, tandis qu'un expert peut avoir à contrôler les réparations d'un équipement important et hautement sophistiqué. Afin de servir comme fondement de pouvoir, une ressource, un savoir-faire ou des connaissances doivent avant tout être *essentiels* au fonctionnement de l'organisation. Deuxièmement, ce pouvoir doit être *concentré*, limité, ou encore entre les mains d'une personne ou d'un petit groupe de personnes qui coopèrent dans une certaine mesure. Et troisièmement, rien ne peut se *substituer* à lui, en d'autres termes, il est irremplaçable. Ces trois caractéristiques créent la dépendance — l'organisation a besoin de quelque chose et elle ne peut l'obtenir qu'en s'adressant au petit nombre de personnes qui en disposent .

Un quatrième fondement général du pouvoir découle de prérogatives légales — de droits exclusifs ou de l'apanage d'imposer des choix. La société, par l'intermédiaire de ses gouvernements et de son système judiciaire, crée un ensemble de prérogatives légales qui concèdent le pouvoir — un pouvoir formel — à des détenteurs d'influence divers. En premier lieu, les gouvernements se réservent le pouvoir d'autoriser la création de l'organisation et après

---

faible à la contestation violente... la protestation est l'action politique par excellence (p. 16). Mais les étudiants en sciences politiques ont également un « point aveugle » la « sortie » a souvent été marquée du stigmate « criminel » car elle a désigné la désertion, la défection, et la trahison » (p. 17).

[3] On peut trouver des discussions sur les fondements du pouvoir dans Allison (1971), Crozier et Freidberg (1977), Jacobs (1974), Kipnis (1974), Mechanic (1962), et Pfeffer et Salancik (1978).

d'imposer des règlements de toutes sortes. Ils investissent également les propriétaires et/ou les directeurs de l'organisation de certains pouvoirs, comprenant habituellement le droit d'employer et de renvoyer les cadres de direction. Et ces cadres, à leur tour, ont habituellement le pouvoir de recruter et de mettre à pied le reste des employés, et de leur donner des ordres, mais ils sont limités par d'autres prérogatives légales qui accordent du pouvoir aux employés et à leurs associations.

Le cinquième fondement du pouvoir dérive simplement de la possibilité qu'ont certaines personnes d'être proches de ceux qui disposent d'un pouvoir reposant sur les quatre autres. Cet accès au pouvoir peut être personnel. Par exemple les épouses et les amis des conseillers du gouvernement et des P.-D.G. ont du pouvoir simplement parce que ceux qui exercent des prérogatives légales, les écoutent. Le contrôle d'une importante circonscription où les électeurs eux-mêmes ont de l'importance — les clients qui achètent ou les contrôleurs des prix — peuvent également être une importante source de pouvoir. De même le pouvoir afflue vers ceux qui peuvent avoir une action déterminante sur d'autres détenteurs d'influence à travers les media — rédacteurs de presse, commentateurs de télévision et ainsi de suite.

Parfois l'accès au pouvoir passe par les échanges de services ; des amis et des partenaires s'échangent l'influence qu'ils ont dans leurs activités respectives. Dans ce cas, le pouvoir découle non pas d'une dépendance mais *d'échanges réciproques* ; on gagne du pouvoir dans un domaine en en abandonnant dans un autre. Ainsi que nous le verrons dans bien des exemples, dans ce livre, le jeu du pouvoir organisationnel se caractérise autant par des échanges réciproques que par des relations de dépendance — unilatérale ou asymétrique[4].

VOLONTÉ ET SAVOIR-FAIRE   Le fait d'avoir de quoi fonder son pouvoir ne suffit pas. L'individu doit agir afin de devenir un détenteur d'influence ; lui ou elle doit employer son énergie, doit utiliser les supports pour asseoir son pouvoir. Quand les supports sont formels, peu d'efforts sembleraient nécessaires pour l'utiliser.

Mais plus d'un gouvernement a fait passer des textes de loi qui n'ont pas été pris en compte, car il ne s'est pas donné la peine de se donner des moyens suffisants pour les faire appliquer. Pareillement des dirigeants trouvent souvent que leur pouvoir à donner des ordres signifie peu de choses s'il

---

[4] Les cinq catégories de pouvoir de French et Raven étant peut-être la typologie du pouvoir la plus souvent citée, devraient être rapprochées de ces cinq fondements de pouvoir. Leurs pouvoirs « rétributif » et « coercitif » sont utilisés d'une manière formelle par ceux qui ont des prérogatives légales et peuvent être utilisées d'une manière informelle par ceux qui contrôlent les ressources capitales, des savoir-faire, ou les connaissances (par exemple en les retenant de force). Leur pouvoir « légitime » correspond très étroitement à nos prérogatives légales et leur pouvoir « des experts » correspond à nos savoir-faire et connaissances importantes. On discutera plus loin de leur cinquième catégorie, le pouvoir par rapport à un « référent », dans notre section portant sur le savoir-faire politique.

n'est soutenu par des efforts garantissant leur exécution. D'autre part quand le support du pouvoir est informel, bien des efforts semblent nécessaires pour en faire usage. Si l'on ne peut donner des ordres, il faudra gagner des batailles. Et pourtant, ici également, le contraire est parfois vrai. Dans les universités, par exemple, le pouvoir circule vers ceux qui se donnent la peine de siéger dans les commissions. Ainsi que deux chercheurs l'ont indiqué dans une étude : « Comme il y avait peu de monde impliqué et que ceux qui étaient impliqués allaient et venaient, quelqu'un qui était disposé à consacrer du temps à être présent, pouvait souvent devenir quelqu'un d'influent. » (March et Romelaer 1976, p. 272). Dans le jeu du pouvoir c'est souvent la roue qui grince que l'on graisse.

En effet, la nécessité de faire preuve d'énergie pour atteindre des résultats, ainsi que le fait que ceux qui bénéficient d'assises importantes de pouvoir n'ont qu'une quantité limitée d'énergie personnelle à employer, implique que le pouvoir est distribué plus largement que notre discussion sur les fondements du pouvoir pourrait le laisser entendre. Ainsi, une publication révèle à quel point les aides-soignants dans un hôpital psychiatrique, tout en bas de la hiérarchie, pouvaient faire obstruction aux directives qui venaient du haut parce que, à eux tous, ils étaient disposés et aussi capables d'exercer bien plus d'efforts que ne le pouvaient les administrateurs et les docteurs. (Scheff 1961, nous en parlerons plus longuement au chapitre 13). Ceci signifie que les détenteurs d'influence font les difficiles dans le choix de leurs problèmes, concentrant leurs efforts sur ceux qui sont les plus importants à leurs yeux, et bien sûr, sur ceux où ils pensent l'emporter. Ainsi, Patchen (1974) pense que chaque détenteur d'influence délimite le territoire qui l'intéresse le plus, laissant les autres détenteurs d'influence s'occuper du reste.

Finalement, le détenteur d'influence ne doit pas seulement avoir une assise de pouvoir et employer son énergie, mais lui ou elle doit souvent le faire de manière intelligente, avec un savoir-faire politique. Bien des pouvoirs formels et informels soutenus par de grands efforts n'ont abouti à rien par manque d'à-propos politique. Les dirigeants, en profitant de ceux sur lesquels ils jouissent d'un pouvoir formel, ont souvent provoqué leur résistance voire leur révolte ; les experts perdent dans des affaires des aboutissements raisonnables parce qu'ils ne préparent pas des arguments adéquats. Le savoir-faire politique implique l'aptitude à utiliser les supports du pouvoir jusqu'au bout — à convaincre ceux auxquels on a accès, à faire usage de ses ressources, de ses moyens d'information, à utiliser son savoir-faire technique à fond dans les négociations, à exercer le pouvoir formel tout en sachant appréhender les sentiments d'autrui, savoir où concentrer son énergie, se rendre compte de ce qui est possible, organiser les alliances nécessaires.

Lié au savoir-faire politique, il y a un ensemble de caractéristiques intrinsèques au commandement — le charme, la force physique, l'attrait, ce que Kipnis appelle « les atouts personnels » (1974, p. 88). Le « charisme » c'est ce qui désigne cette qualité mystique qui attire vers une personne les disciples ou compagnons. Certaines personnes deviennent puissantes simplement parce que d'autres les soutiennent ; les partisans s'engagent à servir loyalement et unanimement.

Ainsi le pouvoir dépend d'une assise sur laquelle il se fonde, et il s'accompagne d'efforts et d'aptitudes à utiliser cette assise. Dans le reste du livre, nous adopterons ce point de vue et examinerons d'une façon plus concrète les canaux à travers lesquels le pouvoir s'exerce, ce que nous appelons les *moyens et les systèmes d'influence* : ces instruments spécifiques que les détenteurs d'influence sont capables d'utiliser pour obtenir des résultats.

LES ACTEURS PAR ORDRE D'APPARITION

Qui sont ces détenteurs d'influence auxquels nous nous sommes référés ? Nous pouvons d'abord faire la distinction entre les détenteurs d'influence internes et externes. **Les détenteurs d'influence internes sont les employés salariés à plein temps qui se font reconnaître et s'expriment ; ces personnes ont la responsabilité de prendre des décisions et agissent en prenant des mesures d'une manière permanente et régulière ; ce sont elles qui déterminent les résultats, résultats qui révèlent les buts poursuivis par l'organisation. Les détenteurs d'influence externes sont les non-salariés qui utilisent leurs bases d'influence pour essayer d'avoir un effet sur le comportement des employés[5].**

Les deux premières parties de notre théorie, sur les éléments du pouvoir, décrivent respectivement la *coalition externe*, constituée par les détenteurs d'influence externes, et la *coalition interne*, formée par les détenteurs d'influence internes.

(Du fait que le terme « coalition » a été retenu dans ce livre après bien des considérations, il est utile d'expliquer les raisons de son choix). En général, on a essayé d'éviter le jargon (de spécialiste(s)) chaque fois qu'on l'a cru possible — par exemple en employant le P.-D.G. au lieu de « coordinateur suprême ou au sommet ». Le terme « coalition » s'est avéré être une exception nécessaire. Comme il n'y a pas d'étiquette, connue ou non, pour distinguer le pouvoir à l'intérieur, du pouvoir à l'entour d'une organisation, il fallait en trouver une. Mais pourquoi « coalition » ? Parce que c'est celle qui semble convenir le mieux, même si elle risque d'induire en

---

[5] Ainsi que nous le verrons bientôt, il y a des circonstances dans lesquelles les agents d'influence externes peuvent imposer des décisions directement à l'organisation et d'autres où les salariés à temps plein œuvrent ensemble par l'intermédiaire de leurs associations syndicales externes, quand ils essaient d'avoir un effet sur les cadres supérieurs. Ainsi que Peffer et Salancik (1978, p. 30) le montrent, des agents peuvent faire partie de l'organisation aussi bien que de l'environnement de celle-ci. Néanmoins la distinction entre les salariés à temps plein — ces individus qui sont engagés d'une manière intense et régulière dans l'organisation — et les autres s'avèrera utile et importante dans tout ce qui suit.

erreur le lecteur au début. Le mot coalition est normalement utilisé pour désigner un nombre de personnes qui se regroupent pour gagner un litige. Comme l'indique l'équipe de recherche Hickson, à l'université de Bradford, ce terme a la connotation « d'accords manigancés et d'alliances » (Astley et autres 1980, p. 21). Visiblement nous n'utilisons pas ce mot, dans ce sens, du moins pas au début. Nous l'utilisons davantage dans le sens que Cyert et March (1963) ont introduit ; la coalition, pour eux, est un groupe de personnes qui négocient entre elles pour déterminer une certaine répartition de pouvoir organisationnel. Mais à mesure où nous avançons dans notre discussion, le lecteur découvrira que les deux significations vont se rapprocher de plus en plus pour être identiques. En premier lieu, dans la coalition externe ou interne, les différents détenteurs d'influence se regroupent autour ou à l'intérieur de la même organisation pour satisfaire leurs besoins. Ils forment effectivement une sorte de « coalition ». Ainsi qu'Hickson et d'autres l'indique dans une publication plus ancienne. « C'est leur coalition d'intérêts qui soutient (ou détruit) l'organisation. » (1976, p. 9)[6]. D'une manière plus importante, nous allons voir que les détenteurs d'influence internes et externes forment les uns et les autres des systèmes de pouvoir, plutôt stables, et habituellement centralisés par nature. Ceux-ci deviennent des moyens semi permanents pour répartir des bénéfices, et ainsi ressemblent à des coalitions dans l'acception habituelle du terme.

Notre jeu du pouvoir compte dix groupes de détenteurs d'influence possibles, indiqués ci-dessous par ordre d'apparition. Les quatre premiers se trouvent dans la coalition externe :

* En premier viennent les *propriétaires* qui détiennent le droit légal du titre de l'organisation. Certains d'entre eux ont peut-être eu l'idée de créer l'organisation au départ, et ont servi de courtiers pour faire se rencontrer les premiers détenteurs d'influence.

* En second, viennent les *associés*, les fournisseurs des ressources d'énergie de l'organisation, les clients pour les services et les produits, ainsi que les partenaires commerciaux et les concurrents. Il importe de faire remarquer que seuls les associés qui ont recours à la contestation — par exemple, ceux qui ont des contacts autres que de nature purement économique — comptent parmi les détenteurs d'influence de la coalition externe.

* En troisième lieu, *les regroupements de salariés*, c'est-à-dire les syndicats et les organismes professionnels. Ceux-ci sont également considérés comme des détenteurs d'influence dans la mesure où ils cherchent à influencer l'organisation autrement que d'une manière économique, à se faire reconnaître afin d'exercer un effet directement sur les décisions et les actions de l'organisation. De telles associations se considèrent comme représentant

---

[6] On peut remarquer que le groupe Hickson dans la publication 1980 citée plus tôt (sous Astley et les autres) décida de remplacer le mot « coalition » par « constellation ». On a essayé de faire la même chose dans ce livre-ci, mais ce terme qui n'a pas tout à fait la connotation adéquate, a été abandonné.

autre chose que de simples fournisseurs de main-d'œuvre. Il faut remarquer que les associations d'employés, sont considérées elles-mêmes comme des détenteurs d'influence *externes* même si elles représentent des gens qui peuvent être des détenteurs d'influence internes. En agissant collectivement, par l'intermédiaire de leurs représentants, les employés choisissent d'exercer leur influence sur l'organisation en se situant à l'extérieur des canaux habituels de prise de décison et de mise en action, pour une large part à la manière des propriétaires et des clients. (A titre individuel ou même en groupe, mais de façons différentes, les employés peuvent évidemment faire sentir leur influence directement, sur ces manières de procéder, mais en tant que détenteurs d'influence internes. Plus tard, nous verrons en fait que c'est à cause d'une impuissance significative dans la coalition interne qu'ils agissent collectivement dans la coalition externe).

* Une quatrième catégorie comporte les différents « *publics* » de l'organisation, des groupes représentant des intérêts généraux ou particuliers du public en général. Nous pouvons diviser ces publics en trois :
1) des groupes généraux tels que des familles, les chefs de file et assimilés,
2) des groupes d'intérêt particulier tels que les mouvements écologistes ou des institutions communautaires locales et
3) le gouvernement sous tous ses aspects — national, régional, local, les services et les ministères, les agences de réglementation et de contrôle, etc.

* Un autre groupe de détenteurs d'influence, qui est en fait constitué de représentants des quatre autres groupes déjà mentionnés, aussi bien que de représentants des détenteurs d'influence internes, sont les *administrateurs* de l'organisation. Ils constituent une sorte de « coalition formelle ». Ce groupe se trouve à l'interface des coalitions externe et interne ; mais du fait qu'il ne se réunit que par intermittence et également pour d'autres raisons que nous discuterons au chapitre 6, il est considéré comme faisant partie de la coalition externe.

La coalition interne comporte six groupes de détenteurs d'influence :
* Le premier est celui de la direction générale de l'organisation ; Papandréou l'appelle « le coordinateur au sommet ». Nous-mêmes nous nous y référons en retenant la personne seule qui est à la tête de l'autorité hiérarchique, appelée le *président directeur général* ou P.-D.G.[7].

* Le deuxième groupe est celui des « *opérateurs* » ces travailleurs qui fabriquent les produits et génèrent les services ou qui en fournissent les supports directs tels que les opérateurs de machines dans l'usine de production ou les médecins et le personnel infirmier dans l'hôpital.

* Le troisième groupe concerne les cadres qui constituent l'autorité hiérarchique et qui se trouvent à différents niveaux de la ligne hiérarchique ; celle-ci va du P.-D.G. jusqu'aux agents de maîtrise de la première ligne de

---

[7] Un autre terme qui apparaît fréquemment dans les publications plus récentes est « coalition prédominante ». Mais nous ne souhaitons pas anticiper l'analyse du pouvoir à partir d'un de nos groupes de détenteurs d'influence par le seul choix de ce titre.

contrôle, auxquels les opérateurs rendent compte d'une manière formelle. Nous les appellerons simplement *l'encadrement*.

* Le quatrième groupe concerne les *analystes de la technostructure*, ces spécialistes parmi le personnel fonctionnel qui s'occupent de la conception et de l'exploitation des systèmes pour la planification et le contrôle formel ; il s'agit de personnes telles que les analystes du bureau d'études ; les spécialistes du calcul des coûts, et les faiseurs de plans à long terme.

* Le cinquième groupe est celui *des fonctions de support logistique* ; les spécialistes de ce groupe fournissent un support indirect aux opérateurs et au

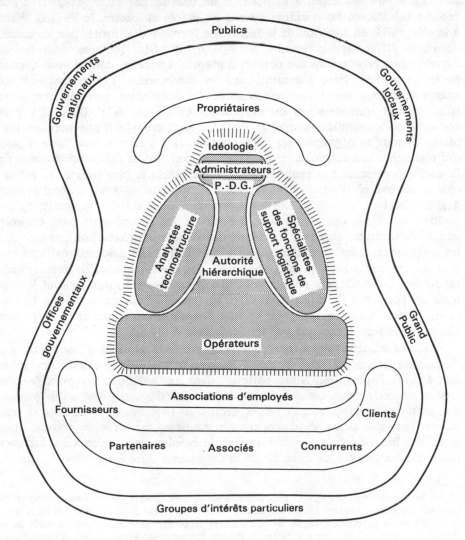

Figure 3-1. *La distribution, les différents acteurs.*

reste de l'organisation ; dans une entreprise commerciale c'est par exemple le personnel qui s'occupe du courrier, le chef de la cafétéria, les équipes de recherche, les responsables des relations publiques et les membres du département juridique[8].

* Enfin, il existe un onzième agent dans le système de pouvoir organisationnel ; un agent qui est techniquement inanimé mais qui en fait montre bien qu'il a une vie propre, il s'agit de *l'idéologie* de l'organisation — l'ensemble de croyances partagées par les détenteurs d'influence internes, et cet ensemble se distingue de celui d'autres organisations.

La figure 3-1 montre la position de chacun des onze groupes, d'une façon schématique. La coalition interne est placée au centre, le P.-D.G. étant à la tête, suivi, en fonction de la hiérarchie formelle d'autorité, par les cadres de rangs différents, et ensuite les opérateurs. (En quelques endroits de l'étude, nous accepterons ces notions d'autorité formelle, dans d'autres, nous ne le ferons pas. Pour l'instant, nous les conservons). Les analystes et les agents de support logistique sont situés sur les deux côtés, pour indiquer leurs rôles en tant que membres du personnel. Au-dessus du P.-D.G. il y a le conseil d'administration auquel le P.-D.G. rend compte d'une manière formelle. Et puis se dégageant de l'organisation, il y a comme une sorte d'aura qui représente son idéologie. Entourant tout ceci, il y a différents groupes de la coalition externe. Les propriétaires ont été placés le plus près de la hiérarchie et du conseil d'administration, car les propriétaires sont souvent enclins à y exercer leur influence. Les associés sont placés autour du centre opérationnel, là où les opérateurs sont à l'œuvre, les fournisseurs sont du côté gauche (ressources, énergie), les clients du côté droit (production), tandis que les partenaires et les concurrents sont placés entre. Les associations représentant les employés sont placées tout près des opérateurs qu'ils représentent tandis que les différents publics sont placés en cercle autour de tout le système du pouvoir : ils influent en effet sur chacune des parties de la figure. Ainsi on peut voir sur la figure 3-1 que l'organisation existe dans un champ complexe de forces exercées par les détenteurs d'influence.

On examinera tour à tour chacun de ces onze groupes d'acteurs du jeu du pouvoir organisationnel en même temps que les moyens d'influence qu'ils ont à leur disposition. Nous partons, dans cette étude, du principe que chacun de ces acteurs est poussé par les besoins liés aux rôles qu'ils jouent. Par exemple les propriétaires seront décrits en tant que propriétaires et non pas en tant que pères, épiscopaliens ou monstres assoiffés de pouvoir. Les gens sont bien sûr mûs par une variété de besoins : des valeurs intrinsèques telles que les besoins de contrôle ou d'autonomie ou encore selon la théorie

---

[8] Pour avoir une description plus détaillée concernant chacun de ces cinq groupes aussi bien que des éclaircissements sur les différences entre le personnel de la technostructure et celui des fonctions de support logistique, de la hiérarchie et du personnel en général, il suffit de se reporter au chapitre 2 du livre « Structure et dynamique des organisations » (Éd. d'Organisation 1982).

de la hiérarchie des besoins de Maslow (1964) : les besoins physiologiques de sécurité, d'amour, d'estime, de réalisation de soi ; ils peuvent être encore mûs par des valeurs inculquées lorsqu'ils étaient enfants ou qui se sont développés plus tard grâce à des activités sociales ou des processus d'identification variés. Ils sont encore poussés par le besoin d'exploiter à fond les aptitudes et le savoir-faire qu'ils possèdent, par leurs désirs de répéter des expériences réussies ou d'éviter de répéter des expériences pénibles, par l'opportunisme, par l'envie d'exploiter toutes les occasions qui se présentent à eux. Tous ces besoins font partie du tempérament de chaque détenteur d'influence et ils mènent à une variété infinie de comportements. C'est pourquoi il est important de les comprendre tous, mais ils dépassent les limites de ce livre. Ici nous nous bornons à concentrer notre attention sur les comportements qui sont dictés uniquement par des rôles. Nous postulons tout au long de ce livre que chacun des groupes dont il a été fait mention précédemment est poussé à conquérir du pouvoir à l'intérieur de l'organisation ou à la dominer ; en d'autres termes chacun d'eux est un détenteur d'influence. Notre étude porte ensuite sur les objectifs que chacun essaye d'atteindre, sur les moyens ou systèmes d'influence que chacun a à sa disposition, sur la somme de pouvoir que chacun finit par obtenir grâce au rôle qu'il joue dans la coalition de pouvoir à laquelle il appartient. C'est le point de départ de l'étude de notre théorie.

PREMIÈRE PARTIE

LA COALITION EXTERNE

Nous commençons notre étude des éléments de la théorie du pouvoir à l'intérieur et à l'entour des organisations, par la coalition externe. Elle est constituée par ces détenteurs d'influence qui ne sont pas engagés à plein temps dans l'organisation — ceux qui se trouvent à l'entour plutôt qu'à l'intérieur. Le chapitre IV introduit les quatre groupes principaux de détenteurs d'influence externes : les propriétaires, les associés, les associations ou syndicats d'employés et les différents publics qui les entourent tous. Puis le chapitre V examine les différents moyens d'influence que les détenteurs d'influence externes ont à leur disposition étant donné qu'ils doivent agir par l'intermédiaire des détenteurs d'influence externes pour avoir un effet sur les résultats de l'organisation. Ces moyens comportent des normes sociales, des contraintes formelles, des campagnes d'opinion et de pressions et une variété de contrôle direct. Un cinquième moyen d'influence externe, notre dernier groupe de détenteurs d'influence externes, fait l'objet d'une étude plus détaillée dans le chapitre VI ; il s'agit des membres du conseil d'administration. Finalement dans le chapitre VII nous nous efforçons de rassembler certains éléments de cette première partie pour étudier trois types de coalition externe fondamentaux : la coalition dominée, la coalition divisée et la coalition passive.

Chapitre 4
Les détenteurs d'influence externes

Quatre groupes de détenteurs d'influence externes constituent la coalition externe de l'organisation : il s'agit des propriétaires de l'organisation, des associés qui traitent avec elle, les associations qui représentent les employés et les différents publics qui les entourent tous. Nous les étudierons chacun, l'un après l'autre.

LES PROPRIÉTAIRES

Ils sont les détenteurs d'influence qui détiennent légalement l'organisation. Le droit de propriété peut revêtir différentes formes ; du boutiquier qui possède seul son magasin aux millions d'actionnaires qui conjointement possèdent une entreprise géante, de cette même entreprise en y incluant ses propres filiales, au gouvernement qui « possède » le système postal et les organismes de réglementation.

Les propriétaires contribuent à l'organisation de deux façons. D'abord certains d'entre eux généralement créent l'organisation pour commencer et dans de nombreux cas ils recrutent les cadres pour mettre en place la structure. Et ce sont eux qui fournissent à l'organisation son capital initial pour démarrer ; et parfois ensuite ils apportent des fonds pour maintenir la rentabilité financière de leur investissement ou avoir de l'influence dans des actions spécifiques que l'organisation entreprend.

Nous pouvons distinguer d'une manière formelle cinq types différents de propriété au moins. D'abord la propriété personnelle, où un ou quelques individus identifiables possèdent l'organisation à titre personnel. Dans le cas d'une exploitation personnelle ou d'une association en nom collectif, les propriétaires que l'on appelle parfois les entrepreneurs ou chefs d'entreprise, dirigent effectivement leur propre organisation. Dans de nombreux cas ce type de propriété classique s'est effacé devant une seconde forme plus compliquée que l'on peut appeler la *propriété institutionnelle*. Dans ce cas une organisation en possède une autre comme par exemple une grosse entreprise qui a une filiale, un ordre religieux, son école, et un gouvernement son système postal.

Le troisième type de propriété est la propriété dispersée, où plusieurs individus possèdent ensemble une organisation comme par exemple la société américaine de téléphone et de télégraphe qui comptait trois millions d'actionnaires au début de 1980. Un cas spécial de *propriété dispersée* correspond à notre 4ᵉ groupe, on appelle ce genre de propriété, *coopératives*. Dans ce cas c'est un autre groupe de détenteurs d'influence — les employés ou clients ou fournisseurs — qui possèdent l'organisation. Dans le cas d'une coopérative agricole les fournisseurs possèdent leur agence de marketing ; dans une coopérative de vente au détail, ce sont les clients qui possèdent l'organisation qui les fournit. Dans les usines de Yougoslavie les travailleurs possèdent les organisations qui les emploient. Evers et autres (1976) indiquent qu'environ la moitié de toutes les familles américaines possèdent des valeurs ou des actions dans des coopératives, bien plus qu'elle n'en possèdent dans les grandes entreprises publiques à but lucratif. Sans compter toutes les organisations bénévoles — clubs, partis politiques, syndicats, syndicats professionnels — qui sont effectivement la propriété de leurs membres sous forme de coopérative.

Enfin il existe certaines organisations *sans* droit de propriété. Les universités privées, les œuvres de bienfaisance, et assimilés ne sont pas habituellement la propriété d'un groupe identifiable ; elles sont fondées grâce à des chartes accordées par le gouvernements à des conseils d'administration qui se perpétuent eux-mêmes.

Si on laisse de côté ce cinquième type de propriété, les quatre autres impliquent deux aspects essentiels de la propriété. Le premier concerne la *participation*, cet aspect permet de faire la distinction entre les propriétaires qui jouent d'autres rôles à l'intérieur et à l'entour de l'organisation de ceux qui en sont dégagés, ceux qui en sont uniquement les propriétaires. Dans le cas de coopératives d'acheteurs ou de fournisseurs, ainsi que dans les filiales intégrées verticalement à leur société mère (qu'elles soient client ou fournisseur), les propriétaires participent aux activités quotidiennes de l'organisation, d'une façon naturelle même si elle est indirecte. Dans le cas d'exploitations personnelles, d'associations en nom collectif, et de coopératives de salariés, les propriétaires participent directement et étroitement aux activités quotidiennes de l'organisation. Au contraire les propriétaires dégagés de toute participation à la vie de l'entreprise, sont totalement éloignés des décisions et des actions de l'organisation. Devenir détenteurs d'influence dans le système de pouvoir exige de leur part un plus grand effort.

Le deuxième aspect est la *dispersion* (ou son contraire, la *concentration*) de propriété. Comme le titre de propriété peut être entre les mains d'un seul individu ou des trois millions d'actionnaires d'American Telephone and Telegraph, il s'ensuit que les organisations peuvent être tenues de façon « étroite » ou « large ». La concentration de la propriété peut aider à surmonter le problème du non-engagement du propriétaire dans l'organisation puisqu'un propriétaire unique peut créer un rapport étroit avec la direction. Au contraire la dispersion de la propriété peut ruiner les avantages de la participation à l'organisation puisque des milliers de salariés, clients ou fournisseurs ne peuvent pas maintenir aisément un contact étroit avec la direction centrale.

La combinaison de ces deux aspects nous donne la matrice 2 × 2, suivante :

	Propriété concentrée	*Propriété dispersée*
Propriété sans implication	Entreprises tenues d'une manière étroite Conglomérats, filiales, agences	Entreprises tenues d'une manière large
Propriété avec implication	Exploitations personnelles, société en nom collectif, filiales intégrées verticalement et agences	Coopératives

Une question cruciale dans l'étude du pouvoir organisationnel particulièrement quand il s'agit des grosses sociétés où l'emprise est floue est de savoir si l'on peut dire que les propriétaires contrôlent l'organisation. Du point de vue légal la réponse est traditionnellement « oui ». Mais même les prérogatives légales cèdent devant les revendications d'autres « requérants ». Le droit allemand par exemple accorde aux salariés autant de sièges dans les conseils d'administration des grandes entreprises qu'aux propriétaires.

Mais plus intéressant est le problème de contrôle de fait : est-ce que les propriétaires contrôlent réellement les décisions des organisations qu'ils possèdent ? Dans le cadre de notre théorie la réponse dépend clairement non pas de leur titre légal de propriété mais de l'influence qu'ils peuvent avoir dans le jeu du pouvoir que nous décrivons. En reprenant les deux dimensions de notre matrice nous pouvons proposer le postulat suivant : **plus les propriétaires sont impliqués et plus leur propriété est concentrée, plus leur pouvoir est grand dans la coalition externe.** Autrement dit en nous référant à notre matrice les exploitations personnelles, les sociétés en nom collectif, les filiales intégrées verticalement et les agences devraient être contrôlées étroitement par leurs propriétaires tandis que les grosses sociétés où l'emprise des propriétaires est floue devraient être contrôlées moins étroitement. En réalité cette question a fait l'objet de débats passionnés à propos du contrôle des entreprises américaines géantes. Les Américains ont pris conscience de ce problème d'une manière aiguë au moment de la publication en 1932 d'un ouvrage sujet à controverses intitulé « Entreprise moderne et propriété privée ». Dans cet ouvrage les auteurs Adolf Berle et Gardiner Means présentaient une série en continuité de cinq types de propriété d'entreprise où le contrôle réel diminuait graduellement :

1. *Le contrôle grâce à un droit de propriété probablement total* : « ... un seul individu ou un petit groupe d'associés possèdent tous ou pratiquement tous les titres mis en circulation. Ils sont probablement dans une position de contrôle... étant à même d'élire et de dominer la direction. » (p. 67).

2. *Le contrôle grâce à une participation majoritaire* : « ... la propriété d'une majorité des titres par un seul individu ou un petit groupe donne à ce groupe pratiquement tous les pouvoirs de contrôle légaux qui seraient sinon détenus par un seul propriétaire d'entreprise... » (p .67).

3. *Le contrôle grâce à une participation minoritaire* : « Un individu, ou un petit groupe, du fait qu'il détient une participation suffisante dans le capital, est en mesure de dominer une entreprise. On dit d'un tel groupe qu'il a un contrôle d'exploitation de la société... fondé sur leur aptitude à se procurer suffisamment de procurations auprès de propriétaires dispersés qui, ajoutées à leurs participations minoritaires appréciables, contrôlent la majorité des votes lors des élections annuelles... Plus la compagnie est grande et plus la répartition des titres est étendue plus il est difficile de déloger une minorité qui a la mainmise sur l'organisation. » (p. 75). Berle et Means font remarquer cependant : pour peu que la direction veuille défier les actionnaires disposant d'une participation minoritaire grâce au mécanisme de vote par procuration qui est entre les mains de la direction, le groupe de participation minoritaire n'a que le recours dispendieux d'adresser un deuxième jeu de procuration aux actionnaires et de viser leur soutien contre la direction.

4. *Le contrôle grâce à un moyen légal* : Le cas du « cumul en pyramide » par lequel un individu ou un groupe d'individus est capable de faire fructifier des participations minoritaires relativement modestes pour aboutir au contrôle d'un vaste réseau d'entreprises. Les auteurs relatent l'histoire des frères Van Swerangen qui en 1930 prirent le contrôle de 8 sociétés de chemin de fer en spéculant et cumulant en pyramide un investissement de 20 millions de dollars, se retrouvèrent avec des actifs additionnés de plus de deux milliards. Bien que ce type de spéculation « pyramidal » est interdit maintenant aux États-Unis, d'autres possibilités semblables existent toujours. Par exemple les sociétés mutuelles, les caisses de retraites et les sociétés d'assurance jouissent d'un pouvoir potentiel considérable grâce aux énormes paquets d'actions qu'elles achètent pour le compte de leurs clients, pouvoir qu'elles se refusent fermement à utiliser.

5. *Le contrôle par la direction* : Il s'agit du cas « où la propriété est tellement dispersée qu'aucun individu ni petit groupe n'a suffisamment de participation minoritaire pour dominer les affaires de la société » (p. 77). Il

en résulte que selon Berle et Means, le pouvoir passe entre les mains de la haute direction (c'est-à-dire dans la coalition interne). Ces chercheurs citent une série d'exemples d'entreprises sous contrôle de la haute direction, par exemple la société de chemin de fer de Pennsylvanie où, en 1929, l'actionnaire le plus important ne détenait que 0,3 % des actions mises en circulation, société encore dans laquelle tous les actionnaires réunis — et il y en avait 236 en tout — qui détenaient plus de 500 actions, ne détenaient pas 5 % de tout le capital.

En supposant qu'une possession minimum de 20 % des actions est nécessaire pour s'assurer le contrôle grâce à une participation minoritaire et supplanter un contrôle de la haute direction Berle et Means ont découvert, et cela apparaît dans le tableau 4-1, qu'en 1929, sur les 200 entreprises américaines les plus importantes (industries, chemin de fer, et entreprises publiques) 44 % étaient contrôlées par la haute direction, 44 % par des actionnaires à participation minoritaire, y compris ceux qui utilisaient des moyens légaux, et 11 % par des actionnaires à participation majoritaire ou propriétaires à part entière. Une étude complémentaire en 1963 avec 10 % en moins d'actions en participation minoritaire révéla que les chiffres cités plus haut passaient respectivement à 84, 5 %, 13 % et 2,5 %. Ces chiffres suscitent des controverses considérables dans le monde de la finance et de l'économie et plusieurs études se sont efforcées de montrer que (a) même le chiffre de 10 % est trop élevé car le contrôle grâce à une participation minoritaire s'effectue avec des chiffres bien plus bas et que (b) un pourcentage bien plus important de grosses entreprises américaines sont en fait contrôlées directement par des actionnaires à participation minoritaire. Ainsi Eisenberg (1974) cite une étude qui laisse apparaître que pour environ un tiers des 520 entreprises industrielles les plus importantes des États-Unis, un individu ou une même famille possédait au moins 10 % des titres. Il cite une 2e étude qui a fait la preuve que la propriété était plus concentrée dans des entreprises plus petites. Zald (1969) cite une autre étude « impressionniste mais riche du point de vue historique » (p. 101) qui a indiqué que 2/3 des 200 entreprises les plus importantes possèdent de gros portefeuilles d'actions familiaux.

TABLEAU 4-1. *Contrôle des grosses entreprises américaines par leur propriétaire (industries, chemin de fer et entreprises publiques)*

	Pourcentage des 200 plus grandes sociétés	
	1929	1963
Propriété privée	6	0
Propriété à participation majoritaire	5	2,5
Propriété à participation minoritaire	23	9
Moyens légaux	21	4
Contrôle de la haute direction	44	84,5

Chiffres à partir de Berle et Means (1968, p. 358). Les chiffres de 1929 proviennent de la première édition de l'étude de Berle et Means publiée en 1932 (notez qu'un pour cent des entreprises étaient donné comme étant en règlement judiciaire) tandis que les chiffres de 1963 proviennent d'une étude faite par R.J. Larner intitulée « propriété et contrôle dans les deux cents entreprises les plus importantes, entreprises non financières 1929-1963 », « The American Economic Review » (1966, pp. 781 et suivantes). Notez que l'étude de 1929 utilisait 20 % de participation en capital comme chiffres limite par rapport au contrôle de la haute direction tandis que l'étude de 1963 utilisait un pourcentage de 10 % pour définir la participation en capital minoritaire. Document utilisé avec la permission des auteurs.

Tandis que ces discussions ont servi à montrer que les propriétaires existent toujours en tant que membres de la coalition externe pour au moins quelques grosses entreprises, elles n'ont pas refroidi l'enthousiasme des chercheurs, à propos de l'hypothèse qui ne cesse de se répandre de plus en plus que le contrôle effectif des grandes entreprises est passé d'une façon croissante, des propriétaires aux dirigeants. En réalité, nous verrons plus tard la preuve que la plupart des actionnaires des grosses entreprises, quand ils sont tout à fait dispersés, ne peuvent absolument pas être considérés comme des détenteurs d'influence. De plus en plus ils apparaissent comme des fournisseurs de capital, peu concernés par l'entreprise en dehors de leur relation purement économique avec elle. En premier lieu ils n'ont pas créé l'entreprise et ils montrent très peu d'intérêt véritable à son égard. Quand ils se sentent insatisfaits par la tournure de l'opération ils vendent leurs titres et c'est caractéristique. Autrement dit, leur choix consiste presque toujours à quitter plutôt qu'à se faire entendre. (La même chose s'est révélée être le cas pour les caisses de retraite, les sociétés mutuelles et les compagnies d'assurances. Nous verrons un phénomène équivalent en ce qui concerne les propriétaires dispersés de nombreuses coopératives).

De ce fait, à notre question : « Est-ce que le droit de propriété sur une organisation confère un droit de contrôler son fonctionnement ? » La réponse doit être, pour le moins : « pas nécessairement ».

LES ASSOCIÉS

Si le passage précédent nous apprend que les propriétaires, qui sont censés jouer un rôle important dans la coalition externe peuvent devenir des associés détachés de l'entreprise, alors ce passage-ci fait apparaître que les associés, qui sont supposés jouer un rôle purement économique à l'extérieur du système de pouvoir peuvent en fait devenir des détenteurs d'influence à l'intérieur de la coalition externe.

Ainsi qu'on l'a fait remarquer dans le chapitre 3, l'associé d'une organisation — un fournisseur, un client, un partenaire ou un concurrent — qui s'engage dans une relation purement économique avec une organisation, c'est-à-dire qui fait le commerce de biens ou de services sans l'intention d'influencer directement le moindre des fonctionnements de l'entreprise, n'est pas considéré comme faisant partie de la coalition externe. Dans cette relation strictement de marché, les associés achètent ou vendent quand le prix et le produit leur conviennent, autrement ils vont ailleurs. Ils ne cherchent pas à se faire entendre, ils n'imposent pas d'influence particulière à l'organisation.

C'est le comportement caractéristique d'un grand nombre d'associés, surtout quand les marchés sont purement compétitifs. Le fournisseur de savon à une prison s'intéresse très peu à la façon dont sont traités les détenus ; le client d'un salon de coiffure s'intéresse peu de savoir si ce salon est en quête de profit ou de croissance.

Mais exactement comme les marchés ne sont pas tous compétitifs, tous les associés ne sont pas désintéressés. Une diversité de facteurs les encouragent à exercer une plus grande influence sur les activités de l'organisation que la théorie économique traditionnelle voudrait nous le faire croire. Un tel facteur est la concentration économique qui crée des dépendances. Un fournisseur ou un client qui contrôle le marché — un monopoliste ou un monopsoniste — peut exercer un pouvoir sur l'organisation et tirer ainsi certains avantages.

David Jacobs (1974) analyse ce problème dans une publication intitulée « Dependency and Vulnerability : An Exchange Approach to the Control of Organizations ». (Dépendance et vulnérabilité : une approche de l'organisation en termes d'échanges.) Il reconnaît cinq points sur lesquels les organisations sont dépendantes de leur environnement : acquisition des ressources, vente de la production, acquisition de capital, acquisition de facteurs de production et recrutement de main-d'œuvre. Jacobs reconnaît deux conditions nécessaires à une relation de dépendance, que l'objet reçu en échange soit indispensable et qu'il soit disponible auprès d'autres sources. Ainsi les organisations sont dépendantes dans le cas où des ressources essentielles ne sont disponibles qu'auprès de quelques fournisseurs, comme dans le cas d'une station d'essence qui doit acheter toute son essence auprès d'une compagnie pétrolière donnée.

Mais la dépendance peut être contrebalancée par des efforts. Des fournisseurs ou des clients vulnérables peuvent aller chercher des moyens pour contrôler leurs actions directement dans la coaliton externe de leurs associés. Ainsi que Hirschman le fait remarquer : l'importance de se faire entendre augmente à mesure que les possibilités d'échapper à la dépendance baissent (1970, p. 34) dans la mesure où l'associé qui ne peut pas sortir d'une relation économique s'en remet à la protestation. Ainsi les parents qui se sentent dépendants du système scolaire de leurs enfants et qui s'inquiètent de la qualité de l'enseignement se battent pour faire partie du conseil d'école afin d'influencer son fonctionnement.

Jacobs traite également de la dispersion des associés : « dans la mesure où les acheteurs des produits d'une organisation sont éparpillés et considérablement dispersés, ils sont moins à même d'exercer un contrôle étroit sur l'organisation » (p. 55). Suffisamment provoqués par les agissements de l'organisation des associés dispersés peuvent cependant également exercer les efforts nécessaires pour compenser le déséquilibre de pouvoir : ils peuvent s'organiser en une force concentrée et unifiée pour faire pression sur l'organisation. Jacobs cite l'exemple du refus des acheteurs israélites à acheter des automobiles Ford pendant les années 30, à cause des attitudes antisémites d'Henry Ford. Et Richards (1978, p. 77) discute du cas des clients d'I.B.M. qui s'organisèrent pour demander la création de certains programmes et les locataires d'appartements dont les associations ont collecté et conservé les loyers pour faire pression sur les propriétaires pour qu'ils améliorent les services. Dans tous ces cas nous avons affaire à des groupes d'associés qui se trouvent manifestement dans des relations purement économiques avec des organisations et de ce fait à l'extérieur de leur coalition externe ; en réalité ils se servent du pouvoir qu'ils ont sur le marché grâce à leur nombre pour entrer dans ces coalitions pour essayer d'influencer directement les agissements des organisations.

Il existe trois facteurs importants qui mènent à une dépendance ou à des relations de pouvoir entre les associés et l'organisation : à quel point ils sont *indispensables, la possibilité de remplacement* et *la concentration.* **Ces trois facteurs peuvent être reformulés dans les propositions suivantes : Plus les ressources fournies à l'organisation par le fournisseur sont essentielles et plus le fournisseur jouit d'un pouvoir dans la coalition externe ; en outre, plus les fournisseurs ou les clients sont dans une position de concentration, plus grand est leur pouvoir dans la coalition externe ; et plus les clients ou les fournisseurs sont dépendants de l'organisation, plus ils exercent des efforts pour prendre une place dans la coalition externe de l'organisation.**

Un quatrième facteur qui mène au pouvoir des associés est la possibilité d'accès ou le fait *d'être familier.* **Plus la relation entre l'organisation et un** associé est longue et familière, plus ce dernier est susceptible d'avoir du pouvoir dans la coalition externe. Par exemple, nous nous attendons à ce que des malades en transit dans un hôpital aient moins d'influence sur les décisions prises par cet hôpital que des malades chroniques dans un hôpital pour tuberculeux (Hall 1972, p. 77). Pareillement dans une usine de fabrication, nous nous attendons à ce que des associés passant des commandes permanentes aient davantage d'influence que ceux qui achètent ou vendent uniquement quand il le faut. Ceux qui achètent ou vendent des produits sur mesure, ont davantage d'influence que ceux qui vendent ou achètent à partir d'un stock ; de même ceux qui négocient individuellement, ont plus d'influence que ceux qui soumissionnent à un appel d'offres[1].

Examinons maintenant brièvement les contributions faites à l'organisation par chacun des associés, ainsi que les façons par lesquelles chacun essaie d'agir directement sur le comportement de l'organisation.

LES FOURNISSEURS

Les fournisseurs livrent à l'organisation les ressources dont elle a besoin ; en compensation, dans des conditions économiques traditionnelles, ils ne demandent qu'un paiement financier. Mais quand il existe une sorte de dépendance ou de familiarité, il se peut qu'ils cherchent à obtenir davantage qu'une rémunération. Il se peut par exemple qu'ils essaient de se garantir les marchés pour leurs produits et qu'ils essaient même d'encourager l'organisation à acheter plus qu'il ne lui faut. Ainsi, le fabricant d'avions militaires cherche à approcher ceux qui prennent les décisions dans le gouvernement, pour agir directement sur les décisions qu'ils prennent quant aux types et aux nombres d'avions à acheter. Les fournisseurs dont dépend l'organisation risquent également de vouloir tirer parti d'une variété d'autres considérations. A l'occasion, d'un certain nombre de points dans notre discussion, nous présenterons des exemples illustrant les relations du pouvoir à partir d'études réalisées par nos étudiants en management et qui sont dans nos cours à l'université McGill. Dans une de ces études, un étudiant a découvert une relation de dépendance intéressante entre un champ de courses et ceux qui fournissaient les chevaux :

> « Il n'y a pas assez de chevaux dans les environs... pour pouvoir présenter les chevaux de qualité que le public aimerait voir. Ceci donne la possibilité aux cavaliers d'avoir leur mot à dire dans le monde des courses de chevaux... Les dirigeants du champ de course font tout ce qu'ils peuvent pour attirer et garder les meilleurs chevaux. Ils acceptent le fait d'avoir à consulter les cavaliers avant d'envisager un changement sur le champ de courses, voire à l'intérieur du champ de courses... Quand le gouvernement fédéral menaça de poursuivre les acheteurs de chevaux qui ne payaient pas la taxe provinciale sur les ventes des

---

[1] Pour trouver un exemple de recherche qui s'est efforcée à rendre opérationnelle les différents moyens de dépendance et de familiarité entre l'organisation et ses associés, et aussi ses propriétaires, il faut lire Pugh et autres (1968).

chevaux qu'ils achetaient, les propriétaires de chevaux et les éleveurs déléguèrent le vice-président du champ de courses pour régler cette affaire avec le gouvernement[2].

Un détenteur d'influence important dans n'importe quelle coalition externe peut être l'institution financière qui pourvoit l'organisation en capital. Les petites entreprises en particulier sont souvent, et c'est bien connu, à court de liquidités, et de ce fait sont dépendantes de leurs banquiers. De plus, la relation avec des financiers est souvent une relation de connaissance intime, entretenue par des rapports quotidiens et étroits. Conserver à ce type de relation un caractère purement économique est pratiquement impossible. Le fait qu'un banquier conservateur puisse retirer un prêt (c'est-à-dire l'éventualité d'un retrait, plus que le retrait lui-même) suffit pour influencer le penchant naturel d'un entrepreneur à prendre des risques (Papandréou 1952, pp. 199-200).

LES CLIENTS   Les clients sont censés acheter les produits et les services auprès d'une organisation en fonction du prix, de la conception, de la qualité, des conditions de livraison et ainsi de suite, en échange de paiements financiers. Mais de nouveau la dépendance et la connaissance intime compliquent les choses considérablement. Par exemple les clients de fournisseurs détenteurs d'un monopole tels que des entreprises publiques d'énergie électrique ou des compagnies de téléphone font tout ce qu'ils peuvent pour contrôler les prix de ces services.

C'est un fait intéressant du système de but organisationnel, que de tous les détenteurs d'influence, ce sont les clients qui sont le plus souvent prédisposés à traiter la mission de l'organisation comme son but premier. A la vérité, il n'est pas rare de voir les propriétaires et les dirigeants d'une entreprise commerciale se concentrer sur des buts tels que le profit et la croissance, en montrant peu d'intérêt pour la mission puisqu'ils changent les produits et les services comme ils l'entendent alors que les clients, eux, à l'intérieur de la coalition externe se battent pour préserver la mission. Quand les chemins de fer ont proposé de fermer des lignes déficitaires de transport de passagers, ce furent les clients — notamment ceux qui en dépendaient, qui n'avaient pas d'autres moyens de transport — qui cherchèrent à bloquer les décisions.

Parfois les associés sont à la fois fournisseurs et clients de la même organisation, et par là, sont à même de développer une relation plus intime avec elle, et ce à l'avantage de leur pouvoir dans la coalition externe. Les banques se trouvent souvent dans cette situation, en ce sens qu'elles prêtent des fonds à l'organisation tout en acceptant ses dépôts et en leur fournissant des services financiers. De telles situations peuvent conduire à une condition

---

[2] Extrait d'un mémoire soumis à l'auteur (cours politiques de management 701, université McGill 1969) par Claude Rinfret, Peter Ross, Myron Wolfe et Conrad Sabourin.

appelée d'une manière formelle : « réciprocité » qui est connue, d'une manière informelle, comme l'indique Perrow, sous les noms de « commission » ou « passe-droit » :

> « Des firmes importantes pratiquant la diversification ont d'énormes possibilités de pratiquer la réciprocité ; une unité de production a un contrat pour des véhicules de transport de troupes, blindés à l'aluminium, pour lesquels une grosse quantité de blindage à l'aluminium doit être achetée ; tandis qu'une autre unité du groupe fabrique de la soude caustique qui est utilisée pour faire de l'alumine. L'homme qui exploite ces opportunités s'appelle l'attaché aux relations commerciales ; maintenant de tels spécialistes ont même un syndicat professionnel. » (1970, p. 121).

Perrow signale que 60 % des cinq cents plus grandes sociétés industrielles américaines ont de tels spécialistes en échanges commerciaux et il y voit un signe de la centralisation croissante du pouvoir économique aux États-Unis et qui s'explique par les mouvements de fusion des conglomérats.

LES PARTENAIRES   Les partenaires rejoignent l'organisation dans des entreprises coopératives, quand par exemple une chaîne de télévision et une société d'électronique s'associent pour élaborer une nouvelle technologie d'émissions de télévision. Ceci leur donne une relation de connaissance intime avec l'organisation, ce qui peut alors conduire à ce qu'ils jouent un rôle dans la coalition externe de l'organisation.

LES CONCURRENTS   Finalement il reste le cas des concurrents. Une fois de plus, la théorie économique classique les place clairement à l'extérieur de la coalition externe. Ils sont censés être en concurrence avec l'organisation d'une manière détachée, purement économique. Mais cette hypothèse, comme bien d'autres est souvent battue en brèche. Les concurrents sont souvent affectés d'une manière importante par les agissements de l'organisation — ce qui fait qu'en un sens, ils sont dépendants d'elle — et ainsi ils cherchent souvent à entrer dans sa coalition externe. Les contacts intimes jouent ici également. Différents concurrents partagent les mêmes marchés, souvent sur de longues périodes de temps. Ils en viennent à se connaître. Et ils apprennent à « vivre » ensemble, autrement dit à développer des compromis bénéfiques pour les deux, des arrangements de coopération. Ceci tempère leur enthousiasme à s'entredéchirer. Perrow (1970, p. 124) raconte l'histoire d'une fabrique de caisses, qui, six semaines après qu'un feu l'ait détruite, était de nouveau en activité, grâce en partie à des concurrents qui détournèrent à son profit des nouvelles machines pour un montant de $ 600 000, qu'ils avaient en commande. Perrow attribue ce comportement à des « normes strictes quant à tirer parti d'un concurrent respecté dans certaines circonstances » (p. 124). La forme extrême de coopération entre des concurrents est le cartel, qui consiste à créer un accord — légal dans certains pays, clandestin dans d'autres — pour fixer les prix et se répartir les marchés.

Plus subtiles sont les activités des syndicats professionnels qui souvent ne servent pas seulement à encourager la communication entre des concurrents mais aussi à définir des prises de position communes sur des problèmes — sociaux, politiques, économiques — et ensuite à contrôler le comportement de ses membres. De telles associations ne se limitent pas à l'industrie ; quelques-unes des plus actives à contrôler les comportements en matière de fixation de prix sont les organisations des professions libérales. Si un membre de l'un de ces « clubs » en venait à ne pas jouer le jeu — en demandant trop peu aussi bien qu'en demandant de trop — des pressions sociales peuvent le remettre au pas.

LES ASSOCIATIONS D'EMPLOYÉS

Jusqu'à présent nous avons vu que les propriétaires, grâce à leur droit sur l'organisation, peuvent en effet devenir des fournisseurs à l'extérieur de la coalition externe, et que les associés, qui sont censés jouer un rôle purement économique, peuvent devenir des détenteurs d'influence importants à l'intérieur de l'organisation. Maintenant nous allons voir que les employés d'exploitation, qui habituellement constituent la majorité des détenteurs d'influence internes choisissent souvent d'exercer leur influence de l'extérieur par rapport à l'organisation, et quelquefois le font dans une relation purement économique qui en fait des associés ne faisant pas partie de la coalition externe. Ils se comportent ainsi grâce à deux types d'associations : les syndicats qui d'une manière caractéristique représentent les opérateurs d'organisations particulières, les moins qualifiés (et parfois également les membres du personnel non qualifié et même la ligne en dessous), et les organismes professionnels qui représentent des opérateurs beaucoup plus formés et les experts fonctionnels dans les organisations. Pourquoi est-ce que les opérateurs et d'autres employés choisissent d'exercer leur pouvoir dans la coalition *externe* ? D'abord il faut noter qu'*en tant qu'individus*, nombreux sont ceux parmi eux qui exercent également du pouvoir dans la coalition interne, c'est-à-dire dans la prise de décisions et dans le choix d'actions. Mais leurs associations, bien que fonctionnant à l'extérieur des procédures d'exploitation de l'organisation, permet aux travailleurs d'agir collectivement, c'est-à-dire d'amener leur pouvoir réuni à faire pression sur l'organisation. L'association peut faire face à la direction en tant que partenaire à égalité à la table des négociations, c'est ce que Galbraith (1952) a appelé un « contre pouvoir ». L'opérateur seul ne peut le faire.

Certes, dans le cas des syndicats, la raison pour laquelle les opérateurs manifestement en deviennent membres, est qu'ils se trouvent relativement impuissants en tant qu'individus dans la coalition interne. Ils ont et effectuent des tâches routinières lors d'opérations hautement bureaucratiques ; ceci signifie qu'en dépit de leurs rôles de preneurs d'initiatives, ils travaillent selon des normes strictes, ou des règlements, qui leur laissent peu de liberté de manœuvre en tant qu'individus pour avoir un effet sur les résultats. Collectivement, cependant, ils ont le pouvoir de changer les choses.

Les membres des professions libérales, d'autre part, étant donné que leur travail est hautement qualifié, ont manifestement davantage de pouvoir en tant qu'individus dans la coalition interne. Mais ce pouvoir s'appuie pour une large part sur l'existence des « chambres professionnelles ». Les membres de professions libérales eux aussi travaillent selon des normes, mais dans leur cas, ces normes s'appuient sur du savoir-faire et des connaissances. Une bonne partie de leur savoir-faire et de leurs connaissances vient de la préformation qu'ils ont reçue des membres des professions libérales, qui eux-mêmes sont sous le contrôle des chambres professionnelles. En fait ces chambres servent d'agents d'influence importants pour déterminer comment le travail de leurs membres doit s'effectuer[3].

Les syndicats européens ont eu tendance à agir comme détenteurs d'influence externes au sens plein du terme. Ils ont cherché à influencer toute une série de décisions organisationnelles allant des conditions de travail à des mesures stratégiques importantes prises par les entreprises. Ces dernières années, nombreux sont ceux qui ont poussé fortement à la « codétermination » ou à leur représentation formelle dans les conseils d'administration des entreprises, à côté des propriétaires. On examinera plus tard les résultats de ces efforts.

La tradition dans le mouvement syndical américain est cependant de rester à l'extérieur de la coalition externe, c'est-à-dire de négocier dans un sens purement économique en tant que fournisseur de main-d'œuvre et de laisser la prise de décision à la direction. Quand on lui eut demandé ce que les syndicats voulaient, le grand responsable du mouvement syndical américain, Samuel Gompers, répondit tout simplement : « Plus ». Ce qu'il entendait par là, c'était davantage d'incitations financières pour leur contribution en heures de travail. Et les « syndicats ont persévéré et continué d'être dans une large mesure des instruments de protection et d'augmentation des intérêts économiques immédiats de leurs membres. Cet objectif a été atteint surtout grâce aux négociations de conventions collectives établies avec la direction (mais non exclusivement) ». (Tannenbaum 1965, p. 717.)

Mais les syndicats américains ont également œuvré ces dernières années, pour que leurs membres soient considérés comme étant davantage que « des

---

[3] Récemment, les membres des professions libérales de certaines organisations particulières, se sont également syndiqués. On verra plus tard qu'ils semblent le faire quand ils sont considérés par les administrateurs comme étant des travailleurs non qualifiés (c'est-à-dire comme étant relativement impuissants) mais que la conséquence de la syndicalisation est d'encourager ce type de considération et cette manière de les envisager.

facteurs de production ». Par exemple ils se sont efforcés de négocier à propos des équipements de sécurité sur les postes de travail, de définir des politiques de chômage temporaire, et de promotion à l'ancienneté. En cherchant ainsi à peser directement sur des décisions précises, le syndicat entre dans la coalition externe de l'organisation, comme nous l'avons définie. Et les faits laissent suggérer, qu'en dépit d'une longue tradition contre cela, ce phénomène va inévitablement se répandre. La raison en est, de nouveau, la dépendance, dans la relation entre le travailleur et la direction. L'acceptation d'un emploi engage un individu par rapport à une organisation et le rend, lui ou elle, dépendant d'elle. Les employés ne prennent pas un emploi et ne quittent pas non plus un emploi comme les marchands achètent et vendent du blé, sur un marché des céréales. La décision d'accepter un nouvel emploi est tout à fait importante pour un individu. Il y consacre un tiers de son temps de veille ; l'accepter peut impliquer le déracinement d'une famille ; des systèmes de promotion basés sur l'ancienneté, ou même sur des contacts personnels, de même que des plans de retraite et ainsi de suite, ou encore l'habitude, servent à enfermer les employés dans leurs emplois, à les obliger à considérer cela comme un engagement à long terme. S'ils sont mécontents à propos de quelque chose fait par l'organisation, il se peut qu'il vaille mieux essayer de changer le comportement de l'organisation que de changer d'emploi. De ce fait il est naturel que des individus cherchent à avoir un contrôle sur les décisions et les actions de l'organisation, au moins celles qui les touchent directement. Et s'ils ne peuvent avoir un contrôle en tant que membres de la coalition interne, alors ils demeurent membres d'un syndicat et essayent d'obtenir ce contrôle en étant membres de la coalition externe.

Ceci suggère une entorse ironique aux hypothèses de la théorie économique classique, car maintenant c'est l'employé de l'organisation qui apparaît comme immobile, qui reste pour l'influencer, tandis que le propriétaire est celui qui plus souvent abandonne l'organisation quand il est mécontent, c'est-à-dire qu'il vend ses titres plutôt que de rester pour agir sur le comportement de l'organisation. Les employés se font entendre, tandis que leurs employeurs apparents, les propriétaires, quittent.

Précédemment, on a noté que le client peut être le membre de la coalition externe qui privilégie le plus la mission de l'organisation comme étant son but. Le syndicat, au contraire, peut être celui qui l'appuie le moins. Les travailleurs deviennent souvent des membres d'un syndicat parce qu'ils sont coupés de leur travail. Il se peut que leurs tâches soient monotones, et qu'ils ne les contrôlent pas ; eux-mêmes sont socialement isolés des niveaux de statuts plus élevés de la hiérarchie. Il leur devient naturel de s'engager peu dans le travail qu'ils font, encore moins dans le produit final qu'ils risquent même de ne jamais voir, et encore moins par rapport aux clients, créatures anonymes avec lesquelles ils risquent de n'avoir aucun contact. Dans ces conditions, il va de soi que les syndicats prennent position sur des sujets liés aux conditions de travail et de rémunération, et non sur les problèmes liés à la mission de l'organisation. Ceci place souvent les syndicats dans des positions diamétralement opposées aux intérêts des clients. En vérité, il n'est pas rare lors des négociations, de voir un syndicat qui défend les intérêts de ses membres s'opposer à la direction et aux propriétaires intéressés par des profits et la croissance, tandis que les intérêts du client sont négligés. Dans un marché où il n'y a pas de compétition, le seul recours que le client a, est de chercher du pouvoir dans la coalition externe.

LES PUBLICS

Ils représentent le dernier groupe de détenteurs d'influence externes. Ce groupe est le plus détaché de l'organisation d'un point de vue technique. Ce sont des personnes qui ne possèdent pas l'organisation, qui n'y travaillent pas, ne la fournissent pas et n'y font pas non plus leurs achats. Mais ils se sentent suffisamment touchés par ses actions pour essayer de l'influencer. On se référera à ces personnes comme étant les différents *publics* de l'organisation.

Quel droit ont-ils ces publics dans la coalition externe de l'organisation, n'ayant pas de relation formelle d'échanges avec elles ? Il y a ici toute une variété de points de vue. Une orientation classique de la théorie sociologique, que l'on identifie habituellement avec Talcott Parsons (1960), voit dans l'organisation, un instrument de la société, la mission étant son premier but. Autrement dit, chaque organisation existe afin de remplir une utilité de fonction sociale — l'entreprise automobile a fourni un moyen de transports, l'hôpital à soigner les malades et ainsi de suite. En tant que telle, la société a tous les droits de se soucier du comportement de chacune de ses organisations.

Une autre vue générale, davantage dans la ligne d'une philosophie politique de laisser faire, considère le rôle légitime des publics, comme la recherche du contrôle de tout ce qui est « *extérieur* » à l'organisation, laissant tout le reste à la direction et à des détenteurs d'influence plus impliqués. Les conditions extérieures sont des dérivés des activités de l'organisation produits par inadvertance, qui constituent une préoccupation non pour elle mais pour les autres, telle que la pollution en aval d'un fleuve provoquée par une usine de pâte à papier. L'organisation commet des dommages pour lesquels elle n'est pas facturée. Dans cet exemple, ce sont les membres d'une communauté locale distante de l'usine de pâte à papier — et non les fournisseurs, les clients, les propriétaires ou les employés — qui sont les plus touchés, et leurs pertes justifient qu'ils entrent dans la coalition externe.

Ces deux points de vue posent comme principe une sorte de légitimité au détenteur d'influence qui est une personne publique à savoir que l'organisation est responsable par rapport à la société en général ou à des éléments de la société qui est ou sont affectés par ses actions. Une troisième vue rejette la légitimité entièrement, et voit dans cette question le seul jeu du pouvoir. L'organisation doit être contrôlée par quiconque est à même d'accumuler assez de pouvoir pour la contrôler. Cela n'a pas besoin d'être les propriétaires ou les employés qui font les paies ou la société des droits civils locale. Et ainsi n'importe quel public qui peut gagner du pouvoir a tous les droits de le faire.

Qu'est-ce qui donne le pouvoir sur l'organisation à un groupe public ? Un facteur, de nouveau, est « l'accès », ou le fait de connaître intimement quelqu'un. La famille et les amis proches d'un directeur peuvent être à même d'influencer ses décisions, simplement parce qu'ils ont un contact régulier avec le directeur. Un autre facteur est la capacité de perturber l'organisation, d'intervenir dans le flux des ressources, ou de soulever des questions de légitimité. Ainsi les gens de la ville en aval risquent de menacer de présenter dans la presse l'organisation comme un pollueur et par ce moyen nuire à son image. Ou s'ils ne le peuvent pas, il se peut qu'ils pénètrent dans les locaux de la direction générale, un jour et qu'ils répandent sur les tapis des cadres dirigeants, de la boue de la rivière, une tactique qui a déjà été utilisée avec un succès remarquable. Des individus jouissant d'un haut statut, que les sociologues appellent « l'élite », peuvent faire appel à des moyens plus raffinés de perturbation, comme par exemple quand un chef de gouvernement convoque un président d'industrie métallurgique pour lui signifier que si sa firme ne fait pas une baisse forcée des prix, son entreprise sera nationalisée.

Quels sont les publics qui cherchent à influencer les organisations ? En gros on peut les classer en 3 catégories. On peut se référer à l'une des catégories comme étant celle des pourvoyeurs généraux *d'intérêt public* : les rédacteurs en chef de journaux, les prêtres, les enseignants, les amis, les épouses, les enfants et ainsi de suite. Tous sont des détenteurs d'influence — des membres de la coalition externe — dans la mesure où ils cherchent à influencer un comportement particulier de l'organisation.

Un deuxième groupe de publics est constitué par les *gouvernements* sous toutes ses formes que l'organisation rencontre. Les gouvernements ont un pouvoir spécial sur toutes les organisations, parce qu'ils représentent d'abord l'autorité légitime ultime de la société, et ensuite, il établissent les règles — lois et réglementations — à l'intérieur desquelles toute organisation doit fonctionner. Un ensemble de règlements tout à fait important couvre les actions de statuts grâce auxquels l'organisation a pu voir le jour, tout d'abord. Ainsi un gouvernement contrôle en fin de compte la légitimité de chaque organisation formelle. Les gouvernements se servent de « pression morale » et à défaut, de législation précise pour contrôler le comportement des organisations, en particulier celles qui sont estimées « touchant à l'intérêt public ». Il est vrai que le vide dans la coalition externe des entreprises géantes, causé par la perte de pouvoir des actionnaires, a été rempli par les gouvernements dans une mesure croissante.

Mais les gouvernements (pas plus que la diversité des pourvoyeurs généraux d'intérêt public) ne fournissent pas à l'organisation de définition claire de l'intérêt public. Au lieu d'avoir un gouvernement qui ne tienne qu'un seul langage produit par une seule voix, les organisations font face à un grand nombre de gouvernements à différents niveaux, et à l'intérieur de chacun d'eux, à une multitude de voix. Les gouvernements ou assemblées locales se préoccupent de l'emploi, de sources d'eau, de pollution et ainsi de suite, pendant que les gouvernements nationaux se préoccupent de problèmes économiques plus vastes, de contrats de recrutement, de formation des travailleurs, de recherche et développement, des principales augmentations de prix, de la propriété d'origine étrangère et ainsi de suite. Certaines personnes souhaiteraient même qu'il existe une structure de gouvernement mondial pour empêcher que les entreprises multinationales ne montent un gouvernement national contre un autre, par exemple en construisant leurs usines dans ces pays qui offrent les exonérations fiscales les plus longues ou les lois sur la pollution les plus indulgentes. Et chaque gouvernement est fractionné en un très grand nombre de départements et d'offices quasi autonomes, et chacun à sa propre interprétation de l'intérêt public, et fréquemment l'un est en contradiction directe avec l'autre.

Le troisième ensemble de publics devant lequel l'organisation se trouve placée, concerne *les groupes d'intérêt particulier*. Ce sont des groupes organisés, à l'extérieur du gouvernement, qui cherchent à représenter une sorte d'intérêt spécial dans la coalition externe. Dans certains cas, des groupes existent déjà, tournent leur attention vers de nouvelles organisations, comme par exemple quand un groupe de Noirs se met à s'intéresser aux procédures d'emploi d'une grande société. Dans d'autres cas, des groupes se constituent à partir d'un problème particulier dans une organisation, comme par exemple quand les citadins à l'aval du fleuve créent un groupe non officiel pour transporter la boue du fleuve jusqu'aux bureaux des dirigeants de l'usine de pâte à papier. Des groupes d'intérêt particulier peuvent agir à cause d'intérêts privés, ou bien ils peuvent prendre sur eux de représenter ce qu'ils croient être l'intérêt public, particulièrement quand ils estiment que le gouvernement est trop lent ou trop conservateur, ou n'est pas proprement représentatif. L'exemple le plus connu dans ce genre, à notre époque est celui des « raiders » de Ralph Nader, comme on les a appelés ; tels des David, ils ont à de nombreuses reprises fait plier les genoux à des gouvernements et des grosses entreprises Goliath. La liste des groupes d'intérêt particulier est assurément longue ; ils représentent les étudiants, les Noirs, les Juifs, les résidents près d'un aéroport, les parents, la protection de la nature, les sciences sous toutes les formes possibles et bien d'autres choses. En Angleterre, il existe même une « Société pour habiller les animaux » (si ma mémoire ne me trompe pas). Nul doute qu'il s'agisse là d'un détenteur d'influence dans les coalitions externes des cirques qui font le tour de la campagne anglaise !

Ainsi les organisations existent dans des champs de forces de détenteurs d'influence, éventuellement complexes. Ces forces proviennent d'une grande variété de groupes — propriétaires, fournisseurs, clients, partenaires, concurrents, syndicats, chambres professionnelles, rédacteurs en chef, famille et amis, gouvernements à différents niveaux — comprenant une myriade de divisions et d'offices, et un large éventail de groupes d'intérêt spécial. Chacun a sa propre liste de besoins différents que l'organisation doit satisfaire. Mais ce qui est peut-être plus intéressant que leurs besoins est de savoir comment ils sont capables d'amener leur base extérieure de pouvoir à faire pression sur l'organisation, c'est-à-dire, comment ils sont capables d'évoquer les résultats qu'ils désirent, quand ils doivent intervenir de l'extérieur sur les prises de décisions régulières et les procédures de mise en œuvre de l'organisation. Nous nous intéresserons à ce sujet dans le prochain chapitre.

Chapitre 5
Les moyens externes d'influence

La question posée à la fin du chapitre précédent peut recevoir une formulation plus fondamentale, à savoir : comment la société contrôle-t-elle ses organisations ? On peut également inverser la question, pour les raisons d'être de ce chapitre et dire : comment l'organisation vit-elle les pressions des détenteurs d'influence externes ? Pour aboutir à une réponse, il sera utile d'isoler un certain nombre de dimensions de l'influence extérieure.

En premier lieu, une manifestation d'influence peut être *régulière* ou *épisodique*. A une extrémité, un propriétaire exige un certain niveau des ventes chaque mois ; à l'autre extrémité, un groupe d'écologistes demande à ce qu'une entreprise de papier ferme une de ses installations qui est polluante depuis vingt ans. Deuxièmement, une manifestation d'influence peut être *générale* ou *concentrée* ; dans un cas, elle s'adresse à toutes les organisations d'un même type, dans l'autre, elle se concentre sur une organisation précise. De ce fait, un gouvernement peut introduire une législation pour réduire toutes les dépenses des hôpitaux publics, ou peut intervenir pour baisser le budget d'un seul hôpital. Par ailleurs, dans une organisation précise, un agent d'influence externe peut vouloir influencer tout un éventail d'actions ou d'opérations différentes, un seul type d'actions, ou encore une seule action. Pour pousser plus loin notre exemple, le gouvernement peut réduire le budget de l'hôpital en le faisant passer par le conseil d'administration ; il peut s'intéresser au budget d'équipement, pendant un an ou plusieurs années ; ou il peut rejeter l'achat d'un équipement à rayons X particulier. Troisièmement, une manifestation d'influence peut être effectuée d'une manière *détachée*, avec une certaine distance, ou *personnelle* et directe. Par exemple, une entreprise minière d'extraction à ciel ouvert, peut être attaquée dans la presse, et cela à distance, ou bien ses dirigeants peuvent faire l'objet de contacts personnels de la part de membres de la communauté concernée. Quatrièmement, une manifestation d'influence peut ressembler à une *initiative* ou à de *l'obs-*

truction, c'est-à-dire, qu'elle est conçue pour que l'organisation fasse quelque chose de nouveau, comme dans l'exemple où des clients font pression sur une firme pour introduire une nouvelle ligne de produits, ou alors pour l'empêcher de continuer une activité existante ou proposée, comme par exemple, quand un gouvernement refuse d'accorder une licence d'exportation à une mine d'uranium, ou quand des défenseurs de l'environnement cherchent à réduire la pollution causée par les cheminées d'une usine. Et enfin, une manifestation d'influence peut être *formelle* et officielle ou *informelle* et inofficielle ; elle peut s'effectuer à travers les canaux officiels, et s'appuyer sur des prérogatives légales ou être poursuivie par des moyens officieux, en pratiquant un contrôle des ressources et moyens cruciaux, des savoir-faire, des connaissances, ou en utilisant des moyens d'accès auprès de personnes qui les contrôlent. Ainsi, le gouvernement peut utiliser son pouvoir formel pour retirer une licence, comme moyen pour réduire la pollution, tandis que le groupe de défense de l'environnement doit avoir recours à des moyens inofficiels de pression sur l'entreprise concernée (à moins, bien sûr, qu'il puisse recourir à des textes officiels contre la pollution).

Ces dimensions nous donnent quelque idée des traits caractéristiques d'actions d'influence externes, mais elles ne nous disent rien sur ce qu'elles sont. Ce dont nous avons besoin, c'est un classement en catégories des moyens réels, qui peuvent être utilisés par des détenteurs d'influence externes, afin de changer le comportement d'une entreprise. Je n'ai trouvé nulle part un tel plan de classification. Ce que l'on trouve néanmoins, ce sont de nombreuses anecdotes relatant des actes ou démarches d'influence, qui ont été exploités pour élaborer la classification en cinq types de moyens d'influence externes. Ces cinq types constituent une série approximativement continue, allant de la démarche régulière, générale et impersonnelle — en fait, la moins directe et la moins énergique — à la démarche épisodique, ciblée et personnelle — qui est la plus directe et la plus puissante. Leur liste suit et est analysée abondamment.

1. *Les normes sociales* concernent tout le système de normes générales et de valeurs morales à l'intérieur duquel toutes les organisations doivent fonctionner ; ce moyen d'influence est plutôt général et régulier par nature ; en un sens, une atmosphère constante dans laquelle baigne l'organisation ; c'est un moyen informel, et cette manifestation d'influence peut s'effectuer à distance ou directement, d'une façon détachée ou prenante sur le plan personnel ; il semble qu'elle corresponde plus souvent à une attitude obstructionniste, qu'à une initiative ; en ce sens qu'elle définit des niveaux minimum de comportement acceptable en dessous desquels, l'organisation ne doit pas tomber.

2. *Les contraintes formelles* sont des impositions précises qui touchent l'organisation ; ce moyen d'influence est habituellement obstructionniste, car lui aussi fixe des limites au comportement, mais d'une façon plus précise ; formel de nature, régulier une fois en place, il agit souvent à distance, et cible habituellement des modes d'action précis ; parfois les contraintes for-

melles s'appliquent à toutes les organisations, et à d'autres moments, à des organisations dans des groupes particuliers, ou même à des organisations uniques.

3. *Les campagnes de groupes de pression* sont des événements épisodiques informels d'influence ciblée et ils sont le fait de groupes spécifiques ; ces campagnes peuvent être réalisées d'une façon directe et *personnelle*, ou bien d'une façon *éloignée* et indirecte ; et elles concernent généralement des organisations bien spécifiques ou des groupes spécifiques d'organisations ; ces campagnes sont habituellement centrées ou focalisées sur des types uniques d'actions ou même des actions uniques, et elles peuvent constituer, soit des actions *d'obstruction, soit d'innovation.*

4. *Les contrôles directs* comportent tout un éventail de moyens personnels et directs d'influence, mis en œuvre pour agir sur des organisations spécifiques : ces moyens incluent l'utilisation d'accès directs, l'introduction d'une personne participant au processus de décision interne, l'installation d'un représentant d'un détenteur d'influence externe dans la coalition interne, ainsi que l'autorisation, voire l'imposition de décisions spécifiques ; ces contrôles sont souvent épisodiques, mais peuvent être tout aussi bien réguliers, parfois focalisés sur des décisions ou des actions spécifiques et quelquefois sur des types d'actions ou de décisions ou même encore sur des comportements d'organisation en général ; ils peuvent être formels ou informels, et dans ces cas, on les utilise pour initier ou faire obstruction à des actions organisationnelles.

5. *Le fait d'être membre de conseils d'administration* est un moyen d'influence personnel, formel et concentré ; comme on le verra, il s'avère être épisodique de par sa nature et il est utilisé plus souvent pour faire obstruction que pour innover, quand il est utilisé.

Ces cinq moyens d'influence sont tous des moyens *externes*, en ce sens qu'ils constituent des formules à la disposition de ceux munis de pouvoir dans la coalition externe quand ils souhaitent influencer le comportement de l'organisation. Pourtant, seuls les trois premiers sont nettement séparés des processus de prises de décision et de mise en action ; ils sont donc indirects. Le quatrième moyen d'influence — les contrôles directes — touche à la zone intermédiaire, entre les coalitions externe et interne, car, bien que les détenteurs d'influence soient à l'extérieur de l'organisation, leurs manifestations d'influence les rapprochent ou les placent même à l'intérieur des processus effectifs de prise de décision. Et le dernier moyen d'influence — être membre de conseils d'administration — se situe carrément entre la coalition externe et la coalition interne, car le conseil d'administration est le véhicule — au moins d'un point de vue formel — par lequel les détenteurs d'influence externes sont censés être représentés dans les processus de prise de décision des organisations, mais comme on le verra dans le chapitre suivant — où nous étudions ce dernier moyen d'influence en détail — il tombe clairement dans la coalition externe, et non dans la coalition interne. Examinons maintenant plus en détail, chacun des quatre moyens d'influence externes.

LES NORMES SOCIALES

Les moyens d'influence externes les plus communs sont les différentes normes imposées par la société, ou les codes de comportement qui sont généralement re nus et qui servent de cadre à toute organisation. Ces normes sociales vont des systèmes de valeurs, au sens large, ou des valeurs morales, comme par exemple « tu ne voleras point », à des règles plus spécifiques « les hôpitaux doivent d'abord informer les parents de l'état de santé des malades ». Mais, ces normes, ne sont pas, par définition, de nature formelle ; elles sont davantage reconnues d'une manière implicite dans un certain contexte social, et elles s'appuient sur des sanctions sociales, comme par exemple, l'ostracisme.

Les normes sociales sont présentes dans les activités d'une organisation à travers tous ses membres, à qui tout un système de valeurs importantes pour la société a été inculqué, au cours de leur enfance, par les parents, les maîtres et d'autres personnes ; ils continuent à l'âge adulte de les reconnaître et de les respecter à travers toutes sortes d'activités : les medias, des rencontres, la lecture de certains livres, des expériences et des observations personnelles, les commentaires faits par des amis qui ont de l'influence. En outre, tous les employés d'une organisation jouent toute une série d'autres rôles dans lesquels ils sont inféodés et ils se plient à différents systèmes de normes de comportement. Ils sont pères, frères, Francs-maçons, alpinistes, espagnols. Ces normes une fois intériorisées et intégrées à chaque rôle, sont sous-jacentes aux modes de prise de décision et de mise en action des membres de l'organisation. Le contenu d'une information entendue à l'église conditionne les dons que l'employé décide de faire au nom de l'organisation ; les remarques d'une épouse à la maison peuvent modifier l'attitude d'un dirigeant d'entreprise à propos de l'étiquetage d'un produit ; un article lu dans la presse locale peut changer les opinions que l'on peut avoir concernant l'embauche de travailleurs qui habitent dans des quartiers pauvres. Bien des prises de décision et des actions entreprises au sein de l'organisation, subissent ce genre d'influences.

Toutes les sociétés ou les cultures comportent un ensemble de normes sociales, fondées sur une histoire particulière, des religions, des philosophies, sur le tempérament national, ainsi que sur les problèmes auxquels ce peuple en particulier a été confronté. Ainsi, dans une société ancienne, comptant plus de cent millions d'individus entassés sur un chapelet d'îles, l'éthique japonaise insistera sur les notions de responsabilité collective et la loyauté à l'égard du groupe, alors que dans la jeune société américaine, qui n'est marquée que par les souvenirs récents du mythe de la frontière, mythe déjà dépassé, une société également où chaque citoyen peut disposer d'un espace vital vingt fois plus grand, ce sont les notions d'individualisme, de droits à la propriété et l'esprit de compétition qui seront traditionnellement privilégiés.

Les activités les plus prisées dans l'entreprise japonaise concernent l'aspect « humain » de la structure de l'organisation, ainsi que la politique du personnel ; l'accent est mis sur l'harmonie à l'intérieur de l'organisation, la garantie de l'emploi, l'absence de licenciements et une grille des salaires qui prend en compte les besoins des employés. Les entreprises japonaises ne poursuivent pas une politique humanitaire du personnel pour des raisons d'altruisme. Ils le font parce que la société japonaise est ainsi faite, qu'ils ne pourraient agir autrement et qu'ils tiennent à continuer d'être des entités viables. (Sethi 1975, p. 60).

Si les normes sociales, en s'appuyant sur de longues traditions, paraissent être immuables, en fait, elles n'arrêtent pas d'évoluer. Régulièrement, l'on voit des comportements qui précédemment étaient inacceptables, devenir tout à fait respectables, comme par exemple, le prêt de l'argent au Moyen Age, ou l'avortement au début du XXe siècle ; de la même façon, des comportements qui étaient jadis bien acceptés, deviennent intolérables, comme par exemple, l'esclavage au XIXe siècle en Amérique, ou la pollution industrielle au XXe siècle.

« Ce qui était considéré comme louable hier, peut être toléré aujourd'hui et condamnable demain. Ainsi, une entreprise avait accroché sur un des murs de ses salons, une peinture représentant une de ses usines. Jusqu'en 1972, la fumée jaillissait de ses cheminées avec fierté. Aujourd'hui si l'on voit toujours les cheminées, la fumée, elle, a disparu sous une couche de peinture. » (Ackerman 1975, p. 32).

Ainsi, les systèmes de valeurs changent, à mesure que de nouveaux sujets de préoccupation pénètrent les mentalités, pour être ensuite acceptés, intégrés et devenir des normes sociales. Hier, la société américaine réprouvait le travail des enfants, les entreprises aux conditions de travail pénibles et aux cadences infernales, les concentrations d'entreprises. Les sujets de préoccupation aujourd'hui sont la pollution, l'étiquetage et l'information portant sur les produits et la qualité des conditions de travail. Il semble aujourd'hui que les sujets de préoccupation de demain seront vraisemblablement la démocratie au sein de l'organisation, ainsi que le contrôle de celle-ci par l'État.

Les changements qui interviennent dans les normes sociales ont des conséquences bien plus importantes sur le comportement des organisations, que simplement les obliger à faire disparaître d'un coup de pinceau des nuages de fumée. Dans une publication qui a pour titre « Le monde des affaires et les mutations de la société » (Business and the Changing Society)[1] George Lodge (1974 a) montre que les principes ou les normes traditionnelles de la société américaine ont subi récemment une mutation essentielle, avec des répercus-

---

[1] Les idées de Lodge sont développées dans un livre au titre suivant : « La nouvelle idéologie américaine » (The New American Ideology (Lodge 1975).

sions considérables pour l'économie américaine. Il considère que ces normes ou principes se fondaient sur :

> « ... cinq grandes idées d'abord qui atteignirent l'Amérique au XVIIIᵉ siècle, élaborées au XVIIᵉ siècle en Angleterre, considérées comme des lois "naturelles" par John Locke, entre autres. Ces idées trouvèrent un terrain fertile dans l'immensité américaine, sous-peuplée et à l'état sauvage. Elles nous furent d'un grand service pendant un siècle environ. Elles ont atteint aujourd'hui un degré avancé d'érosion. » (p. 62).

Lodge associe ces idées à l'individualisme, aux droits de propriété, à l'esprit de compétition, à un gouvernement aux pouvoirs limités, à la spécialisation et au fractionnement en matière scientifique. Il étudie quelques « mythes américains prépondérants qui ont un lien avec ses idées : John Wayne et l'homme de la frontière, Horatio Alger et l'homme parti de rien devenu riche, et le mythe le plus fondamental, celui de la croissance et du progrès matériel » (p. 63). Lodge pense que ces idées sont en voie d'être remplacées par les idées suivantes :

1. L'épanouissement individuel se réalise grâce à un processus quasi organique d'intégration sociale.
2. Les droits que confère l'adhésion à une organisation prennent le pas et l'emportent sur les droits de propriété.
3. L'obligation faite à l'État de satisfaire aux besoins des consommateurs, se substitue à l'esprit de compétition comme moyen de contrôle de l'utilisation des biens.
4. Le rôle du gouvernement ne cesse de croître et c'est inévitable.
5. La réalité, actuellement exige d'être perçue par ensembles entiers et non plus par segments ou parties.

Lodge ensuite montre comment ces changements ont eu des répercussions sur certains aspects de l'économie américaine tels que la publicité, les motivations des employés, les attitudes des gens en général à propos de la propriété et du droit, la compétition, le contrôle de celle-ci par le gouvernement, et les attitudes des gens par rapport à la croissance.

L'un des problèmes auxquels les organisations sont confrontées, est que des détenteurs d'influence différents leur imposent des normes différentes et contradictoires, en particulier, comme Lodge l'indique quand un ensemble de normes est en voie d'être remplacé par un autre. Par exemple, est-ce que l'entreprise américaine doit privilégier la compétition entre les individus, ou bien l'intégration au groupe, dans les plans d'avancement ? Si les normes étaient clairement définies et formulées, les organisations seraient en mesure d'évaluer les compensations nécessaires. Mais ce n'est jamais le cas. Leys (1962) envisage six valeurs fondamentales pour l'homme, qu'il estime être à la base des normes sociales : le bonheur, la légalité, l'harmonie, la survie, l'intégrité, la loyauté. Il montre par la suite comment ces valeurs peuvent s'opposer l'une à l'autre ; par exemple, dans le cas de l'intégrité et de la loyauté : « si un employé découvre des malversations de la part d'un supérieur, doit-il le faire savoir à quelqu'un de l'administration ou du gouvernement ? (Cas de fausses factures ou de pots de vin dans des appels d'offres). Ou encore s'il se rend compte que l'intégration raciale ou l'assimilation d'émigrés pourrait se faire dans certains cas plus rapidement, doit-il se faire remarquer ? » (p. 91).

Mais quand bien même ces normes se révèlent être vagues, contradictoires et peu stables, il n'en demeure pas moins que toutes les organisations les rencontrent dans leur environnement social, et que ces normes constituent une espèce de boîte à plusieurs dimensions, et que s'aventurer à l'extérieur de cette boîte comporte des risques pour une organisation. L'emplacement exact des parois peut être imprécis, mais il est certain que ces murs existent. Une question tout à fait importante est de savoir à quel endroit de cette boîte, les organisations devraient opérer ; à proximité des murs, en prenant les normes sociales comme des contraintes, ou comme des limites inférieures de comportements acceptables, ou près du centre de la boîte, en voyant dans ces normes sociales, des buts et des raisons d'initier des types d'action positive, afin de servir la société.

LES CONTRAINTES FORMELLES

Les contraintes formelles peuvent en un sens se définir comme des normes sociales qui seraient devenues officielles. Quand les normes sociales ne provoquent pas le comportement désiré par un groupe de détenteurs d'influence externes, auprès d'une organisation, il se peut que ces derniers cherchent pour obtenir gain de cause à imposer à l'organisation des contraintes formelles. Ces dernières se distinguent des normes sociales de quatre manières essentielles :

1. Elles sont formellement (légalement) imposées par des détenteurs d'influence externes.
2. Elles sont définies plus clairement et plus explicitement.
3. Elles sont habituellement liées à des sanctions officielles (telles que par exemple le système juridique dans le cas d'une loi imposée par le gouvernement).
4. Elles sont davantage susceptibles d'entraver l'action plutôt que de la provoquer.

Une contrainte formelle peut s'appliquer à une seule organisation, ou à plusieurs d'un même type, voire à toutes les organisations dans une société donnée, comme dans le cas de la législation sur le salaire minimum. Elle peut porter sur toute une variété de décisions ou d'actions, quoiqu'elle tende à se fixer sur des types particuliers de décisions ou d'actions, comme dans le cas évoqué ci-dessus où la décision ne concerne que la réglementation des salaires. Cependant, elle ne porte jamais sur une seule action ou décision spéciale, n'est jamais destinée à un usage expressément *ad hoc* ; ce ne serait plus dans ce cas, une contrainte formelle, mais un contrôle direct. Les contraintes formelles concernent toutes les décisions et actions d'un type donné, et cela d'une façon impersonnelle.

N'importe quel détenteur d'influence externe peut imposer des contraintes formelles à l'organisation. Un syndicat peut vouloir négocier, afin d'établir une procédure de prise en compte de doléances, ou une mise en place d'une réglementation portant sur la sécurité. De même une association de chirurgiens peut vouloir définir les taux minimum de rémunération dans les hôpitaux. Des propriétaires d'entreprises, pour peu qu'ils soient suffisamment proches et solidaires, peuvent imposer des contraintes formelles, comme par exemple, fixer le pourcentage des dividendes. Même des associés peuvent avoir une part active et ce d'autant plus que l'organisation dépend d'eux. Ainsi, il existe des constructeurs automobiles qui imposent des quotas de vente aux concessionnaires indépendants qu'ils fournissent en véhicules, même si ces concessionnaires sont leur clients. Par l'intermédiaire de syndicats professionnels, des entreprises concurrentes peuvent également imposer des contraintes. Les commissions paritaires — qui associent employeurs et employés —, fixent les échelles de salaires et le nombre annuel de jours de congé légaux, dans certaines entreprises.

Mais parmi tous les détenteurs d'influence externes, il semble bien que ce soit le gouvernement qui s'appuie le plus sur les contraintes formelles pour disposer d'un moyen d'influence dans la coalition externe. Ceci est tout à fait compréhensible, étant donné que les contraintes formelles dérivent directement des prérogatives légales, et qu'en fin de compte c'est le gouvernement qui contrôle ces prérogatives. Les contraintes instaurées par le gouvernement s'élaborent habituellement sous forme de lois et de réglementations et servent de cadre à ces normes sociales qui requièrent des applications légales strictes, comme par exemple, les exigences et garanties de sécurité en ce qui concerne l'alimentation ou l'aviation. Les gouvernements sont dans ce domaine très actifs et cela depuis longtemps ; on peut remonter jusqu'à 2 000 ans avant Jésus-Christ, avec le code d'Hammurabi qui fixait les principes que les marchands et les colporteurs devaient respecter (Kast et Rosenzweig 1974, p. 28). La réglementation d'origine gouvernementale n'est apparue en Amérique qu'à la fin du siècle dernier, mais n'a pas cessé de se développer considérablement depuis. De nos jours, la législation limite la fixation des prix, fixe des normes d'emballage et d'étiquetage, détermine les salaires minimum, précise où et comment l'on peut ou l'on ne peut pas construire, établit les modèles de rapports financiers, définit les normes de sécurité, indique sous quelles conditions l'argent peut sortir du pays, fixe la température à avoir dans les entrepôts et précise qui peut être un détective privé, sans parler de ce que le gouvernement décide de prendre aux entreprises sous forme d'impôts et taxes en guise de participation aux bénéfices.

Quand les réglementations sont nombreuses, les enjeux considérables et les applications légales compliquées, le gouvernement est enclin à mettre en place un « office des réglementations ». Aux États-Unis, un service administratif s'occupe de la réglementation des produits alimentaires (il s'agit du « Food and Drug Administration »), un autre service ou office fixe et impose les normes de sécurité à respecter en matière d'aviation et d'utilisation du ciel (c'est le « Federal Aviation Authority »), un comité statue sur les tarifs des transporteurs routiers (c'est le « Interstate Commerce Commission »), un autre comité traite des procédures concernant le marché boursier (c'est le « Securities and Exchange Commission ») et il y a un bureau fédéral qui fixe les prix du gaz naturel (il s'agit du « Federal Power Commission »).

Pour conclure notre étude des contraintes formelles, en tant que second moyen d'influence externe, on peut remarquer que ces contraintes placent l'organisation dans une autre boîte à plusieurs dimensions, plus petite et mieux définie que la première ; elle est ce qu'Hill appelle « un polygone de faisabilité » (1969, p. 207). Dans ce dernier cas, les murs peuvent être repérés plus facilement, sinon parfaitement. Les contraintes formelles n'encouragent pas habituellement l'organisation à agir, mais elles indiquent assurément et clairement, le cadre dans lequel elle peut choisir d'opérer, les limites aux opérations qu'elle peut choisir d'entreprendre.

LES CAMPAGNES DE GROUPES DE PRESSION

Quand, ni les normes sociales, ni les contraintes formelles ne permettent d'obtenir d'une organisation, un comportement souhaité par certains détenteurs d'influence externes, ces derniers peuvent prendre les choses en mains, en lançant une campagne d'opinion, d'une manière concertée, afin d'agir directement sur l'organisation. Une telle campagne porte généralement sur un problème précis, tel que la pollution créée par une usine, ou sur une décision bien particulière, comme par exemple, sur l'opportunité de la construction de l'usine elle-même.

LES DIFFÉRENTES ÉTAPES DE LA CAMPAGNE   Une campagne de groupes de pression se développe habituellement par étapes, et de la manière suivante :

* D'abord, il existe à l'extérieur de l'organisation, un groupe de gens qui se sont montrés jusqu'ici relativement passifs, au moins à propos du problème en question. Le groupe peut avoir effectivement existé, ou il se peut qu'il ait été ce qu'Elbing (1970, p. 288) appelle « un groupe latent », c'est-à-

dire, un ensemble d'individus non regroupés, mais qui sont prêts à s'unir autour d'un état de fait qui les préoccupe.

* Puis, les membres de ce groupe deviennent agacés par l'attitude de l'organisation à propos d'une question délicate et assez bien définie, qu'ils considèrent essentielle quant à leurs préoccupations.

* En troisième lieu, le groupe prend conscience que sa place est à l'extérieur du système de pouvoir formel de l'organisation, c'est-à-dire, qu'il n'est pas en mesure d'imposer ni des décisions ni des contraintes ou restrictions à l'organisation. En outre, les membres du groupe estiment que ceux qui sont à l'intérieur du système de l'organisation n'ont guère prêté d'attention à leurs préoccupations et ne changeront pas d'attitude. Dans de nombreux cas, la croyance veut que le gouvernement n'ait pas imposé la réglementation nécessaire, ou bien encore que le conseil d'administration ne soit pas suffisamment représentatif. Voici comment le Père Léonard Dubi, un prêtre catholique, activiste à Chicago, a décrit son rôle en tant que véritable membre de la coalition externe d'une entreprise publique d'électricité tout à fait importante :

> « Je ne dispose pas d'un droit de vote au conseil d'administration de la Société "Commonwealth Edison". Je ne compte absolument pour rien. Et cependant cette entreprise pollue mon environnement, façonne ma vie, la limite, limite les chances des gosses de la paroisse St-Daniel. Elle me tue en tant que personne, de la même façon que la vie dans l'usine métallurgique tue mon père. Je dois me battre. » (Cité par Terkel 1972, p. 564).

* En quatrième lieu, comme les moyens habituels d'influence externe — à savoir les normes sociales et les contraintes formelles — sont interdits aux membres du groupe, les frustrations de ces derniers se mettent à prendre de l'ampleur. A un moment donné, habituellement marqué par un seul événement ou une seule action entreprise par l'organisation, la situation éclate. Le groupe s'unit et se mobilise pour passer à l'action. En Virginie, une collectivité irritée depuis longtemps par les conditions de sécurité d'une mine locale se mobilisa et passa à l'action quand une explosion causa la mort de quelques-uns de ses membres. Afin d'attirer l'attention des preneurs de décision de l'organisation, le groupe se doit d'agir d'une façon spectaculaire. Et une fois qu'il l'a fait — c'est-à-dire qu'il a réussi à surmonter l'inertie qui caractérise tous les corps immobiles —, il peut effectivement avancer rapidement. Le résultat en est une campagne d'actions d'un groupe de pression, campagne intense, inofficielle, focalisée sur un problème, exerçant une pression directe et momentanée sur l'organisation.

En dépit des apparences, une telle campagne ne démarre pas facilement. Ce que le public voit et que l'organisation subit — l'union soudaine d'un groupe à l'occasion d'un fait insignifiant, s'accompagnant d'une explosion d'émotions, apparemment sans origine —, cet événement inattendu n'est souvent que la première manifestation publique de frustrations profondes qui se sont développées sur une longue période. Les activistes estiment que les changements ont été trop longtemps attendus et que les échéances sont passées. De nouvelles normes sociales, de nouvelles attentes sont survenues mais n'ont pas été satisfaites par une organisation qui apparaît aux yeux des activistes comme intransigeante ; et les contraintes formelles considérées comme nécessaires, n'ont été rendues possibles par aucun autre membre de la coalition externe. Il s'ensuit qu'un groupe exalté cherche un moyen plus spectaculaire d'exprimer ses volontés.

QUI PARTICIPE A LA CAMPAGNE ?   Toutes les organisations sont entourées par une multitude de groupes de pression latents qui sont comme en sommeil. N'importe lequel de ces groupes peut s'embraser d'une façon inattendue. De tels groupes peuvent compter dans leurs rangs des détenteurs d'influence externes qui sont rendus mécontents par les agissements de l'organisation. Des clients, appartenant à une minorité, peuvent boycotter les produits d'une entreprise qui est perçue comme étant raciste. De même, des fournisseurs peuvent refuser de l'approvisionner, et même des propriétaires peuvent intervenir ; cela a été le cas au moment où des congrégations ont vendu leurs actions d'entreprises qui opéraient en Afrique du Sud. Les syndicats, également, montent des campagnes d'opinion pour faire pression, soit par des ralentissements dans la production, soit par des grèves. Même les gouvernements se servent de ce moyen d'influence ; ainsi l'administration de Kennedy s'opposa publiquement en 1962 aux métallurgistes et les obligea à revenir sur des augmentations de prix et les fit baisser. Mais le principal utilisateur d'une campagne de groupes de pression est évidemment, le groupe qui a un intérêt particulier ; il se situe à l'extérieur des canaux habituels d'échanges commerciaux et de communication, les autres moyens d'influence externes lui étant pratiquement inaccessibles. Cette forme d'action pour le groupe de pression, représente la manière la plus naturelle de faire partie de la coalition externe de l'organisation.

LES DIFFÉRENTS MODES D'ACTION DE CES GROUPES DE PRESSION   Les campagnes montées par ces groupes peuvent prendre toutes sortes de formes. En fait, comme l'objectif est d'être plus intelligent que la direction de l'entreprise, plus les modes d'action seront inattendus, plus la campagne aura des chances de succès. Il y a des modes d'action bien connus : attaques dans la presse, manifestations, boycotts, grèves, voire même le sabotage[2]. Mais chaque année l'on voit de nouveaux modes d'action

[2] Les campagnes d'opinion et de groupes de pression semblent souvent être à la limite entre la protestation et la démission. Une tactique habituelle d'un groupe de ce genre consiste souvent à se faire entendre en menaçant de partir, ou de faire un pas de plus et de boycotter, ou se mettre en grève — en d'autres termes, de se soustraire temporairement, donc de quitter la négociation tout en s'engageant de revenir quand des changements seront intervenus (Hirschman 1970, p. 86). Évidemment le groupe qui a un intérêt particulier ne dispose souvent pas d'un cadre ou d'une structure qu'il pourrait quitter, aussi, sa tactique consiste souvent à entraver des opérations, ou de menacer de le faire, ou simplement de gêner l'organisation.

apparaître ; ils sont plus imaginatifs ou totalement dépassés, c'est une question de point de vue. La fin des années 1960 et les années 1970 furent des années agitées pour les entreprises américaines ; ces années virent l'apparition de toutes sortes de groupes nouveaux qui avaient des intérêts particuliers, et qui se mirent à utiliser des techniques nouvelles d'harcèlement des entreprises. Des étudiants s'en prirent aux agents recruteurs de la Société Dow Chemical sur les campus des universités pour obliger cette société à arrêter sa production de napalm, destinée au Vietnam ; des partisans de la protection de l'environnement s'assirent devant des bulldozers pour bloquer des projets de construction ; des activistes perturbèrent des assemblées générales d'entreprises qui étaient supposées fabriquer des produits dangereux. Voici comment le Père Dubi relate la rencontre que son groupe eut avec Commonwealth Edison :

> Les moments les plus passionnants de mon existence ? Imaginez un peu. C'est à l'occasion de l'assemblée générale des actionnaires de la Société Commonwealth Edison, l'une des plus grandes entreprises publiques du pays. Le président et tous les administrateurs sont sur la scène. Nous avons à peu près deux mille personnes dans l'entrée. C'était comme une fête. Des gens dansaient. Vingt d'entre nous entrèrent dans la salle. Le président se dirige vers le podium et veut ramener l'ordre dans la salle. Nous descendons l'allée centrale. L'assemblée générale annuelle d'une grande entreprise, c'est bien ce qui symbolise le mieux l'ordre et les institutions américaines. Je m'adresse au président et je lui dis : « Nous sommes venus ici pour savoir ce que vous avez l'intention de faire à propos de la pollution. Vous avez une demi-heure pour faire connaître votre réponse ». Les gens étaient debout : Qu'est-ce qu'il fait ce prêtre, ici, à perturber l'assemblée générale ? Nous y étions, et nous l'avons fait...

> Une demi-heure plus tard, nous étions de retour dans la salle.... Je faisais de nouveau face au président, et lui demandais sa réponse. Il n'y en eut point. Il menaça d'ajourner la séance. Je lui dis : « D'accord, vous allez avoir notre réponse. Vous refusez de nous écouter mais nous n'allons pas laisser passer cela. Nous allons nous rendre à la mairie et ferons en sorte qu'une solution juridique soit donnée à ce problème. »

> A la mairie, nous les avons contraints à faire voter un décret contre la pollution de l'air, le plus sévère dans tout le pays. Nous nous battîmes avec la toute puissante Commonwealth Edison et nous l'avons contrainte d'acheter pour six millions de tonnes de charbon à faible teneur en soufre. Ils ont retiré la plupart de leurs installations les plus désuètes. Ce n'est pas encore terminé. Il y aura bien des confrontations à l'avenir. Mais nous avons eu un petit peu gain de cause et c'est bien agréable. (Tiré de Terkel, pp. 563-64).

Certaines campagnes de groupes de pression ont pour but d'entraver des actions en cours ou projetées, alors que d'autres sont conçues pour susciter des actions comme, par exemple, obtenir d'une organisation, qu'elle envisage de faire quelque chose qu'elle n'a jamais fait auparavant. Par exemple, de nombreuses campagnes orchestrées par des défenseurs de l'environnement, visent à mettre un terme à des pratiques industrielles, créatrices de pollution, tandis que les attaques de Ralph Nader à l'encontre de General Motors, visaient à développer la recherche dans le domaine de la sécurité. Comme une campagne d'opinion fait généralement se mesurer un groupe faible, d'existence temporaire, à une organisation puissante et établie, on a l'impression qu'une campagne d'obstruction réussit mieux, qu'une campagne qui vise à créer quelque chose : « Un pouvoir limité est plus efficace, quand il est utilisé négativement, pour rejeter ou interdire certains aboutissements. » (Deutsch 1969, p. 260). Ainsi, une souris peut faire s'arrêter un éléphant, ou du moins le faire sortir de sa piste. La même petite souris peut obliger l'éléphant à se mettre en route. Il est étonnant de voir, à quel point, un minuscule groupe de pression, défendant un intérêt très particulier, peut faire réagir une énorme entreprise, plus particulièrement, si cette entreprise est sensible à une publicité hostile.

Évidemment, ce n'est pas toujours David qui attaque Goliath. Brager (1969) révèle, comment le mouvement pour la mobilisation en faveur de la jeunesse (Mobilization for Youth) qui défendait un projet destiné à lutter contre la délinquance et la pauvreté dans les quartiers est de New York, fut l'objet d'une campagne d'opinion hostile, et cela sur deux fronts ; il y eut, d'abord, des attaques répétées contre ce mouvement, déclarant que ce mouvement abritait des communistes, qu'il provoquait des grèves, et fomentait des troubles d'origine raciale ; puis il y eut des enquêtes menées contre lui, par des agents municipaux, fédéraux et également de l'État. C'était ici, l'inverse de la campagne contre la General Motors. Une organisation faible et fragile, subissait les attaques des corps constitués de la société. Quand nous reprendrons cet exemple, plus tard, nous verrons comment cette petite organisation, le dos au mur, finit par renoncer à ses idées, et choisit la voie de l'arrangement et de la survie.

La campagne d'opinion représente pour l'essentiel, une tentative faite en vue de réaligner la coalition externe de l'organisation, soit d'une façon temporaire, à propos d'un problème unique, soit d'une façon permanente, à propos de plusieurs problèmes. Un agent externe peut chercher à pénétrer pour la première fois, dans la coalition externe, ou bien, un membre existant, peut se mettre à vouloir accroître son influence. Ce faisant, tout l'équilibre du pouvoir dans l'organisation est remis en question, et il en résulte des réactions d'ordre émotionnel, aussi bien à l'intérieur de l'organisation, qu'ailleurs, dans la coalition externe. Comme Brager le dit, en conclusion de son étude, sur le mouvement pour la mobilisation en faveur de la jeunesse : « Une des conséquences d'une attaque publique, est qu'elle bouleverse l'équilibre, grâce auquel l'organisation a réussi dans le passé, à s'adapter à ses différents publics. Des actions invisibles antérieurement, peuvent être maintenant observées et des groupes jadis inintéressés, se sentent alors concernés. » (pp. 166-67).

LA CAMPAGNE D'OPINION COMME VECTEUR DE CHANGE-MENT   La campagne d'opinion, orchestrée par des groupes de pression est l'un des moyens fondamentaux, dont dispose la société pour changer le comportement des organisations. Des pratiques dépassées, que des organisations s'évertuent à perpétuer, tout comme des mesures souhaitables qu'elles refusent d'adopter, peuvent faire l'objet de campagnes d'opinion et être influencées par elles. Les normes sociales sont souvent trop vagues, et trop contradictoires, pour faire état du comportement souhaité, tandis que les contraintes formelles sont souvent trop rigides, et elles portent, d'une manière limitée, sur des comportements rigoureusement définis, sans compter qu'elles constituent davantage des obstacles, qu'elles n'incarnent des initiatives. Qui plus est, les contraintes formelles, ne portent, d'une manière spécifique, que sur des seuils de tolérance minimale de comportements, et étant entendu, qu'elles sont purement formelles, elles sont lentes à modifier et elles suivent, plutôt qu'elles ne précèdent, les changements des normes sociales : « ... les lois tendent essentiellement à codifier des comportements socialement acceptables, et mènent rarement à des changements de la société. » (Sethi 1975, p. 61). La campagne d'opinion, par contre, est tout à fait souple, et elle fournit l'effet souvent nécessaire, qui consiste à secouer une organisation aux vues courtes, et l'amène à prendre conscience que des mutations sont intervenues dans son environnement et qu'elle doit réagir. Ainsi, après qu'une de ses fabriques ait été détruite, pendant les émeutes de 1965 à Watts, le président d'une importante entreprise nationale a déclaré :

> « Soudain, je me suis rendu compte, que nous ne pouvions plus ignorer ce problème plus longtemps. Je suis sorti et j'ai vu le ghetto, non pas parce que, je n'y avais jamais été, mais parce que les circonstances me forçaient à regarder réellement ce qu'auparavant je n'avais qu'aperçu. C'était effrayant. Si nous ne réglons pas ce problème, nous aurons une pagaille terrible. Nous allons nous engager dans cette affaire des droits civils et sérieusemement. Je serai le premier à reconnaître que nous n'avons pas su prendre en compte dans notre entreprise, le problème des Noirs. C'est parce que moi, je me suis laissé aveugler. Bon, c'est terminé. Nous allons jouer notre rôle. Si nous ne le faisons pas, ce sera la chute pour nous tous. » (Cité par Levitt 1968, p. 88).

Les remarques précédentes laissent entendre que l'on peut utiliser la campagne d'opinion à la place des normes sociales et des contraintes formelles, dès lors que ces dernières ne conviennent pas. Mais l'on peut également combiner la campagne d'opinion avec ces autres moyens d'influence externes. Dans ce cas alors, la campagne d'opinion, tout en étant orientée vers un problème spécifique, ou touchant à une prise de décision, devient effectivement, un élément d'un processus plus large de changement social.

La figure 5-1 présente certains modèles — types ou scénarios de combinaisons possibles, entre ces trois moyens d'influence externes.

Modèle A : Le cycle de vie d'un problème d'ordre social. Il commence avec la campagne d'opinion. Un fait d'ordre social, soumis à controverses,

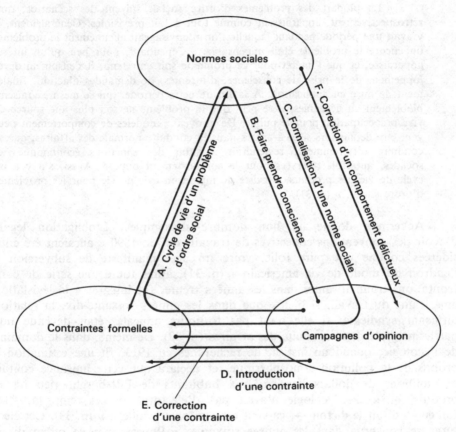

Figure 5-1. *Scénarios-modèles entre les normes sociales,*
les contraintes formelles et les campagnes d'opinion

est amené à la conscience du public ; la campagne d'opinion cherche à interrompre ou à initier un type particulier de comportements, comme par exemple, un fait en relation avec la pollution atmosphérique. Progressivement, à mesure que le public prend conscience de l'importance du problème, les institutions officielles introduisent des contraintes formelles, destinées à limiter, d'une manière nette et systématique, les conduites possibles. En fait, le problème est totalement absorbé par la conscience collective, et il finit par resurgir sous forme de norme sociale qui guide et oriente les comportements d'une manière implicite. Dès lors, mêmes les contraintes formelles ne s'avèrent plus nécessaires. Il s'agit là, du modèle décrit par Ackerman (1975) et qui s'intitule « le cycle de vie d'un problème d'ordre social ».

> « La plupart des problèmes d'ordre social, suivent des scénarios, qui, rétrospectivement, apparaissent comme tout à fait prévisibles. Généralement, il y avait une période pendant laquelle l'on n'envisageait aucunement le problème, ou encore le problème était impensable... Cependant, pour peu qu'un intérêt apparaisse, et que l'intérêt pour ce problème soit entretenu, il s'ensuit un développement de la prise de conscience, d'attentes, de demandes d'action, finalement de mise en application. A la fin de cette période, qui se mesure vraisemblablement en décennies, il se peut que le problème ne soit plus une source de vive préoccupation pour le public. De nouveaux modèles de comportement peuvent être depuis lors si bien ancrés dans la conduite normale des affaires, que se conduire différemment, reviendrait à subir des sanctions économiques et sociales, autrefois réservées pour le comportement opposé. Aussi, s'il y a un cycle de vie des produits, il existe de même un cyle de vie pour les problèmes d'ordre social. » (p. 31).

Ackerman donne un bon nombre d'exemples. L'obligation légale d'avoir des conventions collectives de travail, qui en 1890 « auraient été considérées comme une pure folie, voire un acte manifeste de subversion à l'endroit du mode de vie américain » (p. 31), après toute une série de confrontations traumatisantes dans les années trente, fut intégrée à la législation américaine du travail, si bien « que dans les années soixante-dix, la relation dirigeants-syndicats, si elle n'est pas toujours amicale, était devenue une partie intégrale de la conduite des affaires (p. 32). De même, dans le domaine de l'écologie, quand un institut de recherches en 1913, fit une estimation à propos de la pollution atmosphérique, et déclara que cette nuisance coûtait dix millions de dollars par an, aux habitants de Pittsburgh, rien ne se produisit ». « ... L'écologie n'avait pas d'électorat en ces temps-là. "La fumée — disait le dicton —, ça veut dire qu'on travaille". » (p. 33). Cet électorat se constitua dans les années soixante. « Poussée par ce qu'en disait Rachel Carson dans le *Silence du Printemps*, la prise de conscience du public, à propos des coûts sociaux liés à la dégradation de l'environnement, augmenta et se transforma progressivement en textes législatifs à l'échelon fédéral, qui en vint à vouloir contrôler la pollution de l'air et de l'eau. » (pp. 34-35). Aujourd'hui, ce problème évolue plus sûrement du côté des normes sociales.

Modèle B : Faire prendre conscience. Ce modèle envisage le même phénomène, sous un angle légèrement différent. Il voit dans la campagne d'opinion, non pas une volonté cherchant à susciter des changements réels, en imposant des contraintes formelles, mais une espèce de publicité autour d'un événement, visant à un changement des normes sociales du public en général. Ceci, à son tour, est amené à pousser le gouvernement à mettre en vigueur, des contraintes formelles qui reflètent la volonté du public. Ainsi, la campagne de G.M. pouvait être considérée comme une forme de prise de conscience croissante, comme une tentative pour montrer au public, que l'entreprise géante constitue un système fermé à toute influence extérieure, et par suite, que cette entreprise devait faire l'objet de modifications voulues par le législateur.

Modèle C : Formation d'une norme sociale. Ce modèle voit dans la campagne d'opinion une étape intermédiaire, grâce à laquelle une norme sociale est formalisée et devient une contrainte spécifique. Ici, c'est la société qui change en premier lieu, avant même l'organisation, et bien avant qu'il n'y ait des campagnes d'opinion. Des normes nouvelles sont acceptées, mais c'est l'organisation qui est à la traîne. Viennent ensuite les campagnes d'opinion, qui ont pour but, de mener des actions spécifiques par rapport aux organisations, afin d'attirer l'attention de la société sur des comportements inacceptables. Ces actions, à leur tour, suscitent la mise en place de contraintes formelles, qui sont conçues pour amener les organisations à adopter des comportements qui s'accordent avec les nouvelles normes sociales. Par exemple, les normes en Amérique, semblent bien avoir changé, en ce qui concerne la façon de traiter les travailleurs saisonniers qui sont embauchés dans les fermes. Pourtant, d'anciens modèles de comportement persistaient en Californie, modèle qui contrevenait à ces normes. Aussi, il y eut des campagnes d'opinion dans les années soixante-dix, y compris des grèves, des manifestations et des boycotts, afin de faire connaître le problème et de créer de nouvelles règles de comportement, à l'égard de ces travailleurs.

Modèle D : Introduction d'une contrainte. Dans le cas du modèle D, on utilise une campagne d'opinion, pour introduire directement une contrainte formelle. Ainsi, si des consommateurs souhaitent être représentés au conseil d'administration d'une organisation, ils ont la possibilité de boycotter les produits de cette organisation, jusqu'à ce qu'il y ait une modification de la constitution de son conseil ; si des syndicats souhaitent voir inclues des conditions de sécurité dans le travail, dans le cadre des conventions collectives, ils peuvent se mettre en grève, jusqu'à ce qu'ils obtiennent satisfaction.

Modèle E : Correction d'une contrainte. Dans le cas du modèle E, du fait qu'un groupe d'organisations contourne une contrainte formelle existante, une campagne d'opinion orchestrée contre l'une d'elles, est entreprise, afin d'attirer l'attention du public sur ce problème, et par ce moyen, y remédier. Par exemple, si des aciéries feignent d'ignorer l'existence d'une législation portant sur la pollution, une campagne d'opinion contre un groupe pollueur important, permet d'attirer l'attention du gouvernement, qui pourra alors renforcer la réglementation.

Les cinq modèles étudiés jusqu'ici, prennent tous en compte que la campagne d'opinion est une étape intermédiaire, en vue d'obtenir des changements plus durables, c'est-à-dire, des changements concernant des normes sociales ou des contraintes formelles. Une autre façon de le voir, c'est qu'aucune des flèches des modèles allant de A à E, sur le figure 5-1, ne débouche sur une campagne d'opinion. Bien que la campagne d'opinion est toujours ciblée, par rapport à un problème particulier ou une action spécifique, elle est avant tout, un moyen pour effectuer des changements dans un ensemble très large de comportements d'organisations. En vérité, en ne mettant aucune flèche entre les normes sociales et les contraintes formelles, qui soit indépendante des campagnes d'opinion, sur la figure 5-1, nous voulons dire, que les campagnes d'opinion sont généralement un élément nécessaire dans les changements sociaux ; les campagnes d'opinion sont nécessaires pour concentrer l'attention de ceux qui font les réglementations ou du public, sur l'obligation nécessaire de changement. En se modifiant, les sociétés semblent procéder et agir d'une manière inductive, en allant du cas particulier concret à la condition générale.

   Modèle F : Correction d'un comportement délictueux. Notre dernier modèle est pris comme une fin en soi. Là où les normes sociales sont enfreintes par une organisation, l'on peut entreprendre une campagne d'opinion, afin de corriger le comportement délicteux de cette organisation précise. Par exemple, si une firme américaine installée en Europe, allant à l'encontre des pratiques locales, licencie ses travailleurs, chaque fois que le marché pour ses produits est à la baisse, des instances politiques locales peuvent faire usage d'une campagne de pression morale — d'une manière inofficielle, ou en utilisant des moyens de pression personnels, ou par la menace de nouveaux textes législatifs —, afin que cette organisation modifie ses pratiques. Quand ceci se produit, comme dans le cas du modèle C, la campagne d'opinion devient le moyen spécifique qui permet de dénoncer le problème en général, et elle constitue une étape intermédiaire, en vue de la mise en vigueur d'une contrainte formelle.

LES CONTRÔLES DIRECTS

   Les normes sociales sont très générales : le détenteur d'influence externe ne peut qu'espérer qu'elles inciteront à adopter le comportement souhaité. Les contraintes formelles fixent, d'une manière plus décisive et plus catégorique, des pénalités quand on ne se conforme pas, et ne définissent que les seuils minimaux des comportements acceptables. Généralement, ces contraintes formelles bloquent des comportements, plutôt qu'elles ne les génèrent ou les suscitent. Elles sont indifférentes aux comportements particuliers d'organisations bien particulières, et de ce fait, il est aisé de les contourner. En outre, bien des comportements ne peuvent être aisément délimités, par suite d'une contrainte formelle, particulièrement dans le cas d'une décision stratégique, concernant une action qui ne se produit qu'une fois. Et pourtant, c'est ce type de décision que les détenteurs d'influence externes souhaitent le plus contrôler. Les campagnes d'opinion peuvent viser de telles décisions, mais elles se déroulent à l'écart des actions entreprises par les organisations ;

le détenteur d'influence externe peut uniquement espérer que le groupe de pression sera assez puissant, pour contraindre l'organisation à réagir. Ainsi, tous les trois moyens d'influence externes sont plutôt indirects et n'ont qu'un effet marginal pour le détenteur d'influence externe qui a le pouvoir et la volonté de contrôler étroitement les comportements spécifiques de l'organisation.

Ces détenteurs d'influence disposent de deux moyens, pour se situer plus directement dans le processus de prise de décision de l'organisation. L'un des deux consiste à obtenir la possibilité de siéger au conseil d'administration, cette instance qui contrôle, d'une manière formelle, l'organisation ; l'autre, consiste à contourner tout à fait cette instance, et de chercher à contrôler la prise de décision interne, d'une manière plus directe. Dans l'une des études les plus importantes, sur les processus et les mécanismes du pouvoir dans les organisations, intitulé « l'Agence de la Vallée du Tennessee et la base », Philip Selznick (1966) décrit sous le terme « cooptation », différents moyens qui furent utilisés pour influencer l'organisme public qui gérait la vallée du Tennessee. Selznick définit la cooptation comme étant « le processus d'intégration de nouveaux éléments dans la direction, ou dans la structure qui détermine la politique d'une organisation, comme un moyen pour éviter les menaces qui pèsent sur sa stabilité ou son existence » (p. 13). Il distingue deux types fondamentaux de cooptation, qui correspondent, en gros, à nos deux moyens d'influence externes :

> « La cooptation en matière d'administration est un processus permettant le partage du pouvoir, ou des charges du pouvoir, ou les deux à la fois. D'une part, le pivot réel de l'autorité et le centre de décision peuvent être transférés ou peuvent encore être amenés à inclure davantage de charges, et il se peut que le public soit mis au courant ou non du changement ; d'autre part, la responsabilité et la participation du public dans l'exercice de l'autorité peuvent être partagés avec de nouveaux éléments, qu'il y ait ou non une redistribution réelle du pouvoir. » (pp. 259-60).

Selznick appelle « cooptation formelle », le partage public du pouvoir ; ceci correspond à ce que nous disons de la participation au conseil d'administration, encore que Selznick inclut dans la cooptation formelle, « toutes les relations mises en place ou en ordre antérieurement », qu'il s'agisse de contrats, de positions officielles autres, ainsi de suite. Quant à ce que Selznick appelle la « cooptation non formelle » — qui correspond au partage de la prise de décision —, elle se rapproche beaucoup plus de ce que nous appelons ici les contrôles directs. Selznick voit dans la cooptation non formelle un processus d'influence réciproque. D'un côté, la démarche de prise de décision de l'organisation est ouverte au détenteur d'influence externe ; d'un autre côté, le détenteur d'influence est à son tour « coopté » par l'organisation ; en d'autres termes, il en vient à s'identifier avec l'organisation, il sait mesurer les besoins de l'organisation, et en conséquence, il peut lui apporter son aide.

Les contrôles directs — qui convergent, par le biais d'un individu, sur des organisations bien précises, et souvent qui plus est, visent des décisions particulières de ces mêmes organisations —, sont généralement réservés à ceux qui disposent d'assises de pouvoir importantes dans la coalition externe. Nous proposons cinq types de contrôles directs, que l'on peut faire apparaître sur une même échelle, où l'influence va en augmentant. Les modes d'influence sont donc les suivants :

1. Avoir un accès direct aux preneurs de décision.
2. Être inclus dans le processus de prise de décision de l'organisation.
3. Installer un représentant dans la coalition interne.
4. Avoir le pouvoir d'autoriser une ou plusieurs décisions de l'organisation.
5. Imposer à l'organisation directement une ou plusieurs décisions qui émanent d'elle.

L'ACCÈS DIRECT   Dans ce premier cas, le détenteur d'influence externe n'est pas tout à fait impliqué dans le fonctionnement de l'organisation, mais cette personne a un contact direct avec l'organisation. Grâce à cet accès direct aux détenteurs d'influence internes, les détenteurs d'influence externes ont la possibilité de communiquer en personne avec les décideurs, et de traiter des affaires qui les touchent. Ici, la ligne de partage entre la communication et le contrôle peut être très mince, car la communication équivaut à un contrôle. Comme le font remarquer Sayer et Kaufman, à propos des groupes d'intérêt qui gravitent autour de ceux qui dirigent et gouvernent la ville de New York :

> « ... un petit noyau dans chaque groupe entretient des relations étroites avec un organisme municipal, ou au maximum avec quelques-uns. Dans certaines de ces sphères officielles, ceux ou celles qui sont à la tête de ces groupes d'intérêt, sont reçus chaque fois qu'ils ou elles le demandent, et leurs avis sont entendus, sont pris en grande considération quand ils ou elles les donnent ; ces avis sont même pris en compte et intégrés dans les décisions officielles, leurs opinions sont sollicitées et étudiées de très près, quand elles ne sont pas livrées spontanément. D'une certaine façon, de nombreux chefs de groupe en viennent à participer étroitement aux mécanismes de prise de décision de certains responsables de la gestion de la ville de New York. Ces chefs de groupe ne font pas partie des instances qui dirigent et gouvernent la ville, en ce sens qu'il n'est pas de leur pouvoir de *promulguer* des arrêtés et des règlements à la manière des responsables des services de la ville, qui sont investis d'une autorité liée au ministère public, mais ils ont souvent autant à dire que les responsables municipaux officiels... » (Cité dans Lindblom 1965, p. 111).

La figure 5-2 indique les différentes voies d'accès direct offertes aux détenteurs d'influence externes qui veulent avoir affaire à un hôpital de convalescence tenu et géré par une institution religieuse. Un groupe d'étudiants de McGill a étudié ce cas. Un certain nombre de ministères du gouvernement

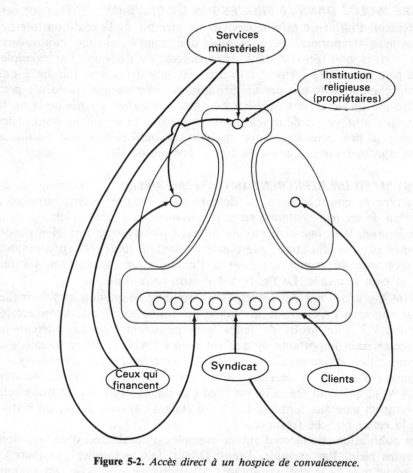

Figure 5-2. *Accès direct à un hospice de convalescence.*

provincial, qui ont financé l'hôpital, entretiennent des contacts réguliers avec le P.-D.G., le personnel infirmier et le directeur financier (dans le cas des négociations budgétaires) ; le syndicat a accès au service du personnel, et bien sûr, est en contact avec les employés ; l'institution religieuse est en contact avec le P.-D.G. ; les créditeurs ou plutôt les pourvoyeurs de fonds, s'adressent au P.-D.G., ainsi qu'au personnel du département financier ; et les clients (en l'occurrence les malades) ont affaire au personnel infirmier[3].

ÊTRE INCLUS DANS LE PROCESSUS DE DÉCISION   Dans ce cas-ci, le détenteur d'influence externe devient un membre de la coalition interne, d'une manière temporaire, et a rejoint une équipe ou une commission d'agents internes pour œuvrer dans un processus de décision. Par exemple, un client peut être invité à envoyer l'un de ses ingénieurs à se joindre à une équipe qui cherche à développer un produit, ou une association locale peut être invitée par un organisme public à nommer quelqu'un, en vue de le ou la voir participer à un projet de développement urbain. Le détenteur d'influence externe ne peut pas dicter des choix, mais le fait qu'il soit présent lui donne l'occasion d'influer sur ce qui est en fin de compte décidé.

INSTALLER UN REPRÉSENTANT A TEMPS PLEIN   Dans le cas du troisième type de contrôle direct, le détenteur d'influence externe parvient à installer l'un de ses représentants, en tant que membre à temps plein, dans la coalition interne. Bien que la personne mise en place puisse fort bien devoir être cooptée par l'organisation, elle conserve, malgré tout, son appartenance et son allégeance au groupe extérieur à l'organisation, groupe qui l'a fait nommer et peut le retirer. La figure 5-3 illustre cette situation.

Selznick y a vu l'une des principales formes de cooptation non formelle, en ce qui concerne l'Agence de la Vallée du Tennessee. Pour détourner les buts de l'A.V.T., au profit de leurs buts personnels, certains détenteurs d'influence externes importants — qui ont accusé l'A.V.T. d'être socialiste et d'être compétitive, d'une manière malhonnête avec les entreprises privées —, contraignirent l'A.V.T. à accepter des intervenants pour les représenter. Ainsi, l'A.V.T. qui avait été mise sur pied par l'administration de Roosevelt, afin de venir en aide aux fermiers noirs qui étaient pauvres, devint un instrument de la classe blanche fortunée.

Les publications donnent d'autres exemples d'installation d'un représentant à temps plein. Par exemple, Frank (1958), fait remarquer que dans les sociétés soviétiques, « le chef comptable, dans chaque entreprise, est nommé directement par le supérieur hiérarchique du directeur... et qu'il est chargé de rendre compte de toutes les irrégularités financières à ce supérieur » (p. 9). Dalton (1959, pp. 24-25) mentionne le même cas aux États-Unis ; en fait, il s'agit d'un cas habituel dans les firmes à structure divisionnalisée. A propos de l'exemple donné par Dalton, il s'agissait d'une fabrique où le comptable,

---

[3] Schéma adapté à partir d'un mémoire soumis à l'auteur dans le cadre du cours de Management n° 422, à l'université McGill par Jean Côté, Robert Gendron et Michel Pellerin (1970).

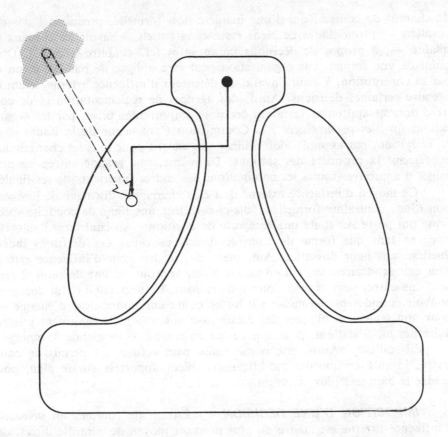

Figure 5-3. *L'installation d'un représentant dans la coalition interne*

bien qu'il rendît compte officiellement au directeur de la fabrique, appartenait et dépendait davantage du siège social qui l'avait nommé dans cette fonction[4].

AVOIR L'AUTORISATION DE DÉCIDER   Un détenteur d'influence
externe, jouissant d'une importante assise de pouvoir, peut disposer de
moyens, afin d'être à même d'autoriser certaines des décisions prises par
l'organisation, avant qu'elles ne soient exécutées. Ce moyen d'influence peut
être formel ou non. Précédemment, nous avons fait état du cas des directeurs

_____

[4] L'exemple donné par Dalton, est pris au sein d'une organisation, celui de Frank se rapporte manifestement à la relation entre la coalition externe et la coalition interne. Mais comme
nous l'avons fait remarquer dans l'ouvrage « Structure et dynamique des organisations » (chapitre 20), la ligne qui sépare un gouvernement soviétique qui contrôle plusieurs entreprises, et un
siège social américain contrôlant plusieurs divisions (ou comme dans ce cas, même des usines),
est parfois très mince.

de champs de courses, qui d'une manière non formelle, prenaient l'avis des cavaliers — propriétaires de biens rares et essentiels, à savoir les chevaux de qualité —, à propos de décisions importantes (cf. chapitre 4, p. 73). D'un point de vue formel, une organisation peut être obligée de par la loi, ou de par sa constitution, à avoir l'aval d'un détenteur d'influence externe, avant de prendre certaines décisions. Ainsi, des agences de réglementation et de contrôle doivent approuver certaines décisions importantes prises par les organisations qu'elles réglementent ; la Commission Canadienne de la Radio et de la Télévision, par exemple, doit donner son accord pour tous les changements concernant la propriété des stations. De même, une grande entreprise peut exiger d'approuver toutes les nominations des cadres supérieurs de ses filiales.

Ce moyen d'influence externe doit être clairement distingué de l'imposition d'une contrainte formelle. Celle-ci constitue une ligne de conduite spécifique qui porte sur toute une catégorie de décisions. Au contraire, l'autorisation, en tant que forme de contrôle direct, concerne des décisions individuelles, sans ligne directrice. Autrement dit, le détenteur d'influence externe peut agir arbitrairement, s'il en décide ainsi, approuvant une décision et rejetant une autre, sans avoir à donner de raisons. Cette possibilité lui donne un pouvoir considérable — même s'il lui en coûte une bonne dose d'énergie —, pour non seulement bloquer des décisions à volonté, mais également y introduire des modifications, pour que ce qui en résulte, corresponde davantage à ce qu'il souhaite. Ainsi, une municipalité peut refuser un permis de construire, jusqu'à ce que des modifications soient apportées sur le plan, pour rendre le bâtiment plus attrayant.

IMPOSITION D'UNE DÉCISION   En fin de compte, un détenteur d'influence externe est maître du plus puissant moyen de contrôle direct, dès lors qu'il peut, en premier lieu, prendre la décision qui émane de l'organisation. Dans ce cas, le pouvoir portant sur le processus de décision, passe tout à fait à l'extérieur de la coalition interne ; celle-ci est simplement tenue au courant du résultat, à savoir, ce qu'il y a lieu de faire. Par exemple, une association de parents d'élèves peut imposer un budget, voire même, peut-être, la répartition par sections. Lourenço et Glidewell (1975) décrivent la façon dont un réseau télévisé contrôlait la station locale de télévision qu'il possédait, en décidant notamment, de la nature des programmes à présenter aux heures d'écoute maximum. De même, les fournisseurs, dans des situations de monopole, peuvent imposer à leurs clients les produits qu'ils doivent acheter, en quelle quantité, et selon quels calendriers de livraison.

Bien évidemment, si cette situation ne cesse, l'organisation finit par ne plus être une entité autonome. Indifférent aux distinctions établies, le détenteur d'influence externe, qui impose de nombreuses et importantes décisions, devient de fait le P.-D.G., ou alors la coalition interne se plie pour passer dans la coalition externe, puisque l'organisation finit par apparaître comme un département ou une branche d'une autre organisation. La station de télévision locale se réduit à n'être qu'une station émettrice, un point du réseau.

De même, la notion d'une compagnie aérienne, en tant que société d'État autonome, est vide de sens, dès lors que le gouvernement lui impose l'achat de certains types d'avion, et lui dicte où les faire voler.

En conclusion, nos trois premiers moyens d'influence externes — les normes sociales, les contraintes formelles et les campagnes d'opinion —, permettent de bien distinguer l'environnement et l'organisation. En se servant de l'un des trois, une coalition externe cherche à contrôler le comportement d'une coalition interne bien distincte. La campagne d'opinion, par exemple, reconnaît le droit aux décideurs internes de faire des choix, elle ne sert simplement qu'à influer sur ces choix. Notre étude, par contre, des diverses formes de contrôle direct, révèle les liens qui deviennent de plus en plus étroits entre l'organisation et son environnement. A mesure que ces liens se resserrent, la coalition interne abandonne de plus en plus de pouvoir à la coalition externe, jusqu'à ce qu'elle se fonde en elle. D'autre part, plus les détenteurs d'influence externes sont impliqués dans les processus de prise de décision de l'organisation, plus ils en viennent à s'identifier à l'organisation et à être mêlés à ses besoins. En fin de compte, ce sont eux qui risquent de disparaître au sein de la coalition interne. Une fois de plus, le problème de la réciprocité apparaît dans le jeu du pouvoir.

Ceci conclut notre étude de quatre des moyens d'influence externes dans le système du pouvoir organisationnel. Nous nous intéressons maintenant au cinquième, qui est aussi le moyen le plus formel, utilisé par les détenteurs d'influence externes, afin d'essayer de contrôler le comportement de l'organisation.

Chapitre 6
Le conseil d'administration

Entre la coalition interne et la coalition externe de l'organisation, autrement dit, entre ceux, d'une part qui prennent effectivement les décisions et les mettent en action, et ceux, d'autre part, qui cherchent à influencer les premiers, il existe une espèce de « coalition formelle », connue sous le nom de Conseil d'administration. On trouve dans ce Conseil, différents représentants qui ont été officiellement désignés pour y siéger. Il s'agit généralement aussi bien d'agents internes que d'agents externes.

Le Conseil est le seul endroit où différents agents d'influence externes de l'organisation se rencontrent régulièrement, en étant assis les uns en face des autres ; ils rencontrent également, à cette occasion, les directeurs, afin de discuter et de contrôler apparemment les décisions et les actions de l'organisation. En tant que moyen d'influence externe, le Conseil d'administration semble être le moyen d'influence le plus formel, pour ne pas dire le plus constant, le plus convergent et le plus personnel des cinq moyens d'influence externes que nous étudions. Pour ces raisons, le Conseil joue un rôle primordial pour ceux des membres de la coalition externe qui ont la bonne fortune d'y être représentés. La question qui est au centre de ce chapitre, quand on considère les différents rôles joués par le Conseil, est de savoir si cela est effectivement vrai ou faux, ou encore d'examiner jusqu'à quel point, le Conseil peut réellement contrôler le comportement de l'organisation. Nous commencerons par étudier le Conseil, en tant qu'instance légale, et ensuite nous envisagerons différents rôles qu'il semble jouer dans l'organisation. Nous conclurons enfin ce chapitre par une description de trois attitudes différentes que les Conseils semblent prendre, en fonction des rôles qu'ils tiennent à jouer.

LE CONSEIL DU POINT DE VUE DU DROIT

La notion d'une instance « gouvernante » est liée au concept de « l'entreprise ». La législation en matière du droit de l'entreprise aux États-Unis, affirme que « les activités d'une compagnie (en américain, "corporation") doivent être suivies par un Conseil comptant au minimum trois membres ». La corporation fut créée d'abord au Moyen Age, en tant « qu'instrument destiné à des groupes de personnes, se livrant à une même activité, et qui voulaient s'organiser et s'autogouverner » (Bell 1971, p. 29). Les premières corporations furent, en fait, des ordres religieux (Zald 1969, p. 97), et l'exemple classique que l'on donne pour définir la compagnie, en tant qu'entité légale aux États-Unis, quand on fait abstraction des éléments constituants particuliers, concerne le collège Dartmouth en 1819. L'acception populaire, aujourd'hui, a limité le terme aux compagnies ou entreprises commerciales, constituées en sociétés enregistrées, en particulier, les plus importantes de celles-ci. Nous utiliserons le terme d'entreprise dans ce sens-là, encore que bien des organisations, qui sont enregistrées du point de vue légal et ont un Conseil qui les administre, utilisent la forme de constitution de l'entreprise. C'est d'ailleurs, pratiquement le cas de toutes les organisations complexes, que ce soit des organismes de sécurité sociale, des établissements scolaires privés, des hôpitaux ou des agences gouvernementales semi-privées.

Ainsi que Zald (1969) le fait remarquer, la structure de l'entreprise fut créée en tant qu'entité destinée à survivre à tous ses membres, afin de garantir l'accomplissement de tâches au-delà des capacités des individus. Et le Conseil fut mis en place du point de vue légal, en tant que moyen d'assurer la continuité : « de déterminer un centre de responsabilité, en vue du contrôle » (p. 99). Mais on a trouvé trois ambiguïtés qui subsistent dans la définition juridique du Conseil : premièrement, qui dispose du droit d'y siéger en tant que membre ? Deuxièmement, le Conseil est censé représenter les intérêts de qui ? Et troisièmement, comment le Conseil peut-il exercer son pouvoir de contrôle ?

Qui a le droit d'avoir accès au Conseil d'administration ? Les hôpitaux privés et les universités n'ont pas de propriétaires, et pourtant ils ont des Conseils. Les entreprises commerciales ont effectivement des propriétaires, et néanmoins, une enquête concernant 5 995 administrateurs des 500 premières entreprises citées par *Fortune* en 1977, a révélé, que seulement 1,6 pour cent d'entre eux, représentaient des actionnaires extérieurs importants (en entendant des actionnaires qui détenaient plus de 5 pour cent des actions), 9 autres pour cent, représentaient d'autres investisseurs, ou étaient des administrateurs professionnels, 6 pour cent, correspondaient à des banquiers d'affaires, 3 pour cent à des investisseurs, 5 pour cent à des juristes, 25 pour cent à des hommes d'affaires, 7 pour cent à des personnes qui ne sont pas dans les affaires, 39 pour cent à des cadres en activité, et 4 pour cent étaient des personnes elles-mêmes retraitées de l'entreprise (Smith 1978, p. 152). Le fait est que la loi ne spécifie par les conditions requises pour être membre d'un Conseil, et cela a pour résultat, qu'on peut y trouver n'importe quel agent d'influence, et il se trouve aussi, que n'importe qui, peut en être exclu. Aussi, en l'absence de précisions légales, cette première ambiguïté est traitée d'une manière empirique : **le fait d'être membre du Conseil, est une question d'influence et de négociation.**

La seconde ambiguïté, du point de vue juridique, concerne les intérêts que le Conseil est censé représenter. Un rapport datant de 1967 et produit par le Comité consultatif national des industries, a fait savoir que « la responsabilité juridique du Conseil, est de diriger l'entreprise dans l'intérêt des actionnaires. En exécutant cette tâche, les administrateurs doivent faire preuve ''d'une faculté de jugement en affaires, raisonnable'', et être ''dévoués aux intérêts de l'entreprise'' » (Rapport du Comité consultatif national des industries, 1967, p. ii). Mais il existe une ambiguïté, même dans cette brève citation. Faut-il entendre que le Conseil doit être dévoué à l'entreprise, ou responsable devant ses actionnaires, par exemple, devrait-il émettre un vote pour mettre en liquidation l'entreprise quand cela s'avère être l'intérêt des actionnaires ? En d'autres termes, les membres ou administrateurs du Conseil, une fois qu'ils ont été nommés, sont-ils responsables devant une sorte d'électorat que sont les propriétaires, les clients, les employés, et d'autres personnes encore ? Et, dans ce cas, le Conseil ne devient-il pas une sorte de champ clos, où les détenteurs d'influence, se faisant face, se livrent à toutes sortes de marchandages ? Ou bien, les administrateurs sont-ils responsables de l'organisation, en tant que système distinct et séparé de ses détenteurs d'influence ? Maniha et Perrow (1965-1966) parlent d'un service municipal de la jeunesse, où les administrateurs, les plus importants, voyaient dans leurs rôles, au départ, l'obligation de défendre des électeurs bien définis. Pour le directeur de l'union des jeunes chrétiens, et pour le proviseur du lycée, l'enjeu consistait à maintenir la bonne réputation des organisations qu'ils dirigeaient. Puis, ce fut un médecin généraliste qui fut nommé président de ce service municipal de la jeunesse ; celui-ci adopta un point de vue différent. En se référant aux deux autres administrateurs, il déclara : « Ils ont bien du mal à se départir en tant que membres du Conseil, de leurs rôles de directeur de l'union des jeunes chrétiens, et de proviseur de lycée. Ils s'expriment et agissent souvent en se référant à leurs organisations et non pas au service municipal de la jeunesse (p. 248). » Ici, encore, nous avons droit à une solution empirique. En l'absence de définition légale, **les administrateurs ou membres du Conseil d'administration peuvent défendre les intérêts de qui ils veulent — une organisation ou des personnes extérieures —, en fonction de leurs besoins et des pressions auxquelles ils sont soumis.**

La troisième ambiguïté est la plus importante pour ce qui nous intéresse. De par la loi, le Conseil a le pouvoir formel de contrôler l'organisation, mais elle ne lui attribue aucun moyen *spécifique* pour le faire. Ou plus exactement, elle lui accorde implicitement *tous* les moyens. Le Conseil a le droit de prendre ou de rejeter n'importe quelle décision concernant l'organisation. Mais les organisations disposent de dirigeants — parfois par milliers — pour prendre des décisions, et le Conseil ne peut manifestement pas les approuver, et encore moins en prendre qui soient importantes. Aussi, il est admis que le Conseil doit nommer son « propre » administrateur pour diriger l'organisation : c'est le P.-D.G. Cette personne, par suite, crée un système de management, grâce auquel les décisions sont prises. Mais assurément, le Conseil doit faire davantage que nommer simplement un administrateur. Et c'est ainsi, qu'il s'est développé toute une littérature, une large part touchant aux modes de constitution des organisations, qui décrit les fonctions du Conseil. Par exemple, un rapport du Comité consultatif national des industries, mentionné précédemment, répertorie sept fonctions attribuées au Conseil d'administration d'une société commerciale :

1. Définir les objectifs essentiels et la politique générale de l'entreprise.
2. Élire les membres du comité directeur, les conseillers, approuver leurs actions et évaluer leurs performances.
3. Préserver les actifs de l'entreprise et approuver les modifications éventuelles.
4. Approuver les décisions et les actions financières importantes, et veiller à ce que des rapports adéquats soient remis aux actionnaires.
5. Déléguer des pouvoirs particuliers à d'autres membres pour des affaires qui requièrent l'approbation du Conseil.
6. Maintenir, réviser et faire appliquer les statuts de la société.
7. Assurer le bon fonctionnement du Conseil (p. 2).

Mais, malgré la terminologie utilisée pour décrire les tâches et les fonctions, et les articles publiés, la question de savoir comment le Conseil doit contrôler l'organisation, reste une question tout à fait empirique, à savoir qu'elle est traitée sur la base du pouvoir et de la pratique de celui-ci.

Nous avons vu les définitions et les fonctions du Conseil, du point de vue théorique et de celui du droit. Voyons quelques faits.

LE CONSEIL D'ADMINISTRATION DANS LA PRATIQUE : LES FONCTIONS DE CONTRÔLE

Ceux qui ont effectué des recherches sur le comportement des Conseils d'administration, n'ont pas laissé entendre que le Conseil représente un groupe unique, tel que celui des propriétaires, ni qu'il contrôle nécessairement l'organisation. Ils sont davantage partis de l'hypothèse que l'appartenance au Conseil d'administration, ainsi que l'influence qu'il peut avoir, sont dictées par des circonstances liées aux différentes formes de pouvoir, à l'intérieur et à l'entour de l'organisation. Les résultats de ces travaux sont assez intéressants. D'abord, comme nous l'avons vu, ils font apparaître, qu'un large éventail de détenteurs d'influence peuvent faire partie de cette coalition formelle. Ainsi, ils estiment que le fait d'être membre du Conseil, n'est pas lié seulement au pouvoir qu'un individu détient au sein de la coalition externe, mais est également lié à ce que cet individu peut apporter à l'organisation. Autrement dit, tandis que certains membres du Conseil représentent des détenteurs d'influence externes, d'autres ne représentent personne : ils sont nommés pour *servir* l'organisation. De plus, en rapport avec leurs premières découvertes, les chercheurs ont établi que, si certains Conseils contrôlent effectivement leurs organisations (et il en est qui s'y essayent, mais n'y parviennent pas), d'autres Conseils ne le font pas, et n'en ont point l'intention. Aussi, apparemment, le Conseil peut jouer plusieurs rôles, certains liés au contrôle, et d'autres liés à des services à rendre de toutes sortes. Nous commençons notre examen des résultats de cette recherche empirique, par l'étude de trois rôles que le Conseil joue dans sa fonction de contrôle, et ensuite, après avoir fait la synthèse du pouvoir réel du Conseil, nous nous intéresserons à l'étude de sa fonction de service.

1ʳᵉ FONCTION : LE CHOIX DU PRÉSIDENT DIRECTEUR GÉNÉRAL

La fonction la plus évidente du Conseil consiste à choisir le P.-D.G. de l'organisation. C'est là une décision que le Conseil ne peut jamais pleinement déléguer, hormis, bien sûr, à l'un de ses membres, qui peut se trouver être le P.-D.G. sortant. Le pouvoir de nommer, s'accompagne évidemment, également du pouvoir de démettre. Si le Conseil ne détenait que ce pouvoir de faire nommer le P.-D.G. et de jouir véritablement de ce pouvoir, il s'agirait là assurément d'un vecteur de force important dans le système du pouvoir de l'organisation. Dans les composantes de la chaîne d'autorité des organisations formelles, on le verra plus loin dans l'ouvrage (dans la deuxième partie), le P.-D.G. est inévitablement un personnage puissant. Aussi, le pouvoir qui se situe au-dessus de lui, constitue une source importante de pouvoir sur l'organisation.

L'on peut alors s'interroger. Est-ce que les Conseils exercent réellement ce pouvoir pour choisir et renvoyer le Président ? Les réponses suggérées par la recherche semblent se répartir du « non, par vraiment » au « oui, certainement ». Une partie de la littérature sur ce sujet, fait la démonstration d'un pouvoir indiscutable du Conseil, quant au choix du Président. Il suffit de prendre en compte l'anecdote suivante :

> « Il y a l'exemple de cet administrateur, qui, peiné par les baisses des ventes et des bénéfices de l'entreprise, s'entendit avec le P.-D.G. pour passer deux jours de session avec lui au siège. Peu de temps après avoir eu ces entretiens, il déclara : "J'ignorais la situation catastrophique dans laquelle se trouve la société. Elle a perdu ses parts du marché dans des activités classiques, et les nouvelles affaires ne tournent pas bien du tout. Il y a des passifs qui ne sont pas présentés, ni révélés, et des obligations implicites de perdre de l'argent pour rien dans ces affaires. Ces faits et éléments d'appréciation n'ont pas été portés à

la connaissance du Conseil. J'ai passé quinze heures avec le Président, et pendant tout ce temps, il s'est dérobé, a fait l'autruche, et m'a donné les réponses les plus incroyables qu'on puisse entendre. Je représente les intérêts d'un patrimoine familial qui détient 5 pour cent des actions de cette entreprise, et je ne peux me résoudre à me tenir tranquille et voir l'entreprise aller à vau l'eau, par suite de l'impéritie d'un Président incompétent.''

La même personne prit contact avec d'autres membres du Conseil, extérieurs à l'entreprise, leur fit part de ses craintes, et organisa une rencontre pour discuter de ce qu'il y avait à faire. Tous les neuf membres, extérieurs à l'entreprise, assistèrent sur les quinze existants, et après trois heures de discussion, ils tombèrent d'accord pour faire en sorte que le président du Conseil demande au P.-D.G. de l'entreprise de démissionner. Quelques jours plus tard, la déclaration suivante fut faite : "Le président du Conseil d'administration de la société X.Y.Z. a annoncé aujourd'hui que M. John Jones, P.-D.G. de l'entreprise, a donné sa démission, par suite de divergences avec le Conseil d'administration, en matière de politique de l'entreprise. Le président du Conseil assurera les fonctions de président du Conseil et de P.-D.G. M. Jones n'a pas pu être joint, pour faire connaître son point de vue" (Mace 1971, p. 63). »

Mais, dans d'autres cas, déclarer que la « décision » finale se trouve détenue par le Conseil, revient à occulter un ensemble complexe de relations de pouvoir qui peuvent précéder la dernière phase de n'importe quel processus de prise de décision stratégique. Dans une publication tout à fait intéressante, intitulée : « Qui doit diriger ? Analyse politique d'un problème de succession dans un organisme important, s'occupant de protection sociale », Myer Zald (1965) relate par le détail le jeu du pouvoir entre un Conseil obnubilé et un directeur général partant à la retraite, plein de préjugés, quant au choix de son successeur, et qui portait sur deux candidats. Était-ce le Conseil qui prenait la décision ? Voyons les événements de près :

M. Heis, le directeur, initialement, souhaitait que son successeur fut choisi six mois avant son départ à la retraite, mais après que le candidat qu'il préconisait ait été interviewé pour un emploi semblable dans une autre ville, il demanda à ce que la décision fût reportée d'un an. Le président du Conseil, après un entretien avec M. Heis, accepta de voir un comité de direction élargi, étudier la situation, et il proposa cette démarche à l'ensemble du Conseil d'administration. Des deux candidats, M. Leaf était le plus jeune et le plus innovateur ; il bénéficiait du soutien de M. Heis, et les membres du Conseil, qui étaient en sa faveur, ne semblaient pas maîtriser la situation. M. Maddy, plus âgé et incarnant une vision plus traditionnelle de l'organisation, jouissait également d'un tissu de relations avec bien des membres que Heis désignait comme « ayant un poids essentiel dans le Conseil : des banquiers importants, des investisseurs et d'autres membres davantage conservateurs » (p. 56). Alors que Maddy était partisan dans l'organisation « d'une orientation axée sur la prévention et reflétant l'opinion des classes moyennes », Leaf « s'identifiait à fond à la protection sociale et à des points de vue libéraux et altruistes » (p .50).

Le président du Conseil et le Directeur général étaient d'accord pour accepter une procédure de choix qui favorisait implicitement Leaf, procédure qui permettait « une discussion large et ouverte sur les orientations que le Conseil souhaitait voir prises par l'organisation, et une analyse détaillée des candidatures » (p. 50). Chacun des sept candidats potentiels, devait être interviewé par le comité directeur, et devait faire part de son point de vue, à propos de trois questions portant sur l'avenir de l'organisation, la concurrence avec d'autres organismes, et sur les capacités de l'organisation à développer ses services.

« Le processus de sélection joua en défaveur de Maddy, de plusieurs façons. En premier lieu, il brisa le scénario prévu qui voyait en Maddy le successeur probable. Plus les délibérations duraient, plus des solutions autres pouvaient voir le jour. En second lieu, cette situation permit à Leaf de prendre contact avec un groupe d'hommes, qu'il avait peu rencontrés précédemment. En tout cas, deux parmi les membres les plus influents du Conseil, s'abstinrent de tout jugement, avant d'avoir rencontré plus amplement Leaf. En dernier lieu, à l'occasion de n'importe quelle discussion approfondie du programme des orientations de changement, Leaf apparaissait clairement, comme le candidat ayant les vues les meilleures et présentant le plus d'allant ; des deux candidats, il tenait les propos les plus articulés, à vrai dire, les trois questions avaient été formulées à son avantage (p. 57). »

Quand Leaf apparut comme un prétendant tout à fait sérieux, l'un des membres plus âgés et plus conservateurs du Conseil, alla jusqu'à dire que Leaf ne convenait pas pour le poste. On demanda à Heis de faire connaître son avis ; il « apporta au comité directeur, les preuves qui récusèrent l'accusation : il communiqua les notations et les appréciations annuelles du service du personnel » (p. 57). A ce moment-là, interrogé par un membre important du Conseil, Heis soutint explicitement Leaf. « Le comité directeur fit un vote et nomma Leaf (p. 57). »

« Tout au long des débats, le président du Conseil, ne prit pas de rôle actif, se contentant d'animer la discussion, plutôt que d'être l'auteur d'une proposition. Mais, il usa effectivement de son pouvoir de président du comité directeur, à la fin de la dernière réunion qui précéda l'annonce de la nomination décidée par le comité directeur, annonce faite devant le Conseil d'administration réuni dans son ensemble. A ce moment-là, le membre du Conseil qui avait mis en question les compétences en matière de gestion administrative de Leaf, essaya de rouvrir la discussion. Le Président joua alors son rôle à fond et défendit le bien-fondé de la démarche qui avait été suivie, rappela que tous les éléments d'appréciation avaient été pris en compte, coupant ainsi court à d'autres débats (p. 57). »

En fin de compte, qui avait pris la décision ? La description faite par Zald, montre bien la complexité d'une telle question. En apparence, c'était le Conseil, mais le P.-D.G. avait eu une influence considérable. Si Leaf, pour

commencer, n'avait pas bénéficié de certains soutiens, le Conseil aurait probablement choisi Maddy, en dépit de ce que Heis pouvait en penser ; inversement, si Heis était resté totalement neutre, ou s'il avait perdu le soutien du
Conseil, c'est encore Maddy qui aurait été choisi. Nous trouvons, ici, le premier exemple de toute une série d'autres exemples, donnés par Zald, illustrant
les dangers qu'il y a, à tirer des conclusions rapides, sur le jeu complexe du
pouvoir dans une organisation.

Dans son ouvrage, Zald étudie également l'importance vitale de la décision qu'il s'agit de prendre dans une organisation, au moment d'une
succession ; c'est souvent la seule décision, et en tout cas la plus importante,
dans laquelle le Conseil d'administration est généralement impliqué. Zald fait
remarquer, que c'est au moment de choisir un successeur au directeur
général, que le Conseil mobilise le plus de pouvoir. En dépit de l'impression
d'apolitisme, dans le cas d'une décision de succession — « Un transfert de
pouvoir, où la politique est absente » — (p. 53), et malgré l'aspect
« épisodique », ou l'absence de fréquence de la chose, la décision s'avère souvent une affaire cruciale. Non seulement, le processus de décision offre par
lui-même « une occasion donnée à un examen général des buts et de la
politique » (p. 53), mais le choix qui est fait, donne à un individu énormément de pouvoir, pour changer le comportement de l'organisation. En fait,
Zald relate combien l'organisme de protection sociale changea considérablement, suite aux instructions de Leaf ; il devint davantage innovateur et plus
généreux, en réorientant ses programmes, en faveur des prestataires les plus
nécessiteux.

Dans son étude des Conseils d'administration d'entreprises commerciales, Mace voit dans « le choix du Président », l'une des tâches auxquelles
les Conseils habituellement *ne se livrent pas*. Il affirme que le Président sortant « connaît les membres importants, mieux que quiconque », alors que
« les membres du Conseil étant peu en contact avec les cadres dirigeants de
l'entreprise — que ceux-ci siègent au Conseil ou non —, fondent leurs opinions et leurs appréciations sur des faits et preuves très peu fiables » (1971,
p. 189). Aussi, en dépit de l'impression qui est donnée « d'un examen
attentif » de la part des comités émanant du Conseil, « dans la plupart des
cas, la décision, quant à savoir qui doit succéder au Président, cette décision,
c'est le Président lui-même qui la prend » (p. 189).

Comment rapprocher les conclusions de Mace avec celles de Zald ? Il
faut se souvenir que ces deux chercheurs se sont penchés sur des organisations très différentes[1]. Zald a pris en considération un organisme de protection sociale, dans lequel le Conseil d'administration avait effectivement une
influence considérable ; pour une très large part, Mace a étudié de grosses
entreprises commerciales, « tenues d'une manière large et à distance », par les

---

[1] Ils les ont étudiées de manières très différentes. Zald a examiné en profondeur, la décision de succession, alors que Mace a étudié de nombreuses organisations, d'une manière plus
générale.

membres du Conseil d'administration, qui ne représentaient pas sérieusement les intérêts des actionnaires ; ils étaient, en fait, selon ses découvertes, choisis par le Président lui-même. En vérité, dans les situations, où les administrateurs représentaient effectivement les intérêts des actionnaires — comme par exemple, dans le cas cité plus tôt de l'administrateur qui mena son enquête et qui parvient à renvoyer le Président —, Mace était disposé à changer ses conclusions.

Aussi, les faits laissent entendre, que le pouvoir lié à cette première fonction du Conseil d'administration, dépend de bien des facteurs. Ils laissent également entendre, qu'un contrôle authentique, à propos d'une décision de succession, constitue un moyen d'influer, d'une manière importante, le comportement d'une organisation. Mais cette décision, il faut le rappeler, se produit peu fréquemment. Les Présidents meurent ou se retirent, d'une manière occasionnelle, et nulle organisation ne peut s'offrir le luxe de voir son Président renvoyé par un Conseil d'administration, désireux de renforcer les fondements de son pouvoir. Aussi, si le Conseil doit avoir un contrôle plus significatif et plus régulier de l'organisation, son ou ses pouvoirs doivent s'étendre au-delà de cette seule décision.

2ᵉ FONCTION : L'EXERCICE D'UN CONTRÔLE DIRECT PENDANT LES PÉRIODES DE CRISE

Dans son analyse, Mace envisage deux conditions dans lesquelles les Conseils d'administration d'entreprises, jouissant habituellement d'une marge de manœuvre considérable, peuvent resserrer leurs liens avec ces entreprises et en prendre le contrôle. Il y a d'abord le cas, où « un Président meurt brusquement, ou est frappé d'incapacité » ; ensuite, il y a le cas, où « le commandement et les performances du Président laissent tellement à désirer, qu'un changement est nécessaire » (p. 182). Mace souligne qu'il importe dans les deux cas de choisir un successeur rapidement, pour assurer la continuité. Dans le deuxième cas, en particulier, il ajoute que les membres du Conseil peuvent également prendre le contrôle direct de l'organisation, en consacrant « bien plus de temps à l'entreprise en difficulté » (p. 184). Pour utiliser une expression imagée empruntée à Drucker, le Conseil « "se tient prêt" pour le cas où il y aurait une coupure de courant », c'est-à-dire, que l'énergie et le dynamisme venant du haut, viennent à manquer (1974, p. 634).

Dans un autre article, plus général, portant sur les Conseils, Zald va plus loin que Mace, quand il décrit cette deuxième fonction du Conseil. Il fait remarquer que « le pouvoir du Conseil est susceptible d'être davantage affirmé », quand il s'agit de traiter « des questions de décision stratégique ou des problèmes dans leur phase la plus importante » (1969, p. 107), en plus des périodes de succession à la Présidence, d'augmentation de capitaux, de développement des installations et de transitions dans le cycle de vie de l'organisation. Ainsi que l'on pourra le voir dans la discussion qui suit, à l'occasion de ces décisions stratégiques, les Conseils peuvent, en fait, être davantage enclins à reconsidérer, avec attention, les décisions de l'équipe diri-

geante, et cela bien plus qu'à les prendre eux-mêmes, aussi longtemps, bien
sûr, que cette équipe dirigeante conserve toute la confiance des membres du
Conseil. Mais quand le problème touche aussi au personnel de direction, il
n'y a guère de doute que les Conseils ne soient prêts alors, à prendre le contrôle direct de l'organisation ou de l'entrepise.

3ᵉ FONCTION : L'EXAMEN DES DÉCISIONS ET DES PERFOR-MANCES DE LA DIRECTION

Le dernier rôle en matière de contrôle,
concerne le droit dont dispose le Conseil pour formuler un jugement sur les
activités de la direction, à savoir, examiner et éventuellement rejeter certaines
décisions particulières prises par la direction, ainsi qu'évaluer et donner son
appréciation des performances de la direction, d'une manière générale.

En fait, nous pouvons examiner une série continue de contrôles. A une
extrémité — en réalité, bien au-delà de l'examen en tant que tel —, il y a les
décisions que les Conseils prennent en dehors de toute initiative qui viendrait
de la direction. Mais il semble qu'il n'y ait qu'une seule décision de ce genre,
qui soit prise par les Conseils et elle n'est pas fondamentalement importante :
il s'agit de la fixation des salaires et indemnités du Président, et éventuellement d'autres directeurs. La raison à cet état de fait est simple : il serait
inconvenant à des directeurs généraux de grandes entreprises, de fixer eux-
mêmes leurs émoluments.

Dans pratiquement tous les autres cas — hormis les décisions consistant
à remplacer et à, parfois, choisir l'équipe dirigeante, dont il a déjà été
question —, les Conseils semblent au plus se limiter à l'examen des décisions
proposées par la direction. La nature de ces examens peut varier considérablement. Il peut s'agir d'un examen minutieux, suivi d'une autorisation officielle, si bien que le Conseil entérine explicitement les décisions prises par la
direction, ou au contraire, il les rejette ou les modifie. En ce cas, c'est le
Conseil qui a l'initiative. Une forme moins stricte d'examen, consiste en ce
que la direction informe le Conseil des actions qu'elle se propose de voir
aboutir. En ce cas, c'est la direction qui a l'initiative ; et à moins que le
Conseil ne fasse objection, la direction peut poursuivre dans l'orientation
indiquée. L'approbation est tacite. Il faut faire ici une distinction — encore
qu'elle soit subtile — entre le Conseil faisant office d'organe de contrôle, et
le Conseil jouant le rôle d'agent conseil (ce dernier aspect sera étudié un peu
plus tard, car il est lié à une autre fonction). D'un côté, le Conseil est tenu
informé, afin qu'il dispose d'une possibilité de blocage, s'il le souhaite ; d'un
autre côté, le Conseil est tenu au courant, afin que la direction puisse bénéficier de la sagesse de ses membres. A l'évidence, un Président qui souhaite
sonder les membres du Conseil, peut toujours leur demander leurs avis ; plus
tard, si l'action est sujette à caution, le Président peut toujours rappeler que
les membres avaient eu la possibilité d'en débattre et de faire part de leurs
préoccupations.

Enfin, à l'autre extrême, il y a le Conseil qui n'a qu'à ratifier de son
sceau les décisions de la direction. Il donne son autorisation, d'une manière

ostensible ; en réalité, cette autorisation ne sert que les apparences. Dans le cas de certaines décisions, l'aval du Conseil est exigé par la loi.

Des décisions bien différentes peuvent être l'objet d'examens opérés par les Conseils, que ce soit pour des autorisations tout à fait sérieuses, des approbations tacites, ou des coups de tampon sans discussion. Les décisions les plus courantes, sont celles de nature stratégique : l'introduction de nouveaux produits ou services, des initiatives concernant des projets impliquant de gros engagements en capital, tels que la construction de nouvelles installations, ou l'achat de nouvelles machines fort chères ; des décisions liées à des acquisitions, des fusions, des cessions d'entreprises, des augmentations de capital et la réorganisation des structures. D'autres décisions de nature moins stratégique, mais couramment examinées par les Conseils — du moins dans les entreprises commerciales —, sont celles qui concernent les dividendes, les aides charitables et les plans d'intéressement des employés (Clendenin 1972 ; Mace 1971 ; Bacon et Brown 1975). L'approbation du Conseil semble donner une touche de légitimité à ces décisions délicates.

Mace (1971) traite en détail l'un de ces types de décision dans les grandes entreprises : l'approbation de projets d'ordre financier. La plupart des entreprises exigent que les projets dépassant un certain montant, soient soumis à l'approbation du Conseil. Or Mace a découvert un certain nombre de cas, où les Conseils ne furent pas informés, et encore moins consultés. Un Président a fait savoir : « Je ne présenterai jamais une demande au Conseil, concernant une affectation de capital. Comment pourraient-ils en juger ? » (p. 44). Un administrateur de trois entreprises a effectivement déclaré à Mace, que dans un bon nombre de cas « J'ai appris en lisant le journal, une acquisition importante faite par l'une de mes entreprises » (p. 48). En général, les Conseils, pourtant étaient impliqués. Mais ils n'ont « jamais, et pas une seule fois », désapprouvé une dépense. Il leur manquait tout simplement l'information nécessaire pour pouvoir mettre en question la décision. Comme l'a fait remarquer un Président : « Le Conseil n'est pas en mesure, et ne cherche pas à être en mesure, de contester ou de mettre en question des affectations de capital, qui ont été recommandées par la direction. » (p. 46). Au lieu de cela, pour citer un autre Président : « J'aimerais dire que les membres du Conseil ou les administrateurs ont tendance à lire les demandes d'affectation de capital, pour lesquelles ils ont quelque intérêt, ou qu'ils connaissent par expérience, et ils prêtent peu d'attention aux autres ; ils se contentent de les parcourir, jettent un coup d'œil à la première page, de telle sorte qu'ils puissent savoir de quoi il est question. » (p. 46). Cette dernière remarque rappelle l'histoire célèbre que raconte C. Northcote Parkinson (1957, pp. 25-32), à propos d'une réunion d'un Conseil d'administration, histoire dont l'authenticité est pour le moins douteuse. Se sentant quelque peu gênés pour avoir approuvé en deux minutes et demie, sans poser la moindre question, le financement d'un réacteur nucléaire d'une valeur de dix millions de dollars, les membres de ce Conseil, passèrent trois quarts d'heure à discuter d'un projet d'abri à vélos, d'une valeur de 2 350 dollars, c'était un point de l'ordre du jour, au sujet duquel ils savaient quelque chose et pouvaient se prononcer.

Le Conseil peut examiner, d'une manière sérieuse ou superficielle, non seulement des décisions particulières prises par des directeurs, mais également des ensembles de décisions, avant ou après qu'elles soient exécutées. Avant le passage à l'acte, le Conseil peut examiner les plans de la direction : les objectifs, les stratégies projetées, les budgets, les mises en place. Après la réalisation des décisions, le Conseil peut examiner et vérifier les performances des dirigeants, évaluer la somme des décisions prises, et savoir jusqu'à quel point, la direction a fait ce qu'il fallait par rapport à ses plans, vis-à-vis des résultats des concurrents, ou simplement par rapport aux attentes des membres du Conseil.

Boulton (1977, 1978) laisse apparaître dans sa recherche, que l'examen des performances ou des résultats par le Conseil, peut se faire à trois niveaux ; il y a ce qu'il appelle « la légitimation », qui est une sorte de rituel qui implique le minimum de vérifiation exigé par la loi ; « l'audit » qui comporte l'examen de tous les rapports financiers à publier ; « la direction administrative » qui entraîne une recherche bien plus systématique de toutes sortes d'informations qui permettent d'évaluer réellement les performances des dirigeants. Comme on pouvait s'y attendre, Mace a découvert que les Conseils qu'il a étudiés, se retrouvaient au niveau le plus bas, tel que le définit Boulton :

> « J'en ai conclu que les Conseils, généralement, n'effectuent pas réellement le travail d'évaluation et d'appréciation des performances du Président. Ils sont rares les critères et les modèles établis et acceptés, grâce auxquels le Président peut être estimé, qui existent en dehors du test habituel de rentabilité pour l'entreprise ; et il est étonnant de voir la lenteur avec laquelle certains membres du Conseil réagissent, après des années de diminution constante de la rentabilité... Les administrateurs ou les membres du Conseil, fondent leurs appréciations en grande partie, en fonction des données et des rapports fournis par le Président lui-même. De même, des dirigeants situés tout en haut de la hiérarchie, qui font fonction d'administrateurs extérieurs, du fait que ce sont des hommes très occupés, n'ont généralement pas de temps à consacrer (à ce qui les concerne)... (pp. 182-183)[2]. »

Mais depuis l'étude faite par Mace, le niveau de l'audit est devenu de plus en plus courant, du fait que c'est une démarche qui a été encouragée par une obligation faite par la Bourse de New York, de voir dans toutes entreprises et sociétés côtées en bourse, mettre en place des « comités d'audit » au sein des Conseils. Boulton, dans une étude plus récente, a établi que les Con-

---

[2] Ici, Mace bénéficie de l'apport de Clendenin (1972), qui a lui aussi interviewé des Présidents d'importantes entreprises commerciales : « Peu de Conseils se livrent à une évaluation exhaustive des performances réalisées, à moins que le besoin d'une telle évaluation soit rendue nécessaire, à la suite d'une crise. De nombreux P.-.D.G. ont affirmé que l'examen opéré par le Conseil, portant sur les performances réalisées, est assez superficiel (p. 63). »

seils étaient, parfois, prêts à entreprendre des examens du troisième niveau, c'est-à-dire, de « direction administrative », dès lors que les résultats étaient en baisse, ou que de nouveaux engagements ou prises de participation étaient réalisés.

Néanmoins, même un examen superficiel des résultats généraux, ou de décisions particulières, peut avoir de l'effet, comme le laisse entendre Zald dans son étude, à propos d'une décision de succession. Ce n'est pas tant ce que le Conseil *fait*, quand il joue son rôle d'examinateur, que ce qu'il *peut* faire, qui influence le comportement de l'équipe des dirigeants. Un Conseil peut tempérer, d'une manière implicite, les actions des dirigeants, tout comme la présence d'abeilles à proximité d'une personne qui cueille des fleurs, peut tempérer son ardeur. Aussi longtemps que les membres du Conseil ou les abeilles ne sont pas dérangés, l'on peut poursuivre librement, mais si on les dérange, alors on risque d'aller au désastre. C'est ainsi que les comportements peuvent être influencés.

LE POUVOIR RÉEL DU CONSEIL   Avant de poursuivre l'étude d'autres fonctions du Conseil, nous marquons un arrêt, pour envisager la nature du pouvoir que ces trois contrôles donnent au Conseil.

Il est utile d'en revenir à l'analogie avec l'abeille. Car si l'abeille est amenée à attaquer, elle ne peut piquer qu'une seule fois. Et il en va de même, plus ou moins, pour le Conseil.

Quoique en dise la législation américaine portant sur les entreprises, ce n'est pas le Conseil d'administration qui s'occupe des affaires d'une entreprise. Cette dernière est dirigée par ses directeurs à temps plein, et en premier lieu, par son P.-D.G.[3]. Le Conseil n'intervient que lorsqu'il se produit quelque chose qui vient perturber la bonne marche de l'entreprise, comme par exemple, une crise, la perte d'un dirigeant, ou une détérioration grave au niveau des résultats. Si l'on reprend la terminologie utilisée au dernier chapitre, le Conseil d'administration, en tant que moyen d'influence externe, intervient d'une manière épisodique, même si on pouvait croire à une sorte de régularité, il est à même de faire de l'obstruction, même s'il donne l'impression d'être une source d'initiatives, et il est moins clairement visible et plus anonyme qu'il n'y paraît. Son réel pouvoir, tout comme celui de l'abeille, est dans son dard, dont il ne fait usage que rarement, et encore.

Pourquoi en est-il ainsi ? Tous les faits et indices vont dans le même sens. Les membres du Conseil, à l'extérieur de la coalition interne — c'est-à-dire, à l'extérieur des processus de prises de décision quotidiennes — ne disposent pas de l'information nécessaire pour prendre des décisions. Il y a des exceptions : les questions externes qui se situent en dehors du domaine d'intervention et des compétences spécialisées de l'équipe dirigeante, comme

---

[3] Dans un certain nombre d'États, on a remplacé ou ajouté à « l'entreprise est dirigée par... », la précision suivante : « l'entreprise est dirigée sous la conduite de... » (Estes 1977, p. 21).

par exemple, les augmentations particulières de ressources financières ; il y a aussi les membres du Conseil qui sont d'anciens administrateurs de l'entreprise ; ou encore le cas d'organisations qui sont de petite taille et sont simples à comprendre (Zald 1969). Mais, dans la majorité des cas, les membres du Conseil à temps partiel, savent bien moins de choses que les dirigeants qui œuvrent à temps plein.

> « La détermination des objectifs de l'entreprise, de ses stratégies, et de son orientation, exige une étude considérable des points forts et des points faibles de l'entreprise, une connaissance de son environnement et de la concurrence, une analyse fine et attentive et qui prend du temps, des possibilités du marché ; et il faut encore que les capacités de l'entreprise puissent suivre et répondre aux exigences changeantes du marché... Le membre du Conseil d'administration, extérieur à l'entreprise, n'a pas le temps de se livrer à ces études nécessaires pour établir les objectifs et les stratégies de l'entreprise. Au mieux, il peut approuver les prises de position de la direction, et cette approbation repose sur des données insuffisantes... (Mace 1971, p. 185). »

Mace prétend que les membres d'un Conseil d'administration, ne posent même pas les « questions judicieuses », lors des réunions. « De nombreux membres ont fait part de leur absence de compréhension des problèmes et des implications liées à des questions présentées aux membres du Conseil par le Président, et pour éviter de passer pour des idiots, ils s'abstiennent de poser des questions ou de faire des commentaires... Dans un bon nombre d'entreprises, l'on pourrait rédiger le compte rendu de la réunion du Conseil d'administration, avant même qu'elle ne soit tenue (pp. 187-188). »

Aussi, même le Conseil qui est résolu à contrôler, choisit l'équipe dirigeante — vraisemblablement de façon à ce qu'elle reflète les valeurs générales défendues par le Conseil — et puis laisse cette équipe diriger l'organisation. Le Conseil ne peut pas continuellement regarder par-dessus l'épaule de la direction, pour surveiller ce qui se fait. Il peut se réserver le droit d'examiner attentivement certaines décisions importantes — particulièrement dans les moments de crise et de transition — et peut occasionnellement en inverser une. Ceci a pour effet salutaire de maintenir l'équipe dirigeante à sa place. Évidemment, le P.-D.G. astucieux sait ce qui peut contrarier le Conseil d'administration, et en conséquence, évite d'aborder certaines questions. Dans d'autres cas, quand le P.-D.G. hésite à propos d'une décision importante, quand il estime que le Conseil est davantage compétent — par exemple, à propos de politique des dividendes —, ou encore, quand le Conseil est résolu à prendre la décision lui-même — dans le cas de la détermination des salaires des dirigeants, par exemple —, le P.-D.G. peut préférer ne pas s'adresser au Conseil, en ayant pris position, mais, de laisser le Conseil en décider. Ces situations doivent rester rares. Laisser trop de décisions à l'initiative du Conseil, peut susciter un doute, quand aux capacités des dirigeants à s'occuper de l'organisation. Voir trop de décisions inversées par le Conseil, pose la question de la confiance donnée aux dirigeants de l'entreprise. Aussi,

dans des conditions normales, l'approbation par le Conseil d'administration des décisions et performances directoriales, ont tendance à ressembler à des conclusions prévues d'avance. Même le Conseil qui a quelques doutes sur une proposition, ne va pas s'en prendre à une équipe dirigeante, dans laquelle il a tout à fait confiance. L'exception à cela, nous le verrons nettement plus tard, est l'exemple du Conseil qui est tellement empêtré dans ses propres conflits internes, qu'il se transforme en arène politique, les membres rivalisant entre eux et se disputant le pouvoir. Les dirigeants apparaissent alors comme des spectateurs, ou plus vraisemblablement, comme des détenteurs d'influence supplémentaires, qui participeraient aux marchandages.

Ainsi, Mace indique que « la définition des objectifs, des stratégies, des politiques » fait partie des fonctions que les Conseils « *n'assument pas* » (1971, p. 185). Et Clendenin (1972) le rejoint sur ce point, quand il relate que « deux tiers des cadres dirigeants interviewés, ont déclaré que le Conseil ne débattait des questions importantes de politique et de stratégie, que de manière occasionnelle », et « qu'un autre quart prétendait qu'ils n'étaient *jamais* impliqués dans ces questions » (p. 62). La même situation peut se retrouver dans le cas d'organisations à but non lucratif, ainsi que cela apparaît dans les commentaires faits par un directeur d'une entreprise de services familiale :

> « ... nous disons aux membres du Conseil, comment voter, et puis ils votent, et nous appelons cette procédure "le Conseil fixe la politique de l'entreprise..." Je ne peux citer que peu d'exemples, où les opinions formulées par le Conseil, ont influencés mon jugement en matière de politique et d'activités, pendant les (nombreuses) années où j'ai été le directeur de l'entreprise, bien que le Conseil ait pris chaque décision importante et ait été « informé » plus qu'à loisir, avant chaque décision (cité par Zald 1969, p. 98). »

Le résultat de ces conclusions, est de ramener la troisième fonction du Conseil à la première : les décisions et les performances sont examinées essentiellement dans le cas du remplacement du P.-D.G. Et, on l'a vu précédemment, la deuxième fonction, à savoir, l'exercice d'un contrôle direct, pendant les périodes de crise, est également associée aux problèmes de succession et de performance. L'on peut conclure, par conséquent, que **lorsqu'un Conseil jouit effectivement d'un pouvoir de contrôle, son pouvoir réel réside en sa capacité à démettre et à nommer le P.-D.G., et dans le fait que le P.-D.G. en est conscient. C'**est tout[4].

---

[4] Aussi, un Conseil sans le pouvoir de nommer le P.-D.G., est totalement dénué de pouvoir. En 1966, en s'inspirant d'un roman d'Orwell, le gouvernement français à Paris créa « le Port autonome de Marseille ». L'autonomie revenait à avoir un Conseil représentatif : cinq membres du gouvernement au niveau national, sept membres venant de la Chambre de Commerce de Marseille, et un de celle d'Arles, sept utilisateurs du Port et deux représentants des employés ; mais, ce Conseil n'avait pas le pouvoir de nommer son Président. Ce droit, et cela va bien avec l'idée que le gouvernement à l'époque se faisait de la décentralisation, appartenait à Paris.

Cette conclusion crée un dilemme fondamental pour le Conseil d'administration. Aussi longtemps que ses membres sont des membres à temps partiel, et qu'ils se situent à l'extérieur de la coalition interne, il leur est impossible d'acquérir les éléments d'information, quant à l'organisation, éléments
nécessaires pour leur permettre de connaître la réalité de l'entreprise ou de
l'organisation, au même titre que l'équipe qui la dirige. Comment des personnes, qui elles-mêmes dirigent leurs propres organisations, qui selon les estimations de Clendenin, passent vingt heures au moins par an, dans des réunions de Conseil d'administration, peuvent-elles rivaliser d'intelligence avec
des dirigeants qui sont à plein temps au cœur des choses ? Comment peuvent-
elles même espérer savoir quand il faut décider de remplacer le P.-D.G.,
étant donné que le moyen d'information et d'accès à l'organisation passe par
ce même P.-D.G. ?

Comment, alors, les membres du Conseil d'administration peuvent-ils
prétendre contrôler l'organisation ? Le fait est, nous l'avons vu, qu'ils ne la
contrôlent pas d'une manière régulière ; ils ne formulent même pas de jugements sur la plupart des actions et des initiatives qu'elle prend. Dans des conditions normales, les membres assistent passivement, ayant reçu toutes leurs
informations de la bouche même des dirigeants de l'organisation, suivant pratiquement leurs indications. En vérité, quand quelque chose va mal, il n'est
pas rare que les membres du Conseil soient les derniers à le savoir, et selon
Peter Drucker, cela a « toujours » été le cas, quand il s'est agi « des grandes
catastrophes commerciales d'entreprises, au cours de ce siècle » (1973,
p. 628).

La solution au problème semble aller de soi : nommer des administrateurs ou membres du Conseil à temps plein. Ils auraient le temps de
s'informer correctement, et ainsi, pourraient être certains d'assurer une sorte
de contrôle de l'organisation. Mais ceci ne résoud aucunement le problème de
fond ; cela revient simplement à introduire l'autre élément du dilemme. Le
vrai problème réside dans le besoin d'un contrôle *externe* à l'organisation, un
contrôle indépendant de la direction de l'organisation. Ce n'est pas le contrôle par le Conseil, en soi, qui importe, mais le contrôle par la coalition
externe, le Conseil ne représentant que l'aspect formel. Si les administrateurs
ou membres sont occupés à plein temps, par leur participation au Conseil, ils
n'ont plus la même dépendance : ils passent de la coalition externe à la coalition interne. Ils deviennent effectivement des salariés de l'organisation, et leur
rôle d'intervenants extérieurs passe au second plan. Le prix du rapprochement
et de l'existence de contacts étroits avec l'organisation, c'est la cooptation des
membres du Conseil par l'organisation. Et dans la mesure où ceci se produit,
ils cessent d'être alors des agents d'influence *externes*. Et d'une manière plus
importante, la ligne de séparation entre l'autorisation des décisions et le fait
de les prendre et de les exécuter, disparaît. Devenant les autorités suprêmes
de l'organisation, les administrateurs, membres du Conseil à temps plein,
sont inévitablement et profondément impliqués dans la prise de décisions ; ce
ne sont plus des contrôleurs de la direction, mais des dirigeants de fait. Ce

que l'on appelle le Conseil d'administration, devient en réalité un comité exécutif, et son Président devient le P.-D.G. de l'organisation, les autres membres devenant ses subalternes. L'organisation cesse d'avoir un Conseil d'administration, dans le sens d'une instance distincte de ceux qui dirigent l'organisation, capable d'exercer un contrôle pour le compte des agents d'influence externes. Le Conseil d'administration peut fort bien contrôler l'organisation à temps plein, mais la coalition externe ne contrôle pas le Conseil.

Deux faits liés à cette situation, peuvent être nettement perçus dans les grandes entreprises commerciales américaines. D'abord, le rôle du Président du Conseil d'administration a progressivement évolué, et est passé de l'individu, qui à temps partiel représentait les propriétaires, à celui du P.-D.G. qui dirige l'organisation à temps plein, tout comme le faisait le Directeur général jadis. Ensuite, il est apparu ce que l'on peut appeler « le Conseil interne », où tous les membres qui y siègent, sont des dirigeants à temps plein, si bien que les membres de la coalition externe — y compris les actionnaires —, n'ont pas le moindre siège. Les arguments pour justifier le « Conseil interne » sont curieux à entendre. A une époque où la Standard Oil de New Jersey avait un « Conseil interne », l'un de ses membres, interrogé à l'occasion d'un symposium réunissant des administrateurs de Conseil, déclara que les membres internes sont mieux informés que les membres externes à l'entreprise ou l'organisation :

> « ... la philosophie soutenant la défense de l'administrateur à temps plein, veut qu'assumer sérieusement la responsabilité d'administrateur exige une connaissance plus étendue des activités de l'entreprise, que celle que peut permettre un contact épisodique avec celle-ci. Cela est surtout vrai dans les grandes entreprises, disaient certains, où être un membre de Conseil est une activité à temps plein, qui exige un travail important de chaque administrateur, entre les réunions du Conseil, afin de pleinement comprendre toute la gamme des activités » (Brown et Smith 1957, p. 91).

Mais le prix pour être informé est plutôt élevé ; cela correspond à l'exclusion des agents d'influence externes, y compris les actionnaires, de l'un de leurs moyens d'influence essentiels, et à la perte du seul moyen existant et objectif, de pouvoir évaluer les performances de l'équipe de dirigeants. Cette évaluation est laissée à la direction, les membres du Conseil étant censés siéger pour juger leur Président. Aussi, Chandler, dans un article publié dans la revue *Harvard Business Review* et intitulé « Il est temps de dépoussiérer le Conseil d'administration », écrit :

> « Un Conseil interne est un non-sens. Des subalternes ne peuvent déterminer les salaires et les indemnités d'un P.-D.G. ; et un P.-D.G. à la forte personnalité ne peut obtenir des opinions franches de ses subalternes...
> Vous entendez l'argument qui veut que le P.-D.G. a besoin des avis des agents internes ; que ceux-ci connaissent mieux l'entreprise que les agents externes, c'est vrai, mais cela est sans rapport avec la question... L'endroit où

collecter et obtenir des informations valables des cadres supérieurs, d'anciens dirigeants, des juristes de l'entreprise, néanmoins, ce n'est pas la salle du Conseil, mais dans le bureau du P.-D.G., avant la réunion du Conseil (1975, p. 75). »

Ce genre d'arguments a mis le doigt sur quelque chose d'important ; il apparaît que bien des grandes entreprises, semblent ne pas avoir même un semblant de contrôle formel externe, car le Conseil interne devient quelque chose de dépassé aux États-Unis, sinon apparemment en Grande-Bretagne. La proportion de membres du Conseil interne, dans les 500 entreprises citées par *Fortune*, a baissé de 19 pour cent entre 1967 et 1977 (Smith 1978). Suite aux demandes de la Bourse de New York, qui exige que les Conseils d'administration aient des commissions d'audits, uniquement constituées d'administrateurs extérieurs à l'entreprise, le Conseil interne a disparu des entreprises côtées en bourse. Même la présidence des Conseils d'administration a tendance, ces dernières années, à redevenir une responsabilité à temps partiel.

Aussi, les détenteurs d'influence externes qui souhaitent utiliser le Conseil d'administration comme moyen d'influence important, se trouvent pris par le dilemme, qui consiste à choisir entre des administrateurs à temps partiel qui ne disposent pas de l'information nécessaire pour contrôler la direction, et des administrateurs occupés à temps plein qui sont dépourvus de la volonté nécessaire pour représenter les détenteurs d'influence externes. S'ils en avaient le choix, ils opteraient pour la première situation, c'est-à-dire, celle d'un contrôle inadéquat, plutôt que l'absence de tout contrôle.

Un bon nombre des chercheurs qui ont étudié les rôles du Conseil d'administration dans les grandes entreprises américaines, ont cherché des issues à ce dilemme. Une des propositions faite par Mace et Clendenin, parmi d'autres, consiste à utiliser des « administrateurs professionnels », des personnes soutenues et correctement rémunérées qui peuvent consacrer tout leur temps à être au service des Conseils d'administration d'un petit nombre d'organisations. Cette position intermédiaire permettrait, tout à la fois, de garantir l'indépendance des administrateurs et de leur accorder du temps et des moyens pour se tenir correctement informé. Bien que des personnalités prestigieuses — y compris deux anciens Présidents de la Bourse de New York — se définissent non sans fierté, comme étant des administrateurs professionnels (Smith 1978, p. 168), l'idée n'a pas encore fait son chemin ; ceci pourrait s'expliquer par le fait, que les dirigeants d'entreprises préfèrent un Conseil d'administration faible à un Conseil composé d'administrateurs professionnels.

Pour terminer cette étude portant sur les fonctions de contrôle du Conseil d'administration, l'on peut dire, que si le Conseil dispose virtuellement d'un pouvoir certain sur l'organisation, ce pouvoir est moins important que l'on se plaît à l'imaginer[5], et ne s'exerce obligatoirement, que d'une façon épisodique. Il correspond, au mieux, au droit de remplacer le P.-D.G. et l'effet que ceci peut avoir sur le P.-D.G. qui en est conscient. Le Conseil d'administration à temps partiel, fonctionne manifestement à l'extérieur de la coalition interne de l'organisation, et ceci étant, même s'il n'est pas dépourvu de tout pouvoir, le Conseil n'est pas le moyen d'influence externe le plus important.

Mais, si le Conseil, en tant que moyen de contrôle de l'organisation, s'avère plus faible qu'on l'imagine généralement, en tant que dispositif destiné à servir l'organisation, il se révèle beaucoup plus utile. Les cinq fonctions suivantes du Conseil, qui vont être décrites maintenant, correspondent à cet aspect du Conseil d'administration.

LE CONSEIL D'ADMINISTRATION A L'ŒUVRE : LES FONCTIONS DE PRESTATAIRE DE SERVICES

Nous avons vu que certains Conseils exercent une sorte de contrôle indirect de l'équipe dirigeante, alors que d'autres Conseils ne font pas même cela. Mais dans un cas, comme dans l'autre, il y a d'autres rôles que les Conseils peuvent jouer, particulièrement, en comprenant des membres qui peuvent rendre toute une variété de services à l'organisation. Nous pouvons, au moins, en distinguer quatre :

1. le fait de coopter des détenteurs d'influence externes,
2. le fait d'établir des contacts (et de collecter des fonds),
3. le fait de développer la réputation de l'organisation,
4. le fait de conseiller l'organisation.

Nous allons d'abord étudier chacune de ces fonctions, brièvement, en faisant apparaître comment elles se distinguent l'une de l'autre, en principe. Mais ensuite, en commentant quelques travaux de recherches qui s'y rapportent, nous verrons combien il est difficile de les séparer, du fait que les membres ou administrateurs des Conseils d'administration sont souvent nommés pour plus d'une raison ; cette difficulté à distinguer les différentes fonctions

---

[5] Dans une étude portant sur la perception du pouvoir dans les universités — « Qui prend les grandes décisions » ? — Gross a fait apparaître, que les enseignants et les administratifs plaçaient les régents ou membres du Conseil d'administration, tout de suite après le Président. « Certaines personnes peuvent être surprises de la place attribuée aux régents — c'était le cas des régents qui étaient les premiers surpris —, car ils n'ont souvent pas d'autre rôle, que d'entériner les décisions du Président. Mais ils choisissent le Président et sont perçus, souvent, comme un groupe indistinct et mystérieux (1968, p. 537-538). »

de service, que les membres peuvent avoir au sein du Conseil d'administration, est également liée à la nature de la recherche entreprise.

4ᵉ FONCTION : LE FAIT DE COOPTER DES DÉTENTEURS D'INFLUENCE EXTERNES

Le fait que le Conseil ne peut pas être aisé-
ment utilisé par les détenteurs d'influence externes, pour avoir un contrôle
direct sur la direction, n'empêche pas les dirigeants de vouloir essayer d'utiliser le Conseil d'administration, afin de pouvoir exercer une sorte de contrôle sur les détenteurs d'influence externes. Nous en venons maintenant à la
« cooptation formelle » dont parle Selznick, qui est la première fonction,
parmi les quatre fonctions, qui font du Conseil un outil au service de l'organisation, plutôt qu'un moyen d'exercer un pouvoir sur elle. La différence
entre la coopation et les autres fonctions du Conseil d'administration est,
dans ce cas-ci, la relation de pouvoir qui continue d'exister entre les membres
du Conseil et l'organisation, mais cette relation, ou plutôt ce flux de pouvoir,
circule dans l'autre sens. Le pouvoir n'est pas un problème fondamental dans
les autres fonctions du Conseil, en tant que prestataire de services, mais le
pouvoir est bien au cœur des problèmes, quand il s'agit pour le Conseil,
d'avoir une fonction de contrôle. Dans le cas qui nous concerne ici, ce sont
les membres du Conseil qui cherchent à exercer le pouvoir. Dans cette quatrième fonction que peut avoir le Conseil, l'organisation s'efforce d'utiliser le
fait qu'il y ait des membres qui siègent au Conseil, pour obtenir à travers
eux, le soutien de personnalités importantes extérieures.

L'organisation peut s'efforcer de répandre le pouvoir d'un important
détenteur d'influence externe, en lui offrant de siéger en tant que membre, au
Conseil d'administration. Ainsi, Selznick (1966) déclare, qu'attribuer la possibilité de siéger dans un Conseil d'administration, est l'un des moyens dont
peut disposer une organisation, pour délaisser les signes extérieurs du pouvoir, sans renoncer au moindre pouvoir réel. Un détenteur d'influence externe
peut se contenter du titre ou du statut, au lieu d'avoir réellement un rôle à
jouer dans la prise de décision. Ou bien alors, l'organisation peut mettre en
lumière le soutien d'une personne influente, qui, autrement, risquerait de
passer inaperçu, quand, par exemple, un hôpital privé ou une université offre
à un riche donateur potentiel, de siéger à son Conseil, ou encore, de proposer
de devenir membre du Conseil à un donateur existant, pour s'assurer que sa
générosité ne se tarira pas. Le fait de siéger au Conseil, permet d'obtenir des
dons, parfois c'est l'inverse. Bien sûr, l'organisation ne laisse pas toujours
cela se faire facilement, car le prix de la cooptation peut consister, en fait, à
une perte de pouvoir réel. Comme le fait remarquer Perrow, à propos des
membres du Conseil d'administration d'un hôpital, qui ont contraint une
équipe de chercheurs qui étaient réticents, à communiquer des informations
portant sur une nouvelle technique, d'une façon prématurée, « la publicité,
c'est ce que les bienfaiteurs achètent de leurs dons » (1970, p. 114). Mais ce
qui est important dans la « cooptation formelle », c'est que le détenteur

d'influence se satisfait des signes extérieurs du pouvoir ; ce que l'organisation obtient, importe plus que ce qu'elle abandonne.

5ᵉ FONCTION : LE FAIT D'ÉTABLIR DES CONTACTS (ET DE COLLECTER DES FONDS) POUR L'ORGANISATION

Dans le cas présent, nous nous situons bien au-delà des relations de pouvoir, quand nous considérons le Conseil, en tant que moyen d'établir des contacts pour l'organisation. Les administrateurs ou membres du Conseil sont nommés en fonction des personnes qu'ils connaissent, et des contacts qu'ils peuvent établir. Ils ne contrôlent pas et ne sont pas davantage cooptés. Ils ne servent qu'à ouvrir des portes. Ainsi, dans le Conseil d'administration de bien des entreprises américaines qui travaillent énormément avec le Pentagone, il n'est pas rare de trouver un officier à la retraite. Il n'a plus de pouvoir officiel au Pentagone, mais il entretient des contacts avec ceux qui détiennent encore ce genre de pouvoir. Dans le même sens, une étude a fait apparaître que « les hôpitaux qui fonctionnaient avec relativement davantage de subventions du gouvernement... avaient tendance à prendre davantage en considération, quand il s'agissait de choisir des membres pour leur Conseil d'administration, les personnes qui avaient des relations politiques » (Pfeffer 1973, p. 358). En vérité, dans cette étude, le développement des hôpitaux, — à savoir, les installations et leurs programmes, le nombre de lits, l'ampleur du budget —, allait positivement de pair avec la sélection faite des membres du Conseil, en fonction de leurs relations politiques, et cette corrélation était rendue négative, dès lors que l'on choisissait des membres, en fonction de leurs connaissances en matière d'administration des hôpitaux. La fonction « contacts et relations », jouait mieux et davantage dans ces institutions que la fonction « Conseils ».

Une sous-fonction importante, ici, est celle qui consiste à collecter des fonds ; il s'agit d'une fonction qui se situe bien au-delà de la prise de contacts. Des organisations sans but lucratif — des hôpitaux, des universités, des organismes de protection sociale privés —, choisissent souvent des personnes qui peuvent collecter des fonds, grâce à leurs contacts, comme membres de leur Conseil d'administration. Reprenant son étude de l'hôpital, Pfeffer a prévu, puis confirmé que :

> « ... plus le budget des dépenses en capital sera équilibré, par des dons privés, plus importante sera la fonction de collecte de fonds, ainsi que l'aptitude à trouver de l'argent, dans le choix des membres du Conseil d'administration. Inversement, plus grande sera la participation du gouvernement au budget, moins la fonction de collecteur de fonds jouera pour être membre du Conseil (1973, p. 352). »

Pour jouir du prestige à être membre d'un Conseil d'administration, les personnes qui y siègent, se doivent d'utiliser leurs contacts pour obtenir de l'argent. Une situation analogue, bien que, peut-être, moins directe, se produit, quand des entreprises commerciales font siéger des banquiers, des conseillers en investissements et d'autres agents financiers dans leur Conseil, afin de bénéficier de leur aide, quand ils émettent des actions ou des obligations.

Cette fonction qui consiste à établir des contacts, ou à collecter des fonds, peut également être considérée comme une forme de cooptation *indirecte*, en ce sens, que le membre du Conseil sert d'intermédiaire pour obtenir le soutien de détenteurs d'influence importants. En vérité, certains chercheurs considèrent cette démarche comme faisant partie de la cooptation. Nous ne le faisons pas, car à vrai dire, ce n'est pas le membre du Conseil qui est coopté. Cette personne n'est pas un détenteur d'influence, elle ne représente aucun intérêt, aucun groupe d'électeurs. La relation est davantage une relation de réciprocité que de dépendance. Le membre du Conseil est uniquement recruté pour exercer un service — fournir des contacts, collecter des fonds... —, et en échange, il est membre du Conseil, jouit d'un statut, ou est rémunéré.

6ᵉ FONCTION : DÉVELOPPER LA RÉPUTATION DE L'ORGANISATION

La sixième fonction du Conseil est également proche, d'une certaine façon de la cooptation ; en fait, Selznick l'inclut, quand il parle de cooptation. Pour nous, il y a lieu de faire la distinction. Dans ce cas, le Conseil sert à maintenir ou à développer, voire, à fonder légitimement le renom de l'organisation. Pour citer encore Selznick, quand l'autorité, sur le plan formel, est dépourvue « d'une sorte de légitimité historique », ou est « incapable de mobiliser la communauté pour agir », « il n'est pas indispensable de partager effectivement le pouvoir » ; « la mise en place d'une façade », suffit à créer « une aura de respectabilité » (1966, pp. 259-260). Des personnalités, d'un haut rang, sont invitées à faire partie du Conseil, pour l'impact qu'elles ont en matière de relations publiques. Comme le dit un membre du Conseil :

> « Je ne crois pas qu'il y ait le moindre doute dans mon esprit, quand je pense à un grand nombre d'actionnaires qui sont tout à fait ravis et satisfaits de voir figurer les noms de personnes éminentes sur la liste des membres de leur Conseil d'administration. J'ai également le sentiment qu'ils placent leur confiance, plus qu'il n'est justifié, dans le fait de voir des grands noms, apporter leur concours à l'entreprise... ils aimeraient voir siéger à leur Conseil, des gens comme le président Eisenhower. Ils se sentent bien d'avoir avec eux ce genre de personnes (cité par Brown et Smith 1957, p. 83). »

Il peut être vrai de dire que les membres eux-mêmes du Conseil, en tant que personnalités tout à fait prestigieuses, sont en un certain sens cooptées, car elles sont comme recrutées pour soutenir l'organisation. Mais, une fois de plus, dans un sens plus large, cette situation ne correspond pas autant à une cooptation qu'à un service rémunéré. Tout comme dans le cas de la 5ᵉ fonction, où il s'agit d'établir des contacts, les membres ne sont pas des détenteurs d'influence, qui devraient représenter les intérêts de personnes qui les auraient choisis à cet effet. En vérité, ils ne sont même pas nommés pour gagner l'appui d'individus particuliers, mais plutôt celui du public en général. Aussi, sont-ils peu enclins à exercer le moindre pouvoir sur l'organisation. Pour ne donner qu'un exemple tout à fait significatif, à notre époque, quand une entreprise nomme un astronaute pour siéger dans son Conseil d'administration, il est tout à fait évident, qu'il va veiller à ses affaires, plutôt qu'à celles de l'entreprise.

Mace estime que « les Présidents, quand ils choisissent les membres de leur Conseil d'administration, considèrent les titres et le prestige des candidats, comme étant de la plus haute importance » (1971, p. 195). Il s'ensuit que « des Présidents d'entreprise, des Présidents d'université et des doyens de faculté, nouvellement élus..., furent surpris par l'afflux soudain de demandes qu'ils reçurent, les invitant à siéger dans les Conseils d'administration d'entreprises très importantes et tout à fait prestigieuses » (p. 196). Mace fait remarquer ensuite, que les entreprises sont très attentives à faire figurer des titres équivalents en prestige, quand il s'agit d'avoir de nouveaux membres, par exemple, il ne faudra jamais nommer, ni faire siéger ensemble, des Présidents ou Vice-Présidents de petites entreprises, avec des Présidents de très grandes entreprises, afin, vraisemblablement, de ne pas ternir le prestige du Conseil.

Il en va de même dans les organisations à but non lucratif. Zald remarque dans le cas des organismes de protection sociale que « ceux qui ont étudié ces organismes, laissent entendre qu'il existe un lien entre le prestige des Conseils d'administration de ces organismes et l'éventualité de voir leurs demandes officielles être l'objet d'une attention particulière. Auerbach... déclare qu'un centre d'œuvres sociales, dans un quatier de taudis, ayant un Conseil d'administration comprenant des membres tout à fait inconnus, a moins de chances qu'un organisme situé dans un quartier bourgeois et où les membres du Conseil d'administration ont des noms prestigieux, de voir ses requêtes aboutir » (1969, p. 103). Dans son étude portant sur trente-quatre Centres d'union des jeunes chrétiens à Chicago, Zald a relevé que le bureau central a attribué les meilleurs scores d'évaluation, en matière d'efficacité, de qualité des programmes, de dynamisme des Conseils, aux Centres qui avaient le plus fort pourcentage de chefs d'entreprises qui fonctionnaient bien, comme membres de leurs Conseils. Les coefficients de corrélation étaient 67 %, 48 % et 42 %. A l'évidence, la cooptation directe aurait également pu être un facteur d'explication, car ces membres du Conseil apportaient un concours substantiel à ces Centres. Autrement dit, ces Centres pouvaient avoir les meilleurs résultats, du fait que le prestige lié aux membres des Conseils, permettait à ces Centres de fonctionner de manière plus efficace — ou du moins, ce prestige pouvait influencer et convaincre le personnel du bureau central, chargé de l'évaluation, qu'il en était ainsi, ou simplement, parce que ces Centres disposaient de davantage d'argent, offert par les membres —, pour faire mieux.

7e FONCTION : CONSEILLER L'ORGANISATION

Ainsi que Brown et Bacon le font remarquer, « le P.-D.G. occupe un poste où il est seul ; de temps en temps, il lui faut résoudre des problèmes pour lesquels il a besoin de conseils, mais il peut ne pas vouloir s'entretenir de ces problèmes avec ses subalternes » (1975, p. 18). Il essaye ses idées sur les membres du Conseil d'administration. En fait, l'une des trois fonctions, selon Mace, des Conseils d'administration des entreprises contrôlées de loin, est effectivement de fournir « avis et conseils ».

> « On découvrit que la plupart des Présidents et des administrateurs extérieurs du Conseil, étaient d'accord pour dire que le rôle des membres du Conseil était, pour une large part, un rôle de conseillers et non pas de décideurs. Ceux qui ont la responsabilité de l'entreprise, la dirigent, et les membres du Conseil d'administration sont des sources d'avis et de conseils communiqués à la direction (1971, p. 179). »

Dans son étude de Conseils d'administration d'entreprises norvégiennes, Gustavsen (1975) a découvert que les P.-D.G. considéraient que le rôle des membres du Conseil d'administration, était le plus important dans les questions financières, puis dans les analyses économiques et ensuite dans les aspects juridiques, enfin dans les relations avec d'autres entreprises. Ces mêmes P.-D.G. estimaient que le rôle des membres du Conseil était le moins important dans des questions ayant un lien avec les techniques de gestion et de direction, l'organisation interne et les innovations techniques, à vrai dire, tous les domaines, où la direction était la mieux informée. Ceci explique probablement, pourquoi les banquiers et les juristes sont appréciés comme membres du Conseil. L'étude faite par Bacon en 1973, portant sur 885 entreprises, a fait apparaître que 41 pour cent de tous les administrateurs externes étaient des banquiers, des juristes, des investisseurs immobiliers ou des consultants. Ce sont des experts pouvant donner leurs avis sur des questions qui touchent les organisations aux plus hauts niveaux, questions à propos desquelles les experts internes à l'organisation sont souvent tout à fait limités, qu'il s'agisse des problèmes d'augmentation de capital, d'élaboration de contrats d'acquisitions, de contacts avec des organismes de réglementation, ou du traitement de questions de responsabilité sociale. Comme le fait remarquer Dooley : « les émissions d'actions et d'obligations, les fusions et les acquisitions, et d'autres questions financières complexes, exigent des conseils d'experts. De telles questions ne font pas partie des tâches quotidiennes des cadres d'entreprises qui ne sont pas des sociétés financières... » (1969, p. 322).

Bien sûr, nous pouvons expliquer la présence de ces personnes, en envisageant d'autres rôles ; par exemple, dans le cas des banquiers, il peut s'agir d'établir des liens avec d'autres institutions financières, pour faciliter l'émission de titres (la fonction est celle de prise de contacts et de collecte de fonds), de garantir la poursuite du soutien financier de la banque (fonction de cooptation), voire de surveiller les investissements de cette même banque (fonction de contrôle). Et même, quand les fonctions des membres du Conseil ne sont visiblement que des fonctions de prestataires de services, ainsi que de donateurs fortunés, comme nous l'avons vu dans le cas de cooptation, il se peut que l'organisation ait à payer le prix du contrôle fait de ses propres décisions. Chandler fait remarquer que : « Même si le P.-D.G. prétend ne pas prêter attention à l'appartenance de ses membres du Conseil d'administration, le service des achats ne peut pas s'empêcher de prendre en compte cette appartenance (p. 70). » Aussi, Mace fait remarquer que le membre du Conseil, quand il est banquier, « sert à faire savoir au monde extérieur, qu'une relation firme-client existe » : d'autres banquiers sont découragés d'essayer d'approcher « l'entreprise apparemment captive » (p. 201). Et quoique en disent certains Présidents et certains banquiers, Mace a fait apparaître que l'entreprise qui avait un membre du Conseil d'administration, qui était banquier, s'adressait généralement à lui, pour ses besoins d'investissements. Ce que ces remarques laissent entendre — et ceci nous offre une transition pour la suite de notre étude —, c'est que s'il est possible de distinguer, en principe, les différentes fonctions du Conseil d'administration, il n'en est pas du tout de même, quand il s'agit de les distinguer dans la pratique.

OÙ IL S'AGIT DE DISTINGUER LES FONCTIONS QU'ASSUMENT DANS LA PRATIQUE LES MEMBRES DU CONSEIL D'ADMINISTRATION...

Nous avons été capables de faire la distinction, en principe, entre les quatre fonctions que le Conseil d'administration assume comme une instance offrant des services, et les trois fonctions de contrôle. Les tentatives pour exercer le pouvoir, peuvent viser l'organisation, elles sont le fait, dans ce cas, de membres du Conseil, qui sont résolus à la contrôler ; les tentatives de même nature, peuvent émaner de l'organisation et viser les membres qu'elle souhaite coopter ; l'exercice du pouvoir, peut également ne prendre aucune direction, c'est le cas de membres qui sont simplement engagés à servir l'organisation, par le développement de contacts, à lui trouver des ressources financières, à accroître sa notoriété, ou à lui prodiguer des conseils. Or, comment peut-on, dans la pratique, savoir quelle fonction est exercée effectivement ? En vérité, comment peut-on distinguer, disons, le contrôle de la cooptation, les conseils de l'établissement de contacts, alors que deux ou plusieurs fonctions peuvent intervenir en même temps ? Autrement dit, dans les cas limites, les desseins réels des membres du Conseil, peuvent s'entremêler d'une manière subtile, et ils ne peuvent être perçus, qu'en se livrant à une analyse systématique et approfondie du comportement effectif des membres.

Mais les études faites des Conseils d'administration ressemblent plutôt à des enquêtes et non pas à des analyses en profondeur. Assurément, ce domaine d'investigation se prête bien aux enquêtes, car tout un ensemble essentiel des données, portant sur les effectifs, les noms, les appartenances des membres des Conseils d'administration, a toujours été facile d'accès. Les rapports annuels qui publient ces informations sur les organisations, sont du domaine public. Nous allons examiner deux types d'études donnant des résultats intéressants, mais qui en fin de compte, soulèvent aussi un certain nombre de difficultés d'interprétation.

Jeffrey Pfeffer, dans sa recherche, s'est attaché à démontrer que « la taille et la composition du Conseil, ne dépendent pas de facteurs fortuits et indépendants, mais... sont des réponses rationnelles aux conditions d'environnement de l'organisation » (1972, p. 226). Plus précisément, il a cherché à prouver que le choix des membres pouvait le mieux s'expliquer par les fonctions de service, et principalement la cooptation et l'établissement de contacts, ainsi que l'obtention de ressources financières (que Pfeffer regroupe sous la notion de cooptation). A l'occasion de deux études qui se fondent sur un grand nombre d'entreprises commerciales (1972) et sur le secteur hospitalier (1973), Pfeffer a recueilli des faits intéressants, dont certains ont déjà été mentionnés. Son hypothèse est la suivante : puisque le Conseil est généralement contrôlé par la direction, les membres sont choisis, en fonction de ce qu'ils peuvent apporter à l'organisation.

L'étude des 80 entreprises commerciales faite par Pfeffer, a permis d'établir les rapports suivants et les pourcentages statistiques sont donnés entre parenthèses : plus grands sont les besoins en capitaux, plus grand sera le pourcentage de membres appartenant à des établissements financiers (4 %) ; plus l'organisation a besoin d'avoir accès à des marchés financiers extérieurs, plus il y aura de membres (5 %) ; la proportion de membres venant de l'extérieur (1 %), tout comme celle des juristes (5 %), sera également importante ; les entreprises dans des secteurs industriels fortement réglementés, ont davantage de membres du Conseil venant de l'extérieur (0,2 %), et les entreprises qui sont réglementées à l'échelon national, comptent davantage de juristes (5 %) ; plus grande est l'entreprise, plus important est le nombre de membres siégeant au Conseil, car dans l'esprit de Pfeffer, la taille de l'entreprise détermine un plus grand nombre de segments de l'environnement ; ces segments plus nombreux, ont, dès lors, davantage besoin de cooptation et ont davantage besoin de les coopter. Tous ces résultats, laissent bien des données variables, sans explication ; aussi Pfeffer a proposé, finalement, une hypothèse plus ambitieuse, à savoir, que « les organisations qui s'éloignent relativement plus de l'orientation souhaitée qui consiste à avoir des membres extérieurs qui visent à pénétrer l'organisation, devraient avoir moins de réussite, quand on se réfère aux normes de l'industrie, que les organisations qui s'éloignent moins d'une composition du Conseil, qui aura été réfléchie et retenue » (p. 225). En utilisant deux façons différentes de mesurer les performances — bénéfice net par rapport aux ventes, et bénéfice net par rapport aux capitaux propres —, Pfeffer a trouvé des coefficients de corrélation de 0,3 %, avec des seuils de signification de 0,05 %.

Dans une autre étude, Pfeffer (1973) a vérifié les mêmes relations sur cinquante-sept hôpitaux. Il est parti de l'hypothèse, que des Conseils d'administration, de taille importante, servent à coopter, tandis que les Conseils d'administration aux effectifs réduits, servent à contrôler. Les Conseils importants du point de vue de l'effectif, étaient jugés nécessaires pour trouver d'énormes ressources financières, surtout dans le cas d'hôpitaux privés, qui dépendaient de donateurs, en comparaison des hôpitaux publics, qui pouvaient compter sur les attributions du gouvernement, ou ceux qui avaient été fondés par des institutions religieuses. Voici quelques-unes de ses conclusions :

> « L'importance des Conseils d'administration des hôpitaux, comme on l'avait prévu, avait tendance à augmenter avec l'importance du budget, et avec l'importance des fonds obtenus auprès de donateurs privés ; les critères pour choisir les membres du Conseil, étaient liés à l'influence dont jouissaient ces personnes dans la communauté, et à leur capacité à trouver des fonds... Plus le nombre des membres du Conseil était réduit, plus grande était la participation financière du gouvernement fédéral, et plus l'administration de l'hôpital prenait d'importance dans les fonctions du Conseil. D'une manière générale, les faits et chiffres soutiennent l'argument suivant : plus l'hôpital a besoin d'entretenir des liens avec l'environnement pour trouver des subsides et des soutiens, plus le Conseil comptera de membres ; moins l'hôpital a besoin de liens avec l'extérieur, plus la gestion de l'hôpital prend d'importance dans les fonctions du Conseil, et plus petit est le nombre de ses membres (pp. 358-359). »

Aussi, Pfeffer livre une série de résultats impressionnants, à propos du Conseil. Mais, une certaine prudence dans l'interprétation de ceux-ci, ferait bien d'être de mise. D'abord, le pouvoir, qu'il s'agisse de cooptation ou de contrôle, peut bien ne pas être l'enjeu de bien des nominations de membres. Comme nous l'avons vu, il se peut que des banquiers soient invités à siéger dans un Conseil d'administration, non pas pour exercer une sorte de pouvoir sur des institutions financières, mais simplement pour donner des conseils financiers à la direction. De même, des juristes, en tant que membres de Conseil d'administration, peuvent bien ne pas poursuivre des buts personnels ; après tout, ils ne représentent apparemment personne. Il se peut qu'ils siègent simplement pour faire bénéficier la direction de leurs connaissances en matière de réglementation. Et de plus, même si l'on imagine une relation de pouvoir, la question subsiste : dans quel sens le pouvoir s'exerce-t-il ? Est-ce que ces faits à propos des Conseils, reflètent la capacité de l'organisation à coopter des agents d'influence externes, ou bien reflètent-ils l'aptitude de ces détenteurs d'influence à accroître leur pouvoir sur l'organisation, en se servant du Conseil d'administration comme moyen d'influence ? L'analyse des corrélations ne permet de faire apparaître qu'une relation entre deux variables ; c'est Pfeffer qui en a déduit la relation de cause à effet. Les membres de Conseil d'administration, quand il s'agit de juristes, peuvent, peut-être bien, ne poursuivre aucun but personnel, il peut ne pas en être de même des banquiers. Il se peut qu'ils aient à veiller sur des investissements. En vérité, cela permettrait d'expliquer les résultats obtenus dont Pfeffer rend compte, puisque les banquiers sont peut-être plus intéressés par la profitabilité de l'entreprise que d'autres membres, voire même les dirigeants eux-mêmes, qui ont tendance, on le verra au chapitre 9, à favoriser la croissance comme but de l'entreprise, plutôt que le profit.

A propos de la taille du Conseil, l'argument concernant la cooptation est vraisemblablement plus fort que l'argument portant sur le contrôle, du moins à la lumière des résultats d'une étude faite par James (1951), à propos d'une banque ; il y est dit que la proportion, en moyenne, entre les Présidents et les membres du Conseil, était de 6,5 pour les Conseils qui comptaient des groupes de membres jouant un rôle actif, et la proportion pour les Conseils comptant des groupes de membres non actifs, était de 14 ; ceci explique que, plus le Conseil est important, moins il est probable de pouvoir exercer un contrôle sur la direction. Ce fait est confirmé par Clendenin qui a reçu, lors d'interviews avec des Présidents, le témoignage suivant : « il est impossible de diriger et d'animer les Conseils, quand ils ont une taille trop importante... » (1972, p. 62). Il n'est pas de plus belle manière de faire en sorte qu'un Conseil soit passif, que de le rendre impossible à diriger ! Mais ceci ne veut pas dire que les Conseils de taille respectable, soient utilisés en vue de cooptation. Ils peuvent être appelés à jouer d'autres fonctions dans le domaine des services. Il se peut que, par exemple, de grandes sociétés, ainsi que celles qui ont des besoins particuliers de financement, aient également besoin d'être conseillées, et qu'en conséquence, elles fassent nommer davantage d'administrateurs ou de membres de Conseil. Dans le cas où de nombreux administrateurs ou membres de Conseil d'administration sont des donateurs ou des collecteurs de fonds — ce devait probablement être le cas à propos des hôpitaux privés dont parle Pfeffer —, alors l'explication portant sur la cooptation, qu'elle soit directe ou indirecte, semble tenir. Mais dans le cas où les membres de Conseil d'administration ne sont pas pour la plupart directement associés à la recherche de moyens de financement — ce qui est tout à fait possible pour de nombreuses sociétés commerciales dont parle Pfeffer dans sa première étude —, alors l'argument de la cooptation semble beaucoup plus mince.

L'explication justifiant l'appartenance à un Conseil d'administration, dans l'optique de contrôler ou de coopter, peut être valable à propos de véritables réseaux créés entre les Conseils, par le fait d'appartenir, en tant que membres, à plusieurs Conseils ; ce phénomène « d'entrecroisement » de Conseils, peut mener à une vision du pouvoir proche de la conspiration. Ces entrecroisements ou imbrications correspondent à des efforts faits pour construire des réseaux géants de pouvoir, dans le but de neutraliser les forces vives de la libre concurrence. Cette vision des choses, était indubitablement celle qu'on pouvait avoir à l'époque des trusts énormes, quand les « capitaines d'industrie » contrôlaient leurs sociétés holding, avec l'aide des juristes et des banquiers qui leur étaient soumis. Ainsi que Louis Brandeis,

Conseiller auprès du président Wilson, puis plus tard Juge à la Cour Suprême, en a fait état en 1914, quand il écrivait à propos des problèmes créés par les trust :

« La pratique qui consiste à imbriquer les Conseils d'administration les uns dans les autres, est la source de bien des maux. C'est une offense aux lois divines, et un délit du point de vue du droit. Quand cette pratique joue entre des sociétés rivales, elle tend à supprimer la concurrence et à enfreindre la loi Sherman. Quand cette pratique se produit entre des entreprises qui travaillent de concert, elle fait naître la déloyauté et va à l'encontre de cette loi fondamentale qui veut qu'aucun homme ne peut servir deux maîtres. Dans les deux cas, cette pratique va à l'encontre de l'efficience, car elle supprime la motivation et détruit la capacité d'avoir un jugement sain (cité par Dooley 1969, p. 314). »

Tirer la même conclusion à propos des imbrications et entrecroisements actuels, est une autre histoire. Passons à l'étude des résultats de deux recherches, celle de Levine (1972) et celle de Dooley (1969). Ce phénomène peut se prêter à des recherches méthodiques, car on l'a indiqué plus tôt, les données sont faciles d'accès et aisément évaluées quantitativement. Il suffit de trouver les rapports annuels des entreprises en question, d'établir les listes des membres du Conseil d'administration et de repérer les entrecroisements, c'est-à-dire, d'identifier quels sont les membres qui siègent dans plusieurs Conseils différents. Ce qui peut rendre la démarche difficile, cependant, c'est la nécessité de prendre en compte une quantité d'organisations, afin d'analyser les chaînes qui sont impliquées dans ces entrecroisements. Se servant des statistiques pour son étude, Levine a littéralement découvert une sphère d'influence. « C'est un résultat considérable. Sur 84 entreprises, 150 membres avaient des relations entre eux, et 703 n'en avaient pas, et ces entreprises, de la façon dont elles se plaçaient les unes par rapport aux autres, constituaient une sphère (1972, p. 22). » Au centre, il ne figurait pas d'entreprise, mais on voyait, jaillissant de différents rayons, des rassemblements ou des zones au centre desquels apparaissait chaque fois une banque. Levine parle d'une zone Morgan, d'une zone Manhattan, d'une zone Mellon.

Les travaux de recherche de Dooley, s'avérèrent plus riches d'informations, même s'ils paraissaient moins élégants. Analysant les 250 entreprises américaines les plus importantes (dans les domaines de l'industrie, des transports, des services, des finances et du merchandising), il découvrit en 1965 des entrecroisements d'appartenance à des Conseils dans toutes ces entreprises, à l'exception d'une douzaine ; ce sont les sociétés financières qui s'imbriquaient le plus fréquemment dans une proportion de 16,1 fois en moyenne pour cet ensemble de 50 entreprises, alors que pour la totalité de l'échantillonnage, la moyenne n'était que de 9,9 fois. Cherchant à rendre compte des causes de ces entrecroisements, Dooley établit les cinq constatations suivantes.

1. Plus l'entreprise est importante, plus il y aura des entrecroisements ou des chevauchements. Dooley propose trois explications à cela : les admi-

nistrateurs ou membres de Conseil d'administration de grandes entreprises, sont très demandés, car ils sont très habiles, ils peuvent faciliter les contacts d'affaires avec les grandes organisations, ou encore leurs contacts sont intrinsèquement les meilleurs.

2. Plus il y a de membres ou administrateurs qui appartiennent à l'entreprise, moins il y a d'entrecroisements. L'on peut supposer que les entreprises qui ont de nombreux administrateurs appartenant à l'entreprise et siégeant au Conseil d'administration de ces mêmes entreprises, disposent de membres réticents à partager le pouvoir, qui font converger leurs préoccupations vers l'entreprise, et non vers l'extérieur ; il s'ensuit que les cadres, eux aussi, sont sédentaires et ne sortent pas.

3. Les sociétés non financières entretenaient des entrecroisements pour un tiers avec des sociétés financières ; plus précisément 200 d'entre elles s'imbriquaient 616 fois avec 50 banques et des sociétés d'assurance. Dooley estime que le pouvoir constituait un élément clé dans ce cas ; il a remarqué que les imbrications augmentaient à mesure que l'entreprise non financière était moins solvable et que ses actifs augmentaient. Il se pouvait que c'était à l'avantage des deux parties — d'un côté, il y avait un besoin de capitaux, et de l'autre, de clients —, que d'établir des relations étroites ; il se pouvait, également, que ces entreprises non financières aient eu simplement, un plus grand besoin de conseils financiers.

4. Un entrecroisement sur huit, impliquait des concurrents. Dooley laisse entendre que ceci aurait pu être un moyen de limiter la concurrence, encore que la notion de service semble être une explication tout aussi valable : ils avaient besoin des mêmes contacts et des mêmes compétences spécialisées.

5. Les imbrications les plus courantes, concernaient des entreprises dont les sièges sociaux étaient situés dans le même centre commercial. Obtenant le même résultat que Levine, Dooley découvrit que, par suite de l'existence de réseaux d'entrecroisements d'appartenances multiples à des Conseils d'administration, pratiquement la moitié des 250 firmes se retrouvaient dans l'un des quinze groupements d'intérêt local, distinctement reconnaissables ; il y avait, par exemple, un groupe New York, un groupe Chicago, un groupe San Francisco. Dooley, tout comme Levine, découvrit la présence de banques ou de compagnies d'assurance au centre de ces groupes, et ce sont elles qui avaient le plus d'imbrications. Les entreprises de services constituaient un second cercle, et à l'extérieur, présentant le moins d'imbrications, se trouvaient les entreprises de transports, de merchandising et les industries de fabrication qui faisaient la plus grande partie de leurs chiffres près de la ville en question.

Ce dernier point, concernant les effets dus à la proximité géographique sur les imbrications et les entrecroisements d'entreprises, peut s'interpréter en termes de contacts ou de conseils. Du fait que les relations et les réactions entre cadres dirigeants, sont souvent personnelles de nature, et qu'elles existent grâce à des rencontres en face à face, et des échanges oraux (Mintzberg 1973), il semble logique de voir les imbrications s'opérer pour des raisons géographiques, grâce à des dirigeants qui ont facilement accès, les uns aux autres. Les cadres bancaires et ceux des compagnies d'assurance, du fait qu'ils ont le plus grand nombre de relations, et qu'ils bénéficient des meilleurs accès aux entreprises de la région, sont logiquement des membres de Conseil privilégiés, pour établir des contacts. Qui plus est, les entreprises à la recherche de conseils financiers spécialisés, privilégient les experts qui interviennent à proximité. Ainsi que Mace le fait remarquer dans ses travaux de recherches : « Les banquiers qui ont un rôle d'investisseur et qui sont exposés à avoir des contacts avec de nombreuses entreprises, dans des secteurs d'activités et des lieux différents, apportent aux P.-D.G. et aux Conseils d'administration, ce qu'un P.-D.G. a appelé des "trésors d'information" ; en matière de contacts et d'information, ce sont de véritables "agents de pollinisation" (1971, p. 200). »

Des arguments supplémentaires, en faveur de la notion de service, plutôt que celle de pouvoir ou de complot, se trouvent dans des études portant sur le fait que ces entrecroisements et imbrications ont continué d'exister, malgré l'usure du temps. Une série d'études récentes (Ornstein 1980 ; Koenig et autres 1979 ; Palmer 1980), ont permis d'examiner ce qui se produit dans le cas des entrecroisements, quand un administrateur ou membre de Conseil meurt ou se retire des affaires. Il est rare que le lien soit conservé ; selon les travaux de Palmer, il n'y aurait que 14 pour cent de cas, où ce lien serait maintenu. Ceci fait apparaître, clairement, que le pouvoir — qu'il s'agisse de contrôle dans un cas, ou de cooptation dans l'autre —, n'est pas déterminant dans le choix des membres du Conseil. Dooley a également comparé les résultats de ses travaux sur les groupes d'intérêt, avec des travaux semblables, effectués en 1935 ; huit groupes y apparaissaient, mais il n'y en avait que trois qui étaient liés géographiquement, les cinq autres étaient regroupés autour de noms de familles bien connus, les Morgan, les Rockefeller, les Kuhn-Loeb, les Mellon et les Du Pont. A l'opposé, tous les quinze groupes de Dooley, dans son étude de 1965, avaient des ancrages géographiques, et il n'y avait qu'un seul groupe, en plus, qui était sous l'emprise d'une famille, les Mellon, et il s'agissait du groupe Pittsburgh. Aussi, le pouvoir a bien pu jouer un rôle important en 1935, mais la proximité géographique et vraisemblablement les contacts et les conseils, semblent avoir eu bien plus d'importance en 1965. Ceci correspond à la fin des trusts dans l'histoire de l'économie américaine. A mesure que les grandes entreprises sont devenues plus autonomes, les relations de pouvoir dans leurs Conseils, ont pris moins d'importance, et les Conseils en sont venus à servir les organisations, plus qu'à les contrôler.

Notre étude semble nous mener à la conclusion que, s'il est difficile de distinguer les nombreux rôles et fonctions joués par les membres des Conseils d'administration — surtout quand il s'agit de ´mettre en évidence les différentes fonctions de service, comme nous avons pu le constater à propos des banquiers —, il est possible de faire la distinction entre ces Conseils qui n'existent que pour exercer une sorte de contrôle sur l'organisation, et ceux qui ont pour finalité de servir l'organisation. Et puis, comme nous l'avons laissé entendre dans notre discussion, il y a également les Conseils d'administration qui ne font rien ; ils existent uniquement pour répondre aux exigences légales. Il nous est donc possible de conclure par une description des trois principaux types de Conseil d'administration.

LE CONSEIL EN TANT QUE DISPOSITIF DE CONTRÔLE, EN TANT QU'OUTIL, EN TANT QUE FAÇADE

Si les membres de Conseil d'administration peuvent avoir des rôles bien différents, notre étude fait apparaître que bien des Conseils privilégient généralement une attitude, plutôt qu'une autre ; ils considèrent que leur fonction primordiale est, soit d'exercer un certain contrôle sur la direction, soit de servir l'organisation, ou encore, aucune des deux.

1. **Le Conseil, quand il correspond à un dispositif de contrôle, cherche à agir comme un agent de contrôle externe à l'organisation, parfois pour le compte d'un détenteur d'influence externe dominant.** Mace, par exemple, ne prend pas en compte, dans son argumentation, l'entreprise dont une partie minoritaire, mais néanmoins importante d'actions, se trouve entre les mains d'un individu ou d'une famille. Il s'agit alors de membres de Conseil d'administration, qui s'efforcent effectivement d'exercer une fonction de contrôle, principalement en contrôlant étroitement les performances de la direction. « On a trouvé que de nombreux membres de Conseil d'administration, qui possèdent ou représentent des propriétaires d'un nombre important d'actions, consacrent énormément de temps à connaître l'entreprise, et tiennent à être impliqués dans les décisions les plus importantes (1971, p. 191). » Pourtant, et on l'a déjà noté, même le Conseil, quand il intervient comme dispositif de contrôle, ne dirige pas l'organisation. Mais il examine les activités de la direction, de très près, afin de s'assurer que les décisions prises, correspondent bien à des intérêts externes, ou encore à des intérêts de l'organisation, supérieurs à ceux des dirigeants eux-mêmes. Et l'équipe dirigeante le sait. Aussi longtemps que les membres du Conseil voient que la direction de l'organisation convient, l'équipe dirigeante jouit d'une autonomie manifeste. Mais, si cette image vient à changer, alors l'équipe dirigeante s'en va.

2. **En tant qu'outil, le Conseil sert l'organisation, en cooptant des détenteurs d'influence externes, en établissant des contacts, en recherchant des moyens de financement, en améliorant son image de marque, et/ou en donnant des conseils.** Dans ce cas, le Conseil ne joue pas de rôle important dans le contrôle de l'organisation, les détenteurs d'influence externes, en quête de pouvoir, le contournent totalement. En effet, les membres de ce deuxième type de Conseil d'administration, sont choisis pour s'occuper des problèmes concrets de l'organisation, tels que les besoins de financement, de

relations avec des membres du gouvernement, un statut précaire dans la société, des absences d'informations. Il est possible, ici, d'imaginer toute une panoplie de Conseils : « *le Conseil prestige* », « *le Conseil liaison* », « *le Conseil cooptation* », « *le Conseil service* », « *le Conseil procureur de fonds* ». Parmi les ouvrages existants, ce sont les travaux de Pfeffer qui insistent le plus sur le rôle d'outil pour l'organisation ; on y trouve même des témoignages qui prouvent que les organisations qui sont capables d'utiliser leurs Conseils, obtiennent de meilleurs résultats que celles qui ne le font pas.

3. Enfin, le Conseil en tant que façade, existe là où un individu ou un groupe, que ce soit l'équipe dirigeante ou le propriétaire d'une entreprise commerciale, contrôle entièrement l'organisation et choisit de n'utiliser le Conseil, ni comme outil, ni comme système de contrôle. Le système réel du pouvoir, une fois encore, contourne le Conseil ; ce dernier n'existe que pour répondre à une formalité légale. « Quelques P.-D.G. voyaient dans leur Conseil, un organe superflu, et dans les réunions du Conseil d'administration, des interruptions gênantes de la direction quotidienne de l'entreprise (Mace 1971, p. 193). » Mace cite un Vice-Président d'une entreprise importante, qui décrit un Conseil de ce genre :

> « Le patron a exactement le Conseil qu'il souhaite. Ils habitent tous en ville, et ne font rien du tout en tant que membres du Conseil. Le patron pense que c'est un Conseil fantastique, et de son point de vue, il a certainement raison. Quant à moi, ils ne valent rien. Non pas qu'il n'y ait pas quelques membres extérieurs à l'entreprise tout à fait valables ; il en existe. Mais en tant que membres du Conseil, ils savent qui détient le contrôle, et ils n'en viendront jamais à le contre-carrer (p. 79). »

Il s'agit là de Conseils, où le P.-D.G. choisit lui-même et renvoie tout aussi bien les membres ; il les oblige à lui rendre compte, au lieu que ce soit l'inverse. « Bref, il choisit ceux qui vont le juger (Bacon et Brown 1975, p. 12). » Le Conseil, quand il est une sorte d'émanation de l'entreprise, doit être considéré comme un cas particulier de Conseil envisagé en tant que façade, non pas parce qu'il n'a pas de pouvoir, mais parce qu'il exclut tout contrôle externe de l'organisation, et ne permet même pas à un apport extérieur de sang neuf de servir l'organisation.

Mais le Conseil en tant que façade — qu'il soit composé d'administrateurs internes ou externes — risque fort d'être en voie de disparition, du moins dans le cas d'organisations plus importantes. D'une part, comme les fonctions de service deviennent de plus en plus évidentes, et comme à en croire Pfeffer, se servir du Conseil peut être fort utile, les organisations dont les Conseils n'essayent pas de les contrôler, auront naturellement tendance à essayer de faire en sorte que les Conseils servent l'organisation. Pourquoi ignorer les appartenances à des Conseils d'administration ? D'autre part, des événements récents ont mis des limites au rôle de façade des Conseils d'administration des entreprises côtées en bourse. Le désastre financier de l'entreprise Penn Central, entre autres, a eu pour conséquence, que les administrateurs ou membres du Conseil ont été poursuivis en justice pour n'avoir pas assumé leurs responsabilités de contrôleurs des performances de la direction. La menace d'être tenus légalement responsables, a donné bien des frissons à de nombreux membres de Conseil ou administrateurs passifs, et les a amenés à remettre en question leurs fonctions, voire leurs appartenances à certains Conseils. Ceci a eu, évidemment, pour effet, de reconsidérer les rôles des Conseils. Il s'en est suivi également, une diminution dans le nombre des associés pris comme membres de Conseil, afin d'éviter les accusations dénonçant des conflits d'intérêts. Par ailleurs, la réglementation de la Bourse de New York qui exige des commissions d'audits, composées d'administrateurs externes, a mis un terme à l'existence des Conseils qui ne comptaient que des membres appartenant à l'entreprise, et a fait augmenter la proportion d'administrateurs venant de l'extérieur.

Tous ces faits sont corroborés par une enquête effectuée par la revue *Fortune* et citée par Smith (1978). Cette enquête porte sur tous les 5 995 membres de Conseil des 500 entreprises listées par *Fortune* en 1977[6]. En comparaison d'une enquête faite en 1967, celle de 1978, révélait que les administrateurs externes étaient en augmentation de 12,7 pour cent et que la présence, en tant que membres du Conseil d'administration, de directeurs habituels, avait diminué de 18,7 pour cent. Les directeurs qui étaient à la retraite, étaient, eux aussi, en tant que membres de Conseil, en diminution de 18,1 pour cent. Les banquiers d'affaires étaient en diminution de 8,2 pour cent, les investisseurs de 32,2 pour cent et les juristes de 6,7 pour cent. Il faut noter que le nombre d'actionnaires principaux diminua également de 23,2 pour cent, tandis que le nombre d'hommes d'affaires indépendants augmenta de 24 pour cent, celui « d'autres investisseurs et d'administrateurs professionnels » de 11,4 pour cent, et celui de membres de Conseil qui n'étaient pas des hommes d'affaires, augmenta de 101,5 pour cent, encore que la proportion réelle de ces derniers dans les Conseils, restait faible, et se limitait à 6,9 pour cent. De même, les dix firmes qui comptaient le plus petit nombre d'administrateurs externes, offraient des taux de rendement des fonds propres plus faibles que les firmes qui en comptaient davantage : 11,7 pour cent contre 16,8 pour cent. Bowman (1979), donnant en référence une étude faite en 1979 par un cabinet conseil, livre des données qui vont dans le même sens. Le Conseil d'administration d'une entreprise américaine importante, comptait treize administrateurs en moyenne, dont neuf venaient de l'extérieur. Et ces administrateurs étaient plus occupés que jamais, passant en moyenne quatre-vingt-neuf heures par an, dans le cadre d'un seul mandat, mandat qui impliquait nécessairement huit réunions au minimum. Les banquiers et les juristes étaient de moins en moins nombreux à siéger dans ces Conseils ;

---

[6] La réglementation de la Bourse de New York, portant sur les commissions d'audits, prit effet le 30 juin 1978, après que cette enquête ait été achevée, encore que l'article de Smith fait état de ce que ces commissions s'étaient déjà « presque universellement répandues » (p. 162).

d'une manière générale, une plus grande distance existait maintenant, entre les membres du Conseil d'administration et le P.-D.G. « Pour donner encore plus de poids à l'argumentation, la généralisation croissante des commissions de nomination des membres qui devaient siéger dans les Conseils d'administration, rendait la situation de l'entreprise très proche de celle de l'université publique, où le nouveau membre risque d'être tout à fait inconnu du Président, au moment de son élection ou de sa nomination. (p. 105). » De plus, cette étude révéla une plus grande préoccupation de la part des membres du Conseil, en matière de succession à la direction et également quand aux résultats financiers. D'une manière générale, les pressions nouvelles ont obligé les entreprises à être plus sélectives dans le choix de leurs administrateurs, et les administrateurs eux-mêmes, sont devenus plus attentifs dans l'exercice de leurs fonctions. Mais comme le disent Bacon et Brown, les tribunaux n'ont pas été davantage enclins à condamner les administrateurs qui manquaient aux devoirs de leurs charges ; aussi, les changements sont venus « progressivement ». Il n'y a pas eu « de bouleversement majeur » ; « la salle du Conseil d'administration ressemble encore et toujours à un club » (1975, p. 1).

Une question importante subsiste : dans quelles conditions peut-on parler de Conseils qui soient des systèmes de contrôle, d'outils ou de façades ? Dans la quatrième partie de notre ouvrage, nous nous efforcerons de donner une réponse plus complète. Pour le moment, nous pouvons passer en revue, quelques-uns des éléments amenés par notre discussion, la plupart d'entre eux se retrouvent dans la publication de Zald (1969), intitulée « Le pouvoir et les fonctions du Conseil d'administration : une synthèse théorique ».

1. *Concentration de la propriété* : quand il y a une concentration de la propriété, les administrateurs qui représentent les intérêts des propriétaires, exercent surtout la fonction de contrôleurs (Zald, p. 100) ; il se peut également, que les propriétaires préfèrent contourner entièrement le Conseil d'administration, en tant que moyen d'influence, et traiter directement avec la direction.

2. *Dépendance, surtout dans le cas de soutiens financiers* : quand l'organisation dépend des membres du Conseil eux-mêmes, pour bénéficier de soutiens financiers, le Conseil peut alors émerger comme un dispositif ou système de contrôle (Zald, p. 102), à moins, bien sûr, que la cooptation formelle fonctionne, c'est-à-dire, que les membres du Conseil ou administrateurs se contentent des signes extérieurs de leurs charges. Quand l'organisation requiert des campagnes qui soient des actions de masse, ou des mobilisations de la communauté pour trouver des soutiens financiers, alors le Conseil aura tendance vraisemblablement à adopter le rôle d'outil de l'organisation. De même, les organisations qui ont besoin de conseils venant de l'extérieur, ou de contacts, ou encore qui doivent avoir recours à des agents d'influence externes, ou qui ont besoin d'une légitimité sociale, en général, essayeront d'utiliser le Conseil comme un moyen, chaque fois qu'il peut être utile dans

ce sens. Et des organisations qui présentent un minimum de dépendance externe, quelle que soit sa nature, risquent fort d'être les organisations qui ont des Conseils d'administration qui servent de façade.

3. *Connaissance des activités* : plus les membres du Conseil sont informés de l'organisation, plus ils sont à même de la contrôler. Et l'on peut s'attendre à ce que, plus l'entreprise sera petite, moins ses opérations seront complexes, plus grande sera l'expérience personnelle des membres de ces opérations, alors, plus grand sera le contrôle de l'organisation par les membres du Conseil d'administration.

4. *Crises et transitions* : la disparition du P.-D.G., une détérioration des performances, des périodes de transitions importantes, tout ceci force le Conseil d'administration à prendre des rôles de contrôle, au moins, temporairement.

Ces éléments offrent un cadre à l'éventail des comportements que nous avons envisagés lors de notre étude du Conseil d'administration, cette coalition formelle de l'organisation. Par exemple, Mace a essentiellement pris comme cible d'étude, les entreprises commerciales bien établies, disposant d'actionnaires largement dispersés, et qui, dans de nombreux cas, sont capables de produire une bonne partie de leurs besoins en capitaux, grâce à des bénéfices non distribués. Chaque élément fait apparaître un Conseil d'administration faible. A l'opposé, les organisations à but non lucratif, ainsi que d'autres organisations, dont parle Zald, étaient souvent plus petites ; il était parfois aisé de les comprendre, et elles dépendaient davantage des membres du Conseil pour les problèmes de financement et de légitimité. Et il fallait s'attendre à davantage de volonté de contrôle. Sukel, de même, fait remarquer que les administrateurs ou membres de Conseil d'administration d'organisations à vocation culturelle et artistique, « semblent de plus en plus impliqués dans ce qui pourrait être appelé des "préoccupations mesquines" » (1978, p. 351). Tout le monde est expert en ces matières ! Les hôpitaux dont parle Pfeffer, étaient des organisations complexes, difficiles à comprendre, pour qui n'en fait pas partie, et les concours nécessaires pour l'obtention de moyens de financement, pouvaient varier. Dans ce cas, l'on s'attendait à relativement peu de fonctions de contrôle, mais à davantage de service, dans la mesure où les membres du Conseil étaient nécessaires à l'obtention de fonds. Si Pfeffer n'a pas vraiment attribué aux Conseils d'administration le rôle de contrôle des hôpitaux, il a pourtant souligné le fait qu'ils servent d'outils aux organisations, quand celles-ci dépendent d'eux pour les ressources financières. Il a tenu les mêmes propos en ce qui concerne les entreprises commerciales qu'il a étudiées.

En conclusion, le Conseil d'administration peut être une instance dénuée de pouvoir, ou un organe d'influence, un agent de contrôle de la direction ou un outil utilisé par la direction, ou simplement une couverture ou une façade. Dans la mesure où une organisation est autonome et relativement indépendante de son environnement, elle peut prendre le Conseil comme une façade. Mais, dans la mesure où l'organisation dépend de son environnement, la composition du Conseil d'administration doit être envisagée, en conséquence. Les deux parties de notre jeu du pouvoir — la coalition externe et la coalition interne — essaient de tourner le Conseil à leurs propres avantages. La coalition interne — principalement la direction — souhaite utiliser le Conseil, comme un outil, tout en lui abandonnant un minimum de contrôle. Elle y réussit, dans la mesure où sa dépendance n'est ni concentrée, ni vaste, par exemple, l'organisation peut avoir besoin d'une légitimité dans la société, en général, mais non pas d'une cooptation de certains détenteurs d'influence particuliers. Dans le cas où la dépendance est considérable et concentrée, et que l'organisation est assez simple à comprendre, le flux du pouvoir peut aller dans l'autre sens : le Conseil apparaît comme un système de contrôle des détenteurs d'influence externes. Mais un Conseil, même quand il a une volonté de contrôle, ne dirige pourtant pas encore l'organisation. Il demeure dans la coalition externe, conservant le pouvoir qui lui permet de réaligner la coalition interne, pouvoir qu'il n'exerce que de façon épisodique. En fin de compte, le Conseil d'administration — cette coalition formelle — risque fort de ne pas être le terrain le plus important pour le détenteur d'influence externe, qui cherche à acquérir du pouvoir sur l'organisation, mais son importance subsiste néanmoins.

Chapitre 7
Trois coalitions externes de base

Ce qui ressort de notre étude du Conseil d'administration, c'est que celui-ci peut exercer un contrôle sur l'organisation, de bien des façons. Une conclusion plus vaste encore s'impose : la coalition externe, tout en tenant compte de la coalition interne, peut jouir d'une large marge de pouvoir. Cette marge peut être clairement définie par les trois types fondamentaux de la coalition externe. Ces derniers constituent un continuum, allant du seuil minimum de pouvoir, au seuil maximum ; ces trois types sont référencés de la manière suivante :

1. la coalition externe dominée,
2. la coalition externe divisée,
3. la coalition externe passive.

Dans le premier cas, un seul détenteur d'influence externe (ou un groupe qui coopère), domine la coalition externe, et de ce fait, contrôle la coalition interne[1]. Dans le deuxième cas, quelques groupes de détenteurs d'influence externes rivaux, divisent le pouvoir de la coalition externe, qui tend à politiser la coalition interne, comme nous le verrons plus tard. Dans le troisième cas, le nombre des détenteurs d'influence externes devient si important, et le pouvoir, en conséquence, se trouve tellement dispersé, que la coali-

---

[1] Du fait que le terme « *dominée* » a souvent créé une confusion dans son acception, il importe de clarifier le sens dont il est fait usage ici. Dans cet ouvrage qui est le nôtre, par définition, tous les détenteurs d'influence externes sont considérés comme constituant une seule coalition, appelée la coalition externe. Aussi, « *dominée* » signifie que la coalition externe est elle-même *dominée* par un seul individu ou groupe. Une coalition *dominante* se rapporte à une coalition qui domine les autres. (James D. Thompson, 1967, p. 128, utilise le terme dans ce sens.) A l'intérieur d'une coalition externe dominée, un détenteur d'influence externe, ou bien un groupe, est dominant.

tion externe perd tout pouvoir ou devient passive ; de ce fait, le pouvoir passe dans la coalition interne, où il a tendance à se concentrer d'une certaine façon, parmi d'autres.

Le continuum de ces trois types de coalitions externes, est représenté dans la figure 7-1. La forme de cette figure est en réalité un U ou un fer à cheval, car la coalition externe passive constitue un cas particulier de domination, si ce n'est, qu'ici, la force de domination se situe à l'intérieur de l'organisation. En termes mathématiques, l'on peut dire qu'**à mesure que le nombre de détenteurs d'influence externes augmente de un à l'infini, la coalition externe a tendance à se métamorphoser, et passer de la forme de coalition externe dominée, à la forme de coalition externe divisée, et enfin, à la forme de coalition externe passive.** Nous allons voir que ce continuum, cette séquence simple de continuité, nous permet de comprendre bien des comportements liés au pouvoir, qui existent à l'entour des organisations ; ce spectre continu, nous aide, également, à résumer les apports de cette première partie de notre recherche.

LA COALITION EXTERNE DOMINÉE

Dans le cas où un détenteur d'influence externe — ou un ensemble de détenteurs d'influence externes agissant de concert —, détient la plus grande partie du pouvoir à l'entour d'une organisation, la coalition externe peut être définie comme étant dominée. De plus, comme le pouvoir de ce détenteur d'influence peut être direct, focalisé et personnel — la personne qui en dispose, peut développer ses voies d'accès à la première ligne de direction, obtenir le pouvoir de les remplacer ou de bloquer n'importe quelle décision —, ce détenteur d'influence dominant contrôle généralement de même la coalition interne. Évidemment, ces pouvoirs doivent s'exercer d'une manière continue ; la direction sait fort bien où se trouve le pouvoir, et elle veille à se tenir à l'intérieur des limites acceptables du détenteur d'influence clé.

Dans ces conditions, le Conseil d'administration peut être utilisé comme un moyen pour exercer le contrôle ; le détenteur d'influence dominant siège au Conseil d'administration — il en est vraisemblablement le Président —, et se sert de ce comité formel comme moyen pour contrôler la direction de l'organisation. Cependant, ainsi que nous l'avons fait remarquer dans le chapitre précédent, le Conseil est un organe officiel aux pouvoirs limités, et il est plus que vraisemblable que le détenteur d'influence dominant le contournera et contrôlera directement l'équipe des dirigeants dans les coulisses, grâce, en particulier, à des contraintes formelles et des accès directs, auxquels s'ajoutent, peut-être, l'autorisation ou l'imposition de décisions spécifiques. Dans ce cas, le Conseil d'administration peut être utilisé comme un outil de l'organi-

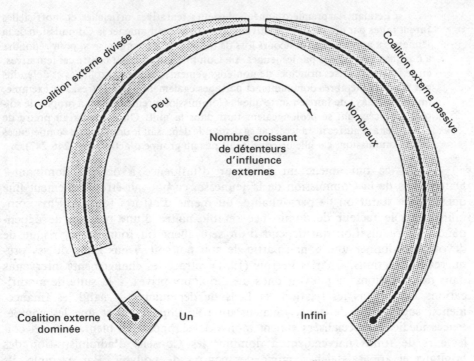

Figure 7-1. *Trois types fondamentaux de coalitions externes*

sation, ou bien si le pouvoir est absent dans le reste de la coalition externe, il peut être simplement une façade.

Quand le détenteur d'influence dominant sait se faire entendre, l'organisation en fait autant et se donne un ensemble cohérent de buts à atteindre. Ainsi, dans leur article sur la Commission municipale de la jeunesse, « cette organisation peu enthousiaste » dont nous avons déjà parlé au chapitre précédent, Maniha et Perrow (1965-1966) montrent comment cette Commission, pendant sa première année, en vint à être dominée par deux membres qui agissaient de concert — le proviseur du lycée et le directeur des Unions chrétiennes. Tous deux avaient la même philosophie conservatrice, la même attitude qui consistait à ne pas vouloir de « remue-ménage », et cela par suite de leurs craintes d'être critiqués au travers des activités menées par les jeunes qu'ils avaient sous leur responsabilité. Le Proviseur donna le ton des « procédures prudentes », quant au directeur des Unions chrétiennes, « il se chargea de veiller à ce que personne ne soit mal interprété, mal cité ou compromis, lors de déclarations faites à la presse » (p. 273). Et l'organisation eut le même genre de comportement. Les statuts qui faisaient mention d'une obligation « d'évaluer, de faire des recommandations et d'estimer », se limitèrent dans la pratique au seul aspect d'estimation :

« Pendant la première année, plusieurs tentatives officielles et inofficielles furent faites par des groupes relativement faibles, pour amener la Commission de la jeunesse, à apporter son concours lors de manifestations organisées, pour répondre à des questions posées par les jeunes. La Commission fît front contre ces tentatives, en se fondant sur ses principes de non-engagement, principes explicités et défendus par ses deux membres dominants, et partagés également par d'autres. Par exemple, un prêtre essaya de faire en sorte que la Commission prenne partie, à propos de soirées au lycée, qui se prolongeaient tard dans la nuit. On conseilla au prêtre de s'adresser à d'autres instances, car sa demande dépassait le domaine de compétences de la Commission, car elle ne constituait pas un groupe d'action (pp. 246-247). »

Qu'est-ce qui amène un détenteur d'influence à devenir dominant ? Dans le cas de la Commission de la jeunesse, ce pouvait-être simplement une question de statut ou de personnalité, ou même d'efforts fournis. Plus communément, le facteur de dominance semble naître d'une relation de dépendance. L'organisation qui dépend d'un seul client ou fournisseur, risque de devoir abandonner une bonne partie de son pouvoir. Dans l'une de ses premières publications, Charles Perrow (1961) retrace les changements intervenus dans des coalitions de pouvoir dans des hôpitaux privés, à la suite de modifications faites dans les relations et liens de dépendance. Quand les financements, sous forme de dons, jouaient un rôle important, et que les compétences médicales spécialisées étaient moins développées, les bienfaiteurs et collecteurs de fonds parvenaient à dominer les Conseils d'administration des hôpitaux et apparaissaient comme des centres de pouvoir. Par exemple, ils imposaient des politiques financières conservatrices et s'opposaient à des dépenses importantes portant sur des équipements, ou destinées à la recherche et à la formation. Dans les hôpitaux de ce genre, Perrow découvrit que les administrateurs avaient peu de pouvoir, peu de prestige et peu de responsabilités. Perrow pense qu'une telle dominance était chose courante au début du siècle. Mais, avec les progrès technologiques réalisés en médecine, l'hôpital devint de plus en plus dépendant des compétences techniques, que les administrateurs ne possédaient pas. Aussi, progressivement le pouvoir passa de la coalition externe à la coalition interne, à mesure que les administrateurs étaient obligés de céder aux demandes des équipes médicales. Il en résulta que les buts liés à la qualité technique et le développement du professionnalisme, devinrent primordiaux. Plus récemment, comme les hôpitaux sont confrontés à des rôles de coordination dans le travail des équipes médicales spécialisées, de plus en plus difficiles, Perrow pense que les administrateurs hospitaliers, du fait qu'ils sont les personnes les mieux placées pour s'occuper de cette dépendance cruciale, se sont imposés en membres dominants du système du pouvoir[2].

---

[2] Cette dernière conclusion n'a pas été retenue dans notre ouvrage « Structure et dynamique des organisations » (cf. chapitre 19, en particulier). Nous pensons que la coordination qui est nécessaire dans les hôpitaux, est liée essentiellement à la standardisation des qualifications des spécialistes, et peut-être à des arrangements réalisés entre eux ; cette coordination n'est pas due à des interventions de l'administration.

Ces hôpitaux n'avaient pas de propriétaires. Mais dans le cas d'entreprises ou d'autres organisations, qui ont des propriétaires, ce sont ces derniers qui apparaissent comme les membres dominants de la coalition externe. Nous avons vu dans le chapitre précédent que, si les entreprises qui sont suivies et contrôlées d'une manière lâche par les actionnaires, ont tendance à avoir des coalitions externes passives, celles dont les actions font l'objet d'une concentration — au point, à en croire certains, que 5 pour cent de l'ensemble des actions peut être détenu par une seule personne —, ont tendance à être contrôlées de l'extérieur. Les petites entreprises sont particulièrement prédis-

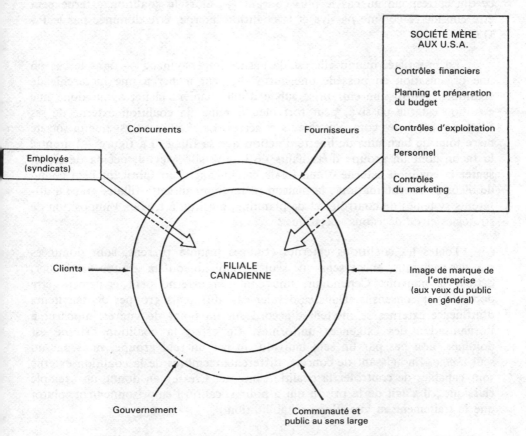

Figure 7-2. *La coalition externe dominée d'une filiale canadienne*
(extrait d'un mémoire soumis à l'auteur par A. Kalhok, R. Melville, P. Heitner et L. Clark —
Cours 701 Politique du management, université McGill 1968)

posées à avoir des coalitions externes dominées, à moins, bien sûr, qu'elles soient dirigées par les propriétaires. Leur taille et leurs marchés qui sont généralement très compétitifs, font qu'ils attirent peu l'attention des gouvernements et des groupes d'intérêts particuliers ; le fait que l'entreprise soit de petite taille, oblige à ce que les associés soient en nombre limité et que les syndicats entretiennent des relations qui sont purement d'ordre économique. Ceci laisse les propriétaires, qui sont généralement peu nombreux, de côté ; souvent, un seul individu a le contrôle total ou un contrôle majoritaire de l'entreprise. Quand cette personne n'a pas de poste de direction, on peut dire de la coalition externe, qu'elle est dominée. Quand cette personne est également ment P.-D.G. — comme dans le cas de l'entreprise créée par le propriétaire, ce qui correspond au cas le plus courant —, alors la coalition externe peut être considérée comme passive et la coalition interne, être dominée par le P.-D.G.

La propriété, quand elle est de nature impersonnelle — dans le cas où une organisation en possède une autre —, peut mener à une hiérarchie de coalitions. Ainsi, une entreprise suivie d'une manière lâche, ayant donc une coalition externe passive, peut fort bien dominer la coalition externe de ses filiales, grâce à des contrôles directs et serrés. Le résultat en est que la société mère jouit de bien plus de liberté d'action que sa filiale. La figure 7-2 montre la façon dont un groupe d'étudiants de l'université McGill, décida de représenter la coalition externe d'une filiale canadienne d'un fabricant bien connu de biens de consommation ; la maison mère dominait cette filiale, grâce à différents systèmes de contrôles et de planning, ainsi qu'à travers l'imposition de stratégies et de décisions spécifiques.

Toutes les coalitions externes étudiées jusqu'à présent, sont dominées par des individus, en ce sens que seul un individu ou un groupe particulier, détient le pouvoir. Cependant, une coalition externe peut également être dominée par consensus. Dans ce dernier cas, différents groupes de détenteurs d'influence externes se mettent d'accord sur un point de vue et imposent à l'organisation des exigences uniformes. En effet, la coalition externe est dominée, non pas par un seul individu ou par un seul groupe, mais par un seul *thème*. En agissant de concert, différents membres de la coalition externe sont capables de contrôler la coalition interne. Cressey en donne un exemple classique ; il s'agit de la prison qui a pour vocation l'emprisonnement, plutôt que le traitement en vue d'une réhabilitation :

> « ... les groupes externes importants, partisans d'une orientation donnée à l'institution, dans le sens de l'incarcération, étaient constitués de juges, policiers, procureurs et d'autres groupes qui avaient comme buts, ceux de l'incarcération. Le côté « public » de cette prison était donc constitué, principalement, de groupes mettant l'accent sur le rôle de l'institution qui est vue comme un moyen de protéger la société des criminels (1958, p. 46). »

LA COALITION EXTERNE DIVISÉE

Dès qu'un détenteur d'influence ou un groupe d'entre eux, agissant de concert, cesse de dominer la coalition externe, le système de pouvoir de l'organisation change radicalement. Quand le pouvoir dans la coalition externe est divisé entre des détenteurs d'influence indépendants, l'organisation est poussée à prendre des directions différentes, afin de répondre à des exigences contradictoires.

Combien faut-il de détenteurs d'influence différents, pour créer une coalition externe divisée ? Deux paraît un nombre suffisant. Aussi longtemps qu'il existe un équilibre de pouvoir relatif entre deux détenteurs d'influence externes qui s'opposent, la coalition externe sera divisée. Stagner fait la distinction entre le conflit en Belgique des Flamands et Wallons, qu'il appelle « un bon exemple d'équilibre presque parfait du pouvoir », et la situation raciale en Afrique du Sud, où « tout le pouvoir semble être concentré du côté des blancs » (1967, p. 158). Quand le nombre de détenteurs d'influence externes qui s'opposent, dépasse le chiffre deux, la coalition externe reste divisée aussi longtemps qu'aucun détenteur d'influence ne domine les autres ; pourtant chacun conserve un pouvoir important sur l'organisation. Certaines organisations, telles que les partis politiques, sont capables d'identifier littéralement des douzaines de groupes importants qui influencent leur comportement.

Les différents détenteurs d'influence externes de la coalition externe divisée, utilisent tous les moyens d'influence dont ils disposent, par exemple, les campagnes d'opinion, les contraintes formelles et parfois les contrôles directs. Du fait que chaque groupe de détenteurs d'influence ne s'intéresse qu'à des problèmes particuliers, la tendance est de faire pression sur l'organisation, uniquement de façon sporadique, en concentrant cette pression directement sur les agents internes. De cette façon, des groupes externes différents, se frottent rarement, les uns aux autres, et la véritable situation du pouvoir dans la coalition externe, n'est que vaguement définie.

Mais il existe une exception à cela : le Conseil d'administration est le seul endroit où les détenteurs d'influence externes peuvent se rencontrer en face à face, afin de se livrer à toutes sortes de négociations. Dans le cas d'une coalition externe dominée, comme nous l'avons vu, il existe peu de différence entre le fait que le détenteur d'influence dominant choisisse d'exercer le pouvoir, à travers le Conseil d'administration ou non ; tout le monde sait qui détient le pouvoir réel. Il n'en est pas de même dans le cas de la coalition externe divisée. Comme la distribution du pouvoir est toujours vague et fluide, chaque moyen d'influence devient l'objet d'une bataille, où l'on essaye d'en prendre le contrôle. Et ceci concerne aussi le Conseil d'administration, où le pouvoir est distribué d'une manière formelle, par la répartition des sièges. En dépit des faiblesses du Conseil en tant que moyen d'influence, celui-ci a une signification symbolique considérable. Et c'est le cas particulièrement des groupes qui sont intimement impliqués dans les organisations, et qui essayent, à propos de toute une série de problèmes, de définir leur pouvoir d'une manière formelle et officielle, en obtenant de siéger au Conseil. En fait, une question importante dans une organisation qui se retrouve avec une coalition externe divisée, est de savoir si la répartition de facto du pouvoir de la coalition externe, correspond à la répartition de jure du pouvoir du Conseil d'administration. Quand ce n'est pas le cas, il s'ensuit des batailles politiques à propos de la distribution des sièges.

Aussi, la création du Conseil devient un problème délicat pour les organisations qui n'ont pas de détenteurs d'influence dominants apparents. Dans cette Commission de la jeunesse, citée par Maniha et Perrow, le maire chercha à réaliser un équilibre dans la représentation, en nommant le Proviseur, le Directeur des unions chrétiennes, un catholique (entraîneur du lycée catholique), une noire, un professeur de collège (le fils du maire en réalité), un pasteur, un médecin (intéressé par les problèmes de la jeunesse), un membre de l'enseignement supérieur (en sport) et une infirmière qui déclara qu'elle avait été nommée, parce qu'ils « avaient besoin d'une ménagère » (p. 243-244). Pourtant, le maire n'aura pas été assez prudent, car, comme nous l'avons vu, pour des raisons de personnalité, les deux caractères principaux en vinrent à dominer la Commission, au moins pendant la première année.

Parfois, la désignation des membres qui doivent siéger au Conseil, se fait grâce à une procédure de représentation formelle. Un texte de loi de 1971 du gouvernement québécois, par exemple, définit, d'une manière officielle, la composition des membres des Conseils d'administration des centres hospitaliers au Québec ; il doit y avoir deux personnes élues par les « utilisateurs » du centre, deux sont nommées par le gouvernement de la province, une personne est élue par le personnel médical, une autre est élue par le Conseil des médecins et des dentistes de centres hospitaliers, une autre encore est élue par le personnel non médical, et une personne est élue conjointement par les centres de soins publics affiliés à une université ; une autre personne est nommée par l'université, et une autre par les internes et les résidents du centre, et quand les actifs immobilisés sont la propriété d'une organisation à but non lucratif (comme par exemple, une congrégation religieuse), il y a quatre membres qui sont élus par cette organisation.

Dans certains cas, le Conseil d'administration d'une organisation qui a une coalition externe divisée, restera sous l'emprise d'un détenteur d'influence externe qui était précédemment dominant. Incapables de parvenir à être représentés, les autres détenteurs d'influence externes sont forcés de dépendre de moyens d'influence différents. Dans les universités américaines à la fin des années 60, les étudiants voyaient dans les Conseils, des instances qui symbolisaient le maintien des intérêts de la communauté économique, ainsi que du parti politique au pouvoir. Comme les Conseils refusaient de céder à leurs demandes, les étudiants eurent recours à des campagnes d'opinion. Ceci amena des changements dans bien des Conseils : des sièges au Conseil furent proposés aux étudiants, aux Noirs, aux enseignants et à des représentants de toutes les tendances politiques[3].

Des tendances semblables peuvent voir le jour dans les grandes entreprises commerciales. Traditionnellement, c'était les propriétaires qui dominaient la coalition externe et qui contrôlaient la coalition interne. Avec la dispersion des actions — nous l'avons déjà vu —, la direction gagna bien du pouvoir aux dépens des actionnaires en particulier, et de la coalition externe en général ; le Conseil devint un outil ou une façade. Mais devant le vide laissé dans les coalitions externes de ces organisations tout à fait importantes, vide rendu de plus en plus visible, des groupes d'intérêt particulier ont intensifié les campagnes d'opinion, et les gouvernements et les syndicats ont imposé des listes croissantes de contraintes formelles. Plus récemment, toutes sortes de détenteurs d'influence, qui se sont fait remarquer en 1971, à l'occasion des attaques menées par Ralph Nader et ses associés contre General Motors — et qui représentent des femmes, des Noirs, des consommateurs, « l'intérêt public », et ainsi de suite —, ont cherché à être représentés dans les Conseils d'administration. Ils souhaitent faire en sorte que le Conseil d'administration en vienne à correspondre à une coalition externe en voie d'être réalignée. En Allemagne, cela a déjà été dit, les employés contrôlent déjà une moitié des sièges dans les Conseils d'administration des grandes entreprises.

Il est évident que, quelle que soit la composition du Conseil d'administration, des détenteurs d'influence externes auront toujours recours à d'autres moyens pour faire reconnaître leur pouvoir. En tout cas, le pouvoir du Conseil, à propos de certaines décisions prises par les organisations, est tout à fait limité. Ceci est particulièrement vrai, quand le Conseil est lui-même divisé ; dans ce cas, les détenteurs d'influence externes évitent d'être représentés au Conseil et préfèrent d'autres moyens d'influence, car ils ne souhaitent pas voir leur pouvoir être rendu légitime dans la coalition externe. Aucun chef de la Mafia, ne souhaite, par exemple, faire connaître le rôle qu'il joue sur les champs de courses, en disposant d'un siège au Conseil ! Et le gouvernement des États-Unis risque d'être un détenteur d'influence important, par rapport à la firme Chrysler ; mais il est vrai que la réglementation américaine interdit l'officialisation de cette relation. (Le responsable du syndicat de l'automobile, n'a pourtant pas eu peur de créer un précédent, en l'occurrence ; il a effectivement réussi à devenir membre du Conseil d'administration de la firme Chrysler.)

Quel effet peut avoir la division du pouvoir dans la coalition externe sur la coalition interne ? Nous étudierons cette question de près, mais plus tard, après avoir analysé le fonctionnement de la coalition interne. Nous

---

[3] Dans certains cas, comme ce fut le cas dans mon université, le Sénat — une sorte de coalition formelle interne — a élargi la composition et la représentativité de ses membres, et a acquis un pouvoir considérable au détriment du Conseil d'administration qui a conservé, dans une large mesure, la composition conventionnelle.

voyons que, si une coalition externe divisée a pour effet de politiser le Conseil, il en va de même pour la coalition interne, qui peut, elle aussi, être politisée dans le cas d'une coalition externe divisée. Des détenteurs d'influence externes rivaux, tirent l'organisation dans des directions différentes, et l'obligent à poursuivre des buts opposés. Plus tard, nous étudierons des prisons, différentes de celles qui ont été mentionnées précédemment, des prisons dans lesquelles des conflits et des divergences dans la société, entre ceux qui poursuivent les buts liés à l'incarcération et ceux qui poursuivent les buts liés à la réhabilitation, ont été transplantés de la société à l'intérieur des prisons, où l'on a vu les gardiens privilégier l'incarcération, et le personnel spécialisé défendre la cause de la réhabilitation. Les luttes de pouvoir dans la coalition externe, ont tendance à se refléter dans la coalition interne.

Les coalitions externes divisées se présentent sous des formes bien différentes. Comme ce fut le cas, à propos de ces prisons, la présence de deux missions contradictoires, crée une polarisation de la coalition externe : les détenteurs d'influence externes se regroupent en deux camps, chaque camp défendant sa cause. Une autre forme existe, quand les différents propriétaires d'une organisation sont en guerre, les uns avec les autres, à la suite, peut-être, de différences liées aux individus, aux stratégies, ou simplement à des questions de contrôle ; ces propriétaires, aux opinions divergentes, tirent l'organisation dans des directions différentes. Un exemple classique de cet état de choses dans une grande entreprise, réside dans les combats exécutés par procuration, quand deux systèmes d'alliances d'actionnaires se battent jusqu'à la victoire (ou la domination) de l'un deux, ou bien, jusqu'à ce qu'un accord soit réalisé.

Une troisième forme de coalition externe divisée surgit, quand il existe un certain nombre de groupes extérieurs d'intérêt distincts, qui entretiennent des contacts réguliers et étroits entre eux. Il s'ensuit qu'ils recherchent toutes sortes d'arrangements officiels et permanents, pour se répartir le pouvoir. Nous avons pris connaissance de cela, dans une étude réalisée à l'université McGill, qui concernait une agence de marketing qui s'occupait de la promotion et de la vente des œufs. Sa coalition externe se composait de fermiers, qui se répartissaient en trois groupes, des sociétés productrices d'œufs, de taille modeste, de taille moyenne et celles qui produisaient sur une large échelle ; il y avait, également, les distributeurs, les grossistes et les détaillants, et le gouvernement de la province — qui était représenté par son organisme de contrôle du marché —, de même que d'autres groupes, moins clairement définis de consommateurs et de producteurs extérieurs à ce premier système — ils appartenaient à d'autres provinces —, sans compter ceux qui opéraient dans la même province, mais au marché noir. Tous étaient absolument concernés par le prix des œufs fixé par cette agence. La coalition externe de cette agence consistait, en fait, en un ensemble hiérarchisé complexe de commissions — des coalitions formelles —, où certaines batailles étaient livrées ; cet ensemble s'appuyait sur un système plus élaboré de pouvoir informel. Le Conseil d'administration de cette agence, était composé de son Directeur général, des Présidents de chacun des douze regroupements régionaux des producteurs ; chaque regroupement constituait une coalition formelle en soi. Mais le prix des œufs était déterminé, non pas par cette instance partisane, mais par une commission distincte de fixation des prix, composée de sept membres, dont le même Directeur général de l'agence de marketing, deux autres représentants du Conseil d'administration de l'agence — en fait, il s'agissait de deux représentants des producteurs —, un représentant des distributeurs d'œufs, un représentant des grossistes en épicerie, un représentant des détaillants en produits alimentaires et un représentant de l'organisme gouvernemental de réglementation. Autour de cette commission, gravitaient des groupes informels, mais dont l'existence et la présence étaient fortement ressenties, en dépit du fait qu'ils ne jouissaient d'aucune représentation officielle. La commission de fixation des prix, se réunissait tous les jeudis, pour arrêter le prix des œufs pour la semaine suivante. Cette réunion était toujours « extrêmement laborieuse », les vendeurs étaient alignés d'un côté, s'efforçant de maintenir le prix à un niveau élevé, les acheteurs, de l'autre, qui souhaitaient les voir baisser[4].

Une dernière forme possible de coalition externe divisée surgit, quand les détenteurs d'influence externes focalisent leur attention sur des problèmes très disparates, et ont tendance à faire pression sur l'organisation, d'une manière irrégulière. Aussi, ils ont tendance, naturellement, à attendre davantage d'une campagne d'opinion et de l'imposition de contraintes formelles, que du Conseil d'administration. Les coalitions externes de quelques entreprises américaines, ont commencé à ressembler davantage à cela, ces dernières années. De plus en plus, les gouvernements et les syndicats ont imposé des contraintes formelles, les groupes de préservation de la nature ont effectué des campagnes de pression, les groupes de consommateurs se sont servis des tribunaux, pour imposer des normes de sécurité sur les produits, et ainsi de suite. Certains groupes, on l'a vu, ont essayé d'élargir la représentativité des membres des Conseils d'administration de ces entreprises, mais leurs efforts jusqu'à présent, se sont soldés par peu de résultats. Toutefois, indirectement, les entreprises elles-mêmes, comme nous l'avons vu dans le chapitre précédent, ont modifié la composition de leurs Conseils, et si elles n'ont pas accordé à de nouveaux groupes d'être représentés, elles se sont du moins débarrassées des pires cas de Conseil d'administration en tant que façade, et de situations de conflits d'intérêts.

---

4 D'après un compte rendu soumis à l'auteur, lors d'un cours en Politique du management 276-662, à l'université McGill en 1971, par Pierre Ménard, Richard Brunet, Jean-Paul Masson, Chi Wu et Mike Farkouh.

LA COALITION EXTERNE PASSIVE

Comme le nombre de détenteurs d'influence externes ne cesse d'augmenter, le pouvoir de chacun d'entre eux devient de plus en plus diffus, au point de voir la coalition externe devenir passive et le pouvoir passer à la coalition interne. Ceci se produit communément, quand les actionnaires d'une entreprise, les membres d'un syndicat ou les clients ou les fournisseurs d'une coopérative se font plus nombreux. Comme nous l'avons fait remarquer au chapitre 4, Jacobs affirme que les clients « fractionnés et énormément éparpillés », sont moins à même d'exercer un contrôle étroit de l'organisation (1974, p. 55). Jacobs livre quatre arguments pour étayer son point de vue, trois d'entre eux s'appliquent, en fait, à tous les détenteurs d'influence externes qui sont tout à fait dispersés, et ne s'appliquent pas seulement aux clients[5]. D'abord, plus les détenteurs d'influence sont dispersés, moins ils risquent de tomber d'accord sur ce qu'ils veulent. L'organisation n'a besoin que de s'adapter aux buts généraux et amplement partagés. Ensuite, le détenteur d'influence individuel ne trouvera nullement son intérêt à vouloir acquérir les informations nécessaires pour contrôler l'organisation. Enfin, même quand on dispose de l'information nécessaire, et que les buts sont partagés, il faut encore avoir de l'énergie en réserve, pour organiser le rapprochement des détenteurs d'influence dispersés. Jacobs reprend l'analyse mathématique d'Olson (1965, 1968), qui concluait que « les groupes importants ou les groupes latents n'avaient pas tendance à vouloir agir en vue de faire avancer leurs intérêts communs » (1965, p. 165). Le point de vue d'Olson est, qu'il ne sert à rien, ni à aucun membre de ces groupes, d'investir des efforts pour les organiser, ou même d'apporter un soutien, dès lors que les bénéfices doivent être partagés entre tous les membres, même ceux qui demeurent passifs, ceux qui font « cavalier seul ». Autrement dit, l'apathie est, selon Olson, la stratégie « naturelle » du groupe large et dispersé. Nous étudierons quelques exceptions, à savoir les détenteurs d'influence qui ont été suffisamment provoqués, mais auxquels l'on ne laisse aucun moyen d'expression ou de réaction, ceux qui sont poussés par des croyances normatives, ceux qui se sont déjà organisés en conséquence, et ceux qui sont menés par des « organisateurs professionnels ». Mais en l'absence de ces conditions, on s'attend à ce que les détenteurs d'influence dispersés ou éparpillés, demeurent passifs.

Les analyses de Mace (1971), tout comme celles de Zald (1969), suggèrent que le Conseil d'administration de l'organisation qui possède une coalition externe passive, ne se préoccupe pas de contrôles. L'on peut plutôt penser que c'est la direction qui contrôle le Conseil, en en faisant vraisemblablement

---

[5] Le quatrième argument donné par Jacobs, et qui ne porte que sur les clients, dit que, les consommateurs répartis en fractions différentes, ne sont généralement intéressés que par les produits de l'organisation, et non pas par d'autres choses qui concerneraient l'organisation.

un outil pour l'organisation, s'il y a un besoin de service, ou bien une façade. Dans les entreprises contrôlées à distance par les Conseils d'administration, ce sont les actionnaires, en principe, qui ont le droit d'élire les membres du Conseil, qui reçoivent dans leur courrier une procuration sur laquelle figurent des noms de personnes — généralement, il s'agit de membres de Conseil existants, souvent, ce sont des directeurs de l'entreprise —, auxquelles ils doivent abandonner leur droit de vote. Tout comme les électeurs d'un État communiste, leur choix se limite à une seule possibilité. Suivant les arguments donnés par Jacobs et par Olson, « l'apathie normale du petit actionnaire est telle, qu'il oubliera de renvoyer sa procuration, ou bien signera à l'endroit indiqué... Les votes par procuration servent ensuite à officialiser le choix opéré par ceux qui détiennent le pouvoir » (Berle et Means 1968, p. 76). L'actionnaire dissident « ne dispose que du recours onéreux, qui consiste à envoyer un autre jeu de procurations, en demandant aux actionnaires d'apporter leur soutien, en s'opposant aux membres de la direction » (p. 76) ; c'est presque toujours un effort inutile, et par suite rarement tenté.

Aussi, Mace conclut que les membres des Conseils d'administration des grandes entreprises, sont généralement « choisis par le Président, et non par les actionnaires. En conséquence, les membres ou administrateurs siègent au Conseil, parce que le Président veut qu'ils y soient... en fait, ils sont les représentants du Président » (1971, p. 188). Les Présidents ont tendance à choisir des membres de Conseil d'administration « qui sont connus pour leurs côtés sympathiques, amicaux, faciles et agréables, qui ne sont pas des polémistes, mais des gens qui comprennent le système » (p. 196). Ces membres agissent, à leur tour, comme « s'il était question de l'argent de quelqu'un d'autre » (p. 188). Même le choix d'un successeur est généralement dicté par le P.-D.G. sortant et avalisé par le Conseil (p. 190). Il n'y a guère d'éléments qui laissent penser que cette illustration du fonctionnement des Conseils soit dépassée, malgré certains changements opérés dans les Conseils d'administration des entreprises, changements qui sont restés insuffisants.

Si la coalition externe n'a pas de pouvoir, alors à l'évidence — comme le montre Mace —, c'est la coalition interne qui remplit rapidement le vide laissé. Et qu'arrive-t-il alors ? Thompson (1967) livre l'hypothèse suivante : « Quand le pouvoir est réparti largement, il se crée alors un *cercle interne* pour mener à bien la coalition (p. 140). » Thompson indique, plus loin, que « la figure centrale du pouvoir, c'est l'individu qui peut le mieux diriger la coalition » (p. 142). Et cette personne est évidemment le P.-D.G. Aussi, comme nous le verrons plus en détail, plus loin dans ce livre, quand la coalition externe est passive, c'est souvent le P.-D.G. qui s'approprie la part du lion, en matière de pouvoir. La coalition externe passive apparaît alors, comme un cas particulier de domination, avec cette exception, que c'est ici un agent interne qui domine.

Mais ce n'est pas toujours le P.-D.G. qui se retrouve au sommet, quand le pouvoir externe est diffus. Plus tard, nous verrons que d'autres concentrations de pouvoir peuvent également apparaître au sein de la coalition interne, notamment, autour des idéologies ou des instances de compétences spécialisées ou des systèmes administratifs en général.

Il y a de nombreux exemples classiques de coalitions externes passives. S'il faut en croire les résultats des recherches de Berle et Means, de Mace et des autres que nous avons étudiés, alors l'exemple le plus net, est celui de l'entreprise américaine qui est contrôlée de très loin par son Conseil d'administration. Les actionnaires sont tellement dispersés et désorganisés, si mal informés, et si peu intéressés, que c'est la direction qui contrôle toute les actions, y compris le choix des membres du Conseil. La meilleure preuve pour conclure cette discussion, vient peut-être d'une analyse courte, faite par Chandler (1975), qui a découvert que sur 502 personnes dont la nomination en tant que membres de Conseil d'administration de grandes entreprises, avait été annoncée dans le Wall Street Journal, entre le 1er janvier et le 1er mars 1975, il n'y en avait que 7 — soit à peine plus d'un pour cent —, qui représentaient valablement les intérêts des actionnaires[6].

Comme nous avons fait état de l'entreprise commerciale, dans notre étude des trois types fondamentaux de coalitions externes, il ne peut être qu'utile de classer nos conclusions. Quand les sociétés étaient des firmes créées à l'initiative d'un homme seul, véritable entrepreneur, elles disposaient d'une coalition externe passive, en ce sens que leurs directeurs, également propriétaires, avaient un contrôle total, les détenteurs d'influence externes étaient peu nombreux et éloignés. Mais quand la propriété et la direction furent séparées, les sociétés en vinrent à avoir des coalitions externes dominées, car les propriétaires étaient peu nombreux, et ils conservaient un contrôle très étroit de la direction. Puis vint le moment, où la propriété des actions se dispersa, alors les entreprises devinrent plus importantes et prirent le pouvoir quant aux marchés, et la coalition externe prit la forme de la passivité. Mais la nature a horreur du vide, et la société, plus que tout, déteste le vide du pouvoir. Et ainsi, comme l'absence de contrôle externe de ces organisations gigantesques est devenue plus évidente, et comme leur impact sur la société est devenue plus visible, toutes sortes de détenteurs d'influence externes se sont mis à chercher de nouveaux moyens de contrôler leurs actions. Aujourd'hui, l'entreprise américaine de taille gigantesque, qui a longtemps été habituée à une coalition externe passive, se trouve de plus en plus entourée par une coalition externe divisée.

Un aspect intéressant de cette dernière transition est qu'elle semble contredire l'argumentation tout à fait séduisante d'Olson. Pourquoi les consommateurs et d'autres personnes, qui n'ont pratiquement rien à gagner en tant qu'individus, devraient-ils prendre en charge une entreprise gigantesque, transformant effectivement leur apathie en pouvoir organisé et centralisé ? Zald et Berger (1978), parmi d'autres, ont envisagé ce problème important.

---

6 Smith (1978), en utilisant des données plus complètes, a estimé ce pourcentage à 1,6 %, en prenant en compte tous les 5 995 membres des Conseils d'administration des 500 entreprises listées par Fortune en 1977.

Ils suggèrent d'une part, qu'une incitation à s'organiser — pour se faire entendre, selon la terminologie d'Hirschman —, se développe, à mesure que les possibilités de réagir sont exclues. Suffisamment provoqué, le groupe qui était à l'état latent, se mobilise et prend vie. Les citadins du bas du fleuve, n'ont pas d'autres choix que de combattre la pollution ; pareillement, des portions importantes de la population américaine, qui se sentent apparemment de plus en plus dominées par les grandes sociétés, et de moins en moins aptes à échapper à leurs agissements, se mobilisent pour influer sur ces grandes sociétés. Quelquefois, ce sont des croyances en des préceptes qui mobilisent un groupe ; il s'agit d'œuvrer pour une cause qu'ils estiment être une « cause juste », et les membres de ces groupes ne recherchent aucun gain personnel. Nous l'avons constaté précédemment, à propos des détenteurs d'influence, qui, dans certaines prisons, se regroupaient autour du thème de l'incarcération. Leur prise de position était, selon eux, d'ordre éthique. Il en va de même pour de nombreux groupes qui s'en prennent aux grandes sociétés. Pour eux, ces sociétés sont énormes, créatrices de nuisances, incontrôlées, dominatrices ; les attaquer, revient à rendre service à la société.

En second lieu, le processus qui consiste à revendiquer, à « donner de la voix », est activé, dès lors, que des groupes défendant les mêmes intérêts, existent déjà. Cela réduit d'autant le prix à payer, quand on veut s'organiser ; en vérité, les groupes existants sont en quête de nouvelles causes, pour leur permettre de continuer d'exister. Une fois que les « commandos de Ralph Nader » sont mis en place, il est d'autant plus facile de les mobiliser sur une nouvelle campagne d'opinion. Et l'on a vu en Amérique, une véritable prolifération de ce type de groupes, depuis l'époque des manifestations et de l'agitation sur les campus universitaires, chaque groupe étant prêt à s'occuper des entreprises qui évoluent dans sa propre sphère d'influence. Certes, le fait de s'organiser, implique la naissance de meneurs ou d'organisateurs, parfois, ils sont même rémunérés ; ce sont des « organisateurs professionnels », qui ont plus à gagner d'une action de groupe, que n'importe quel membre. Toute campagne d'opinion réussie, donne du poids à leur réputation d'organisateurs et leur apporte des compensations d'ordre psychique, sinon d'ordre matériel ; en même temps, ces succès garantissent la survie de leurs propres organisations.

Pour en revenir à nos exemples de coalitions externes passives, il en est qui, souvent, se situent autour d'un syndicat de travailleurs important. Les membres qui manifestement sont essentiels au fonctionnement de l'organisation, agissent souvent comme des agents externes, comme des contemplateurs passifs, tandis que ceux qui sont aux commandes, prennent toutes les décisions. Les syndicats, eux aussi, peuvent avoir des procédures démocratiques, mais souvent ces procédures sont défaillantes, comme dans le cas des élections par procuration en entreprises. Les membres sont tout simplement trop dispersés, pour résister au pouvoir des responsables titulaires. Le même phénomène se produit fréquemment dans les organisations composées de volontaires : les coopératives de vente, comme par exemple, les sociétés de distribution qui appartiennent aux fermiers, les coopératives où les sociétaires sont les clients, comme par exemple, les chaînes de magasins de détail, parfois même les partis politiques. Dans une étude célèbre, dont nous parlerons un peu plus loin, Michels (1915) décrit ce phénomène dans les partis politiques socialistes en Europe et les syndicats à la fin du siècle dernier.

Jusqu'ici, l'apparition d'une coalition externe passive a été décrite comme étant la conséquence de la dispersion des détenteurs d'influence externes. Mais il existe également d'autres causes. Parfois, c'est une source de pouvoir dans la coalition interne qui parvient à apaiser la coalition externe, qui serait autrement divisée ou dominée. Le dirigeant d'une organisation, peut être fort et puissant, au point de mettre sous le joug, tous les détenteurs d'influence externes. On se souvient d'un de Gaulle en France, du moins avant 1968, ou d'un Staline en Union soviétique. De même, une idéologie forte peut rendre une organisation très agressive, et la rendre capable de dominer la coalition externe. La taille même, peut avoir le même effet. Au chapitre 19, nous verrons toutes sortes de techniques que de grandes organisations utilisent pour apaiser ou neutraliser leurs détenteurs d'influence externes, par l'intégration d'une manière verticale pour prendre le contrôle de leurs sources d'approvisionnement et contrôler les marchés, en fusionnant ou en collaborant avec les concurrents, en se livrant à des opérations de relations publiques, en faisant agir les groupes de pression sur les législateurs, en utilisant les Conseils d'administration comme systèmes de cooptation, comme nous l'avons vu dans le dernier chapitre, et ainsi de suite[7].

Les compétences spécialisées essentielles à l'organisation, peuvent neutraliser les détenteurs d'influence externes. Précédemment, nous avons étudié la façon dont les équipes médicales sont parvenues à ravir du pouvoir aux administrateurs ou membres du Conseil, par suite des développements technologiques ; ils ont réussi, en fait, à pousser des coalitions externes dominées à devenir des coalitions externes passives. Le même phénomène semble s'être produit dans les prisons. Nous avons dit que les coalitions externes étaient dominées, quand les détenteurs d'influence se regroupaient autour de l'incarcération vue comme la mission des prisons. Puis, comme la réhabilitation fut proposée comme étant une autre mission possible, il s'ensuivit des batailles entre détenteurs d'influence qui défendaient, les uns et les autres, leurs idées ; les coalitions externes en vinrent à être divisées. Mais Cressey montre comment les spécialistes parmi le personnel des prisons, en faveur de la réhabilitation, furent à même d'utiliser leurs compétences spécialisées à l'encontre des détenteurs d'influence externes et firent se transformer les coalitions externes en coalitions externes passives. « Le travail des membres du personnel des prisons... était considéré comme un travail de techniciens et de "professionnels". Il s'ensuivait une opinion qui allait de pair avec cette vision des choses : seuls les membres de ces groupes de techniciens ou de profession-

---

7 Voir Pfeffer et Salancik (1978) pour une étude détaillée de ces techniques.

nels, qui étaient impliqués dans ce travail, étaient à même de le juger, ''le public'' n'avait rien à dire (1958, p. 46). »

Enfin, nous trouvons quelques coalitions externes qui sont passives d'une manière inattendue. Le cas de la filiale ou de l'agence qui porte si peu à conséquence que la société mère la laisse tranquille, aussi longtemps qu'elle ne fait rien pour attirer l'attention de personne, a déjà été mentionné. Une coalition externe manifestement dominée, devient une coalition externe effectivement passive. Une coalition externe ostensiblement divisée, peut également devenir effectivement passive, quand les détenteurs d'influence externes sont tellement occupés à se battre, qu'il ne leur reste plus d'énergie pour contrôler l'organisation. On se souvient ici, du pouvoir parfois acquis par des fonctionnaires, grâce au droit de préemption, dans des gouvernements de coalition hautement politisés. Frank (1958-1959) décrit un fait curieux en relation à cela, qui s'était produit dans une usine soviétique. Ici, ce n'est pas un manque d'attention de la part du gouvernement, mais, paradoxalement, un excès d'attention qui a permis à une coalition externe qui aurait dû être dominée, à devenir en un sens, passive. La hiérarchie soviétique — les différents bureaux du gouvernement central — imposait plus de règlements et d'ordonnances qu'aucune usine ne pouvait prendre en compte. Il en résulta plus de liberté pour la direction que l'observateur éventuel aurait pu prévoir. Nous reviendrons sur cet exemple. Autrement dit, comme le détenteur d'influence dominant devenait de plus en plus exigeant, un seuil fut atteint, au-delà duquel l'organisation ne pouvait plus suivre ; au lieu d'avoir une domination plus grande de la coalition externe, ce fut le contraire qui se produisit, à tel point que le système tout entier des contrôles défaillit et il semble que la coalition externe soit apparue alors comme passive.

En conclusion, nous avons vu que la **coalition externe a tendance à apparaître comme étant dominée, dans la mesure où l'organisation fait sous une certaine forme l'expérience de sa dépendance par rapport à son environnement, ainsi que de la centralisation du pouvoir externe qui demeure entre les mains d'une seule personne ou d'un groupe de personnes (souvent un propriétaire), ou bien encore d'un ensemble de détenteurs d'influence externes qui sont parvenus à un réel consensus. La coalition externe apparaît divisée, quand le pouvoir externe est considérable tout en étant réparti entre un nombre limité de personnes ou de groupes qui ont des buts contraires. Et une coalition externe a tendance à apparaître comme étant passive, principalement, quand les détenteurs d'influence externes sont nombreux et dispersés — surtout dans le cas où il leur est facile d'échapper aux contraintes, quand ils ne sont ni provoqués, ni poussés par des croyances en des préceptes, et qu'ils ne sont ni organisés, ni disposés à être des « organisateurs professionnels » — ; c'est également vrai, quand la coalition externe est politisée à l'extrême, ou qu'elle exerce des contrôles excessifs, ou encore, que l'organisation est en porte-à-faux, par rapport à ces contrôles ; ou encore, qu'elle est assez puissante pour apaiser ou neutraliser la coalition externe, grâce à une direction forte, une idéologie, des compétences spécialisées ou**

tout simplement la taille de l'organisation. Notre étude a également fait apparaître que la nature de la coalition externe qui est à l'entour d'une organisation, affecte dans une large mesure le type de coalition interne qu'elle aide à développer. **Une coalition externe dominée a tendance à affaiblir la coalition interne ; une coalition externe divisée a tendance à la politiser ; et une coalition externe passive a tendance à la renforcer,** et cela souvent au niveau de la direction.

Mais peu importe la coalition externe, c'est grâce aux efforts faits par la coalition interne, que l'organisation peut fonctionner et déterminer ses buts. Ici se trouve le noyau du système de pouvoir organisationnel. Nous allons nous intéresser à cela maintenant.

DEUXIÈME PARTIE

LA COALITION INTERNE

Nous détournons maintenant notre attention, du pouvoir à l'entour de l'organisation pour nous attacher au pouvoir à l'intérieur de l'organisation. Nous nous concentrons sur les détenteurs d'influence internes — ces personnes identifiées auparavant comme des employés à plein temps — et sur leurs moyens d'influence. En termes de pouvoir, comme ils sont des employés à plein temps, on distingue ces individus par trois caractéristiques fondamentales :

1. Ils ont tendance à faire preuve d'un sérieux engagement pour l'organisation, du fait de leur dépendance vis-à-vis du bien-être de celle-ci.
2. Ils en viennent à connaître intimement l'organisation, puisqu'ils y passent la plus grande partie de leur temps.
3. Ce sont eux qui prennent les décisions et qui passent à l'action ; ils ont les initiatives ; les détenteurs d'influence externes doivent influencer leurs comportements.

Au chapitre 8, nous commençons cette partie en étudiant comment le pouvoir passe d'une manière formelle dans la coalition interne, et ensuite, comment il est, une fois à l'intérieur, nécessairement diffusé vers les différents groupes de détenteurs d'influence internes. Puis le chapitre 9 portera sur le pouvoir et les besoins de chacun de nos cinq groupes fondamentaux de détenteurs d'influence internes. Ces détenteurs sont décrits dans cette section comme ayant, en guise de premiers moyens d'influence quatre systèmes primordiaux. Le premier, fondé sur l'autorité, est traité dans le chapitre 10, le second, fondé sur l'idéologie, au chapitre 11 ; le troisième, fondé sur les compétences spécialisées, au chapitre 12 ; et le quatrième fondé sur les politiques, au chapitre 13. Enfin le chapitre 14 cherche à réunir nos conclusions sur ces différents systèmes d'influence internes, en examinant premièrement, comment ils travaillent ensemble, et deuxièmement, comment chacun d'eux peut aussi exister dans la situation de domination, par un biais ou par un autre, donnant naissance à cinq types fondamentaux de coalitions internes.

Chapitre 8
L'élaboration de la coalition interne

LE TRANSFERT DE POUVOIR VERS LA COALITION INTERNE

En principe, le pouvoir de la coalition externe est supposé être représenté par le conseil d'administration, la coalition officielle. Le conseil, en retour, est supposé contrôler le comportement de l'organisation. Mais nous avons vu que même le conseil qui remplit véritablement son mandat, ne gère pas l'organisation. Il doit nommer un P.-D.G. comme administrateur, afin qu'il prenne la charge officielle de la bonne marche de l'organisation. Comme nous l'avons vu au chapitre 6, il est donné à cette personne une large liberté d'action, avec pour convention, que le conseil d'administration peut la remplacer comme bon lui semble. Le résultat est que le pouvoir officiel, sur sa procédure organisationnelle de décision, est presque complètement transféré du conseil d'administration au P.-D.G. ; ceci fait apparaître une sorte de symétrie dans le système de pouvoir organisationnel, comme on le voit dans la figure 8-1 : le conseil représente le pouvoir formel de la coalition externe tandis que le P.-D.G., son administrateur représente le pouvoir officiel de la coalition interne. Le pouvoir officiel passe de l'un à l'autre comme le sable passe au travers de l'étranglement du sablier.

Non seulement le pouvoir officiel, mais aussi une grande partie du pouvoir informel de la coalition externe passe dans la coalition interne par le P.-D.G. Pour Cyert et March (1963) dans « A Behavioral Theory of the Firm » (« Une théorie behavioriste de l'entreprise »), l'implication est que les détenteurs d'influence se réunissent pour une sorte de négociation directe, afin de rationaliser leurs besoins, et de ce fait, ils établissent les comportements organisationnels sous forme de procédures opérationnelles codifiées, de budgets, etc.

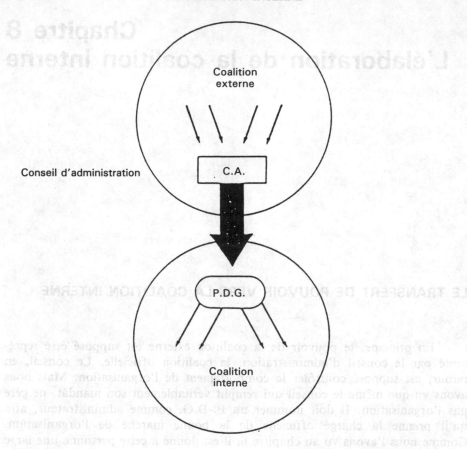

Figure 8-1. *Symétrie de pouvoir formel entre les coalitions internes et externes.*

Mais cette théorie néglige un élément important. Les détenteurs d'influence externes se réunissent entre eux à l'occasion du conseil d'administration uniquement, et nous venons de voir que le conseil d'administration est seulement l'un des moyens d'influence externes — et habituellement il n'est pas le plus important. Les autres — normes sociales, contraintes formelles, campagnes de pression et contrôles directs — sont appliqués sur l'organisation indépendamment, de façon sporadique et souvent de manière contradictoire.

En d'autres termes, les détenteurs d'influence externes, ne parlent pas à l'organisation d'une voix unique et claire. Donc il reste la tâche importante de conciliation des demandes des différents détenteurs d'influence externes, une grande partie de la responsabilité de cette conciliation passe par la personne qui a la position formelle la plus haute dans la coalition interne, celle que l'on nomme le P.-D.G. Et la possibilité d'effectuer cette conciliation se trouve dans une bonne partie du pouvoir informel du P.-D.G.

Selon le terme de Papandréou — voir le chapitre 2 — il existe un « coordinateur suprême » un seul personnage au « sommet » de l'organisation (ce que nous appelons le « sommet stratégique ») qui coordonne les revendications conflictuelles « avec un sens du tout... Aux échelons inférieurs à celui de la coordination suprême, cette totalité complexe est perdue » (1952, p. 190). McDonald (1970 a) a bien saisi cette notion avec l'expression « soudure par fusion ». Le P.-D.G. est situé au carrefour, là où les demandes des différents détenteurs d'influence convergent. Cherchant une solution satisfaisante dans l'intérêt des parties, le P.-D.G. fait passer à l'intérieur de l'organisation ce qui aurait été autrement négocié entre les parties (p. 121)[1].

Donc le P.-D.G. fonctionne à un point important du processus, là où l'influence se change en action. D'un côté, il reçoit les demandes des détenteurs d'influence externes, de façon formelle par le conseil d'administration et de façon informelle par les autres moyens externes d'influence. Et d'un autre côté, il est officiellement responsable des actions de l'organisation. Il doit s'assurer qu'elle exécute efficacement sa mission tout en satisfaisant ses différents détenteurs d'influence. En d'autres termes, le P.-D.G. est normalement censé s'assurer que l'influence externe est transformée en action interne.

LA CRÉATION DE L'ORGANISATION

Mais comment une seule personne peut-elle transformer une influence en action ? Tout le jeu du pouvoir, à l'intérieur et à l'entour de l'organisation, est centré sur une chose : les actions menées par l'organisation — les produits vendus, les clients servis, les biens d'équipement achetés, les personnes promues, les excédents distribués, l'air qu'elle pollue et l'air pollué qu'elle purifie.

Mais une action est généralement précédée de la *décision*, c'est-à-dire de

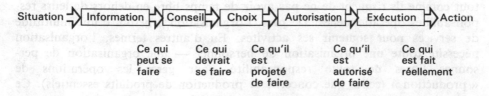

Situation ⇨ Information ⇨ Conseil ⇨ Choix ⇨ Autorisation ⇨ Exécution ⇨ Action

| | Ce qui peut se faire | Ce qui devrait se faire | Ce qu'il est projeté de faire | Ce qu'il est autorisé de faire | Ce qui est fait réellement |

Figure 8-2. *Le processus de prise de décision/action (Mintzberg, 1979, p. 188)*

---

[1] Voir Mintzberg (1973, p. 73) pour les citations des P.-D.G. qui se décrivent dans cette situation.

l'engagement à cette action[2]. Afin d'élaborer la procédure comme le montre la fig. 8-2, on rassemble les données ; les analyses de l'information recueillie débouchent sur des conseils ; les conseils à leur tour engendrent les décisions ou les choix ; ces choix peuvent être soumis à l'approbation, et les choix une fois autorisés sont exécutés — ils deviennent alors action. Le terme « organisation » veut dire que tout ceci dépasse la capacité d'une seule personne.

Ainsi le P.-D.G. doit engager d'autres personnes à veiller aux différentes étapes du processus ; il doit créer une organisation.

Dans le cas le plus simple, le P.-D.G. a besoin d'embaucher des personnes uniquement pour exécuter ses choix, tout en maintenant un contrôle personnel à tous les autres niveaux — y compris la prise de toutes les décisions importantes. Ces exécutants — ceux qui mènent les actions qui produisent les résultats essentiels de l'organisation — nous les appelons les *opérateurs* et nous appelons *noyau opérationnel* la partie de l'organisation où ils mènent leurs actions. Mais la plupart des organisations doivent prendre beaucoup de grandes décisions, bien trop pour une seule personne. Alors le P.-D.G. doit embaucher d'autres *cadres supérieurs* afin de leur déléguer la responsabilité formelle des décisions et des actions de certaines parties du noyau opérationnel. En d'autres termes, il nomme ses propres administrateurs, c'est-à-dire qu'il donne à ces personnes le pouvoir officiel sur certaines sortes de décisions, en même temps que la responsabilité de leurs conséquences. En fait, la plupart des organisations sont suffisamment grandes pour nécessiter une telle hiérarchie de cadres. Ceux qu'on appelle à la base *agents de maîtrise* sont responsables de secteurs bien déterminés du noyau opérationnel, tandis que les autres ont la responsabilité de sous-groupes de plus en plus vastes issus de ces secteurs, jusqu'à ce que tous les cadres forment, sous la tutelle du président directeur général, un seul groupe. Tous ces cadres subalternes du P.-D.G. constituent une partie de la *chaîne d'autorité* que l'on appelle les *cadres moyens*.

Mais en regardant la figure 8-2, nous voyons que l'information doit être collectée et analysée avant la prise de décision. Et ceci demande souvent une compétence spécialisée que le P.-D.G. et l'encadrement ne possèdent pas, tout comme ils risquent de ne pas avoir de temps libre en dehors de leurs responsabilités opérationnelles. De plus, l'organisation a besoin d'une multitude de services pour soutenir ses activités. En d'autres termes, l'organisation nécessite toute une organisation de personnel — une organisation de personnes libres de toute responsabilité pour gérer les opérations de « production » (celles que concerne la production de produits essentiels). Ce

---

[2] Évidemment une action peut être implicite ou inconsciente ou involontaire. Les entreprises ne prennent pas la *décision* de polluer ; ce phénomène de pollution se produit tout simplement ; il est la conséquence d'une décision de faire quelque chose d'autre tel que le traitement de produits chimiques. Mais il leur faut décider de diminuer la pollution.

personnel, comme nous l'avons noté ci-dessus, se répartit en deux groupes. Les *analystes* de la *technostructure* travaillent au conseil, à la création, et en partie au fonctionnement des systèmes formels pour réaliser la coordination, notamment planning et contrôle. Et le *personnel logistique* leur donne des conseils sur certaines décisions particulières et il a d'autre part pour tâche d'assurer la bonne marche des différentes fonctions de soutien logistique. Dans l'usine de fabrication classique, les analystes regroupent des planificateurs, des chargés d'études spécialisés, des programmeurs de production, et des comptables, tandis que le personnel de soutien logistique regroupe le personnel qui travaille à la cafétéria, au service du courrier, de la paye, des relations publiques et au département des affaires juridiques.

De cette manière, le P.-D.G. crée l'organisation — avec des opérateurs qui exécutent la mission de base, crée l'encadrement pour prendre la responsabilité de certaines parties du noyau opérationnel ainsi que les décisions qui en découlent, installe les analystes de la technostructure et le personnel de

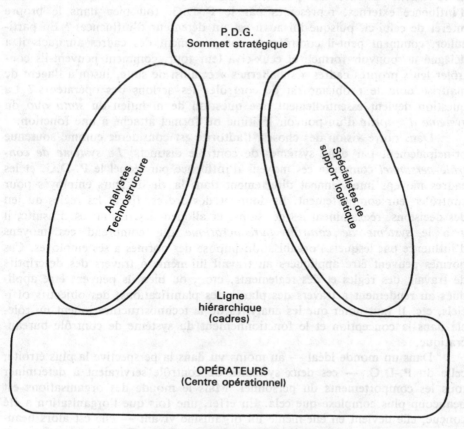

Figure 8-3. *Les Agents d'influence internes*

soutien logistique pour conseiller, contrôler, et soutenir le reste de l'organisation. La figure 8-3 illustre ces cinq groupes fondamentaux d'employés à temps plein avec le P.-D.G. au sommet, les opérateurs à la base, l'encadrement rejoignant les deux groupes dans un enchaînement ininterrompu, et les deux groupes du personnel de chaque côté.

LES SYSTÈMES D'INFLUENCE DANS LA COALITION INTERNE

Dès que le P.-D.G. délègue un de ses pouvoirs officiels quelconque — c'est-à-dire, le moment où il embauche un second individu — le problème de contrôle se pose. Comment peut-il assurer que les autres participants — eux-mêmes tous *détenteurs d'influence* internes potentiels, ayant à répondre à leurs propres besoins par leur participation dans l'organisation — que ceux-ci ne se fassent pas entendre et fonctionnent plutôt dans l'intérêt des détenteurs d'influence externes, représentés par le P.-D.G. (ou bien dans le propre intérêt de celui-ci, puisque lui aussi est un détenteur d'influence) ? En particulier, comment peut-il contrôler le comportement des cadres auxquels il a délégué un pouvoir formel, et ceux-ci à leur tour, comment peuvent-ils contrôler leurs propres cadres « subalternes » et ainsi de suite, jusqu'à l'agent de maîtrise dont le problème est de contrôler les actions des opérateurs ? La question devient essentiellement une question de maintien du *statu quo* du *système d'autorité* d'un pouvoir légitime ou formel attaché à une fonction.

Dans notre vision des choses, l'autorité est considérée comme soutenue principalement par deux systèmes de contrôle distincts. *Le système de contrôle personnel* comporte ces moyens d'influence par lequel le P.-D.G. et les cadres moyens interviennent directement dans la vie de leurs employés pour contrôler leur comportement. Ils donnent des ordres, fixent les règles du jeu des décisions, réexaminent les décisions, et allouent les ressources. Ensuite, il y a le *système de contrôle bureaucratique* qui comprend ces moyens d'influence par lesquels l'organisation impose des normes à ses employés. Ces normes peuvent être appliquées au travail lui-même à travers des descriptifs de travail, des règles et des règlements, etc. ; ou bien ils peuvent être appliqués au rendement à travers des plans, des planifications, des objectifs officiels, etc. Il faut noter que les analystes de la technostructure jouent un rôle-clé dans la conception et le fonctionnement du système de contrôle bureaucratique.

Dans un monde idéal — au moins vu dans la perspective la plus étroite, celle du P.-D.G. — ces deux systèmes de contrôle serviraient à déterminer tous les comportements du personnel. Mais le monde des organisations est beaucoup plus complexe que cela. En effet, une fois que l'organisation a été conçue, elle devient en elle-même un organisme vivant — elle est alors beaucoup plus qu'un système de fonctions et un système de contrôles, qui ont été

mis en place officiellement. D'autres systèmes d'influence indépendants surgissent, peut-être non prévus par le P.-D.G. initialement — des systèmes qui
quelquefois augmentent les effets d'intégration de l'autorité et qui d'autres
fois ont l'effet contraire.

Il y a tout d'abord un autre système d'influence qui peut servir à uni-
fier tout le personnel en un ensemble homogène, bien qu'il ne découle pas de
l'autorité formelle. C'est le *système idéologique*, basé sur les traditions, les
croyances, les mythes ou les histoires de l'organisation que chaque individu
en tant que « membre » partage. Ce système fait appel à la *loyauté* des membres, ce qui a pour effet (cf. le système d'autorité) d'éviter la contestation
(sauf en faveur de l'organisation).

Ensuite, il y a des systèmes d'influence qui peuvent être utilisés pour
résister à la cohésion ou à l'intégration, fractionnant le pouvoir de la coalition interne. Dans la mesure où les employés de l'organisation sont des spécialistes qualifiés et compétents ou des « experts », de plein droit, un *système
de compétences spécialisées* apparaît dans la coalition interne. Il sert à distribuer le pouvoir de façon inégale sur la base des compétences, leur permettant
de s'exprimer à chaque fois que c'est nécessaire. On atteint ainsi la coordination du travail, mais ce n'est ni par les contrôles personnels, ni par les contrôles bureaucratiques, ni par les pouvoirs normatifs de l'idéologie, mais
grâce à une adaptation réciproque entre les différents experts ou bien en
vertu d'autres critères qui sont basés sur les compétences et les connaissances.
En effet, dans la mesure où les employés ont « intériorisé » leurs normes de
travail par une formation approfondie, suivie habituellement avant d'entrer
dans l'organisation, ils peuvent se libérer de l'influence de l'autorité et même
de l'idéologie.

Finalement, tous ces systèmes — qui fonctionnent séparément ou
ensemble — sont souvent imparfaits et incomplets. Ils laissent une certaine
part de liberté au personnel, ce qui leur permet d'agir indépendamment des
influences de l'autorité formelle, de l'idéologie en place, ou des compétences
reconnues. Un *système des politiques* apparaît dans la coalition interne — un
système de pouvoir illégitime, au sens technique, est lié au conflit de façon
caractéristique. Le système des politiques est une manière de se faire reconnaître, mais il est souvent de nature clandestine. Les détenteurs d'influence
internes, en tant qu'« acteurs », utilisent ce système pour contourner, pour
résister ou même pour perturber les autres systèmes d'influence en vue
d'aboutir aux fins qu'ils considèrent personnellement comme importantes. En
effet, nous allons voir que le système des politiques est par moment utilisé
par tous les détenteurs d'influence internes, que ce soit les opérateurs qui ont
très peu de moyens pour recourir au pouvoir jusqu'au président directeur
général qui peut avoir besoin de recourir au système afin de contourner les
faiblesses fondamentales de ses systèmes de contrôle.

Nous avons donc quatre systèmes fondamentaux d'influence qui peuvent être utilisés par les différents participants de la coalition interne : le système d'autorité, qui porte sur les contrôles personnels et bureaucratiques, et

qui sépare les détenteurs d'influence internes en « supérieurs » et
« subalternes » ; le système d'idéologie qui les considère en tant que
« membres » ; le système des compétences spécialisées qui les considère
comme « experts » ; et les systèmes des politiques qui les considère comme
« acteurs ». Ce qui détermine le type de coalition interne que l'organisation
aura, dépend de la façon dont chacun de ces systèmes est utilisé à l'intérieur
d'une organisation particulière et de l'amalgame des quatre systèmes qui en
résulte. Après avoir parlé du pouvoir et des besoins de chacun de nos cinq
groupes de détenteurs d'influence internes, notre argumentation portera dans
le prochain chapitre sur chaque système d'influence tour à tour. Puis nous
analyserons comment ces systèmes peuvent coexister et comment lorsqu'ils
dominent, ils constituent des types différents de coalition interne.

Nous examinerons dans ce chapitre, les cinq groupes fondamentaux de détenteurs d'influence internes — le président directeur général, les cadres moyens, les opérateurs, les analystes de la technostructure et les spécialistes des fonctions de support logistique. Nous parlerons pour chaque catégorie, de leur pouvoir dans la coalition interne, de l'utilisation qu'ils font des différents systèmes d'influence et de leurs propres besoins en tant que personnes influentes dans le jeu du pouvoir organisationnel. Ceci nous fournit les éléments de base de l'étude portant sur la coalition interne. Lorsque nous aurons étudié ce point, nous serons alors capables de résumer les différentes caractéristiques des détenteurs d'influence internes. Elles sont résumées dans le tableau 14-1, qui se trouve pages 332 et suivantes.

LE PRÉSIDENT DIRECTEUR GÉNÉRAL

LE POUVOIR DU P.-D.G.   Le chapitre 8 a traité du transfert du pouvoir formel, qui passe dans la coalition interne par l'intermédiaire du président directeur général, ainsi que de l'acquisition par ce dernier d'un pouvoir informel, grâce à son rôle de conciliateur des demandes conflictuelles de l'organisation ; nous constatons ainsi que **le P.-D.G. est inévitablement l'individu le plus puissant dans tous les systèmes du pouvoir à l'intérieur et à l'entour de l'organisation.** Ceci ne veut pas dire que le P.-D.G. a le pouvoir de dominer *tout le monde*, mais plutôt que nul autre individu n'est plus puissant. Comme l'ont noté Tannenbaum et Katz : « Le pouvoir d'adhésion est distribué entre un grand nombre de personnes ; celui du président n'appartient qu'à une seule personne. » (1957, p. 133). Il est vrai que le pouvoir réel du P.-D.G. dépend d'un grand nombre de conditions ; y compris de la façon dont le pouvoir est distribué dans la coalition externe et aussi de la manière dont les agents internes sont capables d'utiliser les autres systèmes d'influence pour s'opposer à l'autorité formelle. Mais même dans le cas de la coalition externe dominée, où un détenteur d'influence externe est très puissant, ce détenteur d'influence doit compter sur le P.-D.G. pour diriger l'organisation. Et dans le cas des organisations regroupant des spécialistes, telles que les universités par exemple, on trouve des théoriciens prêts à défendre l'idée d'opérateurs maintenant une autorité sur l'encadrement (Etzioni 1959, p. 52), néanmoins les résultats d'enquête montrent que le P-D.G. reste : « L'homme qui a le plus de pouvoir par rapport aux autres. » :

> « Lorsque nous observons les résultats moyens que les présidents obtiennent (dans un questionnaire distribué à grande échelle parmi la population des universités américaines), le pourcentage le plus bas est de 4,26 et le plus élevé de 4,92. Cela signifie que les présidents, les seuls parmi les détenteurs de pouvoir, occupent la position unique d'être *partout* perçus comme ayant un très haut pouvoir, au-delà de 4,00 sur une échelle à cinq points... ceux qui ont le moins de pouvoir en détiennent encore beaucoup. » (Gross 1968, p. 542).

Le pouvoir des présidents directeurs généraux peut être facilement mesuré par les conflits qui résultent de leur succession. Nous l'avons vu précédemment dans la description de Zald (1965) au sujet de la succession d'un organisme de services sociaux[1]. Il semblerait que la cause principale du pouvoir des P.-D.G. repose sur le fait qu'un changement important de stratégie de l'organisation s'accompagne souvent d'un changement de dirigeant (Miller et Friesen 1980), et même semble l'exiger. Donc Zald nous montre comment l'organisme de services sociaux s'est, avec son nouveau dirigeant, réorienté en modifiant un certain nombre de ses stratégies essentielles. Il apparaîtrait que le P.-D.G. peut décider de la ligne de conduite générale.

LES MOYENS D'INFLUENCE DU P.-D.G.   Qu'est-ce qui donne tant de pouvoir au P.-D.G. ? Nous avons déjà parlé des bases externes sur lesquelles repose le pouvoir du P.-D.G. : celui-ci sert d'une manière formelle à diriger l'organisation en tant qu'administrateur du conseil d'administration, et de façon informelle il sert à concilier les pressions des différents détenteurs d'influence externes. En utilisant les termes employés au chapitre 3, le P.-D.G. a le contrôle des prérogatives juridiques et c'est lui qui est le plus

---

[1] L'analyse de Zald comporte une curieuse ambiguïté. L'intensité du conflit sur le choix d'un successeur témoigne de la puissance de la position. Pourtant le fait qu'il y ait eu conflit montre que cette position n'est pas une position *toute* puissante ; le P.-D.G. n'a simplement pas pu nommer son successeur. N'importe quelle situation extrême — soit qu'il n'y ait aucun conflit, car le P.-D.G. a nommé son propre successeur et que cela ne gêne personne, ou que la situation de conflit soit extrême et qu'il ne puisse pas intervenir — laisse supposer de la part du P.-D.G. un compromis plutôt que l'expression d'un réel pouvoir. Le cas de Zald semble se situer à ce mi-parcours.

proche des détenteurs d'influence externes. Mais qu'en est-il des fondements de son pouroir vis-à-vis des détenteurs d'influence internes ?

La classification du pouvoir la plus répandue est celle de French et Raven (1959). Ils distinguent cinq types : la récompense, le pouvoir coercitif, légitime, référentiel (basé sur l'identification) et le pouvoir d'expert. Le pouvoit du P.-D.G. est en premier lieu tout à fait légitime ; son pouvoir découle du fait qu'en tant qu'administrateur du conseil d'administration, il détient des pouvoirs formels très vastes sur les activités de l'organisation ; par ces pouvoirs en retour il obtient l'approbation du personnel. Généralement le P.-D.G. a le pouvoir d'embaucher ou de licencier beaucoup de personnel et même tout le personnel ; et il a le pouvoir dc leur imposer ses décisions ou de mettre son veto à toutes propositions qui viennent d'eux. De plus son pouvoir formel lui permet d'intervenir sur la question des récompenses — déterminer les salaires et les avantages (au moins dans la mesure où les syndicats n'ont pas la préemption de ces prérogatives). En d'autres termes, les trois principales formes de pouvoir mises en évidence par French et Raven — pouvoir légitime, de récompense, et jusqu'à un certain point de coercition — ces trois pouvoirs servent en premier le P.-D.G. et lui donnent beaucoup de pouvoir. Lorsque le président directeur général parle, les autres personnes de l'organisation ont plusieurs bonnes raisons de l'écouter. Ce qui revient à dire que le système d'autorité est le système d'influence le plus important pour le P.-D.G. Et ses deux systèmes de contrôle — personnel et bureaucratique — sont ses premiers moyens d'influence pour s'assurer l'approbation de son personnel. Dans la mesure où le pouvoir de la coalition interne est lié à la fonction, il incombe tout d'abord au P.-D.G.

Mais le P.-D.G. n'est pas limité à ce système d'influence uniquement. En d'autres termes, il a aussi un pouvoir informel considérable dans la coalition interne. Ce pouvoir découle naturellement aussi de la fonction — il est toujours question de toute façon, du pouvoir du titulaire du poste — mais ce type de pouvoir prend une forme moins officielle.

Le système d'idéologie peut tout d'abord servir le P.-D.G. Lorsqu'une organisation a une idéologie bien établie, le P.-D.G. est le dirigeant qui, d'une manière caractéristique, la « personnifie » et il est considéré comme la représentant et la reflétant. Personne ne peut être plus royaliste que le roi, comme dit le vieux dicton. Ceci permet au P.-D.G. de « mener » l'organisation dans le sens où Selznick (1957) l'entend, au sens « d'investigateur moral, au sens de constructeur de la finalité, de déterminant de la structure sociale, de transformateur d'un ensemble d'hommes neutres en un ensemble politique engagé. » (pp. 17, 61, 90).

Naturellement, les dirigeants ne sont pas choisis de manière aléatoire. Ils émergent de la foule par leurs caractéristiques personnelles. Ils peuvent avoir ce qu'on appelle un « charisme », ou autrement dit : ils attirent les disciples et ils ont un pouvoir « référentiel » intrinsèque. Et ceci, naturellement renforce leur rôle de dirigeant dans le système d'idéologie. De plus les dirigeants montrent en particulier des talents de politiciens bien adroits, ceux de la persuasion, de négociation, etc. Ils n'auraient pas pu faire cette ascension au sommet sans ces savoir-faire. Et puis paradoxalement, le P.-D.G. est probablement le plus adroit pour utiliser ce système d'influence — le système des politiques — sur lequel doivent compter ceux qui souhaitent s'opposer à son pouvoir. Les cartes du jeu du pouvoir organisationnel sont largement à son avantage.

Mais pourquoi un P.-D.G. doit-il en plus de tous ses autres pouvoirs, se tourner vers la politique ? Comme nous allons le découvrir, les systèmes de contrôles peuvent être importants, mais ils ont leurs propres faiblesses, ce sont elles qui poussent le P.-D.G. vers d'autres systèmes d'influence, dont celui des politiques.

Le P.-D.G. a un savoir particulier qui constitue un moyen clé d'influence dans la coalition interne. La position du P.-D.G. au sommet stratégique lui donne une assise très solide de connaissances particulières. Les recherches effectuées sur les activités de direction prouvent que le directeur est le centre nerveux de sa propre organisation, habituellement le seul membre le mieux informé (voir Mintzberg 1973). Comme le P.-D.G. est l'autorité formelle avec le rang le plus haut, lui seul est relié d'une manière formelle à tous les agents internes, et il a tendance à établir les meilleurs canaux d'information internes. En outre, chacun de ces agents internes qui sont chargés d'une activité spécialisée, est un spécialiste par rapport au P.-D.G. Mais lui seul peut englober la totalité. Le P.-D.G. apparaît donc comme l'individu possédant le plus de connaissances sur les activités internes de l'organisation. Et son statut de président directeur général le place en contact direct avec les autres cadres, eux-mêmes centres nerveux de leur propre organisation. Ce qui lui procure aussi de meilleures sources externes d'information, spécialement les informations « douces » qui sont rarement documentaires (et donc qui restent inaccessibles pour les autres). De plus, comme nous l'avons noté, le P.-D.G. est la personne la mieux située pour connaître les besoins des différents détenteurs d'influence externes. Au total, le P.-D.G. apparaît comme le membre de la société ayant le plus de connaissances dans la coalition interne, l'expert, peut-être pas dans n'importe quelle fonction, mais en tous cas en matière d'organisation. Il ne connaît peut-être pas tout, mais en général il en sait plus que tout autre. Et de la connaissance découle le pouvoir. En fait, comme nous l'avons vu auparavant, le conseil d'administration s'avère souvent impuissant parce qu'il est incapable de renforcer la totalité de son pouvoir juridique officiel contre le pouvoir officieux issu de la connaissance.

LE P.-D.G. EN TANT QUE DÉTENTEUR D'INFLUENCE
Bien sûr, le président directeur général peut faire bien plus que concilier les souhaits des autres membres de la société. Lui aussi est un détenteur d'influence qui a ses propres besoins à remplir dans l'organisation. Mais le P.-D.G. n'est pas un détenteur d'influence ordinaire : il est un détenteur d'influence interne et l'un des plus puissants. Ceci lui permet, selon les termes de Chamberlain, de

se distinguer comme le « requérant qui subsiste » dans l'organisation (1962, p. 74). Lorsque les autres requérants sont satisfaits — les propriétaires, les fournisseurs, les employés, etc. — « quel que soit le degré de liberté qu'il reste à l'encadrement après ses négociations, c'est toujours lui qui décide de faire certains choix » (p. 74).

Bien sûr les objectifs que la direction essaie d'imposer à ses organisations peuvent énormément varier, comme les objectifs de n'importe qui d'autre. Mais ce qui nous intéresse ici, ce sont uniquement les objectifs relatifs à leur travail de directeurs. Et vus sous cet angle, deux points doivent être retenus. Premièrement, le P.-D.G. est, de tous les détenteurs d'influence, le plus engagé dans l'organisation. « La direction doit personnifier l'entreprise sinon, comme se moquait Maitland à propos de la monarchie britannique, elle doit consacrer l'institution. » (Long 1960, p. 211). Comme nous l'avons noté auparavant avec les propres termes de Selznick (1957), le P.-D.G. « concrétise » la finalité organisationnelle. Dans un certain sens, c'est *son* organisation. England (1967) a mené une enquête auprès de 1072 cadres supérieurs américains, d'où il ressort que 91 % des personnes interviewées accordent plus d'importance à leur société qu'à ses propriétaires (52 %)[2]. Et Brager (1969) a trouvé dans son étude sur la mobilisation de la jeunesse que le degré d'engagement aux valeurs de l'organisation est fonction du niveau hiérarchique, avec 48 % des cadres situés dans le tiers maximum sur l'échelle d'engagement, alors que nous avons 38 % pour les agents de maîtrise et le personnel consultant et 26 % seulement pour les opérateurs. (Pour les membres du conseil d'administration le pourcentage s'élève à 11 %.) Donc le P.-D.G. voit ses intérêts comme très liés à ceux de l'organisation. Si celle-ci échoue, il échoue aussi. Ainsi la survie de l'organisation devient un objectif fondamental pour lui[3].

Il faut retenir deuxièmement que les présidents directeurs généraux ont tendance à être des individus très orientés vers la réussite. Tout le monde n'arrive pas au sommet de la hiérarchie. Les procédés de sélection ont tendance à promouvoir ceux qui semblent les plus concernés par la réussite. Dans l'enquête menée par England, 83 % des cadres supérieurs ont accordé

---

[2] Les clients ont eu un fort pourcentage (92 %) et les employés ont comptabilisé 78 %, alors que sur les dix-sept rubriques classées, les syndicats ont eu le pourcentage le plus faible (21 %).

[3] L'autre conséquence de cet engagement est que les cadres supérieurs ont une vision des domaines légitimes de l'action organisationnelle beaucoup plus vaste que celle des autres. Schein et Ott (1961-1962) ont demandé à des dirigeants syndicaux, des étudiants en maîtrise de sciences économiques et à des cadres, d'indiquer à l'aide d'un questionnaire si cinquante-cinq comportements précis sont ou non des attitudes acceptables pour l'organisation (par exemple, l'ordre des bureaux, les horaires de travail, le style des vêtements, la quantité d'alcool absorbée journellement à la maison). L'encadrement a vu dans ces domaines beaucoup plus de qualités indispensables à l'organisation que les étudiants et surtout que les dirigeants syndicaux. La plus grande divergence entre encadrement et dirigeants syndicaux a porté sur la question relative à la fidélité envers l'entreprise, à l'image que les subalternes donnent pendant leur travail, à leur degré d'autonomie, à la moralité personnelle et sur quelques autres thèmes particuliers.

une grande importance à la réalisation comme but personnel, puis à la réussite et à la créativité (70 %). L'argent n'atteint que 28 % et les loisirs 11 %[4].

Un individu orienté vers la réussite peut-il utiliser ses forces pour monter dans la hiérarchie ? Mais que se passe-t-il, lorsqu'il a atteint le sommet de l'organisation, qu'il ne peut plus monter (à moins qu'il ne quitte l'organisation dans laquelle il a dépensé tant de temps et d'énergie pour réussir) ? Le prestige du P.-D.G. est associé à la taille de l'organisation qu'il dirige ; la conclusion qui en découle et qui est largement répandue dans les ouvrages est la suivante : l'orientation du P.-D.G. vers la réussite se voit à sa volonté d'élargir la taille de son organisation. Autrement dit, la *croissance* est l'objectif primordial que le P.-D.G. cherche à imposer à l'organisation.

Nous avons donc ces deux buts principaux du P.-D.G. — la survie et la croissance de l'organisation. Les deux peuvent être complémentaires. Dans beaucoup de circonstances, la croissance est nécessaire pour la survie. Mais ces notions peuvent aussi être contradictoires : il peut y avoir des risques pour la croissance, menaçant ainsi la survie. Et dans les comportements des P.-D.G., on trouve un échelonnement allant du conservateur obsédé par la survie à l'entrepreneur obsédé par la croissance.

Qu'en est-il du profit comme but dans le cas d'une entreprise commerciale ? Certains profits sont évidemment nécessaires à la survie de la société, aussi la question suivante se pose-t-elle : est-ce que le profit (à lui seul) est un but suffisamment important pour le président directeur général de la société ? Plusieurs auteurs ont soulevé cette question, constatant qu'en général, quand la propriété est séparée de la direction et qu'elle est diffuse, tout niveau de profit même raisonnable est perçu comme une contrainte — condition pour survivre et pour assurer la passivité des actionnaires — la croissance par contre apparaît comme étant le véritable objectif de direction.

C'est la position prise par Alfred D. Chandler dans son ouvrage : « *The Visible Hand* » (« La main visible ») (prix Pulitzer), « en prenant des décisions administratives, les cadres carriéristes préféraient des mesures politiques qui assurent la stabilité et la croissance de leur entreprise à long terme, à celles qui maximisent les profits actuels » (1977, p. 10). John Kenneth Galbraith démontre dans son ouvrage : « *Le nouvel état industriel* » que lorsque la survie de l'énorme entreprise américaine est assurée par des bénéfices suffisamment importants pour un réinvestissement d'un niveau convenable, l'encadrement a une grande possibilité de choix en matière d'objectifs (1967, p. 171). Galbraith a « peu de doute sur la façon dont ce choix est irrémédiablement exercé, ce choix est d'atteindre le taux de croissance le plus grand

---

4 La satisfaction du travail est la seule rubrique classée comme objectif personnel tout comme l'accomplissement (88 %), mais curieusement, les cadres ont classé la satisfaction du travail à un niveau très bas sur l'échelle du succès. England croit que l'accomplissement, le fait d'aboutir est la valeur la plus « opérante » pour les cadres. Il est à remarquer que le prestige est considéré de grande importance pour 21 % des cadres, l'influence pour 18 % et le pouvoir pour 10 %. On peut supposer que la connotation péjorative de ces mots a peut-être interféré dans les réponses.

possible pour la société et on le mesure en termes de ventes » (p. 171). Alors que :

> « ... la maximisation du profit en tant que but exige que l'individu... subordonne son intérêt financier personnel à celui de l'actionnaire inconnu et éloigné. La croissance comme finalité est entièrement compatible avec l'intérêt financier personnel de ceux qui participent aux décisions et qui dirigent l'entreprise. » (pp. 171-172)[5].

Gordon Donaldson, un professeur de finance bien connu, démontre que, bien que le P.-D.G. revendique le fait que le premier devoir est « de faire de l'argent pour l'actionnaire » (1963, p. 118), les intérêts de ces deux personnes diffèrent de façon considérable, le P.-D.G. étant attaché à une organisation particulière et l'actionnaire à plusieurs pour augmenter son capital. Celui-ci est « fidèle à la croissance financière performante... et c'est tout » (p. 125). Donc, lorsque les fonds sont disponibles pour l'investissement, alors que le cadre se demande uniquement « Maintenant ou plus tard » ?, l'actionnaire ajoute « Ici ou ailleurs » ? (p. 124). Ainsi Donaldson donne « la priorité absolue » à l'encadrement « professionnel » dans l'intérêt de la société — sa continuité et sa croissance — par rapport aux objectifs financier du propriétaire » (p. 129).

Une méthode pour tester ces conclusions serait de comparer les résultats entre des sociétés étroitement contrôlées par les propriétaires et les sociétés dirigées par des cadres — qui ne la possèdent pas — leur emprise sur elles dans ce cas est plus lâche ; c'est-à-dire dans notre terminologie, il s'agit de comparer des C.E. dominées avec des C.E. passives. Il apparaît dans l'étude de Monsen, Chiu et Cooly (1968) portant sur soixante-douze sociétés — sur six sociétés contrôlées par des cadres et six par les propriétaires dans chaque groupe de douze — que les sociétés contrôlées par les propriétaires ont obtenu des résultats plus performants en termes de rentabilité (plus de 75 %) ; ceci sur une période de douze années (12,8 % comparé à 7,3 % de revenu net comparé à la valeur), l'utilisation du contrôle de gestion des directeurs non propriétaires affectait considérablement les résultats des douze industries. De même, comme nous l'avons vu au chapitre 6, Smith (1978, p. 154) s'est intéressé à dix conseils d'administration parmi cinq cents entreprises listées par la revue Fortune en 1977 ayant eu la plus grande proportion de directeurs à vocation interne (des « carriéristes ») — on s'attend dans ce cas à une emprise plus souple des conseils d'administration — et il est apparu que ces entreprises avaient des moyennes de taux de rendement des fonds propres inférieures à celles des dix entreprises qui avaient la plus forte proportion de directeurs à vocation externe (des « gagnants pour l'entreprise »).

Dans une autre étude, Monsen et Downs (1965) ont élaboré toute une

---

[5] Galbraith parle aussi de deux autres buts, la virtuosité technologique et une augmentation progressive du taux des dividences. Mais il les appelle buts « secondaires » car elles ne doivent pas interférer avec la survie et la croissance.

théorie à partir du principe suivant : les cadres supérieurs de sociétés qui ne sont pas soumises à une emprise étroite des conseils d'administration cherchent à maximiser leurs gains personnels tout au long de leur vie. La conséquence en est qu'ils s'efforcent de maintenir une bonne image de marque particulièrement auprès des actionnaires, afin d'éviter des controverses et des critiques ; et également de s'assurer que les dividendes et les prix des actions augmentent régulièrement et sans incidents ; d'éviter de prendre des décisions hasardeuses, afin de permettre à la société de se développer prudemment ; de se diversifier surtout en opérant des fusions ; de trouver des financements internes ou des emprunts ; de mettre facilement des dépenses sur le compte des frais généraux ; d'accroître leur prestige en contribuant aux œuvres sociales ; et de céder plus facilement aux exigences des syndicats que les cadres des autres sociétés. Comme Monsen le suggère dans une autre étude, la sensibilité des cadres supérieurs aux critiques extérieures dans des sociétés soumises à une emprise plus souple, si on les compare à des sociétés soumises à une emprise plus étroite, les fait ressembler aux coordinateurs au sommet de Papandréou :

> « Le cadre dirigeant contrairement au directeur propriétaire réagit probablement davantage aux pressions des différents groupes qui constituent la société, comme par exemple les ouvriers, les consommateurs, les fournisseurs, les actionnaires ou le gouvernement. Le cadre dirigeant est capable de répondre aux demandes conflictuelles de ces groupes en trouvant un équilibre grâce aux oppositions des uns aux autres ou en usant de compromis comme moyens de résolutions des problèmes. Le cadre propriétaire qui ressent chaque dollar donné aux ouvriers, fournisseurs, consommateurs ou au gouvernement comme provenant directement de sa poche, est moins prêt au compromis. » (1969, p. 48).

Dans une approche similaire, Williamson (1963, 1964) a créé un modèle mathématique en supposant que les cadres cherchent à maximiser leurs intérêts personnels. Le modèle s'est en partie développé à partir de la notion de « choix de dépenses », c'est-à-dire la propension des cadres à favoriser en particulier telle dépense qui les aidera à atteindre tels buts personnels — une façon polie de dire qu'ils aiment créer des empires. Williamson montre que lorsque des conditions économiques favorables prédominent, les cadres dépensent plus dans la publicité, la recherche et le développement, dans les frais de représentation, les voyages, l'amélioration des bureaux et ainsi de suite.

Ces constats sont en vérité confirmés par certaines recherches. Par exemple Pondy (1969) a trouvé que sur quarante-cinq sociétés industrielles, la proportion du personnel administratif comparativement au personnel opérationnel a augmenté lorsque les propriétaires se sont éloignés de l'encadrement. Il pense que ce résultat reflète pour le cadre professionnel une préférence plus forte pour des dépenses qui témoignent d'un rang hiérarchique (p. 57). Et Wolf a étudié dix sociétés ayant pour but précis d'améliorer la rentabilité, et qui ont changé de président directeur général ; pour cinq d'entre eux ils ont été promus de façon interne dans l'entreprise et les cinq autres ont été embauchés. Toutes les sociétés avec les P.-D.G. venus de l'extérieur ont constaté une augmentation importante de la rentabilité, avec simultanément une diminution des frais de vente, des frais généraux et de gestion, bien qu'une seule société ayant eu un P.-D.G. promu de l'intérieur ait augmenté ses profits, mais ils étaient modestes et sans aucun rapport avec une diminution des frais de vente, des frais généraux et de gestion (faits mentionnés dans Lewin et Wolfe 1973, p. 12). Nous constatons qu'il y a une grande part de laisser-faire dans ce que Pondy appelle « les dépenses propres à la hiérarchie ».

Pour conclure, nous avons vu que **non seulement le P.-D.G. a tendance à avoir des objectifs propres à l'organisation — notamment ceux de survie et de développement — mais il a aussi l'opportunité unique d'orienter l'organisation vers ces buts étant l'acteur le plus important dans le jeu du pouvoir, étant aux commandes du système d'autorité et étant habile à utiliser les systèmes d'idéologie et des politiques et à mettre à profit son propre savoir.**

LES CADRES INTERMÉDIAIRES

LE POUVOIR ET LES MOYENS D'INFLUENCE DES CADRES INTER-MÉDIAIRES Tout ce que nous avons dit sur le président directeur général s'applique aussi aux cadres intermédiaires, mais à un degré décroissant à mesure que l'on descend la ligne hiérarchique d'autorité. En d'autres termes, **ces cadres auprès du sommet, qui rendent compte directement au P.-D.G., partagent ses buts, son pouvoir et les systèmes internes d'influence qu'il utilise pour atteindre ses objectifs jusqu'à un certain point ; alors qu'en bas les agents de maîtrise n'ont que de vagues échos de ces buts, de ces pouvoirs et de ces systèmes d'influence.**

Mais alors que les cadres, qui rendent des comptes au P.-D.G. directement, peuvent être souvent les deuxièmes détenteurs d'influence les plus importants de la coalition interne, ils sont en fait éloignés du premier détenteur. Une des raisons à cela est qu'ils sont à plusieurs alors que le premier détenteur est seul. N'importe quel pouvoir formel qu'ils délèguent en descendant la chaîne d'autorité doit être divisé parmi eux, et il en va de même des gens qui dépendent d'eux. En outre, il leur manque l'accès, qu'il a grâce à la chaîne d'autorité, à tous les agents internes, ainsi que le vaste éventail de tous les détenteurs d'influence externes. Ainsi, ils ne peuvent pas développer la même base large d'information pour l'utiliser comme un moyen officieux de pouvoir. Et tous ces éléments deviennent de plus grands obstacles au développement d'une assise de pouvoir au fur et à mesure que nous descendons la ligne hiérarchique.

Pourtant, vu sous un autre angle, nous voyons se dessiner des esquisses de toutes les assises de pouvoir au niveau intermédiaire. Chaque cadre est, par définition, chargé d'une unité organisationnelle, d'une division, d'un département, d'une usine, d'un magasin ou de n'importe quoi d'autre. Et à l'intérieur de cette unité, le cadre est comme un mini-P.-D.G., avec tous les types de pouvoir qu'a le P.-D.G. sur l'organisation entière. Dans un sens, parce qu'il est un cadre de la « ligne hiérarchique » à qui le P.-D.G. a délégué des pouvoirs formels, il possède l'autorité légitime sur son unité. Comme le notent March et Romelaer (1976, p. 273) pour les doyens et les chefs de département des universités, ils peuvent exercer leur liberté d'action et peuvent, par leur pouvoir officiel, contrecarrer les initiatives pour ratifier, retarder ou refuser certaines décisions — la création de postes, l'octroi de titularisations, la dépense de ressources supplémentaires, l'établissement d'ordres du jour, etc. En plus, les systèmes de contrôle de l'unité sont du ressort du cadre. Le cadre a de plus un rôle de centre nerveux dans son unité, il est le seul membre ayant l'accès officiel à tous les autres membres et au cadre qui lui est hiérarchiquement supérieur, tout en ayant l'accès officieux aux autres cadres de même niveau qui dirigent des unités parallèles. Donc il peut aussi développer son pouvoir officieux grâce à ses sources d'information. Finalement, comme le P.-D.G., mais à un degré moindre, en grande partie parce que l'organisation a des traditions, des croyances et des valeurs, le cadre de la ligne hiérarchique est capable d'utiliser le système d'idéologie comme un moyen d'influence.

Néanmoins l'analogie du mini-P.-D.G. reste limitée. La différence fondamentale entre cadres intermédiaires et P.-D.G. est que le contrôle sur eux est surtout concentré, alors que le contrôle sur lui est souvent diffus. C'est-à-dire, alors que le P.-D.G. est confronté à une coalition externe mal définie et ambiguë qui exerce sur lui une pression sporadique (spécifiquement dans le cas d'une C.E. passive ou même divisée), le cadre intermédiaire respecte une hiérarchie d'autorité bien définie, soutenue par un système de contrôle continu. Dans un sens, la « coalition externe » du cadre intermédiaire est dominée — par un « supérieur » à temps plein avec des moyens puissants de contrôle formel. Et à mesure que l'on descend dans la hiérarchie, ces contrôles deviennent plus pénibles. Le poids des contrôles personnels augmente et les contrôles bureaucratiques deviennent plus intenses et plus rigides. Dans de nombreuses organisations, une fois que l'on atteint le niveau de la maîtrise, les individus alors ne peuvent pas en réalité être appelés cadres, dans le sens où ils pourraient être vraiment responsables de leur unité. Les contrôles personnels de leurs propres supérieurs et surtout tous les contrôles bureaucratiques imposés aux ouvriers qu'il supervisent manifestement, leur laissent presque moins de liberté d'action qu'à ces mêmes ouvriers. Par conséquent, le paradoxe du travail des cadres intermédiaires est que les systèmes de contrôle sont à la fois des moyens d'accès au pouvoir, mais aussi des moyens d'être privés de pouvoir. Le cadre intermédiaire est vraiment pris dans l'entre-deux.

En un sens, les cadres intermédiaires ont tendance à compter sur les systèmes de contrôle pour exercer leur influence sur leurs subalternes (dans les limites soulignées ci-dessous) et le système des politiques, parfois même celui des compétences spécialisées sont utilisés dans le but d'exercer une influence vers le haut, pour vérifier les contrôles qui leur sont imposés. Plus bas est le niveau hiérarchique du cadre, plus il a tendance à transmettre aux subalternes les ordres et les normes technocratiques, et à retenir les informations qui remontent pour les exploiter lui-même, tout comme il exploite les compétences spécialisées qui se trouvent dans l'unité. Mais le paradoxe est le suivant : alors que les cadres du bas de l'échelle ont de meilleures raisons de compter surtout sur le système des politiques, ce sont les cadres dirigeants qui sont le plus capables de l'exploiter. Ils ont des contacts plus larges et de meilleures informations et parce qu'ils sont parvenus à une position plus élevée dans le système, ils possèdent manifestement un plus grand savoir-faire politique.

La figure 9-1 tente de résumer cette étude sur les cadres intermédiaires. Elle montre que leur pouvoir global et leur dépendance des différents systèmes d'influence est fonction de leur niveau dans la hiérarchie. Naturellement le pouvoir de n'importe quel cadre changera beaucoup d'une situation à une autre (comme nous le verrons dans la partie IV). Mais en général, nous remarquons la chose suivante : contrairement au P.-D.G. qui peut compter en tout premier lieu sur le pouvoir formel des systèmes de contrôle, les opérateurs sont souvent obligés de se retrancher derrière le pouvoir officieux des politiques (ou des compétences spécialisées, quand cela est possible), et ce sont les cadres qui parviennent le mieux à atteindre un équilibre relatif dans leur utilisation de ces systèmes d'influence (ainsi que des autres). En général la relative dépendance par rapport au système des politiques est plus importante au bas de l'échelle (bien que sa véritable influence diminue). Parallèlement le même phénomène apparaît dans la dépendance vis-à-vis des compétences spécialisées puisque les connaissances et les compétences techniques dans la plupart des organisations ont tendance à se trouver au bas de la hiérarchie. Mais l'utilisation des deux composantes du système d'autorité — les contrôles personnels et bureaucratiques — diminuent sensiblement. Ceci est particulièrement vrai des contrôles bureaucratiques qui servent en premier lieu les intérêts des cadres haut placés dans la hiérarchie, aussi bien que des analystes, mais souvent au détriment des cadres subalternes. Quant au système d'idéologie, son utilisation ne diminue qu'un peu (dans le sens réel mais augmente dans le sens relatif), puisqu'il sert tous les membres de l'organisation avec plus d'égalité que tout autre système d'influence. Finalement, le schéma global montre que la base se rétrécie, ce qui signifie que le pouvoir total diminue à mesure que l'on descend la ligne hiérarchique d'encadrement.

LES CADRES OPÉRATIONNELS EN TANT QUE DÉTENTEURS D'INFLUENCE
En discutant encore des objectifs des cadres opérationnels, nous voyons un reflet des buts poursuivis par le P.-D.G., précisément survie et croissance.

Plus le cadre est hiérarchiquement haut placé, plus son engagement à l'organisation est fort et donc plus sa survie est importante pour lui. Ses

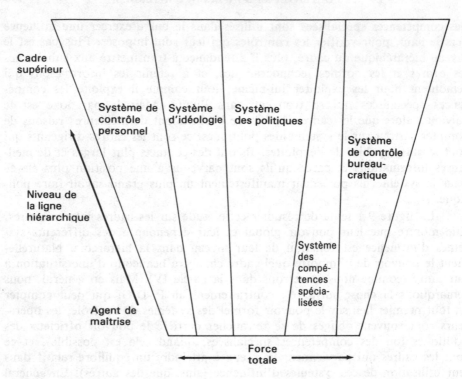

Figure 9-1. *Dépendance vis-à-vis des systèmes d'influence selon les niveaux dans la ligne hiérarchique*

récompenses proviennent — et proviendront — de son ascension dans la hiérarchie ; il est donc évident que plus il est promu, plus il se montre directement intéressé par la survie de l'organisation. Dans le compte rendu de leur recherche sur la motivation de la direction, Cummings et ElSalmi (1968) ont trouvé la raison pour laquelle les cadres s'identifient plus fortement à l'organisation à mesure qu'ils montent dans la hiérarchie : de nombreuses études montrent que les cadres de haut niveau — aussi bien dans les syndicats et l'armée que dans les affaires — sont ceux qui expriment le plus de satisfaction pour leur travail et un plus grand contentement dans leurs besoins d'autonomie et de développement personnel que ne le font ceux qui sont à un échelon inférieur ; la tâche de ceux-ci a tendance à s'orienter vers les conditions de sécurité et les besoins sociaux. Mais même les cadres les plus modestes, éprouvent souvent quelques satisfactions à quitter un travail opérationnel pour acquérir un nouveau prestige. Et ceci les amène à un certain niveau d'engagement supérieur à celui des opérateurs. Ainsi les chiffres cités dans ce chapitre montrent que, bien que les agents de maîtrise de l'organisation pour la mobilisation de la jeunesse (Brager, 1969) ont fait preuve de moins d'engagement envers les valeurs de l'organisation que les cadres supérieurs, leur engagement est beaucoup plus intense que celui des opérateurs.

La croissances organisationnelle peut être un objectif bien plus important pour les cadres intermédiaires que pour le P.-D.G. La hiérarchie se rétrécit comme un entonnoir à mesure que l'on monte, à tel point que les promotions deviennent de moins en moins possibles. Mais une organisation en expansion crée constamment de nouvelles unités, de manière à offrir de nouvelles opportunités en matière d'avancement. Ainsi il est dans l'intérêt du cadre opérationnel ambitieux de promouvoir la croissance. En outre, même pour le cadre qui conserve son travail, croissance veut dire une unité plus grande, un budget plus grand, plus de possibilités de manœuvrer, plus d'avantages en nature, mais aussi moins de conflits. Il y en a pour tout le monde. C'est dans l'organisation statique ou en déclin que les gens ont tendance à s'affronter davantage, puisqu'il y a moins de marge pour évoluer dans l'organisation.

Mais pour le cadre opérationnel, ce qui importe plus que la croissance de l'organisation, c'est la croissance de sa propre unité. Il a été démontré que les cadres opérationnels, et surtout les cadres supérieurs, ont grand besoin d'autonomie et de réussite (Rossel 1971 ; Cummings et ElSalmi 1968). La « construction d'empires » est une pratique habituelle pour ces cadres puisque leur pouvoir et leur prestige et n'oublions pas leur salaire sont fonction de la taille des unités qu'ils dirigent. Ainsi il y a de fortes pressions de la part de ces cadres intermédiaires pour embaucher du personnel et pour saisir de nouvelles fonctions pour leurs unités ainsi que pour la reprise d'anciennes fonctions. Comme C. Northcote Parkinson le dit : « Un responsable cherchera à multiplier ses subalternes et à ne pas multiplier ses rivaux. » (1957, p. 33). Et, naturellement, la résultante de toutes les forces est orientée dans une seule direction — la croissance de toute l'organisation.

Mais dans les résultats ci-dessus, un autre but est implicite. La motivation pour l'autonomie encourage non seulement l'expansion de l'organisation, mais aussi sa balkanisation, c'est-à-dire sa division, permettant une liberté d'action maximale dans chaque unité de la ligne intermédiaire. Une façon d'atteindre la balkanisation — et par conséquent ce pour quoi l'encadrement se bat — est d'avoir les unités groupées sur la base des produits ou des marchés ; de telle manière que toutes les fonctions nécessaires peuvent être contenues à l'intérieur de chaque unité, afin de réduire leur dépendance vis-à-vis des autres unités.

En résumé, **les besoins des cadres intermédiaires apparaissent dans deux directions différentes : d'une part l'identification avec le P.-D.G. et ses objectifs de survie et de croissance, surtout à un haut niveau hiérarchique, et d'autre part le développement de leurs propres unités et la balkanisation de la structure générale, afin de satisfaire leurs besoins d'autonomie et d'aboutissement. Donc les deux forces favorisent l'expansion de l'organisation en** général, et ainsi la croissance s'installe — de façon voulue ou non voulue —

et apparaît ainsi comme l'objectif clé de tous les cadres intermédiaires en faveur de l'organisation.

LES OPÉRATEURS

Les opérateurs, comme nous l'avons noté auparavant, sont ces personnes qui font le travail fondamental de l'organisation — les fonctions d'entrée, de traitement et de sortie, ainsi que les activités *directes* de logistique, associées à la fabrication des produits et à la fourniture des services offerts par l'organisation. Sont inclus parmi les opérateurs, les machinistes et les assembleurs dans les usines, les coiffeurs dans les salons de coiffure, les médecins et les infirmières dans les hôpitaux, les enseignants dans les universités, etc. Leur travail consiste à exécuter les décisions finales de l'organisation, c'est-à-dire, à réaliser les actions — construction de voitures, coupe de cheveux, transplantation de cœurs, enseignement aux étudiants — aussi bien que la prise de décisions les concernant et que les cadres intermédiaires ne prennent pas. Un fait se remarque à propos des opérateurs, comme le montre la figure 8-3. Tout le poids de la structure administrative — la hiérarchie intermédiaire plus la technostructure — repose sur eux. En outre, ils ont la position la plus éloignée du P.-D.G. et la plus éloignée des pressions que le P.-D.G. ressent dans divers groupes de détenteurs d'influence externes. Le résultat est que les opérateurs ont tendance à s'identifier plus faiblement à l'organisation que les cadres (comme le prouve par exemple les données de Brager citées précédemment).

De plus, les opérateurs ont aussi des besoins qu'ils cherchent à remplir dans la coalition interne. En d'autres termes, ils sont également des détenteurs d'influence. Afin de nous pencher sur leur pouvoir et les systèmes d'influence qu'ils favorisent, nous devons distinguer deux types de travaux d'exploitation différents et fondamentaux.

LES OPÉRATEURS NON QUALIFIÉS   D'un côté les opérateurs font un travail simple et répétitif comme par exemple les assembleurs des usines d'automobile. Leur travail est facilement rationalisé par le système de contrôle bureaucratique ; en conséquence les opérateurs ont très peu de liberté d'action dans ce qu'ils font. Ils exécutent essentiellement des décisions très spécifiques. C'est-à-dire que les systèmes de contrôle ne sont pas un moyen d'influence disponible pour eux (sauf pour certaines exceptions que nous traiterons bientôt), mais ces systèmes sont plutôt disponibles pour les administrateurs qui contrôlent les opérateurs. De même, les opérateurs non qualifiés n'ont par définition aucune connaissance complexe ni aucun savoir-faire ; aussi le système des compétences spécialisées ne leur est pas accessible. Finalement dans les organisations ayant ce type de travail, le système d'idéologie est

généralement faible, surtout entre les opérateurs. Le travail ennuyeux engendre rarement une identification forte à l'organisation. Parmi tous les groupes de l'organisation, les opérateurs non qualifiés sont les plus prédisposés à accepter un contrat rigide d'incitation-contribution — c'est-à-dire à mettre en application les instructions pour un salaire fixe.

Mais les opérateurs non qualifiés ont aussi des besoins à satisfaire. Ainsi la question devient : de quelle façon ces ouvriers, au bas de la hiérarchie du pouvoir formel et ne détenant aucune compétence technique reconnue, gagnent-ils le moindre pouvoir dans la coalition interne ? Ils sont tous facilement remplacés puisque n'importe qui peut apprendre à faire ce travail rapidement. En d'autres termes, aucun d'entre eux ne dispose des premières assises du pouvoir vues au chapitre 3, qu'il soit formel ou non — un droit critique, un savoir-faire, une connaissance, une prérogative juridique ou un accès facile aux personnes disposant de ces prérogatives. Ils sont tous presque sans pouvoir.

Comme l'indique Cartwright, la recherche dans plusieurs domaines indique que « lorsque les individus se trouvent sans pouvoir, ils ont tendance à créer des groupes avec des normes et des leaders, représentant des valeurs contraires à celles du système social dominant » (1965, p. 36). En d'autres termes, **le seul système d'influence qui reste ouvert aux opérateurs non qualifiés est le système des politiques, qui lorsqu'ils agissent ensemble, leur donnent beaucoup de pouvoir.** Il ne faut pas oublier que, pris ensemble, les opérateurs sont indispensables à l'organisation — leur travail est leur raison d'être. Et puis les perturbations qu'ils apportent dans les opérations endommagent l'organisation elle-même. Dans des organisations où le travail d'exploitation est simple et répétitif, les opérateurs forment habituellement la majorité des détenteurs d'influence internes. Et comme nous le verrons au chapitre 13, en donnant libre cours à leur énergie à quoi s'ajoute un certain niveau d'habileté politique, les opérateurs non qualifiés agissent de concert, deviennent une force significative dans la coalition interne, et détournent certaines actions à leurs propres fins.

Quels sont les buts que les opérateurs non qualifiés cherchent à imposer à l'organisation ? Deux points semblent clairs. Premièrement, ces buts sont ceux du groupe, et non ceux de l'opérateur individuel, parce que le groupe est l'agent de leur pouvoir. Et deuxièmement, les opérateurs non qualifiés ne peuvent pas avoir beaucoup de satisfaction dans leur travail puisque celui-ci est simple et répétitif et rigoureusement contrôlé par les administrateurs. Autrement dit, ils ne peuvent pas espérer satisfaire ce que Maslow (1954) appelle les besoins de la catégorie supérieure — ceux de prestige et de développement personnel. Au mieux, ils ne peuvent espérer qu'alléger quelques problèmes de bien-être physique et de sécurité, et peut-être aussi satisfaire quelques demandes d'ordre social.

La satisfaction des revendications de confort physique et des attentes d'ordre social est obtenue par l'utilisation que font les opérateurs de leurs syndicats quand ils négocient avec la direction les salaires et les avantages accessoires. Mais leurs besoins sociaux peuvent être satisfaits en partie à l'intérieur de la coalition interne. **Un des besoins sociaux des opérateurs non qualifiés est le maintien des relations sociales déjà établies** — principalement la protection de la structure sociale du groupe — d'empêcher les cadres et les analystes d'imposer des changements qui peuvent les empêcher de conserver les acquis. Quand le groupe se sent menacé il peut agir de façon non officielle en faisant obstruction aux ordres, et de façon officielle à l'aide du syndicat par la grève, c'est-à-dire qu'il s'agit de suspendre leurs efforts. Le groupe peut aussi utiliser son pouvoir pour imposer les règles et les procédures à la structure administrative, avec pour but de réduire la surveillance arbitraire subie par chaque individu (Crozier 1964). La promotion à l'ancienneté, à la place de la promotion préférentielle décidée par l'agent de maîtrise en est un bon exemple. Paradoxalement, les opérateurs non qualifiés travaillant ensemble sont capables d'utiliser les systèmes de contrôle bureaucratique dans le but de le retourner contre les administrateurs. En effet, ils l'utilisent comme moyen d'influence pour riposter contre le système de contrôle personnel. Les opérateurs peuvent aussi contourner à leur profit le système de contrôle bureaucratique d'une façon complètement différente lorsqu'ils font la « grève du zèle » par exemple, qui est une forme de grève dans laquelle ils appliquent les normes si rigoureusement que l'organisation ne peut plus fonctionner. Ce que nous obtenons ici en effet, est une utilisation politique du système d'autorité (qui est techniquement illégitime).

Récemment, surtout en Europe, les opérateurs non qualifiés ont quelquefois essayé de défier directement l'autorité officielle en créant leur propre comité d'ouvriers, élus pour négocier avec les cadres des conditions de travail et pour obtenir une représentation dans le conseil d'administration, afin d'influencer les décisions importantes.

LES OPÉRATEURS PROFESSIONNELS

Jusqu'ici nous avons examiné le cas des opérateurs acccomplissant un travail simple et répétitif ayant peu d'attrait. De l'autre côté nous avons les opérateurs généralement appelés professionnels, qui font un travail exigeant un degré élevé de savoir-faire ou de connaissances. Le travail devient intéressant et attirant non seulement pour les opérateurs, mais sa complexité empêche tout contrôle administratif rigide, ce qui donne naissance à une relation de pouvoir totalement nouvelle entre l'opérateur et l'administrateur.

Les opérateurs professionnels ont une assise de pouvoir solide, une bonne possession de connaissances et de savoir-faire essentiels. Ceci veut dire que s'ils travaillent seuls ou en petits groupes, ils doivent jouir dans leur travail d'une liberté d'action considérable, et qu'ils accumulent ainsi beaucoup de pouvoir. Ceci est accru par le fait que les ouvriers professionnels font preuve généralement d'un savoir-faire qui est très demandé, d'où découle une grande mobilité d'emploi. En conséquence, leur dépendance de l'organisation tout comme leur engagement à l'organisation, sont réduits. En d'autres termes, l'idéologie n'est généralement pas une force majeure dans le cas des ouvriers professionnels, tout au moins pas l'idéologie organisationnelle. (L'idéologie professionnelle — c'est-à-dire une croyance dans le métier et dans ses normes — est certainement une force majeure) ; tout ceci signifie que **l'ouvrier professionnel s'appuie sur le système des compétences spécialisées comme premier moyen d'influence.**

Les ouvriers professionnels peuvent se regrouper ensemble pour exercer un pouvoir de groupe, soit par le système des politiques dans la coalition interne ou soit grâce à la puissance de leur organisation professionnelle dans la coalition externe. Ces organisations contrôlent souvent l'entrée dans la branche et établissent une large part des normes professionnelles de conduite et de comportement. En effet, c'est grâce à ces normes professionnelles, imposées à l'organisation de la coalition externe que les administrateurs n'imposent pas leur propres normes bureaucratiques sur les opérateurs.

Ainsi, les professionnels peuvent apparaître comme des détenteurs d'influence relativement puissants dans la coalition interne (et aussi dans la coalition externe à travers leurs organisations professionnelles). En effet, dans des organisations où le noyau opérationnel est composé en grande partie d'opérateurs professionnels — par exemple dans les hôpitaux et les universités — les objectifs des opérateurs individuels et en groupes jouent un rôle majeur.

Les buts du groupe — comme dans le cas des opérateurs non qualifiés — incluent la protection du groupe, mais dans ce cas il s'agit non seulement des relations sociales mais aussi des relations de travail. Les groupements professionnels et les sociétés font beaucoup d'efforts, de l'administrateur interne jusqu'aux détenteurs d'influence externes de l'organisation, pour maintenir leur autonomie. Comme nous l'avons vu au chapitre 7, seuls les professionnels étaient censés juger le travail de réhabilitation dans les prisons et non pas « le public », même si ce sont eux qui payaient les factures. Les buts du groupe comportent aussi la tentative de rehausser le prestige du groupe et d'accroître leur force par le nombre d'adhérents et d'augmenter les ressources des différents types de professionnels. Dans les hôpitaux, les chirurgiens font pression pour obtenir plus de salles d'opération, les radiologistes plus d'équipement de meilleure qualité, les cardiologues plus de lits et tous plus de personnel. L'effet total, encore une fois est de faire pression sur l'organisation pour qu'elle s'agrandisse. Un autre effet de cette rivalité pour le prestige et les ressources, qui est propre au système des compétences spécialisées, est la constitution d'un ordre hiérarchique entre les différents groupements professionnels et même à l'intérieur de ces groupements. Comme nous le verrons plus loin, ceci a pour effet d'opposer le système des compétences spécialisées au système d'idéologie, qui comme nous le verrons défend l'égalité entre les membres de l'organisation.

Il existe d'autre part, des buts professionnels de nature plus individualiste. L'un d'eux est souvent la poursuite de la perfection professionnelle, parce que l'opérateur professionnel, contrairement à l'opérateur non qualifié, a tendance à aimer son travail, et donc il s'engage plus fortement dans son travail. Les récompenses du professionnel sont selon les termes d'Etzioni « normatives » : « d'une grande satisfaction intrinsèque » (1961, p. 53). Naturellement la poursuite de la perfection professionnelle peut se faire parfois en dehors des besoins de l'organisation ou bien de ses clients, comme le chirurgien par exemple qui aurait tendance à opérer uniquement pour améliorer son habileté au bistouri ou l'enseignant tellement obsédé par son programme de recherche qu'il n'a plus de temps à consacrer à ses étudiants. Comme le dit Perrow : « ... les professionnels ont des intérêts qui leur sont propres, intérêts qui donnent la forme de l'organisation. Ils peuvent développer une identité et une éthique qui les coupent de la communauté et qui privilégient des buts spécialisés, étroits et aux yeux de la critique bénéfiques pour eux-mêmes. » (1961, p. 862).

Mais cette tendance égoïste peut être atténuée par une autre finalité individuelle qui est poursuivie par quelques opérateurs professionnels. Parce qu'ils travaillent souvent en relation étroite avec le client — comme dans le cas des médecins et de leurs patients — les deux partenaires développent une relation personnelle. Le résultat est que beaucoup de professionnels ont tendance à regarder les services qu'ils offrent — en d'autres termes, la mission actuelle de l'organisation — comme un autre but important pour eux. En effet, un changement curieux peut se produire dans une organisation à prédominance professionnelle. Les opérateurs maintiennent les besoins des clients, tandis que les administrateurs, qui ont peu de contact direct avec ceux-ci, favorisent des buts plus abstraits et impersonnels d'efficacité et de développement, qui sont parfois en contradiction avec la mission[6].

Pour conclure, **les objectifs que les opérateurs professionnels ont tendance à poursuivre dans la coalition interne, sont premièrement ceux de protection et d'autonomie de leur groupe, et deuxièmement l'amélioration du prestige et des ressources inhérentes à la spécialité, ceci lié à la perfection professionnelle (parfois en dépit des besoins du client). Enfin, lorsque les relations client-opérateur sont étroites et personnelles, les opérateurs professionnels cherchent à soutenir la mission de l'organisation.**

LES ANALYSTES DE LA TECHNOSTRUCTURE

Comme cela a été dit au chapitre 8, les analystes de la technostructure

---

[6] Une chose similaire peut se produire avec des opérateurs non qualifiés lorsque leur contact avec les clients devient plus étroit (comme dans le cas des serveurs de restaurant par exemple), bien que ces opérateurs possèdent moins de pouvoir pour répondre aux attentes des clients. En l'occurence, lorsque le contact entre le client et l'opérateur professionnel est moins personnalisé le résultat contraire peut se produire. Stymne (1972, pp. 255-288) l'a bien montré dans son analyse de contenu des commentaires émis par des employés professionnels et des représentants d'une association industrielle.

remplissent les emplois de ce personnel concerné par la conception et la gestion des systèmes formels de contrôle et d'adaptation. Les analystes ont tendance à adopter les noms des systèmes sur lesquels ils travaillent — planificateur, comptable, analyste des budgets, chercheur opérationnel, système d'information de management (ou les systèmes), analyste, etc. Pour comprendre l'analyste comme détenteur d'influence, il faut souligner quatre points : 1) les analystes sont censés n'avoir aucune autorité formelle pour prendre des décisions ; 2) ils sont habituellement des professionnels ; 3) étant donné ce qu'ils font, ils sont impliqués dans les changements organisationnels tout en étant obsédés par la stabilité ; 4) ils exigent les buts opérationnels, afin d'appliquer leurs techniques.

LE POUVOIR ET LES MOYENS D'INFLUENCE DES ANALYSTES Les

analystes interviennent à des postes administratifs techniquement sans pouvoir à côté des cadres. Leur rôle est de conseiller ; ils n'ont pas autorité pour les décisions. Mais ils ont aussi leurs besoins de pouvoir comme l'ont souligné Cummings et ElSalmi dans leur compte rendu : « Les cadres administratifs et hiérarchiques s'accordaient sur l'importance à donner à chaque type de besoin, exception faite des besoins d'autonomie. Ceux-ci sont considérés par les cadres administratifs comme les plus importants. » (p. 129). Ceci crée des frustrations chez les analystes : « Les postes administratifs créaient de plus grandes carences dans la satisfaction de la plupart des besoins prioritaires que ne le faisaient les travaux des cadres hiérarchiques. » Et « les cadres de la ligne hiérarchique ont tendance à être plus satisfaits de la plupart des besoins professionnels. Ceci est vrai pour les quatre niveaux de direction hiérarchique, du vice-président au cadre moyen » (p. 129). De ceci — comme en témoignent de nombreux ouvrages — il résulte inévitablement toutes sortes de conflits politiques entre les analystes administratifs et l'encadrement hiérarchique.

Dans les jeux du pouvoir qui en découlent (il en sera question au chapitre 13), l'analyste a un désavantage inhérent puisque tous les moyens formels et la plupart des moyens informels d'influence favorisent le cadre. C'est le cadre qui a l'habileté politique, les informations qui proviennent du centre nerveux et l'autorité formelle pour les décisions et qui alloue les ressources. L'analyste n'est cependant pas sans pouvoir. Premièrement il est en général un expert, un professionnel. C'est-à-dire qu'il est embauché par l'organisation pour mettre en application des techniques complexes qu'il a apprises en dehors de l'organisation. Ainsi pour l'analyste l'assise du pouvoir est située dans le système des compétences spécialisées dans la coalition interne. Deuxièmement les techniques de l'analyste servent souvent à « institutionnaliser » la tâche du cadre, surtout au bas de l'échelle hiérarchique, c'est-à-dire, qu'elles servent à enlever au cadre cette zone de responsabilité des contrôles et des décisions pour la placer dans le système formel. En d'autres termes, les analystes sont embauchés afin de remplacer les contrôles personnels par des contrôles bureaucratiques. De cette façon, bien que les deux systèmes soient a *priori* sous la même autorité formelle, celle du cadre hiérarchique, les analystes en fait acquièrent un certain pouvoir sur certains de ces cadres en favorisant l'un de ces systèmes : le système bureaucratique qu'ils ont élaboré et qu'ils font fonctionner. L'étude du travail qui rationalise la tâche d'un opérateur de machine réduit en même temps le pouvoir du contremaître qui supervise le travail de l'opérateur. Ainsi un système de prévisions budgétaires mis en place par les analystes, enlève au cadre de niveau intermédiaire la liberté d'action pour répartir les ressources comme il le souhaiterait dans son unité. Dans les organisations qui attendent beaucoup des systèmes bureaucratiques de contrôle, la technostructure est généralement très puissante (Mintzberg 1979 a, chap. 18). Donc, **l'analyste doit compter sur le système des compétences spécialisées comme premier moyen d'influence, bien qu'il acquiert du pouvoir à mesure que les systèmes bureaucratiques de contrôle sont élaborés.**

Quant au système d'idéologie, nous verrons plus tard qu'il a ses systèmes de contrôle intrinsèques qui sont essentiellement les normes partagées par les membres de l'organisation. Ainsi dans la mesure où une organisation a une idéologie bien implantée, elle n'a pas besoin de contrôles bureaucratiques — ni d'analystes pour les élaborer. Donc les analystes sont souvent en opposition directe avec le développement ou avec la pérennité des idéologies organisationnelles. Mais comme nous allons le voir, les analystes ont aussi leur propre idéologie.

L'ANALYSTE EN TANT QUE DÉTENTEUR D'INFLUENCE   Quels buts poursuivent les analystes ? Nous avons déjà examiné le but de la bureaucratisation. Les analystes encouragent l'organisation à utiliser autant de systèmes technocratiques que possible comme quelqu'un un jour l'a fait remarquer à vouer un culte à la science administrative.

Les analystes en tant que professionnels ont des buts qui, en partie, rejoignent ceux des opérateurs les plus qualifiés. En particulier une des motivations est le savoir-faire professionnel — ce que Galbraith dans son ouvrage « Le nouvel état industriel » (1967) — appelle la « virtuosité technologique ». De plus les techniques des analystes sont générales — elles s'appliquent à plusieurs types d'organisations — et la plupart du temps les analystes sont très sollicités, aussi ont-ils une très grande mobilité. Ceci signifie aussi qu'ils ont une faible identification à l'organisation elle-même. En effet, elle est généralement plus faible que pour les opérateurs professionnels puisqu'ils n'ont même pas un contact direct avec les clients.

Les analystes ont aussi une relation ambiguë avec le changement organisationnel. D'un côté, une organisation qui est parfaitement stable n'a nul besoin d'analystes. Les analystes sont essentiellement embauchés pour créer les systèmes d'adaptation et de contrôle. Mais dans les conditions de totale stabilité, l'adaptation d'une part n'est pas nécessaire et d'autre part tous les domaines de l'organisation sont totalement sous contrôle. Et pour rester indispensable et pour augmenter leur pouvoir dans l'organisation, les analystes essaient de promouvoir le changement perpétuel de l'organisation. Ils sont « directement intéressés par le changement » (1975, p. 205) ont dit Mumford et Pettigrew. Ainsi Pettigrew a écrit sur les spécialistes de l'informatique qu'il a étudiés : « C'était dans leurs propres intérêts d'agir en faveur d'un changement quelconque bien que, dans l'intérêt de la société ce changement n'était pas justifié du point de vue économique. Le slogan de ces spécialistes est devenu « si ça marche c'est dépassé » (1973, p. 77). En effet il est probablement honnête de constater que l'obsession de la grande organisation contemporaine pour le changement, et de façon plus générale de la société industrielle, trouve son origine en grande partie dans la création des grands corps d'analystes technocratiques. La première vague est apparue dans les années vingt, faisant suite aux études sur la cadence de Frédérick Taylor ; une autre vague a démarré dans les années cinquante dans le secteur de l'informatique et dans le champ de la recherche opérationnelle, etc.

Mais en même temps qu'ils prônent le changement comme but majeur de l'organisation, les analystes représentent une force majeure pour le conservatisme et pour la stabilité. Leurs buts sont propres à la nature profonde de leurs techniques. Les analystes de contrôle créent des systèmes bureaucratiques de rationalisation du travail des autres, bien que les analystes d'adaptation cherchent à mettre l'environnement externe sous le contrôle de l'organisation dans le but de le stabiliser (Katz et Kahn 1966, p. 109). Ces partisans du changement organisationnel représentent souvent dans l'organisation les forces majeures favorables au conservatisme et au *statu quo*. Trop de changements perturbent les systèmes ingénieux pour lesquels ils travaillent avec acharnement pour leur installation dans l'organisation. Ainsi nous pouvons conclure que le type de changement que les analystes cherchent à imposer dans l'organisation est très particulier. Il est continu mais modéré, prudent et conservateur, très bien réglementé et toujours sous leur contrôle.

Finalement les analystes sont motivés par leurs besoins perpétuels de prouver la valeur tangible de leurs systèmes technocratiques. La seule façon de convaincre un cadre supérieur de la supériorité du système bureaucratique très moderne proposé — qu'il ne comprend même pas — sur l'ancien système de contrôle personnel, est de le prouver noir sur blanc. Ceci veut dire que l'analyste doit avoir une préférence pour les buts les plus opérationnels de l'organisation, ceux qui peuvent être le plus facilement mesurés en termes de résultats concrets. En outre, puisque sa raison d'être est l'efficacité de l'organisation, il est bien logique qu'il donnera sa préférence à un but opérationnel plutôt qu'à un but économique. Dans le cadre d'une société, ceci signifie profit, et dans d'autres organisations c'est une équivalence du rapport — profit-coût. En effet (comme nous le verrons plus tard) pour certains analystes l'efficacité est devenue parfois un but d'une telle importance — en elle-même une finalité — qu'une idéologie professionnelle environnante est née, qu'on appelle « le culte de l'efficacité ».

Donc un paradoxe intéressant est mis en évidence. Tous ceux qui s'identifient le moins à l'organisation sont ceux qui ont le moins à gagner personnellement du profit rapporté par l'organisation. En vérité ceux qui, par choix *personnel*, s'intéressent le moins aux mesures économiques (car elles sont loin du savoir-faire professionnel) sont en fait les maximisateurs de profit (ou de l'efficacité) les plus enthousiastes. Beaucoup de P.-D.G. ont davantage à gagner, dans une entreprise où l'emprise du conseil d'administration est lâche, de la croissance de la société plutôt que des profits qu'elle réalise de façon curieuse, les analystes de la coalition interne et les propriétaires de la coalition externe créent une sorte d'alliance implicite autour de l'objectif de profit. Quelle association étrange !

En conclusion, **par la nature même de leur professionnalisme, de leur travail, de leur prestige et de leur besoin de buts opérationnels pour valoriser leurs systèmes, les analystes de la technostructure ont une préférence pour les buts suivants : la qualité professionnelle, le changement perpétuel mais modéré et bien réglementé dans l'organisation, une augmentation croissante de la bureaucratisation et comme critère de décision, l'efficacité économique (mesuré par le profit ou par quelque autre rapport coût-bénéfice).**

LE PERSONNEL DE SOUTIEN LOGISTIQUE

Comme nous l'avons noté au chapitre 8, le personnel de soutien logistique peut comprendre des groupes qui fournissent une gamme de services étendus, de la restauration au courrier par exemple, jusqu'au département de relations publiques et au département juridique. Comme le suggèrent ces exemples, les services de logistique tout comme le travail des opérateurs, peut grosso modo être divisé en deux types, le travail non qualifié et celui qui a une orientation plus professionnelle. Mais alors qu'un type ou un autre souvent domine le noyau opérationnel, nous pensons que les deux types cohabitent dans le personnel de soutien logistique. Généralement on trouve le personnel de soutien logistique non qualifié plus près des activités opérationnelles, alors qu'ils ne rendent des comptes qu'à un niveau bas de la hiérarchie, tandis que le personnel qualifié est en collaboration plus étroite avec les cadres supérieurs.

LE PERSONNEL DE SOUTIEN LOGISTIQUE NON QUALIFIÉ
La plupart de ce qui a été écrit sur les opérateurs non qualifiés s'applique aussi au personnel de soutien logistique non qualifié. Il nous faut souligner ici les différences dont deux sont évidentes. Premièrement parce que l'organisation a le choix de fournir ou non ses services de soutien — dans la plupart des cas il peut « acheter » ou « fabriquer » avec la même facilité — ces services ne sont pas vitaux pour l'organisation. Ils sont périphériques, presque accessoires et peuvent être facilement remplacés. D'où il résulte que le personnel de soutien logistique non qualifié apparaît bien plus faible que les opérateurs non qualifiés. Comme nous l'avons vu auparavant, les opérateurs ont une position

cruciale pour l'organisation ; ils peuvent donc la perturber sérieusement quand ils le désirent. Par contre, le personnel de soutien logistique non qualifié ne possèdent pas ce pouvoir de perturbation.

Deuxièmement bien que généralement il y ait de nombreux opérateurs non qualifiés qui font le même travail, le personnel de soutien logistique non qualifié est souvent plus dispersé — quelques employés pour le courrier, quelques employés dans la restauration, etc. Le résultat est que leur volonté d'organisation, pour créer des syndicats ou simplement pour s'unir dans des positions communes, est considérablement en dessous de celle des opérateurs non qualifiés. Le résultat de ces deux constatations est que **le personnel de soutien logistique non qualifié apparaît plutôt comme sans pouvoir, comme les membres les plus faibles de la coalition interne.**

LE PERSONNEL DE SOUTIEN LOGISTIQUE QUALIFIÉ Dans le cas de ce groupe, ce qui a été écrit sur les opérateurs qualifiés et surtout sur les analystes peut s'appliquer au personnel de soutien logistique qualifié. Ils sont mobiles et possèdent de fortes affiliations professionnelles. Ces facteurs liés aux connaissances et aux compétences de ce personnel signifient que **le personnel de soutien logistique qualifié utilise le système des compétences spécialisées pour accéder à un pouvoir dans l'organisation.**

Cependant il y a des divergences importantes. Si on les compare aux analystes, le personnel de soutien logistique n'est pas impliqué dans l'analyse en tant que telle, mais est plutôt concerné par les applications de l'analyse dans une branche quelconque de spécialisation. Le résultat est qu'ils ne sont pas particulièrement « obsédés » par les buts opérationnels ou par l'efficacité économique, et ils n'ont pas une raison spéciale de favoriser les systèmes de contrôle bureaucratique. De plus, parce qu'ils travaillent dans des petits groupes fractionnés offrant à l'organisation des services plutôt fragiles (puisqu'ils peuvent être achetés facilement en dehors de l'organisation), il est dans leur intérêt de ne pas chercher l'autonomie mais plutôt le contraire — de promouvoir leur implication dans la procédure de décision. **Pour le personnel de soutien logistique qualifié, la collaboration est très importante.**

Par rapport au changement, ils sont eux aussi pris dans ce curieux paradoxe d'avoir besoin du changement tout en se sentant menacé par lui, mais néanmoins de façon différente que pour les analystes. Les analystes traitent des changements *organisationnels* alors que le personnel de soutien logistique qualifié traite souvent d'un type de changement spécialisé, qu'on appelle *d'environnement* (ou d'incertitude). Tout comme les analystes, ils se sont engagés à perpétuer ce type de changement. Mais plus le personnel de soutien logistique qualifié parvient à aider l'organisation à faire face à des types de changement spécialisé, plus ce changement devient une activité de routine pour l'organisation et moins l'organisation a besoin des compétences spécialisées particulières de ce personnel. En d'autres termes, l'expert perd son pouvoir lorsque le changement pour lequel il s'est spécialisé devient rationalisé. Comme le note Crozier :

« ... les experts ont un pouvoir dans la meusre où ils se tiennent aux premières lignes du progrès — ce qui signifie qu'ils ont un pouvoir qui se modifie
constamment et qui reste fragile. Naturellement les experts se battent et se battront toujours pour empêcher la rationalisation et la normalisation de leurs
compétences et les astuces qui les accompagnent. Mais contrairement à la
croyance répandue, le taux accéléré de changement qui caractérise notre époque
fait qu'il est plus difficile pour ces experts d'empêcher la rationalisation. Leur
pouvoir de négociation en tant qu'individus est constamment en train de
diminuer. » (1964, p. 165).

Le résultat est que le spécialiste de soutien logistique apprend à tempérer ses actions — à pousser pour effectuer des changements et en même
temps à assurer que ces changements restent sous son contrôle.

Ceci conclut notre argumentation sur les cinq groupes de détenteurs
d'influence internes. Nous avons vu que leur recherche du pouvoir suscite un
mélange complexe et parfois curieux des systèmes d'influence. Les cadres du
sommet stratégique et l'encadrement comptent sur le système d'autorité bien
qu'ils aient souvent besoin de recourir au système des politiques pour le renforcer (sans oublier qu'ils peuvent empêcher l'autorité de s'imposer du haut).
A leur tour, les opérateurs non qualifiés ont besoin de compter sur le système
des politiques, mais parfois ils peuvent détourner le système d'autorité à leur
bénéfice (notamment les contrôles bureaucratiques). Les analystes doivent
compter sur le système des compétences spécialisées pour pouvoir favoriser
l'imposition des contrôles bureaucratiques de l'autorité. Ainsi le système
d'idéologie sert à équilibrer le pouvoir dans l'organisation, en favorisant un
peu le P.-D.G. (souvent il le favorise bien moins que les systèmes d'autorité
ou des politiques) et en rendant les analystes superflus. Notre argumentation
sur ces systèmes d'influence a été jusqu'ici superficielle. Pour comprendre
comment le pouvoir est distribué dans la coalition interne, nous tournons
maintenant notre attention sur une description plus détaillée de chacun d'eux.

Chapitre 10
Le système d'autorité

L'*autorité* correspond au pouvoir lié au poste hiérarchique ou à la fonction ; c'est ce que nous avons appelé pouvoir *formel* ou officiel, qui constitue également une forme de pouvoir légitime. Une personne qui en dispose, peut le transmettre — ou le « déléguer » — à une autre. Pour reprendre ce que nous avons dit jusqu'ici, l'autorité prend sa source dans la coalition externe, là où se trouvent les agents d'influence qui disposent d'un pouvoir légitime, tels que les propriétaires de l'organisation ou le gouvernement qui lui a accordé le droit de constitution. Une bonne partie de cette autorité est nécessairement déléguée au P.-D.G., généralement par le biais du Conseil d'administration qui correspond à la coalition formelle et officielle de l'organisation ; c'est ce Conseil qui nomme cette personne en tant qu'administrateur, pour diriger l'organisation. Le P.-D.G., à son tour, met en place une structure hiérarchique ou une chaîne d'autorité, grâce à laquelle il peut faire passer une partie de ses pouvoirs formels et officiels pour faire exécuter un certain nombre d'actions ; habituellement il prend également un certain nombre de décisions lui-même.

Mais nous venons tout juste de voir que les « subordonnés » ou « subalternes » qui constituent le reste de l'organisation, sont également des détenteurs d'influence, ayant également des buts à atteindre. Dans le cadre du système d'autorité et pour prendre en compte l'esprit de ce système, nous allons parfois nous référer, dans ce chapitre, aux détenteurs d'influence internes, comme étant les « subalternes » ou « subordonnés » et les « cadres supérieurs ». Dans le chapitre suivant concernant le système d'idéologie, nous parlerons des mêmes, mais nous dirons les « membres » ; dans le chapitre des compétences spécialisées, il s'agira des « experts » et dans le système des politiques, des « acteurs ». Qui plus est, ces employés ne font pas preuve du même engagement et dévouement à l'égard de l'organisation, que le P.-D.G. Aussi ce dernier se doit d'avoir quelques moyens d'influence pour appuyer et soutenir le transfert de ses pouvoirs, afin de s'assurer que les autres agents internes s'efforcent de travailler avec un esprit de coopération, dans l'intérêt de l'organisation, du moins tel que le voit le P.-D.G. A en croire ce que dit le psychologue du comportement, le P.-D.G. doit parvenir à intégrer les buts personnels des employés et les buts généraux de l'organisation, tels qu'ils sont définis et imposés à la coalition interne par le haut de la hiérarchie ; nous en parlerons un peu plus tard, en les appelant les buts *formels* de l'organisation. Pour être à même d'exercer son autorité, le P.-D.G. crée la superstructure, élabore le système des gratifications et se sert de deux systèmes formels, afin de contrôler les comportements, un système personnel et un système bureaucratique.

ÉLABORATION DE LA SUPERSTRUCTURE ET DU SYSTÈME DES GRATIFICATIONS

Afin d'obtenir l'intégration des buts formels et des buts personnels, le P.-D.G. doit d'abord concevoir la superstructure de l'organisation. L'activité qui consiste à accomplir la mission de l'organisation, est divisée en une série de tâches qui sont regroupées et effectuées par des individus installés à des postes de travail. Ces postes sont, à leur tour, regroupés en unités, qui sont sous le contrôle de managers ; ces unités sont elles-mêmes regroupées dans des unités plus larges, jusqu'à ce qu'enfin l'organisation tout entière se rassemble en une seule unité qui est sous le contrôle du P.-D.G. Sous-jacente à cette conception de la superstructure, il y a l'hypothèse que la mission globale de l'organisation sera accomplie, pour peu que chaque individu dans l'entreprise fasse son travail avec application. Aussi, la conception de l'organisation représente une sorte de « main visible », grâce à laquelle, le P.-D.G., ainsi que d'autres désignés par lui, interviennent, afin de créer une structure intégrée qui fonctionne parfaitement bien.

Mais même après la mise en place de cette superstructure — cet instrument conçu d'une manière « cartésienne », afin de faire aboutir les projets de l'organisation —, le problème du P.-D.G. qui veut s'assurer de la bonne intégration des buts personnels et des buts formels, n'est pas résolu. Car, même si les agents internes sont regroupés autour de postes de travail, dans des unités appropriées, cela ne veut pas dire qu'ils exécuteront leurs tâches, dans l'intérêt de l'organisation comme prévu. Ce qui leur est demandé, peut fort bien ne pas être évident ; et si cela est évident pour eux, il se peut que des problèmes de coordination entre les différentes tâches à exécuter, subsistent, ou encore, il se peut qu'ils refusent simplement de s'exécuter comme prévu. Ainsi, l'ossature de la superstructure doit être renforcée, grâce à d'autres dispositifs pris en compte, lors de la mise en place de l'organisation. Parmi ces dispositifs, les groupes de travail et les commissions permanentes, ne sont pas directement liés à l'autorité en tant que telle, et l'on ne les étudiera pas ici[1]. D'autres dispositifs, par contre, sont tout à fait intéressants et seront étudiés.

L'un d'entre eux est le système des gratifications, contrôlé par le P.-D.G. et par les membres de la ligne hiérarchique, auxquels il a délégué une partie de son autorité. Ils disposent généralement d'un pouvoir considérable dans la détermination des salaires, la distribution des avantages accessoires, la fixation des promotions, le licenciement du personnel, voire la distribution de témoignages de reconnaissance du genre « félicitations du patron », ou autres symboles témoignant d'œuvres accomplies. En d'autres termes, ils disposent du pouvoir de récompenser ces employés qui se conforment à leurs désirs et pénalisent ceux qui ne le font pas. Citons un proverbe russe « je chante les chansons de celui dont je mange le pain » (Simon 1957, p. 216). Les associations d'employés et de travailleurs, peuvent évidemment mettre des limites à ces pouvoirs, en imposant des contraintes formelles, telles que la promotion à l'ancienneté, des échelles de salaire fixées et normalisées, des garanties d'emploi à vie dans certains postes. Mais une bonne partie du pouvoir de récompenser et de contraindre à obéir, subsiste dans le système d'autorité. Pour reprendre des termes introduits au chapitre 2, ce sont essentiellement les managers qui offrent des encouragements en retour des contributions apportées par les employés. Selon Simon, l'employé « offre à l'organisation, non pas un service spécifique, mais ses efforts et son temps sans compter. Il met à disposition de ceux qui dirigent l'organisation, son temps et ses efforts, afin que les dirigeants en usent, comme ils jugent bon de le faire » (Simon 1957, pp. 115-116).

Mais tous les employés ne se soumettent pas aussi passivement, même quand les incitations à le faire sont généreuses. Revenant sur les points vus au chapitre 9, n'importe quel agent interne peut être un détenteur d'influence qui a des buts personnels à atteindre, et qui peut, si cela est nécessaire, passer par le système des politiques. L'opérateur spécialisé, par exemple, se met assurément au service et à la disposition de l'organisation, et c'est la raison pour laquelle il a été embauché. Mais ces services s'accompagnent de toutes sortes de contraintes qui y sont liées. Il se peut qu'il n'exécute que certaines tâches, et cela uniquement sous le contrôle d'un syndicat professionnel, que certains services logistiques lui soient garantis, que la priorité soit donnée à la garantie d'excellence professionnelle, même si, parfois, cela va à l'encontre des besoins de l'organisation et des clients. Il en va également de même, mais peut-être à un moindre degré, avec les opérateurs non qualifiés et tous les autres agents internes.

Aussi, l'autorité quand elle s'exprime à travers les prérogatives liées au projet de l'entreprise et par la médiation de gratifications importantes, ne suffit pas à garantir à elle seule, l'adhésion aux buts formels de l'organisa-

---

[1] L'élaboration de la superstructure et des paramètres annexes liés à la structure, est étudiée longuement dans l'ouvrage « Structure et dynamique des organisations » (Minzberg 1979 a, chapitres 4-11).

tion, tels qu'ils peuvent être définis par la haute direction de l'organisation. En conséquence, il importe que l'organisation fasse davantage ; elle doit, en particulier, essayer de formuler les buts clairement, afin que ceux dont on attend quelque chose, sachent ce qui leur est demandé, et que la direction puisse juger si la conformité à ses attentes a bien été respectée ou non. Ceci nous amène à étudier le dernier moyen d'influence lié à l'autorité, et qui est aussi le plus prépondérant ; il s'agit du système de contrôle que nous divisons en deux parties. L'une correspond aux formes plus personnelles de contrôle, celles dont disposent le P.-D.G. et les directeurs, auxquels le P.-D.G. délègue son pouvoir, et cela jusqu'au niveau intermédiaire de la ligne hiérarchique. L'autre partie englobe les formes davantage impersonnelles — les formes bureaucratiques — de contrôle qui apparaissent dans des systèmes conçus par les analystes de la technostructure, pour le compte du système d'autorité. Évidemment, et nous l'avons déjà remarqué, le fait que le système de contrôle bureaucratique se développe, afin de garantir une autorité formelle, n'empêche pas qu'il puisse être conquis par d'autres détenteurs d'influence internes qui se l'approprient à des fins personnelles. Nous examinerons ce point, le moment venu. Pour l'instant, nous nous intéressons aux systèmes de contrôle, en tant que moyens utilisés pour garantir et compléter le système d'autorité.

LE SYSTÈME DE CONTRÔLE PERSONNEL

Se situant à une extrémité, les directeurs exercent un contrôle d'une manière directe, personnelle, appropriée et même arbitraire, s'ils en ont décidé ainsi. En d'autres termes, ils dirigent l'organisation en exerçant une « surveillance directe » (cf. Mintzberg 1979 a, chapitre 1). Opérant au travers de la chaîne d'autorité, les directeurs prennent certaines décisions concernant leurs groupes ou services ; ces décisions sont transmises à leurs subordonnés, sous forme de consignes ou d'instructions à exécuter ; ils fixent une base de références, à partir de laquelle les subordonnés qui ont reçu une délégation de pouvoir, peuvent prendre d'autres décisions ; ils examinent les décisions prises par les subordonnés ; enfin, pour le cas où les directeurs n'interviennent pas directement dans la prise de décision, ces mêmes directeurs allouent des ressources et des moyens qui fixent globalement les limites du pouvoir de décision dont leurs subordonnés disposent. Sous le terme de « système de contrôle personnel », nous classons quatre moyens d'exercer un contrôle en ordre décroissant d'affirmation de pouvoir.

1.*La transmission d'ordre directs* : A la limite, un directeur ou dirigeant d'entreprise peut dire à un subordonné exactement ce qu'il a à faire. En fait, il prend les décisions et le subordonné exécute. Quand telle est la procédure, particulièrement, quand il s'agit des tâches les plus simples, et qu'il a affaire au plus docile des subordonnés, le directeur ne rencontre aucune difficulté pour être assuré que l'on se conforme à ses désirs.

2. *La mise en place d'une base de décisions* : Au lieu de donner directement des consignes, le directeur peut délimiter le cadre dans lequel les subordonnés peuvent agir de leur propre chef ; autrement dit, le directeur fixe les lignes directrices et les contraintes particulières, à partir desquelles, les subordonnés peuvent décider. Le nouvel équipement ne doit pas dépasser 30 000 F ; la couleur retenue pour cette pièce doit être pastel ; on ne peut embaucher que des femmes pour tel poste. Dans tous ces exemples, le directeur délègue le pouvoir de prendre la décision, mais il en contrôle les limites. La liberté d'action du subordonné est donc circonscrite, et le directeur demeure libre de modifier, à son gré, la base de références donnée au subordonné. Cette base qui définit les limites du pouvoir de décision délégué au subordonné, doit lui être communiquée d'une manière explicite. Les directeurs font part de leurs opinions — en fait, il s'agit là d'une base de références implicite —, chaque fois qu'ils s'adressent à leurs subordonnés d'une manière informelle, par les mots qu'ils utilisent et la façon de s'exprimer : « Le langage utilisé dans une organisation, est une arme puissante : il conditionne la perception des membres de l'organisation, et détermine dans une certaine mesure, les décisions qu'ils prennent. Nous avons rencontré de nombreux exemples de dirigeants qui utilisaient, d'une manière systématique, des mots chargés de valeur clé (parfois même des slogans), pour canaliser les ambitions de leur organisation dans la ''bonne'' direction » (Rhenman 1973, p. 63). On trouve dans cette façon subtile de communiquer et de fixer les bases de références qui déterminent le pouvoir de prendre des décisions, le plus bel exemple de ce que Selznick (1957) entend, quand il veut parler des qualités du meneur d'hommes : « Savoir faire passer dans l'organisation des valeurs culturelles[2]. »

3. *L'examen des décisions prises* : Le directeur peut déléguer à un subordonné le pouvoir de prendre une décision précise, mais conserver le droit d'examiner ou de réexaminer cette décision, avant qu'elle ne soit définitivement mise en œuvre. Cette façon de faire, peut être considérée comme une variante plus souple de surveillance directe. Au lieu de donner une ligne directrice spécifique ou un cadre limitatif à la prise de décision, le directeur laisse à son subordonné une certaine marge de manœuvre, mais supervise ensuite le choix retenu. Si une décision lui déplaît, il l'annule ou la modifie.

4. *L'attribution de ressources d'ordre financier* : Enfin, le directeur peut déléguer le pouvoir de prendre pleinement des décisions, mais peut aussi conserver un ultime moyen de contrôle personnel, en établissant des con-

---

[2] Il faut noter que nous laissons de côté les bases de références qui concernent uniquement et formellement des normes spécifiques, qui touchent à toutes sortes de décisions — pour reprendre un exemple déjà cité : « que les pièces soient toujours de couleur pastel ». La détermination de normes officielles, nous mène au système de contrôle de type bureaucratique, que nous allons bientôt étudier.

traintes au niveau des ressources d'ordre financier, que les subordonnés doivent prendre en compte, quand ils exercent leur pouvoir de décision. Le P.-D.G. qui officiellement contrôle les moyens et les ressources de l'organisation, les alloue (en général, sous la forme de budgets) à son subordonné, qui à son tour, les attribue à ses subordonnés, et il en est ainsi, au fur et à mesure, que l'on descend la ligne hiérarchique. C'est là, un moyen tout à fait considérable de contrôle personnel, car il permet au directeur de déterminer arbitrairement, si un subordonné jouira d'une marge de manœuvre étroite ou large dans ses prises de décision. Les subordonnés qui se conforment aux désirs de leur directeur, peuvent se retrouver riches en moyens et en ressources, et être, ainsi, assez libres dans leurs initiatives ; ceux qui ne se conforment pas, risquent de se retrouver à devoir prendre des décisions avec des contraintes sévères en matière de ressources. Aussi, le budget, ainsi que le fait remarquer Boulding, est peut être « le plus important » de tous les mécanismes de contrôle, celui « grâce auquel les cadres supérieurs dans la hiérarchie, cherchent à imposer leur volonté et leur image à ceux qui leur sont inférieurs » (1962, p. 183).

Ces quatre moyens de contrôler personnellement les activités de ses subordonnés — la transmission d'ordres directs, la mise en place d'une base de décisions, l'examen des décisions prises et l'attribution de ressources d'ordre financier —, permettent au directeur d'avoir un pouvoir arbitraire considérable, pour orienter les décisions et les actions de son groupe ou de son unité dans les directions qu'il estime les plus appropriées.

LE SYSTÈME DE CONTRÔLE BUREAUCRATIQUE

En plus d'un système de contrôle personnel, le système d'autorité comporte également un système de contrôle bureaucratique. Dans ce cas, les directeurs n'imposent pas arbitrairement leur volonté à leurs subordonnés, en s'appuyant sur des bases de références adéquates, par exemple, en imposant des décisions bien spécifiques. Au lieu de cela, des critères objectifs sont fixés ; ils offrent un modèle de comportement aux employés en général, et couvrent bien des domaines de prises de décision, un peu à la manière des détenteurs d'influence externes qui imposent des contraintes formelles, au lieu d'exercer des contrôles directs.

En principe, il existe trois types de critères ou de normes que l'on peut officiellement imposer aux employés :

1. Ce que fait une personne dans son travail, l'ensemble des tâches qu'elle accomplit, peut être défini et normalisé, grâce à une formalisation qui s'appuie sur des règlements, des procédures, des descriptions de postes, et ainsi de suite.

2. Les performances ou les résultats de ce travail peuvent être standardisés à l'aide du planning et des systèmes de contrôle.

3. Les qualifications et les connaissances qu'une personne investit dans son travail, peuvent être également définies et standardisées ; l'on fait appel, dans ce cas, à des procédures de sélection et à des plans de formation.

Le premier critère offre la possibilité d'un contrôle très strict des activités de la personne en situation de travail, grâce au système d'autorité ; le second critère permet un niveau intermédiaire de contrôle. Mais il faut se rappeler que ces deux types de critères ne sont pas mis en œuvre par les directeurs, mais par les analystes de la technostructure — les comptables, les ingénieurs des bureaux d'études, les responsables du planning, et ainsi de suite. Au contraire, comme nous le verrons plus tard, les critères de qualifications et de connaissances, sont définis généralement par des écoles techniques et des organismes de formation qui se situent à l'extérieur de l'organisation. Pour ces raisons, et en ce qui concerne ces derniers critères, l'organisation qui dépend de ces établissements ou institutions extérieurs, est contrainte d'abandonner à ces organismes une bonne part du contrôle qu'elle a sur ses salariés. C'est pourquoi, nous n'incluons pas ce troisième type de standardisation dans le système de contrôle bureaucratique ; en vérité, ce dernier type de critères a pour effet d'affaiblir ce système de contrôle. Toutes ces trois formes de standardisation ont été longuement étudiées dans l'ouvrage « Structure et dynamique des organisations[3] » ; ici, nous nous limitons à étudier comment les deux premières formes de standardisation donnent une assise au système d'autorité dans la coalition interne, et au chapitre 12, nous étudierons comment cette troisième forme donne une assise au système des compétences spécialisées.

LA STANDARDISATION DU TRAVAIL PAR LA FORMALISATION DU COMPORTEMENT Des normes bureaucratiques définissant les tâches et les opérations liées à un travail, peuvent être utilisées à la place de consignes spécifiques passées directement, ou de bases de références permettant la prise de décision, pour donner, en général, un cadre formel qui délimite les tâches et les opérations que la personne doit accomplir à un certain moment. Un travailleur à la chaîne reçoit des instructions qui sont valables d'une manière permanente, ou alors des consignes opératoires sont indiquées sur chaque pièce qui passe devant lui, et l'informent de chacune des tâches qu'il doit accomplir successivement. Il est fait appel à de tels critères pour standardiser le travail, chaque fois que les tâches sont simples, répétitives et n'exigent aucune qualification. Ces critères ou normes de travail privent généralement le travailleur de sa marge de manœuvre en matière de prise de décision ; le contrôle des tâches à effectuer, passe entre les mains de la personne qui a défini les critères ou normes de travail ; comme on l'a indiqué précédemment, il s'agit généralement d'un analyste de la technostructure.

---

[3] Voir Mintzberg 1979 a, particulièrement les chapitres 1, 5, 6 et 9.

LA STANDARDISATION DES RENDEMENTS, GRÂCE AUX SYSTÈMES DE PLANIFICATION ET DE CONTRÔLE   Quand il est impossible de spécifier les tâches et les opérations à accomplir dans le cadre d'un poste de travail, l'organisation peut mettre en place un moyen plus lâche de contrôle formel. Elle peut s'efforcer de standardiser les rendements au niveau de la production ou les performances obtenues par poste de travail, autrement dit, de mesurer les résultats, à défaut de contrôler le processus. Un système de contrôle et de planification est conçu, afin de définir quels sont les rendements spécifiques attendus de personnes ou de groupes de personnes donnés, dans des périodes de temps précises. On peut distinguer deux types de systèmes de contrôle et de planification. Le *système de planification des actions à entreprendre* vise à déterminer à l'avance les conséquences de décisions prises ou les résultats d'actions entamées, avant même la mise en route ; il peut s'agir, par exemple, de nouveaux produits à peindre en couleur pastel, ou à introduire de nouveaux produits en septembre, ou de trous à forer, d'un diamètre de deux centimètres ± 0,001. La planification stratégique et la méthode dite du chemin critique, sont des exemples de système de planification des actions à entreprendre. Le *système de contrôle des performances* vise à mesurer les rendements après exécution, et donc à contrôler les résultats globaux d'ensembles de décisions et d'actions ; il s'agit, par exemple, des coûts de fabrication qui ne doivent pas dépasser deux millions de FRF par semaine ou encore que le taux de développement de l'unité de peinture pastel soit au moins de 5 pour cent par trimestre.

C'est grâce au système de contrôle des performances, que les buts formels de l'organisation sont rendus le plus directement opérationnels, c'est-à-dire, qu'ils sont exprimés en termes d'objectifs spécifiques, ou en termes de mesures quantitatives. Si la direction souhaite que l'organisation se développe, elle peut, par exemple, demander aux responsables de la force des ventes, de réaliser des performances de haut niveau ; si l'organisation privilégie le profit, elle exigera de ses différentes divisions, une forte rentabilité des investissements.

Afin de rendre opérationnels ses buts formels, autant qu'il est possible, l'organisation s'efforce parfois de mettre en place une *structure hiérarchisée d'objectifs*, qui vient se rajouter à la superstructure pour s'assurer que chaque unité, voire chaque poste de travail ait comme mission d'atteindre des buts mesurés quantitativement, sur une période donnée. Il existe une variante de cette démarche, grâce à laquelle les subordonnés peuvent négocier et discuter, avec leurs directeurs, de l'établissement des normes de réussite ; il s'agit du management par objectifs au M.P.O. Quant au système qui permet de faire remonter l'information portant sur les résultats, le long de la chaîne d'autorité, ce système s'appelle le système intégré de gestion ou S.I.G. En effet, de même que la superstructure répartit les tâches de l'organisation, la structure hiérarchisée des objectifs répartit les buts formels de l'organisation. Ces buts — disons la croissance et le profit — sont d'abord convertis en objectifs globaux de l'organisation — soit, par exemple, une augmentation des ventes de 15 pour cent et 20 pour cent de rentabilité des investissements sur une année. Ensuite, chaque objectif est répercuté le long de la ligne hiérarchique et est détaillé dans un ensemble plus large d'objectifs plus spécifiques — des objectifs davantage opérationnels, à plus court terme, et bien plus contraignants. On peut demander au service commercial de réussir à vendre dix millions de pièces par trimestre et de tenir 35 % des parts du marché ; on peut demander au service de fabrication de réduire les coûts de production de six millions de FRF en un trimestre. Tout en bas de la pyramide hiérarchique, ces objectifs peuvent finir par être une augmentation mensuelle des ventes, de l'ordre de 80 pièces, et ceci peut être demandé ou exigé d'un vendeur particulier ; une réduction de 8 000 FRF des coûts de fabrication pour le mois peut être exigée d'un contremaître d'une unité de production particulière. Un autre exemple d'une telle structure hiérarchisée d'objectifs, allant de pair avec des plans d'action, est représenté sur la figure 10-1. Il est tiré des travaux de Khandwalla. De tels systèmes d'objectifs ont été définis comme étant des chaînes des fins et des moyens ; si l'on regarde vers le haut de la structure hiérarchisée, chaque objectif constitue le moyen qui permet d'atteindre un objectif situé plus haut ; si l'on regarde vers le bas, c'est la fin (ou le but) qui suit l'objectif.

La raison d'être de la structure hiérarchisée des objectifs — ainsi que des systèmes de planification et de contrôle en général — est essentiellement la même que celle de la formalisation des comportements professionnels ; il s'agit d'élaborer un ensemble de critères ou de standards qui intègrent le comportement de chaque personne en situation de travail dans le système des buts formels de l'organisation. En théorie, si le système a été bien conçu, et si toutes les unités réalisent chacune ce qui a été fixé d'une manière normative, les buts formels de l'organisation sont atteints. En d'autres termes, l'organisation est conçue pour être un système parfaitement réglé, dans lequel des moyens conçus d'une manière rationnelle, se combinent entre eux pour atteindre des buts donnés.

Mais tout ne se passe pas comme on l'écrit. Au chapitre 13, nous envisagerons toute une série de situations, où la théorie tombe en panne. Il est intéressant de remarquer que dans le cas des systèmes de contrôle des performances, le lien existant entre un objectif et un comportement, n'est pas direct. Il se peut qu'un 1er janvier, un directeur d'une unité ou d'une division se voit remettre la liste des objectifs qu'il doit atteindre au cours des douze mois qui suivent — 8 pour cent d'augmentation des ventes, 5 pour cent de réduction des coûts, et ainsi de suite. Pendant les douze mois qui suivent, il prend différentes décisions qui sont soumises à toutes sortes de pressions : les options disponibles, les demandes des clients, celles des fournisseurs, sans parler des pressions personnelles qu'il subit de la part de son supérieur, les changements de personnel, les modifications technologiques, le besoin de programmer dans le temps certaines actions, et ainsi de suite. Quand le 31 décembre arrive et que son supérieur sort sa liste d'objectifs pour voir ce qui a été fait, notre directeur peut fort bien en avoir oublié la moitié. Les

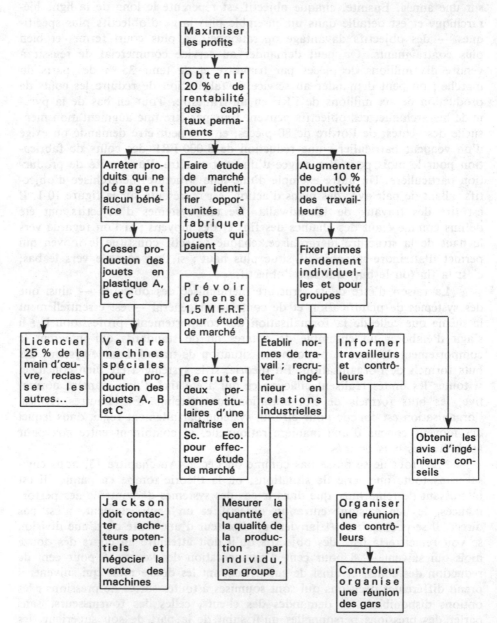

Figure 10-1. *Une hiérarchie d'objectifs et d'actions à entreprendre*
(tiré de Khandwalla 1977, p. 376)

décisions qu'il a prises, les résultats qu'il a obtenus, ont dépendu, pour une large part, de ce qu'il a été à même de faire quotidiennement dans un environnement qui l'obligeait à réagir au coup par coup. Ainsi que nous l'avons indiqué dans un autre ouvrage de la même série : « La pression inhérente à l'environnement de travail des cadres, n'encourage pas le développement de planificateurs et de penseurs, quoi qu'en dise la littérature. Le travail crée des manipulateurs d'information, des adaptateurs qui préfèrent les situations vivantes et concrètes (Mintzberg, Le manager au quotidien p. 50, 1984). »

Est-ce que cela revient à dire que l'existence d'objectifs n'a aucun effet sur le comportement d'un directeur ? Point du tout. Il faut simplement comprendre que l'effet est indirect, que le directeur a, pendant un an, à l'esprit ces objectifs, mais qu'ils sont un peu en retrait ; il sait qu'ils constituent des critères généraux d'évaluation de ses performances, et que ces dernières seront jugées en fin de compte. Bien conçus, ces critères servent à orienter sa démarche, à déterminer son comportement, mais d'une manière implicite, indirecte.

Les systèmes d'objectifs ne sont pas seulement des instruments de mesure, mais également des moyens de *motiver* ; ils servent à fixer des cibles qui obligent à avoir des comportements particuliers. Il existe, en fait, une grande quantité de travaux de recherches, qui sous le chapeau « théorie du niveau d'aspiration à la réussite », tendent à expliquer la relation qui existe entre les objectifs et les efforts exercés pour les atteindre. Une bonne partie de ces recherches se fonde sur une série de choix simples, élaborés dans les laboratoires des sciences du comportement, et un bon nombre d'auteurs en ont rendu compte. On a découvert, tout d'abord, que la seule présence de cibles spécifiques et visibles (les critères ou les objectifs), détermine le niveau de l'effort (Melcher 1976, p. 227). Deuxièmement, on a démontré que le niveau de difficulté auquel correspondent ces cibles, influence le comportement ; les efforts déclinent, quand ces cibles sont trop faciles ou trop difficiles à atteindre (Melcher, p. 227 ; Stedry 1960). En effet, de même qu'il y a une hauteur idéale où placer la barre pour chaque perchiste, il semblerait qu'il y ait, théoriquement, une cible de profit optimale pour chaque division ou unité d'une entreprise. Troisièmement, l'information en retour, est un facteur important ; il est nécessaire de tenir informées les personnes de leurs performances, par rapport aux critères retenus (Melcher pp. 229-232). De même, quatrièmement, les rappels et les récompenses conditionnent également l'effort. Plus les récompenses sont liées directement aux performances, plus efficaces seront les critères définis pour guider les comportements (Kast et Rosenzweig 1974, p. 183). Plus il s'écoulera de temps entre l'appréciation du comportement et la récompense ou l'information en retour, moins efficaces seront les critères définis (Kast et Rosenzweig, p. 181). Khandwalla fait également remarquer, en citant Skinner, que des rappels intermittents ont tendance à remettre en mémoire, plus fréquemment, le comportement souhaité, que des rappels incessants (1977, p. 99).

Un cinquième point important concerne le niveau obtenu

précédemment ; la réussite élève le niveau à atteindre, et l'échec, l'abaisse (Feldman et Kanter 1965, p. 633 ; Cyert et March 1963, p. 115). Ceci nous conduit à ce que l'on a appelé le phénomène du « cliquet » (Melcher 1976, p. 251), ou encore « la cible qui recule » (Eilon 1971) dont la direction peut se servir pour exploiter le succès. Chaque fois qu'un objectif est atteint, la direction l'élève, afin de le rendre progressivement plus difficile à atteindre ; vouloir atteindre cet objectif qui recule ou qui s'élève, demande de plus en plus d'efforts. Sixièmement, les cibles, quand elles sont fixées et imposées de l'extérieur, semblent mener à des niveaux moindres de performances, que lorsque c'est la personne elle-même qui les fixe et se les impose (Feldman et Kanter, p. 633). C'est ce qui a vraisemblablement séduit les organisations, quand elles se sont intéressées à des systèmes, tels que celui du M.P.O., car il s'agit d'impliquer l'individu dans le processus de fixation des objectifs, afin de s'assurer de son engagement. Et septièmement, on a également découvert que les niveaux de performances atteints par certaines personnes, ou certaines organisations connues, telles que celles de concurrents, déterminent également la hauteur où l'on place les cibles. Ces situations forcent à placer les cibles à un niveau plus élevé, que si l'on ne tenait compte que des performances antérieures (Cyert et Marth, p. 115 ; Melcher, p. 252).

> « Une raison pour laquelle la compétition en athlétisme est tellement réelle, est que si l'on veut l'emporter, il faut surpasser la performance du meilleur compétiteur existant. Il s'ensuit généralement, que le critère pour réussir, devient de plus en plus difficile avec le temps... La conséquence de tout cela : des performances qui ne cessent de s'améliorer progressivement (Locke, cité dans Melcher, p. 238). »

On pourrait s'attendre à des résultats semblables, quand il s'agit de la concurrence entre des organisations, ou mieux, entre des unités de la même organisation. Il faut se souvenir, en reprenant Khandwalla, que les résultats d'une telle concurrence sont généralement intermittents, et que selon toute vraisemblance, ils entretiennent le maintien d'un comportement d'un haut niveau d'aspiration.

Ainsi, les résultats de la recherche portant sur les niveaux d'aspiration, nous apprennent en quoi consistent les objectifs liés à de bonnes performances, ce que de bonnes cibles doivent être ; elles doivent correspondre à des critères spécifiques, clairement définis ; ces critères doivent être réajustés fréquemment, mais d'une manière intermittente, en fonction de niveaux optimaux se situant au-dessus des performances courantes ; ces critères ou standards doivent être mis en place, en coopération avec ceux qui doivent les appliquer ; il faut également tenir compte des organisations concernées ; il faut un fréquent retour d'information aux personnes engagées, et des récompenses liées aux performances. Pour l'équipe dirigeante qui est capable de concevoir de tels objectifs, le système de contrôle des performances est censé être un outil important pour faire apparaître les efforts fournis par les détenteurs d'influence internes, dans l'intérêt des buts formels de l'organisation.

Pour conclure notre étude du système de contrôle bureaucratique, l'on remarque que les standards ou les critères qui sont fixés parfois par des personnes extérieures à l'équipe dirigeante, servent essentiellement à garantir et à maintenir le système d'autorité de l'organisation ; ils permettent, en particulier, de rendre opérationnels les buts formels choisis par les cadres supérieurs.

LA CHAINE COMPLÈTE D'AUTORITÉ

Ceci achève notre étude du système d'autorité. La figure 10-2 représente la chaîne complète d'autorité que nous avons étudiée ; elle commence avec ceux qui disposent d'un pouvoir formel dans la coalition externe — les propriétaires et peut-être le gouvernement qui consent à la constitution de l'organisation —, elle passe par leurs représentants qui siègent au Conseil d'administration et le P.-D.G. qui est leur administrateur général, puis elle descend la ligne hiérarchique. Le P.-D.G. met en place une superstructure, qui constitue une hiérarchie d'unités spécialisées et de postes occupés par des directeurs et des employés, auxquels il délègue un pouvoir formel, afin qu'ils puissent prendre certaines décisions et entreprendre certaines actions. Ensuite, pour s'assurer que cette délégation d'autorité est utilisée dans l'intérêt de l'organisation — en d'autres termes, pour réaliser l'intégration des besoins individuels et les buts formels de l'organisation, tels qu'ils ont été définis par les cadres supérieurs —, le P. D.G. avec le concours des directeurs sous ses ordres, s'appuie sur deux systèmes de contrôle, l'un personnel, l'autre bureaucratique, couplés avec un système de gratifications.

Tout ce système d'autorité constitue — pour reprendre les termes d'Allison (1971) — le modèle « d'acteur rationnel » de l'organisation. Des buts concrets et tangibles sont administrés au sommet et puis toute l'organisation est ensuite conçue comme une chaîne logique et intégrée de moyens et de fins pour accomplir ces buts. Tout ceci paraît clair et net et fonctionnant bien. Malheureusement, il en va bien autrement pour une large part. On a, par exemple, passé sous silence, bien des problèmes délicats ; l'on se trompe fort, si l'on s'imagine que les détenteurs d'influence externes n'exercent leur pouvoir, qu'à travers le P.-D.G., que les cadres supérieurs sont à même de formuler clairement des buts formels non contradictoires pour l'organisation et qu'ils peuvent les rendre opérationnels, grâce à des systèmes de contrôle ; que le P.-D.G. et les cadres de niveau intermédiaire sont à même d'avoir et de conserver la maîtrise complète de la coalition interne, ou même qu'il le faille. En fait, bien d'autres forces sont actives au sein de la coalition interne ; il en est qui la tissent de façons différentes ; il en est d'autres, qui la tirent en sens contraire, parfois passant outre aux désirs exprimés par le système d'autorité, et parfois les dénaturant. Nous en venons maintenant à ces autres types de systèmes de la coalition interne, les systèmes informels.

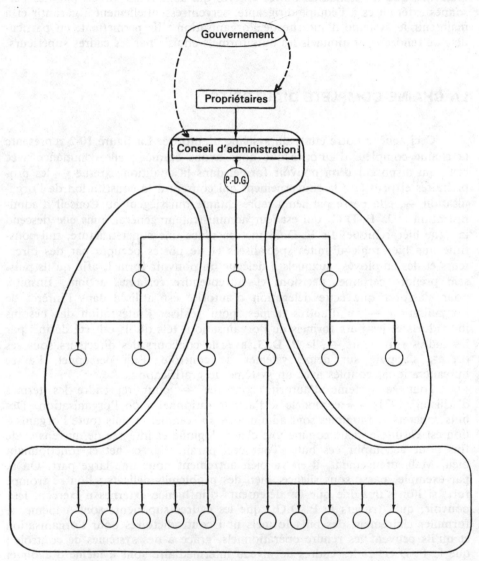

Figure 10-2. *La chaîne complète d'autorité*

Nous venons de le voir, le système d'autorité permet au P.-D.G. et aux managers ou directeurs, auxquels il délègue un pouvoir formel, de chercher à unir dans une volonté logique et consciente, les efforts de tout un ensemble varié de détenteurs d'influence internes, afin de réaliser un projet intégré commun. Mais il existe un autre vecteur de ralliement dans la coalition interne — un autre moyen de contrôle et de coordination —, même s'il est tout à fait distinct du système d'autorité. Il s'agit du *système d'idéologie*. En tant qu'acteur de la coalition interne, l'idéologie se distingue par sa nature manifestement inanimée. A la différence des autres acteurs, l'idéologie ne peut être vue, ni touchée. C'est la raison pour laquelle elle est souvent ignorée dans la littérature ; ignorée, elle l'est surtout par ces chercheurs et auteurs qui insistent à ne s'en tenir dans leurs études, qu'à des phénomènes qui sont tangibles et mesurables. Pourtant, l'idéologie, pour l'observateur qui est parvenu à bien connaître des organisations différentes, apparaît comme une force déterminante dans de nombreuses coalitions internes. L'idéologie est un élément « vivant ». Elle « insuffle la vie » dans l'organisation.

Les mathématiques simples nous apprennent que 2 + 2 = 4. Mais le concept de *synergie* lié à la théorie générale des systèmes, laisse entendre que cela peut faire 5. Une torche électrique et des piles, ce n'est que de la quincaillerie ; mais mises ensemble, elles constituent un système qui fonctionne. Ainsi, une organisation ne se résume pas à la somme des parties qui la composent, elle est davantage qu'un ensemble de gens et de machines. Le comportement du groupe ne peut pas être appréhendé, uniquement par la seule connaissance de la personnalité de chacun de ses membres. Différents processus sociaux interviennent. A partir de ces mécanismes ou processus particuliers, le groupe crée une « ambiance », un « climat » ; on dit qu'il existe une espèce de « chimie » ou de « manière de fonctionner ». Dans le contexte de l'organisation, on parle d'un « style », d'une « culture », de quelque chose

« d'original ». C'est une expérience unique, que de pénétrer dans un bureau de la société I.B.M. ; la Société de Diffusion Canadienne ne ressemble en rien à la C.B.S. ou N.B.C. ; le mode de fonctionnement de l'École de Commerce de Harvard, est tout simplement différent de la Sloan School du M.I.T., qui est également une école de commerce et a donc une mission semblable, et qui se trouve juste de l'autre côté du fleuve Charles. C'est l'ensemble de tous ces phénomènes — intangibles et pourtant tout à fait réels, qui couvrent et dominent tous les éléments concrets de l'organisation —, que nous désignons sous le terme « idéologie organisationnelle ». Plus précisément, « l'idéologie organisationnelle » est à prendre dans le sens d'un système de croyances et de valeurs à propos de l'organisation, auquel tous les membres de l'organisation adhèrent ; c'est un système qui est différent de celui d'autres organisations[1].

Le trait essentiel d'une idéologie (l'adjectif « organisationnel » est sous-entendu à partir de maintenant), réside pour nous dans son pouvoir mobilisateur et unificateur. Une idéologie lie l'individu à l'organisation ; elle suscite un « esprit de groupe », le « sens d'une mission », en fait, elle permet l'intégration des buts individuels et des buts de l'organisation. L'idéologie donne naissance au troisième élément dont parle Hirschman (1970) et se situe dans un cadre que nous avons déjà mentionné : l'idéologie décourage les projets de fuite, ou la volonté d'échapper ou de se soustraire à une situation, elle fait taire la revendication et encourage, par contre, la « loyauté ».

On étudie, ici, le développement d'une idéologie, en l'envisageant à trois stades différents. Une idéologie prend racine, dès lors qu'un groupe de personnes se constitue autour d'un chef pour créer une organisation, et que naît le sentiment d'une mission à accomplir. L'idéologie, ensuite, en créant des traditions, se développe à travers le temps. Enfin, une idéologie existante, s'affermit avec la venue de nouveaux membres qui s'identifient à l'organisation et à son système de croyances.

1er STADE : LE SENS D'UNE MISSION, POINT D'ANCRAGE DE L'IDÉOLOGIE

Généralement, une organisation est fondée quand un promoteur — un « entrepreneur » — se trouve une mission à accomplir — produire quelque

---

[1] C'est l'ancrage des croyances et des valeurs dans l'organisation, son caractère unique, qui est censé distinguer l'idéologie organisationnelle de l'idéologie en général. Les cadres d'une organisation, peuvent avoir une idéologie — c'est-à-dire, un système de valeurs solide —, qu'ils partagent avec des collègues appartenant à d'autres organisations ; en vérité, tous les membres d'une organisation peuvent avoir, par exemple, une idéologie utilitariste. Mais il ne s'agit pas là d'idéologies organisationnelles, c'est-à-dire, que ce ne sont pas des idéologies centrées sur l'organisation elle-même et qui seraient différentes d'autres organisations. Dans l'esprit de Kaplan (1964), ce type de définition doit être donné en entier, et non pas tronqué en une phrase ou deux. Nous développons ce type de définition dans ce chapitre, ainsi qu'au chapitre 21.

chose ou créer un service d'un genre nouveau — et que cet innovateur rassemble un groupe autour de lui, pour réaliser ce projet. Il arrive, parfois, qu'une organisation soit créée par une autre ; par exemple, un gouvernement crée un nouvel organisme public, ou bien une grosse société crée une filiale. Mais les composants de base restent les mêmes : un chef fondateur, une mission spéciale à accomplir et la mise en place d'un groupe.

Ces individus ne se regroupent pas au hasard, mais ils se rassemblent, parce qu'ils partagent des principes liés à cette organisation naissante. Ils y trouvent au minimum quelque chose pour eux-mêmes ; mais dans certains cas, en plus de la mission, il y a le « sens de la mission », c'est-à-dire, le sentiment que le groupe s'est constitué pour créer quelque chose de nouveau et de passionnant. C'est un phénomène fréquent dans les nouvelles organisations et il y a plusieurs raisons à cela. La première, c'est que les nouvelles organisations ne sont pas enfermées dans des procédures et des traditions, mais elles offrent une marge de manœuvre très large. La deuxième raison est que ces organisations ont tendance à être d'une taille modeste, ce qui facilite l'existence de liens personnels entre les membres qui en font partie. La troisième raison est que les membres fondateurs partagent souvent des systèmes de croyances et des valeurs solides, et ils ont aussi la volonté d'œuvrer ensemble. La quatrième raison réside dans le fait qu'une sorte de « charisme » est attaché à la personne du fondateur de la nouvelle organisation. Weber utilise le mot « charisme », dans le sens d'un « dévouement », d'un profond attachement à la personne du chef et ceci à cause de ses qualités personnelles, bien plus que pour son rang hiérarchique (1969, p. 12). Les gens entrent et demeurent dans une organisation, parce qu'ils sont attachés au chef de cette organisation, et à ce qu'il cherche à accomplir. Tout ceci permet, dès le début, le développement d'un sentiment d'une mission à accomplir et d'un esprit de groupe. C'est ainsi qu'une idéologie organisationnelle se met en place, au moment de la fondation de l'organisation.

2e STADE : L'IDÉOLOGIE SE DÉVELOPPE GRÂCE A DES TRADITIONS ET DES AVENTURES DE CARACTÈRE ÉPIQUE

A mesure que l'organisation se met en place, des décisions sont nécessairement prises et des actions entreprises ; ces dernières permettent à l'organisation de prendre des engagements, de créer des précédents qui prennent de plus en plus de poids avec le temps. Les actions, petit à petit, véhiculent des valeurs. Quand ces vecteurs deviennent assez importants, l'idéologie se met à affleurer. De plus, des histoires — considérées parfois comme des « mythes » — se développent à partir d'événements importants, ainsi que des actions d'éclat des chefs qui appartiennent au passé de l'organisation. Progressivement, l'organisation élabore une histoire qui lui est propre. Tous ces éléments

— les habitudes, les précédents, les mythes, l'histoire — constituent un fond
commun de données qui forme la base des traditions que les membres de
l'organisation ont en partage. Ces traditions, avec le temps, influent sur les
comportements, et les comportements, à leur tour, ancrent plus solidement les
traditions. L'idéologie est finalement bien établie.

Quand ceci se produit, pour reprendre la terminologie propre à Selznick, l'organisation, d'un « instrument » ou d'un objet remplaçable, destiné à
faire aboutir des buts imposés de l'extérieur, devient une « institution », un
système pourvu d'une vie propre : elle « acquiert une identité, un moi distinct
et original » (1957, p. 21). Quand les organisations deviennent des institutions,

> « elles se donnent un caractère particulier et original ; elles prennent du prix et
> font également grand cas d'elles-mêmes, et cela non pas uniquement à cause des
> biens ou des services qu'elles parviennent à produire, mais parce que les gens
> construisent leurs vies autour des organisations, s'identifient à elles, et en
> deviennent dépendants. Le processus d'institutionnalisation est semblable à un
> processus de développement organique... (Perrow 1972 a, p. 190, en référence à
> Selznick) ».

La meilleure illustration de ce processus, dans les publications de
recherches, semble bien être celle donnée par Burton Clark, dans son étude
des « collèges particuliers » (1970, 1972). Étudiant les idéologies fortes de ces
institutions, Clark introduit la notion d'une « saga ou d'un récit épique concernant l'organisation... une compréhension collective d'un accomplissement
unique qui repose sur des exploits historiques. Les membres d'une organisation, quand ils y adhèrent idéologiquement, lui garantissent leur loyauté, sont
fiers d'en faire partie et s'identifient à elle » (1972, p. 178)[2]. La saga
« s'embellit, au fur et à mesure qu'on la raconte à nouveau, ou qu'on la
réécrit », et constitue le lien entre le passé et le présent de l'organisation et
« transforme un endroit officiel en une institution vénérée, à laquelle les participants se consacrent avec passion » (p. 178).

Clark a étudié les « sagas » en termes organisationnels de trois
« collèges universitaires exceptionnels » aux États-Unis, trois institutions privées, dispensant un enseignement classique et jouissant d'une excellente
réputation ; Clark a donc étudié les collèges de Reed, d'Antioch et de
Swarthmore. Il y a distingué deux étapes dans le déroulement des sagas de
ces collèges américains : l'initiation qui se produisit en peu de temps, et la
réalisation qui fut plus longue. A Reed, l'initiation a correspondu avec la
création d'une nouvelle organisation, grâce à laquelle, son premier Président,
« un réformateur aux aspirations élevées », voulait échapper à ce qu'il appelait les « universités corrompues de la côte Est » ; à Reed, il s'est senti

---

[2] Clark emprunte le terme de « saga » à l'Islande du Moyen Age et aux terres du Nord, où
le mot correspondait à un récit d'événements et d'exploits accomplis par un individu ou un
groupe ; ce récit a la vertu d'émouvoir profondément les participants et leurs descendants.

capable de construire « un collège universitaire tout à fait classique, du point de vue intellectuel » (p. 180). A Antioch, ce fut « une période de déclin » qui attira « l'attention du réformateur, qui était en quête de changement (p. 180) ; il voulait changer le système de croyances. Et pour Swathmore, ce collège était tout simplement disposé au changement, avec la venue d'un chef charismatique nouveau.

L'on peut remarquer que, si Clark trouve les points d'ancrage d'une saga dans les changements apportés par un chef charismatique, Rhenman (1973) lui, appuie son étude des organisations davantage sur l'existence d'idéologies, et insiste sur l'importance « d'une expérience capitale » pour l'organisation. Ainsi, par exemple, « la Société de développement avait une sorte de calendrier historique, où l'on distinguait deux périodes, "celle avant" et "celle après" le conflit. Il s'agissait d'un conflit qui s'était produit avec une société privée. Les noms de certaines personnes qui avaient pris part à ces événements, étaient encore chargés d'émotion, même si les employés d'aujourd'hui n'avaient pas pu les connaître personnellement » (p. 63).

Si les conditions de la période d'initiation semblaient être différentes entre ces trois institutions, celles qui entouraient la période de réalisation, apparaissaient bien plus importantes. Selon la description de Clark, le chef est à l'origine des changements, mais ceux-ci ne peuvent apparaître dans la saga organisationnelle, que si les membres importants de l'organisation y sont attachés, les conservent et les perpétuent, même après que le chef initiateur de ces changements, ait disparu. Trois catégories de membres étaient concernées dans ces collèges universitaires particuliers, dont nous avons parlé : le corps enseignant, les étudiants et des personnes extérieures aux collèges, notamment les anciens élèves. Les professeurs, par exemple, « se chargèrent de faire aboutir pleinement l'expérience » (p. 181) ; les étudiants participèrent à l'émergence de la saga, quand ils se définirent « comme étant personnellement responsables du maintien de la bonne image de marque du collège » (p. 182) ; et les anciens élèves firent de même en cherchant « à conserver ce qu'ils pensaient être une institution d'enseignement unique, par son humanisme classique et libéral, et à la protéger des forces réactionnaires de la société qui pourrait la modifier et la faire ressembler à tous les autres collèges universitaires du pays » (p. 182).

L'esprit d'aventure épique que l'on trouve dans la saga, revêt toutes sortes de formes de manifestations dans l'organisation, qui apparaissent comme uniques, ainsi « les choses se faisaient différemment, et allaient tellement à contre-courant, et se faisaient malgré tout... » Soutenir de telles manières de faire ou de voir, correspond à bien des rituels et des symboles, « chargés de sens ». Toutes ces manifestations sont relatées dans des comptes rendus historiques et archivées dans des recueils, et se trouvent « même liées à ''l'atmosphère du lieu'' » (toutes les citations précédentes sont tirées de Clark 1972, p. 182). Enfin, Clark note également que la saga organisationnelle sert de vecteur puissant pour intégrer les buts de l'individu à ceux de l'organisation :

« Les caractéristiques et les conséquences les plus importantes de la saga d'une organisation, résident dans une sorte d'allégeance et de dévouement du personnel à l'égard de l'institution. L'émotion est suscitée au point que de nombreux participants se situent eux-mêmes par rapport à une préoccupation essentielle de l'organisation... Des investissements émotionnels importants, lient les participants entre eux, et en font des camarades ou des partisans, se battant pour une cause... Une saga organisationnelle transforme l'organisation en communauté, et, parfois, en fait même un objet de culte (1970, p. 235). »

3e STADE : LE RENFORCEMENT DE L'IDÉOLOGIE PAR LES PROCESSUS D'IDENTIFICATION

Notre description, jusqu'ici, de l'organisation fait clairement apparaître qu'une personne qui entre dans une organisation, ne rejoint pas un ensemble hétéroclite d'individus, mais pénètre dans un milieu vivant, pourvu d'une histoire particulière et doté de traditions originales qui constituent son idéologie ; cette dernière peut être forte ou faible. Il se peut que cette personne vienne avec des buts déjà définis, mais il fait peu de doute, que l'idéologie de l'organisation va influer lourdement sur le comportement qu'elle aura, une fois à l'intérieur de l'organisation. L'on dit que l'employé développe un sentiment d'*identification* avec l'organisation, ou de *loyauté* à l'égard de cette dernière. Le processus d'identification peut se produire pour différentes raisons : un penchant naturel, l'aboutissement de procédures de recrutement, des tentatives particulières faites par l'organisation pour le susciter et la volonté que peut avoir un employé, de cultiver ce sentiment.

L'IDENTIFICATION NATURELLE ET SPONTANÉE   Le type le plus simple d'identification se produit, quand le nouveau membre d'une organisation est attiré par l'idéologie de celle-ci, autrement dit, lorsqu'il est « emballé ». Il en fut ainsi, quand Daniel Webster plaida en 1818, devant la Cour Suprême des États-Unis, pour que le collège de Darmouth soit reconnu en tant qu'entreprise privée, comme étant également un collège « spécial ». « Comme je vous l'ai dit, c'est un petit collège, mais il y a tous ceux qui y tiennent et l'apprécient... » (tiré de Clark 1970, p. 3).

Herbert Simon a étudié les comportements et les processus de l'administration ; il donne l'exemple d'une situation présentant deux formes différentes d'identification : « Deux soldats se trouvent dans une tranchée, face à une mitrailleuse en position. L'un d'entre eux reste à l'abri, l'autre fait sauter, à l'aide d'une grenade, l'endroit où est nichée la mitrailleuse, et cela au prix de sa vie. Lequel des deux a un comportement cohérent ? » (1957, p. 76). Il est évident que l'on ne peut pas donner de réponse. Ce que l'on peut dire, dans le cas présent, c'est qu'un individu a opté pour ses buts personnels, tandis que l'autre a donné la preuve d'une identification très forte avec les buts de son organisation. Simon développe le thème de l'identification, en utilisant le mot « loyauté », pour décrire l'identification naturelle et spontanée :

> « ... presque tous les membres d'une organisation sont imprégnés, à des degrés divers, des buts de l'organisation ; ces derniers influencent le comportement des membres. Ceci a déjà été indiqué dans le cas d'organisations de volontaires ; mais c'est également vrai des organismes publics et des entreprises commerciales, même si c'est à un degré moindre... Si l'objectif présente quelque apparence d'utilité, les membres de l'organisation, qui ont constamment leur attention tournée vers cet objectif, dans leur travail quotidien, développent une prise de conscience de son importance et de sa valeur (cette prise de conscience est souvent exagérée), et l'acquisition de cette valeur en viendra à devenir pour eux, et dans la même mesure, une valeur personnelle (p. 115). »

De tels comportements sont vécus à l'extrême dans certains mouvements religieux, où les membres vraisemblablement poussés par la passion à s'identifier à l'organisation, en viennent à être considérés comme des « missionnaires ».

Nous avons, jusqu'à présent, étudié le processus d'identification naturelle et spontanée, qui correspond aux buts et à la mission de l'organisation. Mais ainsi que Simon le fait remarquer (p. 205), un membre d'une organisation peut également s'identifier à son chef, ou même à l'organisation elle-même, dans la mesure où elle représente une entité distincte de ce qu'elle poursuit. Simon pense que cette dernière forme d'identification détermine un autre type de comportement, bien différent de celui qui est lié à un processus d'identification à la mission et aux buts de l'organisation. Dans un cas, la personne va apporter son soutien à des « changements d'ordre opportuniste », dans le cadre de la mission, afin de permettre à l'organisation de survivre et de se développer ; dans l'autre cas, elle s'opposera aux changements et risque même d'exprimer son mécontentement :

> « Les exemples de manifestation de conflit entre ces deux types de loyauté, les plus frappants, se rencontrent dans les organisations religieuses et les mouvements de réformes, où l'on trouve souvent des controverses, quand il s'agit de savoir jusqu'à quel point les objectifs de l'organisation peuvent être modifiés, pour garantir la survie de l'organisation. Ce fut là, certainement, une des causes de la rivalité entre Staliniens et Trotskistes (p. 118.) »

Dans un cas, par suite de l'importance des traditions et du système de croyances, l'identification est pas nature idéologique ; dans l'autre, l'attachement paraît plus égoïste, il s'agit d'une croyance en l'organisation et de l'adhésion à un système pour ce qu'il peut offrir.

L'IDENTIFICATION LIMITÉE ET SÉLECTIVE, OPÉRÉE PAR LES SYSTÈMES DE RECRUTEMENT ET DE PROMOTION

De nombreuses organisations ne peuvent dépendre uniquement de processus d'identification qui se développent naturellement. Leurs besoins en loyauté, en dévouement, en fidélité sont trop importants. Aussi, doivent-elles prendre des mesures, destinées à influer sur les processus d'identification. Ceci est le plus manifeste dans les processus de recrutement ; l'organisation sélectionne des candidats à un poste, non pas uniquement en fonction de leur capacité à effectuer le travail, mais aussi parce que leurs systèmes de valeurs sont compatibles avec l'idéologie de l'organisation. On entend souvent la question « Conviendra-t-il à ce poste ? » Le recrutement fait partie des dispositifs qui permettent le renforcement de l'identification à l'idéologie de l'organisation.

Mais le processus de sélection est une arme à double tranchant ; de même que l'organisation est prudente, lorsqu'elle doit choisir les bons candidats, de même les candidats sont attentifs à choisir l'organisation qui leur convient. Ils n'arrivent pas au hasard, ni uniquement pour négocier les émoluments et les compensations, en échange de leurs contributions et de leur travail. Ainsi que Schallschneider l'a écrit, « les membres de la Ligue américaine, en faveur de l'abolition de la peine de mort, ne sont pas des militants actifs, parce qu'ils s'attendent à être pendus » (Lindblom 1965, p. 224). Les gens cherchent souvent à adhérer à des organisations, car ils s'identifient déjà aux idéologies qu'ils y perçoivent. Ainsi, au collège d'Antioch, Clark fait remarquer que « l'image de marque s'est affermie, s'est précisée et a fait se diriger vers le collège les libéraux et les radicaux, et au contraire, a obligé les conservateurs réactionnaires à s'adresser à d'autres endroits » (1972, p. 183).

L'entretien sert souvent de moyen de repérage et de filtrage pour les deux parties ; il est suivi d'une période d'essai implicite ou explicite, période pendant laquelle on vérifie si le nouveau candidat, à la manière d'un greffon, prend bien sur l'organisation existante. S'il ne prend pas, le candidat est rejeté, ou bien il quitte de son propre gré, tout comme un tissu organique étranger peut être rejeté par le corps humain.

Ceux qui restent, peuvent entrer dans une nouvelle phase de sélection, qui concerne des postes hiérarchiques. Quand l'idéologie d'une organisation est forte, ce sont ceux qui lui sont les plus dévoués qui grimpent, car de telles organisations ne peuvent se permettre de voir uniquement ceux qui sont idéologiquement les plus engagés à des postes de responsabilités. Ceci s'applique et est vrai, de plus en plus, à mesure qu'on s'élève dans la hiérarchie, si bien qu'au sommet, le P.-D.G. a tendance à donner l'exemple le plus patent d'identification à l'idéologie de l'organisation. Le P.-D.G. est la personne, on l'a déjà vu, qui « incarne » l'idéologie.

L'IDENTIFICATION PROVOQUÉE PAR L'ENDOCTRINEMENT, PAR LA SOCIALISATION

Dans de nombreux cas, l'identification naturelle et spontanée, ou encore l'idéologie sélective, ne répondent pas aux exigences de loyauté de l'organisation. Étant donné que les décisions de rejoindre et de quitter une organisation sont, selon les termes de Soelberg, « non symétriques » — c'est-à-dire, que les gens « sont prédisposés à demeurer dans n'importe quelle organisation, pour laquelle ils ont choisi de travailler » (1967, p. 28) —, les employés restent souvent dans l'entreprise ou l'organisation, malgré l'absence d'une identification naturelle et spontanée, ou sélective. Aussi, l'organisation doit, dans ce cas, essayer de susciter, de *provoquer* une identification qui est nécessaire, et en même temps, réduire des identifications extérieures à l'organisation qui risquent d'interférer avec la capacité des employés à servir l'organisation. A cet égart, il existe deux processus, auxquels on peut faire appel : l'*endoctrinement* qui est un processus explicite et la *socialisation* qui est un processus implicite.

Le terme *endoctrinement* englobe cet ensemble de moyens techniques formels utilisés par les organisations, pour encourager les membres à s'identifier à celles-ci. L'endoctrinement peut revêtir des formes extrêmes, comme dans le cas du « lavage de cerveau », imposé par les Chinois pendant la guerre de Corée, aux pilotes américains faits prisonniers, pour briser leur résistance et les faire adhérer et s'identifier à l'idéologie communiste. Mais la plupart des techniques d'endoctrinement sont moins extrêmes, mais souvent plus subtiles :

> « "Beatrice", l'entreprise de produits alimentaires, s'efforce de maintenir ses managers ou directeurs enthousiastes, grâce à des techniques d'encouragements. Chacune des quartorze divisions, organise un congrès chaque année, et l'entreprise saisit ces occasions, pour insuffler enthousiasme et orgueil chez les managers. Lors d'une rencontre récente à Nashville, 700 employés de la division des produits laitiers, entonnèrent, en chœur et avec vigueur, un chant intitulé "Nous sommes les premiers", en tendant le bras et en indiquant du doigt le chiffre 1. Le thème du congrès, figurant sur les affiches, les banderoles, apparaissant dans les discours et dans la chanson, était "Être le numéro 1", c'est-à-dire, être les premiers, les meilleurs, etc. Maintenant, "Beatrice" fait plus d'affaires que n'importe quelle autre industrie alimentaire (Martin 1976, p. 126). »

Les organisations qui requièrent une loyauté et une fidélité sans faille — par exemple, celles dont les membres sont envoyés au loin et se retrouvent seuls pour accomplir des missions difficiles, comme c'est le cas pour certains ordres religieux, pour des agences d'espionnage, ou des forces de police —, placent leurs nouvelles recrues dans des stages de formation de longue durée, au cours desquels non seulement ils acquièrent les connaissances et les compétences nécessaires, mais aussi s'imprègnent de l'idéologie requise. De nombreuses entreprises commerciales font également appel à des programmes d'endoctrinement ; elles aussi ont besoin de loyauté, de fidélité et de dévouement, mais leur nature et leur raison d'être utilitaristes gênent souvent les développements naturels de l'endoctrinement. Peu d'entreprises comptent sur des chœurs pleins de vigueur, chantant « Nous sommes les meilleurs ». Mais bien des entreprises publient des magazines internes, organisent des séminaires à la campagne, distribuent des cravates aux couleurs de l'entreprise, rendent publics leurs credo, remettent des montres en or pour de nombreuses années de service dans l'entreprise. Les grandes entreprises font un usage considérable de la rotation du personnel, qui permet, si l'on croit certains auteurs, d'empêcher un ancrage et une identification par rapport à un poste donné, plutôt qu'une identification à l'organisation. Par exemple, Long, fait état des « unités d'une filiale qui étaient dirigées par des oiseaux bureaucratiques de passage, qui avaient des plans de vol préparés qui les obligeaient à poursuivre leur route et à voler vers le havre magique du siège social » (1960, p. 203). Et Bower mentionne le cas d'un directeur de magasin de la Société Montgomery Ward, qui a changé vingt-six fois de poste en vingt-huit ans, « ce n'est là qu'un cas limite d'une pratique courante », phénomène qui « affaiblit terriblement les liens qu'un homme peut entretenir avec son environnement » (1974, p. 203).

La *socialisation* est un moyen implicite et par conséquent plus subtil, de susciter le processus d'identification. C'est un moyen qui, en fin de compte, risque de s'avérer plus puissant. La personne concernée est soumise à une pléthore de pressions informelles qui disent toutes la même chose : « Conformez-vous à l'idéologie. » Petit à petit, les valeurs de l'organisation « sont "intériorisées" et intégrées dans la personnalité et le comportement de la personne. Celle-ci acquiert et développe un attachement et une fidélité à l'organisation qui garantit — c'est-à-dire, sans le moindre besoin de faire appel à des incitations extérieures — que les décisions prises seront en accord avec les objectifs de l'organisation » ; ainsi elle « acquiert une "personnalité liée à l'organisation", qui est distincte de sa propre personnalité » (Simon 1957, p. 198).

En 1969, au M.I.T., dans le cadre d'un cycle de conférences organisé en mémoire de Douglas McGregor, Edgar Schein (1968) fit un exposé sur la « Socialisation organisationnelle ». Il l'a décrite comme un processus de focalisation sur « l'interaction entre un système social stable et les nouveaux membres qui entrent dans ce système » (p. 3). Pour devenir membre, le postulant doit acquérir le système de valeurs, les normes et les modèles de comportement requis par les membres du groupe, auquel il veut appartenir. Au cours du processus de socialisation, le postulant acquiert ce nouveau savoir, grâce « à la littérature officielle de l'organisation, aux exemples de modèles types donnés par l'organisation, aux instructions communiquées directement par le formateur, le patron ou l'entraîneur, aux exemples encore donnés par des pairs qui sont dans l'organisation depuis plus longtemps et qui peuvent jouer le rôle de grands frères, aux récompenses et aux réprimandes qui font suite aux efforts exercés pour résoudre des problèmes et faire l'expérience de nouvelles valeurs et de nouveaux comportements » (p. 6).

L'IDENTIFICATION VOULUE   Mais alors que dire de l'individu qui parvient à passer au travers de toutes ces formes d'identification dont nous avons parlé et qui, finalement, ne s'intéresse qu'à ses buts personnels ?

Il ne s'est pas identifié à l'organisation, ni à sa mission, d'une manière naturelle et spontanée, ni avec le fait que cette organisation soit le numéro 1 ; il a réussi, d'une façon ou d'une autre, à se plier à toutes les procédures de sélection et a été capable de résister à toutes les pressions d'endoctrinement et de socialisation. Cette personne est demeurée très individualiste, et a pensé à se servir essentiellement elle-même, et cela jusqu'au bout. Faut-il en conclure que les intérêts personnels de cet individu, le placent dans une situation d'opposition par rapport à l'idéologie établie et reconnue de l'organisation ? Absolument pas. Il peut s'agir de quelqu'un qui estime que ses propres intérêts peuvent être les mieux servis en passant par une identification avec l'idéologie de l'organisation, même si cette identification est calculée et par conséquent fragile. En d'autres termes, il peut être de son plus grand intérêt d'accepter l'idéologie de l'organisation.

Notre explication à cela part du principe que cet individu n'agit que pour son propre compte, qu'il n'est entré dans l'organisation en ne représentant personne d'autre, ni aucun autre intérêt extérieur, qu'il n'est tenu par aucun détenteur d'influence externe, et qu'il n'a à se faire le champion d'aucun système de but particulier, si ce n'est celui de se servir lui-même. Nous imaginons également qu'il s'agit d'une personnalité souple, capable de se soumettre à n'importe quelle force qui ira dans le sens de ses intérêts. Pour toute une série de raisons, il est dans l'intérêt de cet individu d'accepter le système, plutôt que de s'y opposer, de coopérer et d'agir en harmonie avec l'idéologie du système. En tout cas, il est plus facile de « faire avec » et de s'accommoder, que de se rebeller. La contestation exige des efforts, fait naître des sentiments de colère, et mène à des conflits, qui risquent de laisser tout le monde en plus mauvaise posture. Par contre, il est souvent plus fructueux de coopérer.

Mary Parket Follett (1942) pense que les désaccords peuvent se régler essentiellement de trois façons à savoir, l'*autoritarisme*, quand une personne ou un groupe de personnes imposent leur volonté aux autres, le *compromis*, quand chacun cède sur quelque chose, afin de parvenir à un accord, et la *coordination*, quand les parties concernées inventent une solution qui convient le mieux à tous. A l'évidence, la préférence de Mary Parket Follett va à la dernière proposition, donnant comme argument, qu'il y a peu de parties de jeux dans la réalité qui s'achèvent avec un résultat nul. Crozier se réfère également à la notion de coopération, en évoquant trois raisons pour lesquelles les membres d'un monopole industriel, qu'il a étudié, choisirent de coopérer les uns avec les autres. D'abord, ils eurent à « vivre ensemble... un minimum d'harmonie et d'esprit de camaraderie devait être préservé ». Ensuite, leurs prérogatives étaient liées par une sorte « d'interdépendance » ; chacun savait, bien que personne n'en fît état ouvertement, que « leurs privilèges dépendaient, pour une large part, de ceux des autres groupes, et qu'une attaque lancée contre un groupe risquait de mettre en danger tout le système, et indirectement le groupe qui avait lancé l'attaque. Enfin, il devait y avoir un

« accord général de tout le monde sur ce qui constituait un minimum raisonnable d'efficience » (1964, pp. 167-169).

Une autre raison de coopérer pour l'employé qui n'a en vue que ses
intérêts, ainsi que nous l'avons fait remarquer précédemment, c'est que les
organisations ont fortement tendance à promouvoir à des postes de plus en
plus importants ceux et celles qui donnent la preuve de leur complète adhésion à l'idéologie. Berlson et Steiner (1964, p. 376) soutiennent le même point
de vue, et utilisent en guise de preuves les appréciations données à propos de
soldats de l'armée américaine ; en utilisant une « échelle de comparaison » ils
ont évalué et comparé les réussites de soldats avant et pendant la Deuxième
Guerre mondiale ; ainsi parmi les soldats de 1re classe qui étaient bien notés il
y en a eu 27 % qui sont passés sous-officiers en moins de 4 mois, alors qu'il
n'y en a eu que 13 % à passer sous-officiers parmi ceux qui étaient mal
notés ; à propos des soldats de 2e classe qui étaient bien notés avant la
guerre, 31 % sont passés sous-officiers pendant la guerre, tandis qu'il n'y en
a eu que 17 % parmi les mal notés ; quant aux passages de 2e classe à la 1re
classe, les pourcentages sur 6 mois de temps de guerre furent de 87 % pour
les bien notés et 62 % pour les mal notés. Même dans le cas de l'employé qui
n'est pas promu, pour peu que l'organisation à laquelle il appartient bouge et
se développe, il est vraisemblable que cet employé se portera bien.

> « Bien des valeurs qui lui sont personnelles dépendent non seulement de
> ses liens avec l'organisation, mais aussi du développement, du prestige et des
> réussites de l'organisation elle-même... La croissance de l'organisation lui
> offre... des augmentations de salaires, de l'avancement et des opportunités
> d'avoir des responsabilités (Simon 1957, p. 209). »

La réussite de l'organisation en vient à s'identifier à celle de ses membres. C'est pourquoi, l'employé qui veut avancer, estime-t-il souvent
qu'adhérer à l'idéologie de l'organisation est ce qui correspond le mieux à ses
intérêts.

L'identification voulue ou calculée n'a pourtant pas besoin d'être autant
machiavélique. N'importe quelle personne qui tient à son bien-être a toutes
sortes de bonnes raisons pour coopérer avec l'organisation qui l'emploie. Il se
peut que ce soit le plaisir qu'il y a à travailler pour cette organisation et que
l'on souhaite soutenir le système qui offre ce type de satisfaction ; ce peut
être la valorisation d'ordre psychologique que l'on retire d'être membre d'un
groupe ; ou encore le fait d'être fier de la réussite et de la réputation de
l'organisation pour laquelle on travaille ; ainsi que de savoir que le travail
que l'on a effectué est partie intégrante de cette réussite. Dans les collèges
universitaires, — cités précédemment — qui se voulaient « différents des
autres », le fait d'y appartenir correspondait à la « fierté d'être ce que l'on
est », une diminution des membres voulait dire « savoir être seul » et aussi
tirer un plus grand « plaisir de la vie en groupe » (Clark, 1972, p. 183).

Aussi, pour n'importe quel employé, l'organisation peut apparaître comme un endroit agréable où trouver la satisfaction d'avoir un statut, un sentiment d'appartenance et de s'épanouir sur le plan personnel ; après tout, l'organisation n'est pas simplement une quelconque partie de son existence, mais elle est un endroit où il passe un tiers de sa vie. Aussi a-t-il fortement tendance à collaborer avec elle et à faire sienne son idéologie.

Pour résumer notre étude, la fig. 11-1 illustre la continuité des moyens pour intégrer les buts individuels et les buts organisationnels. L'identification naturelle et spontanée est le moyen le plus puissant, car il ne nécessite aucun effort de la part de l'organisation pour obtenir l'intégration souhaitée. Ensuite en ordre décroissant vient la sélection, car une fois que l'identification est repérée, elle non plus, ne nécessite pas d'autres efforts. L'identification provoquée se situe au milieu, car elle exige socialisation et endoctrinement. L'identification calculée est manifestement la forme la plus faible de loyauté, et diffère des autres formes d'identification en ce sens qu'elle n'est pas réellement intégrée ni intériorisée par l'individu. Il s'identifie à l'organisation uniquement parce qu'il a tout intérêt à le faire, et aussi longtemps qu'il en est ainsi. Son processus d'identification, du fait qu'il est calculé, est fragile. Tandis que le membre qui est véritablement endoctriné ou intégré au groupe, ou encore celui qui s'identifie d'une manière naturelle à l'organisation, a fortement tendance à demeurer dans l'organisation en cas de coup dur, pour témoigner de sa loyauté et de sa fidélité, le membre dont l'identification à l'organisation est calculée et voulue, sera beaucoup plus inconstant. Mais ce dernier, est également différent de celui qui fournit un travail et prodigue des efforts, en contrepartie de gratifications qu'il reçoit, et qui est soumis à l'autorité des systèmes de contrôle. Cette forme d'intégration des buts individuels et organisationnels, apparaît comme le moyen le plus faible. Dans les deux derniers cas, les membres d'une organisation, prennent la mesure de leur engagement et font le calcul de leur investissement personnel. Celui qui ne demeure dans l'organisation, que par suite des incitations d'ordre matériel, est totalement passif par rapport à l'idéologie. Il ne s'identifie à rien qui ne concerne l'organisation ; la relation est strictement contractuelle : il travaille pour de l'argent. L'identification voulue et calculée est, par contre, de nature psychologique ; elle implique un engagement d'ordre émotionnel par rapport à l'organisation, et dépasse le problème de la rémunération ; même si cette dose d'émotion est fragile et réduite, elle existe néanmoins.

Pour conclure cette étude de l'idéologie, considérée comme un acteur de la coalition interne, il faut noter que si l'on trouve une part d'idéologie dans pratiquement toutes les organisations, celle-ci peut varier considérablement. A une extrémité, l'on trouve les ordres religieux et les mouvements politiques extrémistes aux idéologies puissantes et fortes ; les identifications sont celles que nous avons appelées naturelles et sélectives. Edwards (1977) décrit les organisations qui ont des idéologies fortes et puissantes, comme étant « riches du point de vue du style », Selznick (1957) les appelle des « institutions ». C'est la présence de telles idéologies qui permet à l'organisation d'avoir « une

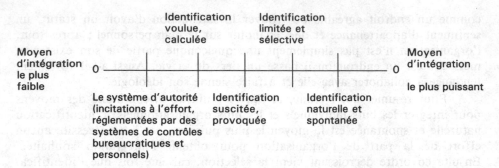

Figure 11-1. *Succession continue des moyens pour intégrer les buts individuels et les buts organisationnels*

vie qui lui est propre », et d'apparaître comme « une institution sociale vivante » (Selznick 1949, p. 10). A l'autre extrémité, l'on trouve ces organisations aux idéologies relativement peu développées, — pauvres du point de vue du style — ; il s'agit, dans de nombreux cas, d'entreprises commerciales qui ont des systèmes de gratifications très matérialistes. L'histoire et les traditions n'ont guère de place ni de sens dans ces organisations. En l'absence de formes naturelles d'identification de la part des membres, ces organisations s'efforcent, parfois, de s'appuyer sur le processus d'endoctrinement, pour intégrer les buts individuels et organisationnels. Mais habituellement, elles doivent avoir recours à des processus d'identification calculée, et particulièrement aux contrôles formels que contient le système d'autorité.

Un dernier point. Quelle est l'influence d'une idéologie forte sur la répartition du pouvoir dans la coalition interne ? La réponse a été donnée dans ce chapitre et sera développée longuement dans un chapitre ultérieur. Pour le moment, nous ne devons prendre en compte que deux effets, qui l'un et l'autre proviennent du fait, que lorsque l'idéologie est forte, les membres s'identifient naturellement à l'organisation et aux buts qu'elle poursuit traditionnellement ; c'est ce que nous allons appeler ses *buts idéologiques*. Ce faisant, les membres font passer leurs intérêts privés, après ceux de l'organisation en tant que système. Il s'ensuit, en premier lieu, qu'il est inutile de disposer d'autres moyens de contrôler les comportements, ainsi que des différents moyens existants pour acquérir un pouvoir personnel. En d'autres termes, **quand le système d'idéologie est puissant et fort, les systèmes d'autorité, des compétences spécialisées et des politiques ont tendance à être faibles.** Il s'ensuit, également, qu'une idéologie forte et puissante, a un effet considérable de nivellement du pouvoir dans la coalition interne. Comme tout le monde a le même système de croyances, tout le monde a la confiance de tout le monde, en matière de prise de décisions. A la limite, il n'y a pas de membres qui aient un statut plus important ou moins important que d'autres. Il y a ceux qui adhèrent à l'idéologie et qui restent, et ceux qui n'y adhèrent pas et s'en vont. **Le pouvoir dans la coalition interne a tendance à être réparti uniformément,** quand il y a une idéologie forte et puissante.

Nous avons étudié dans les deux derniers chapitres plusieurs moyens qui existent, grâce auxquels les buts individuels et les buts organisationnels peuvent être intégrés. Ils englobent, principalement, deux systèmes de contrôle ancrés dans le système d'autorité et dans le système d'idéologies qui existe tout à fait indépendamment du système d'autorité. L'un des systèmes mène à un ensemble de buts formels pour l'organisation, l'autre à un ensemble de buts idéologiques. L'un et l'autre de ces systèmes, lient l'individu à l'organisation et encouragent, ainsi, la coalition interne à fonctionner comme une entité intégrée. Mais il existe encore deux lignes de forces importantes dans la coalition interne, qui ont des répercussions très différentes sur ses membres.

Chapitre 12
Le système des compétences
spécialisées

Dans les deux derniers chapitres, nous avons étudié deux systèmes d'influence qui permettent d'unir, ou d'intégrer les efforts des agents internes, afin qu'ils puissent faire aboutir la mission de l'organisation et réaliser les buts de celle-ci. Si ces deux systèmes suffisaient à déterminer les comportements, notre description de la coalition interne serait achevée. Mais ce n'est pas le cas. Ces deux systèmes sont insuffisants ; pour deux raisons importantes, ils laissent la place à deux autres systèmes qui jouent un rôle dans la coalition interne ; ces deux nouveaux systèmes permettent, l'un et l'autre, aux agents internes de disposer d'une liberté considérable dans l'exécution de leurs tâches, et il peut s'ensuivre des tendances à la désintégration de la coalition interne. La première raison vient de ce que les besoins d'une coordination, se situant au-dessus de celle du système d'autorité et celle du système d'idéologie, donnent naissance à un système qui se fonde sur les compétences spécialisées des agents internes. La deuxième raison vient du fait que les imperfections et les insuffisances que l'on trouve dans tous les systèmes internes d'influence, — mais plus particulièrement dans le système d'autorité —, laissent une marge de manœuvre considérable aux détenteurs d'influence internes et permettent, ainsi, la mise en place d'un jeu du pouvoir tout à fait informel et inofficiel, un pouvoir plus obscur : le pouvoir « politique ». Nous traitons dans ce chapitre le système des compétences spécialisées et le système des politiques sera abordé dans le chapitre suivant.

LE POUVOIR LIÉ AUX COMPÉTENCES SPÉCIALISÉES

Quand le travail effectué dans une organisation est complexe, il ne peut être coordonné, ni contrôlé en aucune des façons étudiées jusqu'ici. La définition des tâches ne peut être standardisée, ni formellement, ni directement ; la production ne peut être normalisée par une planification et des systèmes de contrôles formels. En d'autres termes, on ne peut utiliser les contrôles bureaucratiques, ni d'ailleurs les contrôles personnels, car la coordination et le contrôle direct du travail ne peuvent être effectués par les managers ou les directeurs ; quand les tâches sont complexes, elles ne peuvent être aisément comprises, ou contrôlées par ceux qui ne les exécutent pas effectivement eux-mêmes. En outre, les formes de coordination et de contrôle, de caractère idéologique, — c'est-à-dire, essentiellement la standardisation des normes, par l'intermédiaire de l'endoctrinement et de la socialisation —, sont également insuffisantes ; en effet, elles ne conviennent qu'à des types simples de coordination. Aussi, l'organisation doit trouver d'autres moyens de coordonner le travail.

Plus précisément, l'organisation, devant la complexité du travail à accomplir, doit engager du personnel hautement qualifié pour l'effectuer. Autrement dit, elle doit avoir recours à des « experts » ou à des « professionnels ». Un professionnel est quelqu'un qui a acquis, à la suite d'une formation longue, des compétences qui le rendent capable d'accomplir un travail complexe et spécialisé. Les activités particulières qu'il exerce, ne sont pas définies, ni réglementées par les agents de la technostructure ; ce qu'il fait est lié à des projets, des programmes qui sont inspirés par des procédures internes, et qui font appel à un ensemble de connaissances spécialisées acquises, bien avant son premier emploi, et qui ont été mises en application, ensuite, dans ses activités professionnelles.

Actuellement, étant donné que la formation théorique d'un professionnel exige des années d'études longues et ardues, ce type de formation ne peut être assuré par les organisations. Aussi, la responsabilité de ces formations théoriques en incombe à des instituts de formation, à des organismes professionnels, en fait, ce sont souvent les universités qui en ont la charge. Et ainsi, l'organisation s'assure le concours des professionnels dont elle a besoin, en choisissant des individus qui ont reçu une formation ailleurs qu'en son sein, et cela, en payant un tribut important : l'organisation doit, en effet, abandonner aux universités, aux instituts de formation et aux organismes professionnels, le pouvoir de former ces spécialistes, et dans une large mesure, le pouvoir de les recruter ; et en plus, finalement, l'organisation n'a même pas le pouvoir de programmer leur travail. Les hôpitaux, par exemple, n'établissent, ni n'organisent les cursus de formation des médecins qu'ils emploient. Même les formations pratiques qui se déroulent sur place dans les hôpitaux, se font sous le contrôle, pour une très large part, des universités et des associations professionnelles liées à l'Ordre. Et si les hôpitaux ont un avis à donner, à propos du recrutement des médecins, ils ne peuvent faire leur choix, qu'à partir du petit lot de candidats qui ont déjà été retenus par les universités où ils ont été formés.

Par ailleurs, comme le travail que les experts et les professionnels accomplissent, est un travail complexe, il faut leur laisser une marge de manœuvre et une liberté d'initiatives considérables, afin qu'ils puissent le mener à bien. En d'autres termes, le travail doit être placé sous le contrôle direct de ceux qui ont les connaissances et les qualifications pour le faire. Aussi, l'organisation, — et dans ce contexte précis, nous entendons les administrateurs qui contrôlent le système d'autorité —, doit céder encore davantage de pouvoir aux personnels spécialisés. Autrement dit, le *système des compétences spécialisées* est un système informel qui apparaît et qui subtilise une partie du pouvoir à l'autorité formelle.

Les professionnels peuvent coordonner leur travail de deux façons. D'abord, quand l'exécution de leurs tâches correspond à un travail habituel et standardisé, c'est-à-dire, chaque fois que les professionnels mettent en application un savoir-faire acquis, en effectuant un travail de routine, la coordination est facile et s'opère en fonction de la connaissance des compétences de chacun. Ainsi, la coordination des tâches entre le chirurgien et l'anesthésiste se fait aisément, chacun sachant quoi attendre de l'autre. On en a vu travailler ensemble et se livrer à une opération du cœur pendant cinq heures, sans échanger un seul mot (Gosselin, 1978). Le travail de coordination est ici automatique, et est lié à ce que nous avons appelé la « standardisation des qualifications ». Ceci permet à chaque professionnel, expert ou spécialiste, de travailler d'une façon autonome, et en étant relativement libre de toute influence directe de ses collègues. La configuration structurelle qui correspond à ce type de coordination, est la bureaucratie professionnelle, à cause de l'aspect standardisé des programmes professionnels du centre opérationnel.

Ensuite, quand les professionnels mettent en pratique leurs connaissances et leurs compétences dans des activités qui ne sont pas standardisées, mais qu'ils veulent innover, ils doivent généralement mettre en commun leurs compétences spécialisées et fonctionner en petits groupes ; leur travail de coordination n'est pas codifié, mais au contraire, est informel, et ils se livrent à ce que nous avons appelé des « ajustements mutuels ». La structure des organisations qui fonctionnent ainsi, est plus lâche, plus organique, moins bureaucratique, et elle correspond à ce que nous avons appelé l'adhocratie[1].

Quand une organisation doit accorder aux experts et aux professionnels qui opèrent d'une manière autonome ou par petits groupes, une large marge de manœuvre et d'indépendance dans l'accomplissement de leur travail, quand l'organisation doit également abandonner une partie de son pouvoir en

---

[1] Dans « Structure et dynamique des organisations » (Mintzberg, chapitre 19 et 21, Éditions d'Organisation, 1982), ces types de coordination et les configurations structurelles qui en résultent, ont été longuement étudiés.

matière de sélection, au moment de l'embauche, ainsi que la formation aux organismes professionnels spécialisés (universités, etc.), le système d'autorité des organisations se trouve considérablement affaibli. Autrement dit, le pouvoir se trouve moins entre les mains des administrateurs des systèmes formels, — moins entre les mains des managers ou des directeurs de la ligne hiérarchique qui disposent de moyens de contrôles personnels, ou des analystes de la technostructure —, et au contraire, bien davantage entre les mains des spécialistes qui disposent d'une assise de pouvoir informelle, mais dont l'influence est basée sur des compétences spécialisées, liées à un savoir et à des qualifications professionnelles. Plus précisément, ce sont les opérateurs qualifiés et les responsables des supports logistiques qui tirent le plus parti du système des compétences spécialisées, aux dépens des cadres ou des managers du niveau intermédiaire et des analystes de la technostructure, qui autrement, contrôleraient directement le travail des opérateurs et des spécialistes en logistique.

Le système d'idéologie est affaibli de la même façon, puisque le fait qu'il existe un pouvoir lié aux compétences spécialisées, revient à reconnaître le pouvoir de certains individus ou de petits groupes, comme étant un pouvoir distinct du pouvoir lié à l'organisation en général. Si l'idéologie concourt essentiellement à une répartition *égalisatrice* du pouvoir dans l'organisation, — tous les membres partagent le même système de croyances, et agissent en s'y référant —, les compétences spécialisées participent essentiellement à un processus de *différenciation* du pouvoir qui se répartit en fonction des compétences et des qualifications. Au centre du système des compétences spécialisées, il y a la notion d'un ordre hiérarchique, non seulement entre les experts et les non-experts, mais également entre différents types d'experts, en fonction de la complexité de leurs spécialisations particulières, et même entre différents experts d'un même domaine, en fonction des différences personnelles qu'ils peuvent apporter dans l'accomplissement de leur travail. Ainsi, en suscitant toutes sortes de statuts différents dans la coalition interne, le système des compétences spécialisées est en conflit d'une manière fondamentale avec le système d'idéologie.

Le système des compétences spécialisées peut, par suite, apparaître comme un système tourné vers lui-même, relativement libre de tout empiétement de l'autorité ou de l'idéologie. Nous verrons également dans les chapitres suivants, que si le système des compétences spécialisées permet, en un sens, de coordonner le travail dans une organisation, il peut également servir de force de désintégration, dès lors qu'il permet la poursuite de buts individuels, ou de ceux d'un petit groupe, au détriment de l'organisation en général.

LA NOTION DE FONCTION CRITIQUE

Nous avons vu que les compétences spécialisées constituent un élément de pouvoir dans la coalition interne. Mais il n'est pas suffisant. Le médecin du personnel, pour prendre un exemple bête, ne jouit pas d'un très grand pouvoir dans un cabinet de comptabilité, ni un agent comptable du personnel, s'occupant du personnel dans un hôpital, pour reprendre un exemple en parallèle, plus réaliste. Pour qu'un individu dispose de pouvoir, il faut que les compétences qu'il a en tant qu'expert ou spécialiste, aient une importance cruciale, voire critique, par rapport au bon fonctionnement de l'organisation. Il faut que celle-ci se retrouve dépendante du savoir et du savoir-faire pointu, que possède l'individu.

Qu'est-ce qui, dans une organisation, rend une fonction critique ? Gouldner (1959, pp. 419-420) indique que certaines fonctions sont critiques d'une manière intrinsèque, comme par exemple, la production par rapport aux relations publiques dans une entreprise industrielle ; on peut se passer, en temps de crise, des relations publiques, mais non de la fabrication. Ces fonctions sont dites critiques, car « si elles venaient à s'arrêter, cela signifierait rapidement et fondamentalement une paralysie dans les flux essentiels du travail de l'organisation » (Hickson et autres 1971, pp. 221-222). Kanter associe la fonction critique à tout ce qui « touche à l'organisation d'une manière problématique : la force des ventes et les gens du marketing, quand les marchés sont serrés et compétitifs, les responsables de la production, quand les matériaux sont rares et que la demande est grande, les spécialistes dans les problèmes de personnel et ceux qui négocient avec les syndicats, quand la main-d'œuvre fait défaut, les juristes, les membres des lobbies et les spécialistes des relations extérieures, quand les réglementations gouvernementales viennent empiéter sur les activités de l'entreprise, les modèles financiers et comptables, quand les affaires vont mal et que l'argent est rare. » (1977, pp. 170-171). A partir des exemples de Kanter, on peut dire qu'une fonction est parfois critique, quand seule, elle permet l'accès à des moyens ou à des ressources qui sont rares. A l'occasion d'une étude portant sur l'université de l'Illinois, où 40 pour cent du budget à l'époque, correspondait à des dotations du gouvernement et des contrats de recherches, Salancik et Pfeffer (1974) ont découvert que le meilleur indicateur du pouvoir d'un département d'université, était lié à sa capacité à trouver des moyens financiers externes. Kanter, enfin, fait également remarquer que la capacité à introduire des changements importants, peut également constituer une fonction critique : « Les gratifications et les honneurs vont à ceux qui innovent » : à savoir, ceux qui sont les premiers à de nouveaux postes, ceux qui opèrent des changements dans l'organisation, ceux qui prennent de gros risques et réussissent. « Mener à bien des missions à hauts risques... augmentait le pouvoir... Peu de personnes avaient de l'audace, mais celles qui en avaient, devenaient très puissantes (pp. 177, 179). » McCall a demandé à un cadre responsable de la production, qui jouissait d'un vaste pouvoir dans une grande entreprise, quel était le secret de sa réussite. La réponse fut : « "J'adore les difficultés et les problèmes''. Il était passé rapidement d'un bout de l'organisation à l'autre, en trouvant des solutions aux problèmes qu'il rencontrait au fur et à mesure... il devint un expert en résolution de problèmes et il acquit de plus en plus de pouvoir (1979, p. 192). »

Bien évidemment, si une fonction comme celle qui se rapporte à la fabrication ou à la résolution de problèmes est cruciale et critique, et si les tâches qui y sont liées, peuvent être comprises et assumées par n'importe qui, alors dans ce cas, peu de pouvoir revient à celui qui en a la responsabilité. D'un point de vue tout à fait formel, cette personne est « remplaçable ». Pour qu'elle soit vitale et critique, il faut que la fonction en question exige des compétences spécialisées rares et tout à fait pointues. Aussi, comme le fait remarquer Crozier, grâce à la division du travail, « chaque membre d'une organisation est un expert à sa façon », seuls ceux qui ont une compétence spécialisée qu'il est difficile de remplacer, jouissent d'un certain pouvoir. C'est ainsi que Kanter a remarqué que le flux de pouvoir allait à celui qui prenait des risques et qui réussissait, celui qui réalisait ce que peu d'autres étaient disposés à faire. Pour elle, il y a une distinction à faire entre ce type de personnes et celles qui faisaient « ce qui était simple, ordinaire et prévu ». Même si elles exécutaient bien ces tâches simples, elles n'en avaient pas plus de mérite pour autant, et restaient dénuées de pouvoir (1977, p. 177).

Souvent, il s'agit d'un opérateur hautement qualifié, qui assure une fonction qui est vitale et critique ; cet opérateur ne peut pas être aisément remplacé, car ses qualifications et sa spécialité n'ont été acquises qu'après bien des années. Si l'on considère la marge de manœuvre considérable dont ces spécialistes disposent, si l'on y ajoute également les fonctions cruciales et difficilement remplaçables qu'ils assument, l'on peut imaginer l'accumulation de pouvoir dont ils jouissent. Crozier a étudié l'importance des agents responsables de l'entretien et de la maintenance dans les manufactures de tabac en France, et il a vu en eux, les derniers exemples de liberté et d'initiatives dans des milieux de travail hautement bureaucratisés :

« .... les arrêts de machines sont les seuls événements importants qu'on ne peut prévoir, et à propos desquels, des consignes générales ne peuvent être appliquées... les personnes qui ont la responsabilité de la maintenance et des réparations de ces machines, sont les seules qui puissent venir à bout des pannes des machines. Dans l'atelier, nul ne peut les ignorer. Personne ne peut comprendre ce qu'ils font, ni les contrôler.

Avec les arrêts de machines, un sentiment général d'incertitude, quand à ce qui va se produire ensuite, se développe dans un univers dominé par l'importance de la sécurité. Aussi, il n'y a rien de surprenant, à ce que l'agent de maintenance, — celui qui est le seul à contrôler la situation, et qui permet d'empêcher les conséquences fâcheuses liées à l'arrêt des machines —, joue un rôle tout à fait important aux yeux des agents de fabrication, que ces derniers s'efforcent de plaire à l'agent de maintenance, et que celui-ci essaye d'influer sur eux. Il n'y a rien d'étonnant, qu'à partir de cet état de choses, naissent et se développent des relations de pouvoir...

Les contremaîtres ne sont pas en mesure de contrôler les agents responsables de la maintenance. Il se peut que les contremaîtres soient compétents dans les différents aspects de leur travail, mais leurs compétences ne peuvent rien à propos des arrêts de machines, seul problème qui préoccupe les ouvriers, car l'issue en est toujours incertaine. Un contremaître ou surveillant ne peut pas faire de critiques ou de reproches aux mécaniciens qui travaillent dans son atelier. Il est probable qu'il y ait un combat permanent à propos du contrôle, combat dans lequel les surveillant sont habituellement perdants. »

Dans une étude importante, à propos du pouvoir dans la coalition interne, Hickson, Hinings et leurs collègues, ont cherché à rendre opérationnels un certain nombre de concepts, dont nous avons fait état, mais dans un contexte d'unités fonctionnelles, plutôt que celui d'experts pris individuellement. Ils ont étudié trois filiales de brasseries de l'Ouest du Canada, et deux brasseries du Middle West des États-Unis, ainsi que deux divisions semi-autonomes d'une entreprise canadienne de transport en conteneurs (Hinnings et autres 1974 ; voir également Hickson et autres 1971). L'étude portait dans chaque organisation sur quatre unités ou services : l'ingénierie, le marketing, la fabrication et le service de comptabilité[2]. Les chercheurs commencèrent par des « entretiens exploratoires prolongés », avec les directeurs généraux et les chefs de service ; ils poursuivirent avec des « enquêtes structurées en partie, mais restant ouvertes », dans toutes les organisations, ainsi qu'un questionnaire portant sur la perception des faits, questionnaire administré à chaque responsable d'unité. Hinings et autres ont tenté de rendre opérationnels un certain nombre d'aspects du pouvoir. Les voici :

* *Le fait de pouvoir remplacer quelqu'un* se mesurait à partir de la perception des « difficultés ou des facilités existantes pour remplacer du personnel » ; les données collectées pour « le remplacement effectif » comportaient, entre autres éléments d'appréciation, le niveau de formation théorique requis pour le poste, le degré de compétences spécialisées et de formation pratique exigé, et le nombre de tâches à assurer ; à propos du « remplacement hypothétique », les éléments d'appréciation portaient sur le fait de savoir si certaines tâches particulières pouvaient être exécutées par d'autres membres du même service ou département, ou par d'autres départements ou services, ou par des groupes à l'extérieur de l'organisation.

* *La pénétration des flux de travail* reflétait « le degré auquel les flux de travail d'une sous-unité, sont liés aux flux de travail d'autres sous-unités » ; les chercheurs recueillirent des données sur les lieux et la fréquence des flux entrants et sortants.

* *Le caractère d'urgence des flux de travail* reflétait « la vitesse et la

---

[2] Les deux divisions de la société de transport par conteneurs, partageaient les mêmes services d'ingénierie et de comptabilité. Elles furent prises en compte deux fois dans l'enquête, — une enquête par division —, ce qui totalisa vingt-huit unités.

gravité dont le flux de travail d'une sous-unité affecte la production définitive de l'organisation » (p. 27) ; ceci était mesuré en classant les effets de chaque production sous les rubriques « tout de suite » (il s'agissait de quelques semaines), « à long terme » (d'ici quelques mois), ou « aucun ».

   * *L'incertitude* correspondait à « un manque d'information, à propos d'événements à venir » (p. 27) ; un barème fut inventé et appliqué aux facteurs entrants pour chaque unité ; les résultats allaient du « service de comptabilité qui n'est confronté à aucune incertitude, au service de marketing qui doit faire face à des variations fréquentes concernant différents aspects de la demande, tels que les parts de marché, les volumes et les éventails des commandes » (p. 28).

   * *Savoir faire face* revenait à « savoir composer et compter avec l'imprévu » ; les chercheurs estimaient qu'une unité pouvait faire face de trois manières : par la prévention, la prévision ou le traitement de l'événement imprévu, quand il surgissait, ils appelaient cela « l'absorption » ; on inventa un moyen d'appréciation en fonction du nombre d'éléments auxquels il fallait faire face pour chaque unité, et ce système d'appréciation fut ensuite mis en rapport avec l'ensemble des incertitudes liées à l'unité.

   * *L'établissement d'une routine* : « Le processus de rationalisation et de fixation de procédures » (p. 30), a constitué la seule variable donnée par les résultats du questionnaire ; des questions portaient sur l'existence de procédures constantes et mises en place pour effectuer le travail.

   * *Le pouvoir* lui-même a été défini comme « le fait qu'une unité sociale détermine le comportement d'une autre unité » (p. 30) ; par suite des controverses, à propos du problème de la mesure du pouvoir, il fut fait appel à une « stratégie de pluralisme de méthodes et de mesures » ; le pouvoir d'une unité fut apprécié à l'aide d'entretiens et de questionnaires ; les directeurs généraux et les directeurs d'unités furent consultés à propos de leur pouvoir, ainsi que du pouvoir dans d'autres unités : « les résultats concordaient remarquablement » (p. 31) ; il fut question de pouvoir formel, de pouvoir lié au poste de travail, de pouvoir participatif dans le cas de prise de décisions ou de mise en œuvre d'actions ; et en des termes plus concrets, il fut question d'évaluer l'importance du pouvoir dans chacun des dix-sept domaines où l'on rencontre, dans l'organisation, les problèmes les plus fréquents et les plus centraux, ainsi que de savoir en des termes plus larges et sur un barème à cinq points : « Quelle est l'influence dont dispose, à votre avis, chacun des départements suivants, à propos des problèmes liés au cas X ? »

Les chercheurs obtinrent des mesures et des appréciations intéressantes ; seules deux variables ne correspondaient pas d'une manière positive avec le pouvoir[3]. Le fait de faire face, eut le meilleur score, suivi dans l'ordre par le caractère d'urgence des flux de travail, le non-remplacement et la pénétration.

---

[3] Il s'agissait des procédures perçues, portant sur le non établissement d'une routine et de la perception de l'imprévu. Les chercheurs ont estimé que les questions qu'ils ont utilisées, étaient trop ouvertes pour des phénomènes aussi complexes. Il faut remarquer que les corréla-

Les chercheurs, ensuite, analysèrent les relations entre les variables. Leur analyse fut compliquée, mais pour l'essentiel Hinnings et les autres mirent en évidence cinq profils de pouvoir récurrents, qui permettaient d'expliquer les échelons de pouvoir de vingt-quatre unités sur les vingt-huit étudiées. Les unités qui présentaient les profils de pouvoir les plus forts, avaient des scores exceptionnels à propos de *toutes* les variables. Les unités qui venaient ensuite et avaient les deuxièmes meilleurs scores, quant aux profils de pouvoir, n'avaient un score exceptionnel qu'à propos du traitement de l'imprévu. Aussi, toutes les unités qui se retrouvèrent en première ou deuxième position des profils de pouvoir, placèrent en premier ou en second leur aptitude à gérer ce qui est incertain ; *aucune* des autres unités ne fit de même. Le troisième profil révéla seul un score élevé pour le non-remplacement, alors que le cinquième profil révéla seul un score élevé pour le caractère de pénétration. Apparemment, une position de pouvoir importante exige bien plus que simplement le fait d'être difficilement remplaçable ou d'être étroitement lié à d'autres unités. Par-dessus tout, cette position exige une espèce de compétence à savoir faire face à ce qui est incertain. Le quatrième profil constitua un modèle faible, révélant un profil plus bas dans la gestion de l'incertain que l'unité la plus puissante, et qui ne fut pas compensé, grâce à d'autres variables.

Bien qu'il faille garder à l'esprit le contexte particulier de leurs recherches, Hinings et autres firent des commentaires intéressants, à propos de certaines unités concernées. En général, les unités de production de ces entreprises étaient puissantes et les unités des services financiers, faibles. Les unités de marketing étaient les rivales des unités de production dans les entreprises de conteneurs, car la production dépendait du marketing pour la rédaction des commandes, avant qu'elles ne puissent agir, et également parce que le marketing influait sur la conception de chaque commande. Dans les brasseries, où la production n'avait pas à passer d'ordres, et où le personnel du marketing était dépourvu des formations techniques exigées des brasseurs, les départements de marketing avaient moins de pouvoir. La comptabilité en général, se tenait sur l'échelle du pouvoir à un niveau bas, car elle ne faisait rien par rapport aux recommandations qu'elle produisait, et « par suite, n'influençait personne » (p. 39). Hinings et autres terminent leur analyse par des conseils donnés à celui qui recherche le pouvoir. La figure 12-1 montre deux itinéraires conseillés :

> « Pour un pouvoir dominant, tirer parti du caractère d'urgence, réduire le fait de pouvoir être remplacé et miser sur un domaine incertain important ; ou alors opter pour la nécessité vitale de faire face, à un très haut niveau, à ce qui est incertain, bien que ceci implique le risque de se retrouver au second rang, frustré et incapable d'accroître le caractère d'urgence et de diminuer le risque

tions portant sur les différentes variables, révélèrent une cohérence dans les neuf mesures et appréciations du pouvoir. En fin de compte, à l'exception de la pénétration des flux de travail, les corrélations portant sur les données non fournies par les questionnaires, furent plus importantes que les corrélations portant sur les données du questionnaire.

d'être remplaçable suffisamment pour passer au premier rang ; éviter d'être impliqué dans un réseau de liens d'interdépendance, avant de pouvoir le dominer (pp. 40-41)[4]. »

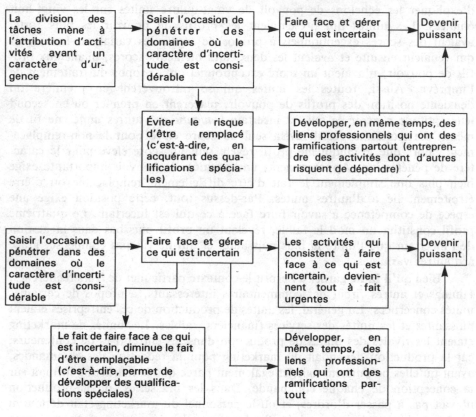

Figure 12-1. *Deux itinéraires menant au pouvoir dans la coalition interne*
(tiré de Hinings et autres, 1974)

Pour conclure plus simplement, en se référant aux deux thèmes centraux de ce chapitre, **le pouvoir de l'organisation revient à ceux qui se trouvent une fonction critique, dans laquelle ils peuvent exercer leurs compétences spécialisées, qui ne peuvent être reproduites.**

---

[4] Les efforts faits par Hinings et autres pour étudier le pouvoir en termes quantitatifs, ont été critiqués par Crozier et Friedberg dans leur ouvrage « L'acteur et le système ». Ils se sont peut-être livrés à cette critique, pour répondre à des critiques antérieures qui portaient sur les travaux de Crozier, (dans Hickson et autres 1971, pp. 219-220, 224 et 225). Arguant du fait qu'une source d'incertitude existe et que cette incertitude augmente uniquement avec la venue d'un acteur qui l'utilise, pour mener à bien sa stratégie, ils ajoutent dans une note : « C'est pourquoi l'analyse qualitative l'emportera toujours sur l'analyse quantitative dans une telle perspective. C'est là, aussi, la raison pour laquelle David Hickson et ses collègues prêtent le flanc à la critique (1977, p. 72). »

Chapitre 13
Le système des politiques

Jusqu'à présent, les agents internes de l'organisation se sont montrés plutôt dociles ; leurs contributions et leur zèle ont satisfait aux besoins de l'organisation en général. Ils ont accepté le système d'autorité et ont pris part à la réalisation des buts formels définis par les cadres supérieurs, en faveur de l'organisation. Ou mieux encore, ils se sont identifiés à l'idéologie de l'organisation et se sont appliqués à poursuivre ses buts idéologiques, avec une belle énergie. Et même s'ils n'ont fait ni l'un, ni l'autre de ce qui précède, mais ont opéré en tant qu'experts soumis aux normes et aux exigences de leur profession, le résultat demeure toujours de servir l'organisation, car c'est là, la raison d'être de leurs compétences spécialisées. Autrement dit, les agents internes qui travaillent strictement dans le cadre des systèmes d'autorité, d'idéologie ou des compétences spécialisées, répondent directement, en effet, aux attentes de l'organisation, au sens large.

Mais les agents internes ne sont pas toujours aussi soumis et diligents. Ce sont également les détenteurs d'influence, qui ont leurs propres besoins d'accomplissement ; ils ne veulent pas se limiter à être des rouages mécaniques destinés à satisfaire l'organisation, en répondant à ses attentes et à ses besoins. En outre, comme ce sont des agents internes, ils sont aussi des détenteurs d'influence particuliers ; ils sont ceux à qui est délégué le pouvoir de prendre les décisions et d'entreprendre les actions nécessaires à l'obtention de résultats. Aux cadres dirigeants du niveau intermédiaire, est délégué le pouvoir de prendre de nombreuses décisions ; aux analystes de la technostructure, est donné le pouvoir de concevoir les systèmes de contrôles bureaucratiques qui déterminent et fixent les comportements de tout le monde, tandis qu'aux responsables des fonctions de support logistique, incombe le pouvoir d'assurer des services spécialisés et de conseiller les managers dans les domaines où ces derniers sont le moins informés. Aux opérateurs est délégué, au minimum, le pouvoir d'exécuter les décisions des managers. La délégation implique aussi une certaine liberté d'action. Et cette liberté permet la mise en place d'un jeu d'un autre type de pouvoir, un pouvoir particulier, le pouvoir politique. Un système que nous appelons le *système des politiques*, voit le jour dans la coalition interne.

Qu'entendons-nous exactement par « politiques » ? Dans notre classification, à la fois l'autorité et l'idéologie servent à intégrer les activités des agents internes, afin de réaliser une coordination et d'aboutir à un consensus. Ainsi, on peut voir dans l'autorité et dans l'idéologie, deux phénomènes « organisationnels ». Elles confirment et approuvent les comportements qui vont dans le sens de l'intérêt général, en se servant de deux formes de consensus différentes. Le consensus qui se rapporte à l'autorité est formel et passif ; les membres reconnaissent comme étant légitime, le pouvoir lié à la charge ou au poste et souscrivent aux exigences demandées. Le consensus, quand il s'agit d'idéologie, est informel, mais actif. Les membres s'identifient entièrement et positivement aux normes et aux traditions de l'organisation et agissent en accord avec elles, même si elles sont informelles, car elles se situent en dehors du système d'autorité. Et le pouvoir, quand il s'agit d'idéologie, est lui aussi tout à fait légitime, car c'est le partage et l'acceptation par tous les agents internes d'un seul système de croyances qui rendent ce pouvoir légitime. Les compétences spécialisées ne peuvent pas aboutir à un consensus à proprement parler, mais, on l'a vu précédemment, elles servent de système destiné à coordonner les tâches et à veiller à ce que le travail de l'organisation soit fait. En fait, les compétences spécialisées sont investies d'une autorité formelle, même si elles interviennent en dehors d'elle. De ce point de vue, l'on peut dire que le pouvoir inhérent aux compétences spécialisées est légitime, même s'il est informel. En opposition à ce qui précède, par « politiques » il faut entendre trois choses ; il s'agit :

1. Des comportements qui se situent à l'extérieur des systèmes légitimes d'influence (ou du moins, en dehors des utilisations et fonctionnements légitimes de ces systèmes) ; souvent, en plus, ils s'opposent à ces systèmes ; autrement dit, il s'agit de comportements et de démarches qui sont illégitimes du point de vue technique, et sont souvent de nature clandestine.

2. Des comportements qui visent à servir l'individu ou le groupe, manifestement au détriment de l'organisation en général (encore, et nous le verrons, que ce ne soit pas toujours le cas).

3. Des comportements qui sont l'aboutissement des points 1 et 2, et qui correspondent généralement à des comportements conflictuels et qui sèment la discorde ; des comportements qui font s'opposer des individus ou des groupes à l'organisation, ou encore les uns contre les autres.

Réduits à l'essentiel, **les comportements politiques correspondent à des comportements individuels ou à des comportements de groupe qui sont informels, exclusifs à l'évidence, semant généralement la discorde, et par-dessus tout, illégitimes au sens technique du terme ; ils ne sont reconnus, ni par une**

autorité formelle, ni par une idéologie admise, ni par des compétences spécialisées attestées (bien qu'ils puissent en faire usage et les exploiter). Le système des politiques apparaît, à la suite d'une carence des trois autres systèmes d'influence, ou par suite d'une volonté de résister à ces systèmes d'influence, ou dans certains cas, d'en tirer parti. Ainsi, au contraire « d'une organisation remarquablement coordonnée », nous trouvons avec les politiques « une autre conception... à savoir celle d'une organisation se présentant comme un agrégat de groupes rivaux, luttant pour le pouvoir, où chacun cherche à influer sur la politique de l'organisation, afin de l'orienter dans le sens de ses intérêts, ou du moins en fonction de l'image déformée que chacun s'est

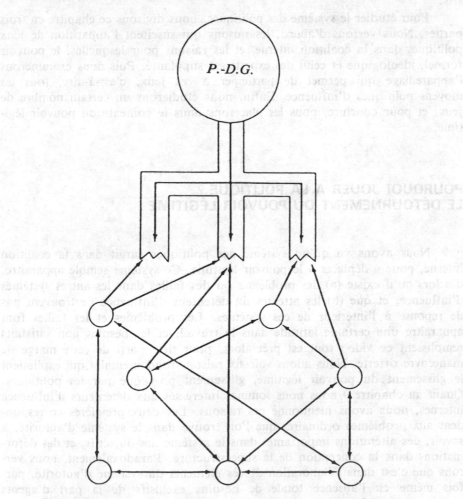

Figure 13.1. — *Le déplacement du pouvoir légitime opéré par les politiques*

donné, quant aux intérêts de l'organisation » (Strauss, 1964, p. 137, 148). Comme on peut le voir sur la figure 13.1, le pouvoir formel qui circule le long de la chaîne d'autorité (ou le pouvoir idéologique, ou celui des experts qui circule partout dans l'organisation), se trouve arrêté, ou est dévié ; dans la terminologie propre aux théories, portant sur l'organisation, on dit qu'il est « détourné » ou « déplacé ». C'est le pouvoir politique qui prend sa place, sous forme d'un ensemble de jeux, que nous appelons les « jeux politiques », auxquels se livrent les agents internes. Il s'agit, en fait, de procédés non reconnus, donc inofficiels, grâce auxquels les détenteurs d'influence internes cherchent à satisfaire des attentes et des besoins qui leur sont exclusifs.

Pour étudier le système des politiques, nous divisons ce chapitre en trois parties. Nous verrons d'abord, les raisons qui suscitent l'apparition de jeux politiques dans la coalition interne, et les raisons pour lesquelles, le pouvoir formel, idéologique et celui des experts est supplanté. Puis nous examinerons l'appareillage qui permet de participer à ces jeux, c'est-à-dire, tous les moyens politiques d'influence. Enfin, nous étudierons un certain nombre de jeux, et pour conclure, nous les placerons dans le contexte du pouvoir légitime.

POURQUOI JOUER A LA POLITIQUE ?
LE DÉTOURNEMENT DU POUVOIR LÉGITIME

Nous avons vu qu'un système des politiques surgit dans la coalition interne, pour « déplacer » le pouvoir légitime. Ce système semble apparaître, dès lors qu'il existe (a) des problèmes ou des failles dans les autres systèmes d'influence, et que (b) les attentes du détenteur d'influence ne trouvent pas de réponse à l'intérieur de ces systèmes. Les problèmes et les failles font apparaître une certaine latitude dans le travail, et les besoins non satisfaits remplissent ce vide ; tout est prêt alors, pour tirer parti de cette marge de manœuvre offerte. Nous allons voir six raisons fondamentales qui expliquent le glissement du pouvoir légitime, glissement provoqué par les politiques. Quant au chapitre 9 nous nous sommes intéressés aux détenteurs d'influence internes, nous avons mentionné ces raisons. Les deux premières correspondent aux problèmes ordinaires que l'on trouve dans le système d'autorité, à savoir, des altérations importantes dans le système des objectifs, et des déformations dans la conception de la superstructure. Paradoxalement, nous verrons que c'est dans l'élaboration de ces éléments du système d'autorité, parfois même en l'absence totale de besoins exclusifs de la part d'agents internes —, que le pouvoir donné par l'autorité est déplacé. Les quatre autres raisons révèlent les origines des besoins exclusifs des agents internes, certains sont de nature tout à fait personnelle, d'autres sont suscités et encouragés par les systèmes d'autorité ou des compétences spécialisées : les définitions de poste, les pressions qu'exercent certains groupes, les liens directs avec des détenteurs d'influence externes, et les besoins intrinsèques des agents internes eux-mêmes.

1. *LES OBJECTIFS SONT DÉFORMÉS*

Une finalité importante du système des contrôles bureaucratiques, est de rendre opérationnels les buts formels de l'organisation, et cela, à tous les niveaux de la hiérarchie, afin que chaque unité sache ce qu'on attend d'elle. Le moyen le plus direct pour faire comprendre cela, est d'utiliser le système des objectifs qui offre à chaque unité la possibilité de mesurer quantitativement ses performances. L'existence de telles mesures, permet l'utilisation de méthodes « mathématiques » pour opérer les choix, excluant de ce fait le jugement, « l'inspiration » et la politique (Thompson et Truden, 1964).

Mais le système des objectifs est inévitablement incomplet ; il lui est impossible de rendre opérationnels tous les buts formels de l'organisation, et de ce fait, les efforts faits pour atteindre les buts qui peuvent être rendus opérationnels, sont finalement mal orientés. Même pour les efforts qui pourraient être bien orientés, le processus d'opérationnalisation est, lui aussi, immanquablement loin d'être parfait, et ceci crée d'autres formes de distorsion.

Les membres de la coalition interne ont fortement tendance à privilégier les buts, qui une fois rendus opérationnels, deviennent des objectifs. Grâce à des mesures tangibles des performances, ils savent exactement ce qu'on attend d'eux, et peuvent donner la preuve de leurs accomplissements. Les analystes peuvent « prouver » la rentabilité de leurs systèmes technocratiques ; les managers peuvent faire preuve « d'objectivité », quand ils récompensent leurs subordonnés ; et ainsi de suite. Ainsi, il existe dans la plupart des organisations, d'excellentes raisons pour rendre les buts opérationnels, partout où cela est possible, et à privilégier ces buts-là.

Pour être rendus opérationnels, les buts doivent être acceptés, ils doivent avoir une certaine stabilité ; il faut pouvoir les traduire en termes quantitatifs et les managers ou cadres au sommet de la hiérarchie, doivent être disposés à en faire la traduction. C'est dans les points mentionnés ici, que l'on trouve les raisons pour lesquelles de nombreux buts ne peuvent se frayer un chemin dans le système des objectifs. Même, quand il s'agit d'un but qui peut être quantifié, un P.-D.G. peut hésiter à le rendre opérationnel, de peur qu'il ne soit pas partagé par les détenteurs d'influence externes les plus importants ; le faire, malgré tout, risque d'attirer leur attention et de provoquer un conflit. Aussi, dans les organisations qui ont une coalition externe divisée, il existe de bonnes raisons pour ne pas rendre les buts opérationnels. Quant à l'organisation qui a une coalition externe passive, et où le P.-D.G. peut disposer d'un pouvoir considérable, ce dernier peut vouloir préférer diriger d'une manière tout à fait arbitraire, grâce à des moyens de contrôle personnels, et ainsi de ne rendre opérationnel aucun but ; autrement dit, ce

P.-D.G. ne risque pas d'abandonner même un minimum de son pouvoir au système des contrôles bureaucratiques. (Après tout, les normes et les standards s'appliquent aussi au conseil d'administration et restreignent même sa flexibilité.)

Parfois, il existe de bonnes raisons pour rendre les buts opérationnels, mais on ne peut le faire, car les buts sont instables. Un détenteur d'influence externe dominant, par exemple, peut ne pas savoir avec certitude, quels buts il ou elle souhaite privilégier pendant une période de temps donnée. Et puis, il y a les buts qui ont beau être stables et clairement déclarés, mais qui ne peuvent être exprimés en termes opérationnels. Tout le monde est d'accord pour dire qu'un but important de l'université, est de faire progresser les connaissances. Mais personne ne sait comment mesurer ce progrès. En vérité, on peut dire de n'importe quelle activité imaginable, qu'elle participe au progrès des connaissances. Aussi, l'université est réduite à n'avoir aucun objectif qui puisse déterminer le comportement des enseignants, ou avoir des objectifs stupides, comme par exemple, augmenter le nombre des publications, comme si une page de papier imprimée était aussi bonne qu'une autre. La vocation d'un hôpital psychiatrique, est de guérir les malades mentaux. Mais comment peut-on en mesurer les résultats, quand on sait que les psychiatres eux-mêmes, ne peuvent définir la santé mentale, alors encore moins, quand il s'agit de définir les maladies mentales. (Il y a des psychiatres qui déclarent que les individus sains, sont ceux qui sont à l'intérieur des asiles, puisque doivent être fous, ceux qui parviennent à s'adapter au monde moderne.)

Quand une organisation — telle l'université ou un hôpital — ne peut rendre opérationnel pratiquement aucun de ses buts, son système d'autorité s'en trouve affaibli, et ce sont les compétences spécialisées, l'idéologie ou la politique qui prennent la relève. Mais au moins tous les buts ont une importance égale au départ. Ce qui est parfois pire, c'est l'organisation où certains buts peuvent être rendus opérationnels, tandis que d'autres — tout aussi importants — ne le peuvent pas. Dans ce cas, même l'employé le plus dévoué — celui qui se sent prêt à apporter son soutien à l'autorité, quoiqu'il arrive —, est poussé à favoriser les buts qui peuvent être rendus opérationnels, et à déplacer certains buts formels, en en préférant d'autres. Plus loin dans ce livre, nous verrons comment, dans une entreprise commerciale, les buts liés à la croissance et aux profits — des buts qu'il est facile de rendre opérationnels — ont tendance à écarter ceux liés à la sécurité et au bien-être de l'employé, ainsi qu'à la protection de l'environnement, pour lesquels il est difficile d'inventer des systèmes de mesures. Même quand les cadres du sommet de la hiérarchie, souhaitent obtenir une sorte d'équilibre entre ces différents ensembles de buts, leurs systèmes de contrôles bureaucratiques les en empêchent (Ackerman, 1975). Ceci se produit également dans les entreprises non commerciales. Demerath et Thiessen (1966) soulignent le fait qu'il est difficile de rendre opérationnel le but du salut, dans le cas d'un groupe religieux ; aussi, le but qui consiste à faire des adeptes, but qu'il est facile de mesurer en termes de réussite, a tendance à supplanter celui du salut.

Mais, même quand tous les buts adéquats, peuvent être rendus opérationnels, les problèmes subsistent. On a fait état au chapitre 2, de ce qu'il n'a jamais été possible de concevoir des fonctions de préférence ou d'utilité, qui permettent de décrire les compromis souhaités entre différents buts. Ainsi, les employés n'ont aucun moyen de savoir comment évaluer des buts différents, même quand il s'agit de buts opérationnels. Mettre l'accent sur la croissance, peut dans certains cas, par exemple, diminuer les profits (Ridgway, 1956).

Mais même, quand le processus d'opérationnalisation d'un but dans le système des objectifs paraît simple, il reste toujours imparfait, c'est-à-dire, qu'aucun but ne peut être complètement traduit en objectif. L'on perd toujours quelque chose, dès lors qu'on mesure. Effectuer une mesure, constitue toujours une approximation. Prenons le cas du but qui est le plus facile à rendre opérationnel, à savoir le profit. Il faut choisir une période de temps. Quelle sera-t-elle ? Une période trop longue, risque de rendre impossible la perception de récessions et de les corriger à temps. Mais une période courte, peut permettre à un directeur qui est jugé sur les résultats, de se livrer à toutes sortes de jeux ; par exemple, il peut réduire les coûts qui sont en réalité des investissements, disons la maintenance et la publicité, et il peut, de ce fait, échanger des profits à long terme, par des profits à court terme. Buckley raconte l'histoire d'un « chef de service qui devint président de son organisation, car il avait réalisé les bénéfices les plus impressionnants qu'un service pouvait réaliser sur une période de trois ans. Ce fut son successeur qui dut faire face aux problèmes nés de ce que la maintenance avait été differée, et c'étaient les économies ainsi faites qui avaient permis les ''profits'' en tout premier lieu. A ce moment-là, la personne qui aurait dû être mise à la porte, était devenue l'exécuteur des hautes œuvres » (1972, p. 21).

Si de tels problèmes peuvent surgir dans le cas où l'on veut rendre opérationnels les buts liés au profit, on imagine ce qui peut se passer, quand il s'agit d'autres buts. La littérature abonde en exemples d'agences pour l'emploi, dans lesquelles les employés étaient notés en fonction du nombre d'entretiens qu'ils avaient réalisés, et s'efforçaient d'en faire un maximum, plutôt que d'essayer de placer les gens ; il y a l'exemple des inspecteurs des impôts qui, à l'approche de la fin du mois, examinaient les déclarations de revenus, avec plus ou moins d'attention, selon qu'ils avaient atteint leurs quotas mensuels ou non ; et l'exemple encore des agents de police de Chicago qui bénéficiaient de points de bonification, en fonction du nombre de personnes qu'ils avaient interpellées, et étaient parfois tentés d'embarquer des badauds innocents (Ridgway, 1956 ; Blau, 1963 ; Terkel, 1972, p. 140). Ijiri, Jaedicke et Knight nous fournissent un exemple plaisant à propos de l'Union soviétique :

> ... Le projet de construction de l'aciérie de Novo Lipetsk... comporte
> 91 classeurs totalisant 70 000 pages. (L'on n'est pas surpris d'apprendre que les
> responsables de la conception sont payés à la page...) Tout est littéralement
> indiqué sur les plans : l'emplacement de chaque lampe, de chaque clou, ou de

chaque lavabo. Un seul point du projet est nullement pris en compte : les résultats sur le plan économique (1970, p. 432).

En conclusion, tous les systèmes d'objectifs sont inadéquats, et ceci pour deux raisons. D'abord, ils sont inévitablement incomplets, car dans la plupart des cas, ne sont rendus opérationnels que certains buts, et de ce fait, même les employés les plus consciencieux et les plus dévoués, sont poussés à s'occuper uniquement de certains buts, et cela au détriment des autres. Ensuite, quels que soient les buts que le système d'objectifs rend opérationnels, ceci se fait toujours d'une façon imparfaite. Aussi, d'une manière ou d'une autre, les buts formels de l'organisation sont légèrement déplacés.

2. L'OPTIMISATION SECONDAIRE   Ce n'est pas seulement la conception qui est à la base des systèmes de contrôles, mais aussi celle qui sous-tend la superstructure qui pousse les agents internes — y compris ceux qui sont pourvus des meilleures intentions —, à faire glisser le pouvoir légitime. Par suite de la division de l'organisation en services, et aussi de la répartition du travail, la mission d'ensemble de l'organisation est divisée en une série de tâches. Chaque tâche est assignée à un poste de travail spécifique, et ensuite à une unité. De plus, les organisations qui ont des missions et des finalités multiples, utilisent souvent la superstructure pour attribuer les responsabilités liées à chacune d'elles. Par exemple, une entreprise qui a plusieurs lignes de produits distinctes, créera souvent une division séparée pour fabriquer et vendre chaque gamme de produits. Et quand il faut prêter attention à un problème social particulier, l'on peut créer un service spécial pour s'en occuper, par exemple, un service municipal pour traiter certains problèmes urbains. En effet, comme on l'a vu plus tôt, l'organisation est conçue comme une chaîne de moyens et de fins ; les missions essentielles et les buts formels, constituent les fins ultimes de l'organisation ; ces fins sont divisées en une série de moyens, puis à la fois en tant que moyens et fins, elles sont assignées à des unités. Chaque unité, et finalement chaque poste de travail, est censé poursuivre ses propres buts, à l'exclusion de tous les autres. Autrement dit, on peut s'attendre à une *optimisation secondaire*, c'est-à-dire, qu'il importe d'œuvrer le mieux possible, à chaque poste de travail et dans chaque unité, par rapport aux buts spécifiquement assignés, et d'oublier les autres.

L'idée sous-jacente à l'optimisation secondaire est que, si chacun fait ce qu'il doit faire, la mission en général sera accomplie, et les buts organisationnels seront atteints. Grâce à la superstructure, les éléments d'interdépendance se mettent en place sans problème. Mais il existe bien des preuves, que ceci est une hypothèse tout à fait grossière. Les visées de la technostructure sont imprécises, et comme les unités mettent naturellement trop l'accent sur leurs propres buts, les performances de l'organisation baissent.

Que les unités perdent de vue les perspectives plus larges de l'organisation, est un phénomène dont on parle souvent dans les publications. Comme le dit le proverbe : « Ce que vous voyez, dépend de l'endroit où vous vous tenez. »

   … La proposition de retirer les troupes américaines d'Europe constitue pour l'armée une menace pour son budget et ses effectifs, pour l'organisme chargé du budget, c'est une façon d'économiser de l'argent, pour le ministère des Finances ou le Trésor, c'est un gain pour la balance des paiements, pour le service des affaires européennes du Département d'État, c'est une atteinte aux bonnes relations entretenues avec l'O.T.A.N., pour le conseiller du Président, responsable des relations avec le Congrès, c'est l'occasion offerte au Président, de se débarrasser d'un sujet d'irritation, susceptible de rendre difficiles les relations avec les membres du Congrès (Allison, 1971, p. 168).

   Dearborn et Simon (1958) ont demandé à vingt-trois directeurs ou managers du niveau hiérarchique intermédiaire et appartenant à différents départements et services d'une grande entreprise, d'analyser une étude de cas, portant sur un problème de politique de l'entreprise, et d'indiquer le point qu'ils traiteraient en premier, s'ils étaient présidents. La plupart des directeurs commerciaux (83 pour cent par rapport à 29 pour cent de directeurs de la production) ont mentionné les ventes, comme le problème n° 1, alors que la plupart des directeurs de la production (80 pour cent contre 22 pour cent de directeurs commerciaux), ont fixé leur attention sur un problème d'organisation, lié à la fabrication. Même des étudiants en licence, quand on leur « demandait de donner une appréciation à partir de références numériques identiques, avaient tendance, s'ils se mettaient, en premier lieu, à la place d'un analyste des coûts, à exagérer leur importance, et si ensuite ils s'identifiaient à un analyste des marchés, ils étaient portés à sous-estimer les ventes » (Guetzkow, 1965, p. 55).

   Si l'on pouvait disposer d'une superstructure bien élaborée, de telles préventions seraient sans conséquence, mais aucune superstructure ne peut être parfaitement élaborée. Aussi, dès que le pouvoir bascule en faveur d'une unité ou d'un service, et cela est inévitable, l'optimisation secondaire peut déformer la perception des buts poursuivis par l'organisation.

3. L'INVERSION DES FINS ET DES MOYENS

Ce phénomène qui correspond à une inversion des fins et des moyens, est proche de l'optimisation secondaire, même si la raison d'être de ce phénomène, tel qu'on le décrit ici, est différente, et que les conséquences qui en résultent, sont habituellement plus marquées. Dans le mécanisme d'inversion des fins et des moyens, les employés accomplissent leurs tâches, comme s'il s'agissait d'une fin en soi, et qu'il y allait de leurs intérêts personnels. En d'autres termes, si nous avons décrit l'optimisation secondaire, comme étant une modification involontaire des buts, nous voyons dans l'inversion des fins et des moyens, une volonté délibérée de changer la nature des buts. Alors que le dévouement et la loyauté des employés sont sous-entendus dans le cas de l'optimisation secondaire, il n'en est pas de même dans le cas de l'inversion des fins et des moyens. Le pouvoir organisationnel est déplacé, parce qu'il convient à l'employé qu'il en soit ainsi. A ce niveau de la discussion, l'employé est considéré comme un détenteur d'influence indépendant, comme quelqu'un qui n'a jamais été réellement intéressé par un contrat du type « effort(s)-récompense(s) », et qui n'a pas non plus développé un sentiment important d'identification à l'organisation.

Quoi qu'il en soit, cet employé conserve une sorte d'innocence. Il est simplement pris par son travail, — travail pour lequel l'organisation le rémunère —, au point que son travail devient une fin en soi, plutôt qu'un moyen pour faire aboutir les buts de l'organisation. Ainsi, les buts qu'il poursuit dans son travail, se substituent à ceux de l'organisation et même à ceux de l'unité à laquelle il appartient (Selznick, 1966, p. 258). Les exemples de ce type de comportement ne manquent pas ; il y a celui du chercheur qui privilégie l'élégance de la démarche méthodologique, au détriment des résultats ; le chirurgien qui se vante de l'opération qu'il a réussie, même si le malade n'a pas survécu, le bureaucrate qui est davantage préoccupé par le formulaire qui est à remplir, que par le client à servir. Crozier (1964) cite l'un des cadres d'un organisme gouvernemental qui avait un monopole industriel, organisme qu'il a étudié : « Nous sommes ici pour écrire des rapports et gérer la paperasse... (se mettre au service du public) devient une activité annexe. » Dans une note d'accompagnement, Crozier fait encore remarquer, qu'en dépit du ton humoristique de son interlocuteur, « celui-ci, lors de l'entretien, fait preuve d'un incroyable formalisme bureaucratique, et ne cache pas l'importance qu'il accorde à ce qui est imprimé » (p. 200).

L'inversion des fins et des moyens est un phénomène fréquent parmi les opérateurs non qualifiés, et cela souvent parce qu'ils suivent les procédures et les règlements à la lettre. Les procédures qui les concernent, doivent toujours être interprétées avec une certaine souplesse. Mais là où les fins et les moyens sont inversés, au point que les règlements deviennent des fins en soi, cette souplesse disparaît et les finalités qui sont celles de l'organisation, changent de point d'ancrage. Ce phénomène a été étudié dans les publications portant sur les organisations et a reçu des dénominations différentes. Merton, quand il s'y réfère, parle de « sanctification », et développe l'idée « d'une dépendance émotionnelle, par rapport aux symboles et aux règlements bureaucratiques » ; Davis se sert du terme de « ritualisme » dans une étude consacrée aux officiers de la marine américaine, pour qui les cérémonies qui ont pour vocation d'entretenir le moral des hommes « peuvent devenir une fin en soi, aux dépens des moyens dont dispose l'organisation, pour assurer pleinement le rôle qui lui est imparti » ; Dimock a appelé ce phénomène « traditionalisme » et Selznick « systématisation de la routine » ; mais la plupart des auteurs donnent le nom de « chinoiseries administratives » à ce phénomène (tous sont cités dans Sills, 1957, pp. 66-67).

L'inversion des fins et des moyens est peut-être encore plus fréquente parmi les opérateurs qualifiés et les responsables des moyens logistiques, car le système des compétences spécialisées qui constitue le cadre dans lequel ils opèrent, les dispense des contrôles hiérarchiques et leur accorde une grande latitude dans leur travail. Autrement dit, ils inversent les moyens et les fins, non pas parce qu'ils sont dépourvus de pouvoir, mais parce qu'ils en disposent. L'origine de ce pouvoir, les compétences professionnelles — opérer un malade ou se livrer à une expérimentation prestigieuse —, prennent le pas sur la finalité de ces compétences. C'est la loi de l'outil qui entre en jeu : « Donner un marteau à un petit garçon, et tout ce qu'il peut voir, subira des coups de marteau. » Recruter un spécialiste du planning, et il s'ensuit que toute décision directoriale doit être planifiée d'une manière formelle ; embaucher un psychothérapeute, et brusquement tout le monde a besoin d'une psychanalyse.

L'inversion des fins et des moyens peut non seulement concerner une seule personne, mais également tout un département ou un service, et même une organisation en entier. La mission en est oubliée. Michels (1915) relate la façon dont le mouvement socialiste européen, à la fin du siècle dernier, perdit de vue l'objectif que constituait la conquête du pouvoir, du fait que les dirigeants s'évertuaient à conserver leur pouvoir personnel. Selznick, en discutant ce point dans le cadre de son étude portant sur l'agence pour le développement de la vallée du Tennessee et sur les factions de droite qui l'avaient noyautée pour en modifier la vocation, se plaint de ce qu'il est difficile « d'éviter la tyrannie des moyens et l'impuissance des fins » (1966). Et Perrow nous donne peut-être l'exemple le plus démoralisant à ce propos :

> La majorité des associations pour aveugles à New York, ont pour vocation d'aider les « aveugles intéressants », si on peut les appeler ainsi, à savoir, les enfants et les jeunes adultes, susceptibles de trouver un emploi. Les enfants bénéficient de la sympathie du public qui sait se montrer généreux, et les jeunes adultes constituent une promesse de rentabilité aux yeux de ceux qui ne réagissent qu'à des arguments liés à des calculs divers. Il s'ensuit que 80 pour cent des aveugles, — à savoir, les personnes âgées, ceux ayant d'autres infirmités, et ceux encore qui appartiennent à des minorités, où le taux de chômage est important —, sont plus ou moins ignorés par les associations. Comme il ne reste que 20 pour cent d'aveugles, la concurrence pour établir un lien entre un « aveugle intéressant » et une association, est féroce. Du fait qu'à New York le nombre des associations pour les aveugles est important, il y a à peine suffisamment de clients pour garantir à chaque association, des programmes d'actions modestes. En conséquence, une fois qu'un aveugle « a signé » avec une association, les responsables de ces associations sont peu disposés à le laisser indépendant, sinon les ressources liées à ces programmes, risquent de diminuer. Les associations ont été accusées de maintenir les aveugles dans un état de dépendance, afin de pouvoir justifier les demandes de subventions. Et pourtant, on fait peu d'effort, pour venir en aide aux aveugles âgés ou à ceux qui sont totalement infirmes (1970, pp. 128-129).

Il se peut que ces organisations répondent aux attentes de leurs détenteurs d'influence internes, mais celles de leurs clients, — ainsi que celles de la communauté que ces organisations sont censées servir —, se trouvent déplacées.

4. LES PRESSIONS EXERCÉES PAR CERTAINS GROUPES   Une
quatrième raison à ce glissement, ou à cette sorte de déviation du pouvoir
légitime, est liée à l'apparition d'une pression sociale qui surgit à l'intérieur
de l'organisation, et qui a pour but de répondre aux besoins de certains
groupes. Ici, nous avons affaire à une subversion des intérêts de l'organisation plus directe et davantage consciente, au profit d'intérêts personnels,
comme par exemple, les besoins sociaux et d'appartenance propres à tout
individu, besoins qui sont souvent satisfaits par le fait d'être en groupes.
Mais nous n'avons pas encore quitté le domaine des imperfections liées au
système d'autorité, car, nous allons le voir, le comportement de ce type de
groupe dépend, pour une large part, de la nature de la superstructure.

On dit que le pouvoir se trouve dans le grand nombre. Même le meilleur système de contrôle ou l'idéologie la plus forte, ne peuvent aller à
l'encontre d'un groupe important de personnes qui décident de s'y opposer.
C'est ce qu'il faut retenir de la première étude approfondie du rôle du groupe
dans le travail en usine, faite par Hawthorne, il y a cinquante ans :

> Les travailleurs constituaient un groupe bien soudé, qui disposait d'un système fort bien développé de normes qui étaient propres à leur groupe. Les
> normes spécifiaient, entre autres, qu'un travailleur n'était pas censé travailler
> trop durement, s'il ne voulait pas passer pour un « fayot, briseur des
> cadences » ; il ne devait pas non plus travailler trop lentement, de peur d'être
> un « tire-au-flanc et un parasite », qui profitait du groupe car une partie de son
> salaire dépendait des résultats du groupe. En aucun cas, il ne pouvait livrer des
> informations, ni « moucharder ». Grâce à un contrôle informel du groupe,
> celui-ci pouvait décider du rythme de travail, de la production journalière et
> mensuelle, de la durée des arrêts de travail et de l'attribution du travail aux différents membres du groupe (Etzioni, 1961, p. 114).

Merton fait remarquer que, lorsqu'un groupe de cadres est menacé,
« l'esprit de corps et l'organisation informelle de ce groupe poussent le personnel en question, à défendre ses intérêts acquis ». Ils font de la rétention
de l'information, ou alors « ils inondent leur supérieur de documents, que
celui-ci ne peut signer, et encore moins les lire tous » (1957, p. 201).

Les pressions exercées par le groupe, ne sont pas indépendantes de la
superstructure, mais en font partie. La division en services ou en départements, donne naissance à des groupes constitués à partir de la fonction, du
lieu, de la ligne hiérarchique, du niveau hiérarchique et du rôle opérationnel.
Les relations « nous-ils », apparaissent immanquablement. Elles mènent souvent à des créations d'idées toutes faites ou à des stéréotypes, comme l'a
découvert Tagiuri (1965), à l'occasion d'une étude portant sur presque un
millier de scientifiques, de directeurs de recherches et de cadres. Chaque
groupe a eu tendance à exagérer la valeur des autres. Par exemple, si les

scientifiques se donnaient 51 sur une échelle de mesure des valeurs théoriques, ils se donnaient 34 sur une échelle mesurant les valeurs sociales, les directeurs de recherches les plaçaient à l'indice 60 et 28 respectivement ; de même, alors que les cadres se donnaient 45 sur une échelle de mesure des valeurs économiques et 44 pour les valeurs politiques, les directeurs de recherches leur attribuaient 55 et 51. Balke et autres (1973) ont découvert des erreurs de jugements, plus grossières encore, lors d'un exercice d'évaluation mutuelle de directeurs et de syndicalistes, dans le cadre d'un jeu de négociations syndicat-patronat[1].

De telles fabrications de clichés ou de points de vues stéréotypés, peuvent provoquer toutes sortes de conflits dans la coalition interne. Ceux qui surgissent entre les groupes de spécialistes des moyens logistiques et ceux de la ligne hiérarchique, sont bien connus. Les conflits entre des groupes se situant à différents niveaux hiérarchiques, sont également fréquents. La hiérarchie crée des différences de statuts entre les agents internes, différences qui les rapprochent à des niveaux donnés, mais les séparent, dès lors qu'ils appartiennent à des niveaux différents. Crozier déclare qu'une « organisation bureaucratique... se compose d'une série de couches ou strates superposées qui ne communiquent guère entre elles. Les barrières entre les strates sont telles, qu'il y a très peu de place pour permettre le développement de coteries, susceptibles d'aller à la rencontre et de traverser plusieurs catégories différentes ». La « pression exercée par un groupe de collègues qui sont des pairs », apparaît à l'intérieur de chaque strate (1964).

5. LES LIENS DIRECTS AVEC DES DÉTENTEURS D'INFLUENCE EXTERNES
On l'a déjà fait remarquer, la création d'unités ou de services, qui traitent de fonctions, de marchés et de buts, d'une manière spécifique, est inhérente à la division du travail et à la factorisation de la mission et des buts de l'organisation en une structure hiérarchisée des moyens et des fins. En théorie, chacune de ces unités, chacun de ces services est censé être guidé par un centre d'autorité. Mais dans la pratique, nombreux sont les unités et les services qui travaillent directement avec des détenteurs d'influence externes, et qui finissent par représenter leurs intérêts dans la coalition interne. Comme on le voit sur la figure 13.2, la chaîne d'autorité, qui va de la coalition externe au P.-D.G., en passant par le Conseil d'administration, et qui descend la ligne hiérarchique, est court-circuitée par des liens directs entre agents internes et agents externes. Au lieu de voir le P.-D.G. concilier les demandes et les exigences des détenteurs d'influence externes, ce sont différents détenteurs d'influence internes, qui effectuent cette conciliation, à l'occasion de négociations politiques entre eux. Il s'ensuit, souvent, un

---

[1] Utilisant une méthodologie intéressante, ces chercheurs ont reproduit un conflit effectif avec les acteurs réels, auxquels ils ont présenté sous forme de graphiques, les perceptions que les uns avaient des autres, à différents moments, afin d'étudier comment cela affectait leurs comportements.

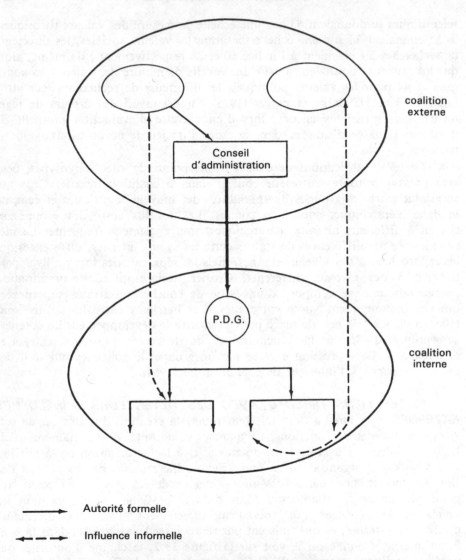

Figure 13.2. — *Liens directs entre détenteurs d'influence internes
et détenteurs d'influence externes*

glissement des buts formels, dans la mesure où les demandes et les exigences de certains détenteurs d'influence externes, ont davantage de poids que ne souhaitent leur en donner les cadres supérieurs. Le service commercial envisage son rôle comme consistant à devoir protéger les clients, le service de la recherche se croit obligé de représenter les intérêts de la communauté scientifique, et le service des achats de refléter les intérêts des fournisseurs. La personne qui se trouve être la plus influente dans le système des politiques, s'assure de ce que ses « clients » dans la coalition externe puissent bénéficier d'un service préférentiel. Le système des compétences spécialisées permet de créer, de la même façon, des liens directs. On l'a déjà fait remarquer, il est possible que pour chaque groupe de spécialistes, il existe un organisme professionnel correspondant, qui se situe à l'extérieur de l'organisation ; les intérêts de cet organisme professionnel se trouvent ainsi représentés à l'intérieur de l'organisation. Le résultat le plus fréquent de tout ceci, ce sont des comportements politiques et des buts qui se trouvent déplacés.

Les conséquences de ces liens entre les détenteurs d'influence internes et les détenteurs d'influence externes peuvent se rapprocher de l'optimisation secondaire ; en effet, par suite de l'enthousiasme qui les anime dans l'exercice des rôles qui leur sont assignés, les employés en viennent à faire glisser, voire dévier les buts généraux de l'organisation. Pourtant, il arrive également que des liens directs s'établissent, par suite d'intérêts personnels. Il est possible qu'un agent interne privilégie volontairement les buts d'un agent externe, ou qu'il soit simplement payé pour le faire, et qu'il cherche ainsi, à bouleverser les buts de l'organisation. Ainsi, Boulding traite du cas de l'employé qui accepte une fonction officielle dans l'organisation, afin de la saboter : « C'est, par exemple, le travail en profondeur des communistes, à l'intérieur de l'organisation, c'est l'activité syndicale du syndicaliste qui joue les indicateurs ou les agents provocateurs, et l'activité secrète du barbouze » (1962, p. 180).

6. LES BESOINS INTRINSÈQUES DES AGENTS INTERNES

C'était bien quelque chose qui dépassait les employés qui avaient contribué à la rupture des procédures organisationnelles légitimes et avaient favorisé l'apparition de comportements politiques dans chacun des cinq cas précédents de déplacement des buts que nous avons étudiés jusqu'ici. Ce sont des modifications dans le système des objectifs et dans la superstructure, qui poussaient les employés à cela ; ils étaient emballés et aveuglés par l'importance de leur travail ; des groupes internes ou des détenteurs d'influence externes les poussaient également. Le dernier point qui nous concerne, envisage le pouvoir politique sous sa forme la plus cynique : les employés font glisser le pouvoir légitime, tout simplement parce que leurs intérêts personnels commandent qu'il en soit ainsi.

Qu'il existe chez les agents internes, toutes sortes de besoins personnels et intrinsèques, est une évidence facile à envisager. Au chapitre 9, nous avons montré comment les rôles ou les fonctions que les gens assurent dans la coalition interne, créent des besoins chez eux : la croissance pour les directeurs, des changements permanents pour les analystes, la perfection pour les opérateurs qualifiés, et ainsi de suite. A ces besoins professionnels, toutes sortes d'autres besoins personnels viennent s'ajouter. Il existe des personnes qui sont nommées à des postes qui sont au-dessus de leur niveau de compétences ; ce phénomène est connu sous le nom de « Principe de Peter » (Peter et Hull), et on les voit faire tout ce qu'ils peuvent pour s'accrocher à leur poste. D'autres se battent pour obtenir une autonomie personnelle, en s'opposant à l'autorité en soi, ou encore, le pouvoir, en essayant de construire des empires personnels à l'intérieur de l'organisation. Il se peut qu'un individu en veuille à l'organisation, et cherche à déplacer les buts formels de l'organisation, en limitant ses efforts. Il se peut qu'un autre encore, soit pris dans une querelle ou dans une rivalité avec quelqu'un et adopte l'attitude suivante : « Je suis contre, parce qu'il est pour » (Pettigrew, 1973, p. 78). Et finalement, il y a toute la série de besoins très individuels : le cas de cette femme qui travaille dans une agence de voyages, afin qu'elle puisse poursuivre son but, qui consiste à se monter une collection de timbres, et le cas de cet homme qui travaille dans la même agence, afin de parvenir à séduire cette femme.

En général, pour la plupart des agents internes, l'organisation représente l'endroit le plus propice où ils peuvent trouver satisfaction pour leurs besoins intrinsèques. A la différence des détenteurs d'influence externes, pour qui l'organisation constitue un endroit fortuit où ils peuvent poursuivre leurs buts — un endroit parmi d'autres —, aux yeux des agents internes qui y passent leur vie professionnelle, l'organisation représente un lieu essentiel. Aussi, ils y apportent un grand nombre de leurs besoins les plus importants, afin de les satisfaire, grâce au travail qu'ils font, et c'est en cela, qu'ils en viennent à déplacer les formes les plus légitimes de pouvoir qui sont censées être au service de l'organisation, au sens large.

En conclusion, nous avons ainsi étudié six raisons pour lesquelles les centres de pouvoir légitime peuvent être déplacés dans les organisations. Nous avons vu qu'une seule de ces raisons est souvent suffisante ; par exemple, un changement dans les systèmes d'objectifs peut contraindre l'employé même le mieux intentionné, à modifier les buts formels, tout comme un très fort besoin personnel peut suffire à un employé mal intentionné, pour faire dévier le pouvoir légitime, pour peu que les systèmes de contrôle soient incomplets. Mais évidemment, d'une manière générale, ces six raisons sont liées. Les organisations sont des ensembles complexes, où toutes ces forces, — les changements d'objectifs, les tendances à optimiser des buts secondaires et à inverser les moyens et les fins, les pressions directes de certains groupes, de même que les pressions exercées par les détenteurs d'influence externes, ainsi que les besoins intrinsèques des détenteurs d'influence internes —, se confondent pour donner naissance au système des politiques qui fonctionne souvent en s'opposant aux systèmes d'autorité, d'idéologie et des compétences spécialisées.

JOUER AUX POLITIQUES, MAIS AVEC QUEL ATTIRAIL ? QUELQUES MOYENS POLITIQUES D'INFLUENCE

Nous pouvons nous interroger sur la nature des moyens auxquels les détenteurs d'influence à l'intérieur de l'organisation font appel pour jouer à leurs jeux politiques. Pour commencer, il importe de souligner — à la lumière du fait que le système des politiques représente, par définition, une utilisation illégitime du pouvoir —, que les détenteurs d'influence à l'intérieur de l'organisation ont recours à tous les moyens d'influence auxquels ils peuvent avoir accès. A une extrémité, il y a ceux, qui ne pouvant compter sur rien d'autre, se servent de leur volonté personnelle et de leur habileté politique ; à l'autre extrémité, il y a ceux qui disposent de systèmes d'influence tout à fait légitimes, mais qui s'efforcent de les utiliser à des fins politiques, c'est-à-dire, d'une manière illégitime. Et entre les deux, il y a ceux qui peuvent faire usage de renseignements confidentiels et de contacts privilégiés avec des personnes influentes, afin de rehausser leur pouvoir politique.

LA VOLONTÉ ET L'HABILETÉ POLITIQUES
La volonté et l'habileté sont des questions qui ont été traitées au chapitre 3, et sont considérées comme étant les bases de toutes les formes de pouvoir à l'intérieur et à l'entour des organisations. Mais ces deux notions méritent une place particulière dans notre discussion actuelle des moyens politiques d'influence interne, et cela pour deux raisons.

D'abord, les participants à ces jeux politiques qui ne disposent pas d'autres moyens d'influence (politiques ou légitimes), peuvent néanmoins se servir de leur volonté d'action, de leur capacité à utiliser leur énergie et de leurs aptitudes à gagner dans des jeux politiques. Nous verrons quelques exemples tout à fait significatifs dans notre étude de certains agents internes manifestement dénués de pouvoir, qui l'ont emporté lors de jeux politiques, simplement parce qu'ils se sont montrés capables de bien des efforts, et cela d'une manière astucieuse sur le plan politique.

Ensuite, même pour ceux qui peuvent utiliser d'autres moyens politiques d'influence, la volonté et le savoir-faire sont des composantes vitales qui facilitent l'utilisation des autres moyens. Le joueur ou participant qui peut s'appuyer sur le pouvoir qui est lié à l'autorité, à l'idéologie ou aux compétences spécialisées — en d'autres termes, sur les formes légitimes de pouvoir ou les formes de pouvoir les plus largement acceptées — se trouve à mi-chemin d'obtenir ce qu'il veut. Quand on dispose de l'autorité, il suffit souvent de donner un ordre, pour que les choses se fassent ; dans le cas de l'idéologie, tout a tendance à aller de soi et à se faire spontanément ; et dans bien des situations, le joueur ou participant qui détient des compétences spécialisées, peut facilement parvenir à dominer ceux qui en sont dépourvus. Mais dès lors que l'on se trouve contraint de s'appuyer sur l'un des moyens politiques d'influence, tels le fait de détenir des renseignements confidentiels, ou d'avoir des voies d'accès privilégiées — qui constituent des moyens moins sûrs et davantage enclins à provoquer des résistances, du fait qu'ils ne sont pas légitimes —, il faut alors faire des efforts d'autant plus grands et agir d'une manière encore plus intelligente. Autrement dit, ce joueur ou ce participant doit faire preuve de davantage de volonté, et posséder un savoir-faire considérable en matière politique. Il doit être habile à persuader, manipuler,

négocier et avoir un sens particulier, afin de savoir comment le pouvoir circule dans la coalition interne, savoir où se trouvent les influences officielles et
aussi les influences inofficielles, quels sont les sujets qui retiennent l'attention, quelles sont les alliances, les amitiés, les rivalités, quelles sont les règles
implicites et explicites de l'organisation, quelles sont parmi elles, celles qui
peuvent être combattues, et celles à évoquer pour l'emporter lors d'un débat.

Il faut ajouter que les joueurs ou participants qui contrôlent les systèmes d'influence davantage légitimes, ne sont qu'à mi-chemin d'aboutir, car
ceux aussi doivent posséder un savoir-faire et exercer une volonté de nature
politique, afin de pouvoir se servir de leurs pouvoirs non politiques. C'est là
le message que nous offre le livre de Neustadt « Le Pouvoir Présidentiel »,
ayant pour sous-titre « Les jeux politiques des dirigeants ». Même le pouvoir
légitime du Président des États-Unis (Neustadt dirait « en particulier »), est
mince sans les qualités d'énergie et de savoir-faire de celui qui le détient, qualités nécessaires pour soutenir ce pouvoir au travers des moyens politiques.
« L'influence réelle de l'homme à la Maison Blanche, découle », entre autres
sources, « des attentes (de la part des autres hommes qu'il doit convaincre
d'agir) qui portent sur ses capacités et sa volonté de faire usage des nombreux avantages qu'on lui prête. » Roosevelt a réussi, selon Neustadt, car la
politique était « un véhicule pour *lui* » ; Eisenhower a échoué, parce que la
politique « ne se définissait qu'en termes strictement personnels » (1964,
p. 169).

Et ainsi, on trouve la présence de la volonté et du savoir-faire, partout
où un pouvoir est exercé, que ce soit à l'intérieur ou à l'entour de l'organisation, et plus particulièrement, dans le système des politiques de la coalition
interne, car la volonté et le savoir-faire y jouent un rôle très important.

LES RENSEIGNEMENTS CONFIDENTIELS : FILTRAGE ET CENTRALI-
SATION   Nous avons fait remarquer, à plusieurs reprises, que détenir
l'information est une source de pouvoir. Ainsi, de même que les connaissances techniques donnent le pouvoir à l'expert, les éléments d'information
confidentiels et non techniques donnent un pouvoir politique à celui ou celle
qui les possède. Ce pouvoir s'affirme de deux façons :

1. en contrôlant une masse considérable de données d'information qui
pénètre dans l'organisation, et en jouant un rôle semblable à celui d'un
« portier » qui filtrerait les entrées ;

2. en se tenant au carrefour de plusieurs courants ou flots d'information à l'intérieur de l'organisation, et en fonctionnant comme « centre nerveux ou opérationnel », en ayant « une position centrale ».

Le portier sert de canal ou de relais, grâce auquel des informations
extérieures de nature importante peuvent pénétrer dans l'organisation (Allen
et Cohen, 1969). Ces informations peuvent évidemment avoir un contenu
technique ou spécialisé, mais ce n'est pas toujours nécessaire. Quand ce n'est
pas le cas, c'est la possibilité d'accès à l'information qui confère le pouvoir.
Et ceci revient à dire que la validité du pouvoir dépend de celle du canal ou

du relais ; dès que la source cesse d'exister, ou dès que d'autres personnes disposent de voies parallèles d'accès, ou de relais équivalents, le pouvoir politique disparaît.

Proche du filtrage ou du verrouillage de l'information, mais se situant à l'intérieur de la coalition interne, il existe le centre nerveux qui a l'avantage d'être central. A cette position, on trouve un agent interne qui se tient à l'intersection de flots importants d'information et de communication internes ; cet agent acquiert ainsi un pouvoir de nature politique. Il ou elle peut cacher des informations à certaines personnes, filtrer les informations transmises à d'autres, en ne leur communiquant que ce qui leur est utile. (Une autre astuce du centre opérationnel consiste à faire circuler beaucoup trop d'informations dans un canal, ce qui a pour effet de voir la personne au bout du circuit être désespérément surchargée de données qu'elle ne peut plus traiter.) Pettigrew décrit un agent placé à un centre opérationnel pour qui

> ... la position stratégique en tant que relais entre les experts techniques et la direction, en plus de ses possibilités d'accès politiques, représentait des avantages énormes. Disposant du contrôle de l'information nécessaire aux prises de décision, il avait la possibilité de se concentrer avec succès sur ses propres demandes, et en même temps, d'empêcher les autres de promouvoir les leurs (1973, p. 233).

Parfois, avoir une position centrale, n'est qu'une question de lieu. Le poste de responsable de l'accueil est généralement apprécié pour sa fonction d'accès à l'information. Mais il est possible de se tenir aussi bien à un carrefour, d'une manière symbolique, que d'occuper physiquement, un poste stratégique. Comme nous l'avons fait remarquer au chapitre 9, les cadres supérieurs, grâce aux liens qu'ils entretiennent avec de très nombreux agents internes, en viennent à être des centres opérationnels en ce qui concerne l'information de l'organisation. Il en est de même de certains responsables des moyens logistiques, ceux qui évoluent librement dans l'organisation et qui ont des contacts d'importance et d'envergure. De nombreux auteurs de publications récentes portant sur les conceptions d'organisations, se sont beaucoup intéressés au rôle de l'agent de liaison ou d'intégration, cet homme ou cette femme qui fait la jonction entre différents départements, tels que le responsable scientifique des projets qui sert d'intermédiaire entre les savants qui travaillent en laboratoire et les ingénieurs qui sont à l'atelier, ou l'agent de liaison commercial qui fait le lien entre la force des ventes et l'usine. Le pouvoir formel de ces personnes est souvent mince, mais la position centrale qu'elles occupent au milieu des flux de travail, leur assure un pouvoir informel considérable, voire un pouvoir politique.

L'ACCÈS PRIVILÉGIÉ AUX PERSONNES INFLUENTES L'accès unique et direct, — que Mumford et Pettigrew désignent sous le nom « d'accès politique » (1975, p. 201) —, à ceux qui disposent de moyens d'influence importants, constitue, dans la coalition interne, un moyen d'influence en soi. Nous avons déjà vu ceci dans la coalition externe, et nous l'avons étudié en tant qu'assise générale de pouvoir au chapitre 3. Mais ce fait mérite qu'on le mentionne, par suite de l'importance qu'il a dans l'exercice du jeu politique, à l'intérieur de l'organisation. Même si un participant ou un acteur manque de moyens d'influence qui lui soient propres, le fait qu'il entretienne des liens avec des personnes qui en ont, — agents internes ou agents externes, disposant d'importants moyens d'influence externes, formels, idéologiques, spécialisés, ou politiques —, peut suffire pour permettre d'atteindre une position de pouvoir.

L'agent interne qui offre l'accès le plus intéressant est évidemment le P.-D.G. Et ceux qui en tirent le meilleur parti, sont ceux qui sont quotidiennement au service de cette personne. Il s'ensuit que la secrétaire et l'assistant du P.-D.G. représentent inévitablement et à juste titre, des centres de pouvoir dans la coalition interne. (Qui plus est, ils disposent souvent de leurs propres moyens d'influence, du fait de leur position centrale dans l'organisation, et qu'une masse d'informations passe auprès d'eux continuellement.) Bien sûr, tout le monde ne peut pas travailler directement pour la haute direction, mais n'importe quel manager ou directeur, disposant de pouvoir, peut en allouer à ceux qui l'entourent. Être « parrainé » par quelqu'un qui est influent, revient à partager cette influence.

> Dans des systèmes où les ressources sont rares et où l'on fait constamment des pieds et des mains pour obtenir des avantages, il y a réellement intérêt à travailler pour quelqu'un qui est puissant. Ce sont les personnalités qui ont du pouvoir, qui peuvent faire le plus pour leurs subordonnés. Elles peuvent tenir leurs promesses et maintenir leurs menaces bien plus sûrement, et apporter des changements dans la situation de leurs subordonnés, plus aisément ; elles peuvent entraîner avec elles leurs subordonnés, quand elles s'en vont... (Kanter, 1977, p. 172.)

Un agent interne peut également disposer de pouvoir, quand il possède le privilège d'avoir accès en des lieux où les personnes ayant du pouvoir, siègent et où des décisions importantes sont prises. Ainsi Kanter fait état de « la possibilité d'être vu », la « chance d'être remarqué », comme constituant des sources de pouvoir ; ce dernier s'obtient également « en participant à des groupes de travail et des commissions » (p. 179).

Avoir la possibilité de contacts privilégiés avec des agents externes influents — par exemple, un détenteur d'influence externe dominant ou une personne contrôlant un lien de dépendance vitale pour l'organisation —, peut représenter une source de pouvoir dans la coalition interne. Ce genre d'accès et de contacts privilégiés, peut découler de liens amicaux, familiaux ou d'une longue association. Ainsi, c'est le cas du commercial qui est en très bons termes avec un client important, peut-être parce que le responsable des achats est son beau-père ou son partenaire au golf, ou simplement, parce qu'il l'a fort bien servi durant des années ; ce commercial a pu, ainsi, acquérir et développer un pouvoir tout à fait important dans la coalition interne.

Les exemples le montrent, bien des contacts privilégiés permettent de jouir d'un pouvoir qui n'est pas essentiellement lié à l'information donnée par ces contacts — encore que cela puisse être un élément qui joue —, mais est lié aux ressources devenues disponibles, à la décision qui peut être prise après un revirement intervenu à la suite d'un propos exprimé au bon moment, aux avantages et privilèges de toutes sortes qui peuvent survenir, à toutes les retombées des actions menées par ceux qui ont le pouvoir. Mais ce moyen d'influence politique, tout comme les autres, est fragile, car il n'existe plus dès que le contact est rompu.

LES MOYENS POTENTIELS EXISTANTS POUR EXPLOITER LES SYSTÈMES LÉGITIMES D'INFLUENCE
Enfin, parmi les moyens *politiques* d'influence, il faut compter les moyens *légitimes* d'influences, quand ils sont utilisés de manière politique. Autrement dit, l'autorité, l'idéologie et les compétences spécialisées deviennent des moyens politiques d'influence, dès lors qu'ils sont utilisés de manière illégitime, c'est-à-dire, de façon non reconnue par le code normal de comportement. On *exploite*, dans ce cas, l'autorité, l'idéologie et les compétences spécialisées, à des fins liées à des intérêts particuliers, et non pour répondre à des finalités attendues.

Nous avons déjà vu plusieurs exemples de ce genre, et nous en verrons d'autres encore dans la discussion qui suit. Des analystes de la technostructure, par exemple, se font les défenseurs d'un système technocratique, non pas parce qu'il est bénéfique à l'organisation, mais parce que ce système leur permet d'étendre leur pouvoir. De même, un P.-D.G. fait respecter l'idéologie de l'organisation, afin de rehausser son statut de gardien véritable de l'idéologie. Les spécialistes — les médecins dans les hôpitaux, les ingénieurs de production — modifient les résultats des analyses portant sur les coûts et les bénéfices, afin de tromper les directeurs et leur faire acheter des équipements qui ne sont pas nécessaires et qui leur donnent davantage d'influence. Et les managers, à leur tour, font étalage de leur autorité, afin d'élargir le contrôle qu'ils ont sur les opérateurs, tout comme les opérateurs, à leur tour, exhibent l'autorité qu'ils ont sur les clients. Dans toutes ces situations, le pouvoir légitime est utilisé d'une manière illégitime, c'est-à-dire, d'une manière politique.

En conclusion, le pouvoir politique exige inévitablement une volonté politique et un savoir-faire politique ; de plus, il peut s'appuyer sur des renseignements confidentiels, ou tirer parti de contacts privilégiés avec ceux qui détiennent du pouvoir, et il peut encore exploiter les systèmes légitimes d'influence, de façon illégitime.

COMMENT JOUER A LA POLITIQUE ?
LES JEUX POLITIQUES DE LA COALITION INTERNE

La meilleure façon de définir le système des politiques de l'organisation, consiste apparemment à y voir une série d'activités, un ensemble de « jeux » qui se déroulent partout dans la coalition interne — « complexes et subtils, se déroulant simultanément, s'imbriquant les uns dans les autres » — (Allison 1971, p. 162), une sorte de cirque où il y aurait plusieurs pistes. Mais comme Allison le fait remarquer, ces jeux politiques ne sont, ni indépendants les uns des autres comme on pourrait le croire, ni sans structure. « Les jeux ne se déroulent, ni au hasard, ni à loisir » (p. 162). Ces jeux suivent des règles :

> Certaines règles sont explicites, d'autres implicites. Certaines sont tout à fait claires, d'autres floues. Certaines sont tout à fait stables, d'autres changent en permanence. Mais en fait, c'est l'ensemble des règles qui définit le jeu. D'abord, les règles indiquent les positions, les voies grâce auxquelles les hommes parviennent à ces positions, le pouvoir lié à chaque position, les chemins de l'action. Ensuite, les règles limitent l'éventail ... des décisions et des actions qui sont acceptables ... Enfin, les règles sanctionnent certaines démarches, — le marchandage, les coalitions, la persuasion, la tromperie, le bluff et la menace —, tout en rendant d'autres attitudes illégales, immorales, incorrectes ou inappropriées (pp. 170-171).

Crozier et Friedberg fondent également leur analyse sur « la notion de jeu », qu'ils décrivent en termes identiques :

> Le jeu pour nous est bien plus qu'une image. C'est un mécanisme réel, grâce auquel les hommes organisent et structurent leurs relations de pouvoir, ils leur imposent des règles, tout en laissant, en même temps, à ces relations, — ainsi qu'aux hommes —, une grande liberté.
> Le jeu constitue un instrument que les hommes ont créé, afin de donner des règles à leur coopération. C'est un instrument fondamental pour l'action organisée. Le jeu concilie liberté et contrainte. Le joueur reste libre, mais s'il souhaite l'emporter, il doit adopter une stratégie rationnelle selon la nature du jeu et en respecter les règles. (1977, p. 97).

Parmi les publications portant sur le pouvoir dans les organisations, on trouve des études qui analysent en profondeur les jeux spécifiques que l'on trouve le plus fréquemment dans les organisations (davantage d'études de ce genre seraient souhaitables). Mais il n'a été trouvée aucune étude qui examine les relations entre les jeux, ou dans laquelle l'on cherche à développer un cadre conceptuel qui permette de comprendre le système des jeux, c'est-à-dire, essentiellement le système des politiques que l'on trouve dans les organisations. Aussi, notre étude doit porter davantage sur la structure des jeux individuels, que sur celle du système des jeux, bien que nous donnions, en conclusion, quelques commentaires sur cette dernière. A l'occasion de notre étude portant sur chaque jeu, nous nous intéresserons à savoir, quels sont ceux qui y jouent (le P.-D.G., les directeurs de la ligne hiérarchique, les opérateurs spécialisés, les opérateurs non qualifiés, les responsables des moyens logistiques, les analystes de la technostructure) ; nous chercherons également à savoir, quels sont les moyens politiques d'influence sur lesquels ils s'appuyent pour prendre part à ces jeux (volonté et savoir-faire politiques, renseignements confidentiels ou contacts privilégiés, moyens potentiels pour exploiter les systèmes légitimes d'influence), et enfin nous nous interrogerons sur les raisons pour lesquelles ils jouent à ces jeux. En fait, nous allons avant toute chose, classer ces jeux, à partir des raisons d'y jouer, en utilisant les rubriques suivantes : il y a les jeux auxquels on joue pour résister à l'autorité, ceux pour contrecarrer la résistance à l'autorité, ceux qui servent à construire une assise de pouvoir, ceux qui permettent de battre un rival, et ceux qui permettent d'effectuer un changement dans l'organisation. On étudiera en tout treize types de jeux politiques, qui entrent dans ces catégories comme suit :

Jeux pour contrer l'autorité :	Les jeux de l'insoumission
Jeux pour contrer l'opposition à l'autorité :	Les jeux pour combattre l'insoumission
Jeux pour construire des assises de pouvoir :	Le jeu du parrainage (avec ses supérieurs)
	Le jeu de la construction d'alliances (avec ses pairs)
	Le jeu de la construction d'empire (avec ses subordonnés)
	Le jeu de la budgétisation (avec les ressources)
	Les jeux des compétences spécialisées (avec du savoir et des savoir-faire)
	Le jeu de l'autoritarisme (avec l'autorité)
Jeux pour vaincre des rivaux :	Le jeu de bataille entre les directeurs de la ligne hiérarchique et ceux des fonctions de soutien logistique
	Le jeu de la rivalité entre deux camps
Jeux pour mettre en place des changements organisationnels :	Le jeu des candidats à des postes stratégiques
	Le jeu du coup de sifflet
	Les jeux des jeunes Turcs.

LES JEUX DE L'INSOUMISSION   On se livre habituellement aux jeux de l'insoumission, quand il s'agit de refuser d'obéir à l'autorité, mais également, lorsqu'il s'agit de ne pas suivre l'idéologie ou de s'opposer aux compétences spécialisées ; l'on peut également pratiquer ces jeux, afin d'obtenir un changement dans l'organisation. Ces jeux peuvent correspondre à une opposition faible à l'égard du pouvoir légitime, peuvent consister en une modification des buts et peuvent aller jusqu'à la mutinerie absolue : « de la contestation à la révolte » (Zald et Berger 1978, p. 841). On y joue souvent au moment de l'exécution d'une décision, quand une personne située au bas de la hiérarchie reçoit des consignes, afin de mener à bien une action, de mettre en œuvre une décision prise plus haut. Il faut se rappeler que nous avons défini la décision comme étant « un engagement pour l'action ». Entre l'engagement et l'action il existe inévitablement une certaine liberté ; il n'y a aucune garantie que l'action sera exécutée à la lettre. Le réalisateur de l'action peut intervenir et faire dévier le cours de l'action ou modifier celle-ci, afin de satisfaire ses intérêts personnels. Pour les décisions qu'il approuve, il peut « aller au-delà de l'esprit, sinon de la lettre », autrement dit, en faire plus qu'il ne faut, et pour les décisions qui n'ont pas sa préférence, il peut « manœuvrer, retarder la mise en œuvre, limiter la mise en œuvre en suivant les instructions à la lettre en négligeant l'esprit des instructions, voire même s'opposer à la décision prise » (Allison 1971, p. 173).

Il est dans la nature du système d'autorité, que les décisions soient prises à des niveaux élevés de la hiérarchie, et qu'elles soient exécutées à des niveaux plus bas. Le P.-D.G. décide que les machines soient peintes en vert ; le directeur de l'usine décide que la peinture sera appliquée à la brosse et non au rouleau ; le peintre exécute le travail. En conséquence, ces employés que Mechanic (1962) appelle les « agents du bas de l'échelle », et en particulier les opérateurs tout en bas de l'échelle, sont les exécutants principaux, et ainsi se trouvent être les participants les plus importants aux jeux de l'insoumission. Ceci est d'autant plus vrai des opérateurs non qualifiés et qui sont les plus soumis aux systèmes de contrôle. Ce sont les détenteurs d'influence internes qui ont le plus à gagner, en refusant de se soumettre à l'autorité. En vérité, c'est la seule chose qu'ils puissent faire, s'ils souhaitent obtenir du pouvoir dans la coalition interne. « Les agents du bas de l'échelle n'obtiennent généralement pas le contrôle en utilisant la structure fonctionnelle de l'organisation, mais plutôt en la court-circuitant, en faisant du sabotage ou en la manipulant » (Mechanic 1962, p. 356).

Évidemment, n'importe quelle personne soumise à un pouvoir légitime peut prendre part aux jeux de l'insoumission : les opérateurs spécialisés contre l'autorité — dans ce cas, ils l'emportent assez facilement, grâce à leur contrôle du travail opérationnel (Thœnig et Friedberg 1976) —, les opérateurs non qualifiés contre les spécialistes (Scheff 1961), des sections entières d'une organisation contre l'autorité centrale, comme c'est le cas, par exemple, quand des fonctionnaires titulaires cherchent à entraver les réformes d'un nouveau gouvernement ou qu'une section locale d'un syndicat s'oppose à un accord qui a été négocié par la direction du syndicat. Les managers ou directeurs se livrent fréquemment à des jeux d'insoumission contre leurs supérieurs hiérarchiques, comme le prouve Guetzkow (1965) qui fait état des modifications qu'ils apportent aux informations qu'ils transmettent à leurs supérieurs hiérarchiques. Ceci est même apparu dans l'étude d'un laboratoire :

> Le nombre moyen des messages adressés aux supérieurs hiérarchiques par leurs attachés subalternes, contenant des remarques critiques, était trois fois plus important quand il n'y avait pas d'implication de pouvoir ; il n'en était pas de même, quand l'avancement des subalternes dépendait des supérieurs hiérarchiques qui détenaient des postés clés et jouissaient d'un pouvoir certain … Les remarques ou les critiques étaient simplement omises par ceux dont le sort dépendait des personnes d'un rang hiérarchique supérieur (p. 555).

On a même connu des membres de la haute direction refuser de se soumettre à l'autorité de leur P.-D.G. Zald et Berger (1978) relatent l'incident célèbre en 1949 de « la révolte des amiraux » qui s'opposèrent aux changements d'orientation du Département Américain de la Défense, qui conduisaient à une diminution de l'importance du rôle joué par la Marine. Et Allison cite un conseiller du Président Franklin D. Roosevelt qui déclarait que « la moitié des recommandations du Président, qui en théorie ont autant de poids que s'il s'agissait d'ordonnances, peuvent être tranquillement oubliées par un membre du Cabinet » (1971, p. 172).

On peut prendre part aux jeux de l'insoumission de deux manières ; des individus ou des petits groupes peuvent y jouer avec une certaine subtilité, et selon Zald et Berger (1978), c'est la façon de procéder que les directeurs hiérarchiques et les spécialistes préfèrent ; on peut également y participer en grands groupes — c'est ce que Zald et Berger appellent les « mouvements de masse » —, et selon eux, c'est la méthode utilisée habituellement par les opérateurs les moins qualifiés[2]. Nous l'avons déjà fait remarquer, si ces opérateurs disposent de peu de pouvoir en tant qu'individus, ce sont pourtant eux qui assurent les fonctions les plus vitales de l'organisation, à savoir, la fabrication de ses produits essentiels ainsi que la prestation des services indispensables. En outre, ce sont eux qui sont le plus directement concernés par le fonctionnement quotidien de l'organisation. Aussi, quand ils sont disposés à agir ensemble — il n'est pas aisé de remplacer la totalité des opérateurs —, et à fournir les efforts nécessaires pour s'opposer à l'autorité, ils peuvent, dans ce cas, avoir un pouvoir politique considérable.

Ces mouvements de masse participant aux jeux de l'insoumission, ne

---

[2] Zald et Berger voient dans la première façon de jouer aux jeux de l'insoumission, une raison « de changer certains aspects du fonctionnement de l'organisation », par suite des résistances venant du système formel d'autorité de l'organisation, cette forme de jeu est proche de celui que nous avons appelé le jeu des jeunes Turcs. Mais il faut dire que des petits groupes de directeurs hiérarchiques et/ou d'experts, peuvent prendre part aux jeux de l'insoumission pour faire simplement obstruction à l'autorité en tant que telle.

peuvent évidemment se produire que d'une manière occasionnelle, car aucune organisation ne peut tolérer des interruptions constantes dans le déroulement de ses activités. Ces phénomènes ont tendance à se produire quand la haute direction cherche à imposer aux opérateurs des changements de comportement qui menaçent leurs avantages sociaux acquis, ou qui viennent peut-être porter atteinte à une idéologie qui leur est chère. Il arrive que les opérateurs soient exaspérés pour d'autres raisons, — les raisons peuvent être minimes et porter, par exemple, sur la qualité de la nourriture proposée par le restaurant d'entreprise (Zald et Berger 1978, p. 846), ou importantes et concerner le poids des contrôles bureaucratiques imposés —, et ils expriment leurs frustrations à l'occasion du moindre changement que la direction souhaite mettre en place. Souvent ces jeux de l'insoumission se pratiquent à la suite d'un changement de personnes dans l'équipe dirigeante, quand, par exemple, un P.-D.G. ne comprend pas ou refuse d'accepter les compromis opérés par son prédécesseur qui recherchait une sorte de paix sociale dans son organisation. Les opérateurs mettent à l'épreuve son pouvoir politique.

L'insoumission, quand elle est le fait d'opérateurs non qualifiés, peut revêtir toute une variété de formes. Il arrive que les opérateurs exploitent le système d'autorité, en utilisant le règlement contre leurs supérieurs, comme par exemple, lorsqu'ils travaillent en respectant le règlement à la lettre. « La réglementation, si elle limite la liberté des subordonnés, elle restreint également la marge de manœuvre des cadres supérieurs. Ils ne peuvent plus disposer de leur pouvoir de sanction, par exemple, sauf dans certaines circonstances particulières » (Crozier et Friedberg 1977, p. 76). Les formes d'insoumission les plus fréquentes sont la limitation de la production, l'interruption des activités ou carrément encore le refus de travailler. Les ouvriers se livrent à des grèves perlées ou occupent les usines, les prisonniers provoquent des émeutes, les soldats désertent et les marins se mutinent.

De tels procédés ne sont pas nouveaux. Udy, par exemple, a étudié la situation des esclaves au deuxième siècle avant J.C. dans les États romains, où « le mécontentement régnait partout ... il y avait des révoltes permanentes et l'on assistait à des ententes fréquentes entre les gardiens des esclaves et les manœuvres, afin de retarder ou d'arrêter le travail » (1959, p. 83). Et Sterba (1978) décrit comment pendant treize siècles des subordonnés préposés aux écritures et des petits employés administratifs furent capables, dans la Chine Impériale, de manipuler les ordres qu'ils ne respectaient pas, des ordres qui venaient de leurs supérieurs, qui furent les premiers fonctionnaires connus. Le cadre n'était pas sans rappeler celui plus proche de nous, celui des jeux de l'insoumission. Ces fonctionnaires étaient choisis avec soin et recevaient une très grande instruction, avant d'être envoyés dans les différentes régions pour les administrer et représenter le gouvernement. Mais ils ignoraient tout de la réalité des opérations quotidiennes, — même les dialectes et les coutumes des habitants des régions où ils se trouvaient leur étaient inconnus —, si bien que leur autorité était aisément sapée par les commis qu'ils étaient obligés de recruter sur place pour faire le travail administratif :

D'une part, en faisant usage de tromperies, chicanes, connivences, en semant le doute dans les esprits, en exécutant qu'une partie des tâches assignées, et d'autre part, grâce à leurs connaissances des procédures administratives par le détail, ces commis du bas de l'échelle, étaient capables d'abuser, d'escroquer et de mystifier, voire intimider leurs chefs hiérarchiques infiniment prestigieux (p. 70).

Ces commis exerçaient « une sorte de veto, non seulement à l'encontre des décisions prises par les responsables officiels directement au-dessus d'eux, mais également, à l'extrême, à l'encontre des orientations politiques promulgées à l'échelon du gouvernement » (p. 75). Ils avaient tendance à tout remettre au lendemain, faisaient semblant de ne pas comprendre, se perdaient dans les détails. Par suite du contrôle, qu'ils avaient de l'information, ils se livraient à des oublis, ou à des exagérations, et allaient jusqu'à falsifier les données. On pense que de tels comportements qui correspondent aux formes les plus extrêmes d'insoumission, ont sapé toutes les mesures portant sur les réformes administratives et le commerce du pays, au temps de la dynastie Sung, sur une période de plus de cinquante ans. Et en même temps, les fonctionnaires se refusaient à contrarier les commis dont ils avaient besoin pour administrer leurs régions. On trouvait là, l'inverse d'une autorité implicite, et pour reprendre Sterba, il y avait là « un management clandestin » (p. 76).

Rien de ceci ne semble avoir été oublié par ceux qui participent aujourd'hui aux jeux de l'insoumission. En réalité, la description que fait Scheff (1961) du « Contrôle de la Politique d'un Hôpital Psychiatrique par les Agents Hospitaliers », offre une ressemblance frappante avec la description donnée par Sterba de la bureaucratie chinoise impériale. Scheff a étudié l'opposition de six cents agents hospitaliers — de loin le groupe le plus important d'employés que l'on puisse trouver dans un hôpital psychiatrique d'État —, à un projet de la direction pour remplacer le maintien sous bonne garde des malades par un « traitement plus social ». Les agents hospitaliers eurent gain de cause, ils jugèrent le programme de réformes proposé, « immoral, irréaliste et frauduleux » (p. 94).

Dans la chaîne d'autorité entre l'administration et les agents hospitaliers, il y avait un maillon qui était moins solide, et qui correspondait à celui du médecin. En théorie, ce dernier était le « garant » du contrôle administratif du service, il était « responsable des soins données aux malades et devait veiller à ce que les règles hospitalières soient respectées (par les agents hospitaliers) » (p. 95). En réalité, le médecin dépendait des agents hospitaliers pour la bonne marche du service. Tandis que la durée des fonctions des médecins avait tendance à être courte et que leurs visistes dans les services étaient épisodiques, — les médecins avaient de nombreuses responsabilités à l'extérieur des services, et certains d'entre eux, avaient jusqu'à quatre services —, les agents hospitaliers étaient « enchaînés à leur service » (p. 95), passant toutes leurs journées dans le même service, et cela parfois pendant cinq ans d'affilée. Autrement dit, ils étaient beaucoup plus liés à leur lieu de travail, et étaient donc davantage prédisposés à faire en sorte qu'ils jouissent d'un pouvoir informel dans leur travail. Non seulement ces agents hospitaliers étaient présents en permanence dans les services, mais ils étaient très bien organisés et constituaient des groupes solidaires, même s'il y avait une minorité d'entre eux qui apparemment partageait les vues de l'administration et ses désirs de changements.

L'ensemble de ces conditions a permis la mise en place d'une « situation offrant la possibilité d'un ''sabotage bureaucratique'' », permettant aux agents hospitaliers de « prendre en otages » les médecins (p. 96). Les médecins qui n'étaient pas de leur côté, — qui prenaient le parti des malades, ou étaient en faveur de l'administration —, faisaient l'objet de toute une série de mesures de rétorsion. Quand ils étaient absents du service, — surtout les nuits et les week-ends —, les médecins avaient besoin des agents hospitaliers qui leur fournissaient des rapports sur le comportement des malades. Ces rapports n'étaient pas remis. Les agents hospitaliers contrôlaient également le flux des malades qui voulaient rencontrer les médecins ; normalement, ils n'autorisaient à se présenter aux consultations que ceux qui avaient un rendez-vous. Mais quand les agents étaient mécontents de l'attitude d'un médecin, ils « encourageaient » parfois les malades « à l'aborder et à lui soumettre leurs demandes », jusqu'à parfois provoquer des « bousculades » (p. 96). Les sanctions prenaient également les formes de désobéissance évidente et de refus de coopérer. Les médecins avaient davantage de responsabilités qu'ils ne pouvaient décemment en assumer ; pour donner un exemple, ils devaient fixer les doses de tranquillisants, en principe plusieurs fois par semaine, et ceci pour chacun des cent cinquante malades. Aussi fallait-il trouver un arrangement avec les agents du service, pour que soit tiré le meilleur parti des décisions prises, et que les médecins ne soient consultés que pour des problèmes spécifiques. Si cette coopération était refusée, « le médecin ne disposait d'aucun autre moyen que de faire tout le travail lui-même » (p. 97).

Les choix offerts aux médecins étaient de quitter ou « trouver un arrangement tacite » avec les agents hospitaliers. Ceux « qui étaient nouveaux dans le service, comprenaient très vite, et parvenaient à un arrangement qui impliquait la poursuite du mode antérieur de fonctionnement du service, en échange de la coopération des agens hospitaliers » (p. 97). Ainsi, ces derniers avaient les moyens de « contrecarrer un programme de réformes, même s'il était solide » (p. 104). L'administration « comptait largement sur les contrôles formels et était dépourvue du système informel de contrôles qui permet habituellement d'apporter des changements dans les organisations » (p. 105). Autrement dit, le pouvoir légitime était incapable d'effectuer le changement souhaité. Comme l'administration était peu disposée à utiliser des moyens d'influence politiques, elle perdit la partie.

LES JEUX POUR CONTRER L'INSOUMISSION   Il est fréquent de voir ceux qui disposent de l'autorité, réagir et contrecarrer l'insoumission, quand ils y sont confrontés. Au temps de la Chine Impériale, trois solutions furent envisagées :

« *a)* Une sévérité accrue des sanctions prises à l'encontre des gestionnaires reconnus malhonnêtes ;

b) L'augmentation des moyens disponibles pour démasquer et dénoncer publiquement les prévaricateurs ;

c) L'amélioration des méthodes de surveillance et de contrôle pour décourager et empêcher les malversations administratives » (Sterba 1978, p. 76).

Autrement dit, la solution envisagée pour contrer l'opposition à l'autorité, fut davantage d'autorité avec des contrôles plus stricts. En fait, les problèmes « étaient dus à une mauvaise conception de l'organisation, bien plus qu'à des questions de faiblesses et d'erreurs humaines » (p. 77), et il s'ensuivit que les solutions envisagées ne remédièrent pas à la situation, à l'exception d'une initiative qui aboutit partiellement et ne subsista qu'un temps, car elle fut finalement rejetée pour des raisons d'opposition politique. Elle consistait à impliquer davantage les fonctionnaires dans la réalisation des opérations et à amener les commis à adopter le code moral et social tiré de la pensée de Confucius, et à leur inculquer le sens de la loyauté et du dévouement » (p. 77). Un fondement idéologique était ainsi mis en place, afin de susciter et d'encourager un esprit de coopération parmi les commis.

Il en va de même aujourd'hui ; la tendance naturelle quand il s'agit de battre en brèche les résistances à l'autorité, est d'accroître l'autorité, d'augmenter les contrôles, de créer des règlements plus stricts et d'infliger des amendes et des pénalités. L'Église excommunie ; les syndicats placent sous tutelle ceux qui se rebiffent contre les consignes nationales. Ce n'est pas sans rappeler « le jeu de l'autoritarisme » que nous étudierons le moment venu. Dans les cas extrêmes d'indiscipline, de telles mesures peuvent réussir. Mais nous venons de voir que ce qui fait problème, se situe au-delà de l'insoumission, et que faire preuve d'autorité, s'avère souvent inutile quand il s'agit de contrecarrer une opposition d'ordre politique, et cela même dans le cas d'opérateur non qualifiés[3].

Aussi, quand les directeurs refusent de céder aux opérateurs, ils doivent se servir de moyens politiques d'influence pour s'opposer aux attitudes d'insoumission. Autrement dit, les directeurs sont contraints de combattre le feu par le feu. Ils doivent se démener considérablement, user de tout leur savoir-faire politique, tirer parti de leur position au centre des opérations ainsi que des informations ; ils doivent persuader, flatter et négocier avec les

---

[3] Dans le cas d'opérateurs spécialisés, l'autorité formelle est encore moins susceptible d'aboutir. Les ordres directs risquent d'être ignorés, les normes technocratiques de ne pas être appliquées ; les problèmes de personnel (recrutement, attribution...) sont souvent soustraits aux moyens de contrôle des directeurs, et les rémunérations peuvent dépendre des normes édictées par les organisations professionnelles ; même les budgets ne sont parfois pas du ressort des directeurs.

opérateurs pour obtenir ce qu'ils veulent. Évidemment, ils se servent également de leurs prérogatives légales et des moyens dont ils disposent de par leur rang, et parfois même ils en abusent d'une manière politique, voire illégitime. Comme le fait remarquer Neustadt dans son étude de la présidence des États-Unis, « le pouvoir effectif doit être dérivé et tiré des intérêts personnels d'un ensemble d'hommes » (p. 156). Neustadt insiste sur l'obligation qu'ont les P.-D.G. de veiller aux détails opérationnels, afin de ne pas être manipulés par des subordonnés, mieux informés, et sur le fait qu'ils peuvent créer et entretenir un esprit de compétition entre leurs subordonnés, dont les P.-D.G. tirent parti. Ainsi, une manière de faire que Roosevelt affectionnait, — la politique était pour lui un vecteur porteur —, consistait à

> veiller à ce que l'autorité ne soit jamais totalement déléguée, que les juridictions restent incertaines, que les statuts empiètent les uns sur les autres. Cette théorie de la compétition dans l'administration, aboutissait à bien de l'exaspération et de la confusion parmi les agents opérationnels ; mais nulle autre méthode ne pouvait aussi sûrement garantir, au sein d'une bureaucratie aussi importante et aussi peuplée de jeunes hommes ambitieux et avides de pouvoir, de prendre des décisions et de les appliquer, que ce pouvoir restât entre les mains du président. (Schlesinger, cité par Neustadt 1964, p. 150).

LE JEU DU PARRAINAGE Nous en venons maintenant à une série de jeux politiques qui visent à la construction d'assises de pouvoir. Les trois premiers jeux étudiés qui visent cette finalité, font appel à des personnes de rangs différents ; il y a d'abord les supérieurs, puis viennent les collègues de même rang, et en troisième lieu, les subordonnés. Kanter, en fait, défend l'idée que ceux qui souhaitent avoir le moindre pouvoir réel au sein d'une organisation, ont intérêt à pratiquer l'un de ces trois jeux : « Les personnes qui sont dépourvues de parrain, qui ne disposent pas d'appuis auprès de leurs collègues, ou qui se retrouvent sans subordonnés qui sont promis à un bel avenir, restaient dans une situation de dépendance bureaucratique... » (1977, p. 188).

Le jeu du parrainage est un jeu simple qui n'a guère besoin de commentaires. Une personne s'attache à une sorte de « star » qui s'élève, ou bien à une personnalité déjà en place et lui promet son concours loyal en échange « d'une part de l'action ». Autrement dit, le parrainage s'accompagne d'un contrat implicite dans lequel une partie du pouvoir est donnée en échange d'un service. Le parrain est généralement un patron reconnu, mais pas nécessairement, encore que la subordination soit toujours du côté du joueur. Kanter cite l'exemple d'un vendeur dont le parrain était situé quatre crans plus hauts dans la hiérarchie. Dans les organisations où interviennent des professions libérales telles que les hôpitaux ou les universités, un médecin ou un professeur, haut placé, parraine souvent un collègue de rang bien inférieur. Aussi le parrainage ne consiste pas en un contrat établi entre des collègues de même rang, mais entre un détenteur d'influence disposant d'un pouvoir considérable et quelqu'un d'autre ayant bien moins de pouvoir. Le premier à la part du lion pour ainsi dire, le dernier, les miettes qui peuvent s'avérer importantes.

Martin et Simms laissent entendre que « le système directorial dans une entreprise est constitué par un réseau complexe de relations protecteur-protégé » (1959, p. 517). Kanter développe cette idée et indique que les protecteurs ou les parrains, dans les entreprises qu'elle a étudiées « sont souvent considérés comme des tuteurs ou des entraîneurs qui ont surtout pour fonction d'offrir les premiers contacts ou d'apprendre à une jeune personne, nouvelle dans le système, a y évoluer le mieux du monde » (p. 181). Mais elle estime également que les protecteurs ou les parrains offrent trois autres services importants. D'abord, ils veillent aux intérêts de leurs protégés, les soutiennent et se dressent en leur faveur quand les occasions se présentent. Ensuite, ils leur permettent de « doubler la hiérarchie, d'obtenir des informations internes, d'éviter des procédures fastidieuses et de couper court à la paperasserie » (p. 182). Et troisièmement, « les parrains font également comprendre aux autres que leur "pouvoir est comme réfléchi". Le parrainage indique aux autres que la personne en question jouit du soutien de quelqu'un d'influent, que les moyens du protecteur sont en quelque sorte au service du protégé » (p. 182).

Évidemment, tout ceci ne dure qu'aussi longtemps que la relation existe, ce qui fait du parrainage un moyen de pouvoir tout à fait précaire. « Ceux qui veulent faire carrière rapidement... risquent de chuter en même temps que leurs parrains pour peu qu'ils n'aient pas mis en place entre-temps une base de pouvoir » (Kanter, p. 183). Quant aux protégés, lors de leurs entretiens avec Kanter, ils ont décrit le parrainage comme étant une relation de type « père-fils, une relation fragile ». « C'est courir un grave danger que de vouloir aller à l'encontre d'un parrain... Que Dieu vous garde si vous vous montrez ingrat à l'égard de celui qui vous a accordé des faveurs » (p. 183).

N'importe qui peut participer au jeu du parrainage, encore que ce jeu soit surtout pratiqué par des cadres moyens, quand des directeurs s'attachent à ceux qui avancent et qui réussissent dans leur carrière. Le parrainage se pratique également dans les milieux des professions libérales, à tous les niveaux de l'ordre hiérarchique, comme on l'a vu, et, bien sûr, dans le cas des secrétaires et des adjoints qui s'attachent à leur chef ou leur directeur.

LE JEU DE LA CONSTRUCTION D'ALLIANCES   Ce jeu, consistant à construire une base de pouvoir, se joue entre collègues, souvent des cadres moyens, parfois des spécialistes des moyens logistiques ou des fonctions opérationnelles, qui négocient des contrats implicites de soutiens mutuels.

> Le cadre de niveau intermédiaire tente de développer un réseau de relations sociales avec d'autres cadres ayant des postes stratégiques et de s'entourer d'alliés qui peuvent lui apporter des moyens ou des ressources, comme par

exemple, l'accès à certaines informations... Grâce à l'aide de ses alliés, le cadre de niveau intermédiaire peut étendre son influence et ainsi dépasser les limites structurelles de son rôle. (Izraeli 1975, p. 60.)

Kanter conclut en disant que dans l'entreprise qu'elle a étudiée, « une forte approbation de la part des collègues... était nécessaire pour pouvoir disposer d'une certaine base de pouvoir ou pour réussir dans une carrière » (p. 184). Elle fait remarquer que « des alliances fortes entre des collègues, pouvaient faire progresser le groupe comme un tout », et que « certains groupes semblent parfois produire tous les leaders d'une organisation » (p. 185).

Le procédé qui consiste à construire une alliance, requiert un savoir-faire politique certain, une somme d'efforts, ainsi que l'utilisation de moyens légitimes d'influence, et semble fonctionner comme suit : un individu montre son intérêt pour un problème et cherche des gens pour l'appuyer. Ou d'une autre manière, un groupe d'individus concernés par un problème, se cherche un chef sans pouvoir formel, autour duquel ils peuvent se rassembler, quelqu'un qui peut défendre leur intérêts de manière adéquate. C'est ainsi que le noyau d'un groupe d'intérêt commun s'est constitué. Un bon nombre de ces groupes n'ont qu'une existence éphémère. Ils se constituent sur la base de problèmes spécifiques à résoudre, et disparaissent quand les solutions ont été trouvées. Mais d'autres groupes se maintiennent, parce que les membres ont toute une série de problèmes en commun. On dit parfois de ces groupes que ce sont des *factions*. Quand la faction se constitue autour d'un chef, — du fait de son charisme ou de son habileté politique —, plutôt qu'à partir d'un problème, et qu'il dispose de partisans prêts à s'engager dès qu'il le juge nécessaire, on peut dire alors qu'il possède un groupe uni, une sorte de parti, un groupe loyal dont le soutien est plus ou moins garanti, et nous nous retrouvons dans le jeu du parrainage.

Souvent le groupe d'intérêt — qu'il se focalise sur un seul problème ou qu'il apparaisse comme une faction plus stable — manque de pouvoir pour l'emporter à lui tout seul. De ce fait, il doit gagner d'autres adhérents à sa cause, — d'autres individus, mais plus encore, d'autres groupes d'intérêt ou d'autres factions —, dans le but de renforcer sa base de pouvoir. En prenant de l'importance, il devient une *alliance*. Certains groupes se joignent à d'autres facilement, d'autres doivent être amenés à le faire, que ce soit sous la menace de représailles, s'ils s'y refusent, ou de préférence, par la promesse de récompenses s'ils s'exécutent ; il peut s'agir d'une participation aux bénéfices, ou bien, peut-être, d'une modification du rôle joué dans l'alliance. « Les alliances entre collègues existaient et fonctionnaient souvent, grâce à des échanges directs de faveurs. Aux niveaux les plus bas, c'était les informations qui étaient échangées ; à des niveaux plus élevés, les termes du marchandage et des échanges tournaient autour des hommes performants et des ouvertures dans le travail » (Kanter 1977, p. 185).

L'alliance peut continuer de se développer jusqu'au moment où il n'y a plus de personnes disposées à y adhérer ; jusqu'au moment où elle devient assez puissante pour dominer, ou au moins, pour emporter les affaires les plus importantes ; ou alors, jusqu'à ce qu'elle soit confrontée à une autre alliance, auquel cas, elle se retrouve impliquée dans un jeu de « camps rivaux ». Avec le temps, à mesure que les affaires se gagnent ou se perdent, de nouveaux membres rejoignent l'alliance, tandis que d'autres la quittent. Mais le concept de l'alliance implique une certaine stabilité parmi les membres. Un noyau d'individus ou de groupes d'intérêt se maintient avec le temps pour s'apporter des soutiens mutuels, à l'occasion de nombreux problèmes.

LE JEU DE LA CONSTRUCTION D'EMPIRES   Si le jeu de la construction d'alliances est un jeu collectif qui se pratique avec le concours de collègues de même rang, celui de la construction d'un empire est un jeu solitaire pratiqué par des individus seuls ; en général, l'on y trouve des cadres de niveau intermédiaire qui ont décidé d'accroître leurs assises de pouvoir, en rassemblant sous leur coupe, différents subordonnés ainsi que diverses sous unités.

Le jeu de la construction d'empires qui correspond à vouloir créer « une souveraineté indépendante disposant de sphères d'influence », pour reprendre l'expression de Dahl (1961, p. 189), fait appel à tous les moyens politiques d'influence. L'accès privilégié à des détenteurs d'influence est particulièrement recherché, et notamment ceux qui ont la responsabilité d'élaborer la superstructure. Tout aussi importantes sont les informations de premier choix dont on peut disposer quand on a accès à un poste de contrôle ou de centralisation de celles-ci, l'exploitation des systèmes légitimes d'influence, ainsi que l'habileté politique du joueur et tout particulièrement l'énergie qu'il est prêt à dépenser pour construire son empire.

Le monde des organisations est semblable à celui des animaux et des nations, quand il s'agit du jeu de la construction d'empires, les batailles étant toujours menées en vue de la conquête de territoires. Les territoires, dans le cas des organisations, correspondent aux unités et aux postes qui s'y trouvent. Non seulement les salaires sont fixés par rapport au nombre de subordonnés que les directeurs ont sous leur autorité, mais les ressources et les moyens sont alloués et les pouvoirs de prendre des décisions sont délégués en fonction des situations dont les directeurs ont le contrôle. Qui plus est, les unités et les postes occupés permettent aux directeurs de disposer de partisans organisés en groupes de soutien. Les batailles politiques ont besoin d'armées ; les unités et les différents postes occupés les fournissent. Et c'est ainsi que se pratique le jeu de la construction d'empires, au fur et à mesure que s'élabore la superstructure.

Les directeurs ou les managers peuvent se montrer fort courtois, quand ils se battent entre eux et quand l'enjeu est une nouvelle fonction ou un nouveau poste. Mais la construction d'empires implique aussi la conquête d'empires existants, principalement dans le cas d'organisations qui ont une croissance lente. Aussi est-il difficile de rester poli, quand le but du jeu est le contrôle de sphères d'influence, et pour être précis, d'une autre sphère d'influence. Et la construction d'un empire peut s'avérer être un jeu plein de risques et être le jeu le plus politisé de tous ceux que nous étudions. Strauss relate comment des responsables des achats qui en voulaient et qui étaient avides de pouvoir, et qui souhaitaient jouir d'un statut important dans leurs sociétés, cherchèrent à « prendre le contrôle d'autres secteurs qui leur étaient proches et avec lesquels ils travaillaient, tels que le service de contrôle des stocks, les magasins, le contrôle de la production, et la réception » (1964, p. 139), espérant mettre en place ce que l'on appelle dans leur métier d'un terme pompeux, « la gestion des biens et des services matériels ». Ces désirs d'expansion qui consistaient principalement à vouloir prendre le contrôle de ce qu'il y avait lieu d'acheter, les firent s'engager dans des affrontements directs avec les ingénieurs, affrontements qui finirent par une guerre permanente entre les deux groupes de protagonistes (p. 140).

Pettigrew (1973) décrit en termes vifs une bataille semblable, à l'occasion de laquelle un directeur d'un service d'analyse de systèmes, décida de placer sous sa coupe les programmeurs. Ses intentions étaient tout à fait explicites :

> Ils ressemblaient à un groupe de lycéens de Terminale C.
> Ils étaient malins et d'un esprit sarcastique. Ils se protégeaient derrière leur technologie. Il était extrêmement difficile d'essayer de s'en prendre à eux...
> Ils constituaient un petit monde à part d'initiés. Ils s'amusaient comme des écoliers. Je me suis dit qu'il fallait que je parvienne à les contrôler (p. 98-99).

De 1957 à 1961, les progammeurs avaient un pouvoir considérable au sein de l'organisation, qui s'appuyait sur leurs compétences spécialisées et qui était dû également au fait qu'il régnait une sorte de flou lié à la mise en place nécessaire de systèmes d'ordinateurs nouveaux. Les programmeurs se servirent de ce pouvoir pour acquérir un statut, obtenir des salaires élevés et le droit de passer outre aux règlements administratifs et de montrer une arrogance considérable. Ils n'étaient guère appréciés, mais comme ils étaient indispensables, ils pouvaient se maintenir comme un système social distinct et protégé, au sein de l'organisation. Puis entre 1962 et 1967, la fonction d'analyse de systèmes apparut et constitua un défi pour les programmeurs. Il s'ensuivit des guerres de territoires dans cette firme, ainsi que dans d'autres, et le problème posé était de savoir « jusqu'où les analystes peuvent-ils s'approcher de l'ordinateur » ? (p. 82) Comme la situation des programmeurs au sein de l'organisation se détériora, leur service devint une proie de choix pour les analystes.

S'accrochant du mieux qu'ils pouvaient, les programmeurs eurent recours à quatre moyens tactiques pour protéger leurs assises de pouvoir : des codes secrets et des codes qui barraient la route aux compétences de personnes extérieures, des histoires en matière de sécurité et la protection de leur sources de savoir par un contrôle de la formation et du recrutement. Autrement dit, ils se livrèrent aux jeux des compétences spécialisées (nous en reparlerons plus loin). Le directeur du service d'analyse de systèmes se mit à démystifier leurs compétences, en faisant rédiger leurs programmes, et en amenant d'autres programmeurs, il parvient à montrer qu'ils n'étaient pas irremplaçables. Il les fit également déménager, afin de les isoler de leur source de pouvoir. Il finit par l'emporter. Le service des programmeurs fut, pour ainsi dire, récupéré par celui des analystes systèmes.

LE JEU DE LA BUDGÉTISATION

Ce jeu ressemble fort à celui de la construction d'un empire, — en un sens, il en constitue un sous-ensemble —, excepté qu'ici la méthode utilisée pour construire la base de pouvoir ne consiste pas à acquérir de nouveaux postes, ni de nouvelles unités, mais simplement de développer ce que le directeur possède déjà. En d'autres termes, le but de ce jeu est d'obtenir toujours davantage, que ce soit plus de postes, plus d'espace, plus d'équipements, ou plus de moyens en tout genre, et surtout plus d'argent. Et comme bon nombre de ces ressources son attribuées grâce à des plans financiers appelés budgets, ces budgets — qu'il s'agisse du budget en capital ou du budget d'exploitation —, deviennent l'enjeu principal de la partie.

Le jeu du budget est peut-être le plus connu des jeux politiques et le plus amplement étudié, vraisemblablement parce qu'il doit être joué ouvertement et que les règles sont mieux définies que dans les autres jeux. Les directeurs ou managers doivent défendre leurs dossiers de façon explicite et formelle, en respectant des procédures déterminées, et à des dates précises chaque année. Ceci aboutit à un marchandage déclaré, à un maquignonnage comme on n'en voit pas dans d'autres jeux politiques. Aussi la budgétisation est le modèle le plus formalisé de construction d'empires. Comme l'écrit un chercheur bien connu qui a étudié ces jeux, on peut considérer les budgets comme « des tentatives faites pour allouer des ressources financières par l'intermédiaire de processus politiques. Si la politique est envisagée comme une occasion de conflit où il s'agit de définir les choix qui prévalent dans la détermination d'une doctrine, alors le budget reflète les résultats de ce combat » (Wildavsky 1968, p. 192).

Les tactiques dans les jeux budgétaires sont simples. Dans le cas de budgets d'exploitation, il faut utiliser toutes les astuces existantes pour obtenir l'attribution budgétaire la plus élevée pour l'unité ; il faut toujours demander beaucoup plus, en sachant qu'un certain pourcentage sera soustrait ; il faut évoquer tous les arguments « rationnels » qui justifient un budget important et éliminer tous les arguments qui ne le sont pas ; si besoin est, il faut même falsifier les données concernant les besoins réels de l'unité ; enfin, une fois que le budget a été fixé, il faut s'assurer en fin d'année, que chaque centime a été utilisé, même si cela implique du gaspillage, car tout solde positif risque d'être soustrait des demandes de budget de l'année suivante. En fait, il est judicieux de cacher une partie des surplus et de les considérer comme des réserves de l'unité, afin de pouvoir y puiser en cas de restrictions financières. Schiff et Lewin, dans une étude concernant des budgets portant sur deux ans, dans trois divisions appartenant à de grandes sociétés, « ont passé au crible les processus grâce auxquels les directeurs satisfaisaient à des aspirations personnelles par l'utilisation des réserves, lors des bonnes années, et faisaient reconvertir en profit ces mêmes réserves, lors des mauvaises années » (1970, p. 262). Les recherches faites à ce sujet ont fait apparaître que ces réserves ou ces marges de manœuvre inscrites dans les budgets, pouvaient s'élever jusqu'à 20 ou 25 pour cent du total des dépenses.

Les budgets en capital font l'objet de manipulations semblables. En particulier, les coûts des projets d'investissement sont sous-estimés volontairement et les bénéfices envisagés sont exagérés. Ainsi Cyert et March citent les « affirmations classiques » de l'analyste de la technostructure qui déclarait à propos d'un projet qu'il avait à cœur : « En fin de compte, si quelqu'un soulève un problème de coût financier que nous avons omis de prendre en considération, nous pourrons l'équilibrer en faisant apparaître une source de revenus tangibles » (1963, p. 81). Même cet architechnocrate qu'était Robert McNamara, du temps où il était ministre de la Défense, falsifia de propos délibéré les données chiffrées qu'il présenta au Congrès, à propos de la guerre au Vietnam pour la période allant de 1965 à 1967. Plus tard, il fit les commentaires suivants : « Est-ce que vous pensez réellement que si j'avais fait une estimation correcte, le Congrès aurait accordé davantage de moyens financiers pour les écoles et le logement ? » (cité dans Halberstam 1972, p. 610).

De telles déformations se produisent souvent, car de nombreux projets comprennent des informations techniques qui ne sont connues que des membres de l'unité qui font les propositions, et non pas de la direction plus haut placée qui les approuve. De plus, cette direction est bien trop occupée et ne peut pas prendre habituellement le temps de considérer attentivement les chiffres correspondant à l'analyse des coûts et rendements.

Mais les tactiques utilisées dans ce jeu, vont encore plus loin. Bower raconte l'histoire d'un service qui a totalement échappé à ce type d'analyse, en morcelant un projet d'investissement en des augmentations minimales du budget d'exploitation. L'assistant du contrôleur financier donne l'explication suivante :

> Notre haute direction aime bien prendre toutes les décisions importantes. Elle pense les prendre, mais je viens de trouver une situation où une division s'est avérée la plus forte.
>
> J'ai reçu une demande d'une division qui voulait faire construire une grande cheminée, et je devais mettre au point cette demande. J'avais du mal à comprendre ce qu'on pouvait faire avec une cheminée uniquement ; aussi je décidai d'aller voir. Ils avaient construit et installé toute une usine avec des ordres de dépenses. La cheminée était le seul achat qu'ils ne pouvaient diviser et qui dépassait la limite de 500 000 F que nous avons fixée pour les ordres de dépenses.

Ils avaient apparemment appris d'une manière inofficielle qu'une demande d'usine nouvelle serait mal reçue ; aussi, ils l'ont fait construire. Je ne sais pas exactement ce que je vais dire. (cité dans Bower 1970, p. 189).

LES JEUX DES COMPÉTENCES SPÉCIALISÉES   S'il n'est pas possible de construire une base politique de pouvoir avec l'aide de ses supérieurs, ni avec des collègues de même rang, l'on peut toujours essayer de se rabattre sur le fait de posséder des compétences spécialisées qu'on utilise comme moyen politique d'influence. Ceci peut se présenter de deux manières : il y a les spécialistes qui font étalage de leurs connaissances et compétences spécialisées et les non-spécialistes qui font semblant d'en avoir.

Les spécialistes — ceux qui ont effectivement acquis des connaissances et des compétences tout à fait pointues —, pratiquent ces jeux avec un esprit offensif, en exploitant leurs atouts à fond, en faisant bien remarquer la spécificité unique de leur savoir et de leur savoir-faire, en soulignant l'importance de ces derniers pour l'organisation, et l'impossibilité qu'il y a de les remplacer. Ils adoptent également une attitude défensive, en veillant à ce que tout cela s'avère vrai ; nous avons vu dans la description des programmeurs donnée par Pettigrew, comment ils se gardaient bien de communiquer à quiconque leurs connaissances et leurs compétences, et surtout comment ils décourageaient toutes les tentatives qui visaient à une rationalisation. Autrement dit, les experts, — ainsi que les syndicats professionnels qui les défendent —, font tout ce qu'ils peuvent pour entourer d'un voile mythique leur savoir-faire et le rendre inaccessible aux simples mortels. Dans les manufactures de tabac dont parle Crozier, les agents de la maintenance

> … empêchent aussi bien les ouvriers de production que les contrôleurs, d'avoir affaire, en quelque façon que ce soit, à la maintenance des machines… Le seul péché impardonnable d'un opérateur sur machine, est de « perdre son temps » à entretenir sa machine. Les secrets de la maintenance et des réparations ne doivent pas être révélés. Aucune explication n'est donnée. Les ouvriers de production ne doivent pas comprendre, ni savoir. Les agents de la maintenance présentent leur savoir-faire comme le fruit d'une longue expérience. Ils ignorent totalement les schémas directeurs et les instructions en matière de maintenance et ils ont réussi à les faire disparaître des usines. Ils ne croient qu'à des réglages spécifiques propres à chaque machine et ils sont les seuls à les connaître… Ces pratiques sont indispensables pour préserver le contrôle absolu par les agents de maintenance des arrêts des machines. (Crozier 1964, p. 153).

Les non-spécialistes ont deux possibilités qui leur sont offertes, quand ils sont confrontés à ce genre de pratiques. Ceux qui disposent d'un quelque autre pouvoir légitime et qui se sentent menacés par les spécialistes, — notamment les directeurs qui y voient un défi à leur autorité —, s'efforcent de rationaliser les compétences. Une fois de plus, comme nous l'avons vu dans l'étude de Pettigrew, ils essayent de réduire ce savoir-faire en une série de choses faciles à apprendre, afin que n'importe qui puisse savoir faire le travail. Ainsi le remplacement est facile à opérer, et il n'existe plus de base de pouvoir. « Dès qu'un domaine est bien connu, dès que les premières intuitions et innovations peuvent être transformées en programmes et en instructions, le pouvoir de l'expert disparaît » (Crozier 1964, p. 165).

Les non-spécialistes qui ne disposent pas de base légitime de pouvoir, essayent parfois de faire le contraire. Ils s'efforcent de se rapprocher des spécialistes, plutôt que de les combattre, autrement dit, de faire en sorte que leur travail soit considéré comme un travail de spécialistes qui passera sous leur contrôle et sera soustrait à l'influence des directeurs, des analystes et même des vrais experts du centre opérationnel. Après tout, pour peu qu'ils deviennent des spécialistes reconnus, plus personne, alors, ne pourra leur dire ce qu'il faut faire. Strauss déclare, « tandis que certains se parent des atours du professionnalisme, d'autres s'efforcent de faire de même pour leur autodéfense » (1964, p. 148), et pour appuyer son point de vue, il donne l'exemple du responsable des achats. Ce dernier, confronté à des groupes tels que celui des ingénieurs qui s'opposent à lui, et se retrouvant sans le soutien de la direction, « se met à jouer les professionnels, ce qui a pour effet de rehausser son image de marque, et de renforcer le rôle qu'il peut avoir dans le cas de conflits entre les départements » (p. 137). Dans « cet exemple extrême » qui est celui de l'hôpital, selon Strauss, où l'autorité de la direction est relativement faible, mais où le groupe constitué par les médecins exerce traditionnellement un pouvoir tyrannique :

> ... l'on assiste à une prolifération considérable d'associations et de syndicats regroupant des spécialistes et des semi-spécialistes, allant des intendants aux techniciens de laboratoire en passant par les responsables de bibliothèque de médecine. Chaque association lutte pour défendre le bien-être économique et social de ses membres, et nombreuses sont les associations qui recherchent tous les signes extérieurs du professionnalisme, tels que les formations spécialisées, un code de déontologie, la reconnaissance officielle des qualifications, ainsi que le droit d'interdire aux non professionnels d'exercer leur travail de spécialistes (p. 148).

Un tel usage du pseudo-professionnalisme, — qui correspond à un pouvoir de type professionnel en l'absence de compétences spécialisées propres aux vrais professionnels —, a constitué un moyen puissant d'influence dans des secteurs comme celui de la plomberie et de la menuiserie, la raison à cela étant principalement la volonté de limiter l'accès à ces professions. Mais en conclusion, il faut souligner que ce moyen d'influence est politique, et qu'il repose non pas sur les connaissances ou le savoir-faire technique des employés, mais sur la volonté politique qu'ils exercent et sur l'habileté politique qui est la leur et qui leur a permis de se considérer comme des spécialistes ou des professionnels.

LE JEU DE L'AUTORITARISME   Nous en venons maintenant au dernier de nos jeux qui ont pour but de construire des bases de pouvoir, dans lequel des agents internes traitent avec autorité et condescendance les personnes qui sont soumises à leur influence. C'est un jeu dans lequel le pouvoir légitime est exploité de façon illégitime. Un patron peut exercer son autorité sur un subordonné pour l'obliger à faire quelque chose, ou un opérateur tout en bas de la hiérarchie peut exercer un quelconque pouvoir formel dont il dispose par rapport à des clients, en évoquant des règlements administratifs ou en menaçant d'en référer au patron qui détient davantage d'autorité, s'il y a des litiges. Les experts, eux aussi, pratiquent une variante de ce jeu, en utilisant leurs compétences spécialisées pour s'imposer à leurs clients, tout comme le font les membres d'organisations aux idéologies sectaires, qui imposent leurs normes et leurs croyances aux agents externes.

Mais le jeu de l'autoritarisme est le jeu préféré de ceux qui sentent le poids opprimant des contrôles bureaucratiques, à savoir les opérateurs non qualifiés et les cadres de la ligne hiérarchique qui leur sont proches. Les contrôles encouragent en partie la pratique de ce jeu. Comme le décrit Merton (1957), l'exigence qui existe de « respecter strictement » les règlements, se transforme en « dévotion absolue », de telle sorte que la nécessité de les interpréter avec une certaine souplesse, en fonction des besoins des clients, est supprimée (p. 200). Les règlements conçus comme des moyens, deviennent des fins en soi. Mais le jeu de l'autoritarisme correspond à bien plus qu'une simple réaction à des contrôles. Comme Kanter le souligne, user d'autorité est le jeu préféré des gens démunis d'autorité ; c'est le jeu où les participants jouissant d'une capacité d'influence minime, essayent de rehausser leurs propres positions :

> Quand une personne voit son pouvoir bloqué ou contrecarré, quand des gens se voient privés de leur pouvoir dans un cercle politique plus vaste, ils ont tendance à concentrer leurs besoins de pouvoir, même sur des personnes sur lesquelles ils avaient un minimum d'autorité. Il y a un déplacement du contrôle vers le bas... Les gens vont « manager » ceux qu'ils peuvent dominer, un peu à l'image de la maîtresse de maison qui n'arrête pas de chercher des noises, ou de la vieille fille institutrice, ou du chef abusivement autoritaire, pour peu qu'ils soient incapables d'utiliser leur pouvoir d'une manière plus constructive, ou qu'ils aient, en plus, peur de ne pas avoir de pouvoir du tout (1977, p. 189).

Aussi, l'autoritarisme qui consiste, d'une manière simpliste et rigide, à s'appuyer sur le principe d'autorité, dans le cas d'une obstruction ou d'une résistance, si cette tactique permet de donner au joueur l'impression de pouvoir contrôler quelqu'un, il ne permet en aucune façon de construire une base de pouvoir. Comme l'a montré Strauss dans son étude des responsables des achats, le fait de recourir au système d'autorité est une tactique que les bons acheteurs évitent d'utiliser. Faire appel au patron, était considéré comme une mesure radicale, et qui n'était pratiquée que par des acheteurs de bas niveau ; c'était « reconnaître que l'acheteur était incapable de s'occuper de ses propres problèmes » (1962-1963, p. 169). De même, les acheteurs qui s'appuyaient sur les règlements, étaient généralement les moins bons, ceux qui avaient peu d'instruction, et qui travaillaient dans de grandes entreprises peu dynamiques. Les acheteurs qui réussissaient le mieux, se servaient des règlements, uniquement dans le cas de conflit, pour avoir plus de poids.

LE JEU DE BATAILLE ENTRE LES DIRECTEURS DE LA LIGNE HIE-RARCHIQUE ET CEUX DES FONCTIONS DE SOUTIEN LOGISTIQUE

Des jeux où l'on essaie d'établir des bases de pouvoir, nous en venons maintenant à deux jeux de rivalité fraternelle, qui se pratiquent non pas tellement afin d'augmenter son pouvoir personnel, — bien que ce soit toujours un élément à prendre en compte —, mais afin de l'emporter sur des adversaires. En réalité, nous entrons dans le monde des jeux où les victoires ne sont pas de vraies victoires ; il s'agit de jeux où l'un des participants gagne la partie sans vraiment l'emporter sur l'autre. * (c'est ce qui se produit dans le cas de victoire par forfait par exemple, ou lorsqu'un joueur, en accumulant des erreurs, fait gagner l'autre * NdT)[4]. Le premier jeu fait se mesurer les directeurs de la ligne hiérarchique aux responsables fonctionnels des supports logistiques, tandis que le second jeu concerne les affrontements de deux camps rivaux.

Les directeurs de la ligne hiérarchique s'opposant aux responsables fonctionnels des supports logistiques, c'est là un exemple classique de conflit pour avoir le pouvoir ; les décideurs du niveau hiérarchique intermédiaire qui disposent d'une autorité formelle, s'opposent aux conseillers de la technostructure qui détiennent des compétences spécialisées[5]. (Il faut remarquer ici que l'autorité des directeurs n'est pas directe par définition, c'est-à-dire, que les spécialistes des fonctions de soutiens logistiques n'ont pas à leur rendre compte directement, mais doivent s'adresser à des personnes qui sont situées plus haut dans la hiérarchie. De ce fait, les directeurs et les spécialistes fonctionnels sont, en un sens, des collègues de même rang.) Manifestement ce qui est en jeu, c'est le contrôle des choix à faire : les directeurs essaient de conserver leur droit de décider, quant aux analystes de la technostructure, ils s'efforcent d'emporter la décision les premiers. Pour ce faire, les analystes ont deux moyens : en tant que conseillers, ils peuvent contrôler l'information qui détermine les choix, et en tant que concepteurs, ils peuvent essayer de mettre en place des réglementations qui limitent les choix. Mais la nature de la confrontation et les intérêts opposés des participants, ramènent rapidement ce jeu à une rivalité entre collègues de même rang.

Ce jeu de bataille entre la ligne hiérarchique et les fonctionnels, correspond essentiellement à une confrontation entre un pouvoir formel et un pou-

---

[4] Les jeux de l'insoumission tout comme les jeux pour combattre l'insoumission, présentent, en partie, les mêmes traits caractéristiques, encore que des jeux pratiqués entre des supérieurs et des subordonnés, peuvent difficilement être considérés comme des jeux pratiqués par des équipes rivales.

[5] Les conseillers fonctionnels des supports logistiques, les plus qualifiés, peuvent également faire participer les cadres de la ligne hiérarchique à ce jeu, bien que celui-ci se pratique habituellement entre les directeurs et les analystes de la technostructure.

voir informel. Les directeurs cherchent à faire valoir leur autorité en tant que membres de la ligne hiérarchique, tandis que les analystes s'efforcent de les contrer, en tirant parti de leurs compétences spécialisées. Autrement dit, les uns essayent de pratiquer le jeu de l'autoritarisme, et les autres se livrent aux différents jeux des compétences spécialisées. Mais ce jeu de bataille est bien plus que cela. Il correspond aussi à un choc de personnalités. Les deux groupes d'adversaires diffèrent généralement par l'âge, la formation et la vocation. Les directeurs sont habituellement plus âgés, plus intuitifs, plus pragmatiques, ils ont davantage d'expérience, alors que les analystes ont tendance à être plus jeunes, mieux formés, et d'un esprit davantage analytique (cf. Huysmans 1970 ; Hammond 1974 ; Doktor et Bloom 1977). En outre, comme nous l'avons vu au chapitre 9, les directeurs ont davantage tendance à s'identifier plus nettement à l'organisation (et sont davantage sujets à des orientations à la sous-optimisation), alors que les fonctionnels ont tendance à s'identifier à leurs professions, et sont ainsi davantage enclins à intervertir les fins et les moyens. Pour reprendre les termes utilisés par Gouldner (1957-1958), ce jeu oppose les « gens du coin » à ceux « d'ailleurs ». Toutes ces différences renforcent la cohésion au sein de chacun des groupes, et aggravent les conflits entre eux, comme on le voit dans les études faites par Dalton (1959) et de nombreux autres chercheurs. Il s'ensuit que la partie s'échauffe et l'on a recours à tous les moyens politiques d'influence, et non pas simplement à la possibilité de tirer parti des moyens légitimes liés à l'autorité et aux compétences spécialisées.

Nous l'avons déjà mentionné, le directeur a derrière lui non seulement le poids du système d'autorité de l'organisation — qui lui assure le droit de prendre des décisions —, mais il dispose également de certains moyens politiques d'influence. Étant le centre nerveux de sa propre unité, et étant lié directement aux fonctions opérationnelles, grâce à la hiérarchie formelle, il encourage une sorte de centralisation en matière d'information. En outre, entre l'analyste et le directeur, c'est ce dernier qui a probablement le désir le plus grand de mener des batailles politiques — sans parler de son plus grand savoir-faire —, car le pouvoir et ce qui s'y rapporte, font partie de son travail. Les analystes sont souvent perdus dans les querelles politiques des organisations.

Mais l'analyste ne doit pas être sous-estimé. Ses compétences spécialisées lui donnent une position de force, surtout dans la mesure où il peut en faire accroire au directeur. Lui aussi dispose d'une sorte de centralisation de l'information, car en tant que conseiller, il circule librement entre les différents niveaux hiérarchiques. Mumford et Pettigrew (1957), par exemple, parlent d'une « stratégie du linge sale » qui permet « aux spécialistes qui ont la possibilité d'enquêter dans les autres départements, de révéler les incapacités et les incompétences des autres », et ils peuvent ainsi faire usage de ce savoir contre « des clients récalcitrants » (p. 200). De même, bien des fonctionnels se conduisent comme des « agents techniques de verrouillage » (p. 200), en créant des liens entre l'organisation et des sources importantes d'informations externes.

Mais, ainsi que Mumford et Pettigrew le font également remarquer, si les compétences spécialisées et des informations privilégiées peuvent être pour l'analyste fonctionnel des moyens nécessaires d'influence, ils ne sont pas suffisants pour gagner à ce jeu politique. « Pour le spécialiste qui est intéressé à ce que son idée soit acceptée et mise en œuvre, l'accès politique (à des personnalités de haut rang à l'intérieur de l'entreprise), est selon toute vraisemblance capital », tout comme l'est « l'importance des personnalités qui figurent dans son réseau de relations », ainsi que le soutien d'autres groupes fonctionnels (p. 201, 206). D'une manière ironique, ce sont parfois les analystes fonctionnels qui peuvent, en un sens, en imposer aux directeurs, du moins indirectement. Les analystes fonctionnels qui se situent en dehors de la ligne hiérarchique, ont souvent la possibilité « de s'adresser aux membres de la haute direction, pour obtenir qu'ils les soutiennent dans la réalisation de leurs propres projets » (Litterer 1973, p. 618), alors que les directeurs d'un certain niveau de la ligne hiérarchique, ne peuvent souvent pas établir des contacts directs avec les directeurs qui se trouvent au-dessus d'eux. En vérité, nous l'avons vu précédemment, les directeurs généraux placent parfois des analystes fonctionnels à des postes directoriaux, afin qu'ils leur permettent de bénéficier de canaux différents d'information. Et ces canaux, ainsi que Dalton (1959) et d'autres chercheurs l'ont clairement montré, ne permettent pas seulement de faire remonter l'information jusqu'à la haute direction, mais également d'attribuer du pouvoir aux analystes fonctionnels.

Où ce jeu de bataille entre les directeurs de la ligne hiérarchique et les fonctionnels se pratique-t-il ? Une occasion importante de pratiquer ce jeu, existe au moment de l'adoption de systèmes de contrôles administratifs. Quand l'analyste de la technostructure établit de tels systèmes pour contrôler le travail opérationnel, il ne se contente pas de formaliser les tâches de l'opérateur, mais il « institutionnalise » également le rôle du chef de l'opérateur. Autrement dit, les contrôles administratifs impersonnels remplacent les contrôles personnels des chefs, et réduisent ainsi leur liberté, tout comme leur influence sur leurs subordonnés. Aussi, bien que les analystes n'aient eux-mêmes aucune autorité formelle, ce sont eux qui paradoxalement servent d'intermédiaires entre les deux principaux systèmes d'autorité formelle. Chaque fois qu'ils mettent en place un système de contrôles administratifs, ils affaiblissent le système des contrôles personnels, diminuant ainsi le pouvoir des managers situés hiérarchiquement plus bas, au profit de ceux qui sont situés plus haut, sans parler des analystes eux-mêmes qui élaborent les systèmes formels pour le compte des directeurs généraux. Il s'ensuit que la mise en place de tout nouveau système de contrôles administratifs, devient un jeu pratiqué par les directeurs de la ligne hiérarchique et les analystes, où ni les uns, ni les autres sont gagnants, puisque les uns poussent à l'adoption du nouveau système de contrôles administratifs et que les autres font tout ce qu'ils peuvent pour s'y opposer.

D'une manière plus générale, le jeu de bataille entre la ligne hiérarchique et les fonctionnels, se pratique à l'occasion de changements. Nous l'avons vu au chapitre 9, les analystes trouvent leur raison d'être dans le fait qu'il y ait continuellement des changements, même s'ils sont limités ; pour reprendre les termes de Mumford et Pettigrew (1975, p. 205), ils ont « un intérêt direct à ce que les choses changent ». Aussi cherchent-ils constamment à modifier quelque chose. Mais nombreux sont les directeurs de la ligne hiérarchique qui trouvent leur raison d'être dans le fait qu'ils opèrent sans heurt, ce qui veut dire qu'ils tiennent à ce qu'il y ait un minimum de perturbation. Ces directeurs « ont à réaliser des quotas, à faire face à des échéances et à protéger des empires » ; ils « sont directement intéressés à ce qu'il y ait une stabilité relative » (p. 205). Aussi résistent-ils aux changements. Ainsi que le fait remarquer Litterer, « le changement peut représenter quelque chose d'inquiétant » (1973, p. 610). De ce fait, les batailles entre la ligne hiérarchique et les fonctionnels surgissent souvent à propos de questions qui impliquent des changements[6].

La notion de « rationalité » est au centre d'un grand nombre d'affrontements qui se produisent effectivement à l'occasion du jeu de bataille, entre la ligne hiérarchique et les fonctionnels. Nous l'avons déjà fait remarquer, les analystes ne sont pas personnellement attachés aux profits qu'une organisation peut réaliser, ni intéressés par de quelconque mesures qu'elle pourrait prendre en matière de rendement économique. C'est pourtant ce but qui leur est utile. Il leur fournit le critère opérationnel, grâce auquel ils peuvent défendre leurs propositions de changements, leur permettant d'apporter la « preuve » que leurs conseils sont ceux qui conviennent. De ce fait, le bon fonctionnement économique finit par correspondre au souci de « rationalité » des analystes, et ils l'utilisent contre les directeurs de la ligne hiérarchique, comme un argument massue pour défendre leurs propositions. Les analystes font étalage de leur rationalité, reprochant aux directeurs de la ligne hiérarchique de vouloir construire des empires, de faire de la sous-optimisation, en défendant les intérêts de leurs départements d'une manière partisane et portant ainsi préjudice à l'organisation dans son ensemble. Ceux qui refusent de suivre les conseils des analystes, se voient accusés d'être des « politiques », de ne servir que leurs propres intérêts, ou encore — et c'est là le comble des affronts —, d'être « irrationnels ». En fin de compte, les analystes se servent de ces « données impitoyables » que sont les faits, et ils disposent grâce à ces derniers, d'arguments solides.

---

[6] Par ailleurs, il arrive que des changements importants et impliquant des risques élevés, — il s'agit de changements qui doivent être souvent appréciés d'une manière intuitive, plutôt que de faire suite à une analyse —, fassent inverser les rôles et que l'on ait un directeur de la ligne hiérarchique entreprenant, qui soit en faveur du changement, tandis que l'analyste ayant un esprit conservateur, s'y oppose. Mais dans les organisations qui ont des structures hiérarchiques rigides, — nous allons le voir, c'est là que le jeu de bataille entre la ligne hiérarchique et les fonctionnels se pratique le plus —, de tels changements, si jamais ils se produisent, sont habituellement le fait de la haute direction.

Les directeurs de la ligne hiérarchique ne manquent évidemment pas de se défendre devant de telles attaques, et ils ont de bonnes raisons pour le faire. D'abord, si les membres de la ligne hiérarchique sont enclins à pratiquer la sous-optimisation, les analystes, eux, ont tendance à inverser les fins et les moyens. Si les directeurs risquent de poursuivre des objectifs limités, les analystes risquent, quant à eux, de poursuivre des objectifs ambitieux, en disposant malheureusement de moyens limités. Nombreux sont ceux qui voient dans les moyens technocratiques, la solution à tous ces problèmes. Mais d'un autre côté, la finalité des activités des analystes n'est pas aussi vaste que cela. Nous le verrons au chapitre 16, l'efficience, c'est-à-dire le fonctionnement correct des procédures, peut être un but limité, au point que le souci de rationalité des analystes peut se révéler ne pas être rationnel du tout. Cette préoccupation se porte d'habitude sur ce qui est uniquement quantifiable, souvent sur l'aspect uniquement économique. Tout ce qui ne peut être mesuré, n'est pas pris en compte, pour ainsi dire. A cet égard, le directeur de la ligne hiérarchique travaille dans une perspective de rationalité plus large, une perspective qui va plus loin que l'analyse formelle, et pour reprendre les termes de Pfiffner, l'on peut parler d'une « rationalité administrative », qui « tient compte d'une série supplémentaire de faits ». Il s'agit de faits liés aux émotions, au pouvoir, à la politique, à la dynamique de groupe, aux traits de personnalité et à la santé mentale » (1960, p. 126). Contrastant avec cela, le modèle classique ou économique de rationalité « adopte une vision mécanique de la motivation et envisage les comportements humains comme étant déterminés par des considérations d'intérêt personnel, d'ordre essentiellement financier » (p. 130). Aussi le directeur de la ligne hiérarchique, dès lors qu'il se sent menacé par les analyses technocratiques, dispose d'un recours simple : il les refute comme étant trop limitées, et fait état de sa vaste « expérience », de son intuition, de sa « sensibilité », de sa plus grande sagesse[7].

Certes, les deux groupes de joueurs se servent de leurs « rationalités respectives » pour tricher un peu, lors des négociations. Les analystes tirent parti de leur maîtrise des faits pour les présenter de telle manière qu'ils servent leurs propos ; nous l'avons montré précédemment, en citant l'exemple des coûts qui avaient été sous-estimé, à propos de certaines propositions faites par des analystes. Quant aux directeurs, ils peuvent justifier les résultats de leur intuition, comme il leur plaît. Qui d'autre qu'eux peut faire la part des choses entre les messages qui proviennent de leur subconscient et les conclusions d'une analyse politique faite en pleine conscience ? Et ainsi, aux yeux de l'observateur impartial — s'il en existe —, le jeu d'opposition entre les fonctionnels et la ligne hiérarchique, est bien le jeu le plus fascinant qui soit.

LE JEU DE LA RIVALITÉ ENTRE DEUX CAMPS   La construction d'alliances ou d'empires ne peut pas se poursuivre indéfiniment. Soit une

---

[7] Tout ce qui touche à la rationalité de l'analyste et du directeur, est longuement développé dans Mintzberg 1979 b.

alliance ou un empire prend le contrôle de l'organisation et la domine, soit un arrêt est opéré par d'autres. Si ces « autres » se réduisent à un groupe — en d'autres termes, quand n'émergent de la poussière qui est retombée après la constitution d'alliances et d'empires, deux blocs importants et uniquement eux deux, et qu'ils se font face —, alors nous pénétrons sur le terrain de jeux des camps rivaux. Des jeux qui comptent un nombre X de participants, finissent par être des parties à deux, où il faut qu'il y ait des perdants, chaque fois qu'il y a des gagnants[8].

Dans le jeu des camps rivaux, étant donné que deux adversaires sont nettement opposés l'un à l'autre, toutes les trêves possibles sont généralement éliminées, et des luttes et des sécessions des plus véhémentes, voient le jour. Le jeu lui-même peut se présenter de bien des façons ; il peut s'agir d'affrontements entre des unités, entre des services, entre des personnalités, entre ceux qui sont pour et ceux qui sont contre un changement important. Parfois ce sont des tendances à la sous-optimisation dans la superstructure, qui lancent des unités les unes contre les autres. Dans de nombreuses usines de fabrication, c'est le service du marketing et le service de la production qui s'opposent, et c'est presque un cas devenu classique de camps rivaux ; ils constituent tous deux des centres de pouvoir, et tandis que l'un privilégie la croissance et le service clientèle, l'autre a pour buts la stabilité et le respect des procédures de fonctionnement. Le jeu peut également et fréquemment se pratiquer autour de personnalités rivales. Zaleznik et Kets de Vries en donnent un exemple :

« Les luttes de palais », pour reprendre les termes du Wall Street Journal, qui conduisirent au départ de Semon Knudsen de la Ford Motor Company, représentent un échec de formation de coalition. Il est vrai que Henry Ford fit nommer Knudsen P.-D.G. de la société, mais le pouvoir lié à sa position effective de nouveau venu, par rapport à une structure de pouvoir établie, dépendait de la formation d'une alliance. La personne avec qui une alliance s'imposait, était Lee Iacocca. Pour une raison ou une autre, Knudsen et Iacocca devinrent des concurrents, au lieu d'utiliser ensemble une base de pouvoir, à laquelle ils contribuaient tous les deux... En l'absence de coalition, ils adoptèrent des attitudes d'opposition et de rivalité, et la lutte pour le contrôle fut entamée. (1975, p. 129).

Des propositions de changements importants peuvent également mener à un jeu de camps rivaux, lorsque l'organisation se divise en deux factions et que l'on voit une « vieille garde » hostile aux changements, s'opposer aux « jeunes Turcs », qui y sont favorables. (Un aspect particulier de ce jeu est étudié plus loin, on l'a appelé le jeu des « jeunes Turcs »). Une telle rivalité est fréquente, dès lors que le changement implique une modification de la mission. Comme nous l'avons vu à propos des prisons, où l'incarcération et

---

[8] Il arrive qu'un P.-D.G. encourage ce jeu des camps rivaux, afin d'essayer de maintenir un équilibre du pouvoir — parmi ceux qui sont sous ses ordres — dans la coalition interne.

la réhabilitation représentaient des missions différentes, l'organisation peut se diviser en deux, et chaque camp choisit sa mission qui devient son but primodial.

Comment le jeu des camps rivaux fonctionne-t-il ? Dans le cas d'un choc de personnalités, — comme par exemple, entre Knudsen et Iacocca —, généralement une personne l'emporte et l'autre s'en va. Les organisations qui se doivent d'avoir une structure hiérarchique, ne peuvent pas s'offrir longtemps le luxe d'être divisées en deux camps qui se livrent une guerre. De même, dans les luttes entre jeunes Turcs et vieille garde, le problème se règle normalement avec un avantage donné aux uns ou aux autres, et l'organisation continue de fonctionner. Mais dans certains cas, il arrive qu'il n'y ait pas vraiment de camp vainqueur. Les usines de fabrication doivent poursuivre à la fois les buts qui sont ceux des gens du marketing qui se préoccupent des services, et ceux des responsables de la production qui veillent à ce que les règles de fonctionnement soient respectées. Les maisons de correction actuelles, ne peuvent ignorer ni la mission d'incarcération, ni la mission de réhabilitation. Et si la balance penche parfois d'un côté, ou de l'autre, la guerre se poursuit, même si cela se passe à une moindre échelle, et des petites batailles continuent d'être gagnées et perdues.

LE JEU DES CANDIDATS A DES POSTES STRATÉGIQUES

Nous en venons enfin à trois types de jeux qui sont pratiqués essentiellement, afin de faire aboutir des changements dans l'organisation. Le premier jeu concerne une seule personne ou un groupe qui cherche à réaliser un changement d'ordre stratégique, en faisant avancer un projet ou en promouvant un « candidat à un poste stratégique », en utilisant le système du pouvoir légitime. Le deuxième, appelé jeu « du coup de sifflet », vise un changement qui n'est pas habituellement de nature stratégique, mais le pouvoir légitime est mis en question, au point que les détenteurs d'influence internes s'adressent à la coalition externe pour avoir son appui. Dans le troisième jeu, le pouvoir légitime y est également mis en question, mais dans ce cas, le changement envisagé est fondamental. Un groupe de « jeunes Turcs » cherche à changer les fondements de la stratégie ou de la structure de l'organisation, ou va jusqu'à vouloir renverser l'autorité centrale ou l'idéologie de celle-ci.

Le terrain de jeu central du système des politiques, est le processus de prise de décision, car c'est le lieu et l'occasion où l'organisation s'engage à mettre en œuvre des actions spécifiques. Et c'est alors que les grandes batailles politiques ont lieu, et ceci d'autant plus, quand les décisions à prendre sont de nature « stratégique », autrement dit, « importantes » ; elles concernent des moyens et des ressources tout à fait importants, ou encore des innovations créant des précédents considérables. Si une décision constitue un engagement à l'action, alors une décision stratégique engage toute une série d'actions. Ainsi, un joueur sera plus avisé d'essayer à influencer une décision stratégique qui est en voie d'être prise, plutôt que d'essayer de faire front aux nombreuses actions qui en résultent. Autrement dit, il s'agit de ceux qui peuvent envisager le jeu de l'insoumission comme dernier recours. En outre, le pouvoir dans la coalition interne est considérablement redistribué dans les périodes de changements stratégiques, et ce pouvoir a tendance à aller vers ceux, qui les premiers, ont proposé les changements. On l'a vu précédemment, quand on faisait référence à Kanter, ceux qui réussissent — ne serait-ce qu'une fois —, en effectuant des changements qui impliquent des risques, gagnent énormément de pouvoir dans la coalition interne. En fin de compte, les processus qui permettent de prendre des décisions stratégiques, sont essentiellement des processus non-structurés, c'est-à-dire, qu'ils ne correspondent pas à des protocoles formels établis ; aussi, ils sont riches en ambiguïtés et impliquent des marges de manœuvre importantes (Mintzberg, Raisinghani et Théorêt 1976). Il s'ensuit que de tels processus laissent le champ libre à bien des jeux politiques, et l'on voit des alliances ou des groupes différents promouvoir ou « prendre fait et cause » pour des projets qu'ils ont à cœur, ou défendre leurs candidats, en vue de changements stratégiques.

Le jeu des candidats à des postes stratégiques, est peut-être bien le jeu le plus intéressant des jeux politiques pratiqués dans la coalition interne, car il comporte des éléments que l'on retrouve dans les autres. Les candidats à des postes stratégiques sont souvent « mis en avant », afin de pouvoir construire des empires et pour ce faire, il importe souvent de s'appuyer sur des alliances ; des rivalités surgissent souvent entre la ligne hiérarchique et les fonctionnels, ou entre des camps rivaux, à l'occasion de ce jeu ; il est fait appel aux compétences spécialisées et l'on fait sentir l'autorité à ceux qui en sont dépourvus ; des actes d'insoumission apparaissent comme des conséquences et sont contrecarrés ; des budgets importants constituent souvent des vecteurs porteurs pour les candidats stratégiques à promouvoir ; et le parrainage est souvent la clé pour réussir à ce jeu. Autrement dit, une bonne partie de l'activité du système des politiques, est centrée sur la promotion des candidats à des postes stratégiques.

L'on pourrait s'attendre à ce que le P.-D.G. contrôle toutes les prises de décision, et dans certaines organisations, c'est effectivement le cas. Mais ainsi qu'Allison le fait remarquer, les Chefs sont des gens occupés et dans la plupart des organisations, — assurément dans les organisations complexes, y compris celles qui ont des systèmes d'autorité forts —, il faut que les subalternes soient également impliqués. Et ceci signifie inévitablement des combats politiques. « La plupart des problèmes sont formulés par des subalternes ; il en est de même pour les propositions qui sont défendues et les alternatives qui sont spécifiées. Les subalternes se battent également avec d'autres subalternes d'autres départements... Le gros problème des subalternes est de trouver un moyen d'attirer l'attention de leurs Chefs, d'obtenir qu'un problème soit étudié, et de faire en sorte que l'organisation ''fonctionne comme il faut'' » (1971, p. 177).

N'importe qui peut pratiquer le jeu des candidats à des postes stratégiques, c'est-à-dire, qu'il peut jouer le rôle de « parrain » ou de « promoteur d'un candidat ». Tout ce qu'il faut, c'est avoir un candidat à proposer et disposer d'un moyen d'influence efficace, encore qu'il y ait eu des joueurs habiles dont on sait qu'ils ont réussi, grâce à des efforts considérables et des montagnes de patience. Ils n'ont de cesse de défendre leur point de vue, jusqu'à ce que quelqu'un finisse par les écouter. Dans ce jeu, l'on a vu des analystes s'allier temporairement à des directeurs de la ligne hiérarchique, pour soutenir le même candidat. Même les P.-D.G. peuvent se retrouver impliqués dans ces jeux. Dans les organisations professionnelles, par exemple, ils savent qu'ils ne peuvent obtenir satisfaction sans le soutien d'autres personnes ; ils commencent par promouvoir leurs candidats à des postes stratégiques, d'une façon politique, avant de le faire officiellement.

Comment le jeu des candidats à des postes stratégiques, peut-il se manifester dans le système des politiques ? Stymne (1975) décrit le processus et y voit trois étapes. (La figure 13-3 représente ce processus). La première étape consiste à faire « apparaître le candidat stratégique » ; ceci peut se produire à l'intérieur ou à l'extérieur de l'organisation. La deuxième étape concerne le fait de « reconnaître ou d'attribuer des qualités aux candidats ». Différents groupes de pouvoir dans l'organisation ont « leur mot à dire » à propos du candidat ; ils peuvent décider d'y apporter leur soutien, de s'y opposer, ou d'y apporter une modification, afin de satisfaire à leurs propres fins. Progressivement, la candidature peut être soutenue, tout en étant modifiée : « Dans une organisation, il y a toujours des personnes et des groupes qui ont des intérêts et des systèmes de croyances et de valeurs différents. La présence d'un candidat à un poste stratégique, peut être une occasion importante pour les différents groupes, de faire connaître leurs idées et d'essayer de faire en sorte que le candidat devienne un des « leurs », ou d'une certaine façon, s'associe à eux (p. 13).

Ce que l'on appelle « prendre le train en marche », se produit quand il devient évident qu'un candidat va réussir, et que tous les détenteurs d'influence, qui jusqu'alors, n'avaient pas pris parti, se précipitent pour apporter leur soutien : « ... le plus petit signe de pluralisme ou de divergence se transforme en une majorité écrasante » (Schelling 1957, p. 32). Évidemment, il arrive qu'une alliance qui propose un candidat, puisse préférer éviter un trop grand consensus, car cela implique trop de compromis, ou risque de diluer et de rendre diffus le sentiment qu'a chaque membre, quand il envisage sa participation à la réussite. Ce que Riker appelle « une coalition victorieuse minimale », est préférable : « Avoir trop de membres dans une coalition victorieuse, cela revient à la fois à payer quelque chose pour l'emporter et à affaiblir les gains obtenus » (1962, p. 107). Les parrains ne souhaitent disposer que du soutien qu'il est nécessaire d'avoir, pour être sûr de l'emporter.

Gore (1956), dans son étude de la prise de décision dans les services publics, étudie également la deuxième étape des jeux des candidats à des postes stratégiques. Il a découvert que les parrains qui ne recherchaient pas activement un soutien politique pour leurs candidats, échouaient remarquablement dans la promotion de ceux-ci. Ceux des parrains qui réussissaient, adop-

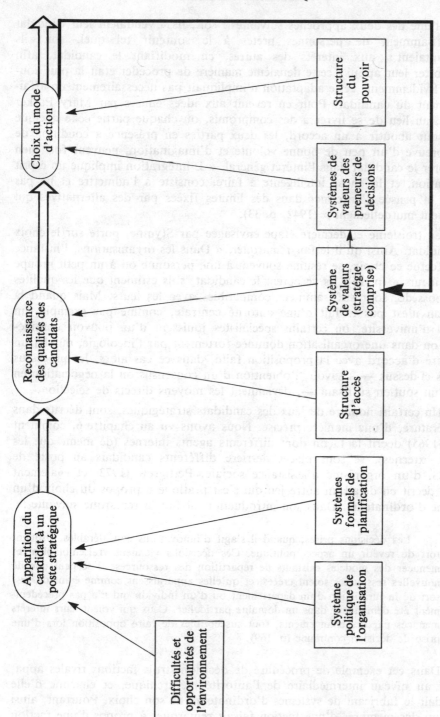

Figure 13-3. *Les différentes étapes du jeu des postes stratégiques (d'après Stymne, 1975)*

taient l'une des deux approches suivantes : soit, ils « vendaient leur candidat à suffisamment de personnes prêtes à le soutenir tel quel, soit, ils « l'adaptaient » aux intérêts des autres, en modifiant le candidat, afin d'emporter leur appui ; cette deuxième manière de procéder était la plus courante. Évidemment, cette adaptation n'impliquait pas nécessairement un affaiblissement du candidat. Pour en revenir aux idées émises par Mary Parker Follett, au lieu de se livrer à des compromis, où chaque partie cède quelque peu, pour aboutir à un accord, les deux parties en présence à condition de faire preuve d'un peu de bonne volonté et d'imagination, peuvent fort bien améliorer le candidat dans l'intérêt général. « L'intégration implique un esprit d'invention, et la chose intelligente à faire, consiste à l'admettre et ne pas laisser la pensée s'enfermer dans des limites fixées par des alternatives qui s'excluent mutuellement » (1942, p. 33).

La troisième et dernière étape envisagée par Stymne, porte sur le choix du candidat. Ainsi qu'il le fait remarquer, « Dans les organisations, l'instance qui effectue ce choix, se résume souvent à une personne ou à un petit groupe de décideurs » (p. 15). Ils acceptent le candidat, s'ils estiment que les qualités qu'il possède, sont suffisamment compatibles avec les leurs. Mais quand la sélection n'est pas le fait d'une autorité centrale, comme par exemple, un conseil d'université, où certains spécialistes jouissent d'un pouvoir considérable, ou dans une organisation dominée fortement par l'idéologie, où chacun doit être d'accord avec la proposition faite, dans ce cas alors, les processus étudiés ci-dessus — à savoir, l'obtention d'un consensus ou la négociation en vue d'un soutien suffisant —, deviennent les moyens directs de sélection.

Un certain nombre de jeux des candidats stratégiques, sont décrits dans la littérature, d'une manière précise. Nous avons vu au chapitre 6, comment Zald (1965) décrit la façon dont différents agents internes (de même que les agents externes), se sont placés derrière différents candidats au poste de P.-D.G. d'un organisme d'assistance sociale. Pettigrew (1973, et également 1972), décrit en détail un autre jeu qui s'est pratiqué à propos du choix d'un système d'ordinateurs. Dans son introduction, il fait la remarque suivante :

> Les décisions prises, quand il s'agit d'innovations considérables, risquent fort de revêtir un aspect politique. Ces décisions viennent vraisemblablement menacer des modèles existants de répartition des ressources. Il se peut que de nouvelles ressources soient créées, et qu'elles apparaissent comme étant du ressort de la juridiction d'un département ou d'un individu qui n'a pas précédemment été demandeur dans un domaine particulier. Ceux qui voient leurs intérêts menacés par des changements, sont susceptibles de faire opposition lors d'une prise de décision commune (p. 169).

Dans cet exemple de procédure de décision, trois factions rivales apparurent au niveau intermédiaire de l'autorité hiérarchique, et chacune d'elle défendait le fabricant de systèmes d'ordinateurs de son choix. Pourtant, ainsi que l'un des membres d'une faction faisait remarquer à propos d'une faction rivale : « Leur choix d'un fabricant, lors de la prise de décision, n'était pas simplement lié à une question d'orientation technique. Bill était vivement intéressé à proposer une installation différente, qu'il était le seul à vouloir » (p. 216). Comme le choix appartenait à la direction, chaque faction essayait d'exploiter l'information et les recommandations qui étaient destinées à la direction, afin d'influencer les suites qui étaient données. Mais l'une des trois factions contrôlait un circuit interne d'informations : le chef de cette faction avait le contrôle de la circulation de l'information technique qui émanait des deux autres factions et qui était adressée à la direction. Pour reprendre les termes de Pettigrew, le contrôle de l'information constituait le moyen d'avoir du pouvoir. La figure 13-4 illustre ce que Pettigrev a décrit. Il était ainsi inévitable que le chef de cette faction l'emporte en fin de compte.

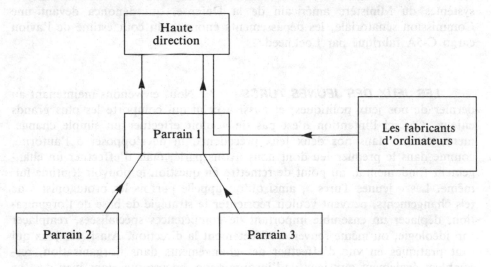

Figure 13.4 — *Le contrôle de l'information destinée à la haute direction, dans le cas du jeu des candidats à des postes stratégiques (d'après Pettigrew, 1973, p. 235)*

LE JEU DU COUP DE SIFFLET C'est un jeu très particulier, généralement de durée limitée, conçu pour tirer parti d'une information privilégiée, afin d'effectuer un certain changement dans le comportement d'une organisation. A l'origine, le joueur — d'habitude un agent interne d'un rang modeste dans la hiérarchie d'autorité, souvent il s'agit d'un opérateur, quelquefois d'un spécialiste des soutiens logistiques — remarque un comportement qui d'après lui va à l'encontre des normes sociales, et également à l'encontre d'une contrainte formelle, telle que la loi. Alors le joueur « siffle les coupables », c'est-à-dire, qu'il informe un détenteur d'influence externe qui peut remédier à la situation. Étant donné que le délateur contourne le pouvoir légitime, — la chaîne d'autorité, les compétences attestées ou l'idéologie reconnue —, et qu'il met en question cette légitimité, à la suite du comportement qu'il dénonce, une telle démarche peut avoir des conséquences. Il s'ensuit que le joueur essaye habituellement d'entrer en contact secrètement, quelquefois d'une manière anonyme, par exemple, par l'intermédiaire d'une lettre qu'il ne signe pas.

Un cas fort bien connu de « coup de sifflet » aux États-Unis se produisit, quand un inspecteur de l'usine automobile de Fisher Body fournit à Ralph Nader des informations essentielles, portant sur les dangers qu'il y avait de conduire le modèle de voiture Corvair de General Motors. Nader rédigea l'ouvrage « En danger à n'importe quelle vitesse » et entama sa carrière d'organisateur de campagnes d'opinion et de pression sur les organisations, tandis que General Motors subit une série de problèmes gênants, et dut, entre autres, retirer en fin de compte du marché le modèle Corvair. Un autre cas bien connu fut celui de A. Ernest Fitzgerald, qui était un analyste systèmes du Ministère américain de la Défense, qui dénonça devant une Commission sénatoriale, les dépassements énormes du coût estimé de l'avion cargo C-5A fabriqué par Lockheed.

LES JEUX DES JEUNES TURCS   Nous en venons maintenant au dernier de nos jeux politiques, et aussi à celui qui comporte les plus grands enjeux. Car ici l'intention n'est pas de vouloir effectuer un simple changement, comme dans nos deux jeux précédents, ni de s'opposer à l'autorité, comme dans le premier jeu dont nous avons parlé, mais d'effectuer un changement fondamental, au point de remettre en question le pouvoir légitime lui-même. Les « jeunes Turcs », ainsi qu'on appelle parfois les protagonistes de tels changements, peuvent vouloir réorienter la stratégie de base de l'organisation, déplacer un ensemble important de compétences spécialisées, remplacer son idéologie, ou même renverser directement la direction. Ainsi, ces jeux qui sont pratiqués en vue d'effectuer des changements dans l'organisation, ressemblent également aux jeux de l'insoumission, encore que dans bien des cas le terme soit trop faible ; il serait plus approprié de parler de rébellion ou de révolution.

Zald et Berger (1978), dans leur article, « Mouvements sociaux dans les organisations : Coup d'État, insurrection et mouvements de masse », abordent un certain nombre des jeux que nous avons étudiés. Mais leur réel centre d'intérêt concerne ce que nous appelons les jeux des jeunes Turcs. Pour donner deux exemples :

> ... à l'automne de 1975, Robert Sarnoff, Président de R.C.A. et fils du fondateur de la société, entreprit un voyage autour du monde, pour visiter les usines de R.C.A. à l'étranger. Il avait annoncé récemment des changements d'affectation concernant certains cadres supérieurs ; la société avait également subi quelques revers financiers inquiétants, suite à la récession intervenue dans la période 1973-1975, et également à la décision stratégique prise par Sarnoff, d'entrer dans l'industrie de l'informatique. Pendant son absence, les cadres supérieurs ont convaincu le Conseil d'administration de R.C.A., que la réorga-

nisation voulue par Sarnoff était inadéquate, et qu'il devait être remplacé. On raconte qu'à son retour, on lui remit une lettre de démission pour signature...

Dans le même esprit, dans les années 50, le Général de Brigade Hutton (confronté à une opposition officielle, qui reposait sur des accords écrits entre le Ministère de la Défense, l'armée de terre et l'aviation), créa l'hélicoptère d'attaque. Des officiers qui avaient commencé par fixer des mitrailleuses à la structure de l'appareil, en vinrent à créer des unités aéroportées d'interventions rapides. Ces forces aériennes de l'armée viennent au troisième rang dans le monde, derrière l'armée de l'air américaine et de l'armée de l'air soviétique... (p. 824).

Comme le montrent ces exemples, les jeunes Turcs sont souvent bien placés hiérarchiquement dans leurs organisations, quelquefois tout en haut, mais évidemment on n'y trouve jamais le P.-D.G., du moins aussi longtemps que cette personne est perçue comme faisant problème. Ils ont tendance également à constituer un petit groupe, au moins au début, étant donné que le jeu doit être pratiqué d'une manière secrète. En réalité, on peut s'attendre à ce que plus grand est le pouvoir des jeunes Turcs, moins ils ont besoin d'être nombreux pour accomplir leurs buts. Quelques vice-présidents peuvent fort bien être capables de convaincre le Conseil d'administration des carences du président, mais il faut bien plus de gens que cela pour convaincre des insuffisances de toute l'équipe de cadres supérieurs. En effet, un dernier recours pour de jeunes Turcs privés de succès, consiste à essayer de transformer leurs conspirations en une rébellion totale. Selon Zald et Berger, ils essayent de provoquer un « mouvement de masse », impliquant un grand nombre de « participants placés plus bas dans la hiérarchie », ce qui correspond à la phase ultime du jeu de l'insoumission.

Zald et Berger décrivent les mouvements sociaux dans les organisations, comme étant des « oppositions ou des politiques non conventionnelles » (pp. 825, 830). Et ainsi, alors que l'organisation « définit des mécanismes légitimes pour essayer d'aboutir à des décisions et d'attribuer des ressources », les mouvements sociaux doivent opérer dans une zone de comportements « proscrits », ou au moins des comportements qui ne sont pas définis par une autorité organisationnelle (p. 830). En d'autres termes, les jeunes Turcs doivent compter sur des moyens politiques d'influence.

Leeds (1964) décrit en détail les traits caractéristiques de ces groupes de jeunes Turcs qu'elle appelle les « enclaves ». Ils ont tendance à être menés par des leaders charismatiques ; ces derniers « sont enclins au non-conformisme, au non respect de l'orthodoxie » et « ont du flair pour l'originalité » (pp. 119, 121). Ces leaders sont, à leur tour, rendus forts, grâce au soutien de lieutenants capables. L'ambiance qui règne dans cette enclave, n'est pas orthodoxe, dans un sens, elle est idéologique. Mais « elle entretient une capacité d'engagement et une implication par rapport aux buts fondamentaux de l'organisation, considérables » (p. 122), même s'il n'en est pas de même par rapport à son autorité, sa stratégie ou son idéologie.

> Cette enclave est elle-même dotée d'un esprit militant ; ses membres ambitionnent d'entreprendre des travaux à grande échelle et de les réaliser en faisant appel à des stratégies nouvelles. L'organisation affaiblie intérieurement d'une ou de plusieurs façons, soit ne peut pas, soit ne préfère pas prendre des initiatives de changement (p. 119).

Ceux qui voient leur autorité ainsi contestée, peuvent essayer de condamner les membres de « l'enclave », ou éviter les défis lancés par ces derniers, ou les renvoyer ; ceci est rendu possible, si l'enclave s'avère fragile. Il se peut, au contraire, que les patrons préfèrent neutraliser ces non-conformistes qui contestent le système, en les « absorbant », les intégrant dans l'organisation « en faisant de cette enclave une sous-unité nouvelle et légitime » (p. 116). Autrement dit, un accord peut être trouvé, à partir duquel l'enclave « acquiert une certaine autonomie, en vue de poursuivre une activité bien particulière... mais, par ailleurs, il est attendu que les membres de l'enclave respectent les réglementations et les limites que toutes les sous-unités légitimes doivent reconnaître » (p. 116). Leeds défend l'idée que ce modèle d'absorption ou d'intégration de la contestation se trouve le plus souvent dans les organisations « normatives », c'est-à-dire, celles qui véhiculent des idéologies fortes.

Zald et Berger étudient d'autres formes de ces jeux. Il y a, par exemple, « le coup d'état organisationnel », où un « groupe restreint mais fortement critique, s'infiltre dans la structure de l'organisation, afin d'opérer une succession inattendue » (p. 833). Comme c'est le cas dans les États-nations, il ne s'agit pas de renverser le *système* d'autorité, mais bien davantage les *détenteurs* de l'autorité, en conservant le système intact pour les nouveaux chefs à venir. Dans ce cas précis, les jeunes Turcs ont besoin d'avoir un accès direct auprès des membres du Conseil qui disposent du pouvoir de remplacer le P.-D.G., ou encore d'avoir accès aux détenteurs d'influence externes dominants qui contrôlent le Conseil d'administration. Si ce n'est pas le cas, il faut qu'ils soient à même de pouvoir faire pression sur le P.-D.G., au point qu'il soit amené à démissionner volontairement. Ceci s'applique en fait à toutes les formes de jeux des jeunes Turcs ; soit ces derniers sont capables de créer des alliances avec des détenteurs d'influence externes puissants, afin d'imposer à la coalition interne les changements qu'ils souhaitent, ou alors, ils doivent obtenir de l'autorité centrale qu'elle donne son accord, à la suite de pressions intenses qu'ils sont à même de faire jouer. Une autre forme du jeu dont parlent Zald et Berger, a pour but de modifier un aspect ou l'autre du fonctionnement de l'organisation, comme dans le cas de l'hélicoptère cité plus haut[9]. Si le coup d'état implique habituellement des cadres de haut niveau, Zald et

---

[9] Zald et Berger appellent ce jeu « l'insoumission administrative ». Mais dans la description qu'ils en font — « une tentative de la part des membres d'instaurer des buts, des programmes ou des choix de politique qui ont été refusés d'une manière explicite par l'autorité légitime (ou bien pris en compte, mais non rendus exécutoires) » (p. 838) — ce jeu se rapproche plus de ce que nous appelons le jeu des jeunes Turcs.

Berger estiment que cette dernière forme de jeu « est généralement largement répandue dans l'organisation chez les cadres moyens, voire même dans le noyau opérationnel, quand il est constitué par des spécialistes (p. 838).

Les jeux des jeunes Turcs sont peut-être le cas extrême de situations, où il n'y a ni gagnants, ni perdants, car l'intensité de la contestation est telle, que l'organisation ne peut plus jamais être la même. Pour peu que le centre de pouvoir légitime existant cède aux souhaits des jeunes Turcs, il lui est difficile de conserver son statut antérieur. Ce n'est qu'en changeant habilement d'attitude — l'on peut trouver parfaitement naturel, le fait de parvenir à un accord, après avoir subi des résistances —, que le centre de pouvoir peut maintenir ses positions. Sinon, il est tout à fait possible que l'un des jeunes Turcs finisse par prendre la direction de l'organisation. D'autre part, si la contestation est totalement réprimée, ce sont les jeunes Turcs qui se retrouvent à tout jamais affaiblis. Dans de pareils cas, ils quittent habituellement l'organisation, en provoquant une dissidence et en emportant avec eux une partie de l'organisation. Ce dernier type des jeux politiques est souvent un jeu du tout ou rien.

13.4 LES JEUX POLITIQUES DANS LE CADRE DU POUVOIR LÉGITIME

Nous avons vu que le système des politiques dans une organisation peut se décrire comme un ensemble de jeux politiques pratiqués par les différents détenteurs d'influence internes. Nous avons décrit treize de ces jeux en tout. Un certain nombre de leurs traits caractéristiques — y compris un trait ajouté un peu plus loin —, sont résumés dans le tableau 13-1.

Jusqu'ici, notre étude a peut-être su restituer l'atmosphère des jeux politiques, mais non pas leurs interactions. Ceci reflète, en partie, nous l'avons déjà fait remarquer, une absence de recherches sur ce sujet. Nous n'avons aucune preuve de ces interactions. Mais ceci reflète également le fait qu'à la différence des systèmes d'autorité, d'idéologie et même dans une certaine mesure, celui des compétences spécialisées, il y a bien moins d'ordre dans le système des politiques. C'est un système du chacun pour soi, sans aucun sens d'unité ou d'intégration, ni de volonté d'œuvrer ensemble dans l'intérêt général. Ces jeux, autrement dit, n'ont pas d'effets interactifs systématiquement entre eux ; ils apparaissent et disparaissent, entretenant toutes sortes de relations avec le système légitime d'influence. Pour conclure ce chapitre et passer au suivant qui rassemble les résultats de nos recherches sur le pouvoir dans la coalition interne, nous pouvons présenter ces relations sous trois grandes rubriques:
  * Les jeux qui coexistent avec les systèmes légitimes d'influence
  * Les jeux qui s'opposent aux systèmes légitimes d'influence

Tableau 13-1. Quelques traits caractéristiques des jeux politiques de la Coalition Interne

Jeu	Principaux acteurs	Moyens politiques d'influence habituels	Finalité	Relations avec d'autres systèmes d'influence
L'insoumission	Opérateurs non qualifiés (en grands groupes), cadres du bas de l'échelle et parfois spécialistes (seuls ou en petits groupes)	Volonté et habileté politiques, information privilégiée	Contester l'autorité (ou un autre pouvoir légitime)	Opposition aux systèmes légitimes
Le combat contre l'insoumission	Directeurs généraux	Information privilégiée, utilisation de l'autorité, habileté politique	Contrer l'opposition à l'autorité	Coexistence avec les systèmes légitimes
Le parrainage	Tout subordonné ou jeune cadre, habituellement directeurs, assistants ou jeunes spécialistes	Accès privilégiés	Construire une base de pouvoir (avec ses supérieurs et ses aînés)	Coexistence avec l'autorité et les compétences spécialisées
La construction d'alliances	Directeurs de la ligne hiérarchique	Volonté et habileté politiques, utilisation des systèmes légitimes d'influence	Construire une base de pouvoir (avec des collègues de même rang)	Substitution aux systèmes légitimes, ou alors coexistence avec l'autorité et les compétences spécialisées
La construction d'empires	Directeurs de la ligne hiérarchique	Tous les moyens, mais surtout accès privilégiés et volonté politique	Construire une base de pouvoir (avec des subordonnés)	Coexistence avec l'autorité ou les compétences spécialisées ; substitution parfois aux systèmes légitimes

Jeu	Principaux acteurs	Moyens politiques d'influence habituels	Finalité	Relations avec d'autres systèmes d'influence
La budgétisation	Directeurs de la ligne hiérarchique	Accès et information privilégiés et habileté politique	Construire une base de pouvoir (avec des ressources)	Coexistence avec l'autorité ou les compétences spécialisées
Les compétences spécialisées	Opérateurs et spécialistes	Utilisation des compétences spécialisées ou alors volonté et habileté politiques pour faire croire qu'on les a	Construire une base de pouvoir (avec connaissances et savoir-faire réels ou simulés)	Coexistence avec les compétences spécialisées, ou substitution à celle-ci
L'autoritarisme	Opérateurs non qualifiés et leurs directeurs (parfois des professionnels)	Utilisation de l'autorité (ou des compétences spécialisées ou de l'idéologie)	Construire une base de pouvoir (habituellement avec l'autorité, surtout avec des règles administratives)	Coexistence avec l'autorité (ou avec les compétences spécialisées ou avec l'idéologie)
La ligne hiérarchique contre les fonctionnels	Directeurs de la ligne hiérarchique et analystes (parfois responsables des moyens logistiques)	Utilisation de l'autorité et des compétences spécialisées, de l'information et des accès privilégiés	Vaincre les rivaux	Coexistence avec l'autorité pour les membres de la ligne hiérarchique, opposition à l'autorité pour les fonctionnels

Jeu	Principaux acteurs	Moyens politiques d'influence habituels	Finalité	Relations avec d'autres systèmes d'influence
Les camps rivaux	N'importe quelles alliances ou n'importe quels empires, habituellement du niveau intermédiaire de la ligne hiérarchique	Information et accès privilégiés, utilisation du pouvoir légitime, volonté et habileté politiques	Vaincre les rivaux	Substitution aux systèmes légitimes
Les candidats à des postes stratégiques	Directeurs de la ligne hiérarchique, P.-D.G., opérateurs et spécialistes de haut niveau	Volonté politique, accès privilégiés, également habileté politique et information privilégiée	Effectuer des changements dans l'organisation	Coexistence avec les systèmes légitimes, substitution parfois à ces systèmes légitimes
Le coup de sifflet	Habituellement opérateurs du bas de l'échelle ou analystes	Information privilégiée	Effectuer des changements dans l'organisation	Opposition aux systèmes légitimes
Les jeunes Turcs	Habituellement directeurs du haut de la ligne hiérarchique et/ou spécialistes, parfois opérateurs spécialisés	Accès privilégiés, information privilégiée, également volonté et habileté politiques	Effectuer des changements dans l'organisation	Opposition aux systèmes légitimes

* Les jeux qui remplacent les systèmes légitimes d'influence, quand ils sont défaillants.

Un certain nombre de jeux dépendent d'un système légitime d'influence ou d'un autre. Ces jeux sont relativement gentils et ne représentent pas véritablement de menace pour le pouvoir légitime. A la vérité, ils ne pourraient pas exister sans la présence de systèmes légitimes forts. Ils rappellent les parasites qui vivent aux crochets — mais en coexistence avec eux — d'autres organismes vivants, comme par exemple, le parasite qui se fixe sur une coquille et partage son alimentation.

L'autoritarisme vient immédiatement à l'esprit comme l'un des jeux qui permet la coexistence. Le plus souvent ce jeu se manifeste uniquement quand l'autorité est le système suprême de la coalition interne. Et en s'appuyant sur l'autorité, ce jeu, en un sens, la renforce. Paradoxalement, quand le jeu politique de l'autoritarisme se produit, il s'ensuit que le système des politiques est faible, et celui de l'autorité, par contre, est fort. On pourrait en dire de même — peut-être dans une mesure quelque peu moindre — du jeu du parrainage, de la budgétisation et, du point de vue de la ligne hiérarchique, il en est également de même du jeu de bataille entre la ligne hiérarchique et les fonctionnels, puisque le système d'autorité établit une distinction claire et nette entre les deux. La construction d'empires, le jeu des candidats à des postes stratégiques, et dans une moindre mesure, celui de la construction d'alliances, apparaissent souvent en ayant aussi un système d'autorité fort et stable, bien que ces jeux puissent également se produire dans des conditions très différentes, comme nous le verrons bientôt.

Les jeux des compétences spécialisées apparaissent d'ordinaire, quand le système des compétences spécialisées est fort. En fait, en tirant parti des compétences spécialisées, tout comme l'autoritarisme tire partie de l'autorité, l'importance des compétences spécialisées est accrue dans la coalition interne (quelquefois aux dépens de l'autorité ou de l'idéologie). Les vrais spécialistes ou professionnels jouent à rehausser leur pouvoir en tant qu'experts ; les autres jouent à créer de nouveaux (voire de pseudo) domaines de compétences spécialisées. Un certain nombre des jeux mentionnés précédemment, et qui sont pratiqués sous des systèmes d'autorité forts et donnent peu d'inquiétude à ces derniers, sont également pratiqués sous des systèmes des compétences spécialisés forts. On y trouve le parrainage (de jeunes spécialistes par des spécialistes plus anciens), l'autoritarisme (lié aux compétences spécialisées par rapport aux clients ou aux collègues), la budgétisation, la construction d'alliances et d'empires, et les candidats à des postes stratégiques, tous ces jeux sont les jeux préférés des groupes d'experts ou de spécialistes qui cherchent à construire des bases de pouvoir ou à apporter des changements dans les organisations professionnelles. Aucun d'entre eux ne provoque de dommages au système des compétences spécialisées ; autrement dit, tous coexistent à l'aise avec ce dernier.

Dans le cas d'un système d'idéologie fort, l'égalité qui s'impose avec ce système, tend à exclure presque entièrement des jeux tels que le parrainage et la construction d'empires dans la coalition interne. Les seuls jeux politiques qui peuvent coexister avec une idéologie forte, concernent peut-être le jeu des candidats à des postes stratégiques, puisque les agents internes sont favorables aux changements qui s'opèrent dans le cadre de l'idéologie, ainsi que celui de l'autoritarisme, quand les membres imposent l'idéologie de l'organisation — et ses normes strictes — aux agents externes.

Un autre groupe de jeux politiques dépend également de l'existence de systèmes légitimes d'influence, mais cet ensemble de jeux se pratique pour affaiblir ou même détruire le système légitime d'influence dont il dépend. Autrement dit, ces jeux ne pourraient se pratiquer en l'absence de ce système, et la relation n'est plus une relation de coexistence, mais d'opposition *antagoniste*. Ce genre de parasite a besoin d'un hôte, afin de le détruire, comme l'anguille lamproie qui s'accroche à la truite, creuse sa chair et la dévore. L'insoumission, les jeunes Turcs, et dans une moindre mesure, les jeux du coup de sifflet, de même que celui de la ligne hiérarchique contre les fonctionnels (du moins quand ce jeu est envisagé du point de vue des fonctionnels), surgissent habituellement pour contester l'autorité elle-même, ou ceux qui détiennent l'autorité, ou dans certains cas, pour faire face à l'idéologie en place ou les compétences spécialisées. En tant que tels, ces jeux d'antagonisme sont généralement plus intenses que ceux où la coexistence est possible[10].

Enfin, il y a les jeux politiques qui apparaissent à la place d'un système d'autorité, d'idéologie, ou des compétences spécialisées fort (et qui aident peut-être à l'affaiblir, bien que ce ne soit pas en soi le but). Dès que les lions s'éloignent, les charognards s'approchent. Autrement dit, c'est ici le système des politiques lui même qui domine la coalition interne. Les jeux politiques l'envahissent et n'étant pas contraints par le pouvoir légitime, ils peuvent devenir extrêmement intenses. Le jeu des camps rivaux semble le meilleur exemple de ces jeux de substitution, puisqu'il divise toute la coalition interne en deux groupes qui s'affrontent, empêchant à l'autorité, à l'idéologie et même aux compétences spécialisées, de jouer un rôle fort. Le jeu de la construction d'alliances en serait un autre exemple, bien qu'il puisse également coexister avec un système d'autorité ou des compétences spécialisées fort. Et dans une moindre mesure, nous pourrions également inclure ici les jeux de construction d'empires et d'alliances. Si ces jeux sont fréquents, dans le cas de systèmes d'autorité et des compétences spécialisées forts, ils peuvent également être pratiqués avec agressivité, quand le pouvoir légitime est faible. Il en est de même des jeux des compétences spécialisées, qui, bien que pratiqués souvent dans le cas d'un système des compétences spécialisées fort, peuvent apparaître en l'absence d'un système légitime d'influence fort, dans la mesure

---

[10] Combattre l'insoumission, ne peut se faire évidemment qu'à partir du moment où il existe une insoumission. En ce sens, ce combat est associé à une opposition au pouvoir légitime, bien qu'en soi, il coexiste avec lui.

où différents groupes essayent de gagner du pouvoir, en faisant reconnaître leur travail comme étant un travail de spécialistes.

La présence de ces trois liens possibles du pouvoir politique avec le pouvoir légitime — la coexistence, l'antagonisme, la substitution — impliquent deux niveaux fondamentaux du système des politiques. D'une part, il peut exister comme une sorte de cinquième colonne de pouvoir dans la coalition interne — présent, mais non dominant. Il devient simplement une autre force, un système d'influence qui coexiste avec les autres. Le système des politiques semble, dans ce cas, consister en un certain nombre de jeux politiques gentils ; certains d'entre eux tirent parti des systèmes d'influence qui sont davantage légitimes, et ce faisant, les renforcent effectivement, d'autres les affaiblissent, mais seulement jusqu'à un certain point, de telle sorte que la politique demeure une force secondaire dans la coalition interne. **D'autre part, le système des politiques peut apparaître comme la force dominante dans la coalition interne, qui affaiblit les autres systèmes légitimes d'influence, ou qui peut simplement surgir pour les remplacer, après qu'ils se soient affaibli eux-mêmes, ou affaiblis les uns les autres.** Ici nous pouvons nous attendre à trouver bien moins de types de jeux politiques, mais qui sont pratiqués bien plus intensément et d'une manière bien plus envahissante.

En fait, en repensant aux trois derniers chapitres, nous y trouvions la même conclusion. L'idéologie y était décrite comme étant parfois simplement un autre système de la coalition interne, parfois elle correspondait à celui qui était le système dominant, chassant l'autorité, les compétences spécialisées et les politiques. Il en allait de même pour les compétences spécialisées, qui étaient également décrites comme simplement un autre système de la coalition interne, ou encore un système qui l'emporte sur les autres, affaiblissant particulièrement l'autorité et l'idéologie. Et nous avons vu que l'autorité, si elle révèle souvent une tendance à dominer les autres au travers de son pouvoir formel, doit également coexister avec eux dans de nombreux cas. C'est ainsi, donc, que nous allons rapprocher les descriptions de ces quatre systèmes d'influence très différents. Nous montrerons d'abord comment ils coexistent, comment ils peuvent même fonctionner de concert les uns avec les autres, et puis ensuite, comment chacun d'entre eux peut apparaître comme la force prééminente dans la coalition interne, dominant les autres.

Chapitre 14
Où l'on accorde les systèmes d'influence qui sont dans la coalition interne

Nous nous sommes largement étendus sur les différents systèmes d'influence dans la coalition interne — autorité, idéologie, compétences spécialisées et politiques. Mais notre exposé est resté incomplet dans l'ensemble. Nous avons laissé supposer que chacun de ces systèmes agissaient très différemment sur l'organisation, mais nous n'avons guère essayé de concilier ces différences.

Nous avons montré que le système d'autorité a tendance à attirer le pouvoir vers les cadres moyens de l'organisation, et de là vers le sommet (des parcelles de pouvoir s'infiltrant dans la technostructure). Le système d'idéologie, par contre, nous était apparu comme diffusant largement le pouvoir, parmi tous ceux qui partageaient ses normes. Et bien que nous ayons montré que ces systèmes servaient à intégrer les efforts des agents internes, notre exposé laissait supposer qu'il étaient susceptibles d'agir ainsi de façons mutuellement exclusives. Alors que nous avons décrit le système de compétences spécialisées, comme servant à faire en sorte que le travail de l'organisation soit exécuté, nous avons montré aussi qu'il distribuait inégalement le pouvoir au sein de la coalition interne — d'agir, en fait, comme une force de désintégration. Et le système des politiques était décrit comme ayant à la fois des tendances de désintégration et d'esprit de clocher — satisfaisant ostensiblement les besoins invididuels aux dépens du besoin plus large de faire en sorte que le travail de l'organisation soit exécuté.

Nous avons cependant constaté des contradictions dans la plupart de ces tendances. Nous avons vu des exemples de centres détenteurs d'autorité — y compris le P.-D.G. — qui utilisaient le système des politiques ou d'idéologie pour consolider leur propre pouvoir individuel. De la même façon, nous avons vu des exemples de gens très éloignés du centre d'autorité, — des opérateurs au bas de la hiérarchie — qui exploitaient l'autorité comme un moyen d'acquérir un pouvoir individuel aux dépens du fonctionnement de de l'organisation. Et puis il y avait les jeunes Turcs qui utilisent parfois le système des politiques, afin de combattre l'autorité ou l'idéologie au profit d'une organisation en mal de changement. Autrement dit, il semblerait que dans le monde complexe des organisations, tout soit mis à l'envers de temps en temps.

Comment concilier tout cela ?

Nous pouvons reprendre le point présenté à la fin du dernier chapitre — pour voir tout d'abord de quelle façon les différents systèmes internes d'influence peuvent coexister, en fait comment ils procèdent pour s'appuyer mutuellement, puis de quelle façon chacun pourrait parvenir à dominer la coalition interne, éliminant certains d'entre eux et reléguant les autres à des places d'importance secondaire. Nous développerons ces deux thèmes dans ce chapitre, afin d'essayer de concilier les éléments disparates évoqués dans notre exposé sur la coalition interne, et afin de montrer qu'il existe une logique profonde dans le jeu du pouvoir dans la coalition interne. Nous présenterons une première série d'arguments pour montrer comment les systèmes d'influence fonctionnent de concert. Puis nous avancerons une deuxième série d'arguments pour montrer comment chaque système peut en arriver à dominer les autres (faisant remarquer que la domination par l'un d'eux n'exclut pas nécessairement le travail de concert des autres). Ces derniers arguments nous amèneront à la description de cinq types de coalitions internes de base.

LES SYSTÈMES D'INFLUENCE INTERNES AGISSANT DE CONCERT

Tout au long de notre exposé sur la coalition interne, nous avons décelé les éléments d'une certaine logique prévalant dans le fonctionnement des systèmes d'influence internes, et par laquelle ces derniers semblent agir de concert pour se compléter mutuellement. Nos deux premiers points montreront comment ces deux systèmes agissent parfois à l'unisson, pour le bien de l'organisation, tandis que les points suivants montreront comment chacun des systèmes d'influence peut servir à appuyer les autres ou corriger leurs imperfections.

1. **Les systèmes d'influence internes peuvent parfois agir de concert pour concentrer le pouvoir dans la coalition interne, 2. tandis qu'à d'autres moments, ils peuvent agir ensemble pour diffuser le pouvoir ; dans les deux cas, pour répondre à des besoins larges de l'organisation.** Le pouvoir dans l'organisation semble être un phénomène pulsatoire, qui est parfois implosif

ou convergent vers un centre, à d'autres moments qui explose ou se diffuse vers les périphéries.

Nous avons vu qu'un certain nombre de systèmes d'influence peuvent favoriser le P.-D.G., au sommet stratégique. Nous répéterons que le pouvoir formel est finalement entre ses mains, — il est assis au faîte de la hiérarchie de l'autorité —, et ainsi les systèmes de contrôle personnels et bureaucratiques lui servent à lui, finalement. L'idéologie peut, elle aussi l'avantager, puisqu'il incarne les croyances et les représente à travers son rôle de tête de proue de l'organisation. Beaucoup de P.-D.G. détiennent même une forme dynamique de compétences spécialisées, gardant un contrôle permanent sur des fonctions importantes pour l'organisation — la vente dans le cabinet conseil, les finances dans le conglomérat, les relations du gouvernement dans l'entreprise publique. Enfin, même les moyens d'influence politiques peuvent avantager le P.-D.G. En tant que centre nerveux de l'organisation, le P.-D.G. détient une position privilégiée aussi bien par rapport à l'information interne qu'externe ; sa position au sommet de la hiérachie lui permet d'exploiter les systèmes d'influence légitimes, et lui fournit les meilleures possibilités d'accès aux détenteurs d'influence puissants dans la coalition externe ; puisque c'est lui qui a fait son chemin jusqu'au sommet de la hiérachie, ce sont ses capacités politiques qui sont le mieux développées dans l'organisation ; et personne n'est mieux placé ou ne manifeste davantage la volonté de déployer ses efforts dans les jeux politiques, que le P.-D.G., puisque le pouvoir est de son ressort. Kanter partage ce point de vue sur la concentration du pouvoir, démontrant que le « pouvoir est susceptible d'engendrer davantage de pouvoir, en cycles ascendants, et l'absence de pouvoir d'engendrer l'absence de pouvoir, en un cycle descendant », ceux qui sont dépourvus de pouvoir étant « pris dans une spirale descendante » (1977, p. 196).

Cependant, nous avons des preuves de l'effet opposé également, qu'une loi de diffusion semble elle aussi fonctionner dans l'organisation. De quelle autre façon pouvons-nous expliquer le pouvoir que les surveillants de Scheff parvinrent à concentrer dans leurs mains, à l'hôpital psychiatrique ?

Le fait est qu'un certain nombre de forces concourent à diffuser le pouvoir dans la coalition interne. Précédemment, nous avons cité Crozier en disant que, dans un certain sens, chaque employé est un expert. C'est-à-dire que chacun d'eux remplit une fonction spécialisée, qu'il ou elle connaisse le mieux. Et chaque fonction est cruciale dans une certaine mesure, sinon elle n'existerait pas dans l'organisation. C'est pourquoi, chaque agent interne peut se servir du système des compétences spécialisées pour acquérir davantage de pouvoir dans la coalition interne. Patchen illustre ceci lorsqu'il constate que les agents internes ont tendance à « se remettre aux préférences » du preneur de décisions à qui il incombe de prendre une décision précise : « Les caractéristiques les plus fréquemment mentionnées (de gens très influents dans un cas de prise de décision) sont celles qui ont trait à l'importance de l'effet qu'une décision aura sur une personne (1974, pp. 209, 217). » Ensuite ce sont les caractéristiques associées aux compétences spécialisées d'un individu qui sont mentionnées, suivies en troisième position par celles associées à la responsabilité formelle. L'implication de ces données est non seulement que le pouvoir a tendance à se diffuser davantage dans la coalition interne, que le système d'autorité ne le laissait supposer, mais aussi que le système des politiques est probablement moins envahissant que certaines personnes pourraient le croire, tandis que le système de compétences spécialisées l'est davantage, même en l'absence d'un savoir-faire technique complexe et de connaissances techniques avancées. Des agents internes s'en remettent souvent au domaine de spécialisation de leurs collègues — qu'ils soient experts ou non — plutôt que de se remettre en question les uns les autres[1].

Évidemment, ce n'est pas seulement le système des compétences spécialisées qui permet de diffuser le pouvoir dans la coalition externe. Nous pouvons en effet, grâce aux découvertes de Patchen, déceler certaines de ces mêmes tendances, même dans le système d'autorité, car c'est de prime abord ce qui place la responsabilité de fonctions spécifiques entre les mains d'individus. L'idéologie elle aussi fonctionne comme une force qui diffuse le pouvoir parmi les agents internes. Il se peut qu'elle avantage le P.-D.G. car il incarne le pouvoir, mais elle met aussi une certaine partie de pouvoir aux mains de ses adeptes.

De la même façon, alors que le P.-D.G. détient certains avantages quant à l'utilisation du système des politiques, ce système contribue aussi, de façon beaucoup plus importante peut-être, à diffuser largement le pouvoir dans la coalition interne. C'est ce que nous constatons par exemple dans l'utilisation d'une information et d'un accès privilégiés, étant donné que beaucoup d'agents internes font fonction de portiers, occupent des positions centrales en matière de flux d'information, et entretiennent des contacts directs avec des agents externes influents. De plus, certains agents internes peuvent exploiter les systèmes d'influence légitimes, comme lorsque des analystes usent de leur pouvoir comme s'ils étaient les architectes des contrôles bureaucratiques, afin d'affaiblir les cadres, ou lorsque des opérateurs veulent en imposer à leurs clients par leur pouvoir formel.

Mais les effets de diffusion du pouvoir politique apparaissent surtout dans l'emploi de l'effort en tant que moyen d'influence. S'il est vrai que le pouvoir de l'effort du P.-D.G., il est non moins vrai que le temps et l'effort d'une seule personne sont cruellement limités. « Du temps pour les preneurs de décision de préparer et prendre une décision est un luxe qui se fait rare » disent March et Olsen (1976, p. 45) : « Une personne qui affiche des intérêts variés a moins d'énergie pour s'adonner à un seul d'entre eux ; une personne qui a beaucoup de talents a moins de temps pour en exercer un seul ; une personne qui a beaucoup de responsabilités consacre moins d'attention à

---

[1] Il faut cependant garder à l'esprit le contexte des découvertes de Patchen — les décisions d'achat. Ses découvertes sembleraient le mieux convenir à des décisions qui sont du ressort de preneurs de décision uniques. Des décisions stratégiques, qui ont des implications plus larges, ont tendances, comme nous l'avons constaté, à évoquer toutes sortes d'activité politique.

l'une d'elles (p. 46). » Et en général, aucun agent interne n'a davantage d'intérêts, de responsabilités, parfois aussi de talents que le P.-D.G. Il en résulte que le P.-D.G. ne peut se lancer dans chaque bataille politique qui lui tienne à cœur ; il doit choisir pour lui uniquement les plus importantes, et laisser le reste à d'autres. Et il en est ainsi, bien que d'importance décroissante, pour chacun de ses subordonnés. En fin de compte, il reste quelque chose pour chacun, dans la coalition interne — au moins quelques miettes ; c'est-à-dire, pour celui qui veut déployer l'effort de les ramasser.

> « ... des secrétaires dans les universités ont souvent le pouvoir de prendre des décisions dans le domaine des achats et la répartition du matériel ; les répartitions de leurs services, les horaires des cours, et parfois de prendre des dispositions par rapport aux doléances des étudiants. Un tel contrôle peut dans certains cas conduire à des sanctions à l'encontre d'un professeur, en manifestant poliment quelque hésitation à lui fournir du matériel, en faisant semblant d'ignorer ses vœux en matière de répartition des cours, et en accordant à d'autres des préférences en matière de répartition de services (Mechanic 1962, p. 359). »

Mechanic reconnaît qu'un tel pouvoir « peut facilement être retiré de la compétence du subalterne », particulièrement quand celui-ci en abuse, mais seulement « à un certain prix — consentir à accorder le temps et l'effort à ceux qui ont pouvoir de décision en la matière » (p. 359). Nous avons vu ainsi, comment les aides-soignantes dépourvus de pouvoir, dans une institution pyschiatrique, purent manipuler les médecins — les experts avec une autorité formelle de surcroît — parce que, dans l'ensemble, ils disposaient de davantage de temps et d'efforts à prodiguer.

Ainsi, nous trouvons à la fois la concentration et la diffusion du pouvoir dans la coalition interne. Et, grâce au phénomène de pulsation cité plus haut, le pouvoir peut fluctuer dans un sens ou un autre, cela dépend où il est requis. Parfois l'organisation doit se comporter comme une entité tout à fait intégrée, s'adaptant rapidement et de manière nette et tranchée, en focalisant au maximum. A ces moments-là, la concentration des différentes formes de pouvoir dans un seul centre est cruciale. Mais à d'autres moments, il y a nécessité d'adapter localement, de rester en rapport, de nuancer. Puis la diffusion est requise, pour accorder le pouvoir là où il est le plus sollicité, où le spécialiste, qui est le mieux à même de comprendre la situation particulière, peut agir. L'organisation s'ajuste à ses différents besoins par des mouvements d'impulsion alternés de concentration et de diffusion de son pouvoir.

Mais alors que les différents systèmes d'influence peuvent parfois agir de concert, plus généralement ils se déploient dans différentes directions, chacun essayant d'atteindre son propre objectif. En agissant seul, n'importe lequel d'entre eux peut déséquilibrer toute l'organisation. Mais en agissant ensemble, comme un ensemble de forces, ils peuvent répondre aux besoins de l'organisation et rectifier leurs mutuelles imperfections. De cette façon, ils contribuent à maintenir un équilibre de base dans l'organisation. Nous allons examiner ci-après la contribution que chacun de ces systèmes d'influence apporte, pour atteindre cet équilibre.

3. Dans le système d'autorité, le contrôle personnel assure la responsabilité concentrée nécessaire, et surmonte l'apathie des autres systèmes de la coalition interne. Quand des changements organisationnels doivent être opérés rapidement et de manière décisive, — tout comme lorsqu'une soudaine modification dans l'environnement menace la survie de l'organisation —, une responsabilité ponctuelle, s'impose (Hamblin, 1958). L'organisation doit pouvoir disposer d'un centre où toutes les informations nécessaires peuvent être rassemblées, et où des décisions parfaitement intégrées peuvent être prises, pour le bien de l'organisation tout entière.

Le système d'idéologie ne fournit pas un tel centre focal ; il distribue plutôt amplement le pouvoir. Il a tendance également à être le système d'influence le plus pesant, résistant au changement pour sauvegarder la tradition. Même à l'intérieur du système d'autorité, les contrôles bureaucratiques font un problème pour un tel changement, car ils sont soumis à des modèles : des manières admises et répétées de réaliser les choses. En fait ils retardent le changement significatif. (Ils prônent également une approche analytique pour la prise de décision, qui implique l'analyse minutieuse de tout changement proposé, avant de l'accepter.) Quant aux systèmes de compétences spécialisées et des politiques, ils ont une telle action de diffusion de pouvoir, qu'aucun changement ne peut être opéré rapidement à travers eux. Cela implique un trop grand nombre de gens, et qui doivent être convaincus. Le processus de changement s'embourbe dans des débats et des négociations. Ce n'est que le contrôle personnel dans le système d'autorité — libéré du poids de traditions et de modèles, capable de concentrer la responsabilité et de compter sur l'intuition — qui puisse entraîner un changement rapide et décisif. C'est le cas lorsqu'on permet à une seule personne — le P.-D.G. — de prendre toutes les décisions voulues, puis de les imposer à tous les autres.

Même dans des conditions normales, les organisations requièrent toujours un certain degré d'autorité personnelle, afin de maintenir un certain ordre et de sauvegarder une certaine crédibilité. Le philosophe politique Thomas Hobbes a soutenu, il y a quelques siècles, qu'en l'absence d'autorité personnelle, « un état de guerre entre chaque individu et tous les autres » s'instaure, ayant pour conséquence que « la vie de l'homme soit pauvre, désagréable, abrutie et courte ». Hobbes parlait des gouvernements, mais la même argumentation peut être utilisée pour les organisations actuelles. En l'absence d'autorité personnelle, la guerre survient sous forme de jeux politiques incontrôlables, qui se soldent par des vies « pauvres, désagréables, abruties et courtes » pour les organisations. La citation de Hobbes est empruntée à un livre de Kenneth Arrow (1974), qui conçoit l'autorité comme constituant le « centre des espérances convergentes » : « Un individu obéira à l'autorité, car il s'attend à ce que d'autres lui obéissent (p. 72). » Dans ce sens, l'autorité sert à rassembler les éléments disparates d'une organisation. En fait, l'autorité sert à incarner le concept même « d'organisation ».

4. Le contrôle bureaucratique dans le système d'autorité, engendre la stabilité et la régularité, et sert à surmonter les insuffisances dans les autres systèmes d'influence. Alors que l'autorité prise dans un sens personnel répond à un certain nombre de besoins, prise dans un sens bureaucratique, elle répond à d'autres. Chaque organisation a besoin d'un certain niveau de stabilité, de rationalisation, de standardisation, si elle veut remplir sa mission avec efficacité. Et le seul système qui puisse garantir tout cela est le système de contrôle bureaucratique.

Le contrôle personnel est arbitraire et souvent irrégulier, varie au gré de la fantaisie du dirigeant. Le système des compétences spécialisées, étant donné qu'il diffuse le pouvoir parmi tellement d'individus, peut ouvrir la porte à des irrégularités dans l'exercice même de ce pouvoir, surtout lorsque les experts travaillent en équipe sur des projets *ad hoc*. Le pouvoir politique basé sur un principe de « chacun pour soi », met en lumière tout comportement instable et inefficient. La politique n'est pas un moyen d'établir la régularité dans l'organisation. Même l'idéologie, qui impose la stabilité à l'organisation en standardisant ses normes, peut ne pas réussir à établir une rationalisation logique dans les différentes tâches. Elle non plus n'est pas destinée à instaurer l'efficience. Par contre le système de contrôle bureaucratique l'est. C'est son principal dessein dans la coalition interne.

5. On requiert du système d'idéologie qu'il insuffle la vie dans la coquille de l'organisation créée par l'autorité et les compétences spécialisées, et de surmonter des tendances « d'esprit de clocher » dans les autres systèmes d'influence, de telle sorte que les agents internes soient amenés à considérer les besoins de l'organisation tout entière. On ne peut pas compter sur l'autorité seule pour faire coïncider les efforts des agents internes avec les besoins de l'organisation. L'organisation qui tente de le faire, apparaît comme une coquille sans vie, dépourvue de sentiment humain et d'identification. (Ou encore, ces sentiments et identifications sont détournés dans le système des politiques, où les agents internes sont incités à destituer les buts formels au profit des buts « d'esprit de clocher ».) De la même façon, l'organisation, qui tente de ne compter que sur les seules compétences spécialisées, apparaît comme une autre forme de coquille, dépourvue de vie propre, dont les membres orientent leurs identifications vers des chambres professionnelles externes.

Ces coquilles prennent vie quand on imprègne à l'organisation une partie de sa propre idéologie. L'idéologie, parce qu'elle met en lumière la forme la plus profonde et la plus sincère d'identification de l'individu avec les buts de l'organisation, réalise la plus grande intégration de l'effort individuel aux besoins organisationnels. Plutôt que d'acheter l'individu par des moyens financiers, comme c'est le cas dans un système d'autorité, ou de lui offrir la possibilité de contrôler son propre travail comme dans un système de compétences spécialisées, ou de lui laisser toute latitude pour poursuivre des intérêts communautaires comme dans un système des politiques, l'idéologie attire l'individu directement vers la mission de l'organisation, en tant que fin valable en elle-même. Des opérateurs, peu importe leur spécialité, trouvent que leur travail a plus de sens, — sa fin est entrevue, et semble avoir un dessein plus vaste. De la même façon, des spécialistes des fonctions de support logistique considèrent leurs méthodes comme des moyens pour élargir leurs fins, plutôt que comme des fins en elles-mêmes. Et les cadres moyens n'envisagent plus seulement les buts étroits de leurs propres unités, mais aussi les buts plus larges de l'organisation tout entière. Tous les motifs de changement de but — certains dus à l'autorité, d'autres aux compétences spécialisées ou aux politiques — tendent à disparaître sous l'impulsion d'une idéologie forte.

Ce point de vue est développé par Selznick dans son livre : *Leadership in Administration* (1957) (Direction dans l'Administration) : il observe « qu'un système acquiert de l'ampleur » quand « un ensemble neutre d'hommes est transformé en un système engagé » (p. 90). De façon plus spécifique, « Une doctrine bien formulée est particulièrement pratique pour faire du battage pour la morale interne, communiquer les éléments de décision, et rejeter des revendications et des critiques extérieures (p. 14). » De plus, elle « donne la certitude que, dans la réalisation de tâches données, l'esprit, tout aussi bien que la lettre seront respectés. De la même façon, l'identification émotionnelle avec l'organisation crée des ressources d'énergie, susceptibles d'augmenter l'effort quotidien, et d'être rassemblées en temps de crise ou de menace » (p. 18).

6. **On requiert du système de compétences spécialisées qu'il s'assure que le pouvoir est placé là où les compétences techniques cruciales et la connaissance de l'organisation sont localisées, plutôt que d'être alloué arbitrairement en fonction du rang ou des règlements, et accordé à n'importe quel adepte de l'idéologie, ou dispensé à ceux qui sont les plus versés dans les jeux politiques.** L'autorité n'est en rien un distributeur de pouvoir bien réglé. Elle fait entrer le pouvoir dans des fonctions et non chez les individus, et, à travers des contrôles bureaucratiques, elle le déploie en fonction de règlements et de normes de production. Autrement dit, la façon dont elle distribue le pouvoir est formelle et inflexible, et bien souvent inadaptée à la situation présente. Comme le note Hickson et autres : « L'autorité hiérarchique d'aujourd'hui, est peut-être en partie la version fossilisée de la hiérarchie du pouvoir d'hier (1971, p. 218). » L'idéologie, quant à elle, n'est pas du tout adaptée. Elle distribue le pouvoir à tout adepte, sans discrimination. Et la politique met le pouvoir aux mains des agents internes les plus versés dans les jeux politiques — avec le temps, la volonté de jouer, les relations voulues, l'habileté politique — et non pas nécessairement ceux qui servent le mieux les besoins de l'organisation.

Au point où l'organisation nécessite des compétences spécialisées dans son fonctionnement, tous ces systèmes d'influence ont tendance à mal répartir le pouvoir. Quand les experts doivent travailler sous le système de l'autorité, ils sont subordonnés à des cadres ou à des règlements technocratiques, et manquent ainsi de discernement pour faire bon usage de leurs capacités et de leurs connaissances. Quand ils sont soumis au système d'idéologie, leurs capacités et leurs connaissances sont limitées — par eux-mêmes, aussi bien que par d'autres personnes — par crainte de créer des îlots de statuts et de pouvoir. Et, bien sûr, sous le système des politiques, le savoir-faire politique compte plus que le savoir-faire technique. Quand le savoir-faire politique fait défaut, bien que l'organisation ait peut-être grand besoin de savoir-faire technique, les spécialistes sont submergés par le jeu de la politique.

Étant donné le besoin de savoir-faire et de connaissances techniques, seul le système de compétences spécialisées peut s'assurer que le pouvoir afflue vers ceux qui sont le mieux à même de servir l'organisation. Dans les mêmes termes que notre conclusion du chapitre 12, le pouvoir afflue vers ceux qui remplissent les fonctions cruciales avec des groupes de spécialistes irremplaçables. En d'autres termes, le système de compétences spécialisées impose une sorte de loi de sélection naturelle à l'organisation, par laquelle ceux qui ont le savoir-faire et les connaissances voulus, obtiennent le pouvoir nécessaire pour les utiliser.

7. **Le système des politiques est nécessaire pour corriger des imperfections et des dysfonctionnements dans les systèmes légitimes d'autorité, d'idéologie et des compétences spécialisées — afin de pourvoir à certaines formes de flexibilité que les autres systèmes d'influence refusent.** Notre description initiale de la coalition interne reposait sur la supposition qu'un soi-disant système d'autorité « rationnel » était utilisé par le P.-D.G. pour imposer à l'organisation des buts formels, et qu'un système des politiques illégitime s'y opposait, système dans lequel les agents internes cherchent à déplacer les buts formels en faveur de leurs propres buts. (Nous avons élargi notre description de pouvoir légitime pour y inclure les systèmes d'idéologies et de compétences spécialisées, mais le système des politiques est resté illégitime.) Cette dichotomie est, en fait, courante dans la littérature. Pfeffer et Salancik (1974, citant Baldridge) opposent le « modèle bureaucratique » au « modèle de pouvoir ». Dans l'un, « des intérêts de sous-unités sont supposés être subordonnés à des objectifs organisationnels généraux (universels) » ; dans l'autre, « il y a des conflits entre les membres et la réponse à — "quel genre de décisions seront prises" — est à trouver parmi les personnes qui ont du pouvoir à appliquer dans un contexte de décisions particulier. Ainsi le pouvoir, plutôt que ce qui est optimal pour atteindre un objectif organisationnel, devient une importante variable en matière de décision » (p. 136).

A ce point du débat, il est temps de nous demander si les buts que le P.-D.G. tente d'imposer à l'organisation par l'autorité — ou ceux imposés par cette même personne et d'autres par l'idéologie ou les compétences spécialisées sont toujours légitimes, alors que ceux imposés par la politique ne le sont pas[2]. Nous avons vu que le P.-D.G. est un détenteur d'influence lui-

---

[2] Nous nous référons uniquement ici aux fins obtenues. Ainsi que nous avons décrit la politique plus haut, (« comportement hors des systèmes d'influence légitimes, ou hors de leurs utilisations légitimes »), les moyens sont toujours illégitimes, alors que les fins ne le sont pas nécessairement (pour poursuivre notre description, « comportement destiné à profiter à l'individu ou au groupe, *ostensiblement* aux dépens de l'organisation en général »).

aussi, et qu'il poursuit ses propres buts. C'est aussi le cas de tous les autres détenteurs d'influence internes, y compris les cadres et les experts. En d'autres termes, ceux qui détiennent du pouvoir en vertu de l'autorité ou des compétences spécialisées, peuvent détourner ce pouvoir à des fins personnelles. De plus, nous avons vu que l'autorité, l'idéologie ou les compétences spécialisées peuvent être utilisées pour empêcher le changement nécessaire à l'organisation, tandis que la politique peut amener ce changement. Ceci était évident dans notre exposé sur les coups de sifflet d'arrêt et les jeux des jeunes Turcs. Nous avons aussi constaté dans notre étude sur la suboptimisation et les déformations dans les objectifs, que les employés voués véritablement au service de l'organisation, ne doivent pas tenir compte des requêtes mal conçues du système d'autorité, et doivent plutôt s'adonner au jeu politique. Autrement dit, chacun des systèmes d'influence légitimes peut être trompeur... et trompé. Nous avons vu plusieurs fois que ces systèmes peuvent être dysfonctionnels et, en termes de besoins de l'organisation, irrationnels.

Il n'y a aucun doute que le système des politiques ait des côtés dysfonctionnels et irrationnels également. Il a tendance à être diviseur et destructeur ; il gaspille les énergies, nécessitant beaucoup plus de temps et d'efforts pour accomplir quelque chose que les autres systèmes d'influence ; et à la fin, il place le pouvoir aux mains des éléments les plus intéressés de l'organisation. Il faut cependant aussi reconnaître le côté fonctionnel du système des politiques, car il est important. Pour ne citer que McCall, « le pouvoir (légitime aussi bien qu'illégitime) est une arme à double tranchant. On peut s'en servir pour résoudre d'importants problèmes organisationnels... D'un autre côté, l'utilisation du pouvoir peut être mal dirigée vers des problèmes de conservation de pouvoir... » (1979, p. 203). Comme le démontre Stymne, en basant son étude sur trois organisations commerciales, tandis que les processus politiques consomment beaucoup d'énergie dans l'organisation, énergie qui autrement pourrait être consacrée au travail, « la structure s'écroulerait bien vite si les processus politiques ne pouvaient avoir lieu » (1972, p. 59). Ainsi, tandis que nous avons parlé au chapitre 13 des jeux politiques coexistant au mieux avec les systèmes d'influence légitimes, — comme un minuscule coquillage qui se serait fixé sur une coquille Saint-Jacques —, à présent nous pouvons dire qu'ils entretiennent une relation de *symbiose* avec les systèmes légitimes — comme le poisson pilote qui, en attrapant sa nourriture entre les dents d'un requin, contribue à les garder propres et saines. Voyons en termes de quatre sous-propositions les moyens par lesquels le système des politiques peut être fonctionnel, peut agir au nom de l'organisation, quand les systèmes d'autorité, d'idéologie ou de compétences spécialisées sont déficients ou dysfonctionnels.

7 a. **Le système des politiques fonctionne de manière darwinienne, afin que les membres les plus forts de l'organisation soient amenés aux postes de commandement.** Il se présente souvent des situations dans des organisations où le système des politiques permet à des chefs naturels de s'élever en dépit de leur suppression par le système d'autorité. L'autorité est basée sur le prin-

cipe d'une seule chaîne de commande « graduée ». Un lien faible peut créer des problèmes vers le bas de l'échelle. Des chefs faibles peuvent, par exemple, congédier le plus capable de leurs subordonnés, et n'encourager que les « hommes qui disent oui ». Les meilleurs sont tenus à l'écart. Mais le système des politiques fournit des chaînes de remplacement. Il autorise ces personnes à créer des contacts ailleurs dans la hiérarchie, permettant même parfois à certains de dépasser leurs supérieurs. (De plus, c'est souvent seulement à travers le système des politiques que la faiblesse du lien dans une chaîne peut apparaître. Des cadres, comme nous l'avons constaté, sont capables de filtrer l'information destinée au sommet de la hiérarchie. L'information sur des performances faibles peut être retenue ou déformée. Des cadres supérieurs n'ont peut-être aucune idée de ce qui se passe réellement jusqu'à ce qu'un subordonné passe outre son supérieur et le lui révèle.)

Même si le système de promotion fonctionne comme il le devrait à l'intérieur du système de l'autorité, le système des politiques peut y apporter quelque chose de plus. C'est ce que nous avons constaté dans le jeu du parrainage, où un cadre accorde son appui à un jeune promouvable, aidant ainsi cette personne à grimper plus rapidement dans l'échelle hiérarchique que ne le permettrait l'autorité. Nous le constatons également dans les jeux politiques joués entre des cadres au même niveau hiérarchique. Des jeux tels que des candidats à des postes stratégiques et des alliances et des constitutions d'empire peuvent tenir lieu de terrains d'épreuves pour révéler les cadres qui ont le plus d'habileté politique. On a montré que le besoin de pouvoir et l'habileté à l'utiliser avec discernement — non de façon mercenaire ni timide —, sont des caractéristiques importantes des meneurs (McClelland 1970 ; McClelland et Burnham 1976). C'est particulièrement vrai au sommet de la hiérarchie où les jeux ne se déroulent pas entre des départements, mais entre des organisations entières. Les joueurs de la deuxième ligne peuvent suffir pour la mêlée, mais seules les vedettes peuvent être autorisées à se trouver sur le terrain de la compétition. C'est pourquoi, les cadres supérieurs qui doivent faire des choix en matière de direction pour l'avenir, ont besoin d'informations sur les choix politiques des candidats, et de leur habileté dans ce domaine. Et ce sont les jeux politiques qui fournissent de telles informations. En effet, ils contribuent parfois à faire des choix. Quand la poussière est retombée, seuls les meilleurs joueurs restent en place. Ils avancent pour jouer à nouveau, alors que les perdants disparaissent discrètement à l'arrière-plan.

En contribuant à assurer la survie du plus apte, par tous ces moyens, le système des politiques sert à rendre plus forte l'équipe de direction de l'organisation.

7 b. **Le système des politiques peut s'assurer que tous les aspects d'une question sont débattus pleinement, tandis que les systèmes d'autorité, d'idéologie et parfois même des compétences spécialisées ont tendance à n'en promouvoir qu'un seul.** Le système d'idéologie évalue chaque question en termes de « mots ». Si l'idéologie dominante est le marxisme ou le capitalisme, ou

une autre encore, alors seulement cette interprétation-là des faits sera acceptable. Et de la même façon, le système d'autorité ne promeut qu'un seul point de vue, bien que pour une raison différente. Il rassemble les informations pour les faire remonter dans la hiérarchie à travers des canaux successifs de plus en plus étroits. Le cadre qui représente dix subordonnés, qui ont peut-être dix opinions différentes, tient lieu à son tour, de chaîne unique d'information pour son supérieur. La tendance est de ne communiquer à la hiérarchie qu'un seul point de vue, en fait celui qui est connu pour être privilégié plus haut. La littérature abonde en histoires de décisions qui ont été dévoyées car l'information appropriée était bloquée dans la hiérarchie. Quand au système des compétences spécialisées il est ostensiblement plus éclectique que les deux autres, comportant toutes sortes de domaines de compétences spécialisées. Mais comme nous l'avons vu plus haut, à travers les découvertes de Patchen, il y a une tendance dans ce système, à s'en remettre à l'expert pour chaque question. Ainsi, à moins qu'une question soit du ressort de plus d'un domaine de compétences spécialisées, le système peut, lui aussi, ne promouvoir qu'un seul point de vue.

Le système des politiques, d'un autre côté, dispose d'un certain nombre de moyens pour encourager un dépoussiérage plus complet des questions. En politique, « les hommes responsables sont obligés de se battre pour ce qu'ils considèrent être juste » (Allison 1971, p. 145). Dans l'autorité, le droit est dévolu à la fonction ; dans les compétences spécialisées le droit est dévolu à l'expert ; dans l'idéologie il n'y a qu'un droit. En employant des moyens politiques d'influence, des employés qui ont des opinions suffisamment fortes, sur des points de vue qui n'ont pas cours, peuvent se faire entendre. Ils peuvent, par exemple, passer outre leurs supérieurs et s'adresser à ceux qui sont situés plus haut dans la hiérarchie. Ou si cela ne marche pas, ils peuvent utiliser le jeu du coup de siffler pour faire connaître leur point de vue hors de l'organisation, aux détenteurs d'influence externes. Le jeu du camp rival prévoit lui aussi un examen complet de la question, étant donné que chaque parti en présence rassemble les arguments qui confortent leur point de vue et affaiblissent celui de leurs rivaux. Des points qui ne pourraient jamais apparaître à travers les systèmes d'influence légitimes sont développés :

> « Les conflits entre les différents départements favorisent la libre compétition de nouvelles idées (et aussi donne la possibilité à la direction générale de juger le comportement de ses subordonnés). Comme chaque département n'a qu'une image partielle de l'organisation dans son ensemble, la compétition améliore la qualité de la réflexion de chaque département, et le force à prendre en considération le point de vue de l'autre département. Dans les grandes organisations, une telle compétition interne tend à se substituer à la compétition externe du marché (Strauss 1964, p. 148). »

Le jeu de « la direction contre le personnel » est un autre moyen de système des politiques pour s'assurer du dépoussiérage complet des problèmes. Ici, ce ne sont plus seulement deux partis qui sont en présence, mais deux orientations très différentes. L'un préfère des données « souples », élaborées d'une manière intuitive, l'autre des données plus « dures », soumises à une analyse formelle. Une organisation requiert souvent les deux approches, et cette confrontation politique est peut-être le meilleur moyen de s'assurer de les obtenir.

Ce qui force le système des politiques — tellement proche de « l'esprit de clocher » et tellement déformé — d'élargir en fait l'approche de l'organisation en matière de prise de décision, est l'exigence qu'elle opère à l'intérieur d'une sphère de « rationalité » organisationnelle. Autrement dit, quel que soit le bénéfice que l'on retire pour soi-même, il faut le présenter en termes « objectifs » — en termes de ce qui est préférable pour l'organisation.

> « Généralement, chaque parti en conflit appelé politique par des observateurs, se réclame des intérêts de l'entreprise dans son ensemble. En fait, la seule façon reconnue et praticable de faire prévaloir les intérêts politiques, est de les présenter en termes de bien-être accru ou d'efficience, qui contribuent à la capacité de l'information de répondre à sa mission et de prospérer... C'est le seul mode d'expression admis (Burns 1961-1962, p. 260). »

Burns développe, dans une note amusante :

> « Il est impossible de ne pas faire référence aux observations faites ici par F.M. Cornford dans son livre bien connu ''Guide for the Young Academic Politician'' (manuel destiné à un jeune politicien professionnel). Les travaux ''se répartissent en deux catégories, mes travaux et vos travaux. Mes travaux sont des propositions dévouées à la cause publique, qui (à mon grand regret) incluent l'avancement d'un ami personnel, ou (à mon plus grand regret encore) le mien propre. Vos travaux sont des intrigues insideuses pour promouvoir votre avancement et celui de vos amis, faussement déguisées en propositions dévouées à la cause publique (p. 260)[3]. »

Ainsi, peu importe l'intensité du corps à corps, le système des politiques est souvent très efficace à faire apparaître tous les problèmes. Les défenseurs d'une idée présentent les « arguments pour » et leurs adversaires avancent les « arguments contre ». Wildasky fait remarquer que des recherches sur les pratiques gouvernementales au Canada, en Grande-Bretagne, aux Pays-Bas et en Union Soviétique montrent que lorsqu'un désaccord apparaît entre la commission du budget et un ministère, les deux partis « se rendent à une réunion, armés jusqu'aux dents, de manière à défendre leurs positions

---

[3] Burns, assisté de son collègue Stalker, explique dans une autre publication que : « Nous n'avons pas l'intention de présenter le comportement de la direction dans les entreprises comme un continuel mélodrame d'hypocrisie et d'intrigue. Elles existent, bien sûr, ici ou là, mais le vrai problème est que le plus souvent pour les partis en présence, leurs propres opinions et leurs lignes de conduite semblent tout à fait sincères et désintéressées, et leurs manœuvres destinées à servir ce qu'ils considèrent être les meilleurs intérêts de l'entreprise (1966, p. 145). »

respectives » (1968, p. 194). La même chose se passe, bien sûr, dans les affaires et d'autres organisations. Dans une telle atmosphère, seuls les arguments les plus solides sont susceptibles de « survivre ». C'est pourquoi, en dernier ressort, la victoire se décide souvent, dans les jeux politiques, sur le terrain de la « rationalité » — pour des motifs plutôt liés à l'organisation qu'à un service.

Et ceci ne se fait pas aux dépens de joueurs, car l'objectivité s'en trouve renforcée. En effet, si le débat est houleux, il est dans l'intérêt de chaque joueur d'avancer les arguments susceptibles d'être retenus, et de présenter les seuls candidats stratégiques les plus défendables. Il est dangereux de se laisser surprendre quand les meilleurs arguments sont du côté de l'adversaire. Après tout, l'énergie à consacrer aux candidats stratégiques est limitée. Il vaut mieux soutenir des gagnants éventuels, à propos desquels des arguments forts peuvent être sélectionnés et utilisés, C'est-à-dire des arguments qui ont trait à des intérêts organisationnels et non à des intérêts trop particuliers. Et ainsi, le pouvoir politique va souvent à ceux qui soutiennent ce qui correspond à l'intérêt le plus grand pour l'organisation. Le système des politiques devient un agent de besoin organisationnel, en dépit de lui-même.

7 c. **Le système des politiques est souvent utile pour promouvoir le changement organisationnel nécessaire, entravé par les systèmes d'autorité, d'idéologie et/ou de compétences spécialisées.** Personne dans l'organisation n'a le monopole de la prévision. Le changement nécessaire peut venir des pouvoirs existants, mais il doit aussi parfois venir malgré eux, ou même contre eux. « Je vous en conjure, par le sang du Christ, imaginez qu'il soit possible, que vous vous soyiez trompés » dit Cromwell à l'autorité écossaise (dans Arrow 1974, p. 75).

McCall fait remarquer que le lieu où se trouve le pouvoir doit changer quand les exigences d'une société changent, sinon « la capacité de survie de l'organisation est menacée » (1979, p. 189). En d'autres termes, quelle que soit la force du système d'influence ou de celui qui se trouve dans ce système, l'un ou l'autre doit généralement laisser sa place quand un changement important s'avère nécessaire. Une nouvelle forme légitime de pouvoir doit éventuellement émerger. Mais dans le but de provoquer ce changement, il apparaît que le système des politiques « illégitime » doit souvent se saisir de la coalition interne pour un certain temps, en déplaçant l'autorité, l'idéologie ou les experts.

Le fait même que l'autorité concentre tellement de pouvoir dans la ligne hiérarchique de l'organisation et puis ensuite entre les mains du P.-D.G. au sommet, constitue un danger quand l'autorité ne peut s'adapter, car l'organisation est menacée. L'autorité est souvent incapable de s'adapter, ou refuse de le faire pour un certain nombre de raisons. D'une part, les cadres supérieurs affichent souvent un profond attachement psychologique aux stratégies existantes de l'organisation, parce qu'ils les ont connues depuis longtemps, et les ont peut-être même introduites au début, et ainsi, ils s'opposent à leur changement (Mintzberg 1978). Dans d'autres cas, les cadres supérieurs tout simplement vieillissent et se lassent. Ils deviennent incapables de faire les changements voulus, mais ce cramponnent néanmoins à leur pouvoir. Le changement peut les avoir amenés au pouvoir, mais à présent c'est le changement qui les menace de le perdre. Une autre raison pour laquelle le pouvoir freine le changement est que, comme le remarquent Salancik et Pfeffer, « les formes de pouvoir institutionnalisées », telles que le contrôle centralisé et le S.I.M. (système d'information de management) « ont tendance à éloigner l'organisation de la réalité, et à occulter les besoins de son environnement » (1977, p. 3). En d'autres termes, les cadres qui comptent sur le système de contrôle bureaucratique pour avoir les informations, risquent d'être les derniers à se rendre compte des besoins de changements importants. Et finalement, les contrôles bureaucratiques reposent sur des normes — soit de travail sous forme de règlement ou autre, soit de rendement sous forme de plans d'actions et contrôles des résultats — et cela signifie qu'ils accordent davantage d'importance à maintenir la stabilité qu'à promouvoir le changement.

Le cas de l'idéologie est encore plus clair. D'importantes composantes de la stratégie sont souvent imbriquées dans l'idéologie. Ainsi, proposer un changement dans la stratégie, signifie remettre en question l'idéologie elle-même. Et cela constitue même un tabou quand l'idéologie est forte. Le système d'idéologie est enraciné dans le passé — les traditions — et non dans le présent ou le futur. Il est donc particulièrement réticent au changement. L'organisation est engagée, selon les mots de Selznick, « dans des objectifs et des procédés précis qui souvent limitent considérablement la liberté des dirigeants à déployer leurs moyens et qui réduit la capacité de l'organisation de survivre dans de nouvelles conditions » (1957, p. 18).

Quant aux compétencs spécialisées, l'engagement se fait par rapport à des ensembles de savoir-faire et de connaissance, non par rapport à l'organisation pour elle-même. De plus, la standardisation de ces compétences et de ce savoir peut les rendre tout aussi réticents au changement que les normes contenues dans le système de contrôles bureaucratiques. Des organisations professionnelles qui pratiquent des savoir-faire codifiés — les universités, des services de comptabilité et autres — ne sont pas réputées pour leurs capacités d'adaptation (Mintzberg 1979 a, pp. 374-76). Ainsi, le système des compétences spécialisées, en concentrant le pouvoir entre les mains de ceux qui sont souvent davantage intéressés à préserver leurs critères professionnels, ou à servir leurs professions plutôt que l'organisation où ils les exercent, ce système peut lui aussi agir comme une force freinant le changement dans l'organisation.

C'est là qu'intervient souvent le système des politiques car il arrive qu'il soit le système d'influence interne le plus flexible, celui qui souvent force l'organisation à faire les changements nécessaires. Autrement dit, le système des politiques semble fonctionner comme une espèce de « main invisible » dans l'organisation pour y remettre les choses comme il faut ; « une main invisible agissant en sous main », serait une meilleure expression. Quand un changement doit s'opérer sans remettre en question la légitimité du pouvoir existant, ce sont les jeux des candidats stratégiques qui peuvent être utilisés. Quand on doit contourner le pouvoir légitime, mettons, afin de corriger une pratique peu conforme à l'éthique, c'est au jeu du coup de sifflet d'enter en action. Et quand le changement nécessaire est si fondamental qu'il doit défier directement le pouvoir légitime — comme dans le cas du remplacement de toute une stratégie, ou d'une idéologie, ou même de l'autorité centrale elle-même — alors la politique sous la forme du jeu des jeunes Turcs est généra-lement requise. « Il y a une certaine tendance naïve à supposer que tous les conflits soient mauvais », dit Stagner (1967, p. 142). Mais comme l'indique Burns dans un article intitulé : « Micropolitics : Mechanisms of Institutional Change » (Micropolitique : mécanismes du changement institutionnel) (1961-1962), ce qui apparaît parfois comme une activité politique bénéfique pour soi-même peut souvent s'avérer du plus grand intérêt pour l'organisation.

Tout ceci revient à dire que le système des politiques semble être une composante pratiquement inévitable dans tout changement organisationnel important, même si ce changement consiste à passer d'un pouvoir légitime à un autre. En fait, comme nous le constaterons dans le prochain et dernier paragraphe, le recours à la politique est souvent nécessaire même quand le P.-D.G. lui-même souhaite effectuer un changement stratégique. L'action politique est l'instrument du changement social.

7 d. **Le système des politiques peut ouvrir la voie à la mise en exécution de décisions.** Au paragraphe 7 b, nous avons vu le rôle joué par le système des politiques, quand il s'agit de s'assurer que toute l'information qui parti-cipe à la prise de décision soit complète. Et dans le dernier paragraphe, nous avons vu son rôle dans la promotion du processus de décision lui-même. A présent, nous examinons son rôle dans la mise à exécution et la réalisation complète de la décision.

Nous avons constaté dans notre exposé sur « les jeux de révolte » — surtout dans les anecdotes des employés chinois et des assistants à l'hôpital — qu'il était très facile pour des opérateurs bien organisés de blo-quer l'exécution de décisions qui leur étaient imposées d'en haut. En consé-quence, le cadre supérieur qui souhaite s'assurer de l'exécution finale de ses décisions, doit donner dans les jeux politiques lui aussi. S'il n'essaye pas d'égaliser le terrain pour ses propres candidats stratégiques, en persuadant, négociant et en concluant des alliances, avant d'annoncer ses choix — il peut très bien se trouver empêtré dans un jeu de contre-insurrection par la suite. Et alors il peut être trop tard pour sauver son candidat. Comme le fait remarquer Saunders, dans une situation politique, le management doit s'assurer que ses stratégies ont « l'appui nécessaire de l'organisation pour obtenir effectivement la mise en œuvre. Si le processus politique n'est ni ouvert, ni vigoureux, alors le résultat du processus a moins de chance de répondre aux besoins de l'organisation et ne bénéficiera certainement pas de l'appui le plus large possible » (1973, p. 18).

Pour conclure ce débat, nous remarquons que si le système des politi-ques n'est pas toujours fonctionnel, — « rationnel » en termes de besoins organisationnels — il en est de même pour les systèmes d'idéologie, de compétences spécialisées ou d'autorité. On reconnaît pour chacun de ces systèmes à la fois un côté fonctionnel et un côté dysfonctionnel. De cette façon, nous apprécions mieux la façon dont ces systèmes d'influence peuvent travailler de concert.

LES SYSTÈMES D'INFLUENCE INTERNES EN POSITION DE DOMINATION : CINQ TYPES DE COALITIONS INTERNES

Travailler de concert, même atteindre un équilibre dans la coalition interne, ne signifie pas nécessairement que l'un des systèmes d'influence ne puisse pas prendre le pas sur les autres, en fait les dominer. On peut maintenir un certain équilibre aussi longtemps que les autres systèmes sont disposés à corriger les déficiences ou les distorsions dans le système qui les domine. Par exemple, une petite dose de politique peut être suffisante pour corriger les tendances à une mauvaise adaptation dans un système d'autorité dominant. Ou alors, pour peu que cette correction requière une activité politique intense, l'organisation risque d'être dominée pour un certain temps par le système des politiques, pour effectuer le changement nécessaire, avant de retourner à un état d'autorité stable et dominant. Ainsi, les deux thèmes de ce chapitre — les systèmes d'influence agissant de concert et individuellement dans la domination — ne sont pas nécessairement contradictoires. Plus loin, nous soulèverons la question de savoir comment cela se produit ; ici, nous nous contenterons de le constater, et de poursuivre notre description de la façon dont chacun de ces systèmes d'influence peut dominer dans la coalition interne.

A chaque niveau de l'organisation, l'un des systèmes d'influence peut apparaître comme le plus important. Par exemple, l'autorité personnelle peut être un élément clé au sommet stratégique, l'autorité bureaucratique un élément clé pour la technostructure, les compétences spécialisées un élément clé pour le noyau opérationnel quand son personnel est formé de professionnels, la politique dans certaines circonstances pour la ligne médiane de la hiérarchie, et ainsi de suite. Le tableau 14-1 résume pour chacun des groupes principaux détenteurs d'influence internes, leur rôle dans la coalition interne, les buts qu'ils prônent, leurs principaux moyens d'influence internes, pour quelles raisons ils essayent de changer les points d'ancrage du pouvoir légitime, où ils essayent de le faire, et les jeux politiques qu'ils pratiquent pour ce faire. Mais ces groupes ne partagent que rarement le pouvoir de manière égale, dans la coalition interne. Comme nous le montrons dans le livre « Structure et dynamique des organisations », en fonction des circonstances, l'un des groupes assume souvent la position de plus grande importance. Et lorsque c'est le cas, le système d'influence privilégié par ce groupe devient le plus fort.

Nous avons vu dans les chapitres 10 et 13 comment chacun des systèmes d'influence internes a tendance, lorsqu'il est fort, à écraser les autres, les faisant sortir de la coalition interne, ou du moins les reléguant à des positions d'importance secondaire. Une idéologie forte, par exemple, étant basée sur un contrôle normatif, écarte largement le besoin de contrôles personnels ou bureaucratiques dans le système d'autorité ; ses normes égalitaires peuvent aussi être incompatibles avec un système de compétences spécialisées fort, qui engendre toutes sortes de distinctions de statuts dans la coalition interne ; et la forte identification avec l'organisation qu'elle développe parmi ses membres prévient pratiquement toute activité politique. Autrement dit, quand le système d'idéologie est fort, les systèmes d'autorité, de compétences spécialisées et des politiques ont tendance à être faibles. Et il en est ainsi avec chacun des autres systèmes d'influence. Des situations peuvent se présenter où deux ou davantage de ces systèmes atteignent une importance égale dans la coalition interne, — nous les appelons *hybrides*. Notre hypothèse est que **la tendance naturelle dans la coalition interne est qu'un des systèmes d'influence (et, dans le cas de l'autorité, une des formes de contrôle), apparaisse comme le plus important, temporairement du moins, et domine les autres.** Dans cette partie du chapitre, nous décrivons cinq cas où cela se produit, donnant naissance à cinq types de coalitions internes (comme dans le chapitre 7, nous avons vu l'apparition de trois types de coalitions externes). Nous les présentons ci-après, sous forme de séries de propositions décrivant ce qu'il advient à chacun des autres systèmes quand l'un domine.

8. Quand, dans le système d'autorité le contrôle personnel domine la coalition interne, le système des politiques a tendance à être écarté, et ceux des compétences spécialisées et des contrôles bureaucratiques sont découragés, bien qu'une forme atténuée du système d'idéologie puisse renforcer l'autorité personnelle. Ce que nous appelons la *C.I. personnalisée* apparaît.

9. Quand le contrôle bureaucratique domine dans le système d'autorité, le système d'idéologie a tendance à être écarté, et le système des compétences spécialisées est découragé, bien que les contrôles personnels puissent renforcer les contrôles buraucratiques à des niveaux supérieurs, et le système des politiques coexiste sous une forme atténuée pour résister ou exploiter certains aspects de l'autorité, et d'en corriger ses imperfections. ce que nous appelons la *C.I. bureaucratique* apparaît.

10. Quand le système d'idéologie domine, les systèmes d'autorité (sous formes personnelles et bureaucratiques) et des politiques sont largement écartés, et le système des compétences spécialisées est généralement découragé. Ce que nous appelons la *C.I. idéologique* apparaît.

11. Quand le système de compétences spécialisées domine, les systèmes d'idéologie et d'autorité (sous formes personnelles et bureaucratiques) sont généralement découragés, mais le système des politiques coexiste en tant que

force secondaire dans la coalition interne. Ce que nous appelons la *C.I. professionnelle* apparaît.

12. **Et quand le système des politiques domine, il a tendance à décourager tous les autres systèmes légitimes d'influence (ou encore il peut apparaître par suite de leur faiblesse).** Et ce que nous appelons la *C.I. politisée* apparaît.

LA COALITION INTERNE PERSONNALISÉE Dans le premier des deux types de coalitions internes dominées par le système d'autorité, c'est le système du contrôle personnel qui règne. Et puisque le contrôle personnel centralise le pouvoir dans la hiérarchie de l'autorité, et précisément au sommet, le P.-D.G. apparaît comme le souverain absolu de la coalition interne. Autrement dit, le pouvoir afflue vers un centre.

Contrôle personnel signifie que le P.-D.G. prend les décisions stratégiques, et dirige étroitement leur exécution, en maintenant un contact étroit avec le noyau opérationnel de l'organisation. En d'autres termes, cette seule personne détient non seulement l'autorité formelle, mais il ou elle contrôle les fonctions cruciales et maintient la centralité dans tous les flux d'information. Quand un individu contrôle ainsi tout, les autres agents internes ont peu de chance de s'adonner à des jeux politiques. En conséquence, la coalition interne personnalisée est parmi tous les autres types de coalition interne, l'une des moins politisées.

Le système des compétences spécialisées a aussi tendance à être faible dans ce type de coalition interne, découragé par un P.-D.G. qui préfère ne pas déléguer ses pouvoirs à des spécialistes qu'il ne peut pas contrôler personnellement. Autrement dit, la maîtrise du sujet de l'expert et le contrôle personnel du P.-D.G. ont tendance à être incompatibles ; soit un P.-D.G. domine, ou il ne domine pas, et un autre type de coalition interne apparaît. Le contrôle bureaucratique a tendance à être faible ici aussi, pour la même raison. Le P.-D.G. qui contrôle personnellement ne tolérera pas des modèles normatifs bureaucratiques. Ils diminuent sa flexibilité, son pouvoir de manœuvrer. Ainsi nous conclurons que de toutes les coalitions internes, c'est la coalition interne personnalisée qui concentre le plus de pouvoir, et en fait l'équivalent le plus proche de la coalition externe dominée.

Cependant, un autre système d'influence peut coexister avec un contrôle personnel, aussi longtemps qu'il lui est clairement subordonné. C'est le système d'idéologie. Quand l'idéologie gravite autour du dirigeant et de ses propres idées, — comme c'est le cas dans les premiers stades (étudiés au chapitre 11), elle se forme sous un dirigeant dit « charismatique », — plutôt que de défier son pouvoir personnel, elle l'accroît. Et ainsi à ce stade, l'idéologie est compatible avec le contrôle personnel. Mais à des stades plus avancés, quand l'idéologie est enracinée dans des traditions, et agit pour diffuser le pouvoir dans la coalition interne, elle devient une menace pour le contrôle personnel et est découragée.

Dans le livre « Structure et dynamique des organisations » (chapitre 11), le concept de *décentralisation* — c'est-à-dire la mesure de la dispersion du pouvoir de prise de décisions, pouvoir qui se répartit parmi tous les membres de la coalition interne — était scindé en deux dimensions, chacune étant composée de deux types. La première dimension portait sur le lieu de la décentralisation du pouvoir. La décentralisation *verticale* portait sur la délégation du pouvoir formel selon un axe descendant dans la chaîne d'autorité, depuis le P.-D.G. jusqu'aux cadres aux différents niveaux hiérarchiques. La décentralisation *horizontale* portait sur l'ampleur avec laquelle le pouvoir informel s'écoule du système d'autorité, en d'autres termes, vers des non-cadres, les opérateurs, les analystes et les spécialistes de support logistique. La seconde dimension concernait l'ampleur avec laquelle le pouvoir décentralisé est focalisé. Dans la décentralisation *sélective*, le pouvoir sur différents types de décisions est dispersé à différents endroits dans l'organisation, tandis que dans une décentralisation *parallèle*, le pouvoir pour différents types de décisions se concentre au même endroit.

De cette façon, la coalition interne personnalisée peut être centralisée verticalement et horizontalement, en parallèle. Autrement dit, le pouvoir sur toutes les décisions importantes est concentré tout en haut de la ligne hiérarchique, au sommet stratégique. Nous avons vu que cette forme de centralisation donnait naissance à ce que nous avons appelé *structure simple*. Nous avons fait remarquer qu'on la trouve souvent là où un seul individu peut garder un contrôle personnel, en l'absence de modèles normatifs bureaucratiques et d'interventions d'experts. De petites organisations récentes, se prêtent à un tel contrôle, puisqu'un individu peut facilement tout dominer. En fait, elles nécessitent souvent un tel contrôle pour qu'elles puissent fonctionner. De la même façon, un environnement simple permet à un seul individu de comprendre tout et de dominer tout, en l'absence de spécialistes, et un environnement dynamique empêche les modèles normatifs bureaucratiques de tenir leur rôle. Parfois, la seule volonté puissante d'un dirigeant peut assurer la primauté des contrôles personnels. La présence d'une grande hostilité dans l'environnement d'une organisation peut avoir le même effet, puisque le pouvoir peut être exercé arbitrairement par un individu pour un temps donné, pour assurer une réponse intégrée, rapide. L'exemple classique de la coalition interne personnalisée est l'entreprise où le propriétaire-directeur contrôle tout[4].

---

[4] La preuve de toutes les recherches citées ici ou un peu plus loin dans ce chapitre qui font référence aux configurations structurelles sont à trouver dans Mintzberg 1979 a. Nous passons brièvement en revue les conditions de chacune de ces coalitions internes — en rapport avec sa configuration structurelle correspondante — car ces conditions sont longuement évoquées dans la partie sur les configurations du pouvoir.

LA COALITION INTERNE BUREAUCRATIQUE   Dans le deuxième type de coalition interne, le pouvoir est à nouveau concentré dans le système d'autorité, mais cette fois-ci dans ses contrôles bureaucratiques. Autrement dit, l'autorité est maintenue essentiellement par la normalisation des processus de travail et des rendements.

Sous le système des contrôles bureaucratiques, l'autorité maintient sa prééminence. Autrement dit, ces contrôles dotent finalement les agents internes d'un pouvoir formel. Mais parce que les modèles normatifs bureaucratiques, comme nous l'avons fait remarquer plus haut, ont tendance à « institutionnaliser » le travail de la maîtrise en réduisant ses possibilités d'utiliser le contrôle personnel, les modèles ont tendance à concentrer le pouvoir formel près du sommet de la hiérarchie. C'est pour le compte des cadres supérieurs que les contrôles bureaucratiques sont institués. Nous pouvons donc dire que ce type de coalition interne est centralisé verticalement. Mais il faut aussi se rappeler qui institue les contrôles bureaucratiques : les analystes de la technostructure. En tant que concepteurs, ils gagnent en influence chaque fois que leurs systèmes en gagnent. Ce sont, après tout, leurs modèles normatifs qui contrôlent le travail de tous les autres. Ainsi la coalition interne bureaucratique comporte aussi une forme limitée de décentralisation horizontale, sélective par nature. Autrement dit, le pouvoir informel sur certaines décisions s'écoule hors de la hiérarchie, vers les analystes.

Le système de contrôle personnel n'est pas totalement impuissant dans cette coalition interne, bien qu'il soit évident qu'il est subordonné au contrôle bureaucratique. Du fait que ce pouvoir est concentré dans une certaine mesure, près du sommet de la hiérarchie, les contrôles personnels peuvent y être utilisés eux aussi. Mais uniquement là, car l'institutionnalisation des emplois de cadres subalternes les empêche de faire un large usage de leur contrôle personnel. D'un autre côté, l'idéologie a vraiment tendance à être impuissante dans ce type de coalition interne, car l'accent mis sur la standardisation engendre généralement une impersonnalité qui décourage traditions et croyances. La plupart des agents internes contribuent par leurs efforts de façon purement utilitaire, à la suite d'incitations matérielles. Ils ne développent pas une identification particulière avec l'organisation. C'est le type de coalition interne qui se rapproche le plus de la coquille vide dont nous avons parlé précédemment. De la même façon, le système des compétences spécialisées est faible dans cette coalition interne. Quand les règlements internes contrôlent tout, les interventions d'experts nécessairement soumises au contrôle personnel du spécialiste tout aussi bien qu'au contrôle externe de sa profession, ne peuvent pas s'implanter fermement. Pour dire les choses autrement, la coalition interne bureaucratique ne peut pas tolérer une grande variété d'interventions d'experts ; ces derniers sont découragés car ils ne sont pas compatibles avec la forme de contrôle de la coalition interne bureaucratique.

Dans la coalition interne personnalisée, un contrôle individuel sévère est un obstacle à la politique. Mais pas ici. La prédominance des contrôles bureaucratiques sert en effet à garder le système des politiques sous contrôle.

Mais certains jeux politiques apparaissent néanmoins. Certains sont encouragés par des distorsions dans les objectifs et des tendances à la suboptimisation inhérentes aux contrôles bureaucratiques eux-mêmes. D'autres sont suscités en raison des rigidités générales de la coalition interne et de ses différences dans les multiples statuts inhérents, par exemple entre la hiérarchie et le personnel ou entre l'opérateur et le contremaître. Des opérateurs non qualifiés, se sentant écrasés par le poids des contrôles bureaucratiques, imposent les règlements à leurs clients ou encore engagent leurs supérieurs dans des jeux d'insurrection, comme le font ces mêmes cadres par rapport à leurs propres supérieurs à un niveau plus élevé dans la hiérarchie. Les cadres moyens tentent de construire des empires et tentent d'augmenter leurs budgets et d'être parrainés par les cadres supérieurs qui ont plus d'autorité. C'est aussi dans la coalition interne bureaucratique qu'on s'adonne le plus au jeu de la direction face au personnel, puisque ce type de coalition interne donne aux analystes de la technostructure la responsabilité mais non l'autorité pour le projet des contrôles bureaucratiques. Cette autorité reste aux mains de la direction, dont les emplois mêmes sont institutionnalisés par ces systèmes. Et ainsi le conflit s'installe entre les deux. Ainsi, alors que la coalition interne bureaucratique ne peut être considérée comme hautement politisée, on ne peut dire non plus qu'elle soit dépourvue de politique.

Dans « Structure et dynamique des organisations », nous nous étions référés à ce type de structure comme une « bureaucratie mécaniste », et comme une « structure divisionnalisée » quand l'organisation était divisée en un certain nombre de divisions ayant cette structure[5]. Ce type de structure était associé à un travail simple et routinier, en d'autres termes non qualifié, de telle sorte que ce travail puisse être standardisé facilement. Les conditions qui font apparaître ce type de travail sont des systèmes techniques de production en série, des environnements simples et stables, des organisations mûres et de grandes dimensions, ou qui sont contrôlées de l'extérieur. Des entreprises de production en série en sont des exemples classiques, tout comme les organisations de service employant un grand nombre d'opérateurs non qualifiés, comme par exemple de grandes banques et des bureaux de poste.

LA COALITION INTERNE IDÉOLOGIQUE
Dans le troisième type de coalition interne, c'est le système d'idéologie qui domine. Il en résulte une intégration étroite autour de buts organisationnels centraux, peut-être plus étroite que dans toute autre des coalitions internes. Ici, les agents internes ne se contentent pas d'accepter tout simplement les buts centraux ; à travers leurs identifications avec ces buts centraux, ils les partagent ou les « intériorisent » comme s'il s'agissait de leurs propres buts personnels.

Il semblerait que le P.-D.G. de la coalition interne idéologique ait beaucoup de pouvoir, car en tant que dirigeant, il ou elle incarne l'idéologie. Mais

---

[5] Il ne faut cependant pas confondre la coalition interne bureaucratique avec la bureaucratie professionnelle, évoquée ci-après dans cet ouvrage.

il est un fait qu'en partageant les croyances, tout le monde se partage aussi le pouvoir. Autrement dit, cette coalition interne semble être la plus égalitaire des coalitions internes. Tous ceux qui ont été dûment socialisés ou endoctrinés ou qui s'identifient tout naturellement, peuvent prendre part à la prise de décision. On peut leur faire confiance pour qu'ils fassent leur choix en fonction de l'ensemble des croyances qui dominent. Ainsi, on peut dire que la coalition interne est « décentralisée », disposant du pouvoir de rendre les décisions diffuses, d'une manière plutôt uniforme, non horizontalement dans le sens où des non-cadres ont plus ou moins de pouvoir que les cadres, non verticalement dans le sens où des pouvoirs formels sont ou ne sont pas délégués d'en haut à des cadres subalternes[6].

Son intégration étroite signifie que la coalition interne idéologique ne nécessite guère un quelconque système de contrôle. Son propre moyen de contrôler le comportement à travers la normalisation des modèles, est bien plus efficace. De la même façon, la politique est exclue ici en raison du partage des croyances. Étant donné que tous les agents internes souscrivent à l'idéologie dominante, ils ont peu de raisons pour entrer en conflit. Et personne n'est tenté de poursuivre des buts trop étriqués. Tout au plus veulent-ils en imposer avec leurs croyances aux agents externes, et assurer parfois la promotion de candidats stratégiques à l'intérieur de la coalition. C'est pourquoi les systèmes d'autorité et des politiques sont les moins développés dans cette coalition interne. Le système des compétences spécialisées a également tendance à être faible, ici. Parce qu'il crée des différences de statuts entre les membres, on le décourage, car il est incompatible avec une idéologie forte.

La loyauté est l'ingrédient requis pour provoquer une coalition interne idéologique, et elle est issue d'une mission qui, grâce à son caractère unique ou qui inspire, attire des adpetes, comme c'est le cas dans beaucoup de mouvements religieux ou de mouvements politiques radicaux. Parfois une mission tout à fait ordinaire attire des adeptes, en raison de la façon unique de l'accomplir. La direction charismatique à un certain moment du passé de l'organisation est une autre caractéristique souvent associée avec la coalition interne idéologique.

LA COALITION INTERNE PROFESSIONNELLE

Dans notre quatrième type de coalition interne, c'est le système des compétences spécialisées qui domine, le pouvoir affluant vers ceux qui ont les compétences et les connaissances techniques nécessaires pour assurer le succès de l'organisation.

Comme nous l'avons noté précédemment, le besoin qu'une organisation a de disposer de compétences et de connaissances sophistiquées, la force à engager des experts hautement qualifiés, — des super professionnels — et à leur laisser une grande partie de leur pouvoir, ainsi qu'aux organismes qui les

---

[6] Une structure correspondant à la coalition interne idéologique n'est pas décrite dans le livre « Structure et dynamique des organisations » (bien qu'on suggère son existence à la dernière page du livre).

TABLEAU 14-1. Les Détenteurs d'influence internes et leur jeu de pouvoir

	P.D.G.	Encadrement	Analystes de la technostructure	Spécialistes des supports logistiques	Opérateurs professionnels spécialisés	Opérateurs non qualifiés
Leur rôle dans la coalition interne	Management de l'entière coalition	Management individuel des différents départements	Conception et opérations des systèmes de contrôle bureaucratique et adaptation	Soutien indirect des fonctions d'exploitation	Apport et mise en place des fonctions opérationnelles	Apport et mise en place des fonctions opérationnelles
Les buts qu'ils prônent	Survie et croissance	Croissance par-dessus tout (des départements et de l'organisation), survie, balkanisation	Bureaucratisation, efficience économique, changement perpétuel, mais modéré, excellence des compétences professionnelles	Pour personnel qualifié : collaboration, changement perpétuel, mais modéré, excellence des compétences professionnelles ; pour personnel non qualifié : protection du groupe social	Autonomie, renforcement de la spécialité, excellence des compétences professionnelles, mission	Protection du groupe social
Leurs moyens d'influence essentiels	Autorité (personnelle et bureaucratique), domaines de connaissances privilégiés, accès auprès de ceux qui ont un rôle influent, savoir-faire politiques, parfois aussi l'idéologie	Autorité (décroissante à mesure qu'ils sont plus bas dans la hiérarchie, information privilégiée, savoir-faire politique, parfois compétences spécialisées et interventions d'experts	Contrôles bureaucratiques, compétences et interventions d'experts	Intervention d'experts (pour personnel qualifié), volonté politique (pour personnel non qualifié, quand il s'agit de concert)	Compétences et interventions d'experts.	Volonté politique (quand ils agissent de concert)

Leurs principales *raisons de déplacer* le pouvoir légitime	Garder le pouvoir personnel	Distorsions dans les objectifs, suboptimisation, liens directs avec des agents d'influence externe	Inversion des moyens/fins, liens directs avec les agents d'influence externes	Suboptimisation, inversion des moyens/fins, contacts directs avec les agents d'influence externes	Inversion des moyens/fins, contacts directs avec des agents d'influence externes	Inversion des moyens/fins du groupe
Leurs *champs d'action* de pouvoir interne	Prise de décision	Prise de décision, donner des conseils, et exécution (en rapport avec les échelons supérieurs)	Donner conseils	Donner des conseils	Prise de décision, exécution	Exécution
Leurs *jeux politiques* préférés	Candidat stratégique, contre-insurrection	Parrainage, alliance et construction d'un empire, budget, dirigeants face au personnel, candidat stratégique, camps rivaux, parfois en imposer (jouer au lord), insurrection, et jeunes Turcs	Compétences d'experts, dirigeants face au personnel, candidat stratégique, parfois coup de sifflet, et jeunes Turcs	Compétences d'experts, candidat stratégique (pour personnel qualifié)	Compétences d'experts, candidat stratégique, parfois jeunes Turcs	Insurrection, en imposer, coup de sifflet

forment et les recommandent. Autrement dit, un système d'autorité fort est incompatible avec un système de compétences spécialisées fort. Le travail, parce qu'il est complexe, ne peut être contrôlé personnellement par des cadres, ou par voie bureaucratique, à travers les seules normes que l'on a pu instituer dans l'organisation. Cela signifie que le P.-D.G., les cadres moyens et particulièrement les analystes de la technostructure sont particulièrement faibles dans la coalition interne professionnelle. L'idéologie a tendance à être faible également, pour la même raison que les experts ont tendance à être faibles dans la coalition interne idéologique — les deux sont, d'une certaine façon, incompatibles. Dans ce cas, une idéologie forte est découragée, car elle touche au besoin de distribuer le pouvoir de façon irrégulière, de créer un ordre hiérarchique sur la base de compétences.

La politique, d'un autre côté, n'est pas une force faible dans cette coalition interne, bien qu'elle vienne en seconde position après les compétences spécialisées. Le pouvoir alloué sous prétexte de compétences spécialisées internes a tendance à être un pouvoir fluide, car ce qui est crucial pour l'organisation change de temps en temps. De plus, les compétences des différents professionnels varient, et à mesure que de nouveaux experts arrivent et que les plus anciens prennent de l'âge, la hiérarchie parmi eux doit changer. Il arrive aussi inévitablement que des domaines d'experts se chevauchent et que ceci crée des zones de conflit. Aux points de contact entre ces différents domaines de compétences spécialisées, les conflits naissent quand les spécialistes rivalisent entre eux pour gagner le contrôle des activités. Si le système d'autorité était fort, les cadres pourraient résoudre ces conflits, et on pourrait empêcher que la politique n'intervienne. Mais étant donné qu'il est faible, la coalition interne professionnelle devient le champ d'action pour toutes sortes de jeux politiques — alliances et constructions d'empires, problèmes de budget, camps rivaux, candidats stratégiques, sans mentionner le jeu du parrainage pratiqué par des cadres professionnels moyens, qui essayent de s'appuyer sur des cadres professionnels supérieurs, et les jeux d'experts quand les membres de l'organisation les plus compétents tentent de protéger leur spécialité, alors que d'autres, moins compétents, se battent pour obtenir le statut d'expert. Mais tandis que le système des compétences spécialisées en position de prédominance encourage directement certains de ces jeux, il tient également le système des politiques en échec parce que finalement, il s'assure que le pouvoir afflue vers ceux qui sont les plus compétents dans les fonctions cruciales pour l'organisation.

Comme cela a été décrit dans le livre « Structure et dynamique des organisations », deux types de décentralisation correspondent à la coalition interne professionnelle. Dans l'une, appelée décentralisation horizontale et verticale, le pouvoir de prendre des décisions descend le long de la chaîne d'autorité et, à sa base, afflue vers les professionnels qui constituent le noyau opérationnel. Ici, les opérateurs travaillent individuellement avec leurs clients, appliquant des répertoires de programmes standard à des contingences prédéterminées, comme dans les universités ou des cabinets de comptabilité. A cause de cette standardisation — basée sur les compétences des opérateurs et non sur des systèmes technocratiques, il faut le noter — l'organisation prend les caractéristiques de la bureaucratie. C'est pourquoi nous l'avons appelé *bureaucratie professionnelle*. Parce que les professionnels travaillent de façon plutôt indépendante, cette coalition apparaît, ainsi que nous allons le constater plus tard, comme la plus fragmentée des coalitions internes, — aussi bien comme une *fédération*, qu'une organisation intégrée.

Le deuxième type de décentralisation correspondant à la coalition interne professionnelle était considéré comme sélectif horizontalement et verticalement, parce que dans ce cas on trouve les spécialistes à différents endroits de la structure — notamment dans le noyau opérationnel, dans les supports logistiques et à différents niveaux des lignes intermédiaires de la hiérarchie. Ces spécialistes se regroupent en petites équipes de projet, pour innover sur des bases *ad hoc*. C'est pourquoi cette structure était appelée « *l'adhocratie* », et on la trouvait communément dans les industries du cinéma, l'électronique et l'aérospatiale. A nouveau le pouvoir, — à la fois dans et entre les différentes équipes de projet précis a tendance à être distribué essentiellement sur la base de compétences spécialisées, bien que la politique y joue un rôle plus grand, étant donné que cette structure est plus fluide que la bureaucratie professionnelle. Les deux structures ont tendance à apparaître dès qu'une organisation se trouve dans un environnement complexe, puisque celui-ci l'oblige à compter sur des experts hautement qualifiés, afin de pouvoir fonctionner. Lorsque cet environnement est également stable, il en résulte une bureaucratie professionnelle ; lorsqu'il est dynamique, nous trouvons une adhocratie.

LA COALITION INTERNE POLITISÉE

Dans notre dernier type de coalition interne, le pouvoir n'est pas lié à la fonction, ni aux contrôles bureaucratiques, ni à l'idéologie, ni aux compétences spécialisées, en d'autres termes, à aucun des systèmes d'influence légitimes — mais à la politique. Ici, ce sont les jeux politiques qui dominent la coalition interne, non pas tellement ceux que nous avons montré coexistants avec les systèmes d'influence légitimes, mais les jeux antagonistes, ceux qui éliminent le pouvoir légitime, ou qui le remplacent en raison de sa faiblesse — jeux tels que ceux des jeunes Turcs, des camps rivaux, des alliances, des constructions d'empire, sous les formes les plus grandes de division.

Il y a une certaine focalisation du pouvoir dans chacune des autres coalitions internes — un dirigeant, des règlements bureaucratiques, un système de croyances partagées, ou les compétences spécialisées. On peut définir la coalition interne politisée comme la coalition interne qui n'a pas de centre de pouvoir. La politique domine et elle affaiblit l'autorité, l'idéologie, et les compétences spécialisées, ou encore elle apparaît quand elles sont déjà faibles, elle les maintient dans cet état. Les conflits dominent, accordent le pouvoir à quiconque qui se trouve l'emporter dans l'un de ces jeux politiques disputés concurremment dans la coalition interne. Il n'y a donc aucune stabilité dans la distribution du pouvoir, comme c'est plus ou moins le cas dans les autres coalitions internes. Nous avons plutôt affaire à une fluidité totale. Et cela signifie que nous ne pouvons pas décrire une forme de décentralisation. Parfois le pouvoir afflue vers une ou plusieurs alliances principales, parfois aussi il se répand en direction de toutes sortes d'individus ou de groupes[7].

Toutes les caractéristiques du système des politiques sont marquants ici. Les agents internes « ont tendance à être guidés par leurs besoins personnels et les pressions exercées par leurs propres groupes ; les liens directs avec les détenteurs d'influence externes abondent ; tous les moyens d'influence politiques sont utilisés à leur maximum, particulièrement l'information et des accès privilégiés, la volonté et le savoir-faire politiques. L'effet donné est particulièrement important, étant donné que sous la règle politique, contrairement à la règle de l'autorité, de l'idéologie, ou des compétences spécialisées, aucune parole n'est sacro-sainte, quelle que soit cette personne. La victoire va souvent à la personne désireuse de dépenser son énergie dans un jeu politique donné, à condition que cette personne ait quelque habileté politique.

N'importe quelle ambiguïté ou incertitude importante inattendue, qui déstabilise les relations de pouvoir existantes dans l'organisation, a tendance, dans la confusion qui en résulte, à faire apparaître la coalition interne politisée pour un certain temps. Parfois un changement important dans l'environnement affaiblit le centre du pouvoir existant, parfois ce centre chancelle tout seul (comme lorsqu'un responsable important meurt), parfois la politique elle-même affaiblit l'ordre établi au début. Dans tous ces cas, une politique forte est susceptible d'apparaître, et peut-être de prendre le contrôle de coalition interne jusquà ce qu'une nouvelle stabilité se fasse jour. Nous verrons plus tard qu'un grand nombre de transitions d'un système de pouvoir légitime à un autre nécessitent dans la coalition interne politisée, un certain temps, pour les faire apparaître. Même si, par exemple, l'autorité formelle essaie de remplacer l'idéologie dominante, ou qu'un dirigeant au pouvoir doit être remplacé par un autre, l'idéologie existante ou le dirigeant doivent souvent être mis de côté. Et c'est généralement le pouvoir politique, — un pouvoir illégitime —, qui se charge de le faire. En d'autres termes, le pouvoir doit se déplacer vers la périphérie avant qu'il ne puisse à nouveau être concentré en un point au centre.

La coalition interne politisée peut aussi dominer sur une base plus permanente, par exemple, quand l'autorité, l'idéologie et les compétences spécialisées sont faibles par nature, et que les détenteurs d'influence internes sont étroitement liés (car ils dépendent l'un de l'autre dans leur travail, ou parce que les moyens sont rares et doivent être partagés). En l'absence de méca-

---

[7] L'adhocratie a été présentée comme ayant une structure de pouvoir fluide également, mais au moins là les experts canalisaient le flot de pouvoir. (En fait, nous verrons plus tard dans ce livre, que la forme « adhocratique » de la coalition interne professionnelle a beaucoup de ressemblances avec la coalition interne politisée, bien que nous considérions qu'elle ne mérite pas tout à fait cette appellation).

nismes stables pour distribuer le pouvoir, les conflits éclatent, tout comme lorsqu'un trop grand nombre de rats sont confinés dans une cage exiguë. Aucun dirigeant n'étant là pour exercer son autorité, aucun modèle ou aucune norme n'étant là pour concilier les interdépendances, et aucun spécialiste n'étant là comme base de distribution du pouvoir, les interdépendances doivent être négociées entre les joueurs par des moyens politiques. Certains organismes de réglementation et de normalisation gouvernementaux semblent illustrer ce fait. La coalition interne politisée peut aussi apparaître quand deux ou davantage de systèmes d'influence se trouvent en équilibre — disons la forme bureaucratique d'autorité d'un côté, et les compétences spécialisées de l'autre. Incapables de résoudre des différences essentiellement inconciliables, les deux systèmes légitimes se heurtent et la politique prend le relais. L'hybride devient une coalition interne politisée. Plus loin, lorsque nous reviendrons à la question du système des politiques en tant que force dominante dans l'organisation, nous verrons combien les formes de coalitions internes politisées peuvent être variées et intéressantes.

Ceci complète notre description des cinq types de coalitions internes. Chacune a été faite brièvement et de manière stylisée, exprimée en termes simples et catégoriques. Ceci parce que nous ne souhaitons, au point où nous en sommes, qu'introduire les cinq. Plus loin, dans la IVe Partie, lorsque nous les combinerons avec les trois types de coalitions externes pour décrire nos configurations fondamentales du pouvoir, nous les examinerons chacune davantage en détail, en nous attachant davantage aux nuances.

Ceci complète aussi la IIe Partie du livre, sur les éléments du pouvoir organisationnel dans la coalition interne. Il nous reste à examiner un ensemble d'éléments avant de faire la synthèse de nos résultats de recherches, en termes de configurations de pouvoir. Ces dernières expriment les aboutissements des décisions prises et des actions entreprises par la coalition interne. Nous nous intéressons maintenant à l'étude de ces éléments, à savoir, les buts de l'organisation.

TROISIÈME PARTIE

BUTS ORGANISATIONNELS

Quatre séries de questions se sont posées quand nous avons commencé notre discussion sur les éléments du pouvoir à l'intérieur et à l'entour des organisations. Voyons où nous en sommes pour chacune.

* Premièrement les questions primordiales : comment tous les buts personnels, valeurs, intentions, besoins et attentes des agents individuels sont-ils traduits dans des décisions et des actions organisationnelles ? En d'autres termes, comment le pouvoir est-il rendu opérationnel ? Comment passons-nous d'une besoin individuel à l'action organisationnelle ? Ces questions ont, évidemment, servi de base à notre discussion jusqu'ici. Nous avons suivi le cheminement du pouvoir depuis la coalition externe avec ses moyens d'influence jusqu'à la coalition interne où autorité, idéologie, compétence et politique ont une action conjuguée dans la prise de décisions et le passage à l'action.

* Deuxièmement, comment l'organisation traite-t-elle des buts multiples, ou des pressions conflictuelles ? Est-ce que l'un d'entre eux domine, la menant ainsi à une attitude maximaliste ? S'il en est ainsi, comment le concept de maximisation devient-il opérationnel ? Ou si des buts multiples doivent coexister, comment les conflits sont-ils résolus ? Un certain nombre de réponses ont été suggérées dans notre discussion sur ce point, mais ces questions doivent encore être posées directement. C'est l'un des objectifs de cette partie du livre.

* Troisièmement, les buts sont-ils des variables dépendantes ou indépendantes ? En d'autres termes, l'organisation est-elle l'instrument d'un

groupe donné qui lui impose des buts, ou l'organisation est-elle une arène politique dans laquelle les individus rivalisent entre eux pour le pouvoir ? Ou est-ce peut-être un système en lui-même avec ses propres buts intrinsèques ? Notre discussion a, je crois, fait comprendre que ces réponses sont possibles, toutes les trois. L'organisation peut être conçue comme un instrument opérant en fonction de détenteurs d'influence spécifiques, comme une arène politique dans laquelle différents jeux de pouvoir déterminent des aboutissements, ou comme un système en lui-même. Ceci semblerait dépendre des circonstances particulières de l'organisation elle-même. A la question, pour qui l'organisation existe-t-elle, notre recherche indique que la réponse doit être : l'organisation existe pour celui qui est à même de gagner le pouvoir, et grâce à lui peut déterminer les actions de l'organisation. Nous développerons cette réponse dans cette partie, ainsi que dans la partie suivante qui porte sur les différentes configurations du pouvoir.

* Et quatrièmement, peut-on en fait dire que des organisations ont des buts, ou seulement leurs membres ? Gardant en mémoire notre définition des buts — les intentions derrière des décisions ou des actions — peut-on dire que l'organisation en tant qu'entité a un « projet collectif » ? Ou devrons-nous nous contenter de dire que les agents individuels ont des intentions qui se traduisent en actions organisationnelles ? Y a-t-il en d'autres termes, une intention commune qui se distingue de la somme des intentions individuelles ? L'organisation est-elle dotée d'un caractère ou d'une personnalité différents de ceux de ses agents, d'un système cohérent de buts, séparés des leurs ? Je pense que la réponse à ce faisceau de questions a été implicite à plusieurs reprises dans notre discussion jusqu'à maintenant. Mais il nous reste à insérer ces implications dans une argumentation cohérente.

Cette partie du livre comporte deux chapitres. Le premier, intitulé « la détermination des buts organisationnels », débute sur ce dernier point, et essaye d'établir que des organisations peuvent en effet être considérées comme ayant des buts, comme en témoignent leurs actions. Nous décrirons ensuite différents moyens par lesquels on peut concevoir que des buts puissent émerger et s'accorder dans des organisations. Le chapitre suivant décrit ensuite un certain nombre de buts spécifiques que beaucoup d'organisations poursuivent en commun.

Chapitre 15
Détermination
des buts organisationnels

Notre intention dans ce chapitre est de décrire différents systèmes de buts qui apparaissent dans les organisations. Il nous faut cependant faire deux remarques : que les organisations ont vraiment des buts, parfois distincts de ceux de ses membres, et que l'on peut déduire ces buts de leurs actions. Puis nous décrirons les différents moyens par lesquels les organisations tendent de résoudre les conflits entre les différents buts.

L'ORGANISATION A DES BUTS

Dans leur livre *une théorie behavioriste de l'entreprise*, qui comporte une des plus importantes contributions à la théorie de la formation de buts, Cyert et March entament la discussion sur ce sujet en précisant que « le problème est de définir des buts organisationnels sans poser au préalable un "esprit organisationnel" » (1963, p. 26). Ils prétendent aussi que « pour définir une théorie de la prise de décision organisationnelle, il semble qu'il soit nécessaire d'avoir quelque chose d'analogue — au niveau organisationnel — à ce qui existe aux niveaux individuels pour les buts individuels » (p. 26). Herbert Simon, dans un article important « Sur le concept du but organisationnel », essaye de traiter du concept « sans réifier l'organisation — le traitant comme quelque chose de plus qu'un système d'individus agissant les uns par rapport aux autres » (1964, p. 1).

Mais pourquoi pas ? Pourquoi de telles hypothèses sont-elles nécessaires ? Pourquoi différentes personnes ne pourraient-elles pas parfois partager les mêmes buts et ainsi agir comme un même « esprit organisationnel » ? Si une théorie de la prise de décision organisationnelle requiert au niveau organisationnel quelque chose d'analogue aux buts au niveau individuel, pourquoi ce « quelque chose » ne pourrait-il pas être les buts de l'organisation elle-même ? En fait le concept d'organisation a-t-il vraiment un sens, s'il n'implique rien de plus « qu'un système d'individus agissant les uns par rapport aux autres » ? Hill note que « s'il n'y avait que des buts individuels, il n'y aurait aucune raison d'organiser » (1972, p. 82).

Dans le chapitre 1, nous avons défini le but comme l'intention derrière la décision ou l'action. Il semble donc raisonnable de conclure qu'une organisation peut être considérée comme ayant un but dans la mesure où il y a une certaine cohérence dans les intentions derrière les décisions et les actions entreprises par ses participants, en d'autres termes, que l'organisation en tant que système peut être considérée comme visant un certain aboutissement de manière cohérente. Ainsi nous avons deux caractéristiques premières des buts organisationnels : *cohérence* et *intentionnalité* du comportement organisationnel, c'est-à-dire, certaines préférences réalisées avec cohérence. Et il ressort de notre discussion sur le flux du pouvoir à l'intérieur et à l'entour des organisations que tout un éventail de cohérence souhaitée est possible.

1. Le cas le plus clair est celui d'une idéologie forte (dans ce que nous avons appelé la coalition interne idéologique), où tous les membres de l'organisation partagent un ensemble de croyances, en fait un ensemble de préférences pour des résultats organisationnels. Une telle organisation peut être considérée comme ayant des buts — des buts clairs — parce qu'il y a cohérence entre ceux qui prennent des décisions et le temps. Bien sûr, les buts d'une telle organisation peuvent être distincts de ceux de ses membres individuels dans le sens où c'est parfois seulement à travers l'existence de l'organisation que les individus peuvent poursuivre leurs buts. N'y aurait-il pas eu d'ordres religieux, il y aurait certainement eu bien moins de missionnaires. Ces gens ont accepté les buts des ordres religieux quand ils y entraient ; en d'autres termes, ces buts ne devinrent leurs buts personnels que parce que les organisations existaient et qu'ils y étaient rentrés. Les organisations aux idéologies fortes semblent presque devenir vivantes, avoir un existence propre, distincte de celle de leurs membres ; pourquoi, par conséquent, ne devraient-elles pas être considérées comme ayant des buts propres ? Nous les avons appelés des buts *idéologiques*, et, comme notre exemple le laisse supposer, ils se concentrent sur la mission même de l'organisation, ou sur un de ses aspects (telle que la qualité avec laquelle cette mission est poursuivie).

2. Presque aussi clair est le cas d'un détenteur d'influence dominant capable d'imposer ses *buts formels* à l'organisation en ayant recours à l'autorité. Là aussi, nous avons une puissante cohérence intentionnelle dans le comportement organisationnel. Aussi longtemps que les contrôles de l'autorité sont effectifs, les agents internes poursuivent un ensemble donné de buts. Bien sûr, ils ne poursuivent pas nécessairement ces buts intrinsèquement. Ils les acceptent plutôt pour en tirer profit eux-mêmes — soit sous forme de

compensations matérielles, soit par identification calculée avec l'organisation, afin de promouvoir leurs propres intérêts. Dans les deux cas, les buts de l'organisation apparaissent comme distincts des buts personnels intrinsèques des participants. Les objectifs de l'organisation sont simplement les moyens pour atteindre leurs propres fins. A l'exception, bien sûr, du détenteur d'influence dominant — généralement soit le détenteur d'influence extérieur principal dans une coalition externe dominée ou encore le P.-D.G. dans une coalition interne personnalisée — dont les buts propres sont les buts définis de l'organisation.

3. Les buts organisationnels peuvent aussi apparaître en l'absence d'idéologie puissante et d'autorité. Quand des individus différents se rassemblent autour d'une organisation particulière parce qu'elle est un endroit qui leur sied pour poursuivre des buts, qu'ils ont tous en commun, *les buts personnels partagés* deviennent des buts organisationnels. En d'autres termes, les individus atteignent un consensus tacite, comme il arrive parfois dans une coalition interne professionnelle. Il se peut que des professeurs soient attachés à une université particulière, ou des médecins à un hôpital particulier, parce qu'ils les considèrent comme des endroits propices à la poursuite de leurs intérêts en recherche. Ainsi, la recherche devient le but premier de l'organisation. Aucune idéologie ou système de contrôle n'est requis pour souder les besoins individuels et organisationnels. Bien sûr, les individus peuvent avoir adhéré à l'organisation, ou peut-être même l'avoir créée tout au début, afin d'échapper aux idéologies ou aux contrôles d'autres organisations, qui contrecarraient leurs possibilités de poursuivre leurs propres intérêts. Notez que ce cas de buts personnels devenant des buts organisationnels, n'est pas rendu impossible par la politique dans la coalition interne. Par exemple, si chaque agent interne poursuit fermement un but personnel de conquête du pouvoir à travers le jeu de construction d'un empire, il peut en résulter que l'organisation poursuive un but cohérent de croissance. Ainsi il est concevable que même la coalition interne politisée puisse présenter des buts identifiables.

4. Des individus peuvent aussi trouver leur intérêt en partageant volontairement des buts communs qui ne sont pas intrinsèquement les leurs. Le cas le plus évident est lorsque les individus profitent de l'existence même de l'organisation — en tant que système indépendant de la mission qu'elle s'assigne — et ainsi se rassemblent autour de n'importe quels buts qui contribuent à la maintenir. C'est ce que nous appelons les buts de système. Notons que, et c'est caractéristique, ils supposent d'abord, la survie ; deuxièmement un certain niveau d'efficacité pour assurer la survie ; troisièmement, le contrôle de l'environnement de l'organisation afin d'assurer un degré adéquat d'indépendance (surtout par rapport aux détenteurs d'influence externes) ; et quatrièmement, par-dessus tout, la croissance. La croissance assure la sécurité et le contrôle, et augmente aussi le gâteau appelé à être partagé entre les agents internes. Notez qu'aucun de ces buts n'est d'une manière inhérente, ceux des détenteurs d'influence : ce qui leur importe est non pas la survie de l'organisation, son efficacité, son contrôle, ou sa croissance en soi ; ce ne

sont que des moyens par lesquels chacun d'eux peut poursuivre ses propres buts personnels (de sécurité, pouvoir, propriété, ou autres). Une fois de plus, même dans une organisation hautement politisée, certains de ces buts de système peuvent apparaître ainsi. Par exemple, peu importe la rigueur des jeux politiques, le but essentiel que tous les joueurs peuvent partager est le besoin de terrain de jeu commun. Ainsi la survie de l'organisation peut être un but que tous ont en commun, ce qui lui permet d'apparaître comme un but organisationnel. Sans lui, tous les joueurs devraient chercher un autre terrain de jeu.

Ces quatre cas de buts idéologiques, formels, personnels partagés, et de système — décrivent tous de puissantes formes de cohérence recherchée, cohérence à travers de multiples variétés de comportement dans le temps, dans différents types d'organisation. Bien sûr, des formes plus faibles de cohérence peuvent ainsi se présenter, englobant le comportement de parties d'organisations, peut-être pour des laps de temps plus courts. Cela signifie que nous pouvons toujours trouver une multiplicité de buts dans chaque organisation, buts poursuivis avec une cohérence variable.

Ainsi, nous concluons que l'organisation a des buts. Il émerge de tout ce ferment de prise de décision et de passage à l'action dans l'organisation, des cohérences identifiables, intentionnelles dans le comportement et dans le temps — dues tout d'abord à de puissantes idéologies qui engendrent des croyances partagées, à un détenteur d'influence dominant capable d'imposer ses buts à tous les autres, ou à de nombreux détenteurs d'influence qui partagent des buts personnels ou qui se rallient autour d'un ensemble de buts de système. Cela ne signifie pas que les détenteurs d'influence de l'organisation n'aient pas leurs propres buts, qu'ils tentent d'imposer à l'organisation aux dépens de ceux poursuivis de façon plus cohérente. L'un n'empêche pas l'autre. En fait, les deux séries de buts — partagés et non partagés, organisationnels et personnels — coexistent dans toutes les organisations imaginables. Mais cela signifie que les organisations peuvent être conçues comme des systèmes vivants qui exposent leurs propres cohérences, cohérences qui ne peuvent pas toujours être exprimées comme la somme totale des buts personnels des participants individuels.

LA DÉDUCTION DES BUTS A PARTIR DES ACTIONS

Étant donné que les organisations ont des buts, comment les reconnaissons-nous ? Un point évoqué au début de ce livre mérite d'être réitéré ici : les buts n'existent qu'en termes de comportements des organisations, spécifiquement comme les intentions qui peuvent être imputées à leurs décisions, et mieux encore, à leurs actions. Il est inacceptable de demander simplement aux membres d'une organisation, y compris à son président, quels sont ses buts, ou de lire les déclarations concernant ce que nous avons appelé les buts *officiels*. Si le directeur a déclaré que quelque chose doit être considéré comme un but il doit y placer des ressources (Buck 1966, p. 109).

Les buts officiels sont souvent développés comme étant des déclarations de relations publiques et d'information à usage externe seulement. En tant que tels, ils sont souvent définis en termes paternalistes, et ne sont pas destinés à influencer le comportement véritable. Combien d'entreprises mettent la mention « au service du public » ou de leurs clients en premier sur leur liste de buts officiels, bien avant celle de profit, la croissance n'étant même pas mentionnée ? Certaines organisations ne peuvent même pas mentionner dans leurs déclarations officielles ce qu'elles doivent accomplir. « Supposez qu'on demande à un ministre du culte pourquoi il souhaite que le nombre de ses fidèles augmente. Il est pratiquement improbable qu'il dise « les grandes "paroisses payent plus que des petites", et ce, quels que soient ses sentiments personnels. » (Starbuck 1965, p. 465). Zald (1963) découvrit dans son étude sur quatre institutions pour jeunes délinquants que, parce que « la réhabilitation est considérée dans la société comme un objectif plus noble que la détention » (p. 214), les déclarations officielles de ces organisations sur le but poursuivi mettaient l'accent sur le premier point et démentaient le dernier, étant dans certains cas, en contradiction directe avec leur comportement[1]. Dans d'autres cas, ce que les membres souhaitent accomplir peut être mentionné, mais non atteint, et donc, non poursuivi. Ainsi, cela ne devient jamais un but tel que nous le définissons, — c'est-à-dire, il n'influence jamais le comportement véritable.

Le postulat établi dans la pensée traditionnelle en économie et en théorie de la décision, est que nous posons d'abord ce que nous voulons, puis nous agissons pour l'accomplir. Mais ce que nous voulons est fonction de ce que nous pouvons obtenir, et ce n'est pas toujours clair au départ. En conséquence, ce que nous pensions vouloir n'est bien souvent pas identique à ce que finalement nous cherchons à obtenir. Et ceci peut signifier divergence entre des buts officiels et des buts réels, tels que nous les avons définis. Un individu ou une organisation ne peuvent être considérés comme ayant un but au sens que nous lui accordons, si aucune action n'est entreprise pour le réaliser. Notez que cela peut s'appliquer à des buts formels également. Si la direction ne peut rendre opérationnels les buts qu'elle souhaite que l'organisation poursuive, — si elle ne peut utiliser les systèmes de contrôle pour les faire poursuivre par les autres agents internes —, alors ces buts ne peuvent être considérés comme étant des buts de l'organisation. Cette divergence entre buts officiels ou formels et buts réels s'accroît dans la coalition interne politisée, où le pouvoir devient si fluide qu'on ne peut pas du tout se fier aux déclarations de ceux qui détiennent l'autorité. Bien sûr, même une connais-

[1] Il est intéressant de noter que dans les prisons pour adultes, les préoccupations du public sont telles que la détention ou l'emprisonnement doivent être des finalités qui apparaissent dans les déclarations officielles, même si on insiste beaucoup sur la réhabilitation.

sance des intentions de tous les intervenants n'est pas suffisante pour inférer les buts, car ce n'est que dans le processus de la négociation que le pouvoir se manifeste.

Pour toutes ces raisons, nous concluons que les buts ne peuvent être établis sûrement en demandant simplement aux membres d'une organisation ce que sont ces buts, ou en lisant ce que ces gens en écrivent. Il est un fait que nous devons comprendre les intentions, mais seulement dans le contexte de l'étude des aboutissements véritables : les actions entreprises par les organisations :

> « Deux types de preuves sont nécessaires avant que l'on puisse déclarer en toute confiance qu'il y a but : *les intentions et les activités*. Par "intentions", nous entendons tout ce que, de l'avis du participant, l'organisation essaye de faire... Par "activités", nous entendons l'observation de ce que font les personnes de l'organisation, comment elles passent leur temps, comment les moyens sont affectés (Cross 1969, p. 284)[2]. »

Étant donné que nous devons étudier à la fois les actions et les intentions, comment faire le lien entre les deux ? Une façon de procéder est de considérer les actions en termes de bénéfices pour des détenteurs d'influence spécifiques. De ce point de vue, nous pouvons décrire trois types d'actions entreprises par les organisations, trois façons de « s'acquitter » auprès des détenteurs d'influence pour leur pouvoir et leur appui — dans l'orientation de leurs stratégies de base, l'octroi de paiements annexes et le partage de leurs plus-values. Notre description de ces formes d'acquittement de dettes assure le lien final dans la chaîne continue du pouvoir organisationnel que nous avons décrit, car il montre le mouvement rétroactif de l'action organisationnelle vers les détenteurs d'influence des coalitions internes et externes.

L'ORIENTATION DES STRATÉGIES DE BASE   La stratégie, une fois arrêtée, peut se définir comme une cohérence dans le comportement, une mise en organisation d'un flot de décisions (Mintzberg 1978). La plus grande satisfaction dont l'influence puisse tirer parti est le droit de dicter, ou du moins d'infléchir les plus importants de ces schémas de décision, ou de straté-

---

[2] Les Instituts scandinaves pour la recherche administrative (S.I.A.R.) ont consacré beaucoup d'attention à l'étude des buts organisationnels. Dans leur bulletin annuel de 1973, ils soulignent les étapes que comportent une telle étude, et concluent « qu'en pratique, la méthode de l'interview combinée avec une étude exhaustive des événements critiques de l'histoire de l'entreprise ont fourni, de plusieurs points de vue, le meilleur aperçu des valeurs et des idées dominant l'organisation concernée » (S.I.A.R. 1973, p. 15) ; voir aussi Rhenman 1973, pour un développement de cette approche et un certain nombre d'exemples, ainsi que Stymne 1972, pour un exemple d'une étude détaillée). D'autres chercheurs ont développé des techniques plus systématiques pour imputer les buts à des choix, mais elles ne conviennent qu'à des laboratoires ou à un travail expérimental, où des décisions similaires peuvent être prises de façon répétée, dans des circonstances données (voir par exemple, Balke, Hammond et Meyer 1973 ; ainsi que Pfeffer et Salancik 1974, p. 137).

gies, ceux qui ont trait aux orientations de base que l'organisation prend — ce qu'elle produit, en quelles quantités, pour qui, à partir de quel équipement, et ainsi de suite. Ainsi, l'ultime acquittement de dettes, réservé aux plus puissants des détenteurs d'influence, est l'orientation des stratégies de base convenant à ses intérêts personnels. Une prison opte pour une orientation de réhabilitation après celle de détention, reflétant ainsi le pouvoir grandissant de ses opérateurs professionnels ; un fabricant de pièces détachées introduit certaines nouvelles gammes de produits en réponse à l'influence de son client, une firme automobile.

L'OCTROI DE RÉTRIBUTIONS ANNEXES Peu de détenteurs d'influence sont en mesure d'imposer les stratégies de base. Beaucoup d'entre eux doivent se contenter de rémunérations qui résultent des orientations de base de l'organisation. Des acquittements à des détenteurs d'influence spécifiques sous forme d'actions périphériques aux stratégies de base peuvent être appelés *rétributions annexes*. Certaines rétributions annexes proviennent de décisions importantes. Par exemple, en décidant de construire une nouvelle usine, une entreprise, peut l'implanter dans une zone économiquement démunie, octroyant ainsi une rétribution annexe à un gouvernement influent, ou encore installer des équipements pour réduire la pollution octroyant ainsi une aide supplémentaire à un groupe influent de défenseurs de l'environnement, ou attribuer le marché d'une construction à une certaine entreprise, octroyant ainsi une rétribution annexe à un de ses directeurs, propriétaire de l'entreprise. D'autres types de rétributions annexes ne sont pas des conséquences d'autre chose, mais des décisions à part entière, bien que dépendant toujours des stratégies de base de l'organisation. Précédemment, nous avons vu l'exemple de l'étude d'un étudiant de McGill sur le champ de course où, afin de conserver l'appui des cavaliers, les responsables du champ de course sont intervenus en leur nom pour négocier un accord avec le gouvernement dans une affaire d'impôts. L'organisation a agi pour être utile à un détenteur d'influence, et non pour subvenir à un de ses besoins propres. Comme Maniha et Perrow l'indiquent, dans le déroulement normal de leurs démonstrations, des organisations engendrent un pouvoir qui peut être utilisé à des fins totalement indépendantes de leur dessein initial :

> « Le pouvoir potentiel d'une entreprise est utilisé quand il est à l'origine de témoignages d'estime, de parrainages ou d'appuis financiers pour des activités politiques, sociales ou économiques, sans rapport aucun avec son rôle de base qui est de produire des biens de consommation, ou de servir. Quand l'Association médicale américaine accorde son soutien aux organisations de fermiers dans leur lutte sans relâche entreprise pour favoriser l'utilisation au maximum de la lumière du jour, ou quand elle prend position sur les pouvoirs de la présidence en matière de négociation, son pouvoir en tant que groupe médical est utilisé par d'autres (1965-1966, pp. 255-256). »

Parfois, des rétributions annexes deviennent des « lots de consolation ».

Dans une lutte pour une stratégie de base, il se peut qu'on donne au perdant une rétribution annexe, plutôt que de lui permettre de donner son avis sur la stratégie à tenir. Ainsi, il se peut qu'un gouvernement qui s'efforce de refuser une augmentation des prix à une société, lui offre en compensation son soutien au moment de la mise en œuvre de certains points de sa nouvelle législation[3].

Cyert et March (1963), qui ont introduit le terme rétribution annexe dans la littérature traitant du management[4], notent que ce type de paiement se répand de plus en plus aux dépens de paiements financiers, non seulement dans les milieux politiques où ils sont en usage depuis longtemps, mais aussi dans les milieux d'affaires.

LE PARTAGE DES EXCÉDENTS   Le moyen classique de satisfaire un détenteur d'influence, du moins dans le contexte des affaires, est de le payer en argent ou en quelque chose d'équivalent. Souvent les organisations produisent des excédents dans leurs opérations — en fait, il doit en être ainsi dans une affaire, afin qu'elle reste viable. Ces excédents deviennent alors une galette que les détenteurs d'influence se partagent. Dans l'entreprise, les actionnaires le réclament sous forme de dividendes ; les directeurs sous forme de primes, ou de vacances plus longues ou de moquettes plus épaisses ; les clients puissants sous forme de prix plus bas que ne l'imposeraient les conditions économiques, ou encore d'accords particuliers de livraison ou de billets pour des matches de hockey ; les syndicats sous forme de salaires plus élevés que ceux fixés ou d'avantages sociaux particuliers ; les associations sous forme de dons de charité ; les gouvernements sous forme d'impôts. En milieu hospitalier, Perrow note que le profit peut être payé aux médecins sous forme de cabinet alloué gratuitement ; à des administrateurs sous forme de salaires élevés et de gratifications intéressantes ; à des membres du conseil d'administration sous forme de services particuliers et à des amis et parents sous forme de taux préférentiels (1970, pp. 129-130). Le « népotisme » est une forme de partage des excédents qu'on associe généralement à des gouvernements, mais, comme Pettigrew le note (1973, p. 19), on peut l'appliquer ailleurs aussi. Il utilise le terme dans son étude d'une entreprise, pour décrire certaines récompenses attribuées sous forme de promotions, nouvelles affectations et partage de produits et de privilèges. De la même façon, Perrow nous donne l'exemple d'une entreprise qui « fut obligée d'engager, pendant les vacances d'été, le

---

[3] Notez que dans le cas d'un lot de consolation, ce paiement est à part de ce que le détenteur d'influence veut réellement. Dans nos exemples précédents, la rétribution annexe était d'un intérêt capital pour le détenteur d'influence, comme dans le groupe de défenseurs de l'environnement réclamant l'installation d'équipements réduisant la pollution ; le paiement venait à part et ce en dehors du fonctionnement central de l'organisation. Dans la Théorie du Jeu, la rétribution annexe est définie dans le premier sens, c'est-à-dire, du point de vue du bénéficiaire. Nous le définissons dans le deuxième sens, du point de vue de l'organisation qui effectue le paiement.

[4] Bien qu'ils incluent notre troisième type de rémunération, le partage des excédents, dans leur utilisation du terme.

fils encore étudiant, incompétent, perturbateur, d'un responsable des achats dans une entreprise importante » (1970, p. 123).

Les détenteurs d'influence réclament un partage des excédents en fonction du pouvoir qu'ils détiennent. Occassionnellement, quand les conditions sont stables et que tous les détenteurs d'influence sont parfaitement informés, il se peut qu'ils élaborent une formule précise pour le partage des excédents. Le groupe de McGill qui étudia le champ de course, trouva une telle formule, montrée sur la figure 15-1, où le pourcentage exact alloué pour chaque dollar misé, était déterminé d'avance. Mais le plus souvent l'offre des excédents et les demandes qui sont faites, sont instables et vagues, et les détenteurs d'influence font des demandes adéquates à la direction. Il en résulte que l'offre et la demande ne sont pas toujours équilibrées. Quand la demande excède l'offre, la direction peut essayer de la réduire, et expliquer que l'organisation est pressurée. Mais quand l'offre excède la demande, la direction a tendance à ne rien expliquer du tout. Et là, un autre requérant entre généralement en lice, l'organisation elle-même. Elle devient, en effet « le requérant des reliquats » de ses propres excédents. En fait, ces surplus excédentaires sont pris en compte sous forme de volant de sécurité, d'excédent de liquidités, d'employés en surnombre, et ainsi de suite. Ce volant de sécurité fournit la marge de réserve qui protège l'organisation quand les demandes augmentent à nouveau et excèdent l'offre[5].

Bien sûr, un volant de sécurité excessif est une invitation pour les détenteurs d'influence bien informés, à augmenter leurs demandes. Et ceux qui sont les mieux placés sont les cadres supérieurs de l'organisation, ceux qui supervisent le partage des excédents en premier lieu. Étant « à temps plein, bien placés pour s'apercevoir très tôt d'un volant de sécurité possible, ou disposant d'une certaine souplesse pour allouer les moyens de façon unilatérale » (Cyert et March 1963, p. 27), les cadres supérieurs de l'entreprise ont tendance à être les premiers informés des réserves excédentaires. Mais ils doivent les transvaser de façon prudente, prenant soin de ne pas attirer l'attention de détenteurs d'influence plus lointains, par des récompenses disproportionnées qu'ils s'attribuent. Ainsi, des entreprises qui se retrouvent avec de larges bénéfices, cherchent par toutes sortes de moyens à n'annoncer que des profits modestes, afin de ne pas aiguiser l'appétit des syndicats et des services des impôts, sans parler de celui de leurs actionnaires. Ils investissent dans la recherche et dans la publicité, achètent un nouveau jet d'entreprise, font refaire la salle de réception de la direction.

---

[5] Le terme volant de sécurité s'est répandu dans la littérature sur le management grâce à Cyert et March (1963), mais à nouveau, le sens que nous lui accordons diffère légèrement du leur. Ils définissent le volant de sécurité comme étant la « différence entre les ressources totales et les paiements totaux nécessaires », afin de satisfaire les détenteurs d'influence, puis ils posent « que le volant de sécurité consiste à fournir à des membres de l'entreprise des paiements supérieurs à ce qui est requis pour maintenir l'organisation » (p. 36). Dans notre cas, nous appelons volant de sécurité, cet excédent qui est gardé par l'organisation elle-même, et non pas payé aux détenteurs d'influence.

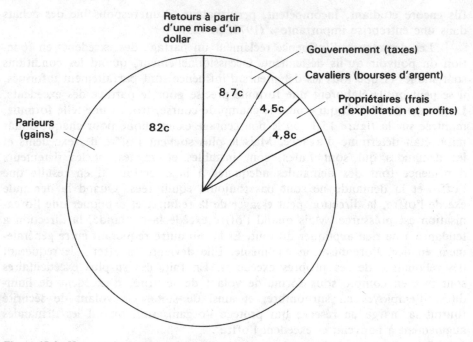

Figure 15-1. *Une représentation précise pour le partage des excédents sur un champ de course (adapté d'un rapport soumis à l'auteur par C. Rinfret et C. Sabourin, Management Policy 701, Université de McGill, 1969)*

Pour reprendre les conclusions faites dans ce chapitre jusqu'ici, nous avons constaté que les organisations ont en effet des buts, et qu'ils doivent être inférés des intentions qui peuvent être imputées aux actions spécifiques qu'elles entreprennent. Le moyen de les inférer est de prendre en considération les actions d'une organisation, d'après la façon dont elle fait profiter différents détenteurs d'influence — soit qu'elle oriente les stratégies organisationnelles de base vers leurs besoins, leur accorde des rétributions annexes, en marge du fonctionnement de l'organisation, ou leur distribue les excédents de l'organisation. Il semblerait également qu'à ce stade de notre développement, nous puissions définir quatre types de buts organisationnels. D'abord il y a les buts *formels*, qui peuvent en fait être les manifestations formelles des trois autres types de buts. Les buts formels sont les plus faciles à discerner, parce que ce sont ceux qui sont rendus opérationnels dans les systèmes de contrôle. Il faut cependant prendre soin de s'assurer que ce sont véritablement les buts poursuivis et ainsi être les buts réels de l'organisation. Deuxièmement, il y a les buts *idéologiques*, liés généralement à une mission. Bien qu'ils ne soient pas formalisés, il se peut qu'ils soient nettement indiqués dans les traditions établies de l'organisation, s'ils sont puissants. Troisièmement, il y a les buts de système — survie, efficacité, contrôle et croissance — qui sont tous plus ou moins présents dans toutes les organisations. Ces derniers semblent faciles à découvrir, car ils se reflètent dans une grande variété d'actions organisa-tionnelles. Enfin, il y a les buts personnels partagés par plusieurs détenteurs d'influence. Ils sont probablement les plus difficiles à discerner, car ils ont tendance à varier considérablement entre les organisations et ne sont pas for-cément distincts.

Un dernier point s'impose. Tous, ou du moins beaucoup de ces types de buts, coexistent dans la plupart des organisations, et ainsi, sont amenés à entrer en conflit entre eux. Aussi, la question primordiale dans l'étude des buts organisationnels reste posée : comment les conflits entre tous ces buts rivaux sont-ils résolus ?

LA RÉSOLUTION DES BUTS CONFLICTUELS

Aucune organisation, — en fait aucun être humain — ne peut se con-centrer sur un seul but. A la limite, une telle attitude deviendrait patholo-gique, comme le souligne Kenneth Boulding (1966), montrant que le compor-tement logique d'un directeur de production déterminé à réduire les coûts de revient, serait de ne rien produire du tout. Perrow (1970, pp. 147-150), en fait, raconte l'anecdote de la compagnie Eastern Airlines, dirigée alors par Eddie Richenbacker, qui était devenu si obsédé par l'idée de réduire les coûts de revient, à une époque où les exigences en matière de service et de confort étaient grandissantes, qu'il faillit mener la compagnie au dépôt de bilan. Starr (1971) reprend le thème de la pièce de théâtre « La patte du singe », dans laquelle une famille reçoit une patte permettant à son possesseur de faire trois souhaits. Mais on informa la famille que le troisième souhait du premier pos-sesseur avait été la mort. Le père souhaite assez d'argent pour couvrir l'hypo-thèque sur la maison, et ce vœu est exaucé en compensation de la mort de son fils dans un accident de travail. La mère alors sollicita que son fils fût ramené à la vie, mais le père, se rendant compte des possibles effets secon-daires, utilisa le troisième vœu pour annuler le second. Starr évoque cette anecdote pour montrer que des buts multiples sont présents dans toute déci-sion, même si certains sont considérés comme acquis. Et il en est ainsi dans chaque organisation, exposée à un grand nombre de buts, et auxquels ses membres ne pensent pas. Comment alors l'organisation parvient-elle à traiter et concilier tous ces buts ? Comment signale-t-elle certains d'entre eux pour susciter une attention spécifique, et que se passe-t-il pour le reste ?

Il n'y a pas de réponse simple, ou qu'on s'accorde à donner à ces ques-tions importantes, qui ont en fait été au centre de débats serrés dans la litté-rature sur le management pendant des décennies. Beaucoup de réponses ont été proposées, et si quelques-unes semblent avoir une certaine valeur concep-tuelle, on a peu tiré parti et peu testé à partir d'une recherche empirique sys-tématique. Les quatre théories suivantes sont peut-être les plus connues :

1. des buts différents se combinent en une seule fonction d'utilité ou de préférence ;
2. les buts sont traités comme des contraintes, des niveaux minimum à atteindre ;
3. un but est choisi pour être maximisé, et tous les autres sont traités comme des contraintes ;
4. différents buts sont poursuivis de manière consécutive dans le temps, peut-être d'une façon précise, soit cyclique, soit hiérarchique.

La première théorie, la notion que des buts prennent du poids et sont combinés dans une fonction de type mathématique, n'a été retenue dans aucune recherche empirique sur les organisations (par exemple Carter 1971 ; Cyert, Simon et Trow 1956). En fait, même dans une étude sur le mécanisme de la prise de décision par des individus (des étudiants de maîtrise en sciences au M.I.T. Sloan School of Management, qui sont pourtant bien entraînés pour manier de tels concepts), on trouva « qu'on ne pouvait se fier à l'importance attribuée au but par les sujets pendant la prise de décision » (Soelberg 1967, p. 218). Ce chercheur fut amené à conclure que :

> « Une théorie de l'utilité mesurée par une échelle est une pauvre façon de représenter la structure des valeurs humaines. Les attributs de la valeur de décision sont généralement multidimensionnels : ils ne se comparent pas ou ne se substituent pas l'un à l'autre au moment du choix. On ne peut déduire aucune fonction fixe de l'utilité pondérée de quelqu'un qui prend une décision, avant qu'il n'ait fait son choix, et de telles pondérations ne semblent pas non plus entrer dans le processus de prise de décision de chaque personne (p. 224). »

La théorie de l'utilité, comme nous l'avons fait remarquer au chapitre 2, ne résiste pas dans un monde de choix changeants et multiples. C'est pourquoi il ne sert à rien d'expliquer comment les organisations parviennent à concilier des buts qui entrent en conflit.

Mais il semble qu'il y ait au moins un moyen de cerner la vérité dans chacune des trois autres théories. Examinons-les tout à tour, et voyons si nous pouvons les combiner dans une théorie commune.

TOUS LES BUTS SONT DES CONTRAINTES   Herbert Simon, dans son article important « Du concept du but organisationnel » (1964), nous fournit un moyen conceptuel ingénieux aussi bien qu'une interprétation très plausible, pour nous expliquer comment des organisations sont capables de traiter avec la grande multitude de buts avec lesquels elles doivent compter. Elles les considèrent simplement comme des *contraintes*, des niveaux minimum à atteindre dans le choix à faire :

> « Quel est le sens de l'expression "but organisationnel ?"... il semble douteux que des décisions soient généralement orientées vers l'atteinte *d'un* but. Il est plus facile, et plus satisfaisant pour l'esprit de voir dans les décisions une façon de découvrir des lignes de conduite qui répondent à un ensemble de con-

traintes. C'est cet ensemble, et non l'un de ses membres, qui est considéré de la façon la plus précise, comme le but de l'action (p. 20). »

C'est pourquoi, on suppose simplement que chaque initiative proposée, soit acceptable ou inacceptable en fonction de chacun des buts pertinents. La nouvelle machine est conforme aux normes de sécurité ou ne l'est pas ; la rentabilité du projet par rapport à son investissement est suffisante ou non ; la qualité du produit est conforme aux normes habituelles de l'organisation ou ne l'est pas. Parmi le grand nombre de contraintes auxquelles une organisation doit faire face, Simon pense que seules quelques-unes interviennent dans un processus de décision donné. Les autres restent à l'état latent. Les contraintes actives représentent, comme dans un problème de programmation linéaire, un espace à n-dimensions à l'intérieur duquel une solution doit être trouvée — « un polygone de possibilités » selon les termes de Hill (1969, p. 207).

Bien sûr, il y a des contraintes qui ne sont pas des buts, dans le sens où elles ne représentent pas l'intention d'un quelconque détenteur d'influence. Une machine, par exemple, est soumise à la contrainte du nombre d'opérations qu'elle peut effectuer à l'heure. Mais un grand nombre de contraintes sont des buts, imposés par des détenteurs d'influence spécifiques. Le gouvernement exige que les produits de consommation soient d'une certaine qualité minimale, les actionnaires s'attendent à ce qu'un certain dividende minimum leur soit versé, les syndicats réclament la promotion par ancienneté, un groupe particulier escompte un don de $ 1 000 par an.

Certaines contraintes sont clairement définies pour l'organisation, comme dans celles que nous avons intitulées « formelles » qui sont imposées par la coalition externe. Par une réglementation gouvernementale, on exige que dans les supermarchés, on retire les tomates disposées pendant plus de cinq jours sur les étalages. Mais beaucoup restent vagues, et ce n'est qu'en les testant que ceux qui prennent des décisions peuvent avoir une idée de ce qu'elles valent. (Cela peut être une expérience pénible, comme en témoigne l'histoire de « La patte du singe ».) La plupart des contraintes peuvent évidemment être enfreintes à un certain prix, qui est la confrontation avec le détenteur d'influence derrière elles. Parfois, pour atténuer les pressions d'autres contraintes, ceux qui prennent des décisions se préparent à cette confrontation. Précédemment, nous avons relaté la description de Frank (1958-1959) sur les directeurs d'usine soviétiques, pris dans un réseau complexe de contraintes. La plupart d'entre elles émanaient de la bureaucratie gouvernementale et étaient contradictoires. Ils incluaient des plans et « d'innombrables » directives sur le « type, la quantité, la qualité et la diversification de la production ; la quantité de matériel et de main-d'œuvre à utiliser ; les salaires qui devraient être versés ; et les normes de production » à atteindre par les travailleurs (p. 8). D'autres contraintes émanaient du Parti communiste et portaient sur les priorités fixées, les campagnes lancées, et l'esprit de compétition socialiste. Et puis il y avait les contraintes habituelles imposées par les travailleurs et les syndicats, la presse et les communautés locales, les contrats avec fournisseurs et clients. Comment les directeurs de l'usine pouvaient-ils fonctionner ? Frank suggère qu'ils trichaient tout simplement, en feignant de répondre aux contraintes, mentant sur les rendements, traitant certaines contraintes à la lettre, mais non pas dans leur esprit. Ils jouaient aussi de leur influence pour sortir de certaines contraintes et faisaient des efforts pour qu'il y ait des contraintes moins strictes pour pouvoir les respecter.

En effet, nous pouvons caractériser le système de buts de l'organisation comme une pièce comportant un grand nombre de murs, — un espace à n-dimensions —, à l'intérieur de laquelle une seule personne est assise, symbolisant tous ceux qui prennent des décisions. Les murs sont fabriqués en caoutchouc mousse et sont démontables ; derrière chacun d'entre eux est assis un détenteur d'influence qui parfois pousse pour changer l'emplacement de son mur. Le jeu que notre preneur de décision joue, le contraint à flotter continuellement dans la pièce. La plupart du temps, il essaye de rester dans un espace ouvert. Mais parfois il heurte un mur, peut-être parce qu'il ne l'avait pas remarqué auparavant, (il se peut, en fait, qu'il soit flambant neuf), peut-être parce qu'il avait changé de place depuis qu'il l'avait remarqué la dernière fois. C'est également parce que notre preneur de décision est myope, l'emplacement des murs, mêmes ceux qu'il connaît, ne lui apparaît pas clairement. Il y a des moments où il entre délibérément en collision avec un mur, afin de déterminer exactement où il se trouve, jusqu'à quelle profondeur il peut s'enfoncer dans le caoutchouc sans se faire mal, afin de mesurer l'effort nécessairé pour déplacer ce mur, et de s'assurer si quelqu'un est prêt à parer le coup de l'autre côté. Parfois, au gré de la chance, un mur se déplace et s'applique contre un autre, et notre preneur de décision commence à se sentir coincé. S'il s'avère que les deux murs sont en caoutchouc dur, et qu'il ne peut en repousser aucun, il se peut que le jeu soit terminé pour lui.

UN BUT POUSSE AU MAXIMUM   Il nous manque un élément dans notre anecdote de la pièce, comme c'est le cas dans la description de Simon; où tous les buts sont contraints. Quand il y a un espace ouvert pour flotter dans la pièce — quand les contraintes laissent au preneur de décision une certaine latitude — qu'est-ce qui détermine la direction qu'il emprunte ? Il doit y avoir une autre force en jeu — autre chose que des murs passifs dans la pièce, simples contraintes dans l'organisation. Il doit y avoir une force qui fait apparaître ou suscite l'action, qui guide plutôt que, simplement, limite la prise de décision.

Certains preneurs de décision sont bien sûr tellement enchantés de se trouver dans un espace libre qu'ils ne font rien. Ils approchent une bonne chaise moelleuse et se détendent. Mais d'autres, ont davantage d'énergie ; eux aussi ont des buts à poursuivre. De la même façon, les détenteurs d'influence derrière certains de ces murs ont de l'énergie à revendre, l'énergie de mettre à profit la latitude qu'ils distinguent de l'autre côté des murs. Les buts qui sous-tendent cette énergie — ceux des détenteurs d'influence énergiques qui ne se satisfont pas des seuls niveaux d'acceptabilité — apparaissent comme bien plus que de simples contraintes. Pour distinguer ces buts — ceux qui entrent en jeu quand une certaine latitude est laissée — nous les appelons des buts *premiers* (comme Soelberg 1967). Ils se distinguent des contraintes par le fait qu'il n'y ait pas de niveaux prédéterminés, où ils sont satisfaits. Ils sont insatiables. Davantage vaut toujours mieux[6].

Quand un de ces buts premiers domine, nous pouvons parler de *comportement maximaliste*. Ainsi, **la maximisation signifie ici qu'un seul but tend à absorber toute la latitude possible de l'organisation, aussitôt que toutes les contraintes sont remplies.** Dans ce sens, nous faisons de maximisation un synonyme d'unité d'intention, d'obsession. Un but est traité comme premier, et ne peut jamais être satisfait ; tous les autres sont traités comme des con-

---

[6] Une nouvelle contrainte peut aussi avoir pour effet d'amorcer l'action, mais une fois seulement. Nous ne l'appellerons but premier que lorsque le changement apparaîtra de façon répétée dans une contrainte. Simon (1964), en fait établit une distinction entre buts premiers et contraintes :

> « Un plan de développement d'une rivière de vallée destinée à produire de l'électricité, susceptible de pourvoir suffisamment d'eau pour l'irrigation, de contrôler les crues, et d'être propice au divertissement, sera généralement tout à fait différent d'un plan qui vise le contrôle des crues, susceptible de pourvoir suffisamment d'eau pour les autres buts mentionnés. Bien que les plans engendrés dans les deux cas soient pris en considération pour leur aptitude dans tous les domaines mentionnés, il est presque certain que des plans tout à fait différents seront élaborés et soumis à l'approbation dans les deux cas, et que les plans finalement choisis représenteront des points tout à fait distincts dans l'ensemble réalisable (p. 9). »

Mais plus loin, dans son article, dans une discussion sur la cause et l'effet, Simon refuse cette distinction. Il soutient que la cause — la motivation — est souvent difficile à distinguer dans une action, une conclusion qui semble justifiée. Mais cette conclusion amène Simon à en tirer une autre, et qui peut être remise en question :

> « Si nous choisissons une contrainte pour l'examiner avec attention, c'est (a) en raison de sa relation avec les motivations du preneur de décision, ou (b) en raison de sa relation au processus de recherche qui engendre ou prépare les conduites particulières de l'action. Ces contraintes qui motivent le preneur de décisions et celles qui le guident dans sa recherche d'actions sont parfois considérées davantage « comme des buts », que celles qui limitent les actions qu'il peut envisager, ou celles utilisées pour vérifier si la conduite potentielle d'une action qu'il a préparée est satisfaisante. Que nous traitions de toutes les contraintes de façon symétrique ou que nous nous référions à certaines de façon asymétrique en tant que but, ceci est essentiellement une question de linguistique ou de commodité analytique (p. 20). »

Comme l'illustre l'exemple du plan de développement de la vallée de la rivière chez Simon, savoir lesquels des buts sont traités comme des contraintes et lesquels en tant que ce que nous avons appelé des buts premiers est plus qu'une question de « linguistique ou de commodité analytique » : il y a une différence en termes de résultats obtenus à l'issue de la prise de décision. Ce n'est que dans le cas où l'ensemble des contraintes est si fort qu'il dicte le choix, en d'autres termes, quand il n'y a aucune latitude possible, qu'il n'y a plus de différence. Eilon (1971) développe le même point de vue que Simon, bien que dans une langue quelque peu plus rigoureuse, concluant que « la distinction entre buts et contrainte est artificielle » (p. 295). Là aussi, c'est artificiel, comme l'analyse d'Eilon l'indiquait, sauf quand les contraintes sont si fortes qu'elles empêchent toute latitude en matière de décision.

traintes, satisfaisantes à des niveaux de réalisation donnés. La maximisation a lieu quand le preneur de décision dans cette pièce utilise toujours son espace libre pour se mouvoir dans la même direction, essayant même parfois de renverser les murs qui sont sur son chemin. Elle a lieu aussi quand un détenteur d'influence puissant, derrière l'un de ces murs, ne cesse de pousser, de telle sorte que le preneur de décision à l'intérieur ne peut que se déplacer dans une direction.

Notez que notre définition de maximisation écarte grand nombre de pièges associés à ce mot. Nous ne prenons pas maximisation dans le sens, par exemple, de production de toutes les alternatives dans la prise de décision, ou du choix de la meilleure alternative. En d'autres termes, maximisation ne signifie pas, ici, meilleur ; cela signifie « perpétuellement, davantage ».

Comment rendre le concept opérationnel dans le concept de l'organisation ? Il est évident que maximisation implique que la latitude laissée aux preneurs de décision et ceux qui agissent tend à être absorbée dans la poursuite d'un but premier. Il se peut qu'ils aient à passer un certain temps à satisfaire des contraintes, comme par exemple pendant des crises, quand la survie de l'organisation est menacée. Et même au cours d'autres périodes, ils doivent toujours faire face à une multitude de contraintes. Mais si, dès que les pressions se relâchent, ils portent immédiatement leur attention vers un but premier, alors, on peut dire que leur organisation « maximise ». L'entreprise Polaroid dirigée par Edwin Land, obsédée par le désir de perfectionner cet appareil photographique automatique à développement instantané, semble être un de ces exemples, tout comme le mouvement ouvrier américain à l'origine, animé par Samuel Gompers, qui, lorsqu'on lui demanda ce que les ouvriers désiraient, répondit simplement « plus ».

Mais qu'est-ce qui fait qu'un groupe de gens utilise la liberté dont ils disposent à la poursuite d'un but ? C'est ce que nous pouvons le mieux constater à travers nos différents types de coalitions. Dans les cas des coalitions internes personnalisées et idéologiques, l'explication est simple. L'organisation avec la coalition interne personnalisée peut « maximiser » dès que son dirigeant exprime une unité d'intention à propos d'un but. Puisqu'il contrôle tout, y compris la latitude laissée à chacun, il impose tout simplement son but sur toutes les décisions et actions envisagées. Tout comme pour la C.I. idéologique, alors qu'aucune autre personne n'oriente les autres vers la poursuite d'un but unique, tous le font spontanément parce qu'ils s'identifient à l'organisation et à sa mission. En d'autres termes, chaque membre a tendance à déployer une unité d'intention sur un aspect de la mission de l'organisation, et ainsi, l'organisation a tendance à maximiser dans ce domaine. Notez que dans ces deux cas, il n'est pas nécessaire que le but premier soit opérationnel, c'est-à-dire, qu'il se prête à une mesure quantitative de sa performance.

Que se passe-t-il dans les autres cas, quand un dirigeant ne peut compter sur des contrôles personnels, et que l'idéologie est faible ? Est-ce que la maximisation est encore possible ? Comment peut-on y parvenir, par exemple dans une C.I. bureaucratique, ou une C.E. dominée, où le principal détenteur d'influence encourage un but premier mais ne contrôle pas l'organisation personnellement, et ne peut pas non plus se rabattre sur des formes de contrôle idéologique ? Dans les deux cas, une attitude maximaliste est possible, mais seulement si le but premier est opérationnel, c'est-à-dire, qui peut être défini à l'intérieur d'un système d'objectifs. Comme ce système fonctionne, tous les objectifs sont énoncés en terme de contraintes — cibles ou niveaux de performance à atteindre par des unités dans l'organisation, sur des périodes de temps données. Le département des produits plastiques reçoit les directives des instances de la direction (ou la direction elle-même reçoit-elle des ordres d'un détenteur d'influence externe principal), d'augmenter le chiffre des ventes de dix pour cent dans les quatre mois qui suivent, et de faire un gain sur les investissements de quinze pour cent. Comment la croissance peut-elle alors être choisie seule pour tendre vers la maximisation ?

Il semble que, tandis que tous les autres objectifs demeurent à leurs niveaux, *même s'ils sont atteints*, le niveau de l'objectif retenu pour tendre vers un maximum, lui, ne cesse de croître *aussitôt qu'il est atteint*. Le principe est celui du cliquet qui, lorsqu'il avance, ne peut plus revenir en arrière (Berliner 1965, pp. 91-92). Une croissance véritable de onze pour cent et seize pour cent de rentabilité d'investissement signifient des cibles pour le prochain trimestre de douze pour cent de croissance (en augmentation de deux pour cent) et quinze pour cent de rentabilité d'investissement (inchangé). Le message donné à l'unité (ou à l'organisation) est de reconvertir ses efforts excédents en croissance ; le rendement d'un investissement est suffisant, peut-être même trop élevé s'il touche au taux de croissance. En d'autres termes, tendre vers la maximisation signifie qu'on tient toujours une carotte devant, pour guider le mouvement ; les autres carottes peuvent être consommées une fois le maximum atteint. Cet objectif précis ne cesse d'être placé plus haut, afin qu'il soit nettement fixé devant les preneurs de décision.

Ainsi le concept de maximisation peut être rendu opérationnel dans un système d'objectifs. Dans toutes les dimensions on peut considérer que l'organisation a donné satisfaction et a mérité un satisfecit, selon la terminologie de Simon (1957, p. XXIV), sauf dans une dimension qui se contente d'une performance assez bonne. Elle tend vers un maximum pour l'une d'entre elles seulement — elle cherche toujours plus. La tâche du P.-D.G. — ou du détenteur principal d'influence externe, essayant de contrôler l'organisation à travers le P.-D.G. — consiste à maintenir le niveau de cet objectif suffisamment élevé, et à le déplacer suffisamment vite, de telle sorte que toute la latitude laissée dans la prise de décision est utilisée jusqu'au bout dans la poursuite de cet objectif. Pour en revenir à notre preneur de décision dans la pièce, si les murs restent en place mais le sol ne cesse d'aller vers le haut, il faudra qu'il oublie tout et qu'il escalade l'escalier vers des niveaux de plus en plus élevés, pour éviter d'être écrasé contre un plafond[7].

---

[7] Une telle attitude maximaliste peut être bénéfique pour soi-même. Des chercheurs ont découvert que lorsque des espérances ne se trouvent pas réalisées, leurs niveaux tendent à baisser

Qu'en est-il de la maximisation dans les autres coalitions ? Il est évident qu'on ne peut envisager que la coalition externe passive tente de maximiser quoi que ce soit — en fait, c'est à peine s'il essaye d'imposer des buts à l'organisation. Quant à la coalition externe divisée, par définition elle essaye d'imposer des buts opposés à l'organisation, et donc ne peut être considérée comme promouvant une tendance maximaliste. On peut concevoir que la coalition interne professionnelle maximise quand les différents experts partagent un but premier en commun, tel que la perfection dans le domaine professionnel, et le poursuivent de manière obsessionnelle. Cependant, nous pourrions nous attendre à trouver toute une gamme de buts concurrentiels dans cette forme de coalition interne. C'est certainement vrai aussi pour la coalition interne politisée, bien que, comme nous l'avons noté auparavant, si la croissance de l'organisation bénéficie à tous les joueurs, une forme de maximisation plus rudimentaire peut très bien apparaître aussi.

DE MULTIPLES BUTS POURSUIVIS DE MANIÈRE CONSÉCUTIVE

Voilà pour un but premier prédominant. Mais qu'advient-il quand le système de pouvoir organisationnel n'est dominé ni par un détenteur d'influence externe, le P.-D.G., ni par l'idéologie, et que nul but n'est partagé par les différents détenteurs d'influence, en d'autres termes, quand plusieurs détenteurs d'influence promouvoient des buts premiers opposés (ou qu'un détenteur principal d'influence lui-même le fasse) ?

Cyert et March (1963) font une suggestion astucieuse, comme nous l'avons remarqué au chapitre 2. L'organisation s'occupe de la réalisation de ces buts de manière ordonnée, feignant d'ignorer les aberrations qui en résultent :

> « Les organisations parviennent, en partie, à résoudre des conflits parmi des buts rivaux, en se préoccupant de buts différents, à différents moments. Tout comme une organisation politique est susceptible de résoudre des pressions conflictuelles — l'une préconisant une orientation "de gauche", l'autre "de droite" —, en suivant successivement l'une, puis l'autre, l'entreprise elle aussi est susceptible de répondre à des pressions conflictuelles, "d'aplanir les difficultés de production" et de "satisfaire les consommateurs", en faisant les deux successivement. Le laps de temps faisant tampon entre les buts fixés permet à l'organisation de résoudre un problème à la fois, s'occupant d'un seul but à la fois (p. 118). »

Progressivement, si ce n'est pour chaque décision particulière, on se préoccupe des buts des différents détenteurs d'influence, et, dans la négociation, des confrontations directes entre eux sont largement évitées. Ainsi, le

(Feldman et Kanter 1965, pp. 632-633). Le système d'objectifs que nous avons décrit ici, peut, en frustrant la capacité du preneur de décisions de s'occuper de ses propres buts, provoquer une diminution de l'importance de ces buts à ses yeux. Son attention sera fermement maintenue sur le but de quelqu'un d'autre.

conseil d'enseignement d'une école peut faire apparaître un certain nombre de décisions, afin de convaincre les contribuables qu'ils essayent de réduire les frais de fonctionnement, et un autre ensemble de décisions pour convaincre les parents qu'ils maintiennent le niveau d'étude élevé. (Peu importe que contribuables et parents puissent être les mêmes personnes ; eux aussi poursuivent des buts différents successivement.) Si le détenteur d'influence pousse les hauts cris suffisamment forts à propos de la dernière décision, la prochaine peut lui convenir.

Revenons à l'anecdote de Frank, sur le dirigeant d'entreprise soviétique, pour évoquer un cas de traitement de buts de manière successive, intéressant même s'il est particulier. Il faut se rappeler que ce dirigeant occupait la pièce la plus exiguë ; en effet, les murs très fréquemment poussaient l'un vers l'autre, de telle sorte qu'aucun être humain n'aurait pu y survivre. Mais il s'avéra que les murs étaient en fait de consistance très molle. Tout le monde savait que l'usine ne pouvait par tourner si toutes les normes étaient respectées simultanément. On laissa une très grand marge de manœuvre dans leur interprétation, et on traita les buts de manière successive. Les responsables de l'usine étaient censés ignorer la plupart des buts, pourvu qu'ils ne le montrent pas, qu'ils agissent raisonnablement (en fait, à l'intérieur de contraintes implicites, moins rigoureuses) et qu'ils s'occupent périodiquement des buts formels :

> « Chaque subordonné a recours aux critères qui sont le plus en accord avec ses motivations et les circonstances du moment, et à ceux qui sont le plus susceptibles d'être invoqués par ses supérieurs pour évaluer sa performance. Les supérieurs, en retour, définissent leur priorité pour guider leur évaluation de la performance des subordonnés, nécessairement sélective, et l'application de ces critères. Tout ce processus est continu : les supérieurs modifient l'ensemble des critères ou normes pour être conformes aux objectifs changeants ; les subordonnés adaptent leurs décisions aux changements des normes et des circonstances ; les supérieurs imposent les normes en accord avec une priorité qui change (1958-1959, p. 11). »

L'attitude qui résulte d'un traitement successif des buts, laisse supposer que l'organisation ne maximise rien, du moins pas à long terme. Il se peut toutefois que l'organisation prenne une attitude maximaliste pendant une courte période : elle peut s'attacher à un but premier avant de s'occuper d'un autre. Devant faire face à la censure d'une association professionnelle, il se peut que le conseil de l'école oublie l'objectif de réduction des frais de fonctionnement, et recherche plutôt à maximiser l'amélioration de la qualité de ses programmes[8].

Cette notion de recherche maximale pour un temps seulement, laisse la possibilité d'étendre l'idée de Cyert et March de deux façons au moins. Tout

---

[8] Bien qu'on puisse douter qu'une attention accordée de façon sporadique à un tel but, fasse vraiment une réelle différence.

d'abord, des buts conflictuels peuvent être poursuivis alternativement, cycliquement ; et ensuite on peut s'attacher à des buts différents et probablement complémentaires dans une hiérarchie parallèle au stade de développement de l'organisation.

OU L'ON TRAITE DE MULTIPLES BUTS EN ALTERNANCE, PAR CYCLES

Quand deux buts conflictuels (ou plus), se disputent la primauté, les organisations semblent souvent les poursuivre de façon alternée, favorisant l'un pendant un certain temps, puis l'autre. Il résulte de l'attention accordée aux différents buts une distribution cyclique. Il y a une certaine logique en cela. Au lieu d'essayer continuellement de trouver un équilibre parmi ces exigences conflictuelles, il est souvent beaucoup plus facile d'en favoriser une pendant un temps, jusqu'à ce que la situation soit complètement déséquilibrée, puis de la redresser en favorisant l'autre exigence. Le balancier oscille, permettant à l'organisation de concentrer ses efforts sur un point à la fois, de maximiser temporairement. Beaucoup d'entreprises parviennent à concilier les pressions de croissance et d'efficacité qui s'exercent, en faisant alterner des stratégies d'expansion et de consolidation de l'entreprise (par exemple, Mintzberg et Waters 1982). Jönsson et Lundin (1975) décrivent un phénomène identique dans la gestion de la municipalité de Gothenburg, et concernant les conflits entre les tendances dépensières des politiciens qui faisaient du social et les tendances à l'économie de ceux qui

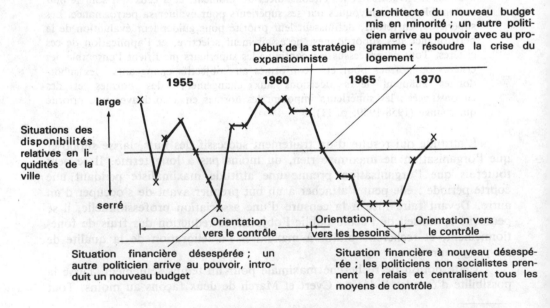

Figure 15-2. *Attention accordée à des buts de façon cyclique dans une municipalité (adapté par Jonsson et Lunden, 1975)*

détiennent des responsabilités financières. Le graphique de la figure 15-2, élaboré à partir de leur recherche, montre qu'au lieu de rechercher un équilibre entre ces deux forces en présence, les politiciens (et la population locale qui les a élus puis mis en minorité) les ont plutôt adoptées tout à tour, faisant ainsi apparaître un véritable mouvement cyclique.

Une telle attitude alternée est bien sûr compatible avec la division du pouvoir dans la coalition externe et la politisation du pouvoir dans la coalition interne, comme ce fut le cas à Gothenburg entre les partis socialistes et non socialistes. Chaque groupe de détenteurs d'influence dispose d'un jour de plaidoirie, pour ainsi dire, et lorsqu'ils dépassent parfois la mesure, il faut que les défenseurs, du point de vue adverse, les supplantent, ce qui rééquilibre la situation. A la longue, eux aussi dépasseront leurs limites, et le premier groupe réapparaît pour prendre le pouvoir.

OU L'ON TRAITE DE MULTIPLES BUTS HIÉRARCHIQUEMENT

Une organisation concentrera parfois ses efforts sur un but premier pendant un certain temps, puis sur d'autres, sans accorder à ce premier but la proéminence à nouveau. Cela implique que ce but convenait à un certain stade du développement de l'organisation ; il était nécessaire pour amener l'organisation à d'autres stades. Ce but n'était pas en conflit avec ceux qui l'ont supplanté ; ils semblent plutôt tous exister dans une sorte de hiérarchie complémentaire. Les buts visés au début sont en fait des buts de deuxième ordre, les moyens d'atteindre des buts plus élevés, les buts ultimes.

Ce que nous décrivons ici est en fait l'équivalent au niveau organisationnel, de la théorie de Maslow (1954) sur les besoins hiérarchisés au niveau individuel. Tout comme, d'après Maslow, l'individu doit satisfaire ses nécessités physiologiques avant qu'il ne puisse se préoccuper de sécurité, et doit se sentir en sécurité avant qu'il ne puisse accorder de l'attention à l'amour et à ses affaires personnelles, et ainsi de suite jusqu'à ce qu'il atteigne le statut où il se « réalisera » pleinement, nous aussi, nous avons à plusieurs reprises constaté, dans nos recherches à McGill, que les entreprises sont d'abord préoccupées par leur survie, puis par le profit, afin de s'assurer des bases financières solides ; puis leur attention se porte sur la croissance qui devient leur but premier. Un phénomène comparable s'est aussi produit sur une échelle beaucoup plus grande (Mintzberg 1974). En examinant les dépenses publiques, nous sommes arrivés à la conclusion que les gouvernements poursuivaient cinq buts premiers, classés par ordre hiérarchique suivant le stade de développement de la société. Ces buts, qui correspondent en fait aux cinq besoins de l'individu chez Maslow sont : la protection du citoyen (ce qui correspond aux nécessités physiologiques), le développement économique (la sécurité), la liberté sociale (amour et propriété), l'identité nationale (le statut), et le développement de l'individu (l'épanouissement personnel). C'est pourquoi, les gouvernements des nations les plus pauvres et les moins développées semblent mettre l'accent sur la protection du citoyen, et ne disposent plus guère de moyens pour le développement économique et la protection des libertés sociales. Seules les nations économiquement développées semblent pouvoir consacrer des moyens considérables à la protection des libertés sociales, tandis que seules les nations véritablement démocratiques et celles dont le sentiment d'identité nationale est profondément ancré semblent vraiment investir dans le développement de l'individu.

Cette notion d'organisations (ou de gouvernements) poursuivant des buts multiples dans une espèce de hiérarchie, semble plausible d'une certaine façon, comme le serait une conclusion selon laquelle toutes sortes d'autres schémas de buts sont possibles, mais qui sont encore à découvrir. Il est évident qu'il nous faudrait beaucoup plus de recherches empiriques pour comprendre comment des organisations parviennent à concilier des buts multiples.

En conclusion générale, nous avons constaté que **les organisations ont en effet des buts, en fait un grand nombre de buts. La plupart de ces buts ne semblent participer à la prise de décision que sous forme de contraintes — des niveaux qu'on puisse raisonnablement atteindre — et probablement rester stables dans le temps. Mais ce n'est pas le cas pour d'autres, et ceci pour deux raisons au moins. D'abord, parce qu'une certaine latitude subsiste dans la prise de décision après que toutes les contraintes aient été satisfaites. Et ensuite, parce que les détenteurs d'influence les plus puissants sont prêts à exploiter la latitude laissée sous forme de leurs propres buts. Ceux-ci apparaissent comme des buts premiers, — nous les avons appelés ainsi, —et sont des buts insatiables. A partir du moment où un but premier prédomine — et qu'on concentre tous ses efforts sur lui, tous les autres buts étant traités comme des contraintes —, nous pouvons parler d'une organisation qui maximise. Cela semble possible quand un dirigeant domine la coalition interne par ses contrôles personnels, quand une idéologie forte ou toute autre force garantit que tous les détenteurs d'influence internes poursuivent un but commun, ou quand un principal détenteur d'influence externe ou la direction sont capables de contrôler la coalition interne en rendant opérationnel un but préférentiel dans le système des objectifs. Ce but se caractérise comme une performance à atteindre qui ne cesse de reculer à mesure qu'elle est atteinte. Mais quand un certain nombre de buts premiers se dispute la prééminence — comme c'est généralement le cas dans une C.E. divisée ou une C.I. professionnelle ou politisée —, il est nécessaire de mettre en place un système pour les réconcilier. Le plus logique semble être l'attention accordée à ces buts de manière séquentielle — chaque but étant suivi périodiquement. Le schéma de priorité peut être dressé au hasard, mais certains indices semblent indiquer qu'il peut aussi se faire dans un certain ordre. Quelquefois, on poursuit deux buts ou même davantage, de façon alternée, par cycles ; parfois un certain nombre d'entre eux sont traités selon un ordre hiérarchique — des buts secondaires, d'autres de premier ordre —, lié au degré de développement de l'organisation. Dans les deux cas, on peut dire que l'organisation fait le maximum, afin d'atteindre chaque but, sur une période de temps limitée.**

Pour conclure, nous pouvons introduire ces différents systèmes de buts décrits dans ce chapitre dans un continuum, allant du plus cohérent au moins cohérent.

1. *La maximisation* — d'un seul but continuellement — appartient nettement à un bout de la chaîne ; elle est le but le plus cohérent des systèmes de buts.
2. Puis la *hiérarchie des buts*, où certains buts existent dans un ordre prédéterminé, de telle sorte que chacun soit maximisé pendant un certain temps, avant que l'organisation ne passe au suivant.
3. Ensuite les *cycles de buts alternés*, où chacun des deux ou plusieurs buts est maximisé de façon alternée.
4. Moins cohérent serait l'*attention accordée aux buts de manière séquentielle,* mais *non dans un ordre donné.* Plusieurs buts premiers sont poursuivis, mais sans schéma précis.
5. En dernier lieu vient le système de buts le moins cohérent, où aucun but premier n'est poursuivi ; l'organisation se contente de satisfaire un *ensemble de contraintes.*

Chapitre 16
Buts spécifiques
dans les organisations

Dans le chapitre précédent, nous avons traité des quatre types de buts communs qui sont poursuivis par des organisations entières — les buts idéologiques, formels, de systèmes et les buts personnels partagés. C'est pour ces derniers que nous pouvons le moins procéder à une généralisation, car ils peuvent revêtir toutes les formes — à peu près tout ce à quoi les détenteurs d'influence croient, depuis l'idée de perfectionner un produit préféré, jusqu'à celle de maintenir l'usine dans un parfait état de propreté. Il en est de même pour les buts formels, sauf que s'ils sont imposés par une bureaucratie plutôt que par des contrôles de personnes, ils doivent être opérationnels.

Il nous est plus facile de généraliser à propos des buts de systèmes et des buts idéologiques, car ils ont tendance à être plus spécifiques. Quatre buts de systèmes ont été évoqués dans le chapitre précédent — survie, efficacité, contrôle, et croissance. Et les buts idéologiques ont été associés avec la mission de l'organisation, essentiellement celle de la préserver, de la développer, de la perfectionner. Nous nous concentrerons sur ces buts dans ce chapitre, étant donné qu'ils peuvent donner lieu à des généralisations et que, ce qui est plus important, ils sont communs à beaucoup d'organisations.

Nous discuterons de chacun de ces quatres buts de systèmes, tour à tour — ces buts que les organisations en tant que systèmes poursuivent pour eux-mêmes — nous essaierons de montrer en conclusion que ces buts existent, logiquement, dans le type de hiérarchie élaboré par Maslow. Puis nous examinerons la mission en tant que but de certaines organisations, nous poursuivrons avec une remarque sur les relations entre les buts de systèmes et la mission, montrant que la mission en tant que but d'une entreprise a graduellement cédé le pas pendant les deux derniers siècles aux buts de systèmes. Enfin, pour mettre un terme à cette partie du livre, et à notre propos sur les éléments du pouvoir dans et à l'entour des organisations en général — Nous décrirons le pouvoir et les systèmes de but de l'organisation comme un équilibre dynamique.

LA SURVIE EN TANT QUE BUT DE SYSTÈMES

La *survie*, ce que certains écrivains ont appelé « conservation » ou « maintien du système » est la contrainte ultime pour chaque système. Lorsqu'on ne peut l'assurer, il en résulte une incapacité de poursuivre d'autres buts. C'est pourquoi la survie est à la base des buts de systèmes. (Une organisation temporaire, constituée pour accomplir une certaine tâche, et qui est dissoute après (Becker et Neuhauser 1975) — telle qu'un comité olympique — en serait une exception. Mais comme nous le constaterons, la survie devient néanmoins parfois un but essentiel, même dans ces organisations).

Mais le concept de survie est subtil, difficile à saisir. Aussi longtemps qu'une organisation fonctionne, elle a survécu. En conséquence, les membres de l'organisation ont tendance à penser non pas en termes de survie, mais de moyens de sécurité. Un tel moyen, évoqué dans le chapitre précédent, est le volant de sécurité que l'organisation laisse s'accumuler. Pendant les périodes florissantes, les ressources excédentaires sont thésaurisées, et sont entamées quand les conditions se détériorent, un peu comme les ours qui accumulent la graisse en été, pour s'en nourrir en hiver. Ces excédents, qui auraient pu être versés aux détenteurs d'influence, sont mis en réserve en tant que fond de roulement supplémentaire, ratio d'équivalence d'endettement prudent, inventaire supplémentaire, disponibilités des employés, et ainsi de suite.

Un autre moyen de s'assurer la sécurité est de diversifier les produits et les services. En augmentant l'éventail de ses marchés et de ses missions, l'entreprise sera moins vulnérable en cas de crise dans un de ses secteurs. Pour la même raison, les organisations se lancent aussi dans une variété d'activités qu'on appelle parfois « d'entretien », qui sont à la périphérie de l'accomplissement de leurs missions de base (Gross 1969, pp. 282-283, Selznick 1948, pp. 29-30). Par exemple, elles tentent de se légitimiser, comme nous l'avons fait remarquer au chapitre 6, en nommant des personnes de renom dans leurs conseils d'administration.

On pourrait penser que la survie est une contrainte. Aussi longtemps que l'organisation peut fournir une relative sécurité, on peut s'attendre à ce qu'elle continue à atteindre d'autres buts. Mais la survie peut aussi devenir un but premier, même une obsession (*le* but premier). En d'autres termes, certaines organisations se comportent comme si elles tentaient de maximiser leur survie. Les exemples sont fournis par des entreprises, dirigées par un chef d'entreprise âgé, peu enclin à prendre des risques, ou par les enfants des fondateurs de l'entreprise, qui, n'ayant ni le courage ni les capacités de leurs parents, passent leur vie à essayer de conserver leur patrimoine. (Évidemment, un tel comportement peut se solder par un échec ; il faut toujours prendre des risques pour assurer la survie.)

Plus naturellement, pendant des crises graves, — quand la survie de l'organisation est menacée —, la protection du système lui-même devient le but primordial, aux dépens de tous les autres. « Le système qui est en péril se débarrasse d'abord des relations les moins vitales à sa survie », comme c'est le cas « d'un organisme qui est menacé de mourir de froid et qui contracte ses vaisseaux sanguins en surface », risquant ainsi d'avoir des membres gelés, afin de protéger ses organes plus vitaux (Vickers 1965, pp. 30-31). Mais les organisations vont souvent bien au-delà de leurs limites, afin de se protéger en tant que systèmes. Certaines affichent une volonté de se débarrasser de tout, sauf de la coquille qui constitue leur véritable existence — leurs croyances et leurs stratégies, même leurs idéologies et leurs missions. C'est comme si un animal était prêt à renoncer à son cœur et son cerveau, afin de protéger son squelette. Pour en revenir à l'histoire de Brager sur l'attaque politique dans la Mobilisation pour la jeunesse (en américain M.F.Y.), soulevée au chapitre 5 :

> « ... le lendemain de l'attaque, les administrateurs dirigeants de la M.F.Y. donnèrent l'assurance à leur personnel que personne ne serait licencié, en raison de leur adhésion supposée au parti communiste. "Ce qui importe", dirent-ils, "n'est pas vraiment de savoir si nous survivrons, — et c'est bien sûr une question ouverte — ce qui importe sont les questions pour lesquelles nous existons et nous nous battons..." Trois jours plus tard, cependant, sous la pression des autorités fédérales qui pensaient que le M.F.Y. ne pouvait être sauvé autrement, les administrateurs dirigeants s'accordèrent à déclarer que les membres actuels d'organisations "subversives" seraient renvoyés (1969, p. 167). »

De la même façon, Perrow cite l'étude sur l'organisation Townsend, qui « réussit à rester en vie en convertissant son but politique sous forme d'appuis toujours plus considérables accordés aux personnes âgées à travers un plan économique radical, — en buts sociaux en proposant participation, jeux de cartes et en buts fiscaux en vendant des vitamines et des produits pharmaceutiques à ses membres » (1972 a, p. 182).

Précédemment, nous avions évoqué, au chapitre 13 intitulé Système de politique, le déplacement des buts formels dans l'organisation — la déviation des intentions des cadres supérieurs par d'autres agents internes. Nous avons affaire ici à un déplacement du but à un niveau organisationnel, par l'encadrement — la déviation de ce qui avait été les buts de base de l'organisation, afin de la sauvegarder en tant que système. Un phénomène lié, appelé *succession de but* (Blau 1963, pp. 241-246), apparaît non pas quand l'échec menace la survie de l'organisation, mais quand la menace provient du succès. L'organisation qui a atteint l'objectif qu'elle s'était fixé, au lieu de fermer ses portes, trouve un autre objectif pour continuer de fonctionner.

Bien connue en sociologie, grâce à l'excellent ouvrage de Sills "The

Volunteers'', (1957), est l'histoire de l'Association des enfants paralysés, qui lança la campagne « collecte de centimes » et qui fut un succès, afin de collecter les fonds nécessaires pour éliminer cette maladie. Avec l'introduction du vaccin Salk et Sabine, le but tangible de l'Association avait été atteint, et elle perdait ainsi sa raison d'être. Le succès engendra une crise de survie. Comme dit Etzioni (1964), l'Association était pour ainsi dire « au chômage » :

> « Voilà un vaste réseau de volontaires qui, en œuvrant pour l'Association, ont éprouvé une grande variété de satisfactions sociales et de principe, et la direction nationale et ses membres, tous coordonnés dans une organisation efficace et tout à fait à la hauteur — mais la machine n'avait plus d'objectif (p. 13). »

Et ainsi l'Association « dut se trouver un nouveau but (et une nouvelle mission)[1], ou cesser son activité » (p. 13). Cela ne constituera pas une surprise que de dire qu'elle opta pour la première solution. Armée de sa puissante idéologie et de sa très grande force vive, l'Association n'était pas disposée à ce qu'un détail aussi mineur comme la perte de son but fondamental et de sa mission, mette un terme à son existence. Elle se découvrit une nouvelle mission — la lutte contre les malformations congénitales — et changea son nom en Association nationale. L'organisation survécut même si le but premier n'a pas subsisté[2].

Sills, dans son livre, passe en revue des cas d'autres organisations qui

---

[1] Perrow (1970, pp. 136-137), parmi les théoriciens qui font la distinction entre but et mission (il se réfère à ce dernier terme en parlant de but de produit), pense que l'incapacité d'établir cette distinction a conduit à beaucoup de confusions dans l'interprétation de l'œuvre de Sills. Il soutient qu'il n'y avait pas lieu de changer le but premier de l'Association, mais seulement sa mission. Mais on pourrait rétorquer que dans ce cas — plus loin dans ce chapitre nous discuterons de la C.I. idéologique en général — but et mission étaient étroitement liés. La collecte de fonds pour aider la recherche dans le domaine de la paralysie infantile était certainement la mission (ou but de produit) de l'Association, mais l'élimination de cette maladie particulière était évidemment le but premier. Dans ce sens, à la fois le but et la mission devaient être remplacés. Seul un autre but — celui de la survie — subsista.

[2] La transition ne fut pas immédiate, comme il apparaît dans la confusion faite dans le document. (L'étude de Sills publiée en 1957, était terminée avant que l'organisation ait adopté ses nouveaux buts et missions.) Hall fait remarquer que l'Association s'occupe « d'autres maladies invalidantes », en mettant l'accent sur les malformations congénitales (1972, p. 92), Perrow mentionne à ce propos « toutes les maladies infantiles » (1970, p. 136), et Etzioni « l'arthrite et les malformations congénitales » (1964, p. 13) ; Thompson ne prend pas de risques en disant que l'Association « œuvre sur différents terrains pour lutter contre des maladies nouvelles » (1967, p. 47). En fait, le *New York Times Index* de 1958 note le même changement, et l'extension de leur programme en « incluant l'arthrite et les malformations congénitales », alors que l'Encyclopédie des Associations de 1964 fait figurer : « certaines malformations congénitales, l'arthrite invalidante, la poliomyélite, et toutes les maladies virales ». En 1968, cette liste était réduite à « domaine des malformations congénitales », et l'édition de 1980 indique un autre changement d'objectifs : « la marche pour la collecte de centimes de l'Association pour les malformations congénitales, dont l'objectif était la prévention des maladies congénitales ».

durent faire face à des crises de survie identiques. Quelques-unes furent dissoutes, telle que « Les fils de la liberté », après la victoire de la Révolution américaine. Mais la plupart d'entre elles survécurent, ce qui laisse à penser que même les organisations temporaires ont tendance à devenir permanentes. Certaines organisations, telle que « l'Association des femmes chrétiennes pour la tempérance », ne réussissent pas à s'adapter aux environnements qui ont changé, et « subsistent aujourd'hui comme des restes de fossiles d'un monde antérieur » (p. 258). D'autres, par contre, prirent un nouvel essor. Les « Anciens combattants américains », « constitués afin de sauvegarder l'esprit qui caractérisait le corps expéditionnaire américain pendant la Première Guerre mondiale » (p. 257), se mirent à protéger les droits des vétérans et à mettre en œuvre des projets d'intérêt général ; Dartmouth, fondé pour éduquer et christianiser les Indiens de la Nouvelle-Angleterre, devient une université classique ; le « Y.M.C.A. » (Association des jeunes chrétiens), et la Croix rouge purent changer un certain nombre de fois quand les associations dont elles faisaient partie, changèrent.

Mais qu'est-ce qui est si important dans la survie d'une organisation ? Des théories économiques classiques soutiennent qu'il est sain pour l'économie que des sociétés fassent faillite de temps en temps ; la même chose est probablement vraie dans le cas d'institutions à but non lucratif, qui deviennent inefficaces ou inutiles. De plus, si l'argument que les organisations sont de simples associations d'individus est vrai, pourquoi ces individus ne se répartissent-ils pas immédiatement dans d'autres organisations et laissent leur propre organisation mourir de sa belle mort, à partir du moment où elle survit au-delà de son utilité ? Le fait est que la fin dans une organisation implique davantage que la simple dispersion de ses membres et la perte du pouvoir pour quelques dirigeants. Il implique la dissolution de tout un système d'investissements, aussi bien d'ordre psychique, que matériel, parfois aussi la disparition d'une idéologie. Un groupe de fondateurs donne naissance à une organisation, généralement au prix de beaucoup d'efforts ; c'est pourquoi ses membres investissent beaucoup de temps et d'énergie pour consolider son fonctionnement, lui insuffler un certain élan, et lui assurer sa place dans la communauté. Les traditions se développent, des engagements sont pris, on établit des identifications. Tout ceci est réduit à néant, quand l'organisation disparaît. C'est pourquoi, lorsqu'un quotidien de Montréal vieux de cent ans disparut quelques jours avant que ce livre fût écrit, la communauté le pleura comme si c'était un homme d'État d'un certain âge, comme un organisme vivant chéri, qui avait tout à coup arrêté de fonctionner. Ce sont des réactions comme celle-ci — et la peine que se donnent les gens pour sauver des organisations menacées — qui apportent peut-être le contre-argument le plus décisif à l'affirmation qu'une organisation n'est qu'un ensemble d'individus. De plus en plus, il semble que les organisations aient une vie propre.

L'EFFICIENCE EN TANT QUE BUT DE SYSTÈMES

Un deuxième but intrinsèque au système appelé organisation est *l'efficience*. « L'ordre ''Soyez efficient'', constitue une influence organisationnelle majeure sur les décisions prises par les membres de n'importe quelle administration... » (Simon 1957, p. 14). Simon consacre tout un chapitre « Le critère d'efficience » dans son ouvrage capital, *Comportement administratif* ; il le définit comme dictant « ce choix entre les alternatives qui produit le meilleur résultat pour l'application de possibilités données » (p. 179). En d'autres termes, être efficient signifie atteindre le maximum dans n'importe quel but qu'une organisation s'assigne — la plus forte croissance, les employés les plus heureux, le plus de récompenses, la meilleure qualité. L'efficience signifie le plus grand *bénéfice* par rapport au coût, ou en empruntant les paroles des super-génies de MacNamara, au Pentagone, dans les années soixante, « le plus grand retentissement pour le dollar ». Et étant donné que les moyens — non seulement l'argent et le matériel, mais aussi le temps des hommes et leur énergie — sont toujours limités dans un monde de compétition économique, l'efficience doit être un but pour chaque organisation, que ce soit dans les affaires ou non, et est ainsi un des buts de systèmes.

Évidemment l'efficience peut devenir un point de ralliement pour beaucoup de détenteurs d'influence. Pour les agents internes, particulièrement les dirigeants, pour qui la survie de l'organisation importe le plus, l'efficience est un moyen pour favoriser cette survie. Les organisations inefficientes sont vite à cours de moyens, et cessent de fonctionner. L'efficience est particulièrement importante pour les analystes de la technostructure. Comme nous l'avons vu au chapitre 9, l'efficience est leur raison d'être : ils existent afin de développer des systèmes qui améliorent l'efficience de l'organisation. S'ils ne se fixaient pas ce but, leur travail ne se justifierait pas. Pour le grand public et pour le gouvernement en particulier, efficience signifie productivité : la dépense judicieuse des ressources de la société. Peu importe ce qu'est le but, pourvu qu'il soit poursuivi avec efficience. Pour les clients, l'efficience peut signifier que les produits et les services soient produits au meilleur prix[3], et pour les propriétaires que les excédents — dans l'entreprise, les profits — soient les plus grands possibles, maximisant ainsi leur rentabilité d'investissement.

Bien sûr on peut se poser la question : efficient pour quoi ? Si le but d'une entreprise est de plumer ses clients, alors l'efficience se retourne contre ces derniers : plus l'entreprise est efficiente, plus mal se portent les clients. De la même façon, si le but est d'avoir des employés heureux, quel qu'en soit le coût, l'efficience peut impliquer pour les propriétaires la rentabilité d'inves-

---

[3] Qui leur est bénéfique aussi longtemps que les marchés sont compétitifs, de telle sorte que les économies leur reviennent.

tissement modéré. Dans les écrits économiques courants, alors que l'efficience est le concept associé à « faire les choses bien », l'efficacité par contre est associé à « faire les choses qu'il faut » (Drucker 1973, p. 45). En d'autres termes, une organisation peut être efficace sans pour autant être efficiente — en faisant bien quelque chose de néfaste, comme dans l'expression « disposer les transatlantiques sur le Titanic » — ou elle peut être efficace sans être efficiente — en faisant ce qu'il faut mais mal, comme lorsqu'un grand film dépasse de deux cent pour cent le budget initial. Il n'y a bien sûr pas d'absolus dans la détermination de ce qui est « bien » — quelque chose n'est bien qu'aux yeux de détenteurs d'influence particuliers. Ce qui est bien pour les propriétaires ou les clients peut s'avérer mauvais pour les travailleurs ou les défenseurs de l'environnement. Ainsi, l'efficacité est un concept chargé de valeurs, avec certaines préférences, tandis que l'efficience est ostensiblement dépourvue de valeurs « complètement neutre », selon Simon (1957, p. 14). La façon dont on accomplit quelque chose, bien ou mal, devrait être complètement indépendante du fait de savoir si c'est ou non une chose bonne à faire. Tout cela semble indiquer que l'efficience est le but paternaliste, celui qui est poursuivi à juste titre par toute direction bien intentionnée, en conjonction avec d'autres buts. Comment pourrait-on être adversaire de l'efficience ?

Il est cependant amusant de constater que beaucoup de gens en sont les adversaires, que le mot efficience est un mot tabou dans beaucoup de milieux. Même au Département des études commerciales de Harvard, une annotation de professeur mentionne à côté du titre de « expert en efficience » donné à un directeur « très incomplet dans sa connotation »[4]. Comment peut-il en être ainsi ?

Certains attribuent la réaction à une obsession de l'efficience, ce qu'on appelle parfois le « culte de l'efficience », poursuivi en tant que fin en soi. « Des années de taylorisme, des entreprises dirigées de manière scientifique, et maintenant la recherche opérationnelle et la science du management ont amené à la maximisation de l'efficience en tant que valeur (Pfeffer et Salancik 1978, p. 35). » Mais ainsi que Simon a défini le terme efficient, une obsession de l'efficience signifie simplement une obsession de n'importe quel but, dans lequel l'efficience intervient et contribue à sa poursuite par l'organisation. Il doit donc y avoir davantage en jeu, à en juger d'après la réaction de certains gens à ce mot.

D'autres, à la recherche d'une explication, examinent les buts poursuivis avec efficience et suggèrent que le problème est lié aux usages qu'on fait des techniques de l'efficience. C'est le soi-disant directeur « superpro » qui considère sa fonction comme l'aboutissement efficient des buts que l'organisation peut poursuivre. Il est le tueur à gage pour ainsi dire, dans l'affaire de l'efficience et non de l'efficacité :

---

[4] Commentaire de professeur à propos de : « The Rose Company », Étude de cas 9-453-002, Intercollegiate Case Cleaning House, Graduate School of Business Administration, Université de Harvard.

« ... ils disent, étant donné vos finalités, quelles qu'elles soient, l'étude de l'administration vous aidera à les atteindre. Nous vous offrons des outils. Nous ne ferons pas d'enquête pour savoir si vos choix sont fondés, car dans ce cas nous serions des moralistes plutôt que des scientifiques (Selznick 1957, p. 80). » Mais quand ce but est considéré comme anti-social, l'efficience devient impopulaire. Singer et Wooton (1976) se documentent dans une perspective gestionnelle sur le cas d'Albert Speer, le responsable parfaitement efficient de la production d'armements du troisième Reich, un homme qui « mettait l'accent sur l'efficacité fonctionnelle et le jugement amoral » (p. 88). Ils soutiennent que les responsables d'entreprise peuvent être « tellement absorbés par les exigences procédurières de leur travail, qu'ils perdent facilement de vue les résultats finaux importants de leurs activités » (pp. 98-99). Tom Lehrer parodia l'un des collègues de Speer dans une chanson :

> « Une fois que les fusées sont lancées, qui s'intéressent à leur point de chute.
> Ça ne concerne pas mon service », dit Wernher von Braun.

Cela ne peut cependant expliquer pleinement les attitudes négatives à l'égard de l'efficience, car certainement pour chaque Speer existant, il y a bien plus de responsables préoccupés par l'efficience d'organisations, qui poursuivent des buts parfaitement acceptables — dans les hôpitaux et les bureaux de poste par exemple. A nouveau, d'après la définition du terme donnée par Simon, l'efficience devrait être une force engendrant le bien ou le mal. Mais même parfois dans les hôpitaux et les bureaux de poste, sans mentionner le Département des études commerciales à Harvard, les experts en efficience sont parfois les mauvais bougres. Où se situe alors le vrai problème ?

A mon avis, le nœud du problème n'est pas dans la définition du terme efficience, mais dans la façon dont cette définition est appliquée. Car, en pratique, efficience ne signifie pas seulement le plus grand bénéfice pour un coût donné ; le terme signifie le plus grand bénéficie *mesurable* par rapport au coût *mesurable*. En d'autres termes, efficience signifie, efficience *démontrée*, efficience *prouvée*, et surtout, efficience *calculée*. Une gestion obsédée par l'efficience est une gestion obsédée par sa mesure. Le culte de l'efficience est le culte du calcul.

Considérons les exemples suivants. Si je dis qu'un restaurant est efficient, quelle est votre première pensée ? (Réfléchissez-y avant de poursuivre la lecture). Que le repas était bon par rapport au prix ? Probablement pas, puisque ce n'est pas mesurable. J'ai sondé cinquante-neuf étudiants de maîtrise en administration des entreprises sur la question (non préparée, au début du cours, sans que nous ayons jamais parlé de l'efficience), en leur demandant d'inscrire la première chose qui leur venait à l'esprit — lorsque je dis qu'un restaurant était efficient. La plupart d'entre eux, — quarante-trois en tout —, évoquèrent un but facilement mesurable, un service rapide, exprimé d'une façon ou d'une autre (par exemple, « service rapide », « pas d'attente »). Treize d'entre eux firent en effet des commentaires positifs sur la nourriture, quelque chose comme « sert de bons repas », ou « nourriture savoureuse », mais cinq d'entre eux firent des commentaires négatifs, par exemple, « nourriture exécrable », « sert de la nourriture bonne à être jetée », « insipide, ennuyeux et anonyme »[5]. Une autre personne à qui je posai cette question, répondit : « je ne vois pas ce que l'efficience a à voir avec la nourriture », mais ensuite, après avoir réfléchi davantage, ajouta : « si j'entendais dire qu'un restaurant est efficient, je me poserais des questions sur la nourriture » ! De la même façon, lorsque je dis que ma maison est efficiente, rares sont ceux qui pensent au confort, à la beauté de l'architecture ; les premières idées les plus répandues ont trait à des choses quantitatives, par exemple, qu'on ne met que quatre vingt-dix minutes pour passer l'aspirateur, ou que nous pouvons aller de la cuisine à la chambre à coucher en escaladant treize marches, ou que trois mille litres de fuel seulement sont nécessaires pour la chauffer en hiver[6]. Pratiquement, il semble donc que l'efficience soit finalement associée à des facteurs mesurables. Il y a trois conséquences majeures.

1. **Parce que les coûts sont plus facilement mesurables que les bénéfices, l'efficience, bien souvent, se réduit à l'économie.** Les coûts sont plus faciles à exprimer que les bénéfices, en termes quantitatifs : dollars, heures de travail, matériaux, etc. Les responsables universitaires connaissent avec précision le coût de revient d'un étudiant de maîtrise en administration des entreprises ; mais personne n'a vraiment une idée de ce qu'on apprend dans de tels programmes, ou l'effet produit par cette connaissance sur l'exercice de la gestion. Aussi, ce qui résulte bien trop souvent de l'obsession d'efficience, est la réduction tangible des coûts, aux dépens des bénéfices intangibles. Un responsable administratif d'université ne peut pas réduire de dix pour cent les frais de formation d'un étudiant de maîtrise en administration des entreprises, sans qu'il y ait des effets visibles sur les bénéfices. Même dans une entreprise, il est facile pour le chef d'entreprise de faire des restrictions budgétaires — il réduit tout simplement les dépenses dans des activités à résultats intangibles, telles que la recherche ou la publicité. Il se peut que les conséquences ne se

---

[5] Quelques étudiants évoquèrent les prix, la propreté, la rentabilité. Remarquez que certains étudiants ont fourni plus d'une réponse, d'où le fait que le nombre de réponses excède cinquante-neuf.

[6] J'ai sondé les cinquante-neuf étudiants sur ce point-là aussi. Quarante d'entre eux dirent que la maison était bien distribuée et bien organisée pour faciliter les tâches ménagères, évoquèrent l'ordre ou la propreté, le rangement, et sept d'entre eux mentionnèrent la faible consommation d'énergie (« bien isolée », « des factures de fuel peu élevées », etc.). L'un des étudiants évoqua le confort, un autre « de bonnes relations familiales » ; aucun ne mentionna le point de vue esthétique. Un an plus tard, je sondai vingt-deux étudiants sur ces deux questions. Cette fois-ci tous, sauf deux, évoquèrent un service rapide (quatorze exclusivement) et dix chaque fois mentionnèrent un point ayant trait à la consommation d'énergie, et des aspects d'ordre et d'organisation.

manifestent pas avant longtemps, même longtemps après qu'il ait quitté l'entreprise. En d'autres termes, l'efficience signifie bien trop souvent économies, les bénéfices souffrant aux dépens des coûts, pour ainsi dire[7]. Et l'efficience prend une mauvaise réputation.

2. **Parce que les coûts économiques sont généralement plus facilement mesurables que les coûts sociaux, il résulte bien trop souvent de l'efficience une escalade des coûts sociaux, considérés comme des « éléments extérieurs ».** L'entreprise en particulier aime évoluer dans le monde du mesurable. C'est ce que Peter Drucker explique : « La tâche peut être identifiée. Elle peut être définie. Des buts peuvent être fixés. La performance peut être mesurée. Et alors l'entreprise peut fonctionner (1973, p. 347). » Mais le problème est que certaines choses sont plus facilement mesurables que d'autres. Le nombre de dollars nécessaires, la quantité d'heures de travail nécessaire, les matériaux obligatoires, sont facilement quantifiables. L'air pollué, les esprits abrutis, le paysage saccagé, sont des coûts eux aussi, mais qui ne sont pas facilement mesurables. En général, les coûts économiques — les ressources tangibles déployées — sont plus facilement mesurables que les coûts sociaux — les conséquences sur le mode de vie. Dans le monde des affaires en particulier, mais non exclusivement, l'accent mis sur la mesure implique une tendance à n'attribuer que les coûts tangibles à l'organisation, tandis que les coûts sociaux intangibles sont rejetés sous forme « d'éléments extérieurs », qui relèvent de la responsabilité de la société en général. On suppose, de façon implicite, que, si un coût n'est pas mesurable, il n'a pas été contracté. Et ainsi, il n'est pas du ressort de la direction responsable de l'efficience. En conséquence, les coûts économiques ont tendance à être soumis à des contrôles sévères par cette direction, tandis que les coûts sociaux grimpent. Et l'efficience a mauvaise réputation.

3. **Parce que les bénéfices économiques sont plus facilement mesurables que les bénéfices sociaux, l'efficience conduit bien souvent l'organisation à adopter une morale économique qui peut parfois signifier une immoralité sociale.** Les activités humaines engendrent des multitudes de bénéfices, allant du plus tangible au plus ambigu. Mais le dirigeant consciencieux et efficient

---

[7] Parmi les « critiques du critère d'efficience », Simon écarte la critique économique de la façon suivante :

> « Un certain nombre de critiques ne nous concernent pas ici, car elles se rapportent à une définition du terme qui n'est pas retenue ici. Dans cette catégorie, on peut situer les critiques liées au fait qu'efficience est pris dans un sens "économique" ou de "réduction de dépenses". Comme nous avons utilisé "efficience", il n'y a aucune implication quelconque qu'il s'agisse d'une petite dépense, ou dans le cas présent, une grosse dépense, pour que le mot efficience que nous avons utilisé soit préférable en soi (1957, pp. 182-183). »

Mais il nous semble que, bien qu'il n'y ait pas d'implication dans la définition de Simon pour elle-même, il en existe une dans laquelle sa définition est rendue opérationnelle en pratique. Le problème n'est pas celui des définitions mais de leurs conséquences.

favorisera tout naturellement les premiers, ceux qui sont mesurables. Le doyen d'une université qui doit fonder ses décisions de promotion sur des « faits précis », sera tout naturellement amené à faire le compte des publications faites par ses professeurs, plutôt que de faire une évaluation subjective de leurs qualités. En d'autres termes, l'obsession de l'efficience n'entraîne que les bénéfices tangibles, mesurables, qu'on peut démontrer, éliminent les bénéfices plus vagues, obscurs, flous, alors que les premiers souvent sont à côté de l'enjeu. Le critère d'efficience signifie alors résultat mesurable le plus important pour des moyens donnés. Ce n'est pas tellement la qualité de la nourriture qui compte, mais la vitesse à laquelle elle est servie, et ce n'est pas le confort de la maison qui vient à l'esprit, mais la facilité d'y garder la chaleur. A nouveau, ce sont ces points d'ordre économique — vitesse, étanchéité thermique, les buts associés à des moyens tangibles — qui se prêtent le mieux à la mesure. Les buts sociaux — qualité, confort —, sont négligés.

Pirsig, dans son livre bien connu « Le Zen et l'Art d'entretenir sa moto » (1974), pousse cette conclusion plus loin, en suggérant que les valeurs sociales comme ces dernières, sont probablement au-delà de nos capacités de logique et d'analyse : « Je pense qu'il existe quelque chose comme la qualité, mais aussitôt que vous essayez de la définir, quelque chose tourne mal. Vous n'y parvenez pas... Parce que les définitions sont les produits d'une pensée rigide, formelle, on ne peut définir la qualité (p. 200). » Et cependant, « bien que la qualité ne puisse être définie, on sait ce qu'est la qualité » (p. 201). Mais les experts en efficience le savent-ils ? Ou du moins, s'autorisent-ils à « savoir » ce qui se trouve par-delà le pouvoir de leurs instruments ?

Et ainsi, l'efficience apparaît, en pratique sinon en théorie, non pas comme un concept neutre, mais comme un concept associé à un système de valeurs particulier — des valeurs économiques. En fait, l'obsession de l'efficience peut signifier une domination des buts économiques sur les buts sociaux, qui mène l'organisation de la moralité économique à l'immoralité sociale. Ackerman (1975) démontre comment le système d'objectifs utilisé dans de grandes entreprises « peut en fait inhiber la sensibilité sociale » (p. 56) en éliminant les buts sociaux les moins opérationnels. Bower (1970) fait remarquer que c'est au moment où on verrouilla les finances dans une entreprise telle que la Général Electric, qu'éclata le célèbre scandale des prix fixés en 1961. Dans l'énorme entreprise :

> « Les hommes sont rétribués pour leur performance, mais la performance est presque toujours définie en termes de résultats économiques ou techniques à brève échéance. Plus le système est objectif, plus on tente de quantifier les résultats, et plus il est difficile d'élargir les règles du jeu pour prendre en compte le rôle social du dirigeant (Bower 1974, pp. 202-203). »

C'est qu'un comportement pro-économique se transforme en comportement antisocial.

C'est pourquoi, l'efficience recouvre pratiquement des valeurs économiques. L'invitation à « être efficient » est une invitation à calculer, et le calcul signifie économiser, traiter les buts sociaux comme des éléments extérieurs, permettre aux profits économiques d'éliminer les profits sociaux. A la limite, l'efficience apparaît comme le pilier d'une idéologie qui prônerait les buts économiques ayant parfois des conséquences immorales. C'est ainsi que l'efficience, ce concept « complètement neutre » acquiert mauvaise réputation.

Cette idéologie a tendance à être développée dans certains milieux d'affaires, pour la raison évidente que coûts et bénéfices, si importants pour les hommes d'affaires, sont facilement mesurables, tous deux dans la même unité. La conséquence est que les coûts peuvent être retranchés des bénéfices, pour calculer l'excédent appelé profit. Le profit devient ainsi la mesure première de l'efficience dans l'entreprise, une notion centrale bien sûr dans un système économique dans son ensemble. Faire du profit signifie être efficient qui signifie servir la société. Tout comportement qui produit les nombres voulus sur cette ligne en bas de page importante (solde), devient acceptable, aussi longtemps qu'il n'enfreint pas une loi. On peut jeter de la nourriture à la mer, afin de provoquer une hausse des prix, polluer des rivières pour traiter des minéraux, fixer les prix pour importer tout ce que le marché pourra supporter, augmenter les cadences de travail sur les chaînes pour réduire les coûts de fabrication, et tout ceci parce que les conséquences sociales de ces actes ne sont pas facilement mesurables et attribuées à des organisations spécifiques. En d'autres termes, dans le cas particulier des affaires, l'efficience a bien trop souvent été associée avec « efficacité » du point de vue de beaucoup de groupes, dans la société. C'est l'obsession pour ce type d'efficience de certains hommes d'affaires qui a mené aux critiques les plus sévères dans le monde des affaires, en des termes comme :

> « ... il serait aisé de montrer comment l'extrapolation du critère ''affaire'' dans la vie familiale, détruit les familles, et comment l'insistance que les écoles fonctionnent selon des canons d'efficience, mesurée en termes de dollars et de cents, est assurément la ruine de l'école, peu importe la qualité de cette école, avant que ces critères économiques ne fussent imposés. Les hommes d'affaires ont tendance à être aveuglés par la lumière céleste émanant du mot ''efficience'', comme si, d'une façon ou d'une autre, l'invocation de ce mot dissipait certaines notions stupides sur l'importance d'autres critères. On entend rarement dire ''efficient pour quoi'' ? — et on se demande rarement si le ''que'' qui est utilisé, a un rapport avec les valeurs entretenues par la vie de famille, l'école ou la religion (Tumin 1964, p. 125). »

Mais les hommes d'affaires, ou d'autres types de responsables ne sont pas tous aussi obsédés par l'efficience. L'efficience, tout comme la survie, alors qu'elle est *un* but dans presque toutes les organisations, prend généralement sa place à côté d'autres buts. En fait, comme nous l'avons montré, l'efficience semble être plus souvent une contrainte qu'un but premier. Il faut veiller à maintenir les bénéfices économiques élevés et les coûts économiques bas, mais seulement jusqu'à un certain point. Même dans des entreprises qui sont gérées avec une certaine liberté d'initiative, comme nous l'avons vu précédemment, le profit a tendance à être considéré comme une contrainte. Dès que les besoins d'efficience et de profit ont été assouvis, l'attention se porte sur d'autres buts, souvent sur nos buts de systèmes restants.

LE CONTRÔLE EN TANT QUE BUT DE SYSTÈMES

Le troisième but poursuivi par pratiquement toutes les organisations en tant que système, est la tentative d'exercer un certain contrôle sur leur environnement. Nous avons constaté que chaque organisation subit la pression d'une multitude de forces externes destinées à contenir et à contrôler ses actions. Mais par le même moyen, l'organisation en tant que système, essaye de contrôler ces forces elle aussi, de prendre l'initiative de les dompter. « En s'adaptant à leur environnement, les systèmes s'efforcent de faire face à des forces extérieures en les absorbant ou en prenant leur contrôle (Katz et Kahn 1966, p. 24). » Nous constatons à nouveau ici le phénomène de réciprocité dans les relations de pouvoir, le contrôle circulant dans les deux directions.

Le but de contrôle peut être poursuivi de deux façons. D'une part, l'organisation peut se contenter d'essayer de garder son autonomie, d'alléger les pressions qu'elle subit. Dans ce cas, le contrôle est une contrainte : l'organisation la poursuit jusqu'au moment où elle sent qu'elle a une marge de manœuvre suffisante, afin de poursuivre d'autres buts. D'autre part, le contrôle peut aussi être une fin en soi, tout comme la survie ou l'efficience, même une obsession. L'organisation peut devenir si obsédée à dominer les forces qui l'environnent, que la quête de l'autonomie finit de plus en plus par ressembler à de la convoitise du pouvoir. Comme dans le cas similaire des individus, la distinction de ces deux manœuvres — empêcher les autres d'interférer dans les buts qu'on poursuit et contrôler des buts que d'autres poursuivent — peut être difficile dans la pratique. En effet, certains individus ou des organisations affamés de pouvoir d'une manière manifeste, prétendent souvent, et parfois le croient eux-mêmes, être tout simplement en quête d'autonomie. La quantité de pouvoir des individus ou des organisations donnés nécessaire pour avoir le contrôle de leurs affaires, est une question qui se discute.

On trouve la description la plus précise faite sur les méthodes utilisées par les organisations, afin de contrôler leur environnement, dans un ouvrage intitulé : « Le Contrôle externe des organisations », ce qui ne manque pas d'ironie. Les auteurs, Pfeffer et Salancik (1978), consacrent en fait la moitié du livre à l'étude du contrôle externe *par* les organisations. Leur point de vue est que les organisations, qui sont soumises à toutes sortes de pressions émanant de détenteurs d'influence externes, ne s'y soumettent pas toujours de manière passive. Tout au moins essayent-elles d'échapper à certaines pressions, — par exemple en ne diffusant pas certaines informations sur les excédents disponibles et les acquittements de dettes qui ont été faits à d'autres détenteurs d'influence, ou en opposant des groupes de détenteurs d'influence rivaux. Adoptant une prise de position plus active, certaines organisations essayent de tourner certaines pressions à leur avantage — par exemple, en essayant de choisir celui qui exercera la pression, tout comme dans le choix des membres de leur conseil d'administration. Finalement, certaines organisations essayent de détourner le jeu du pouvoir, et tentent de contrôler leur environnement directement[8].

Pfeffer et Salancik consacrent trois chapitres à l'exposé des moyens employés par les organisations pour atteindre leur but de contrôle. Le premier, qui porte le sous-titre « Contrôle du contexte de contrôle », traite des notions d'expansion et de diversification :

> « Nous posons que l'intégration *verticale* représente une méthode pour étendre le contrôle organisationnel à des échanges vitaux pour les opérations de l'organisation ; que l'expansion horizontale représente une méthode pour obtenir la prédominance, afin d'augmenter le pouvoir de l'organisation en échange de relations, et pour réduire l'incertitude engendrée par la concurrence ; et que la *diversification* représente une méthode pour diminuer la dépendance de l'organisation par rapport à d'autres organisations dominantes (p. 114). »

Donnant un grand nombre d'exemples tirés de leur recherche empirique, Pfeffer et Salancik déclarent que la fusion de sociétés — un moyen excellent pour se développer et se diversifier — est entreprise non pour augmenter la rentabilité ou l'efficience, mais pour réduire la dépendance externe et pour acquérir la stabilité dans l'environnement de l'organisation. « Une réaction de l'organisation par rapport à l'interdépendance est de l'absorber (p. 139). »

Quand l'organisation ne peut pas ou ne souhaite pas contrôler la société qui est à la source de la pression exercée sur elle, par l'absorption pure et simple, une deuxième possibilité s'ouvre sous forme de négociation, et peut par là « établir des structures communes d'action interorganisationnelle », sous-titre du deuxième chapitre de Pfeffer et Salancik. Ils y exposent un certain nombre de compromis dont se servent les organisations pour se « coordonner » ou coopérer entre elles, y compris la création de syndicats professionnels, de cartels, d'entreprises en participation, et des accords commerciaux réciproques, de même que l'imbrication des conseils d'administration, comme moyen de cooptation. Ces mesures sont « plus souples que de vouloir gérer la dépendance liée à la propriété », mais aux dépens « d'un contrôle qui est loin d'être absolu » (p. 144). En fait ces mesures s'accompagnent de coûts, sous forme de « liberté de manœuvre restreinte », que les organisa-

---

[8] Richards (1978, pp. 78-82) soutient, d'une manière analogue, que certaines réactions organisationnelles possibles à des requêtes externes sont soit la soumission, l'opposition directe, l'appui d'ordre rhétorique (sans action), la diversion tactique, des tentatives de cooptation, le fait de prôner soit l'action, soit le plaidoyer.

tions sont « prêtes à supporter au profit d'échanges prévisibles et certains »
(p. 183). Ainsi, la réciprocité réapparaît : coopération signifie renoncer à un
type de pouvoir pour en gagner un autre.

Quand la fusion et la coopération ne fonctionnent pas, alors, l'organisation peut avoir recours à une troisième alternative, « contrôler l'interdépendance par le biais de la loi et de la sanction sociale », qui est le sous-titre de
leur dernier chapitre traitant du contrôle par l'organisation... les organisations tenteront d'utiliser les pouvoirs sociaux plus grands de l'État, pour en
faire bénéficier son environnement opérationnel (p. 222). Il se peut qu'ils sol-
licitent du gouvernement un appui financier direct, (sous forme de subventions, de contrats dans le domaine de la défense, ou autres), ou une protection du marché (sous forme de tarifs, quotas, la constitution d'offices de contrôle, ou autres), ou toute autre aide précieuse en matière de législation, ou
des actions (comme la construction de nouvelles routes pour venir en aide aux
compagnies de transports routiers). Ou encore, une organisation peut essayer
de s'assurer le concours du législateur ou des organes gouvernementaux,
comme lorsqu'une entreprise commerciale accuse un concurrent d'infractions
aux lois antitrust. Parce que « la justice et le gouvernement suppléent le
marché en décidant quelle organisation doit survivre et prospérer » (p. 189),
les organisations à leur tour essayent d'utiliser ces organismes pour contrôler
leurs environnements. Il en résulte que « les lois, les normes sociales, les
valeurs et les résultats politiques reflètent, en partie, les actions entreprises
par les organisations », dans leur seul intérêt privé (p. 190).

Pfeffer et Salancik concluent que « les organisations, outre qu'elles
soient des coalitions d'intérêts, sont des marchés où se font des transactions
d'influence et de contrôle » (p. 259). Et comme elles sont soumises à des contrôles extérieurs, de la même façon « les organisations essayent d'éviter d'être
contrôlées » (p. 261). Mais « il est amusant de constater, qu'afin d'acquérir
un contrôle sur les activités d'une autre organisation, l'organisation en question doit abandonner une partie de sa propre autonomie » (p. 261).

LA CROISSANCE EN TANT QUE BUT DE SYSTÈMES

Toutes les organisations subissent de fortes pressions naturelles qui les
poussent à se développer, pour différentes raisons. Précédemment, nous
avons remarqué que tous les détenteurs d'influence internes, mais surtout les
cadres et le directeur, bénéficient directement de la croissance de l'organisation, sous forme de salaires plus élevés, de meilleures possibilités d'avancement, d'un accroissement de pouvoir et de prestige : « ... la taille de la gre-
nouille augmente, en même temps que la mare s'agrandit » (Perrow 1970,
pp. 152-153). La croissance est également un moyen particulièrement efficace

pour résoudre des tensions internes, quand des dirigeants ambitieux entrent en conflit :

> « Si un service fait pression sur un autre service parce que ce dernier a du personnel en surnombre et bénéficie de privilèges accrus, compte tenu du statut et de la fréquence des promotions, la tendance de la direction est non pas de faire des restrictions dans un service, mais plutôt de promouvoir l'autre... il est plus facile pour la direction de traiter des problèmes internes en ajoutant, plutôt qu'en retranchant (Katz et Kahn 1966, p. 101). »

Ainsi, tout comme le système de marchés concurrents fait que l'efficience économique soit le but normal du propriétaire, ainsi, le système de l'organisation fait de la croissance le but naturel du dirigeant.

La croissance peut également contribuer à ce que l'organisation atteigne les autres buts, notamment la survie, l'efficience et le contrôle de son environnement. La petite entreprise est vulnérable dans beaucoup de secteurs d'activité ; l'entreprise plus grande est plus sûre. Cette dernière dispose de davantage de volants de sécurité sur lesquels elle peut s'appuyer dans des périodes difficiles, et il y a davantage de détenteurs d'influence externes qui ont intérêt à ce qu'elle ne disparaisse pas. Le gouvernement des États-Unis interviendra pour sauver Chrysler ou Penn Central, alors qu'il laisse des milliers d'autres petites entreprises aller à la faillite, chaque année. L'efficience est liée à la taille de l'entreprise par l'entremise des économies qui sont à leur échelle. Dans beaucoup d'industries, surtout dans celles qui dépendent de systèmes techniques élaborés ou complexes, les organisations doivent se développer pour devenir efficientes. Quant au but de contrôle, Pfeffer et Salancik font remarquer que : « Les grandes organisations ont plus de pouvoir et de prise sur leurs environnements. Elles sont davantage capables de résister aux pressions immédiates pour un changement, et, de plus, disposent de davantage de temps pour distinguer les menaces externes, et pour se préparer à les affronter (1978, p. 139). » De plus, comme le fait remarquer John Kenneth Galbraith (1952) dans sa théorie du « contre-pouvoir », la puissance appelle la puissance : ainsi afin de ne pas perdre le contrôle, des organisations doivent s'accroître quand d'autres organisations susceptibles de les influencer s'accroissent. Des syndicats puissants sont nécessaires pour affronter le grand capital, des fournisseurs importants favorisent l'essor de clients importants et vice versa, la puissance d'un gouvernement apparaît en réaction à des milieux d'affaires et des mouvements ouvriers puissants, et à son tour, les force, ainsi que d'autres organisations, à s'agrandir encore davantage pour s'accommoder de son influence. Une université puissante est plus à même de faire face au gouvernement puissant qui la finance.

Mais alors que la croissance peut être un but subalterne et une contrainte dans certaines organisations, — un moyen de survie, d'atteindre un niveau acceptable d'efficience, et de contrôle —, elle s'avère être un but premier, en fait *le* but premier, pour beaucoup d'autres. C'est-à-dire que notre société est une société d'organisations obsédée par la croissance :

> « Aucun autre but social n'est reconnu avec plus de vigueur que celui de la croissance économique. Aucune autre preuve de la réussite sociale n'est reconnue avec une telle quasi-unanimité que la croissance annuelle exprimée dans le produit national brut. Et ceci est vrai pour tous les pays, développés ou sous-développés ; communistes, socialistes, capitalistes... Étant donné un niveau de profits établis, les entreprises prisées sont celles qui sont grandes, — celles qui battent un record de croissance ou celles qui s'accroissent très rapidement (Galbraith 1967, pp. 173-177). »

Mais ce phénomène ne se limite guère au secteur privé. De nos jours, toutes sortes d'organisations prônent la croissance, même dans le domaine des services ou des « inéconomies » (contraire de l'économie) de grande échelle, rendent d'énormes organisations inefficaces dans l'exécution de leurs missions fondamentales. Il y a des « multiversités » (au lieu d'universités), des complexes hospitaliers géants, des ensembles d'écoles, des maisons de retraite démesurées, et d'autres dinosaures organisationnels encore, qui sont souvent davantage aptes à mener des batailles politiques entre elles, que de rendre service à leurs clients. En d'autres termes, il arrive trop souvent que les ordres du pouvoir passent outre aux critères humains et même économiques[9]. En fait, Pfeffer et Salancik (1978, pp. 133-135) citent des exemples montrant que même dans des entreprises commerciales, la croissance se fait aux dépens du profit. Ainsi, la croissance peut et doit être une fin en soi, la dimension étant la mesure ultime du succès d'un système, dans un monde de systèmes de grande dimension.

Pour conclure cette étude sur les buts de systèmes, nous avons constaté qu'ils peuvent être intimement liés de plusieurs façons. La croissance peut être nécessaire à la survie, tout comme la survie est évidemment nécessaire à

---

[9] Je fus convaincu de ce fait il y a quelques années, quand on me demanda, à l'université, de répondre à la proposition d'annexer ce qui à cette époque était notre petite bibliothèque de management à la grande bibliothèque centrale. A en juger par n'importe quel critère de performance pour lequel nous avions des éléments d'information (par exemple le nombre de lecteurs par jour), la petite bibliothèque apparut deux à trois fois plus efficiente que la plus grande. L'explication sembla se trouver dans le fait que les psychologues behavioristes ont l'habitude d'essayer d'arranger les problèmes humains des vastes organisations : dans notre petite bibliothèque, les emplois étaient variés et développés, la structure en était organique ; chacun, y compris le bibliothécaire en titre, faisait tout. Parce que cette bibliothèque ne pouvait se permettre une répartition rigide de ses employés, ses trois ou quatre employés appréciaient leur travail, et travaillaient de pied ferme. Ils connaissaient aussi leurs clients personnellement et leur donnaient satisfaction (le critère de performance critique, pour lequel, comme notre démonstration sur l'efficience pouvait nous le faire supposer, il n'y avait aucune mesure à prendre). Dans de tels cas, où les facteurs humains de motivation et de service remplacent les facteurs techniques des économies de machine de grande échelle, une entreprise de petite envergure serait plus efficiente, même si nous ne pouvons pas toujours mesurer cette efficience et même si cette « taille » n'est pas toujours la plus astucieuse d'un point de vue politique, dans ce monde de pouvoirs contrebalancés.

la croissance. Un certain contrôle doit aussi se faire pour assurer la survie (du moins la survie en tant qu'entité indépendante), et peut aussi permettre à la croissance d'avoir lieu. Tour à tour, la croissance peut être aussi une condition nécessaire pour le contrôle. La croissance entraîne l'efficience sous certaines conditions, et l'efficience peut produire les exédents nécessaires pour appuyer la croissance. Mais là aussi, l'obsession de l'un des buts de systèmes peut aussi entrer en conflit avec la poursuite des autres. Par exemple, une croissance trop forte peut freiner l'efficience, et peut-être même la survie, alors qu'une obsession de contrôle trop forte peut gêner l'efficience ou la croissance. Et finalement, nous avons vu qu'une obsession de survie peut en fait faire échouer l'entreprise et aller à l'encontre de la survie qui est la contrainte la plus essentielle — et il en résulte que l'efficience, le contrôle et la croissance ne peuvent plus être recherchés.

Mais si une relation essentielle apparaît parmi ces quatre buts, ce serait la relation de hiérarchie, proche de la théorie de la hiérarchie des besoins humains de Maslow. Les organisations doivent survivre, afin de poursuivre d'autres buts. Mais dès que la survie est assurée, l'efficience est recherchée. Mais seulement jusqu'à un certain point. Il est certain que les organisations luttent pour acquérir davantage que le seuil d'efficience nécessaire à la survie, mais elles sont satisfaites jusqu'à un certain point suffisant pour produire les moyens nécessaires pour poursuivre d'autres buts. Le contrôle est un autre de ces buts. Mais là aussi, il semblerait qu'il soit un moyen pour atteindre une fin précise, la croissance. En d'autres termes, la survie, l'efficience et le contrôle semblent le plus souvent être considérés comme des contraintes, des buts subordonnés à la croissance, but premier le plus commun d'un système appelé organisation.

LA MISSION EN TANT QUE BUT DE L'ORGANISATION

Les buts de systèmes semblent être communs à toutes les organisations, quels que soient les autres buts poursuivis, et quels que soient les buts dominants. La survie, l'efficience, le contrôle et la croissance sont inévitablement les intentions derrière au moins quelques-unes des actions de chaque organisation, et apparaissent souvent comme des buts premiers.

Au début du livre, le terme *mission* avait été introduit et décrivait la fonction de base de l'organisation dans la société, la raison d'être aux yeux du monde dans son ensemble : fournir des produits et des services spécifiques. Nous avions dit alors, et nous le répétons maintenant, que la mission peut être un but d'une organisation ou non, que ce qu'elle entreprend pour survivre peut être essentiel ou seulement accessoire pour les détenteurs d'influence qui la contrôlent.

Aussi, pour revenir à l'exemple cité au chapitre 1, la mission de la franchise de hamburger est de nourrir ses clients, son but peut être de gagner de l'argent (ou des amis, ou autres). Si le propriétaire pouvait gagner davantage en vendant des courroies de ventilateurs, il le ferait probablement. A l'opposé, un grand chef de cuisine gourmet qui dirige son propre restaurant prépare ses plats afin de se faire plaisir tout autant qu'à ses clients ; il ne vendrait ni des ventilateurs ni des hamburgers. En d'autres termes, les deux organisations poursuivent la même mission, mais ce n'est que dans le second cas que cette mission est aussi un but, une fin aussi bien qu'un moyen. Le but premier de ce restaurant gastronomique est de bien remplir sa mission.

A quelle condition une mission devient-elle le but premier d'une organisation ? L'une des conditions est, et c'est évident dans l'exemple précédent, qu'un détenteur d'influence important croie en la mission en tant que fin en soi. Cette personne peut être le propriétaire, ou mieux, le président directeur général. (En fait, comme nous le constaterons bientôt, cela arrive plus souvent quand le propriétaire *est* le président directeur général.) Ce détenteur d'influence peut être aussi un associé, car la mission est importante de manière intrinsèque à la fois pour les clients de l'organisation, qui en attendent des buts et des services spécifiques, et pour ses fournisseurs dont les ventes sont fonction de l'ardeur avec laquelle l'organisation poursuit sa mission. C'est pourquoi, les associés qui détiennent le pouvoir, par exemple les « monopsonistes » ou les « monopolistes », encouragent tout naturellement l'organisation à traiter la mission comme un but premier. Il en est de même pour les propriétaires qui créent des organisations pour se servir eux-mêmes — des entreprises familiales qui créent des filiales pour répondre à certains de leurs besoins, des fournisseurs ou des clients qui créent des coopératives. Quand des agriculteurs montent des sociétés agricoles pour écouler leurs produits, ou que des agents de change créent des marchés financiers pour échanger leurs valeurs, leur seul souci est que ces organisations remplissent bien leur mission. Malheureusement, comme nous le verrons plus tard, les propriétaires de coopératives s'avèrent souvent être des détenteurs d'influence passifs, et perdent ainsi le contrôle au profit des dirigeants à temps plein. Et ces derniers ont tendance à poursuivre d'autres buts, parfois même certains qui entrent en conflit avec la mission initiale, comme lorsque les dirigeants d'une coopérative agricole en arrivent à promouvoir des produits de substitution pour accroître les ventes.

La mission a tendance à faire partie de l'ensemble de buts dans des organisations qui poursuivent des missions différentes et concurrentes. C'est ce que nous avons vu dans l'exemple de la détention par rapport à la réhabilitation en prison. Dans ces cas, des alliances se forment autour de chaque mission, qui finit par être traitée comme une fin en soi. Pfeffer et Sherwood citent une thèse de doctorat faite par un ancien gardien de prison qui conclut que : « un conflit fondamental au niveau de la philosophie du but dans l'administration pénitentiaire moderne, entre le traitement social des contrevenants considéré comme la valeur essentielle (But 1) et la détention comme la considération importante (But 2), se ramifia dans tous les chaînons administratifs de la prison. » (1960, pp. 406-407).

La mission a également tendance à apparaître comme un, sinon, le but premier dans le cas particulier de la C.I. professionnelle. Cela arrive parce que certains opérateurs professionnels qui détiennent assez de pouvoir, ont tendance à favoriser le but qui consiste à être excellent sur le plan professionnel — essentiellement la qualité avec laquelle la mission est poursuivie — parfois aux dépens de l'efficience et parfois même de la survie.

Finalement, et c'est peut-être le plus courant, mission et but deviennent synonymes dans la C.I. idéologique, l'organisation à idéologie forte. Là, la conservation, l'extension, et/ou le perfectionnement de la mission deviennent une fin en soi, formant la base de l'idéologie. Perrow décrit l'entreprise Daimler-Benz (aux environs de 1961), constructeur de la marque Mercedes, où la « qualité est un but en soi ». Il l'oppose à l'entreprise Ford, où « la qualité ne devient un problème... que lorsqu'elle semble descendre en dessous des normes de qualité de ses concurrents » (p. 167). Faisant référence à un article de *Fortune* de 1961 intitulé : « Daimler-Benz : Quality Uber Alles », Perrow décrit le comportement de l'entreprise ainsi :

> « L'entreprise fut la première dans le monde à construire une automobile de série, et a construit des voitures de qualité, en petit nombre, pendant soixante-quinze ans. L'ingénieur en chef de l'entreprise décrivit cette tradition vieille de soixante-quinze ans comme impliquant ''une expérimentation constante, une attention accordée à toutes les nouveautés techniques, une amélioration continuelle''. Cela signifie que Mercedes adopte pour son équipement standard, toutes les innovations significatives, aussitôt qu'elles apparaissent, que le public les réclame ou pas, et sans tenir compte de l'augmentation du prix de revient de la voiture... L'entreprise est dirigée par des ingénieurs, et une équipe adéquate d'ouvriers qualifiés. Les travailleurs de Mercedes vivent et travaillent depuis des générations entières dans les villes allemandes où sont fabriquées les voitures, et ils placent tout leur orgueil dans leur excellente connaissance du métier (1970, p. 168). »

Les organisations obsédées par leurs missions sont parfois appelées, à juste titre « missionnaires ». Des exemples courants apparaissent dans des mouvements religieux et des partis politiques radicaux. A l'exception peut-être de la survie, en période de crises, aucun but ne prend le pas sur la préservation, l'extension, et/ou le perfectionnement de la mission. A l'autre extrême, se trouvent des organisations qu'on appelle parfois « utilitaires » (Etzioni 1961), dont les buts sont tout à fait indépendants de leurs moyens. La mission n'a pas un sens particulier pour eux, et n'a pas de place dans leur système de buts.

Perrow (1970) décrit des entreprises dans l'industrie textile qui adoptent une variété d'attitudes devant la mission considérée comme but. A une extrémité se trouvaient ceux qui s'identifiaient fortement au produit :

« L'attachement (des dirigeants) aux fibres telles que la laine, le coton ou la soie, et leur attitude de refus des nouvelles fibres synthétiques étaient si forts au début des années 1960, qu'à une rencontre de l'Institut technologique de la mode, "les partisans de la soie", huèrent un dirigeant d'une grande entreprise textile, lorsqu'ils sentirent que leur véritable amour avait été insulté (p. 161). »

L'entreprise de J.P. Stevens, se situait à mi-chemin ; c'était une entreprise ancienne vouée au textile, mais non à un certain type de textile. Le président déclara en 1963 : « Si les clients demandent de la paille, nous nous mettrons à tisser de la paille. Nous ne sommes pas mariés à un produit ou à une fibre, en particulier (p. 161). » A l'autre extrémité était Indian Head, acheté en période de difficulté économique par un « gestionnaire professionnel », ancien étudiant de l'université des Études commerciales de Harvard, diplômé, mais sans expérience dans le domaine des textiles. Il garda les secteurs de l'entreprise qui faisaient des bénéfices, mais en vendit beaucoup qui perdaient de l'argent, récupérant des déductions fiscales quand il le pouvait. Contrairement au responsable de la J.P. Stevens, il n'investit pas pour faire fructifier les parts qui lui restaient. Il rédigea un ouvrage dans lequel il stipula que la société *n'était pas* dans le monde des affaires

« pour s'agrandir et à cette seule fin, ni pour se diversifier davantage, ni pour tirer le plus ou le meilleur d'une situation, ni pour fournir des emplois, ni pour avoir les usines les plus modernes, ou les clients les plus ravis, ou introduire de nouveaux produits, ou acquérir tout autre statut sans rapport avec un usage économique du capital.

Il se peut que seul l'un de ces points, ou tous, soit de temps en temps un moyen pour notre objectif, mais il ne faut pas faire la confusion entre moyens et fins. Les usines Indian Head ne sont dans les affaires que dans le seul but d'améliorer la valeur inhérente du capital propre commun de l'entreprise (p. 164). »

Le P.-D.G. d'une vieille entreprise textile bien établie demanda (« amèrement », selon Fortune) : « Essaye-t-il de monter une industrie textile ou uniquement de gagner de l'argent ? » Le P.-D.G. de Indian Head n'avait aucun doute à ce sujet. « Nous ne faisons pas de l'industrie textile une affaire de cœur. Nous y sommes par un concours de circonstances. » (p. 164 ; citations tirées de Fortune — article de Rieser 1962).

Pour conclure, nous avons constaté que la mission peut revêtir des formes diverses dans le système de but de l'organisation :

- Le maintien et le développement de la mission en soi peut être l'un des buts premiers de l'organisation (comme dans l'exemple de la détention ou de la réhabilitation).
- L'amélioration constante de la mission peut être un but premier (comme chez Daimler-Benz).
- La mission peut être accessoire, un moyen dont on peut se dispenser pour atteindre un autre but (comme pour Indian Head).

- La mission peut entrer en conflit avec le but (comme dans la ferme coopérative où les dirigeants promeuvent des produits de remplacement).

La mission peut prendre différentes formes dans le système de but. Mais lesquelles sont les plus courantes ? Quelles sont les tendances à long terme ? J'aimerais faire remarquer que les deux groupes de buts dont nous avons parlé dans ce chapitre se trouvent dans un rapport essentiel l'un par rapport à l'autre. **Alors que la mission reste le but premier de certaines organisations, notamment celles à idéologie forte, la tendance au cours des derniers siècles, particulièrement dans des entreprises, mais aussi dans d'autres types d'organisations, a été de la remplacer par des buts de systèmes.** En effet, une conséquence essentielle de l'introduction de plus en plus de systèmes de contrôle sophistiqués — c'est-à-dire, la montée de formes structurelles, bureaucratiques et compartimentées — depuis l'avènement de la Révolution industrielle, a été l'affaiblissement de la mission en tant que but et le renforcement de l'accent mis sur la survie, l'efficience, le contrôle et surtout la croissance.

REMARQUE SUR LE REMPLACEMENT DE LA MISSION PAR LES BUTS DE SYSTÈMES

Nous pouvons présenter de façon sommaire les différentes étapes qui ont marqué, dans les sociétés occidentales pendant les deux derniers siècles, le remplacement graduel de la mission en tant que but, par les buts de systèmes. Avant la Révolution industrielle, une bonne partie du travail était par nature artisanal, « ce qui signifiait que tous les travailleurs, maîtres aussi bien que serviteurs, apprentis et compagnons devaient être capables d'intervenir à tous les niveaux dans leur branche » (Olton 1975, p. 9). Le travailleur, qu'il soit artisan en ville ou paysan à la campagne, était personnellement responsable du produit final, et avait ainsi une grande propension à s'y identifier. Le cordonnier fabriquait des chaussures pour gagner sa vie, mais la qualité des chaussures qu'il fabriquait, et la façon dont ses clients étaient chaussés lui importaient probablement.

La Révolution industrielle entraîna la mécanisation et la production en série, pour certains métiers. En conséquence, beaucoup de travailleurs se trouvèrent rassemblés dans une seule usine, leur travail fut divisé et spécialisé, de telle sorte que chacun contribua partiellement par son intervention au produit fini. Les produits devinrent standards et leur prix de revient diminua, les travailleurs ne se sentirent plus responsables des produits finis et perdirent aussi les contacts personnels avec les clients, de telle sorte que leur identification avec les produits et les clients diminua. Comment l'homme qui fixait des talons sur des chaussures toute la journée pouvait-il s'intéresser à ces chaussures et aux gens qui les portaient ? Ainsi la mission eut tendance à devenir accessoire pour les ouvriers d'usine, un moyen pour obtenir un salaire.

Cependant les travailleurs avaient un patron au-dessus d'eux, un chef d'entreprise qui était à la fois le propriétaire de l'entreprise et son directeur. Et cet « entrepreneur » était généralement voué à fabriquer le même produit dans une même entreprise pendant toute sa vie. Comme le remarqua Chandler : « dans l'entreprise à production d'un objet unique, la question de produire est résolue une fois pour toute avec la création du travail et ne réapparaît qu'en cas de réorganisation importante » (1962, p. 14). L'entrepreneur était certainement motivé par les buts de systèmes, surtout le profit, mais il gardait la responsabilité personnelle de la mission et par conséquent avait tendance à s'y identifier. L'entreprise de chaussures s'était consacrée au commerce des chaussures ; son propriétaire était peut-être actif dans les syndicats professionnels, et ses amis portaient *ses* chaussures. Il s'enorgueillissait de ce que son usine produisait.

Mais l'industrialisation poursuivit sa route. Les expériences de Frederick Taylor au début du siècle avec le « management scientifique », conduisirent à la montée de la composante technocratique des organisations. Et ceci s'accompagna du développement d'une structure fonctionnelle, tout d'abord dans les chemins de fer et la compagnie des télégraphes, puis plus généralement dans la production en série, ainsi que la grande distribution, afin de réaliser la « coordination administrative » (Chandler 1977). En effet, il apparut un département important de travail *administratif* qui aboutit à ce que nous appelons bureaucratisation de la machine de production. Les cadres se multiplièrent au niveau intermédiaire de la hiérarchie, et les experts dans les services fonctionnels. Les uns et les autres, spécialisés par leur fonction, s'identifièrent naturellement fortement à leurs fonctions. Autrement dit, ce qui était arrivé plus tôt avec les opérateurs, arrivait maintenant avec les administrateurs cadres moyens : le morcellement du travail creusait le fossé plus profondément entre la mission et le but. Les administrateurs étaient de plus en plus encouragés à sous-optimiser et à inverser moyens et fins, à poursuivre des buts restreints et à traiter leur tâche et leur fonction comme des fins en elles-mêmes. De cette façon, beaucoup d'entre eux perdirent également le contact avec les produits finis et les clients de l'organisation, avec la mission en tant que fin en soi.

Les buts de systèmes apparurent comme des buts premiers pour les nouveaux administrateurs. Les cadres préconisaient normalement la croissance comme leur but organisationnel, pour toutes les raisons évoquées précédemment, la croissance offrait des possibilités de promotion à des dirigeants ambitieux, elle fit baisser la tension quand beaucoup essayèrent de construire des empires, et ainsi de suite. Quand aux analystes, comme nous l'avons noté, ils étaient des professionnels mobiles préoccupés par leurs techniques et non par les organisations où ils les appliquaient. Si l'usine de chaussures ne requérait plus les services des chronométreurs ou, plus tard, des chercheurs en

méthodes opérationnelles ou des agents de la planification, alors ils pourraient toujours proposer leurs services à l'usine de fauteuils roulants, ou à
l'hôpital. La mission n'avait pas de sens spécial pour eux. Le but organisationnel que les analystes étaient susceptibles de poursuivre était l'efficience,
car, nous l'avons noté plus haut, l'efficience constituait un critère opérationnel par lequel ils pouvaient démontrer la valeur de leurs propositions. En
effet, avec la prolifération des technostructures au milieu du vingtième siècle,
à la suite des travaux antérieurs de Taylor, l'efficience devint une véritable
obsession — comme certains le dirent, un « culte » — dans l'organisation des
grandes usines, et plus tard ailleurs. Mais comme nous l'avons déjà noté dans
ce chapitre, ce n'est pas l'efficience au sens large définie comme la poursuite
de n'importe quel but choisi par l'organisation à la lumière des moyens
disponibles ; c'était l'efficience *mesurable*, qui impliquait le fait de privilégier
les buts opérationnels. Et puisque les buts de système étaient tellement plus
opérationnels que ceux qui étaient associés à la mission, la place grandissante
de la technostructure entraîna un plus grand effondrement de la mission en
tant que but organisationnel. Et ainsi la bureaucratisation des composantes
administratives de l'organisation creusa un plus large fossé entre la mission et
le système de but organisationnel, qui, de plus en plus, fut basé sur les buts
de systèmes.

Aussi longtemps que l'organisation concentra ses efforts sur une industrie, il était inévitable qu'une certaine forme d'identification avec la mission
subsistât. C'était au moins vrai de ce qui se passait au sommet stratégique, et
surtout là où les « entrepreneurs » se maintinrent dans le rôle de P.-D.G.
Mais ils le restèrent de moins en moins. Comme nous l'avons vu au chapitre
4, la propriété fut de plus en plus séparée de la direction. Comme Chandler
(1977) l'a si bien décrit, tout au long de ce dernier siècle, tandis que les entreprises prenaient de l'ampleur et se diversifiaient, le contrôle incomba à un
« directeur salarié ». Autrement dit, les propriétaires passèrent dans la coalition externe, bien qu'ils gardassent le contrôle de l'entreprise en la dominant.
Mais cela les éloigna d'une implication directe dans la mission, bien qu'ils
puissent conserver une certaine identification avec elle aussi longtemps qu'ils
n'étaient propriétaires que d'une seule entreprise. D'une certaine façon
l'entreprise leur appartenait, mais non les chaussures.

Mais ce contrôle, et l'identification à la mission qui lui est liée, ne
devaient pas durer. Comme nous l'avons constaté au chapitre 4, la propriété
commença à se morceler, au point où dans la plupart des grosses entreprises,
les propriétaires en vinrent à ressembler de plus en plus à des investisseurs,
détachés de toute relation personnelle avec la société :

> « ... les fondateurs dominateurs des fortunes familiales disparaissaient,
> laissant leurs parts à de nombreux héritiers, fondations, œuvres de charité,
> caisses coopératives et assimilés, de telle sorte que leur propriété unique qui
> jadis exerçait un contrôle absolu sur plusieurs entreprises, devint de plus en plus
> amorphe et dépourvue de leader. C'est pourquoi les grandes sociétés acquérirent

de plus en plus d'importance à la fois par rapport aux banquiers et aux actionnaires majoritaires, et leurs lignes de conduite étaient orientées dans une plus
large mesure encore vers leurs propres intérêts, plutôt que subordonnées aux
intérêts d'un groupe » (Baron et Sweezy 1966, p. 18).

Et cette nouvelle indépendance était bien sûr, dans une large mesure, la
prérogative des dirigeants salariés, qui furent de plus en plus appelés des
« professionnels », car diriger était à la fois leur occupation et leur gagne
pain.

Parfois, ces dirigeants étaient issus du bas de la hiérarchie qu'ils contrôlaient, ainsi, ils gardèrent personnellement une identification avec la mission.
Comme le notait Perrow, Il restait des hommes du textile, même des hommes
du coton et de la laine. Mais plus généralement, comme la notion d'encadrement professionnel en vint à signifier capacité ou formation dans la pratique
du management, — à la limite, la capacité théorique de diriger n'importe
quoi — des gens entrèrent dans l'entreprise, l'industrie, comme cadres
moyens ou supérieurs. Des étudiants de maîtrise en sciences économiques
inexpérimentés furent engagés pour des emplois de technocrates, des dirigeants expérimentés dans d'autres industries furent directement engagés à des
postes de direction. En fait, l'entreprise admit même parfois des gens qui
n'étaient pas du métier, quelqu'un qui avait de l'expérience de management,
mais non dans l'industrie précise où il était amené à exercer. (Ainsi, par
exemple, une offre d'emploi dans le *Financial Times* du Canada, du
3 novembre 1980, lancée par une société de recrutement, proposait un poste
de directeur et de P.-D.G. : « Une société canadienne, parmi les plus grandes
et des plus répandues est sur le point de se restructurer. Elle recherche un
P.-D.G. orienté vers les tâches opérationnelles, ayant de bonnes connaissances
des systèmes de management et un bon sens pratique. » (Ni le nom de la
société, ni celui de l'industrie n'étaient mentionnés.)

La conséquence, de plus en plus, fut que ceux qui atteignaient le
sommet hiérarchique, aussi bien que ceux qui leur rendaient compte,
n'avaient pas d'expérience directe du centre opérationnel, lieu où la mission
était réalisée. Ils n'avaient jamais expérimenté ces problèmes eux-mêmes, ne
s'étaient jamais occupés d'un produit en production, n'avaient peut-être
jamais parlé à un client. En fait, certaines sociétés nommèrent des directeurs
qui n'avaient aucune expérience de la hiérarchie à un quelconque niveau, —
ce qui du moins leur aurait permis d'avoir une expérience indirecte de la mission — comme dans les services de l'électricité ou du téléphone, où on considérait qu'il était plus important de disposer d'hommes de lois pouvant traiter
avec le gouvernement, que d'ingénieurs ou de spécialistes de marchés, qui
pouvaient s'occuper du centre opérationnel. Il en résulta inévitablement une
plus grande diminution encore de l'identification des dirigeants à la mission
de l'organisation, de telle sorte que son importance en tant que but diminua
encore davantage.

Évidemment, aussi longtemps que l'organisation restait spécialisée dans une seule industrie, gardant des liens étroits avec une catégorie définie de clients, la mission pouvait garder une certaine place dans le système de buts organisationnel. Autrement dit, en dépit du clivage entre propriété et direction, et la professionnalisation du management lui-même, les directeurs savaient du moins toujours dans quels types d'affaires leurs entreprises étaient engagées. Mais des changements supplémentaires entraînés par la professionnalisation du management réduisit encore cet espace, dans certains cas à presque rien. Comme nous l'avons vu précédemment, les cadres professionnels privilégiaient la croissance comme le but premier de l'organisation. L'efficience, l'obsession du profit, étaient réservées aux propriétaires-directeurs. En conséquence, les entreprises dirigées par les cadres professionnels subirent des pressions plus fortes pour favoriser la croissance. Elles étaient aussi mieux placées pour s'agrandir, car il n'y avait pas d'entrepreneur craignant de perdre le contrôle personnel, et aussi, car selon l'opinion de Chandler (1977), leurs systèmes de coordination administrative étaient hautement efficaces. Et ainsi elles se sont développées, mais, en même temps, leurs cadres furent de plus en plus éloignés des affaires, des produits et des clients, de la mission. Comme le remarqua un petit éleveur de l'ouest du Canada, contraint à quitter son ranch : « Les gros spéculateurs à la bourse ne s'intéressent pas au bétail ; ils s'intéressent à l'argent[10]. »

Mais seule l'entreprise qui se concentrait sur une seule industrie, pouvait s'agrandir autant. A un certain moment, elle n'avait plus suffisamment de place pour s'agrandir davantage, et ainsi, commença à chercher ailleurs. Autrement dit, les grandes sociétés furent tentées de « diversifier », puis de « compartimenter », afin de mettre leurs structures au diapason avec leurs nouvelles stratégies. Nous avons assisté en fait pendant ce siècle à une série de mouvements de consolidation puis d'acquisition — d'abord de concurrents pour s'agrandir considérablement, puis de fournisseurs et de clients pour les intégrer verticalement, finalement de tous ceux susceptibles de se diversifier dans de nouvelles entreprises (Nelson 1959, Reid 1968). Autrement dit, les grandes sociétés ont fait main basse sur bon nombre de petites entreprises, avec le résultat final en Amérique et de plus en plus en Europe, que le secteur privé s'est retrouvé dominé par d'énormes sociétés divisionalisées (Wrigley 1970, Rumelt 1974, Scott 1973). Des sociétés qui concentraient leurs efforts — bien qu'on ait la preuve d'une très grande rentabilité (Rumelt 1974) — commencèrent à être démodées à un moment donné, au milieu du siècle.

Une divisionalisation pure ou en conglomérat — dans laquelle les divisions poursuivent des missions tout à fait indépendantes — assène le coup fatal à la notion de mission en tant que but. Car ici, la mission — des produits et des services particuliers pour des marchés et des clients spécifiques — n'a aucun sens pour la direction générale qui fixe les buts formels. Ils super-

---

[10] Cité dans un article de « Weekend Magazine », intitulé « Pas de place pour les petits », par Don D. La-Roque (Montréal Star, 13 décembre 1975).

visent une multitude de missions, les adoptent et les abandonnent au gré de leur volonté, en fonction de la branche où se trouvent les profits et un potentiel de croissance plus important dans la vente. Aujourd'hui des chaussures, demain des pelleteuses. Il devint plus que démodé de s'intéresser à ce qui était produit. Voici le commentaire fait par le magazine *Fortune* sur le P.-D.G. d'un conglomérat :

> « Mason refuse très souvent d'écouter ses propres collaborateurs quand ils parlent de problèmes de fonctionnement, et son manque d'intérêt se manifeste même à travers sa chasse aux acquisitions. Quand il a essayé d'acheter une usine métallurgique, le printemps dernier, il ne s'intéressa jamais de savoir quel type de hauts fourneaux il y avait, leur âge et leur productivité, ou la quantité de fumée qu'ils crachaient dans l'atmosphère. Pratiquement, il ne se préoccupait que des profits envisagés par la société... » « Il refuse de laisser encombrer son esprit avec des problèmes inutiles selon lui (Loving 1975, p. 121, 177). »

Ainsi, s'il reste un semblant d'identification possible, pour les employés d'une grande entreprise divisionalisée, ce type d'entreprise qui est le résultat normal d'un grand nombre d'étapes — depuis l'ouvrier quittant son échoppe pour trouver du travail dans les usines, il y a deux cents ans — n'offre pas d'identification avec la mission, mais avec l'organisation elle-même, c'est-à-dire avec les buts de systèmes, survie, efficience, contrôle et surtout croissance. Au plus haut niveau, au quartier général, il y a généralement trop de missions pour qu'on puisse s'intéresser à l'une d'entre elles. Leur engagement est surtout dans la croissance. Au niveau du management de la division, des missions uniques sont certainement entreprises, mais les différentes procédures administratives utilisées par les instances dirigeantes n'encouragent pas un véritable engagement dans ces missions. D'abord les dirigeants professionnels sont souvent déplacés, ce qui ne leur permet pas de s'attacher à une mission quelconque. « le jeune Flexo, dirige la division des biberons. Il est capable et logique, et d'ailleurs, il est en place depuis trois ans déjà. Faisons-le maintenant résoudre les problèmes de la division des cercueils. » Ensuite, la société divisionalisée demande expressément à son système de contrôle de surveiller les dirigeants de division qui restent fixés sur les ensembles de buts de systèmes tangibles — notamment croissance et efficience, mesurées en termes financiers — non par les buts sociaux ou les missions plus floues (Ackerman 1975). Quant à ceux qui ne sont pas au niveau de la direction d'une division mais en dessous, nous avons vu que la division du travail, tout d'abord au niveau opérationnel puis au niveau administratif, l'introduction de la structure fonctionnelle, la prolifération de la technostructure, tous ont creusé le fossé entre la mission exécutée par l'organisation et les buts que ses « opérateurs », les cadres spécialisés, ou d'autres agents spécialisés poursuivent.

Ainsi, nous avons constaté que pratiquement tout développement associé à l'industrialisation et à l'établissement de la forme d'organisation de la grande entreprise avec la mécanisation, la production de masse et la création d'usines, la croissance, la bureaucratisation, l'évolution de la composante administrative, la séparation entre propriété et management, l'éclatement de la propriété et la montée du management « professionnel », l'augmentation de la diversité des marchés, et l'introduction de la forme de structure divisionalisée qui l'accompagne — tous ces paramètres ont fait que la mission en tant que but organisationnel a été supplantée par les buts de systèmes, notamment le profit, et surtout la croissance. En fait, nous avons assisté à la mort graduelle de l'idéologie organisationnelle. Elle s'installa d'abord parmi les organisations qui produisent les biens de consommation. Mais plus récemment, d'un façon parallèle, et pour un certain nombre de raisons identiques, elle a pris place également dans les organisations qui constituent les services publics de la société. Ou il serait peut-être plus précis de dire que nous avons assisté à la destruction d'une idéologie de nature organisationnelle et missionnaire — service à la clientèle et soins apportés aux produits et services, en tant que fins en soi — par une autre idéologie, utilitaire et transorganisationnelle par nature — l'obsession de l'efficience économique et la croissance en tant que fin en soi.

Avec cette dernière remarque, nous avons achevé notre débat sur les buts organisationnels et sur les éléments du pouvoir à l'intérieur et à l'entour des organisations. Afin de terminer cette partie du livre, et d'assurer la transition, nous conclurons avec une brève discussions sur le système de pouvoir et les buts en tant « qu'équilibre dynamique ».

LE SYSTÈME DE POUVOIR ET DE BUTS EN TANT QU'ÉQUILIBRE DYNAMIQUE

A la façon dont nous avons décrit le système de pouvoir et de buts dans ces treize derniers chapitres, on peut dire qu'ils existent dans un état d'équilibre dynamique. Autrement dit, ils présentent à la fois des caractéristiques de stabilité et de dynamisme. Nous avons vu que l'organisation a certes des buts, et que certains restent stables dans le temps. Mais nous avons aussi constaté que les organisations constituent un jeu complexe de pouvoir entre les détenteurs d'influence, dans lequel la distribution du pouvoir varie continuellement, provoquant des changements dans le syncrétisme des buts poursuivis.

Les principales forces de stabilité opérant dans les systèmes de pouvoir et de buts sont l'idéologie de l'organisation et ses systèmes de contrôle. D'autres forces existent comme le volant de sécurité organisationnelle et la présence du P.-D.G. Puis il y a la propension naturelle du système de pouvoir à rechercher un état d'équilibre, et à s'y maintenir. Examinons tout à tour chacune de ces cinq forces de stabilité.

1. Il est inutile d'insister sur le rôle de l'idéologie en tant que force de stabilité. La présence d'un ensemble de traditions est un fait majeur, qui sert à modérer la tendance à changer les buts poursuivis par l'organisation. Les organisations aux idéologies fortes cherchent à préserver leur « caractère », pour utiliser l'expression de Selznick (1957). Mais même dans des organisations à l'idéologie plus faible, les précédents créent une force d'impulsion difficile à contenir. Aussi, Cyert et March (1963) considèrent que les buts organisationnels sont bien plus stables que ne le suggère leur modèle de processus de négociation qui « se poursuit plus ou moins continuellement, suscitant une liste importante d'engagements financiers » (p .32). Ils expliquent cette stabilité par l'établissement de précédents :

> « Dans la plupart des organisations la plupart du temps, l'élaboration des objectifs se fait au milieu de contraintes très strictes. Une grande partie de la structure est acceptée telle quelle. Ceci est essentiellement vrai, car les organisations ont des souvenirs, sous la forme d'antécédents, et les individus dans la coalition sont fortement poussés à considérer les cas précédents comme des obligations de contrat. Des négociations antérieures servent d'antécédents dans des situations présentes ; un budget devient un précédent pour des budgets futurs ; une attribution de fonctions devient un précédent pour de futures attributions. A travers des mécanismes bien connus, les accords, aujourd'hui, de la coalition sont institutionnalisés en dispositions semi-permanentes (p. 33-34). »

2. Comme le suggère la citation précédente, les systèmes de contrôle fonctionnent aussi comme des forces de stabilisation, en fait comme un ensemble de techniques qui renforcent les antécédents. Un budget, par exemple, « est une élaboration explicite d'engagements antérieurs » (Cyert et March, p. 33). Litterer (1965) considère que les budgets et d'autres contrôles formels fixent les buts organisationnels pour des périodes de temps données, généralement pour au moins un an (p. 430). Ils engendrent aussi un ensemble de dispositions qui découragent les changements de buts :

> « ... afin de voir fonctionner un protocole d'accord fondamental, un très grand nombre d'accords et de sous-accords doivent être élaborés. Le coût de revient pour changer ces sous-accords, ces compromis et ces arrangements risque d'être si élevé, que les objectifs fondamentaux ne sont pas modifiés, même si la plupart des gens en reconnaissent la nécessité » (p. 429).

3. En accumulant les ressources qui viennent du volant de sécurité, les organisations sont capables de résister à des pressions de changements de buts. Un nouveau détenteur d'influence peut être « acheté » avec des sommes provenant du volant de sécurité, plutôt que de promouvoir un changement plus radical dans le système de buts. De plus, comme le font remarquer Cyert et March, le volant de sécurité sert à stabiliser les niveaux d'aspiration dans une organisation, de deux façons : « 1) en absorbant les ressources excédentaires, il retarde l'ajustement d'aspirations vers le haut en période de

prospérité ; 2) en fournissant un fond commun en cas de besoin, il permet que les aspirations soient maintenues et satisfaites dans des périodes relativement difficiles (p. 38). »

4. Dans son rôle de coordinateur suprême, le P.-D.G. est chargé d'assurer une stabilité, un équilibre, parmi les détenteurs d'influence dans le système de pouvoir de l'organisation. En tant que tel, il fonctionne comme une force de stabilité, essayant de s'assurer que les pressions pour le changement s'exercent dans le contexte de l'équilibre du pouvoir existant. Le P.-D.G. essayera généralement de résister à une nouvelle force d'influence. Si elle persiste, et exige d'être reconnue, il essayera de l'incorporer dans les coalitions de pouvoir existantes, afin de ne pas provoquer de perturbations excessives. Cela s'applique même aux changements que lui-même voudrait instaurer. Ainsi, pour compléter l'histoire de Zald sur la succession dans le bureau d'aide sociale, même si le réformateur a été finalement choisi comme nouveau P.-D.G., cette personne dut agir avec prudence :

> « ... sa mutation au poste de direction a obligé Leaf à jouer un nouveau rôle, dans lequel il doit créer les conditions du maintien organisationnel. Seulement une tentative radicale et immédiate de remodeler le caractère de l'organisation apparaîtrait comme une violation de son mandat. Il choisit les éléments de son mandat qui sont les plus utiles à ce moment-là. Certains problèmes urgents, mais qui créeraient de graves conflits, sont écartés au profit d'autres objectifs, plus accessibles, et qui sont des buts sur lesquels un plus grand consensus peut se faire. D'autres problèmes sont traités de telle sorte qu'ils n'apparaissent pas comme des facteurs de division » (1965, p. 59).

5. La dernière force qui engendre la stabilité réside dans le fait que les membres eux-mêmes de la coalition, préfèrent une sorte d'équilibre, dans lequel les positions relatives de tous les détenteurs d'influence sont plus ou moins fixées. Un effort considérable est requis pour changer une coalition existante ; il est bien plus facile d'arriver à une sorte d'accord — bien qu'imparfait — et de s'y tenir :

> « ... les gens sont limités en temps et en énergie, et s'engager dans des négociations sur les buts implique une grande quantité des deux. D'où, le fait que les gens semblent désireux, une fois qu'un accord de base a été atteint, de s'y maintenir, afin d'atteindre leurs buts. Il se peut que de leur point de vue ce ne soit pas parfait, mais c'est peut-être moins mauvais que de justifier l'effort de chercher un meilleur compromis, qui, de toute façon ne serait pas forcément trouvé » (Litterer 1965, p. 429).

Tout ceci implique que les coalitions du pouvoir de l'organisation, à la fois internes et externes, se stabilisent autour des forces des détenteurs d'influence établis. En conséquence, le système de buts de l'organisation peut être considéré comme « *homéostatique* » : c'est-à-dire qu'il atteint un état constant, dans lequel « tout facteur interne ou externe s'orientant vers des perturbations du système, est contré par des forces qui restaurent aussi bien que possible le système dans son état initial » (Katz et Kahn 1966, p. 23). Ainsi, tout comme le corps humain ajuste sa température interne aux changements externes, tout comme une cerise dans un pot de gelée vibre pendant un certain temps encore, après qu'on l'ait bougé, puis reprend sa place initiale, ainsi, l'organisation regagne-t-elle du mieux possible le système de but initial, après avoir subi le choc d'un changement dans une de ses coalitions de pouvoir.

Mais le revers de la médaille est que pouvoir et buts changent en effet — ils sont dynamiques, à deux niveaux, à côté de leurs états d'équilibre. Au niveau micro-économique, les mêmes pouvoir et système de buts qui, vus de loin ont l'air plutôt stables, ont, vus de près, l'air d'être en état de mouvement perpétuel. C'est bien sûr aussi ce que le microscope révélerait à propos de la cerise dans la gelée. Dans l'organisation, on rencontre constamment de nouvelles contraintes et des changements se produisent toujours dans les ordres de préférence des détenteurs d'influence individuels et dans les relations entre eux. « A mesure que les circonstances changent, ou que les faits se présentent, nos choix intermédiaires d'un moment sont modifiés ou abandonnés au profit d'autres... Chaque fait nouveau, chaque expérience nouvelle, va remodeler notre ordre de préférence (Lindblom 1968, p. 102). » La plupart de ces changements sont mineurs, en fait imperceptibles. Mais ils se produisent tout le temps, tout comme cette cerise stable est, sous le microscope, en branle-bas d'activité, ou comme le générateur qui vibre pendant qu'il produit son flot régulier d'énergie.

A l'opposé sont les changements macro-économiques, qui, bien que peu fréquents modifient le système de pouvoir et de buts de manière significative et permanente. Une nouvelle campagne d'opinion et de pression signale l'entrée dans la coalition externe d'un nouveau groupe important d'intérêt particulier ; une réorientation inattendue des normes sociales requiert une attitude entièrement nouvelle à l'égard de la société ; une technostructure élargie introduit de nouvelles mesures bureaucratiques qui affaiblissent l'ancien système de contrôles personnels ; un groupe de jeunes Turcs parvient à occuper les bureaux de la direction et change la marche de l'organisation. Autrement dit, les systèmes de pouvoir changent en effet, et nécessitent des ensembles de buts pour atteindre de nouveaux équilibres. Secouez la gelée de façon suffisamment vigoureuse, et la cerise devra se trouver une nouvelle « aire de repos ».

En conclusion, on peut dire que le système de pouvoir et les buts de l'organisation sont dans un état d'équilibre dynamique. Observés depuis une perspective intermédiaire, — à une certaine distance, mais pendant une courte période de temps — ils semblent plutôt stables. Observés plus minutieusement ou plus généralement, leurs caractéristiques dynamiques dominent. En gros plan, on peut s'apercevoir qu'ils sont perpétuellement en état de mouvement, tandis qu'à distance sur une période de temps plus longue, on peut percevoir des changements périodiques mais importants. Et si l'observateur attend suffisamment longtemps, il ou elle aura peut-être la chance de voir une de ces transitions soudaines et profondes qui mènent à un état d'équilibre tout à fait nouveau.

Une fois que nous avons repéré ces notions d'état d'équilibre et de mouvement, la nouvelle étape dans notre description du pouvoir à l'intérieur et à l'entour de l'organisation s'impose : les décrire. Plus particulièrement, il nous faudra rassembler tous les éléments de pouvoir présentés dans ces pages — les détenteurs d'influence externes, leurs moyens d'influence, et le type de coalitions externes qu'ils forment, les détenteurs d'influence internes, leurs systèmes d'influence, les types de coalitions internes qu'ils forment, et les types de buts et les systèmes de buts qui apparaissent. Nous rassemblons ces éléments en termes de différents états d'équilibre possibles qu'ils puissent assumer, que nous appelons *configurations de pouvoir*. Puis nous nous pencherons brièvement sur certaines caractéristiques dynamiques du système de pouvoir et des buts, et plus précisément sur les transitions habituelles entre ces configurations de pouvoir.

QUATRIÈME PARTIE

LES CONFIGURATIONS DU POUVOIR

Il nous reste maintenant à réunir — à synthétiser — les éléments du pouvoir à l'intérieur et à l'entour des organisations, qui ont été présentés dans ce livre. On montrera comment ces divers éléments — les détenteurs d'influence dans les coalitions internes et externes, les moyens et les systèmes d'influence qu'ils utilisent, les types de coalitions internes et externes qu'ils forment, ainsi que les systèmes d'objectifs qui en résultent — se combinent de diverses manières. Ces combinaisons qui représentent les situations d'équilibre dont on a parlé à la fin de la section précédente, on les appellera les *configurations du pouvoir*. Six d'entre elles seront présentées ici sous forme de types purs qui semblent cerner au mieux les situations les plus courantes d'équilibre du pouvoir que l'on rencontre dans les organisations. Le premier chapitre de cette section les présente toutes les six, tout en donnant les raisons de leur primauté. Puis, chacune de ces configurations est décrite dans un chapitre distinct. Le dernier chapitre tient compte des transitions à l'intérieur de ces six configurations du pouvoir, et offre un modèle général des étapes du développement organisationnel.

Chapitre 17
Dérivation des configurations
à partir des coalitions

En théorie, de très nombreuses configurations à partir des éléments de pouvoir organisationnel sont possibles, très précisément e^n, si nous avons e éléments qui peuvent chacun prendre n formes différentes. Pourtant, il existe de nombreuses raisons pour penser que le monde des organisations, tout comme le monde des fourmis ou des étoiles, a tendance à s'organiser en agrégats naturels. Comme nous l'avons démontré dans un autre ouvrage (Miller et Mintzberg 1980), les organisations sont amenées à constituer ces agrégats, afin de parvenir à une constance dans leurs caractéristiques et à une synergie dans leurs processus, et de trouver une harmonie dans leurs situations. De plus, il semblerait que des forces de sélection naturelle favorisent les organisations les plus à même de parvenir à une complémentarité mutuelle de leurs éléments. Ainsi, parmi les milliers de combinaisons d'éléments de pouvoir concevables en théorie, il ne faut s'attendre à en trouver qu'un nombre bien plus réduit dans la pratique, et seulement un sous-ensemble de celles-ci, simplement une poignée peut-être, susceptibles d'expliquer pour une bonne part l'attitude du pouvoir à l'intérieur et à l'entour des organisations. On désigne parfois par typologie ou taxonomie, un tel ensemble restreint de combinaisons ou de types, selon qu'il ait été constitué de manière plus ou moins formelle. Et les membres de cette typologie sont parfois appelés « types idéaux » — que nous préférons appeler « types purs » —, car ils ne décrivent pas tant la réalité telle qu'elle apparaît couramment, qu'ils ne reflètent des orientations courantes dans la réalité.

Si l'on accepte l'hypothèse qu'un nombre limité de « types purs » puisse expliquer une bonne partie de l'attitude du pouvoir organisationnel, on va maintenant devoir isoler ce petit ensemble. Des statisticiens ont mis au point divers techniques pour regrouper des éléments dans un programme sur ordinateur, afin d'établir des taxonomies. Aucune d'entre elles ne sera utilisée ici. Les données traitées sur ordinateurs qu'exigent ces techniques font défaut pour l'étude du pouvoir. De plus, la reconnaissance de ces types purs est un exercice de repérage de schémas, et pour cela un cerveau humain est plus indiqué qu'un cerveau électronique. Notre approche sera donc moins rigoureuse, bien qu'elle reste systématique. Mais avant de décrire la manière dont nous avons constitué notre typologie, nous allons examiner d'autres approches.

TYPOLOGIES DU POUVOIR ORGANISATIONNEL DANS LES PUBLICATIONS

Certaines publications ont proposé quelques typologies de pouvoir organisationnel. Parmi les plus connues, on trouve celles de Blau et Scott (1962), Etzioni (1961) et Rhenman (1973)[1].

Blau et Scott (1962) classent les organisations par rapport aux tout premiers « bénéficiaires », autrement dit les détenteurs d'influence, au profit desquels l'organisation, dont les premiers bénéficiaires correspondent en fait d'assez près à nos quatre types de détenteurs d'influence externes :

— *les entreprises commerciales* dont les premiers bénéficiaires sont les propriétaires, tels les industriels, les détaillants et les banques,
— *les industries de service*, dont les premiers bénéficiaires sont les clients, comme par exemple : les hôpitaux, les écoles et les services sociaux,
— *les sociétés mutuelles*, dont les premiers bénéficiaires en sont les membres, comme par exemple : les partis politiques, les syndicats et les sectes religieuses,
— *les organisations étatiques*, dont le premier bénéficiaire est le public en général, exemples : la police et les pompiers, l'armée et les services des impôts.

Voilà une classification intéressante mais qui se fonde davantage sur les intentions que sur les résultats. En d'autres termes, elle se fonde sur ceux qui sont censés en bénéficier, mais non pas ceux qui en bénéficient réellement ; en fait sur ceux qui prennent effectivement le pouvoir dans la coalition externe. Comme nous l'avons vu, et comme le reconnaissent Blau et Scott, le fait qu'on ait bâti une organisation pour qu'un groupe en tire profit, n'a jamais empêché d'autres groupes d'en déplacer les intérêts.

---

[1] La typologie de Rhenman est bien connue des chercheurs européens de management, en particulier en Scandinavie et en Grande-Bretagne, si ce n'est aux États-Unis.

Alors que Blau et Scott appuient leur typologie sur une caractéristique externe — à savoir que l'organisation est censée servir dans la coalition externe — Etzioni (1961) s'appuie sur une caractéristique interne, à savoir le contrôle. Il classe les organisations selon a) le moyen de contrôle (ou d'influence) utilisé par la haute direction pour amener les « participants du bas de l'échelle » à l'attitude désirée, et b) l'implication (ou l'adéquation) correspondante dont ces participants font preuve vis-à-vis de l'organisation. Ceci amène Etzioni à proposer trois types fondamentaux d'organisation :

- *les organisations coercitives*, où le moyen de contrôle est « coercitif » et l'implication de l'employé est « aliénante », par exemple : les prisons traditionnelles, les hôpitaux prisons psychiatriques et les camps de prisonniers de guerre,
- *les organisations utilitaires*, où le moyen de contrôle est « rémunérateur », et la participation de l'employé est « calculatrice » (ce qui correspond à la formule incitation/contribution), par exemple les usines, les mines, les banques et de nombreux organismes gouvernementaux,
- *les organisations normatives*, où le moyen de contrôle est « normatif » et l'implication de l'employé est « morale » (ce qui correspond à nos formes idéologiques d'identification), par exemple les églises, les hôpitaux publics, les universités et les associations bénévoles.

Dans une certaine mesure la typologie d'Etzioni est peut-être la plus utile, puisqu'elle se fonde sur des comportements réels. Mais elle ne va pas très loin, elle ne va absolument pas au-delà de la coalition interne, et même dans ce cas elle ne dépasse pas deux dimensions.

La typologie de Rhenman (1973) relie les coalitions internes et externes dans une matrice « deux fois deux ». Sur l'une des dimensions, on trouve la présence ou l'absence de « buts internes ou stratégiques » ce qui signifie pour Rhenman un centre stratégique ou bien la direction que les détenteurs d'influence internes souhaitent faire prendre à l'organisation. Sur l'autre dimension, on trouve la présence ou l'absence de « buts institutionnels ou externes » (que l'on appelle aussi parfois la *Mission* de l'organisation) (p. 55), ce qui indique si oui ou non les détenteurs d'influence extérieurs souhaitent imposer à l'organisation une mission. Quatre types purs se dégagent de la typologie de Rhenman :

- *les organisations marginales*, qui n'ont ni centre stratégique interne, ni mission imposée de l'extérieur ; leurs changements stratégiques sont opportunistes, ne suivent pas de plan déterminé (Rhenman fait remarquer que normalement les organisations marginales passent au second type après avoir atteint une certaine taille),

— *les grosses entreprises*, avec un centre stratégique interne, mais sans mission imposée de l'extérieur (selon notre terminologie : une coalition interne forte et une coalition externe faible), qui par conséquent n'existent que pour réaliser leurs propres objectifs,

— *les organisations annexes*, à l'opposé des grosses entreprises, elles n'opèrent que pour le compte d'intérêts extérieurs ; ces organisations sont souvent créées par des sociétés-mères pour accomplir une mission particulière, et peuvent même être dissoutes une fois leur mission effectuée,

— *les institutions*, qui ont à la fois un centre stratégique interne et une mission imposée de l'extérieur, qui peuvent ou non concorder ; alors que le pouvoir interne est plus ou moins centralisé dans les trois autres types, il est ici divisé dans les coalitions externes aussi bien que dans les coalitions internes[2].

A première vue, la typologie de Rhenman semble moins intelligible que les deux autres, vu que ses deux dimensions ne sont pas claires, et ne se distinguent peut-être même pas l'une de l'autre. (Peut-on examiner les stratégies indépendamment des missions ?) Cependant, les types qui en résultent — à l'exception de l'organisation marginale, qui semble bien être une aberration peu banale[3] — paraissent être plus utiles que ceux d'Etzioni ou de Blau et Scott.

Deux autres typologies valent la peine d'être mentionnées au passage. L'une d'elles, bien que son auteur ne mentionne pas les types qui en résultent, est celle de Hirschman (1970, p. 121), dont la matrice deux fois deux repose sur le fait de savoir si oui ou non, les membres de l'organisation pour exprimer leur mécontentement prennent la porte ou lèvent le ton. Ces deux attitudes sont largement utilisées dans les associations bénévoles, les partis politiques rivaux et dans certaines entreprises commerciales. Elles sont peu utilisées dans les États totalitaires à parti unique, les organisations terroristes et les autres organisations du même style ; on observe une forte utilisation de la voix dans les tribus, les partis uniques des états non totalitaires, et ainsi de suite ; une large utilisation de la « sortie » se produit dans les entreprises commerciales (en rapport avec les clients). La seconde typologie est celle d'Allison (1971), qui, bien qu'elle se présente comme une typologie des modèles de prises de décision, distingue également des types de pouvoir organisationnel. Allison décrit un modèle d'acteur rationnel, dans lequel l'organi-

---

[2] Rhenman a choisi le terme « institution » pour suivre l'usage qu'en a fait Selznick (1957).

[3] Peut-on vraiment dire que les petites entreprises d'imprimerie suédoises que cite Rhenman comme exemples d'organisations marginales, étaient dépourvues de tout centre stratégique ? Après tout, elles étaient dans l'industrie de l'imprimerie (et l'opportunisme est en quelque sorte un centre stratégique). On devrait peut-être réserver cette catégorie aux quelques organisations qui font vraiment preuve d'un comportement nébuleux, telle que celle de Maniha et Perrow (1965-1966) « organisation réticente » avant d'être découverte et enrôlée dans l'action politique (devenant probablement par là même une « annexe »).

sation est considérée comme agissant de manière délibérée en tant qu'entité simple et unifiée ; il décrit le modèle de méthode organisationnelle, dans lequel les actions de l'organisation sont imputées à l'interaction de répertoires de programmes standardisés, n'ayant qu'un faible rapport entre eux ; et un modèle de politique gouvernementale, dans lequel les actions de l'organisation sont considérées comme la résultante de diverses activités du marchandage entre des participants différents.

RELATIONS ENTRE LES COALITIONS

La typologie des configurations du pouvoir présentée dans cet ouvrage diffère des autres (sauf de celle d'Allison) en ce sens qu'elle s'efforce de faire la synthèse d'un grand nombre de dimensions du pouvoir organisationnel au lieu d'en combiner seulement une ou deux.

De ce fait, on ne peut pas décrire cette typologie au moyen d'une seule matrice ou bien d'une seule série en continuum ; et il est vrai que nous en proposerons certaines au fil de cet ouvrage ; nous mettrons aussi en relation nos types avec ceux des autres typologies, chaque fois que cela sera possible. Cependant, notre typologie est semblable à celle de Rhenman sur un plan : elle provient tout d'abord d'une étude des relations entre le pouvoir interne et le pouvoir externe. Plus précisément, nous l'abordons en étudiant les combinaisons possibles des trois types de coalitions externes examinés au chapitre 7 avec les cinq types de coalitions internes présentés au chapitre 14 ; ces combinaisons, bien entendu, sont dans chaque cas des types purs formés à partir des dimensions de leurs coalitions respectives.

Un type pur, comme nous l'avons indiqué précédemment, est une caricature de la réalité, une exagération, si l'on veut, du monde réel permettant de mettre en lumière certaines de ses caractéristiques les plus marquées. Par conséquent, pour obtenir un typologie de types purs, il est nécessaire de tenir pour acquis certaines hypothèses pour simplifier la réalité. Notre principale hypothèse est que certaines des diverses coalitions externes ou internes s'accordent naturellement, tels le cheval et l'attelage du proverbe. Bien qu'on puisse toujours trouver des exemples de chacune des quinze combinaisons possibles (les trois C.E. multipliées par les cinq C.I.), on postule que seul un sous-ensemble représente des relations « naturelles » (ou si l'on veut, cohérentes ou harmonieuses, et donc quelque peu stables). Une hypothèse du même ordre veut que la coalition interne soit dans son état le plus naturel, le plus cohérent et donc le plus stable, lorsqu'elle est dominée par *un seul* de ses systèmes d'influence, par le contrôle personnel ou bureaucratique, l'idéologie, les compétences ou la politique. Nous n'avons pas oublié la conclusion du chapitre 14 qui dit que ces cinq systèmes agissent de concert. Mais, comme nous l'avons vu, agir de concert ne signifie pas que l'on ne peut pas jouer un rôle prépondérant à un moment donné. Nous présentons ces deux arguments comme des hypothèses au départ, mais nous donnerons cependant toute une série d'arguments au cours de cette étude pour étayer des exemples spécifiques de ces hypothèses.

Nous avons utilisé ci-dessus le terme « naturel », et nous le répéterons fréquemment tout au long de cette partie du livre. Par l'emploi du mot « naturel », nous voulons simplement impliquer qu'il existe certaines forces inhérentes aux organisations qui les poussent à se comporter d'une certaine manière. En excluant l'intervention de forces extérieures ou du hasard, ces comportements sont tout à fait prévisibles. Voilà ce que nous appelons les comportements « naturels ».

Nous présentons ci-dessous trois hypothèses qui décrivent ce que nous croyons être les combinaisons naturelles des deux coalitions, en admettant la prédominance de l'un des systèmes dans la coalition interne. Puis une quatrième hypothèse décrit ce qui se passe, selon nous, lorsque l'on essaie de créer d'autres combinaisons de ces deux coalitions, ou bien de deux ou plus des systèmes internes d'influence mis en pratique. C'est le résultat de ces hypothèses qui nous a amenés aux configurations fondamentales du pouvoir organisationnel. La rareté des recherches dans ce domaine implique que nous disposons de peu de preuves empiriques pour étayer trois ou quatre hypothèses. Néanmoins, il y a une certaine logique derrière chacune d'elles, comme nous le verrons bientôt.

1. Une coalition externe dominée s'accorde tout naturellement avec une coalition interne bureaucratique, et par là même essaie de la faire apparaître. Une domination dans la coalition extérieure signifie que, en particulier par l'intermédiaire du contrôle d'une sorte de dépendance organisationnelle, un seul détenteur d'influence externe, ou un groupe de détenteurs agissant de concert, a nettement plus de pouvoir sur toute l'organisation que tous les autres. La concentration de pouvoir extérieur oblige ceux qui sont à l'intérieur de prendre en compte les exigences du détenteur d'influence extérieur qui prédomine. Mais, étant extérieur, ce détenteur d'influence ne dirige pas l'organisation. Aussi doit-il (ou elle) trouver moyen de contrôler son comportement, de façon indirecte. Les plus efficaces sont les deux suivants, utilisés simultanément. D'abord, le détenteur d'influence extérieur tient le directeur général pour responsable de toutes les actions de l'organisation, aussi bien que de ses résultats ; ceci a pour effet de renforcer le système d'autorité et de centraliser ce qui reste de pouvoir dans la coalition interne. Deuxièmement, le détenteur d'influence extérieur impose au directeur général des buts clairs, c'est-à-dire opérationnels, que le P.-D.G. puisse, à son tour, formaliser en un système d'objectifs. Ceci a pour effet de renforcer le côté bureaucratique du système d'autorité. Avec de tels buts, personne ne peut se tromper sur les desiderata du détenteur d'influence extérieur, ou ne peut ignorer si la coalition interne s'en est véritablement préoccupée. De plus, avec la concentration du contrôle extérieur, l'organisation doit faire particulièrement attention à ses actions, et en conséquence tend à formaliser volontairement ses propres procédures, afin de pouvoir les justifier. Et, comme la combinaison de centralisation et de formalisation signifie une C.I. bureaucratique, nous en concluons que c'est là le type de coalition interne qui convient le plus naturellement à une coalition externe dominée.

A vrai dire, pour renverser cette relation, nous prétendons qu'en l'absence de buts opérationnels et d'autorité interne centralisée, un seul détenteur d'influence externe aurait beaucoup de mal à contrôler la coalition interne et qu'il y aurait probablement un changement dans la forme des deux coalitions. Sans une autorité centralisée et des buts opérationnels, le pouvoir se dirigerait vers un bon nombre d'agents internes qui pourraient en user avec beaucoup de liberté. La seule façon pour un détenteur d'influence extérieur d'arrêter cela et de raffermir son contrôle serait de développer des liens personnels solides avec chacun des agents internes. Mais pour ce faire, partout sauf dans les organisations les moins sophistiquées, le détenteur d'influence externe devrait devenir le P.-D.G. dans la réalité si ce n'est dans les faits. Voilà qui convertirait la coalition interne à la forme personnalisée. Si tel n'était pas le cas, le pouvoir du détenteur d'influence externe serait dilué, et la coalition externe en reviendrait à la forme passive, ou bien si d'autres détenteurs d'influence externes arrivaient pour remplir le vide, à la forme divisée, tandis que la coalition interne prendrait une autre forme, peut-être politisée ou professionnelle.

Cette relation particulière entre une C.E. dominée et une C.I. bureaucratique a été étudiée dans le livre intitulé « Structure et dynamique des organisations » dans les termes suivants : « Plus le contrôle externe de l'organisation est grand, plus sa structure est centralisée et formalisée (Mintzberg 1979 a, pp. 288-291). » Parmi les chercheurs cités qui soutiennent cette hypothèse on trouve Samuel et Mannheim (1970), Hydebrand (1973), Holdaway et d'autres (1975), Pugh et d'autres (1969), Reimann (1973) et Pondy (1969). Pugh et d'autres, par exemple, ont conclu dans leur étude que : « Les organisations dépendantes ont une structure d'autorité plus centralisée et moins d'autonomie dans la prise de décision ; les organisations indépendantes ont plus d'autonomie et décentralisent les décisions à tous les échelons de la hiérarchie (1969, p. 108). »

D'autres types de coalitions internes peuvent-ils se combiner avec une C.E. dominée ? Oui, mais... d'une certaine façon, notre discussion suggère à la fois qu'une C.I. personnalisée est possible et qu'elle est moins souhaitable pour le détenteur d'influence extérieur, et par conséquent qu'il est moins probable qu'elle soit encouragée et qu'elle ait lieu. Elle est possible lorsque seulement l'une des deux conditions examinées ci-dessus est présente, à savoir que le détenteur d'influence externe tient le directeur général pour responsable des actions de l'organisation et de ses résultats — par là même centralisant sa structure — mais n'impose pas de buts opérationnels au P.-D.G. En d'autres termes, le détenteur d'influence extérieur permet au P.-D.G. un contrôle personnel, et donc entier de la coalition interne, mais l'empêche d'utiliser ce contrôle pour ses propres intérêts. Son contrôle personnel doit s'exercer pour le compte des intérêts du détenteur d'influence extérieur.

Un tel arrangement est tout à fait concevable, du moins lorsqu'il existe des rapports étroits entre ces deux personnes. Mais il se peut fort bien qu'il soit instable, car il établit deux centres de pouvoir individuel, l'un à l'extérieur de l'organisation, l'autre à l'intérieur, avec une forte probabilité qu'il y ait un affrontement possible entre eux. Maintenir un contrôle personnalisé de la coalition interne exige un chef fort et indépendant, quelqu'un qui ne soit pas susceptible de subir longtemps les diktats de quelqu'un d'autre. Le penchant naturel d'un chef est de courtcircuiter de détenteur d'influence extérieur, afin de rendre passive la C.E. dominée. Quant au détenteur d'influence externe, il ne voit, en général, pas d'un bon œil un directeur général tout puissant, qui peut contester son influence. De plus, il est probable qu'il s'inquiète à propos de la transition et des pertes qu'il peut encourir du fait qu'une seule personne détienne autant de pouvoir. Ainsi, il incline naturellement à rendre diffus le pouvoir du P.-D.G., tout en maintenant une autorité centrale dans la coalition interne. La seule manière d'y arriver, c'est d'encourager la dépersonnalisation, ou l'institutionalisation de l'influence du P.-D.G., en d'autres termes d'encourager le contrôle bureaucratique de la coalition interne. Et dans le même sens, il est probable qu'il remplace un P.-D.G. fort aux idées personnelles, par un P.-D.G. plus docile, plus « professionnel », qui veuille bien accepter une forme bureaucratique de contrôle interne (Kipnis 1974, p. 92).

La combinaison d'une C.E. dominée avec une C.I. idéologique, professionnelle ou politisée semblerait être encore moins stable. L'idéologie n'est en général, pas imposée de l'extérieur. Elle a tendance à s'établir à l'intérieur de l'organisation, intrinsèquement, et là est intégrée par ses membres. Lorsque l'idéologie est forte — comme c'est le cas pour la C.I. idéologique —, des loyautés profondes s'établissent entre les membres, ce qui leur procure un sens très clair de leur mission. Ces personnes-là ne seront guère prédisposées à recevoir des ordres d'un agent de l'extérieur. En conséquence, elles s'efforceront d'amortir son influence, et lui à son tour essayera d'affaiblir leur idéologie, en remplaçant les contrôles normatifs par des contrôles bureaucratiques.

La même chose se produit avec les experts de la C.I. professionnelle. Leur travail est complexe. En conséquence, ils doivent être très spécialisés et très compétents, ils doivent contrôler le travail eux-mêmes, et par là même, la coalition interne. Pour qu'un détenteur d'influence extérieur contrôle la coalition dans ce cas, il lui faut arracher le pouvoir aux professionnels. Mais, comment y parvenir tout en gardant une C.I. professionnelle ? C'est impossible ; son penchant naturel n'est pas de la maintenir telle quelle, mais de la convertir en C.I. bureaucratique. C'est ce qu'il fait, en s'efforçant de diviser les travaux complexes en composantes simples qui peuvent être régies par des normes de travail et effectuées par des ouvriers sans qualification. Le cas échéant, il essayera de faire contrôler la productivité de ces travaux par des normes mesurables. Bien entendu, les experts s'opposent vigoureusement à ces efforts, ce qui se traduit par des jeux politiques, en particulier par la domination exercée par les administrateurs et les divers jeux d'experts des professionnels. On constate cela par exemple lorsque les gouvernements essayent de contrôler les systèmes scolaires, les hôpitaux ou les universités.

Lorsqu'une C.I. politisée fait face à une C.E. dominée, les divers décideurs internes tendent naturellement à attirer d'autres détenteurs d'influence externes dans leurs jeux politiques, pour s'assurer de leur soutien et réduire leur propre dépendance à l'égard d'un seul individu. Pour sa part, le détenteur d'influence externe prépondérant sait que les profits d'une C.I. politisée sont peu nombreux, alors que les risques à long terme pour sa base de pouvoir sont importants. Aussi, son penchant naturel est-il de s'appuyer sur l'autorité pour dépolitiser la coalition interne dès que possible, l'amenant ainsi sous son contrôle pour qu'elle suive ses buts à lui. En d'autres termes, les deux parties s'opposent à la combinaison d'une C.E. dominée avec une C.I. politisée.

2. **Une coalition externe divisée s'accorde tout naturellement avec une coalition interne politisée, et vice versa, et par là même chacune essaie de faire apparaître l'autre :**

Un conflit dans l'une des coalitions déborde habituellement pour envahir l'autre. En d'autres termes, la combinaison naturelle est celle d'une C.E. divisée avec une C.I. politisée. Auparavant nous avons fait référence à nos combinaisons naturelles comme représentant la cohérence, ou l'harmonie, et la stabilité. On ne peut pas vraiment appeler un conflit touchant les deux coalitions un état d'harmonie, mais on peut dire qu'il existe une plus grande cohérence entre les coalitions, lorsque toutes les deux, et non une seule, subissent un conflit. De la même manière, un conflit se développant dans les coalitions ne fait guère penser à un état de stabilité, cependant, comme nous le verrons bientôt, cet état est plus stable que lorsque le conflit existe dans une seule des coalitions. Examinons ces deux points pour voir ce qui se passe lorsqu'une seule des coalitions est en état de conflit.

Lorsque les batailles politiques font rage dans la coalition interne, les détenteurs d'influence internes cherchent naturellement à s'assurer le soutien de divers agents extérieurs, nous l'avons vu. Dans le cas d'une C.E. passive, ce n'est souvent qu'une question de temps pour que les agents intérieurs réussissent à enrôler dans leur politique des détenteurs d'influence externes, et par là à diviser la coalition externe. (Bien entendu, parfois aucun des agents extérieurs ne s'en préoccupe et la politique peut demeurer un phénomène interne.) De même une C.E. dominée tendra à se diviser au fur et à mesure que d'autres détenteurs d'influence externes se voient impliqués dans le conflit, à moins que le détenteur d'influence externe dominant ne soit capable d'imposer sa volonté, et donc de restaurer la primauté de l'autorité sur la politique. Comme nous l'avons noté plus haut, ce n'est pas dans son intérêt à long terme de permettre à une C.I. politisée de se perpétuer. (Il peut pourtant y avoir parfois des profits à court terme. Lorsque des jeux politiques ardents se développent, avec de jeunes Turcs ou des clans rivaux, en vue de changer l'organisation, il se peut bien qu'un détenteur d'influence externe vraiment puissant les laisse s'exprimer un temps pour entendre les deux sons de cloches, avant de déclarer vainqueur celui qui convient à ses intérêts. C'est à ce moment-là que les agents internes vont rivaliser pour se faire entendre du détenteur d'influence externe, et qu'une C.E. dominée peut se combiner avec une C.I. politisée. Mais le détenteur d'influence externe ne peut laisser une telle situation se prolonger, par crainte de perdre le contrôle de la coalition interne.)

De même, lorsque la coalition externe est divisée, elle aura tendance à tirer la coalition interne dans des directions différentes, et donc d'y encourager la rupture de toute forme de concentration de pouvoir. Autrement dit, les agents internes vont être attirés vers les différents camps ou alliances, et la coalition interne sera poussée vers la forme politisée.

Pour qu'une C.E. divisée coexiste avec une C.I. personnalisée ou bureaucratique, il faudrait supposer que les différents détenteurs d'influence externes soient d'accord pour canaliser leurs exigences contradictoires par l'intermédiaire d'une autorité centrale, c'est-à-dire le P.-D.G., plutôt que d'éviter celui-ci pour s'adresser directement aux autres agents internes. Autrement dit, il faudrait que tous veuillent bien conserver intact le système d'autorité, — l'unité de commande. Pour ce qui est de la C.I. bureaucratique, il faudrait aussi qu'ils veuillent bien canaliser la plupart de leurs exigences sur le P.-D.G. en termes de buts opérationnels ; une telle hypothèse semble irréaliste dans le cas d'une C.E. divisée, dans laquelle les différents centres de pouvoir luttent activement et rivalisent pour obtenir de l'influence. Des situations similaires peuvent se produire, mais il semblerait qu'elles soient moins stables que celles où des détenteurs d'influence extérieurs cherchent à contourner le P.-D.G. et à imposer des buts non opérationnels aussi bien qu'opérationnels à l'organisation.

Dans le cas d'une C.I. idéologique qui se combine avec une C.E. divisée, il faudrait faire une hypothèse encore moins réaliste, à savoir que les détenteurs d'influence extérieurs voudraient bien, et pourraient, formuler leurs exigences contradictoires en termes d'idéologie existante. De façon plus réaliste, l'intégration stricte de la coalition interne autour de l'idéologie exclurait la poursuite d'exigences externes incompatibles. Ou alors, et ce, dans les C.I. bureaucratiques et personnalisées, tout autant que dans les C.I. idéologiques, la division durable de la coalition extérieure tendrait en fin de compte à briser le centre unificateur du pouvoir dans la coalition interne, et à le politiser. Autrement dit, lorsqu'un conflit dans la coalition externe menace l'unité de la coalition interne, et vice versa, il faut normalement que quelque chose cède. Ou bien l'unité fait place au conflit, ou alors elle le supprime.

Le cas d'une C.I. professionnelle se combinant avec une C.E. divisée est moins net. Comme nous allons le voir, les organisations comprenant beaucoup de professionnels subissent souvent des forces conflictuelles dans leurs coalitions externes, en partie peut-être, comme nous l'avons vu au chapitre 14, parce que leurs systèmes de politiques internes sont assez actifs. Ainsi, leurs coalitions extérieures semblent naturellement divisées. Mais, ce sera notre prochaine hypothèse, détaillée au chapitre 22, par d'autres côtés plus marquants, il vaudrait mieux les décrire comme étant passives. Autrement dit, dans la C.I. professionnelle, l'effet naturel de la compétence est de dominer le système du pouvoir tout entier, non seulement pour maîtriser la politique et les autres systèmes de la coalition interne, mais aussi pour apaiser la plupart des détenteurs d'influence extérieurs, même ceux qui sont résolus à tout contrôler. Ce qui nous amène à une conclusion générale, à savoir qu'un pouvoir légitime dominant sous quelque forme que ce soit, dans la coalition interne (compétence, autorité personnelle ou bureaucratique, ou encore idéologie), est incompatible avec le pouvoir divisé dans la coalition externe.

    3. Une coalition interne personnalisée, idéologique ou professionnelle s'accorde tout naturellement avec une coalition externe passive, tandis qu'une coalition interne bureaucratique peut s'accorder avec elle, toutes les quatre s'efforçant de la faire apparaître.

    Notre première hypothèse relie une C.I. bureaucratique à une C.E. dominée donnée, tandis que la seconde relie une C.E. divisée à une C.I. politisée, peu importe laquelle vient en premier. Notre troisième hypothèse est en réalité une combinaison des deux premières puisqu'elle décrit l'ensemble des relations naturelles qui restent possibles entre les coalitions internes et externes. Plus précisément, une C.E. passive peut s'accorder avec une C.I. donnée : personnalisée, idéologique, professionnelle ou bureaucratique, en fait, elle devrait absolument cadrer avec les trois premières. (La quatrième, la C.I. bureaucratique, cadrant également avec une C.E. dominée donnée.)

    La passivité dans la coalition externe laisse une marge considérable pour établir des relations de pouvoir dans la coalition interne, à une restriction près. Le vide du pouvoir devrait normalement être rempli par un système de pouvoir centralisé dans la coalition interne. (Plus exactement, la seule façon de s'assurer que le pouvoir reste passif dans la coalition externe est que le pouvoir reste clairement concentré dans la coalition interne.) Tous nos types de C.I. sauf un concentrent en fait le pouvoir d'une manière ou d'une autre. Deux d'entre eux le concentrent visiblement dans le système d'autorité, un troisième dans l'idéologie, et le quatrième dans la compétence. Autrement dit, le pouvoir défini en termes de chef unique, de normes bureaucratiques, de croyances partagées, ou de savoir-faire d'experts, paraîtrait compatible avec le faible contrôle extérieur d'une organisation.

    Plus précisément, c'est la tendance naturelle de chacun de ces systèmes d'influence, qui domine intérieurement, d'essayer de faire apparaître une coalition passive extérieurement. Et, dans trois ou quatre cas, la solution naturelle pour ce faire, c'est de réussir. La C.I. personnalisée tend à être dirigée par un directeur général qui sait ce qu'il veut, peu enclin à accepter une quelconque forme de contrôle extérieur, qu'elle vienne d'un détenteur d'influence extérieur ou de plusieurs. Il s'efforcera soit d'éloigner son organisation d'un tel contrôle, tout comme un chef d'entreprise cherche des marchés ne dépendant pas d'un seul client ou fournisseur, soit de démultiplier un tel contrôle s'il ne peut y échapper. Nous l'avons vu, un tel chef tendra à se heurter à un détenteur d'influence extérieur dominant et essayera de l'affaiblir, tandis que ce dernier s'efforcera de bureaucratiser la coalition interne pour affaiblir le contrôle personnel de son chef. Au contraire, face à une C.E. divisée, le chef s'efforcera d'apaiser les détenteurs d'influence extérieurs, tandis qu'ils s'efforceront de courtcircuiter son autorité, ce qui tendra à politiser la coalition interne. Finalement, la seule forme de coalition externe qui soit pleinement compatible avec le besoin de tout contrôler en personne qu'éprouve un directeur général, c'est une C.E. passive. C'est là, la combinaison la plus harmonieuse et par conséquent la plus stable.

De même, et peut-être plus encore, une C.I. idéologique s'efforcera de tout faire pour être en face d'une C.E. passive, se heurtant à toute force importante de sa coalition externe, jusqu'à ce qu'elle la terrasse ou y échappe. Son besoin de forte intégration et de stricte adhésion à ses propres normes et croyances internes, lui évitent d'être dominée par un seul détenteur d'influence extérieur ou d'être tiraillée dans des directions différentes par plusieurs. Autrement dit, une coalition interne ne fonctionne naturellement et harmonieusement dans l'état idéologique que lorsque sa coalition externe est passive.

On peut dire de même de la C.I. professionnelle. Nous avons vu précédemment pourquoi cette sorte de coalition interne évite une coalition externe dominée, et pourquoi le contrôle du travail par les experts est incompatible avec un contrôle externe centralisé de cette organisation. Pour contrôler l'organisation, le détenteur d'influence externe dominant doit cloisonner les compétences et imposer des normes bureaucratiques aux travailleurs. Mais, nous l'avons vu, les experts s'y opposent. De même, une C.E. complètement divisée n'est pas du goût des experts, car cela permet aux détenteurs d'influence extérieurs d'usurper une partie du pouvoir détenu par les experts pour contrôler leur propre travail. Cela fait aussi s'élever le niveau de politisation interne, faisant de la compétence le principal système d'influence. Aussi les experts encouragent-ils la passivité dans la coalition externe. Pour ce faire, ils essayent d'utiliser contre les détenteurs d'influence externes les mêmes moyens qui leur ont si bien réussi à écraser les agents internes non qualifiés, — à savoir, leur contrôle de fonctions critiques et leurs connaissances et leurs talents irremplaçables. En particulier, ils repoussent les tentatives extérieures de prise d'influence, en faisant valoir que les agents extérieurs sont dépourvus des connaissances techniques nécessaires pour prendre des décisions sur les problèmes importants. Si les experts réussissent dans ces tentatives, alors peut émerger la combinaison relativement stable d'une C.I. professionnelle et d'une C.E. nettement passive. Sinon, la coalition interne tend à revenir à une autre forme, tout à fait bureaucratique, si les experts cèdent, ou une forme politisée s'ils ne cèdent pas.

Quant à la C.I. bureaucratique, se combiner avec une C.E. passive est *une* éventualité naturelle, mais pas la seule. Comme nous l'avons vu dans notre première hypothèse, une C.I. bureaucratique peut aussi coexister avec une C.E. dominée, et d'ailleurs surgit naturellement en présence de cette dernière. Mais la tendance naturelle d'une C.I. bureaucratique c'est d'essayer de faire apparaître une C.E. passive. En d'autres termes, en l'absence d'un détenteur d'influence extérieur dominant, et parfois en dépit de lui, la C.I. bureaucratique essaye de diluer le pouvoir dans son environnement. Étant envahie de normes, et en conséquence obnubilée par les contrôles (Mintzberg 1979 a, pp. 319-321), la C.I. bureaucratique essaye de tout réglementer même son environnement. C'est-à-dire qu'elle poursuit avec acharnement la finalité des systèmes de contrôle de son propre environnement, afin de protéger ses procédures internes, de se préserver des incertitudes de l'environnement pour pouvoir fonctionner sans perturbation. Et comme l'influence extérieure, surtout lorsqu'elle provient de plusieurs sources est synonyme d'incertitude, de perturbation et de perte de contrôle, elle y résiste.

Ainsi, face à une C.E. divisée, la C.I. bureaucratique tend à l'apaiser (tout comme la coalition externe essaye à son tour de politiser la coalition interne). Et alors que la C.I. bureaucratique peut visiblement fonctionner sans heurts face à une C.E. dominée, et y est même obligée, elle fait également preuve d'une tendance à harceler cette source d'influence externe. Finalement, peut-être, sans même s'en rendre compte, cette source peut être apaisée. Nous avons déjà débattu, plus haut de la diffusion progressive de l'actionnariat dans les grandes compagnies américaines, jusqu'au moment où des organisations avec peu d'actionnaires dominées par leurs propriétaires sont devenues des organisations à large base d'actionnaires contrôlées par leurs directeurs. On peut avancer, en se basant sur les travaux de Pfeffer et Salancik (1978) (voir chapitre 16), que les compagnies ont probablement joué elles mêmes un rôle important en vue d'apaiser leurs propriétaires, par leurs efforts pour s'agrandir, fusionner ou acquérir d'autres formes, etc.

En résumé, jusqu'à maintenant, nous avons fait l'hypothèse que six des quinze combinaisons possibles de coalitions internes et externes sont tout à fait naturelles. Passons maintenant aux combinaisons restantes.

4. D'autres combinaisons de coalitions, ou de systèmes d'influence internes génèrent fréquemment des conflits intenses ou modérés :

Nous avançons l'hypothèse, la plus ambitieuse de toutes, qu'une violation des trois premières hypothèses crée fréquemment des conflits d'un niveau significatif : plus précisément essayer de fonctionner avec, comme nous l'avons expliqué, une combinaison de pouvoir moins naturelle peut avoir pour effet de politiser la coalition interne et/ou de diviser la coalition externe.

Une préoccupation a nourri notre discussion jusqu'ici. La combinaison de coalitions que nous avons appelée « naturelle » surgit lorsqu'il existe une seule concentration centrale du pouvoir ; autrement le conflit est naturel. Dans l'un des cas, cette concentration se trouve dans la coalition externe, sous la forme d'un détenteur d'influence extérieur (ou d'un consensus chez plusieurs d'entre eux) et la coalition interne s'y conforme sous sa forme bureaucratique. Dans les autres cas, cette concentration se trouve dans la coalition interne, dans l'un de ses systèmes d'influence : dans l'autorité, soit par l'intermédiaire du contrôle personnel d'un chef tout puissant, soit par le contrôle bureaucratique des administrateurs, dans l'idéologie, grâce à des normes et des croyances fortes, ou bien dans la compétence, par l'intermédiaire des connaissances et du savoir-faire des experts. Une des conséquences de la concentration interne est d'avoir une coalition externe faible, c'est-à-dire, passive.

Mais qu'arrive-t-il si l'un des centres du pouvoir est absent des deux coalitions ? Nous avons trouvé une partie de la réponse dans notre deuxième hypothèse. Lorsque le pouvoir reste divisé dans la coalition externe, qu'il reste politisé dans la coalition interne, — que d'un côté comme de l'autre il manque un point d'ancrage central —, l'autre coalition a tendance à suivre et à rentrer également dans un conflit. Autrement dit, une absence prolongée de centralisation du pouvoir dans l'une ou l'autre des coalitions tend à mener tout naturellement à un état de conflit qui s'étend au fur et à mesure que toutes sortes de détenteurs d'influence se précipitent dans le vide créé.

Bien entendu, l'absence *d'un seul* centre de pouvoir n'exclut pas la présence de plusieurs autres. Le pouvoir en d'autres termes peut fort bien se concentrer à plus d'un endroit. Il peut exister un centre de pouvoir dans chacune des coalitions ou bien deux centres ou plus dans la coalition interne. Que se passe-t-il dans l'un ou l'autre de ces cas ?

Jusqu'ici, nous avons accepté l'hypothèse, posée au départ, que la coalition interne est dans son état le plus naturel, cohérent et harmonieux lorsque l'un de ses systèmes d'influence domine, du moins pendant un temps. Les autres agissent de concert, soit en le renforçant là où il est faible, ou se tenant prêt à le changer de place s'il vacille. Lorsque deux systèmes d'influence ou plus essaient de coexister en tant que centres de concentration de pouvoir dans la coalition interne, deux choses peuvent arriver.

Premièrement, il se peut que les partisans de chaque système d'influence s'affrontent dès le départ, — avec vigueur —, pour la suprématie du système qu'ils soutiennent. Par exemple, si les défenseurs d'une forte idéologie traditionnelle se retrouvent face à des administrateurs décidés à imposer des contrôles bureaucratiques plutôt que normatifs, il y a des chances qu'une bataille politique aiguë surgisse. Il en sera de même, si un chef à forte personnalité essaye de repousser un défi visant son autorité de la part d'un nouveau groupe d'experts. Dans ces cas-là, la coalition interne peut se politiser entièrement, tous les agents internes étant mêlés à la bataille. Il peut en être de même des agents externes, d'après notre deuxième hypothèse, et il en résulterait une division de la coalition externe. La période d'affrontement se doit d'être brève, aucune organisation ne pouvant tolérer un conflit intense pendant longtemps, sans mettre en danger sa survie.

Deuxièmement, il se peut que les partisans des deux systèmes d'influence internes arrivent à un accord, et donc modèrent leur conflit, permettant à la combinaison de durer. Ils en arrivent à une « alliance bancale », créant une forme hybride de coalition interne. Par exemple, le pouvoir personnalisé du chef peut coexister avec le pouvoir de compétence des opérateurs, tout comme dans un orchestre symphonique. Il découle de notre quatrième hypothèse, que si l'on exige de différents systèmes d'influence centralisés qu'ils coexistent à l'intérieur d'une même organisation, cela mène à des conflits plus graves que lorsqu'un seul système domine. Donc, les divers systèmes d'influence internes tendent à être parfois incompatibles, et les combiner suscite souvent des conflits modérés sinon intenses. Les musiciens, par exemple, acceptent le contrôle personnel du chef d'orchestre, permettant à l'orchestre de survivre et de durer, mais cela ne va pas sans une certaine tension entre autorité et compétence. De même, quand il existe un contrôle personnel fort à côté d'un contrôle bureaucratique significatif, il y aura invariablement des frictions récurrentes entre le P.-D.G. et les analystes de la technostructure.

Qu'advient-il lorsque le pouvoir dans la coalition interne est centralisé seulement dans l'un de ses systèmes d'influence, mais se heurte à une incompatibilité avec le pouvoir centralisé dans la coalition externe ? En d'autres termes, qu'advient-il lorsqu'une C.I. personnalisée, idéologique, ou professionnelle se heurte à une C.E. dominée ? Dans chacun de ces cas, nous l'avons vu, il en résulte un état de conflit, qui peut également prendre deux formes. Au départ, cela peut prendre la forme d'une guerre entre les coalitions, chacune rassemblée autour de son centre de pouvoir (chacune agissant comme une « coalition » au sens usuel de ce terme). Ainsi, le P.-D.G. de la C.I. personnalisée ou des experts de la C.I. professionnelle, ou tous les membres de la C.I. idéologique, défient le détenteur d'influence externe dominant. Une telle guerre tend à être une confrontation intense, brève mais implacable entre deux camps jusqu'à ce que l'un gagne. Mais là encore, le conflit peut être modéré et prolongé. Le résultat peut être une autre forme d'alliance bancale entre des partenaires inattendus, bien que cela puisse aboutir à une politisation progressive de la coalition interne et à une division de la coalition externe, à mesure que chaque camp se cherche des partisans chez ses adversaires.

Enfin, pour boucler la dernière boucle, qu'arrive-t-il lorsqu'un conflit dans l'une des coalitions correspond à un pouvoir centralisé dans l'autre ? Comme nous l'avons vu précédemment, dans notre deuxième hypothèse en particulier, si le pouvoir centralisé ne parvient pas à éteindre le conflit, il est probable que ce conflit l'engloutisse. Autrement dit, confronté à une C.E. divisée intraitable, le niveau de conflit s'élèvera probablement à l'intérieur de la C.I. bureaucratique, personnalisée, idéologique ou professionnelle, souvent jusqu'au point où elle est envisagée d'une manière plus précise comme étant une C.I. politisée. Le niveau de friction entre les deux coalitions devrait également s'élever. A notre avis, il est peu probable qu'un quelconque type centralisé de coalition interne puisse affronter un pouvoir divisé dans la coalition externe et conserver tout de même un degré normal d'harmonie et de stabilité. Lorsqu'une C.I. politisée intraitable affronte une dominée ou passive, le résultat devrait être identique, c'est-à-dire, d'abord un conflit plus violent à l'intérieur de la coalition externe, au fur et à mesure que de nouveaux agents extérieurs sont attirés dans le système du pouvoir, et ensuite, une tension accrue entre les deux coalitions. Ce que nous disons dans notre quatrième hypothèse, c'est que les trois premières hypothèses définissent des combinaisons naturelles, cohérentes ou harmonieuses de ces deux coalitions, combinaisons qui ont donc plus de chances de se produire, et donc plus de chances d'être stables si tel est le cas. Les neuf autres combinaisons possibles, généreront plus probablement des niveaux de conflit significatifs à l'intérieur de chacune des coalitions et/ou bien entre elles deux. Le conflit peut soit être intense, auquel cas il devrait être bref, ou bien modéré, auquel cas il se peut qu'il dure quelque temps. Bien entendu, ce n'est pas là une conclusion bien nouvelle, car nous avons déjà décrit les conflits qui surgissent dans chacune des neuf autres combinaisons. Nous avons montré pourquoi le pouvoir interne concentré dans le contrôle personnel, l'idéologie, ou la compétence entre naturellement en conflit avec une coalition externe qui n'est pas passive, pourquoi une C.E. dominée, fait de même avec une C.I. qui n'est pas bureaucratique et pourquoi une C.E. divisée est incompatible avec toute qui ne soit pas politisée et vice versa.

Pour clore cette discussion, nous ferons remarquer que bien que ces neuf combinaisons aient été décrites comme moins naturelles, — cohérentes, harmonieuses et probablement moins stables que les autres —, on ne devrait pas forcément les considérer comme des aberrations dysfonctionnelles. C'est ce qu'elles sont parfois, comme nous le verrons dans d'autres exemples : des combinaisons qui gênent l'organisation dans l'accomplissement de sa mission première. Mais ces combinaisons « contre-nature » peuvent également fonctionner. Après tout, comment une organisation pourrait-elle effectuer une transition nécessaire mais contestée, d'une combinaison naturelle à une autre, sans passer par une période de combinaison contre-nature ? Comment par exemple, une nouvelle compétence cruciale serait-elle reconnue par rapport à une idéologie dépassée, ou bien comment des contrôles bureaucratiques nécessaires remplaceraient-ils des contrôles personnalisés inefficaces, si ce n'est pas l'intermédiaire de l'organisation, pendant quelque temps, sous le coup d'une combinaison moins harmonieuse des deux centres du pouvoir concurrents. En d'autres termes, une combinaison « contre-nature », avec les conflits qui en résultent, doit donc souvent servir d'arrêt obligatoire dans le passage d'une combinaison naturelle à une autre. De même, comment une organisation confrontée à divers besoins de pouvoir éviterait-elle l'utilisation d'un hybride tenace ? Pour reprendre un de nos exemples, comment l'orchestre peut-il éviter un équilibre entre les systèmes de compétence et d'autorité (sous sa forme personnalisée) ? Le faire basculer en faveur du chef au dépend de la compétence, ou en faveur des instrumentistes au dépend d'une coordination centrale, nuirait à la bonne marche de l'orchestre. En d'autres termes, fonctionner avec l'une des combinaisons les moins naturelles, amenant des niveaux de conflit importants, c'est en fait plus naturel pour les organisations qui font face à des besoins de pouvoir conflictuels, ou pour lesquelles une transition d'une combinaison naturelle à une autre est nécessaire.

LES SIX CONFIGURATIONS DU POUVOIR

Nos trois premières hypothèses proposent un ensemble de relations spécifiques entre les coalitions internes et externes, considérées comme les plus naturelles. Elles apparaissent à la figure 17-1 et sont citées ci-dessous :

- Une C.E. dominée s'accorde naturellement avec une C.I. bureaucratique et essaie donc d'y donner naissance.
- Une C.E. divisée s'accorde naturellement avec une C.I. politisée et essaie donc d'y donner naissance.
- Une C.I. politisée s'accorde naturellement avec une C.E. divisée et essaie donc d'y donner naissance.
- Une C.I. personnalisée s'accorde naturellement avec une C.I. passive et essaie donc d'y donner naissance.
- Une C.I. idéologique s'accorde naturellement avec une C.I. passive et essaie donc d'y donner naissance.
- Une C.I. professionnelle s'accorde naturellement avec une C.E passive et essaie donc d'y donner naissance.
- Une C.I. bureaucratique peut s'accorder naturellement avec une C.E passive et essaie d'y donner naissance.

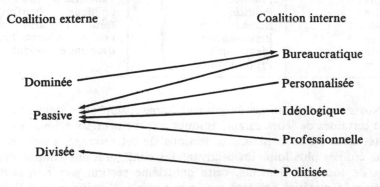

Figure 17-1. *Relations naturelles entre les types de coalitions externes et internes*

Ce que ces relations définissent, ce sont six combinaisons naturelles des deux coalitions ; celles-ci forment nos six configurations de pouvoir organisationnel, une grosse poignée, donc. Quant aux neuf autres combinaisons possibles, selon notre quatrième hypothèse :

a. chacune d'elles, étant moins naturelle, a moins de chance de se produire que les autres, mais,

b. lorsque c'est le cas, elle sera moins stable et comprendra un certain degré de conflit entre les coalitions et/ou à l'intérieur d'elles, prenant la forme, soit :

   b_1 d'un conflit intense sur une courte période, étape peut-être nécessaire dans la transition fonctionnelle entre deux combinaisons naturelles, soit

   b_2 d'un conflit plus modéré qui peut durer, conséquence parfois de la recherche d'un hybride nécessaire, ou d'une alliance bancale entre différentes concentrations de pouvoir.

Voici la liste, ci-dessous, des six combinaisons naturelles des coalitions internes et externes, avec l'étiquette attribuée à chaque configuration, suivie des neuf autres combinaisons, avec les formes qu'elles peuvent prendre :

Coalition externe	Coalition interne	Configuration de pouvoir
Dominée	Bureaucratique	L'instrument
Passive	Bureaucratique	Le système clos
Passive	Personnalisée	L'autocratie
Passive	Idéologique	Le missionnaire
Passive	Professionnelle	La méritocratie
Divisée	Politisée	L'arène politique
Dominée	Personnalisée	Probablement moins fréquentées et moins stables. Tendance à être : « Arène politique » (parfois sous forme d'hybride fonctionnel, ou d'étape nécessaire dans une évolution)
Dominée	Idéologique	
Dominée	Professionnelle	
Dominée	Politisée	
Passive	Politisée	
Divisée	Bureaucratique	
Divisée	Personnalisée	
Divisée	Idéologique	
Divisée	Professionnelle	

Nos six configurations du pouvoir apparaissent aussi dans le tableau 17-1, avec certaines de leurs caractéristiques qui incluent les éléments de pouvoir présentés dans les trois premières sections de cet ouvrage, ainsi que d'autres facteurs étudiés plus loin. En décrivant les configurations comme des combinaisons de tous ces éléments, cette quatrième section sert non seulement à synthétiser le matériel présenté sur le pouvoir à l'intérieur et à l'entour des organisations, mais aussi à le résumer. Nous passons rapidement en revue ces six configurations ci-dessus, par ordre décroissant de concentration de pouvoir et de l'usage qui en est fait[4] :

---

[4] Sauf pour l'autocratie qui suit l'instrument et le système clos pour la commodité de l'exposé, bien que son pouvoir soit quelque peu mieux défini et concentré.

* *L'instrument* est une configuration dans laquelle l'organisation sert un détenteur d'influence externe dominant (ou un groupe agissant de concert). Comme le contrôle externe d'une organisation est atteint le plus efficacement par l'utilisation de contrôles bureaucratiques, la coalition interne se montre bureaucratique, poursuivant et, au besoin, maximisant tout but opérationnel que le détenteur d'influence dominant choisit de lui imposer. Les agents à l'intérieur sont encouragés à fournir des efforts par des moyens utilitaires, ne leur laissant que peu d'occasions de jouer aux jeux du pouvoir. Une telle configuration tend à émerger lorsqu'une organisation subit un pouvoir externe centralisé et organisé, (en général autour d'une dépendance cruciale ou d'une prérogative légale clé), qu'exerce un détenteur d'influence extérieur (ou un groupe agissant de concert) ayant des buts clairs et opérationnels

* *Le système clos* a aussi une C.I. bureaucratique, utilitaire, le contrôle interne étant basé sur des normes de travail et de production bureaucratiques. Autrement dit, sa coalition interne ressemble de près à celle de l'instrument. La différence fondamentale est que le système clos n'est pas confronté dans son environnement à un pouvoir centralisé, mais plutôt un ensemble de détenteurs d'influence extérieurs dispersé et inorganisé. En d'autres termes, sa coalition externe est passive, ce qui permet à la C.I. — notablement aux administrateurs, en particulier aux cadres supérieurs et aux analystes qui fixent les normes bureaucratiques —, de se tailler la part du lion (en ce qui concerne le pouvoir) et d'orienter l'organisation vers les buts des systèmes. Très précisément, ils recherchent les buts de survie, d'efficacité, de contrôle et de croissance dans cet ordre-là, la croissance étant le but finalement maximisé ; ce qui signifie que la coalition interne étant autonome ou même contrôlant son propre environnement, en fin de compte se rend service elle-même. Le système clos, tout en étant contrôlé par ses administrateurs a plus de place pour l'activité politique que l'instrument en particulier pour les jeux du genre construction d'empire. Le système clos tend à apparaître dans les organisations plus anciennement établies, généralement de vastes organisations dans un environnement stable avec des agents non qualifiés et des détenteurs d'influence externes dispersés.

* *L'autocratie* s'oppose aussi à une coalition externe passive, mais suscite une coalition interne toute différente. Tout le pouvoir est concentré dans le P.-D.G. qui contrôle tout personnellement. Cette forme de contrôle strict signifie une absence virtuelle de jeux politiques, les agents internes expriment leur loyauté envers le chef ou quittent l'entreprise. L'autocratie peut poursuivre et, si besoin est, maximiser tout objectif convenant au P.-D.G. Les autocraties sont souvent de petites organisations peu visibles, si bien qu'un individu seul peut y maintenir un contrôle personnel ; et aussi de nouvelles organisations ou d'anciennes encore dirigées par leur fondateur, certaines opérant dans un environnement simple et dynamique, d'autres parfois ayant des chefs incontestés, d'autres encore confrontées à des crises sérieuses.

* *Le missionnaire* est dominé par l'idéologie, à tel point que sa coalition externe en est devenue passive. En vérité, plutôt que de subir l'influence

Tableau 17-1. *Caractéristiques des configurations du pouvoir*

Caractéristique	Instrument	Système clos	Autocratie
Coalition externe	Dominée	Passive	Passive
Coalition interne	Bureaucratique	Bureaucratique	Personnalisée
Détenteur(s) d'influence important(s)	Agent extérieur dominant (ou groupe agissant de concert)	Administrateurs (cadres supérieurs et analystes)	P.D.G.
Flux du pouvoir entre coalitions	C.E. ⟶ C.I. (C.I. contrôlée)	Aucun ou C.E. ⟶ C.I. (C.I. autonome ou qui contrôle)	Aucun (C.I. autonome)
Liberté d'action	Un peu et peu. Choix des moyens pour arriver aux fins prévues	Beaucoup (ce qui est dû à la taille), mais contraintes des normes bureaucratiques et des administrateurs conservateurs	Beaucoup (ce qui est dû à l'indépendance du P.-D.G.), mais contraintes dues à la taille et à la précarité
Type de direction	Mécanisme de contrôle, sinon factice	Outil ou façade	Façade
Intégration des agents internes (identification)	Avantages (minimes)	Avantages (calculés)	Avantages (calculés, quelques-uns naturels)
Préférence pour démission/protestation/loyauté des agents internes	Démission	Protestation faible ou démission	Loyauté ou démission
des agents externes	Protestation (seulement pour détenteur d'influence dominant, démission pour les autres)	Démission	Démission

Jeux politiques favoris dans la C.I.	Domination/Ligne (du parti) contre personnel Construction d'empire (un peu) Budget (conception)	Révolte et contre-révolte, parrainage, construction d'empire, budget (conception) Ligne du parti contre personnel ; candidat à pousser, indication d'interruption, jeunes Turcs	Parrainage
Buts préférés	Tout but clair et opérationnel	Buts des systèmes, en particulier croissance	N'importe quel but personnel (y compris souvent mission et survie)
Système de but(s)	Peut être une maximisation	Maximisation dans la hiérarchie des buts	Peut être une maximisation
Principales conditions favorisantes (n = nécessaire ; s = suffisante ; f = facilitante ; p = primordiale)	Pouvoir externe centralisé (n) et organisé (n), buts opérationnels (n), dépendance extérieure cruciale (f), prérogative légale centralisée (f), consensus extérieur (f), environnement simple et stable (f), système technique simple et régulateur (f), main-d'œuvre non qualifiée (f), organisation précaire (f)	Maturation de l'organisation (c'est-à-dire croissance et vieillissement) (f), système technique simple et régulateur (f), main-d'œuvre non qualifiée (f)	Formation d'organisations (s), organisations jeunes (f), petites organisations (f), dirigeants fondateurs (f), environnement simple et dynamique (s), direction forte (p), crise (p)
Principales conditions d'affaiblissement (ex. = externes à la configuration ; in. = intrinsèques à la configuration) (a)	Succès et croissance de l'organisation (in.), diffusion de l'influence extérieure (in.), perte de consensus ou de la capacité des détenteurs d'influence externes à s'organiser (in.), défaillance de la surveillance extérieure (in.), émergence de buts non opérationnels (ex.)	Exploitation du pouvoir d'agents internes (in.), illégitimité de la distribution du pouvoir (in.), incapacité à s'adapter à un environnement changeant (in.)	Précarité de l'organisation (in.), stabilisation de l'environnement (in.), croissance et vieillissement de l'organisation (in.), solution à la crise (in.) départ du dirigeant fondateur (ex.)

Caractéristique	Instrument	Système clos	Autocratie
Étape du développement organisationnel (a)	Développement jusqu'à maturité	Maturité	Formation (aussi renouvellement)
But de la configuration (a)	S'assurer que l'organisation serve les sections adéquates (ou du moins dominantes). Institutionnaliser les procédures pour viser à l'efficacité, établir de nouvelles organisations en l'absence d'initiatives dynamiques	Accélérer l'institutionnalisation des procédures et faciliter la recherche de missions systématique à grande échelle	Créer de nouvelles organisations, faire sortir des crises les organisations établies, permettre à de petites organisations (particulièrement dans un environnement simple et dynamique) de fonctionner efficacement et d'innover
Comparaison avec d'autres typologies	Machine bureaucratique (Mintzberg 1979 a) org. coercitive ou utilitaire (Etzioni 1961), Annexe (Rhenman 1973), Organisation paralytique Buttler et autres 1977/1978)	Machine bureaucratique, surtout sous forme de divisions (Mintzberg 1979 a), Organisation utilitaire (Etzioni 1961), Grosse entreprise (Rhenman 1973)	Structure simple (Mintzberg 1979 a) Grosse entreprise (Rhenman 1973)
Équivalent gouvernemental	Colonie, aussi gouvernement élu avec large consensus (et également État-providence ?)	Communisme (plus tous les grands gouvernements contemporains jusqu'à un certain point)	Dictature (ou direction dictatoriale dans une démocratie)

(a) Discussion au chapitre 24.

Tableau 17-1. Caractéristiques des configurations du pouvoir (suite)

Caractéristique	Missionnaire	Méritocratie	Arène politique (surtout les formes sous-jacentes)
Coalition externe	Passive	Passive	Divisée
Coalition interne	Idéologique	Professionnelle	Politisée
Détenteur(s) d'influence important(s)	Tous les agents internes	Experts	Varie
Flux de pouvoir entre les coalitions	Aucun ou C.E. → C.I. (C.I. autonome ou impose ses vues)	C.E. ⇄ C.I. (C.I. quasi-autonome)	C.E. ⇄ C.I. (C.I. contrôlée et contrôle : flux réciproque ; guerre entre les deux possible).
Liberté d'action	Beaucoup en principe (ce qui est dû à l'indépendance de l'organisation) mais peu en pratique (ce qui est dû aux contraintes des normes et des traditions)	Considérable (ce qui est dû au pouvoir de compétence) mais restreinte par les normes et les critères professionnels (en particulier de la bureaucratie professionnelle)	Peu ; organisation et détenteurs d'influence restreints par les conflits
Type de direction	De façade ou instrumental	Prévu comme mécanisme de contrôle, mais simple instrument en fait	Prévu comme mécanisme de contrôle et instrumental
Intégration des agents intérieurs (identification)	Buts partagés, mondanités et endoctrinement (naturels, sélectionnés et évoqués)	Buts partagés (sélectionnés et évoqués avec la profession)	Négociations (aucune avec l'organisation)
Préférence pour démission/protestation/loyauté par agents intérieurs	Loyauté (ou alors démission)	Protestation et démission (loyauté envers profession)	Protestation puis démission

Caractéristique	Missionnaire	Méritocratie	Arène politique (surtout les formes sous-jacentes)
par agents extérieurs	Démission (quelquefois loyauté)	Démission (tentative de protestation)	Protestation puis démission
Jeux politiques favoris dans la C.I.	Domination, quelques candidats aux positions stratégiques	Alliance et construction d'empires, budget (conception), camps rivaux, candidats aux positions stratégiques, domination, compétence	Tous, mais surtout construction d'alliances, camps rivaux, jeunes Turcs
Buts préférés	Idéologiques (préservation, extension ou perfectionnement de la mission)	Mission, autonomie dans la profession et excellence	N'importe quel but personnel
Système des buts	Maximisation	Attention régulière sur quelques buts primaires ; nombreuses contraintes	Au mieux, attention régulière, peut-être ensemble de contraintes ; au pire paralysie (aucun but poursuivi)
Principales conditions favorisantes (n = nécessaire ; s = suffisante ; f = facilitante ; p = primordiale (a)	Mission claire, centralisée, distinctive et inspirante (n, s, p), histoire distinguée (n), direction charismatique dans le passé (n), petite taille (f), âge moyen (f), environnement simple (f), système technique simple (f), volontariat (f)	Technologie ou système technique complexes (n, s, p)	Défi à l'ordre existant ou entre détenteurs d'influence (n, s, p), changement fondamental dans une condition importante (f), cassure de l'ordre établi, ou aucun au départ (f), inadaptation à un changement antérieur (f), pressions équilibrées et irréconciliables sur l'organisation (f), mission visible et controversée (f), agonie de l'organisation

Principales conditions d'un affaiblissement (ex. = externes à la configuration in. = peuvent être intrinsèques à la configuration) (a)	Temps (atrophie de l'idéologie) (in.), besoin d'appareil administratif (in.), besoin d'interaction avec agents extérieurs (in.), vulnérabilité de l'organisation (in.)	Rationalisation de compétences (ex.), accent mis sur de nouvelles missions (ex.), insensibilité des experts (in.), défis · venant de détenteurs d'influence externes (in.)	Mort de l'organisation (in.), politisation excessive (in.), relève du défi (ex.), pouvoir bascule dans une alliance bancale (ex.)
Étape du développement organisationnel	Développement jusqu'à maturité	Développement jusqu'à maturité et maturité	Déclin et transitions entre les autres étapes
But de la configuration (a)	Changer certaines normes de société, ajouter l'inspiration au travail et l'enthousiasme pour poursuivre une mission	Fournir savoir-faire et connaissances complexes et nécessaires	Induire des changements nécessaires mais rencontrant une résistance dans le pouvoir organisationnel ; permettre aux hybrides nécessaires de fonctionner, accélérer le recyclage des ressources d'organisations dépassées
Comparaison avec d'autres typologies	Organisation normative (Etzioni 1961) Institution (Selznick 1957)	Bureaucratie et « adhocratie » professionnelles (Mintzberg 1979 a) institution (Rhenman 1973) anarchie organisée ou « Poubelle » (March et Olsen 1976)	Modèle de politique gouvernementale (Allison 1971)
Équivalent gouvernemental	Révolution culturelle	Méritocratie (voir Young 1959)	Révolution, anarchie, gouvernement pluraliste (et tous les gouvernements contemporains, dans une certaine mesure)

(a) Discussion au chapitre 24.

de son environnement, le missionnaire s'efforce souvent de renverser le sens de l'influence, en imposant sa mission à son environnement. L'idéologie forte sert à intégrer solidement la C.I. autour des objectifs idéologiques. Cela permet aussi à ses membres d'être susceptibles de prendre des décisions, puisque chacun d'eux partage les traditions et les croyances, les embrasse même au travers d'identifications naturelles ou sélectionnées ou bien par la simple vertu des mondanités et de l'endoctrinement. Il en ressort qu'on ne pratique guère les jeux politiques dans cette configuration. Tous les efforts visent à poursuivre le plus loin possible l'objectif de préserver, d'étendre et/ou de perfectionner la mission de l'organisation. Le missionnaire tend à émerger lorsqu'une organisation a connu une direction charismatique dans le passé et peut être une histoire prestigieuse, et que se développent des traditions tenaces autour d'une mission claire et caractéristique qui plaise à ses membres.

* *La méritocratie* centre son pouvoir sur ses compétences et elle en a beaucoup parmi son personnel actif et dans son noyau opérationnel. La C.I. est donc professionnelle. Mais la présence de différents types d'experts signifie également une activité politique relativement importante, en particulier dans la structure administrative où les experts se querellent à propos des ressources, des limites territoriales et de leurs candidats, qu'ils cherchent à placer à des positions stratégiques. Des tensions se font souvent jour dans la C.E., mais les compétences internes permettent d'en neutraliser la plupart. La C.E. correspond donc bien à une C.E. passive, bien qu'elle semble divisée. Le travail des experts s'intègre au travers de leurs connaissances et de leur savoir-faire standardisés, acquis dans un programme de formation précédent leur embauche, ou alors grâce à des ajustements mutuels importants sur le terrain, chez les experts formés aux diverses spécialités. Les programmes de formation rendent les experts très mobiles, si bien que la loyauté à l'égard de l'organisation est un facteur de faiblesse, encore que les experts ont tendance à rester loyaux envers leurs groupements professionnels, puisque l'intégration dans la société et l'endoctrinement font partie de leur formation professionnelle. La méritocratie ne peut maximiser aucun but primaire particulier, mais tend plutôt à en poursuivre quelques-uns avec régularité, y compris celui de la perfection professionnelle, tout en étant soumise à une foule de contraintes. Mais quels que soient les objectifs prioritaires, correspondant à la complexité du travail dans la méritocratie, ils sont non opérationnels le plus souvent. La condition clé qui permet l'essor de la méritocratie, c'est la nécessité d'une organisation qui accomplisse des travaux complexes, ce qui requiert un haut niveau de compétence dans sa C.I.

* Pour terminer, *l'arène politique* se caractérise par des conflits, à la fois dans la C.E. qui est divisée et une C.I. qui est politisée. Autrement dit, des tensions conflictuelles sont imposées à l'organisation, de l'extérieur, et les jeux politiques abondent en son sein, en particulier, ceux qui opposent les alliances entre elles. Les protestations sont véhémentes, les démissions fréquentes, la loyauté absente. En conséquence, au mieux, l'organisation s'occupe d'un grand nombre de contraintes ou d'objectifs personnels les uns à la suite des autres, au pire elle dépense toute son énergie en négociations politiques et n'aboutit à rien. Quelquefois, l'arène politique n'a pas de pouvoir concentré, pas un seul détenteur d'influence indispensable, ni aucun système d'influence centralisé. Au lieu de cela, conflits et politique sont partout. En d'autres termes, n'ayant pas de centre de pouvoir naturel, c'est le conflit qui en vient à être naturel. A d'autres moments, l'arène politique a deux concentrations de pouvoir, ou plus qui s'avèrent incompatibles d'une certaine façon, ce qui les amène à entrer en conflit, toutes deux appartenant à une coalition différente, ou à des concentrations différentes dans l'une des coalitions. Certaines arènes politiques se caractérisent aussi par des conflits intenses, qui doivent rester brefs pour la survie de l'organisation, tandis que d'autres sont caractérisées par des conflits plus modérés. Ces dernières peuvent durer, quelquefois sous la forme d'une alliance bancale entre quelques centres de pouvoir, quelquefois comme système de négociations générales pour beaucoup. Certes l'arène politique semble être inadaptée, — l'harmonie permettant mieux que le conflit à la plupart des organisations d'accomplir leur mission —, elle n'est pas pour autant une aberration. Elle peut servir d'étape fonctionnelle, voire nécessaire, obligatoire, dans le passage d'un type de configuration à un autre (ou d'un ensemble d'agents à un autre dans une configuration donnée). Elle peut aussi servir d'hybride fonctionnel, seul moyen dont dispose une organisation connaissant un conflit de pouvoir pour fonctionner. L'arène politique apparaît, lorsqu'une organisation connaît une constestation de sa hiérarchie du pouvoir entre ses détenteurs d'influence du moment, (pour recentrer une coalition ou changer la configuration), peut-être à cause d'un changement fondamental dans l'une de ses conditions d'existence essentielles ou d'une rupture de l'ordre hiérarchique établi. Elle apparaît aussi, lorsqu'il existe des forces égales et irréconciliables dans l'organisation. L'arène politique dure lorsque les exigences conflictuelles et contradictoires qui lui sont propres, ne peuvent être résolues, et que nul ne veut céder.

Nous pouvons accentuer les distinctions clés entre les six configurations du pouvoir en examinant certaines des caractéristiques apparaissant dans le tableau 17-1[5] :

* En termes de *détenteurs d'influence clés* et de *concentration de pouvoir*, nous l'avons vu, on peut considérer que dans cinq configurations sur six, il y a concentration du pouvoir, à des degrés divers, tandis que la sixième se caractérise par une absence de concentration. Dans l'instrument, le pouvoir est pleinement concentré entre les mains d'un détenteur d'influence extérieur dominant, ou de plusieurs, et dans l'autocratie, le pouvoir est entre les mains du P.-D.G. Dans les trois autres cas, le pouvoir n'est pas tant concentré dans les mains d'une seule personne que dans les systèmes d'influence internes, ce qui néanmoins a pour effet de définir lequel des agents internes prendra le

---

[5] Dans ce chapitre, nous ne traiterons pas d'autres caractéristiques qui le seront soit dans chacun des chapitres sur les configurations, soit au chapitre 24.

pouvoir. Dans le système clos, le pouvoir réside dans les contrôles bureaucratiques du système d'autorité, qui le concentre dans les mains des administrateurs, en particulier des cadres supérieurs, et dans une moindre mesure, des analystes de la techno-structure. Dans le missionnaire, le pouvoir réside dans le système d'idéologie, qui le diffuse vers ses adeptes, généralement vers tous les membres. Et dans la méritocratie, il réside dans le système de compétences qui le concentre dans les mains des experts. C'est l'arène politique qui se distingue par une absence de concentration de pouvoir entre les mains de tout individu ou groupe identifiable. Dans ce cas, le pouvoir se trouve dans les mains d'un bon nombre de détenteurs d'influence, ou de quelques-uns qui se contestent mutuellement, mais leur identité varie considérablement d'une arène politique à une autre.

 * Si nous passons au *flux de pouvoir* entre la C.E. et la C.I. et à la *liberté d'action de l'organisation elle même*, nous remarquons de nettes divergences parmi les configurations. A une extrémité, on trouve l'instrument, avec un flux de pouvoir visible de la C.E. vers la C.I., ce qui a pour résultat un contrôle serré de l'organisation, ainsi qu'un affaiblissement de celle-ci. Ironiquement, elle peut pourtant agir assez librement, au moins dans son choix des moyens, tant que ceux-ci servent les buts de son détenteur d'influence extérieur. A l'autre bout, se trouve le système clos et le missionnaire avec des organisations si indépendantes que s'il y a bien un flux de pouvoir, il va de la C.I. à la C.E., à mesure que l'organisation cherche à imposer sa volonté à son environnement. L'organisation du système clos est habituellement la plus puissante de toutes, ce qui fait qu'elle peut souvent dominer ses détenteurs d'influence potentiels simplement par la force. Au contraire, le missionnaire, n'est pas tant puissant qu'agressif, souvent avec une mission prévue pour changer certaines normes dans son environnement. Plutôt que de suivre les ordres d'agents extérieurs, il cherche à ce qu'ils suivent les siens. Juste derrière ces deux, il y a l'autocratie où le flux de pouvoir entre coalitions est le plus réduit. L'organisation est plutôt indépendante des influences extérieures, et pourtant il lui manque le pouvoir et la volonté de contrôler son environnement. En apparence, ces trois organisations peuvent agir librement, mais en fait toutes trois ont une liberté restreinte, parfois de beaucoup. Les deux premières s'imposent elles-mêmes des contraintes internes, dans un cas à cause des normes bureaucratiques et des administrateurs conservateurs[6], dans l'autre à cause de traditions bien établies. Et, l'autocratie, qui, au niveau interne, peut être la plus flexible de toutes, car elle répond pleinement aux souhaits d'un seul individu qui contrôle tout personnellement, n'ayant

---

6 L'instrument subit ostensiblement les contraintes des normes bureaucratiques et des administrateurs conservateurs, mais en fait ceux-ci sont moins significatifs, et ce pour deux raisons. D'abord, les normes ne sont pas prévues pour poursuivre non pas les objectifs d'un système donné, mais tout objectif opérationnel qui intéresse le détenteur d'influence extérieur dominant. Deuxièmement, les administrateurs conservateurs doivent répondre à l'attente de ce détenteur d'influence extérieur.

aucune sorte de normes, subit habituellement des contraintes extérieures du fait de sa petite taille, et de sa précarité inhérente. Le pouvoir circule dans les deux sens dans la méritocratie, qui ne peut échapper à l'influence extérieure. Mais sa capacité à utiliser les compétences pour neutraliser une bonne partie de cette influence signifie que la C.I. en devient encore plus puissante. En d'autres termes, l'organisation conserve une bonne part de liberté pour choisir sa direction propre, bien que normes et réglements professionnels présentent des contraintes (surtout dans le cas de la bureaucratie professionnelle). C'est dans l'arène politique que nous trouvons le flux de pouvoir le plus réciproque, l'organisation étant d'une certaine façon à la fois objet contrôlé et qui contrôle (particulièrement lorsque c'est la guerre entre deux coalitions). Cependant, l'intensité du conflit peut aussi rendre l'organisation impuissante, complètement incapable d'agir. Et même lorsque l'action est possible, la question se pose de savoir si elle est organisationnelle de nature, par opposition à une action individuelle.

* Si l'on considère les *moyens d'intégration du travail des agents internes aux besoins de l'organisation et leur forme d'identification à l'organisation correspondante*, dans trois cas, — pour l'instrument, le système clos et l'autocratie —, l'intégration s'effectue par des avantages matériels en retour de contributions. L'identification est minime dans le cas de l'instrument, calculée au mieux dans le cas du système clos, et en grande partie calculée dans le cas de l'autocratie avec peut-être une identification naturelle avec les valeurs du directeur général également. Les agents internes de la méritocratie et de l'arène politique partagent aussi cette réticence à s'identifier naturellement à leurs organisations, bien que les experts de la méritocratie fassent vraiment preuve d'une forte identification (choisie ou évoquée) à leur profession. La négociation est le moyen d'intégration, si l'on peut dire, dans l'arène politique, tandis que l'accord sur les objectifs chez les experts permet d'intégrer leurs travaux aux exigences organisationnelles dans la méritocratie. Pour finir, nous en arrivons au missionnaire, où l'on peut trouver des formes d'une forte identification à l'organisation (naturelles, choisies ou évoquées). L'intégration est atteinte au moyen d'objectifs partagés qu'encouragent l'endoctrinement et les activités mondaines.

* Comme le note Hirschman (1970), les participants qui appartiennent et qui gravitent autour d'une organisation peuvent utiliser la *démission*, la *protestation* ou la *loyauté* pour s'exprimer. A une extrémité, il y a l'instrument, dont les agents intérieurs n'ont que la démission pour exprimer leurs griefs, les protestations étant réservées au détenteur d'influence externe dominant. A l'autre extrémité, il y a l'arène politique, où tout le monde utilise la protestation, agents internes comme externes, la démission étant une alternative. La fidélité est très peu importante dans l'arène politique, et peu développée également dans l'instrument, Au contraire, on insiste beaucoup sur la fidélité dans la configuration du missionnaire, au détriment de la liberté d'expression. Les membres socialement intégrés dans l'organisation y restent et se conforment ou bien partent. Donc l'instrument, l'arène politique et le

missionnaire occupent les trois nœuds de la triade de Hirschman. Au milieu, se trouvent le système clos, dont les agents internes peuvent protester légèrement ou partir, l'autocratie dans laquelle les agents internes expriment leur fidélité au directeur général, ou encore choisir la porte, et la méritocratie, dans laquelle démissions et protestations sont courantes à cause de la mobilité des professionnels, la fidélité étant réservée aux groupements professionnels et non pas à l'organisation. Les agents extérieurs du système clos n'ont pas la possibilité de protester et sont poussés à se retirer s'ils ne souhaitent pas faire acte d'allégeance à l'organisation. C'est aussi vrai pour l'autocratie (quoique bien peu se donnent la peine d'exprimer leur fidélité envers le chef), et encore plus pour le missionnaire (où dans certains cas, la fidélité ne peut s'exprimer qu'en adhérant à l'organisation). Quant aux agents extérieurs de la méritocratie, ils essayent de protester mais nombreux en fin de compte sont ceux qui quittent l'organisation s'ils ne sont pas satisfaits de son fonctionnement.

* Quant aux *buts préférés* ou *systèmes d'objectifs* des configurations, notre affirmation selon laquelle l'organisation a des buts propres est particulièrement étayée pour le missionnaire, avec ses objectifs idéologiques marqués, et le système clos qui poursuit avec vigueur les objectifs du système, en particulier la croissance. On peut dire que ces deux organisations sont maximisantes. L'instrument et l'autocratie ont aussi des objectifs bien définis, ceux de leurs détenteurs d'influence dominants, et tous deux peuvent les maximiser, si telle est la volonté de leurs détenteurs d'influence dominants. C'est l'arène politique que l'on peut le moins facilement décrire comme ayant des buts propres, elle poursuit quelques-uns voire tous des objectifs personnels de ses détenteurs d'influence et réussit parfois à n'en poursuivre aucun, lorsque les protagonistes se paralysent mutuellement (bien que parfois elle puisse atteindre quelques objectifs primordiaux par intermittence, ou du moins satisfaire à un ensemble de contraintes). La méritocratie se situe au milieu : comme les objectifs associés aux activités professionnelles tendent à être non opérationnels, et comme le pouvoir est partagé entre les divers groupes professionnels, la méritocratie atteint un certain nombre de buts par intermittence, mais ne pourra jamais les maximiser. Mais certains buts peuvent se révéler plus significatifs, comme par exemple ceux qui sont associés à l'autonomie et à l'excellence professionnelles.

* Nous examinerons ensuite la manière dont cette typologie de six configurations de pouvoir cadre avec les *autres typologies* dont nous avons parlé. Selon nos cinq configurations structurelles (Mintzberg 1979 a), la structure simple correspond à l'autocratie, tandis que la machine bureaucratique peut prendre deux formes, l'instrument et le système clos, selon qu'elle est contrôlée de l'extérieur, ou autonome. Pour des raisons que nous verrons plus loin, la forme en divisions sera associée au système clos. La bureaucratie professionnelle et l'adhocratie sont deux formes de méritocratie, où dans un cas les professionnels travaillent seuls, et dans l'autre en groupe. Ce qui laisse deux configurations qui sont en fait des ajouts à l'autre typologie. Le missionnaire est la sixième configuration structurelle à laquelle il est fait allusion

à la dernière page de « Structures et dynamique des organisations », tandis que l'arène politique peut soit être considérée comme un autre ajout (mentionné dans ce même livre dans la discussion sur les hybrides), soit comme une combinaison moins stable des éléments et par conséquent, ne faisant pas partie des configurations. Nous préférons l'inclure sous sa forme fonctionnelle, donnant ainsi naissance à une typologie de sept configurations combinées :

— structure simple (autocratie),
— machine bureaucratique en tant qu'instrument,
— machine bureaucratique en tant que système clos (y compris forme en divisions),
— bureaucratie professionnelle (méritocratie),
— adhocratie (méritocratie),
— missionnaire,
— arène politique (en tant qu'hybride fonctionnel ou passage obligé dans une transition fonctionnelle).

Si nous comparons avec les autres typologies, l'organisation annexe de Rhenman est notre instrument, sa grosse entreprise notre système clos (et peut être même autocratie), tandis que son institution semble se rapprocher le plus de notre méritocratie. (Nous l'avons vu, son organisation marginale semble être une aberration peu banale). Chez Etzioni, l'utilitaire peut être soit notre instrument, soit notre système clos (et parfois l'autocratie), tandis que le type coercitif se rapproche probablement plus de notre instrument que de notre système clos, car il semble bien être dominé par un consensus de ses détenteurs d'influence extérieurs, nous le verrons plus loin. Et de plus son type normatif correspond à notre missionnaire. La typologie de Blau et Scott ne se prête pas aisément à ce calque, à notre avis parce qu'elle représente un contrôle supposé plutôt que réel. Nous trouverons des entreprises commerciales qui sont des autocraties, des instruments, des systèmes clos et même des arènes politiques (sans parler des méritocraties et des missionnaires à l'occasion), et des mutelles qui sont faites pour être des missionnaires, mais se transforment souvent en systèmes clos. Ses organisations de services sont peut-être le plus souvent des méritocraties, tandis que ses organisations étatiques, instruments tout désignés, finissent bien souvent par être des systèmes clos. La typologie d'Allison fonctionne quelque peu mieux. Son modèle de politique gouvernementale cadre visiblement avec notre arène politique, son modèle de méthode organisationnelle reflète de manière quelque peu limitée notre système clos, tandis que son modèle d'acteur rationnel peut fort bien se rapprocher de notre autocratie ou instrument (probablement ce dernier)[7].

---

[7] Les spéculations n'apparaissent pas dans le tableau 17-1. Mais d'autres types purs, dont nous connaissons mieux les relations avec les nôtres, à savoir l'organisation paralytique de Butler et autres en tant qu'instrument, l'institution de Selznick en tant que missionnaire et l'« anarchie organisée » ou « la poubelle » de March et Olsen, en tant que méritocratie (bien qu'elle comporte également des traits de l'arène politique). Ces relations sont étudiées dans les chapitres concernés.

* Enfin, en termes *d'équivalent gouvernemental*, notre instrument se rapproche le plus de la colonie, administrée par une mère-patrie (et, nous le verrons, semble être à rapprocher du gouvernement élu par un net consensus dans la population). Les caractéristiques de notre système clos semblent dans une certaine mesure, se refléter dans tous les grands gouvernements actuels, mais c'est l'État communiste qui semble le refléter le plus parfaitement. Notre autocratie est visiblement l'équivalent de la dictature (ou de la direction dictatoriale même dans une démocratie), tandis que notre missionnaire se reflète le plus fidèlement dans la révolution culturelle dans la Chine d'il y a quelques années (nous le verrons plus loin). Notre méritocratie ne semble pas encore avoir fait son apparition dans un gouvernement en tant que tel, bien que Young (1959) soutienne que cela ne saurait tarder. Et notre arène politique trouve son équivalent dans ce que l'on étiquette « anarchie » et « révolution », aussi bien que dans des formes pluralistes de gouvernement (bien qu'encore une fois, tous les gouvernements contemporains reflètent les caractéristiques de l'arène politique tout au moins en partie). Dans les six prochains chapitres, nous parlerons de ces configurations du pouvoir séparément, chacune caractérisée comme un jeu particulier du pouvoir. Mais tout d'abord, un mot d'avertissement ; nous décrivons ici des types purs, des caricatures ou des simplifications de la réalité. Aucune situation de pouvoir réelle ne correspondra exactement à un quelconque de ces types, bien que si la typologie n'est pas trop mauvaise, beaucoup devraient ressembler à l'un ou à l'autre. Nous décrivons dans cette section des tendances dans des organisations, et des tensions qui s'y exercent autant que des types, bien que notre démonstration vale surtout par ces derniers.

REPRÉSENTATION DE GALA EN DEUX ACTES

Avec en vedette : Un ou plusieurs détenteurs d'influence extérieurs dominants, souvent, un patron, et le P.-D.G. et les analystes dans les rôles d'acteurs secondaires.

Résumé de l'Acte I : Un détenteur d'influence extérieur (ou plusieurs qui sont tombés d'accord), avec des objectifs clairs et opérationnels, ou encore mieux la maximisation d'un seul, domine la coalition externe et peut ainsi imposer sa volonté à la coalition interne grâce à des contraintes formelles, auxquelles s'ajoutent des contrôles directs (en utilisant parfois le conseil d'administration également), et ainsi en fait son instrument.

Résumé de l'Acte II : En vertu de ce contrôle externe, la coalition interne devient bureaucratique ; des rigidités de ce genre donnent lieu à des jeux politiques, qui ne font pas sérieusement concurrence aux buts formels ; le cycle du pouvoir est terminé lorsque la coalition interne oriente sa stratégie vers le/les détenteur(s) d'influence extérieur (s) dominants(s) et /ou met ses excédents à sa/leur disposition.

Sur scène, actuellement : Où le pouvoir extérieur est centré et organisé, normalement autour d'une dépendance cruciale ou d'une prérogative légale, et où les objectifs imposés de l'extérieur sont clairs et opérationnels, impliquant habituellement la participation d'organisations dans des environnements stables avec des systèmes techniques de production de masse simples, et une main-d'œuvre non qualifiée ; en particulier dans des entreprises commerciales dirigées avec fermeté, des succursales d'autres organisations, des bureaucraties des services publics, telles que les régiments de pompiers, la poste, des organisations coercitives, telles que les prisons et certaines coopératives avec des patrons organisés, telles que les bourses des valeurs.

> « Dans le modèle rationnel, l'organisation est conçue comme un "instrument", c'est-à-dire, comme un moyen conçu rationnellement en vue de la réalisation d'objectifs de groupe annoncés expressément. Ses structures sont considérées comme des outils établis délibérément pour que se réalisent efficacement ces aspirations de groupe. L'attitude de l'organisation est ainsi considérée comme étant consciemment et rationnellement administrée... Le modèle rationnel recouvre essentiellement un modèle "mécanique", en ce sens qu'il considère l'organisation comme une structure formée de parties manipulables... Le développement à long terme de l'organisation dans son ensemble, est également considéré comme pouvant faire l'objet d'un contrôle planifié et d'être amené à se conformer de plus en plus à des buts et des projets explicites. » (Gouldner 1959, pp. 404-405).

Dans notre première configuration, telle qu'elle est décrite dans cette citation de Gouldner, l'organisation agit comme instrument pour accomplir les souhaits d'un pouvoir supérieur à lui-même. Dans notre terminologie, une C.I. bureaucratique répond à une C.E. dominée ; dans celle de Rhenman (1973), l'organisation est « l'annexe » d'une quelconque agence extérieure. Butler et autres jugent cette organisation « paralytique », ce qui signifie selon le dictionnaire « incapacité de remuer ou d'utiliser sa propre volonté ; dépendance sur un soutien extérieur, état d'impuissance totale », et selon eux : « une organisation centrale dominée et influencée par des unités d'intérêt extérieur qui l'immobilisent véritablement » (1977-1978, p. 48). Dans notre perspective cependant, l'instrument n'est pas du tout immobilisé. Il est plutôt mobilisé pour poursuivre les objectifs de son détenteur d'influence externe dominant. Dans les limites de cette restriction majeure, il peut se déplacer plutôt facilement. (En fait nous utiliserons le terme de paralytique pour une forme de l'arène politique, celle que la politique immobilise à tel point qu'elle ne peut rien accomplir pour qui que ce soit).

Ce chapitre s'ouvrira par une description de la C.E. de l'instrument où son pouvoir prend sa source, puis décrira sa C.I. Après quelques remarques sur son système de buts, nous décrirons en conclusion quelques-unes des formes que cette configuration de pouvoir peut prendre.

LA C.E. : DOMINÉE (ET DOMINANTE)

Il est une condition préalable primordiale à l'émergence de l'instrument : le pouvoir dans la C.E. doit être concentré entre les mains d'un seul détenteur d'influence ou plusieurs agissant de concert, essentiellement pour le contrôle d'une dépendance cruciale ou d'une prérogative légale primordiale.

S'il n'y a qu'un seul détenteur d'influence externe dominant, l'accès à la C.I. peut être personnel, ce qui fait que l'individu peut lui imposer un contrôle direct. Il peut choisir le P.-D.G. comme étant son propre administrateur, y placer d'autres représentants pour servir de garde-fous, autoriser les décisions-clés et même en imposer certaines à l'organisation. Pourtant, même si le détenteur d'influence externe est extrêmement motivé pour garder un contrôle personnel rapproché, car de fait, sinon de droit, l'organisation est sa propriété privée, il ne peut pas trop intervenir. Car après tout il est « externe », ce qui signifie qu'il ne peut consacrer à l'organisation qu'un temps limité. (Si tel n'était pas le cas, — s'il devait vraiment contrôler personnellement l'organisation à temps complet —, il deviendrait de fait son P.-D.G. et la configuration redeviendrait autocratie). Par conséquent, avec un temps limité, le détenteur d'influence externe doit se fier à un autre moyen d'influence externe, qui est moins personnel par nature et lui permet pourtant de conserver le contrôle de l'organisation : c'est ce que nous avons appelé la contrainte formelle. Précisément, le détenteur d'influence externe impose des objectifs tangibles à l'organisation, qu'il a lui-même rendus opérationnels. De cette façon, il peut laisser la direction gérer l'organisation, il peut se contenter d'en contrôler les résultats périodiquement.

En vérité, sauf pour les organisations les plus petites et les plus simples, les buts opérationnels sont le seul moyen permettant à un détenteur d'influence de garder l'organisation bien en main, et pourtant d'y rester extérieur. Avec ces buts, la direction sait ce qu'on attend d'elle, et que ses résultats peuvent être et seront évalués dans le cadre de ces prévisions. Aussi la poursuite des intérêts du détenteur d'influence externe est-elle assurée. En d'autres termes, l'instrument fait surface lorsqu'une organisation doit répondre à un pouvoir externe centralisé qui se fait clairement entendre. S'il ne s'exprime pas clairement, l'organisation ne peut pas ou n'est pas forcée de réagir avec une attitude cohérente, et donc n'agit pas comme un instrument. Si au contraire il s'exprime d'une manière nette, l'organisation ne peut que réagir avec cohérence, puisque son contrôle n'est pas contesté.

Ainsi, les contraintes formelles apparaissent comme le moyen d'influence extérieur primordial dans l'instrument, auquel s'ajoutent les contrôles directs. Qu'en est-il des autres moyens ? Les normes sociales n'ont évidemment aucune importance, et les campagnes d'opinion sont inutiles, puisqu'elles sont bien moins directes et efficaces que les contraintes formelles et le contrôle direct. Le conseil d'administration peut être utilisé comme moyen d'influence, comme le véhicule avec lequel le détenteur d'influence externe peut aborder le P.-D.G. officiellement de façon régulière, afin d'imposer ses buts opérationnels et son contrôle direct. Mais ce n'est pas nécessaire, puisque le détenteur d'influence peut aisément contourner le conseil, et rencontrer le P.-D.G. de façon informelle. Voilà ce que fera probablement le détenteur d'influence externe, auquel cas le conseil d'administration sera réduit à un rôle de façade. Vu la faiblesse des autres détenteurs d'influence externes, l'organisation n'a guère besoin d'utiliser le conseil comme un outil, pour compter des détenteurs d'influence, se légitimer et ainsi de suite.

Qui tend à émerger comme le détenteur d'influence externe dominant ? Le candidat le plus en vue c'est le propriétaire de l'organisation, — du moins là où la propriété est concentrée —, puisque celui-ci, en a le contrôle légal. Autre candidat : un assuré contrôlant une dépendance cruciale —, un monopsoniste ou monopoliste contrôlant un marché clé ou une source d'approvisionnement. Parfois la dominance est le fait d'un groupe de détenteurs d'influence externes. Dans ces cas-là, au chapitre 7 nous les avons appelées les coalitions externes « *dominées par consensus »,* divers détenteurs d'influence externes se groupent autour d'un thème central exprimé en termes d'objectifs opérationnels. En agissant à l'unisson, ces détenteurs d'influence deviennent une seule force, capables de contrôler la C.I., pratiquement de la même manière que le ferait un seul détenteur d'influence externe dominant[1]. Au chapitre 7, nous avons cité l'étude de la prison à orientation pénitentiaire de Cressey (1958), dont les détenteurs d'influence externes significatifs, — policiers, juges, procureurs et d'autres —, s'accordaient tous sur l'objectif de protéger la société des criminels, plutôt que de les réhabiliter. En conséquence, la prison était devenue instrument : « ... la prison fonctionnait selon une conception de service public exprimée dans un code d'éthique proposé pour les employés et les fonctionnaires d'Arlington County, État de Virginie » : ceux qui occupent des charges publiques, en tant que personnes au service du public, ne détiennent pas l'autorité mais sont des agents de l'utilité publique (p. 46 souligné dans l'original).

LA COALITION INTERNE : ELLE EST BUREAUCRATIQUE ET RÉAGIT BIEN

Nous avons déjà vu au chapitre précédent comment le contrôle externe d'une organisation génère à la fois centralisation et formalisation dans ses propres structures, en d'autres termes l'amène à être ce que nous avons appelé une machine bureaucratique ou coalition interne bureaucratique. C'est l'hypothèse fondamentale qui sous-tend l'instrument : une C.E. dominée donne naturellement naissance à une coalition interne bureaucratique. En effet, le détenteur d'influence externe fait d'une organisation son instrument en centralisant son pouvoir entre les mains d'un seul individu, — le P.-D.G. au point stratégique au sommet —, qu'il tient pour responsable de ses actions et qui doit rendre compte de ses actions, puis en imposant à cet individu des

---

[1] Quand le groupe de détenteurs d'influence désigne l'un d'entre eux pour agir en leur nom, le consensus et la domination individuelle deviennent synonymes.

objectifs que le P.-D.G. peut à son tour traduire en normes bureaucratiques, — objectifs, règles, règlements, etc., — grâce à la hiérarchie de l'autorité. Ces normes servent en fait à protéger les agents internes, en leur permettant de « prouver » qu'ils ont œuvré dans le sens des intérêts du détenteur d'influence externe. Nous voyons ainsi l'instrument dans la figure 18-1 comme une chaîne d'autorité formelle pleinement développée, à partir du détenteur d'influence externe pénétrant dans l'organisation grâce au P.-D.G. (peut-être via le conseil de direction), puis en descendant toute la hiérarchie de l'autorité jusqu'à sa base dans le noyau de fonctionnement.

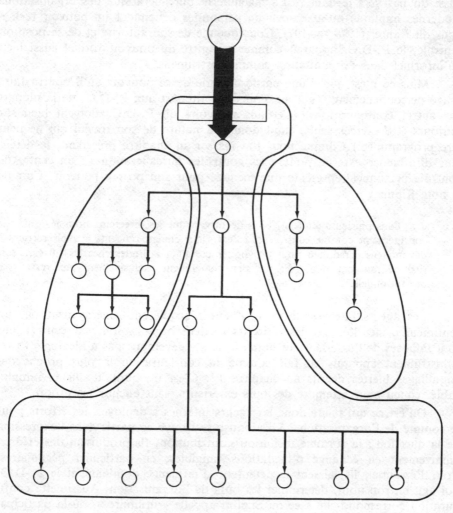

Figure 18-1. *L'instrument*

Le P.-D.G. de l'instrument a un faible pouvoir comparé au détenteur d'influence externe, puisque celui-là (le P.-D.G.) n'est en place que par le bon vouloir de ce dernier, mais comparé aux autres agents internes, le P.-D.G. a énormément de pouvoir. Il constitue le lien et le passage obligé avec le véritable centre de pouvoir. L'influence circule vers la C.I. et l'information en ressort pour aboutir au détenteur d'influence externe dominant, principalement par le biais du P.-D.G. Aussi les autres agents internes dépendent du P.-D.G. pour leur information et les délégations d'autorité. De plus, le sommet stratégique est le seul endroit où toutes les fonctions différentes de la machine bureaucratique convergent pour permettre une coordination. Il s'ensuit que le pouvoir ne circule pas seulement du haut vers le bas, mais aussi du bas vers le haut. « La machinerie bureaucratique des organisations modernes implique qu'assez peu de personnes détiennent un pouvoir réel. » nous dit Kanter (1979, p. 197). Conséquence de son autorité et de sa position centrale, le P.-D.G. apparaît comme le centre du pouvoir formel aussi bien qu'informel dans l'organisation comme instrument.

Mais ce n'est que d'une partie minime de ce pouvoir qu'il pourra faire usage personnellement, tout au moins par rapport aux P.-D.G. de la plupart des autres configurations. (Certains pouvoirs du P.-D.G. doivent bien sûr toujours être exercés seuls, étant donné la nature de son travail qui ne peut être programmée.) Comme nous l'avons vu au chapitre précédent, le détenteur d'influence externe préfère les contrôles bureaucratiques ; un centre de contrôle personnel représente une menace pour son propre pouvoir. Comme le note Kipnis :

> « ... dans plusieurs études... on a découvert que les directeurs nommés qui... se considéraient comme contrôlés de l'extérieur étaient réticents à avoir recours à des moyens personnels pour provoquer certaines attitudes chez les autres... soit (ils) ne faisaient rien, soit, ils s'en remettaient exclusivement aux ressources institutionnelles. » (1974, p. 92).

Les agents internes de l'instrument n'acquièrent généralement pas un sentiment d'identité avec les objectifs de leur organisation, car ceux-ci leur sont imposés de l'extérieur. Et donc, il ne s'y développe pas d'idéologie forte. L'instrument apparaît en fait comme la configuration la plus proche des coquillages inertes décrits au chapitre 14. C'est un outil, d'ailleurs remplaçable, conçu pour atteindre des buts extérieurs, sans aucune vie propre.

Qu'est ce qui incite donc les agents internes à déployer des efforts pour le compte de l'organisation ? La réponse se trouve en partie dans l'expression de la question : la formule incitation/contribution. Ils produisent des efforts, passivement en échange d'incitations tangibles, en particulier pécuniaires. Pour l'essentiel, ils laissent le détenteur d'influence dominant et le P.-D.G. qui agit en son nom, déterminer les buts de l'organisation. Aussi cette configuration correspond-elle à ce qu'Etzioni appelle « utilitaire », où la participation des membres est basée sur « le calcul ». Ce qui réduit bien sûr considérablement l'influence du système politique (mais sans l'éliminer comme nous le verrons). Comme le notent Butler et autres « l'organisation paralytique serait associée à un intérieur calme. Après tout, c'est presque une situation où aucune décision n'est prise, et les gens continueront tranquillement leur travail routinier » (1977-1978, p. 49). Si jamais les jeux politiques deviennent impossibles, le détenteur d'influence dominant tendra à intervenir rapidement et à les réduire au silence. Le système de compétences est aussi un point faible de l'instrument, mais à l'écart, car il représente une menace pour les centres de pouvoir existants. Le travail d'un expert ne se prête pas aux normes de travail bureaucratiques, à des productions mesurables ou des contrôles externes. Par conséquent, l'instrument ne peut en tolérer une forte dose.

Ceci étant dit, nous pouvons étudier le pouvoir de chacun des acteurs internes de l'instrument. Les cadres moyens s'occupent plus spécialement des fonctions ou sous-fonctions spécifiques, telles que la fabrication ou l'entretien. A cause de la nature bureaucratique de l'organisation, ils tendent à avoir peu de poids face au P.-D.G., et de plus en plus faibles en descendant les échelons de la hiérarchie. Au fur et à mesure que s'empilent sur eux les couches d'autorité successives, et que les normes bureaucratiques institutionnalisent leur travail de plus en plus, leur aptitude à faire usage d'un contrôle personnel, qui n'est jamais importante à quelque niveau que ce soit, se réduit pratiquement à rien vers le bas de la hiérarchie. Comme tout le monde, les cadres de direction sont motivés par la formule incitation/contribution, bien que quelques-uns à un niveau plus élevé puissent se livrer à une spéculation d'identification, en pensant qu'un jour, l'un d'entre eux deviendra probablement P.-D.G.

Cependant, la rigidité de cette structure conduit à des formes mineures de déplacement d'objectifs et d'activité politique parmi les cadres moyens. En particulier, la structure de machine bureaucratique encourage les cadres à déformer les objectifs, à les sous-optimiser, à inverser les moyens et les fins, bien que la nature hautement opérationnelle des buts réduise cette tendance à un minimum. Et, dans une structure où le statut est associé au niveau dans la hiérarchie et à la taille de l'unité dirigée, les cadres moyens sont quelque peu encouragés à jouer les jeux politiques de construction d'empire et de budgétisation. S'ils ne peuvent influer sur les objectifs de l'organisation de manière significative, ils peuvent au moins rechercher une plus large part de ses récompenses matérielles. Peut-être plus répandu en tant que jeu politique, en particulier en bas de la hiérarchie, c'est de dominer en jouant les petits chefs, les directeurs faisant payer leur absence de pouvoir à leurs subordonnés et à d'autres :

> « Dans le monde bureaucratique, le cadre moyen adopte un style qui consiste à appliquer règlements et procédures de manière inflexible et à traiter la conformité comme une fin en soi... Comme il n'a pas le pouvoir de changer les règles, et manque d'arguments pour motiver ses subordonnés, il se protège des

critiques de ses supérieurs en restreignant sa responsabilité à une interprétation stricte de la loi à la lettre. » (Israeli 1975, p. 59).

Les analystes de la technostructure ont ici peu de pouvoir *formel*, puisque la machine bureaucratique le conserve tout entier dans la hiérarchie verticale. Mais, un pouvoir informel ils en ont, tout au moins en petites proportions, car ce sont eux qui conçoivent les normes bureaucratiques qui régissent le travail de tous les autres. La conception de ces normes est une fonction cruciale dans l'instrument, — un important îlot de liberté d'action dans une mer de règlements —, et ce sont les analystes qui le contrôlent. Ce qui bien sûr les met en conflit avec les cadres moyens du bas de l'échelle, dont le peu de liberté d'action personnelle est davantage menacé, à chaque nouvelle norme bureaucratique. Ainsi, la confrontation des cadres et des employés est un autre jeu politique dans l'instrument opposant les cadres supérieurs disposant d'un statut mais non de la réalité de pouvoir, aux employés analystes qui eux en ont la substance (mais non le statut).

Les spécialistes sur qui repose l'instrument, ayant un statut d'employés, n'ont pas non plus de pouvoir formel. Mais contrairement aux analystes, la plupart d'entre eux ne contrôle aucune fonction cruciale, aussi ils n'ont généralement pas de pouvoir informel non plus.

Enfin, en bas de la pyramide se trouvent les opérateurs : leur travail étant en général routinier et non spécialisé, ils ressentent tout le poids du système d'autorité sous forme de contrôles bureaucratiques. Leur liberté d'action est minime, et seul pratiquement l'aspect utilitaire les pousse à agir. Les seuls jeux politiques auxquels ils peuvent se livrer sont le jeu de domination du petit chef, du moins lorsqu'ils s'occupent directement des clients, et de temps à autre la contestation, lorsqu'ils peuvent agir ensemble contre la direction. Mais la présence d'un système d'autorité fort et uni, légitimé par les contrôles extérieurs, rend le jeu de la contestation risqué.

Les relations des opérateurs avec l'autorité centrale passent en réalité par leurs syndicats, qui négocient à l'extérieur de la coalition interne. En fait, on peut considérer ces négociations comme étant aussi extérieures à la coalition externe. Les buts de l'organisation étant visiblement ceux du détenteur d'influence externe, les syndicats concentrent leurs efforts non pas pour influencer l'attitude de l'organisation, mais pour obtenir les meilleures incitations financières possibles pour leurs adhérents. En conséquence, ils agissent plus comme des partenaires économiques, — fournisseurs de main-d'œuvre —, que comme des détenteurs d'influence à part entière. Même les grèves ressemblent moins à des campagnes de pression politique qu'à des outils de négociation économique, rejoignant l'attitude de n'importe quel fournisseur qui refuse de vendre jusqu'à ce que le prix lui convienne (Zald et Berger 1978, p. 842).

En conclusion, bien que les jeux politiques ne soient pas absents de la coalition interne de l'instrument, ils n'en sont pas non plus un élément central du système de pouvoir. Trop de pouvoir est centralisé en un seul endroit

— dans les mains du détenteur d'influence externe dominant, et ensuite du
P.-D.G. agissant en tant qu'administrateur. La politique n'offre guère de
profits. Les jeux politiques deviennent au mieux, des foires d'empoignes pour
statut ou avancement personnel, au pire, de simples manifestations de frustration. L'énergie de l'organisation en tant qu'instrument reste centrée sur les
buts imposés de l'extérieur. Comme nous l'avons vu, l'instrument peut agir
— et agir énergiquement — mais seulement dans l'intérêt de son/ses déten-
teurs(s) d'influence externe(s), jamais dans son intérêt propre érigé en système
ou dans les intérêts des agents internes.

LES BUTS : LE SYSTÈME OPÉRATIONNEL

Nous avons déjà noté que pour agir en tant qu'instrument, l'organisation doit avoir une idée précise de ce qu'on attend d'elle. Comme Allison
(1971) le fait remarquer, l'organisation ne peut fonctionner comme « agent
rationnel » que si les buts sont spécifiés à priori, avant que toute action soit
engagée. Il en ressort que les buts de l'instrument doivent être clairs et surtout opérationnels. Des buts vagues et non opérationnels empêchent un détenteur d'influence externe de prendre le contrôle, l'obligeant soit à rejoindre la
coalition interne, soit à abandonner le contrôle qu'il a sur elle. Au contraire,
des objectifs clairs et opérationnels permettent au P.-D.G. de rendre opérationnels les souhaits du détenteur d'influence externe et ainsi de s'assurer que
tous les autres agents internes agissent en concordance avec eux.

Le fait que des buts vagues soient susceptibles d'être remplacés
s'explique aisément. Toute organisation connaît des tensions entre la
« rationalité » et la politique : entre les buts formels imposés par le système
d'autorité et les buts personnels par lesquels les agents internes cherchent à
les remplacer. Comme nous l'avons vu, les jeux politiques doivent se jouer
sur le terrain de la rationalité. Même la foire d'empoigne la plus éhontée
pour le pouvoir, doit d'une certaine façon se justifier en terme de buts formels. Lorsque ceux-ci sont vagues, toute action peut pratiquement être justifiée en ces termes-là. (Comme cela a été dit précédemment, qu'est-ce qui ne
sert pas la cause de « l'avancement des connaissances » dans une université ?)
Il tombe sous le sens que plus les buts formels sont clairs et opérationnels en
haut de la pyramide et, moins on peut les remplacer facilement au bas de
l'échelle et, ainsi moins il y a de place pour la politique dans la coalition
interne (Warner et Havens 1968).

Le corollaire en est que moins il y a de buts, moins on peut en remplacer et moins l'organisation est politisée. L'existence de buts multiples,
— même opérationnels — ouvre le champ à l'interprétation et aux débats sur
leur opportunité. Ceci crée l'autonomie d'action, terrain fertile pour la politique. D'un autre côté, un seul but primordial concentre toute la discussion

sur des choix d'une seule dimension, ce qui encourage l'utilisation du calcul au lieu du jugement ou de la négociation. Nous pouvons donc conclure que la forme la plus pure d'instrument est celle à laquelle le détenteur d'influence dominant n'impose qu'un seul but à la coalition interne, la forçant par là même à le maximiser. C'est le cas par exemple du patron d'une entreprise commerciale qu'il tient bien en main, qui exige un profit maximum.

Les buts devenus système de l'instrument sont complets, et la boucle de la chaîne continue du pouvoir est bouclée, lorsque les principaux paiements provenant de ses activités sont effectués pour son détenteur d'influence externe dominant : les stratégies de base de l'instrument sont orientées vers ses besoins et les surplus mis à sa disposition.

Les ensembles de buts : survie, efficacité, contrôle et croissance, ne sont pas des facteurs essentiels de cette configuration du pouvoir, tout au moins pas en tant qu'ensemble de buts. C'est-à-dire que l'instrument n'a aucune valeur comme système en tant que tel ; il existe pour satisfaire à des besoins extérieurs, et non aux siens. Ainsi, la survie n'est pas un but en soi, l'organisation n'étant pas indispensable dans l'optique du détenteur d'influence extérieur. (Bien sûr, s'il devait s'en désintéresser, plutôt que d'essayer de la liquider sciemment, les agents internes pourraient essayer d'en saisir le contrôle pour la perpétuer sous la forme d'un système clos.) Le contrôle de son environnement par l'organisation n'est certainement pas un objectif, tout au contraire, c'est une menace pour le détenteur d'influence externe. Et la croissance peut ou non être un objectif, selon les besoins et les préférences de celui-ci. L'efficacité est d'ordinaire un objectif, car elle tend à servir le détenteur d'influence externe. Puisque ses buts sont opérationnels, l'efficacité devient instrument de mesure de leur accomplissement. La mission n'a aucun rôle particulier dans le système de buts de l'instrument en tant que tel, à moins évidemment qu'elle ne serve les intérêts du détenteur d'influence externe. (En fait, nous verrons des exemples où c'est le cas, lorsque les clients dominent la coalition externe.)

FORMES DE L'INSTRUMENT

En dehors d'une concentration de pouvoir externe, on trouve surtout l'instrument dans les mêmes conditions que le système clos, et que la machine bureaucratique en général, à savoir celles qui mènent le travail de fonctionnement d'une organisation à la routine, à la non-qualification offrant ainsi une stricte standardisation. Cela arrive lorsque l'environnement d'une organisation est simple et stable, et qu'elle permet à ses opérations d'être rationalisées, et lorsque son système technique tend à réguler (mais pas à automatiser) le travail de ses opérateurs, comme pour la production de masse et les services de masse. C'est dans ces conditions qu'un détenteur d'influence externe peut le plus facilement contrôler l'organisation au travers de buts opérationnels.

Les machines bureaucratiques sont en général de grandes organisations arrivées à maturité, si bien que leurs tâches opératives ont eu l'occasion en temps et en volume de devenir répétitives et donc de se prêter à la standardisation. Mais le contrôle extérieur, en encourageant la bureaucratisation peut quelque peu accélerer ces processus, si bien que des organisations relativement petites et nouvelles peuvent parfois apparaître également comme des instruments. Nous le verrons au chapitre suivant, le temps et surtout la croissance de l'organisation peuvent dépouiller le détenteur d'influence externe de son pouvoir sur celle-ci, si bien que l'instrument devient un système clos.

Si l'on s'en tient à ces conditions, un exemple classique d'instrument doit forcément être celui de *l'entreprise commerciale bien tenue en main* que l'on trouve dans l'industrie de production de masse. Là le pouvoir est concentré entre les mains des patrons. Comme le note Dill :

> « Les entreprises commerciales ont toujours été plus franchement autoritaires que beaucoup d'autres organisations. A la fois pour ce qui est de l'idéologie et de la pratique, le lieu principal du pouvoir formel part des patrons... Un contrôle central fort est censé être nécessaire, afin de permettre la concentration des actions, la coordination des efforts, de trouver les moyens de résoudre un conflit, et de contrôler les résultats nécessaires pour qu'on s'occupe efficacement de l'environnement externe de l'organisation. » (1965, p. 1097)

Les autres détenteurs d'influence de l'entreprise commerciale fermement tenue en main, surtout celle de taille moyenne, tendent à rester relativement passifs. Les associés préfèrent en rester à des relations strictement économiques tout comme les syndicats, et les gouvernements se contentent d'habitude d'imposer certaines contraintes formelles. Quant aux patrons dominants, ils tendent à favoriser ce but qu'est le profit, l'un des plus aisés à rendre opérationnel. Pour eux, à la différence des directeurs, la croissance tend à représenter un moyen pour cette fin qu'est le profit. Etzioni (1961) donne comme exemple principal d'organisation utilitaire, l'entreprise commerciale ayant des travailleurs manuels, ainsi que celles ayant des employés de bureau comme les banques ou les compagnies d'assurance. Il attribue l'accent qu'elles mettent sur les formes de récompenses rémunératrices à leurs objectifs économiques et à leurs structures bureaucratiques. Ces formes de récompense « peuvent aisément être mesurées et attribuées en rapport direct avec le travail effectué », ce qui est nécessaire dans ces structures hautement rationalisées (p. 80).

Les filiales travaillant dans les industries de production de masse tendent aussi à être des instruments, même lorsque les maisons-mère qui les contrôlent sont elles-mêmes plus libres (c'est-à-dire, sont des systèmes clos). L'une des études effectuées par une équipe d'étudiants de maîtrise en administration des entreprises de l'université McGill (Canada) portait sur une entreprise de métallurgie acquise récemment par un conglomérat. Avant l'acquisition, comme le montre la figure 18-2 (a), l'entreprise était une auto-cratie presque parfaite : de petite taille, dominée par un président qui « se mêlait de tout », avec une structure hautement organisée (pas de description de postes de travail, pas de services du personnel, etc.). Ses principaux buts étaient la survie et la stabilité. Au contraire, le conglomérat, on le voit sur la figure 18-2 (b), était un système clos, d'une manière plus libre, comparti-menté, avec un système d'objectifs que l'on peut qualifier vraiment de maxi-misation de la croissance. Le parachutage soudain d'un détenteur d'influence dominant dans la coalition externe de l'entreprise achetée, on le voit sur la figure 18-2 (c), a produit le résultat escompté, qui s'avéra traumatisant pour elle. Bien que le président soit resté en place (du moins pendant la durée de l'étude), la maison-mère a visiblement exercé son pouvoir. D'abord, elle a investi le conseil de direction, et l'a utilisé comme service de contrôle. Deuxièmement, elle a imposé à l'entreprise des contrôles bureaucratiques, tels que l'obligation d'élaborer un plan de cinq ans, et un organigramme avec des lignes de direction clairement définies, et de soumettre à approbation toute décision entraînant des dépenses de plus de $ 50 000. Et troisièmement, ce qui fut le pire pour l'ancien président, elle a imposé l'un des siens à un poste technocratique particulièrement sensible, celui de trésorier-secrétaire, pour surveiller le président et contrôler ses actions.

Remarquer la position dans la technostructure, une position clé qui régit le contrôle du travail effectué dans l'entreprise. Ainsi, cette acquisition a eu pour résultat un passage brusque de l'autocratie à l'instrument, la coalition externe se retrouvant dominée, et la coalition interne bureaucratisée; De même les buts de l'entreprise ont changé, la croissance venant en tête devant les autres buts après de nombreuses années de stagnation[2].

L'organisation « paralytique » de Butler et autres (1977-1978), un comité régional de l'électricité dominé par le Conseil de l'électricité du gou-vernement britannique, est un exemple encore plus extrême de la filiale comme instrument, dans le cas présent du secteur public. Ses prix étaient dictés par le Conseil ; la filiale devait s'en tenir à la fourniture d'électricité et ne pouvait se diversifier ; elle n'avait même pas de décisions de commerciali-sation à prendre, puisqu'elle devait servir tous les clients de sa région, sans pouvoir se développer ailleurs. Au total, ses « stratégies alternatives (étaient) négligeables » (p. 51). Quant à la coalition interne, il ne s'y passait « rien qui ressemble à une empoignade pour le pouvoir... pas de traces de politique, de concurrence au niveau des ressources ou de mise en avant de nouvelles activités » (p. 52). L'Office d'électricité était l'instrument parfait, aux yeux de Butler et autres pour bien des raisons déjà mentionnées : il dépendait « d'un pouvoir à l'extérieur » ; il utilisait « une forme d'énergie comprise et contrôlée » et une technologie qui est « hautement développée et stable » ; ses

---

2 D'après un rapport soumis à l'auteur par D.J. Kalman pour le cours de management 701, université McGill, 1971.

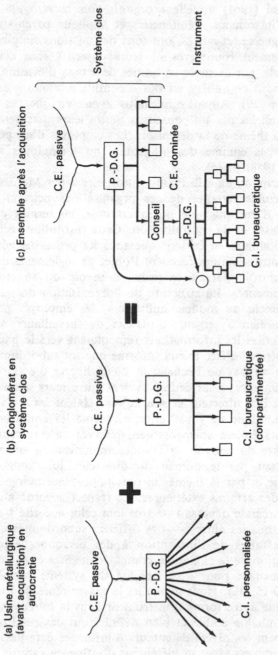

Figure 18-2. *Le passage à une configuration de l'instrument*

(a) Usine métallurgique (avant acquisition) en autocratie

C.E. passive — P.-D.G. — C.I. personnalisée

(b) Conglomérat en système clos

C.E. passive — P.-D.G. — C.I. bureaucratique (compartimentée)

(c) Ensemble après l'acquisition

Système clos / Instrument

C.E. passive — P.-D.G. — C.E. dominée — Conseil — P.-D.G. — C.I. bureaucratique activités étaient de « routine » et ses résultats « aisément calculés et évalués » (pp. 56-57).

Ce qu'Etzioni (1961) appelle « *organisation coercitive* » semble aussi être une forme d'instrument. Pénitenciers et hôpitaux psychiatriques, camps de prisonniers de guerre, et autres, ont tous des missions simples, fixes et des opérations « hautement routinières » ; leurs objectifs sont clairs, faciles à rendre opérationnels, par exemple en termes de « taux d'évasion » ; en conséquence, on s'attend à ce qu'il y ait des « conflits minimes » entre employés (Zald 1962-1963, p. 29). Auparavant, nous avons vu que ces organisations tendent à être dominées par un consensus parmi leurs détenteurs d'influence externes autour du thème de la détention. Les employés d'un pénitencier, par exemple, sont perçus comme des « agents » ou « employés au service du public » (Cressey 1958, p. 46).

Dans la description de « la Prison autoritaire » par McCleery (1957), on voit que les structures internes de ces organisations peuvent, à l'extrême, prendre la forme d'une machine bureaucratique, en termes de règlements, d'autorité hiérarchisée et de centralisation. Cette institution, écrit-il dans son rapport, « était totalitaire en ce sens que tous les processus nécessaires pour maintenir la vie entre ses murs faisaient l'objet de règlements détaillés ». Par exemple, « un contrôle parfait exigeait de savoir où se trouvait chaque homme à tout moment ». La structure de l'organisation des gardiens « était empruntée directement au modèle militaire », les employés passait dans la hiérarchie « de gardien à sergent, d'officier de surveillance à capitaine de haut grade ». « Toutes les informations remontaient vers le haut, en permettant à chaque supérieur d'être mieux informé que ses subordonnés et en limitant l'information au bas de l'échelle là où la liberté d'action aurait pu se situer. » En conséquence, « les cadres avaient entre leurs mains le monopole de l'initiative », et le « directeur et son adjoint étaient les seuls autorités responsables de la politique de l'institution ». Même les contacts avec les responsables extérieurs étaient soigneusement réservés au directeur général, faisant de lui le centre du pouvoir. « Toute communication entrant ou sortant de la prison passait par le bureau du directeur, lui donnant une vision d'ensemble étendue et par là même, la plus importante marge de manœuvre dans la conduite des affaires extérieures. Le respect accordé au directeur par la communauté carcérale dépassait de très loin celui accordé à son adjoint. » Il était interdit à tous les autres — des officiers subordonnés aux détenus — « de parler des affaires de l'institution à des personnes extérieures ». En général, la « violation de la chaîne de commandement » était interdite comme constituant une menace pour « la stabilité du système social autoritaire » (extrait des pp. 10-15, 39). Nous avons ici le cas extrême de l'instrument.

On trouve une autre forme d'instrument dans la *bureaucratie du service public,* avec une mission stable et bien définie, qui devient l'objectif autour duquel se regroupent les divers détenteurs d'influence externes. Par exemple, que les sapeurs-pompiers aient un détenteur d'influence externe dominant, ou pas, pratiquement tous ceux qui en font partie approuvent l'objectif d'éteindre les incendies rapidement et efficacement, afin de minimiser les pertes en vies et matériels. Il en est de même pour la poste et la distribution du courrier, pour l'aéroport au service des voyageurs prenant l'avion, et ainsi de suite. Les activités gouvernementales ne dégagent pas toujours un consensus parmi les détenteurs d'influence externes différents. Mais ces organisations-là dégagent cette sorte de consensus. C'est parce qu'elles fournissent à la majeure partie de la population des services de routine bien définis, services très peu sujets à une interprétation erronée et à des conflits et des critères d'évaluation de résultats faciles à rendre opérationnels. Ces organisations entrent dans la catégorie d'organisations étatiques, selon Blau et Scott, dans lesquelles tout le monde est effectivement un client. D'où le consensus.

On trouve aussi des *instruments dominés par consensus* en dehors du secteur public. Un groupe d'étudiants en maîtrise d'administration des entreprises de McGill a étudié un studio d'enregistrement monté par quatre artistes avec un but très clair (bien que pas tout à fait opérationnel) — produire un son parfait. Un autre groupe qui a étudié le champ de courses dont nous avons déjà parlé, a découvert qu'il était contrôlé de l'extérieur par ses propriétaires, le gouvernement et les jockeys. Chacun voulait la plus grande part du gâteau, à savoir le reliquat d'argent après que les parieurs ont reçu le gain de 82 cents en moyenne sur chaque pari d'un dollar. Le gouvernement voulait récupérer davantage d'argent des taxes, les jockeys plus de récompenses et les propriétaires des marges plus importantes une fois les frais de fonctionnement déduits. En ce sens, ils formaient une coalition externe divisée. Mais une fois qu'ils furent tombés d'accord sur une répartition, un protocole précis (voir p. ??, figure 15-1), ils ont pu agir de concert, fonctionnant comme une coalition externe donnée par consensus pour promouvoir l'objectif de maximisation de l'argent des paris. L'organisation est devenue leur instrument à générer des revenus[3].

On rencontre une autre forme d'instrument privé, dominé par consensus externe, lorsqu'un consortium d'organisation privées forme une organisation « annexe » pour servir un besoin commun. Par exemple, des compagnies de courtage créent un marché des valeurs pour échanger leurs titres de manière plus efficace. Comme les propriétaires et les détenteurs d'influence dominants sont aussi clients de ce marché, il va de soi que sa mission devrait apparaître comme son but principal.

Le marché des valeurs n'est qu'un exemple, en fait, de la catégorie d'organisations qu'on appelle « coopérative », société mutuelle dans la terminologie de Blau et Scott. Les agriculteurs créent aussi des coopératives pour écouler leurs produits, les consommateurs fondent des coopératives de détail pour s'approvisionner et les industries de fabrication établissent des syndicats professionnels sous forme de coopératives pour représenter leurs intérêts.

---

[3] La meilleure illustration en est que les dividendes versés aux propriétaires du champ de courses s'élèvent à 80 % des gains nets. Ces chiffres n'étaient pas plus élevés, car les propriétaires s'étaient engagés à limiter les dividendes à 80 % lors d'une émission d'obligations.

Toutes sont conçues comme instruments de leurs propriétaires, bien que beaucoup en reviennent à un système clos, car les propriétaires étant dispersés perdent le contrôle en faveur des directeurs qui eux sont organisés de façon centralisée. Les *coopératives contrôlées par leur(s) propriétaire(s)* sont peut-être plus rares, en tant qu'instrument que celles gérées par un directeur en tant que système clos. En fait, les gouvernements démocratiques, ultime forme de coopérative ou de mutuelle, voulus comme instrument du peuple, ressemblent de nos jours plus à des systèmes clos, conçus pour servir les hommes politiques et les fonctionnaires (nous en reparlerons au chapitre suivant). Mais lorsqu'un gouvernement est élu avec un net consensus de la population, pour mener à bien un mandat particulier, alors il a de fortes chances qu'il agisse sans équivoque comme l'instrument qu'il est censé être. Bien sûr, on peut aussi considérer que l'État-providence, lorsqu'il est poussé jusqu'au bout de sa logique, est comme une sorte d'instrument du peuple.

En conclusion, bien que ces derniers exemples nous montrent que l'instrument peut se transformer en une autre configuration de pouvoir, lorsque ses directeurs, ou d'autres en arrachent le contrôle aux détenteurs d'influence externe dominants, néanmoins, beaucoup d'organisations restent vraiment les instruments qu'elles devraient être à l'origine. Elles passent au moins une partie de leur vie à servir non pas leurs employés ou leurs chefs, ou elles-mêmes, mais des membres spécifiques de leurs coalitions externes qui s'expriment clairement.

REPRÉSENTATION PRIVÉE EN UN ACTE

Avec en vedette : Le système lui-même, soutenu par tous les agents internes, mais plus particulièrement par le P.-D.G., les directeurs généraux et les spécialistes analystes du personnel.

Le pouvoir : sujet d'une pièce. Résumé. La coalition externe étant passive (probablement apaisée et le conseil de direction une façade ou un outil de l'organisation) ; le pouvoir réside dans la coalition interne ; les agents internes, motivés par des valeurs utilitaires plutôt qu'idéologiques et admettant que leurs récompenses soient liées au succès de l'organisation, mettent en application les buts de système, — en particulier, l'organisation maximise la croissance soumise à de fortes contraintes pour se maintenir, (à savoir, la survie et des niveaux acceptables d'efficacité) — ; de plus, elle cherche à mieux contrôler son propre environnement, pour s'assurer de la passivité de sa coalition externe ; à partir de ces caractéristiques, le contrôle bureaucratique émerge comme le système d'influence prédominant, ce qui signifie qu'une bonne partie du pouvoir va aux agents internes qui ont une autorité formelle, surtout le P.-D.G. et les directeurs généraux, bien qu'une part de pouvoir informel aille également aux analystes ; mais l'absence de contrôle externe centralisé rend la coalition interne quelque peu moins centralisée et moins bureaucratique que celle de l'instrument, et par conséquent, quelque peu plus politisée, les jeux comme la construction d'empires, étant particulièrement répandus.

Sur scène, actuellement : L'action se déroule principalement dans de grandes organisations, en pleine maturité, fonctionnant dans un environnement simple et stable, qui autrement seraient des instruments si ce n'était que

leurs détenteurs d'influence externes potentiels, en particulier leurs propriétaires, sont dispersés et désorganisés (peut-être suite à des actions menées par
les administrateurs) ; surtout dans les grandes entreprises aux commandes
souples, en particulier du type compartimenté, certaines grandes organisations
de volontaires y compris certains partis politiques et syndicats
révolutionnaires ; également dans certaines organisations ignorées de leurs
détenteurs d'influence externes dominants (tel que les succursales du type
"menu fretin") certains bureaucraties de service public et de plus en plus les
grands gouvernements eux-mêmes.

> « La société s'adapte aux organisations, vastes et puissantes contrôlées par
> quelques chefs dont les activités se chevauchent souvent.
>
> Croire que ces organisations s'adaptent à un environnement "tumul-
> tueux", dynamique et en perpétuel changement, c'est donner libre cours à son
> imagination. L'environnement de la plupart des organisations puissantes, est
> sous leur contrôle, tout à fait stable, et formé d'autres organisations aux inté-
> rêts similaires, ou d'autres qu'elles contrôlent. » (Perrow 1972 a, p. 199).

Dans l'instrument, nous avons vu une chaîne continue de pouvoir,
depuis le détenteur d'influence externe dominant, en passant par le P.-D.G.
puis en descendant la hiérarchie jusqu'aux opérateurs. Dans cette deuxième
configuration, nous voyons le début de l'effondrement de cette chaîne,
notamment la cassure des liens entre la coalition externe et la coalition
interne, (voir figure 19-1). Il existe bien comme nous pouvons le voir, une
chaîne associée à cette seconde configuration, mais elle ne concerne que la
coalition interne, du P.-D.G. vers le bas de l'échelle. Autrement dit, la différence entre ces deux configurations de pouvoir, c'est que dans la seconde la
coalition externe est passive. Les propriétaires sont nettement dispersés et
désorganisés, les autres agents extérieurs sont peu agressifs en général, à vrai
dire ils dépendent plus souvent de l'organisation que l'inverse. Ce qui fait
toute la différence pour la distribution du pouvoir. L'organisation exploite
cette situation, et comme nous le verrons souvent même la suscite, afin de se
constituer un système en soi, fermé en tout état de cause au contrôle externe.
Elle peut aimer faire ce qui lui plaît. Et s'il y a en fait le moindre contrôle,
c'est l'organisation qui contrôle son environnement.

Chacune des quatre prochaines configurations de pouvoir que nous étudierons est en fait un système fermé dans une certaine mesure, à l'influence
de son environnement. Pourtant, trois d'entre elles fondent leur impénétrabi-
lité sur une forme de pouvoir plus ou moins légitime à l'intérieur de l'organisation, ce que ne fait que l'une d'elles, qui est fermée non par nécessité, mais
parce que ses administrateurs ont pu tirer parti de l'une de ses caractéristiques, — souvent sa taille — pour en arriver là. Ils ont réussi à bloquer ou
même à dominer les formes légitimes d'influence extérieure. A leur place, ils
font marcher l'organisation comme système, comme une fin en soi.

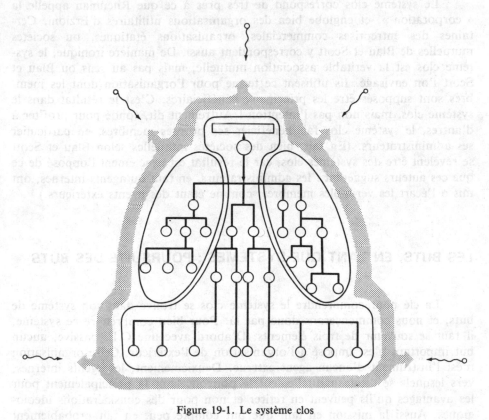

Figure 19-1. Le système clos

Nous avons donc réservé l'appellation système clos à cette configuration.

Si on ne tient pas compte de l'influence externe, sous bien des rapports, les conditions du système clos sont semblables à celles de l'instrument : ses buts sont bien définis et opérationnels, son environnement simple et stable, son système technique souvent de la production de masse, et ses tâches opérationnelles sont des activités de routine et non spécialisées. Résultat : la C.I. du système clos est également bureaucratique, son système d'influence principal étant le contrôle bureaucratique à l'intérieur du système d'autorité.

Nous avons précédemment décrit l'autorité comme étant le principal système d'influence *légitime* de la C.I. Pourquoi donc décrivons-nous le système clos qui met en valeur l'autorité, comme une configuration de pouvoir d'origine illégitime ? Tout simplement parce que l'autorité n'a pas de racines d'origine ; elle n'existe pas pour servir un pouvoir ou un dessein quelconques au-delà de l'organisation. Au contraire de l'instrument, et même à un degré moindre de l'autocratie, du missionnaire et de la méritocratie, le système clos, nous l'avons dit, se sert d'abord lui-même.

Le système clos correspond de très près à ce que Rhenman appelle la « corporation », et englobe bien des organisations utilitaires d'Etzioni. Certaines des entreprises commerciales, organisations étatiques, ou sociétés mutuelles de Blau et Scott y correspondent aussi. De manière ironique, le système clos est la véritable association mutuelle, mais pas au sens où Blau et Scott l'on envisagé. Ils utilisent ce terme pour l'organisation dont les membres sont supposés être les principaux bénéficiaires. C'est le résultat dans le système clos, mais non pas l'intention ! Autrement dit, fondé pour profiter à d'autres, le système clos fait bénéficier ses propres membres, en particulier ses administrateurs. (En fait, bien des sociétés mutuelles selon Blau et Scott se révèlent être des systèmes clos, car le résultat est exactement l'opposé de ce que ces auteurs suggèrent : les administrateurs, en tant qu'agents internes, ont mis à l'écart les véritables membres, comme étant des agents extérieurs.)

LES BUTS, EN TANT QUE SYSTÈMES : POURSUITE DES BUTS

La clé pour comprendre le système clos se trouve dans son système de buts, et nous commencerons donc par là. Pour bien comprendre ce système, il faut se souvenir de trois éléments. D'abord avec une C.E. passive, aucun but important n'est imposé à l'organisation de l'extérieur. Cette organisation n'est l'instrument d'aucun agent externe. Deuxièmement, les agents internes, vers lesquels se dirige naturellement le pouvoir, sont là principalement pour les avantages qu'ils peuvent en retirer et non pour des considérations idéologiques. Aussi la mission en tant que but compte peu, en fait probablement moins que dans toute autre configuration. Quel que soit le produit de l'organisation ou quelle que soit la personne, ce ne sont que des moyens vers des fins différentes. Ces fins-là sont les indemnités directes aux agents internes, sous forme de salaires, avantages en nature, postes intéressants, satisfactions d'ordre social avantageuses et autres. Leur engagement, pour utiliser la terminologie d'Etzioni, est le fruit d'un calcul. Aussi les agents internes sont-ils prêts à se rassembler autour de tout objectif qui produira le plus gros gâteau à se partager. Troisièmement, il y a le fait que le côté « machine bureaucratique » de la structure de l'organisation, veut qu'elle ait un système d'objectifs clair et opérationnel.

La question devient donc : autour de quel ensemble de buts opérationnels qui fournirait la plus grosse galette à partager, les détenteurs d'influence internes, peuvent-ils se rassembler ? La réponse la plus évidente c'est : autour des buts qui peuvent le mieux protéger et nourrir l'organisation elle-même comme système indépendant, les fonts baptismaux de leurs récompenses. En d'autres termes, les buts du système se révèlent souverains dans le système clos, survie, efficacité, contrôle et croissance dans cet ordre-là, comme nous l'avons vu au chapitre 16.

La croissance est le but primordial du système clos, parce que c'est le but autour duquel se rassemblent le plus naturellement les agents internes (cf. ch. 9). La croissance augmente les proportions du gâteau, avec lequel ils seront récompensés. Pour les directeurs en particulier, elle conduit à des salaires plus élevés, de meilleures occasions de promotions, des avantages en nature plus substantiels, et davantage de gadgets du genre avions à réactions. La croissance (cf. ch. 16) permet aussi aux directeurs généraux de bâtir des empires avec un minimum de tensions et de conflits internes. Dans l'organisation en expansion, il y en a largement pour tout le monde. Voilà pourquoi le système clos tend à maximiser la croissance.

L'efficacité au contraire tend à être une contrainte dans le système clos, et non un but primordial. Les agents internes savent que l'organisation a besoin d'un certain niveau d'efficacité pour survivre et croître, mais ils savent aussi que toute obsession d'efficacité peut leur coûter cher. Une organisation efficace et sans trop de moyens, se doit d'être moins généreuse qu'une organisation en plein développement et riche en moyens — « les salaires des cadres, le prestige, les options et le reste dépendent beaucoup plus de la taille d'une entreprise que de sa rentabilité » — (Findlay et Williams 1972, p. 73). Ainsi, nous avons constaté au chapitre 9 que les entreprises contrôlées par leur propriétaire, instruments et parfois autocraties, font en moyenne des profits bien plus élevés que celles contrôlées par un directeur (système clos), et que les directeurs de ces dernières montraient même une préférence pour les dépenses administratives en tant que telles, résultat, probablement, de la construction d'empires faisant partie du mécanisme de la croissance.

Juste derrière la croissance, on trouve un autre but : la survie ou préservation du système. Les systèmes clos tendent à être plutôt conservateurs dans leur comportement, même dans leur recherche de la croissance, et ce pour deux raisons. D'abord, la survie de toute organisation est de grande importance pour les employés à plein temps : lorsqu'ils ont pu en prendre le contrôle, pour qu'elle les serve, sa survie leur devient particulièrement cruciale. Ce n'est pas seulement leur gagne pain quotidien qui est en jeu ; tous les petits arrangements douillets qu'ils ont réussi à négocier au fil des ans seront perdus si l'organisation disparaît. Aussi, alors que la fin d'un autre type d'organisation peut être insignifiant aux yeux de ses détenteurs d'influence importants, une éventualité rendue nécessaire dans le cas d'un instrument ayant fait son temps, le même incident ne l'est pas pour les agents internes du système clos. Ils s'accrocheront jusqu'au bout, et plus encore, feront marcher l'organisation le cas échéant, afin d'éviter une telle éventualité.

La deuxième raison de ce comportement de conservateur, c'est que le système clos est très sensible à une attaque. Les agents internes savent que les aménagements qu'ils ont réussi à établir au niveau du pouvoir sont vulnérables, difficiles à justifier vis-à-vis d'agents externes. L'instrument, au contraire, n'a rien à cacher, son pouvoir à la fois en théorie et en pratique est légitime, ancré dans une force au-delà de lui-même. Son but final est de servir quelqu'un d'autre. Le missionnaire est légitime, car il sert quelque chose d'autre. Ses membres peuvent faire valoir que sa mission ou son but, enracinés dans son idéologie priment tout. Même l'autocratie peut souvent justifier le pouvoir absolu de son chef : nous le verrons au chapitre 20, cette personne peut être le propriétaire légitime de l'organisation, ou encore peut avoir été indispensable pour fonder l'organisation au départ, ou l'avoir aidée à traverser une crise importante plus tard. Et même en l'absence de ces facteurs, l'autocratie est, en général si petite et si insignifiante que personne ne s'inquiète beaucoup de sa légitimité. Quant à la méritocratie, tout en paraissant aussi fermée et ne voulant que se servir elle-même, tout comme le système clos, ses experts internes se taillant la part du lion dans les bénéfices, la raison étant qu'elle ne peut guère fonctionner d'une autre manière. A cause de la complexité de son travail, le pouvoir doit dépendre des compétences spécialisées.

Mais le système clos est à même effectivement de fonctionner d'une autre manière : il peut être instrument. La question évidente est la suivante . « Pourquoi n'en est-il pas ainsi ? » ? En d'autres termes, l'incapacité des agents externes à s'ingérer dans la coalition interne, y compris ceux disposant de prérogatives légales, le fait que cette configuration se contente de servir ses propres buts, le côté accessoire de sa mission, tous ces aspects sont difficiles à défendre dans un débat public, en particulier lorsque l'organisation est de taille importante, et aisément observable, comme a tendance à l'être le système clos. Mieux vaut éviter le débat en ne dérangeant personne. D'où l'attitude conservatrice.

Ainsi, Monsen et Downs remarquent à propos de l'entreprise sur laquelle l'emprise du conseil d'administration est lâche :

> « ... les actionnaires ont si peu de contacts avec la direction que toute critique largement diffusée de la haute direction, est susceptible de convaincre un bon nombre d'actionnaires "qu'il n'y a pas de fumée sans feu". Aussi, la haute direction est elle souvent sensible aux critiques provenant de groupes importants à l'extérieur de l'entreprise. » (1965, p. 231)

Les auteurs laissent entendre, comme nous l'avons discuté au chapitre 9, que ceci conduit les cadres à prendre toutes sortes d'attitudes : à filtrer soigneusement toutes les informations adressées aux actionnaires et au public en général ; à payer des dividendes convenables, en augmentation constante au lieu d'être plus lucratifs mais incertains ; à chercher plus rapidement des compromis avec les syndicats ; à éviter de prendre des décisions dangereuses et en général conserver une image de marque de compétence en évitant critiques et controverses. Ainsi ce ne sont pas seulement la survie et la pérennité de l'organisation qui importent, mais celles de la configuration de pouvoir du système clos.

L'objectif final des systèmes est celui du contrôle de l'environnement ; et le fait de s'efforcer d'en arriver là représente une obsession possible dans beaucoup de systèmes clos, pratiquement à égalité avec l'objectif de croissance : « ... au lieu de s'efforcer d'être efficient partout on s'efforce d'atteindre une efficience certaine dans le contrôle » (McNeil 1978, p. 69). Pourquoi donc une organisation avec une coalition externe passive qui se situe essentiellement dans un environnement qui ne cherche pas à la contrôler, cherche-t-elle à son tour à contrôler son environnement ? Les raisons en sont évidentes : la ligne de partage entre ceux qui contrôlent et ceux qui sont contrôlés est parfois ténue, au moins dans l'esprit de ceux qui administrent une configuration de pouvoir si vulnérable. C'est peut-être en agissant sur l'environnement qu'ils ont créé le système clos au départ. On prend vite de telles habitudes. De plus, quelle que soit la manière dont il a vu le jour, l'aménagement du pouvoir dans son ensemble prévoit que la coalition externe restera passive ; et cela est absolument décisif.

L'organisation n'a nullement besoin d'affronter directement ses détenteurs d'influence externes, afin de les apaiser. Elle peut prendre des mesures préventives, afin de les éviter. Elle peut, par exemple, diversifier ses activités, puisque cela lui permet de limiter sa dépendance par rapport à un marché unique ou à un ensemble de partenaires commerciaux. Elle peut essayer de s'autofinancer, en utilisant des ressources disponibles inemployées pour réduire sa dépendance par rapport à ses prêteurs et investisseurs. De même, en se développant, l'organisation réduit l'impact de l'influence externe, car plus l'organisation est importante, plus il est vraisemblable que sa dépendance par rapport à des propriétaires devienne diffuse ; plus ses parts du marché sont conséquentes, et plus il devient difficile de la pénétrer et de la contrôler.

Mais ces actions défensives sont apparemment insuffisantes dans bien des systèmes clos, car ils se livrent également à des actions offensives. Pour s'assurer de la passivité de la coalition externe, ainsi que pour garantir un environnement stable à leurs procédures de la machine bureaucratique, de nombreux systèmes clos lancent des actions agressives pour faire passer sous leur propre contrôle des secteurs de leur propre environnement. Les mesures qu'ils peuvent prendre sont nombreuses (cf. ch. 16 : compte rendu de Pfeffer et Salancik 1978). Les systèmes clos opèrent souvent des intégrations verticales pour absorber leurs fournisseurs et leurs clients, et ils trouvent un grand nombre de services dans leurs propres moyens en support logistique, plutôt que de les chercher et les acheter sur le marché extérieur. Certains établissent des cartels, d'autres forment des associations commerciales, pour s'entendre d'une manière ou d'une autre avec leurs concurrents, alors que certains arrivent à des arrangements commerciaux d'intérêt mutuel avec leurs associés. Nombreux sont ceux qui créent la demande de leurs produits au moyen de la publicité grâce aux média, et font pression sur les hommes politiques pour s'assurer d'une législation favorable. A la limite — on en verra des exemples — on peut dire qu'on a vu des systèmes clos « se racheter » à leurs propriétaires, pour ne plus jamais se soucier des prérogatives légales de la propriété. Bien entendu, plus on va dans ce sens et plus la quête manifeste d'autonomie dans les systèmes clos, en vient à ressembler à une soif de pouvoir.

Ainsi donc, le système de but de cette configuration montre combien ce système est fermé. Il est obsédé par sa propre croissance et par le souci de contrôler les autres ; il est sensible aux attaques, mais combattra avec une ardeur véhémente toute tentative faite pour l'obliger à s'ouvrir à une influence externe importante ; il considère l'efficience — objectif très certainement prioritaire pour ses propriétaires, clients ainsi que le public —, comme une contrainte secondaire. En fin de compte, le système clos existe non pas pour fournir un produit ou un service quelconque, mais pour se servir lui-même. La mission se résume à l'obtention de moyens ; la préservation et la force du système constituent sa finalité. Du point de vue des intérêts de la société, c'est la configuration qui inverse le plus radicalement les fins et les moyens.

LA COALITION EXTERNE : PASSIVE (ET PACIFIÉE)

On l'a vu à plusieurs reprises, le trait caractéristique de la coalition externe de cette configuration, c'est la passivité. Pour l'essentiel, l'organisation subit une emprise très lâche, c'est-à-dire qu'elle appartient à de nombreux individus qui étant totalement dispersés ne peuvent pas communiquer entre eux sans passer par la direction. Les actionnaires de la société qui est contrôlée de loin, en fait n'agissent pas comme des détenteurs d'influence — comme des propriétaires ayant droit à des plus-values —, mais comme des fournisseurs de capitaux qui n'attendent rien d'autre qu'un rendement acceptable de leurs investissements.

D'autres détenteurs d'influence externes restent passifs également, parfois parce que l'organisation ne compte pas beaucoup pour eux, mais souvent aussi parce que la grande taille de l'organisation et son attitude empêchent toute tentative de contrôle. Cela ne vaut tout simplement pas la peine d'essayer. Même le gouvernement central peut hésiter : « La commission fédérale pour les télécommunications avoue qu'elle n'a pas les moyens d'enquêter sur la structure des tarifs interurbains de la compagnie. Qui donc en a les moyens ? » demande Bruckner. « Il y a maintenant des centaines d'entreprises et de banques qui se sont développées au-delà des limites de la souveraineté des nations, et ainsi, de manière très efficace se sont placées hors d'atteinte des lois et des contrôles nationaux. » (1972, p. 11). Comme toute organisation, le système clos doit répondre à des normes sociales et à certaines contraintes formelles, et peut-être à des campagnes de pression occasionnelles. Mais, par ailleurs il est indépendant, c'est un « état souverain », pour reprendre le titre d'un ouvrage sur un géant des entreprises commerciales (Sampson 1973).

Le conseil d'administration du système clos n'exerce pas une fonction de contrôle. En fait, comme nous l'avons déjà vu au chapitre 6, le flux du pouvoir informel dans l'entreprise qui subit une emprise lâche du conseil

d'administration est exactement l'inverse de ce que la loi spécifie : les directeurs sont choisis par le P.-D.G. ; ceux qui siègent sont à *sa* discrétion. Mais
si le conseil d'administration n'a pas de contrôle, il peut toujours être utilisé
comme outil de l'organisation, en particulier pour créer une impression de
légitimité autour d'elle, ce qui peut éviter certaines questions embarassantes.
« Après tout, si le général Machin siège à leur conseil, il doit les avoir à
l'œil », ce qui n'est probablement pas le cas ; il est probable qu'on l'ait
choisi, et qu'il soit rémunéré, non seulement parce qu'il est très connu, mais
aussi coopératif — une vitrine parfaite cachant le fait que le système est
fermé à toute influence extérieure. Parfois cela n'est même pas nécessaire.
L'organisation nomme un soi-disant « conseil interne », qui exclut entièrement les représentants de la coalition externe, et fait du conseil une façade,
comme nous l'avons vu au chapitre 6. Le conseil interne à proprement parler
n'est plus possible dans la plupart des grandes entreprises commerciales américaines, par suite des réglementations de la bourse des valeurs en ce qui concerne les directeurs extérieurs, mais l'esprit de ce conseil interne subsiste :

> « L'an dernier une très importante société pétrolière a sollicité ma pré-
> sence comme administrateur mandaté à leur assemblée générale annuelle pour
> laquelle une liste provisoire avait été élaborée : le P.-D.G., sept cadres supé-
> rieurs, l'ex-P.-D.G., deux avocats dont les cabinets avaient reçu au total plus de
> $ 800 000 d'honoraires de cette société en 1973, et un seul véritable administra-
> teur extérieur. » (Chandler 1975, p. 75)[1].

De tels conseils n'ont qu'un seul but : démontrer très précisément la
nature de la configuration du pouvoir.

LA COALITION INTERNE : BUREAUCRATIQUE ET AUTONOME

Les coalitions internes de l'instrument et du système clos sont assez
similaires, puisque toutes deux sont des machines bureaucratiques. Dans les
deux cas, le système d'autorité conserve une bonne partie du pouvoir en particulier chez les cadres supérieurs, qui s'appuient sur les normes de travail et
de production bureaucratiques comme principal moyen d'influence. Les deux
configurations tendent à décourager les compétences, car elles constituent une
menace pour l'autorité. De même, dans les deux, les encouragements d'ordre
matériel sont utilisés pour susciter l'engagement des employés, si bien que
l'idéologie de l'organisation a du mal à s'imposer.

Mais les différences entre elles deux, bien que subtiles, ne devraient pas

---

[1] Dooley (1969) a découvert qu'à mesure que la proportion d'agents internes augmente, la
fréquence d'imbrication des conseils diminue, ce qui confirme bien la nature fermée du système.

être passées sous silence. Notre discussion mettra en valeur ces différences, en partant du principe que dans les autres cas la coalition interne de l'instrument s'applique également au système clos.

Antérieurement, nous avons montré que la présence d'un contrôle externe sert à augmenter les degrés de centralisation et de bureaucratisation d'une organisation. La principale différence entre ces deux configurations, c'est que l'*absence* du contrôle externe dans le système clos le rend quelque peu moins centralisé et bureaucratique que l'instrument. En un sens, le P.-D.G. bénéficie dans le système clos d'une forme de pouvoir qui lui fait défaut dans la configuration de l'instrument, à savoir le pouvoir personnalisé. N'ayant aucun détenteur d'influence externe qui puisse superviser ses activités et s'inquiéter de son pouvoir, le P.-D.G. peut exercer dans une certaine mesure, un contrôle personnel sur ses subordonnés. Mais dans un sens plus large, il perd plus de pouvoir qu'il n'en gagne, car l'effet centralisateur de l'influence externe, n'existe plus. Personne situé en dehors de l'organisation n'agit pour attirer le pouvoir interne vers le sommet stratégique. Ce qui fait que, paradoxalement, bien que le P.-D.G. du système clos ait davantage de pouvoir *personnel* que son homologue de l'instrument, et davantage de pouvoir *absolu* — car l'organisation qu'il dirige a elle-même un pouvoir considérable pour agir comme bon lui semble —, il a moins de pouvoir *relatif* dans la coalition interne. En effet, l'absence de détenteur d'influence externe dominant lui laisse plus de marge de manœuvre, mais l'oblige également à partager une plus grande part de cette marge avec d'autres agents internes. Il faut se souvenir que dans cette configuration du pouvoir le P.-D.G. n'agit pas en tant que mandataire d'un quelconque détenteur d'influence externe, mais en tant que chef des détenteurs d'influence internes à la recherche de leurs seuls intérêts. Le résultat, comparé à celui de l'instrument, est un système d'autorité légèrement plus faible — en ce qui concerne le contrôle bureaucratique en particulier — tout en restant néanmoins dominant, et un système des politiques plus fort. Un fond commun substantiel de récompenses à saisir dans la coalition interne incite davantage à se livrer à des jeux politiques, afin d'obtenir une partie de ces récompenses.

Qui gagne du pouvoir aux dépens du P.-D.G. ? Ce sont surtout les administrateurs, en particulier les analystes fonctionnels de support logistique et les cadres de la ligne hiérarchique. En premier, comme dans l'instrument, viennent les analystes de la technostructure. Ils rendent opérationnel le système d'objectifs autour duquel se rassemblent tous les agents internes ; comme ils remplissent cette fonction cruciale, les analystes gagnent une bonne partie de pouvoir informel dans la coalition interne, légèrement plus que leurs collègues dans la configuration de l'instrument.

En second, viennent les cadres hiérarchiques, de niveau intermédiaire. L'absence de contrôle externe, avec son effet centralisateur, fait qu'on trouvera plus de pouvoir à tous les niveaux de la hiérarchie directoriale. Une partie de ce pouvoir est formelle, en tant qu'autorité déléguée, et une partie informelle, qui apparaît sous la forme de jeux politiques que les cadres de la ligne hiérarchique peuvent jouer. La construction d'empires est nécessairement un jeu populaire parmi les cadres du milieu de la hiérarchie dans la configuration du système clos, car il représente une des manières les plus naturelles de s'attribuer une part des récompenses disponibles. A vrai dire, ce jeu est tout à fait compatible avec l'accent mis sur la croissance comme objectif principal, puisque la pression pour la croissance d'une unité favorise la croissance de l'organisation et vice versa. Alors que dans la configuration de l'instrument, le détenteur d'influence externe attend à la sortie pour récupérer les plus-values, dans le système clos, les cadres de la ligne hiérarchique sont occupés à l'intérieur à absorber les plus-values en construisant des empires. On peut dire que les cadres de la ligne hiérarchique ne déforment pas tant les objectifs qu'ils les sous-optimisent tout en les recherchant.

Ainsi, Pondy (1969) a découvert qu'au fur et à mesure que la direction des entreprises s'éloignait de plus en plus de ses propriétaires, la proportion de personnel administratif augmentait par rapport au personnel opérationnel. Il y voyait la preuve que les cadres de la ligne hiérarchique étaient de plus en plus à même de construire des empires : « L'idée centrale de cette théorie est que le nombre d'employés administratifs dans une organisation est *défini,* afin de maximiser l'accomplissement des objectifs de la coalition dirigeante dominante. » (p. 47).

Mais quoiqu'il puisse y avoir une plus grande diffusion du pouvoir au niveau des cadres hiérarchiques intermédiaires dans cette configuration, le pouvoir est loin d'être également réparti ; le système des contrôles bureaucratiques prédomine encore dans la coalition interne, ce qui signifie que le travail des cadres en bas de la ligne hiérarchique s'institutionnalise quelque peu et donc s'affaiblit. De plus, avec leur propension à s'agrandir et à se diversifier sur différents marchés pour protéger leur autonomie, par conséquent de nombreux systèmes clos sont encouragés à fractionner leur structure — c'est-à-dire, à se diviser en unités quasi indépendantes, chacune d'elles étant chargée d'accomplir toutes les fonctions nécessaires, afin de servir un marché distinct[2]. Ceci exige la délégation d'un pouvoir considérable au cadre responsable de chaque division qui n'est soumis qu'au contrôle de résultats obtenus globalement. Chacun de ces cadres, apparaît donc comme une sorte de mini-P.-D.G. Comme nous l'avons vu dans le cas d'une succursale au chapitre précédent, les divisions deviennent les instruments efficaces du quartier général, ce qui signifie que chacun tend à devenir une machine bureaucratique centralisée, aux ordres de son directeur qui rend opérationnels les objectifs qui lui sont imposés d'en haut. Ainsi, dans le système clos divisionnalisé, et il en existe beaucoup, un groupe de directeurs au-dessus des cadres de

---

[2] Cette relation entre diversification et découpage en division — bien étayée par les recherches — a fait l'objet d'un long développement dans l'ouvrage « Structure et dynamique des organisations » (Mintzberg 1979 a, pp. 278-281, 393-397). Nous verrons plus loin pourquoi la structure divisionnalisée a plus de chances de constituer un système clos qu'un instrument.

niveau intermédiaire récupère une bonne partie de ce pouvoir aux dépens de tous ceux qui se trouvent en dessous.

Pour le directeur d'une division du système clos, la construction d'empires se manifeste principalement sous la forme de jeux au niveau du budget. Dans une structure où la relation entre le sommet stratégique et les cadres supérieurs de la ligne hiérarchique s'exprime en grande partie en termes impersonnels, le pouvoir s'obtient au prorata des ressources financières les plus larges possibles, puis en s'assurant que tout soit dépensé, ou du moins dissimulé à l'intérieur d'un volant de ressources gardées en réserve. Là où les cadres de la ligne hiérarchique sont au contraire organisés sur des bases fonctionnelles — en l'absence de structures divisionnalisées ou se situant au-dessous du niveau de directeur de division —, les jeux à propos du budget sont remplacés par les jeux liés au choix de candidats à des postes stratégiques. En d'autres termes, on construit des empires d'abord en mettant en avant des projets qui augmentent l'importance de la fonction ; c'est seulement à ce moment-là que l'on peut prétendre à des augmentations de personnel, de moyens d'équipements.

La récompense suprême de la construction d'empires dans le système clos, c'est bien sûr le poste même de P.-D.G. Et ce poste est inévitablement attribué à un agent interne, puisque c'est le meilleur moyen de garder le système fermé :

> « L'équipe de direction est un groupe qui se perpétue lui-même. La responsabilité envers les actionnaires est lettre morte dans la pratique. Chaque génération de directeurs recrute ses propres successeurs et les forme, les façonne et les promeut selon ses propres critères et valeurs. » (Baron et Sweezy 1966, p. 16).

Et en plus de cette récompense que tout le monde a devant les yeux, il y a deux autres jeux politiques qui gagnent en popularité. L'un est le parrainage, ascension vers le sommet ou du moins une situation meilleure et plus importante. Et pour les laissés pour compte, il y a toujours moyen de jouer aux jeunes Turcs, sous forme de coup d'État. Cela n'a pas grand sens d'essayer de renverser le P.-D.G. de l'instrument, nommé par le détenteur d'influence externe dominant. Mais dans le système clos, tout comme dans l'État communiste (qui, selon nous agit comme un gigantesque système clos), il n'existe pas de pouvoir supérieur à celui des cadres supérieurs, et rien n'est prévu pour la succession si ce n'est que le P.-D.G. nomme son successeur. Mais étant fortement bureaucratiques et fermés à l'influence extérieure, les systèmes clos ont tendance à perdre le contact avec leur environnement et à résister au changement. Et le P.-D.G. qui a encouragé cette résistance ne nommera certes pas un extrémiste pour lui succéder. Aussi, les jeunes Turcs qui croient que l'organisation doit changer, sont enclins à essayer de renverser les détenteurs de l'autorité, tout en conservant, bien entendu, le système d'autorité intact à leurs propres fins. Autrement dit, ils favorisent tout changement de stratégies ou d'acteurs, et non pas la configuration de pouvoir. Quel jeu politique pourrait être plus naturel aux agents du changement ou à des assoiffés de pouvoir dans le système clos, que le coup d'État ?

Un autre jeu politique en vogue dans le système clos plus encore que dans l'instrument, c'est la hiérarchie contre le personnel. Ici encore, comme c'est une structure de machine bureaucratique, la distinction hiérarchie-personnel est maintenue. Mais comme, à la fois les cadres de la ligne hiérarchique et les analystes fonctionnels de support logistique ont plus de pouvoir et de rayon d'action dans le système clos, ils ont tendance à livrer bataille plus souvent et plus ouvertement.

Les opérateurs du système clos, tout comme ceux de l'instrument, se trouvent en bas de la structure, avec peu de compétences et tout le poids des contrôles bureaucratiques au-dessus d'eux. Mais eux aussi sont mieux lotis avec ce système. Après tout, il faut aussi les compter dans la distribution des récompenses, c'est-à-dire qu'ils perçoivent des profits plus importants que ceux permis par les facteurs économiques. Les opérateurs travaillent dans le système, et beaucoup d'entre eux savent ce que d'autres agents internes gagnent. S'ils n'ont pas leur part, ils peuvent se rebeller. En tant qu'individus, ils sont impuissants ; mais collectivement (on l'a dit au chapitre 9), ce sont eux qui passent à l'action dans l'organisation. Œuvrant de concert, ils contrôlent la fonction la plus cruciale de l'organisation, à savoir le flux de main-d'œuvre. Lorsqu'ils décident de le faire, en utilisant diverses formes de révoltes, ils peuvent arrêter le fonctionnement de l'organisation. Bien pire, du point de vue de la direction, ils peuvent décider d'interrompre la partie et par là même remettre en question la légitimité de toute la configuration de pouvoir.

Ainsi, les opérateurs eux aussi doivent être dédommagés, collectivement, par des salaires généreux, des avantages en nature, ainsi que des accords spéciaux, telles que les règles de promotion à l'ancienneté. Comme le note Galbraith dans sa théorie du contre-pouvoir : « Il existe des syndicats forts aux États-Unis, uniquement dans les secteurs occupés par des entreprises solides... (ces syndicats) partagent les fruits des parts de marché prises par les grosses entreprises. » (1952, p. 122). Et Monsen et Down (1965, p. 223) concluent que ce sont les cadres supérieurs des entreprises commerciales libres par rapport à leurs conseils d'administration qui font le plus volontiers des concessions aux syndicats ouvriers. Après tout, c'est l'argent du système qu'ils distribuent, pas le leur ni celui de quelque détenteur d'influence externe dominant[3].

En général, la coalition interne du système clos connaît une activité politique quelque peu plus développée que celle de l'instrument, mais le sys-

---

[3] Les dédommagements collectifs signifient que les travailleurs tiennent la majeure partie de leur pouvoir dans la coalition externe des syndicats. Mais en aucun cas, on ne peut dire que les syndicats sont dominants dans cette coalition. Leurs efforts s'en tiennent généralement à obtenir une meilleure rémunération financière et peut-être à imposer certains changements dans les conditions de travail, au bénéfice des travailleurs.

tème d'autorité reste prédominant, si bien que les jeux politiques les plus populaires sont ceux qui coexistent avec l'autorité, ou la défient à l'occasion, et non pas ceux qui s'y substituent. Ainsi, alors que la plupart des jeux politiques dont on a parlé au chapitre 13 sont pratiqués dans cette configuration, quelques-uns de ces jeux, comme celui des camps rivaux ou peut-être la construction d'alliance, sont ici moins communs.

FORMES DU SYSTÈME CLOS

En tant qu'autre forme de machine bureaucratique, on trouve le système clos pratiquement dans les mêmes conditions que l'instrument, à savoir un environnement simple et stable, un système technique simple et régulateur, une production de masse, et une main-d'œuvre non qualifiée. La principale différence est que dans le système clos, le pouvoir externe est dispersé et désorganisé. De plus, il est prouvé que les instruments tendent à se convertir en systèmes clos, en s'élargissant, à intégrer leurs opérations verticalement et à diversifier leurs marchés.

La croissance générale de l'organisation est étudiée par Pfeffer et Salancik (1978) comme moyen d'arriver au contrôle de l'environnement. Selon leur terminologie, la croissance « altère l'interdépendance organisationnelle » ; selon la nôtre : elle pacifie la coalition externe. Il va de soi que plus une organisation est grande, plus le nombre de propriétaires et d'associés qu'elle aura probablement, sera grand, et moins il est probable que l'un d'entre eux pourra dominer sa coalition externe ou être confronté à son fonctionnement interne. Comme le note Zald (1969, p. 104), dans les petites organisations, les directeurs peuvent comprendre la situation du marché et maintenir un contact personnel avec les employés à différents niveaux ; dans les grandes, ils dépendent des cadres supérieurs pour leurs informations, et deviennent ainsi sujets à manipulation.

La croissance peut prendre diverses formes : expansion sur les marchés existants, intégration verticale pour prendre le contrôle des marchés des associés, et diversification horizontale sur de nouveaux marchés. Ces trois formes, on peut le démontrer, aident à pacifier la coalition externe. Lorsqu'elle s'étend, l'organisation devient plus dominante sur ses propres marchés, à la limite devient plus dominante sur ses propres marchés, à la limite devient monopole ou monopsoniste, et ainsi acquiert du pouvoir aux dépens de ses associés. Cet argument est présenté avec conviction par John Kenneth Galbraith (1967) dans « Le nouvel état industriel ». Il décrit les compagnies géantes comme des états indépendants qui contrôlent leur environnement au moyen de systèmes de planification et dont les résultats se confirment par suite de la capacité de l'organisation à gérer la demande grâce à la publicité de masse et d'autres moyens. De telles organisations, aux yeux de Galbraith, sont contrôlées par leur « technostructure », terme qu'il utilise pour désigner non seulement leurs analystes (comme c'est notre cas), mais aussi leurs cadres de la ligne hiérarchique et les autres spécialistes des fonctions de support logistique.

Dans le cas de l'intégration verticale, l'organisation prend littéralement le contrôle de ses clients et fournisseurs directs, convertissant d'éventuels détenteurs d'influence externes en subordonnés. Quant à la diversification horizontale, Pfeffer et Salancik fournissent la preuve que les acquisitions des conglomérats ont pour but la croissance et non le profit, et à vrai dire quelquefois elles se font aux dépens du profit. Ceci suggère qu'une telle diversification sert les directeurs, pas les propriétaires. En fait, Moyer (1970), propose cet argument directement, en faisant valoir que les acquisitions du conglomérat, en amenant plusieurs entreprises sous le même parapluie, restreignent le choix des actionnaires sur le marché des valeurs et gênent leur capacité à s'informer des diverses affaires qu'ils détiennent (puisque le conglomérat peut montrer un bilan consolidé). De telles acquisitions souvent forcent aussi les actionnaires à payer une prime qu'ils éviteraient de payer s'ils diversifiaient leurs propres portefeuilles d'actions. Mais, de manière plus significative, Moyer conclut que l'acquisition du conglomérat ou la fusion sert à apaiser les propriétaires en tant que détenteurs d'influence dans la coalition externe.

> « En général, l'impact d'une fusion est d'augmenter la dilution de la propriété dans la firme qui subsiste. Les instruments d'un capital en quasi-propriété, jouent un grand rôle dans les fusions importantes et cela a été prouvé. L'effet a court terme de l'utilisation de ces instruments, est que les actionnaires de l'entreprise acquise abandonnent le pouvoir qu'ils ont grâce à leurs votes aux actionnaires de l'entreprise qui achète. A mesure que ces instruments changent de mains, le pouvoir lié aux votes des actionnaires se dilue de plus en plus parmi un groupe d'actionnaires sans cesse grandissant. » (p. 29)

Tout ceci montre que la grande entreprise, peu tenue par un conseil d'administration, en particulier *l'entreprise diversifiée*, est l'exemple classique du système clos, comme nous l'avons déjà vu au cours de ce chapitre. Il est bien établi que l'immense majorité des grandes sociétés américaines — les cinq cents premières listées par « Fortune » — présentent une intégration verticale et sont particulièrement diversifiées (Wrigley 1970 ; Rumelt 1974). Le fait que leurs coalitions externes soient devenues passives a fait l'objet d'un débat animé, mais dont les opposants ont perdu beaucoup de terrain au fil des ans.

Déjà en 1918, des observateurs notaient que : « l'entreprise assume une vie indépendante, comme si elle n'appartient à personne » (Walter Rathenau, cité par Berle et Means 1968, p. 309). Mais c'est en 1932, lorsque Berle et Means publièrent la première édition de leur célèbre « L'entreprise moderne et la propriété privée » pour montrer que les directeurs avaient réussi à ravir le contrôle aux propriétaires d'une bonne partie des plus grandes entreprises américaines, que le débat s'est réellement enflammé.

> « Les hommes sont peu susceptibles de posséder les instruments physiques de production. Ils préfèrent posséder des morceaux de papier, vaguement connus sous le nom d'actions, d'obligations et autres valeurs, qui sont devenus mobiles de par les mécanismes des marchés publics. Plus profondément, cependant il y a un changement plus fondamental. Le contrôle physique des instruments de production a été abandonné de plus en plus largement aux groupes centralisés qui gèrent la propriété en masse, en principe mais pas nécessairement au profit des détenteurs de valeurs. Le pouvoir sur la propriété industrielle a été séparé des aspects bénéficiaires qu'offre le fait d'être propriétaire de biens industriels. » (1968, p. 8)

Le débat pour savoir qui contrôle fait rage depuis 1932. Mais c'est surtout une question de degré, non pas de savoir si le contrôle directorial existe ou non, mais quelle place il tient. Et le temps a donné raison à Berle et Means. Lorsqu'ils ont publié l'édition revue et corrigée de leur ouvrage, ils ont découvert que d'après leurs calculs, le contrôle directorial dans les deux cents plus grandes entreprises américaines, passe de 44 % en 1929 à 85 % en 1963. Seulement cinq de ces firmes avaient encore un propriétaire majoritaire et dix-huit, un contrôle minoritaire assuré par un propriétaire[4].

Toutes sortes d'autres preuves se sont accumulées sur la nature fermée de l'entreprise contrôlée d'une manière lâche par le conseil d'administration. Par exemple, une étude de 5 995 administrateurs des cinq cents premières sociétés listées en 1977 par la revue « Fortune », a montré que seulement 1,6 % d'entre eux représentaient des intérêts en actions importants (Smith 1978). A vrai dire, une enquête portant sur 855 sociétés (Bacon 1973, p. 40) a découvert que 84 % d'entre elles n'exigeaient même pas formellement de leurs administrateurs qu'ils détiennent une seule action[5]. Au chapitre 6, nous avons vu des exemples de « conseils internes » — dernier type de façade ou de couverture — et maintenant on découvre des conseils externes qui ne semblent guère être mieux. Prenons le cas de Coca-Cola par exemple (voir Smith 1978, p. 153). Il y avait quatorze « agents externes » dans un conseil d'administration comptant seize personnes, y compris trois directeurs à la retraite, ainsi que le frère de l'un deux, un associé à la retraite de l'une des banques d'investissements de la société, deux banquiers d'une banque d'affaires qui traitent des affaires avec la société, ainsi que le président à la retraite de l'une

---

[4] L'étude la plus récente a défini le contrôle minoritaire assuré par un propriétaire comme correspondant à 10 % des actions détenues par une seule main ; l'étude antérieure avait fixé la barre à 20 %. Remarquons que huit autres entreprises dans l'étude de 1963 ont été présentées comme étant contrôlées par un « dispositif légal ».

[5] Bien que pour 400 d'entre eux on « s'y attendait officieusement » (p. 40). Mais, comme toujours, en fonction des conditions légales requises, on s'attendait à ce qu'il s'agisse de cent actions ou moins encore.

de ces banques, et un vice-président d'université qui a reçu des contributions substantielles de la société au fil des ans.

Ailleurs on peut lire le commentaire suivant fait par des administrateurs :

> « Quand je me rends à des réunions du conseil d'administration des trois sociétés pour lesquelles je travaille, il ne s'agit pas de ma propriété. Je ne possède pas plus de cent actions, et quand j'approuve la demande de la direction concernant l'approbation de nouveaux baux pour un espace réservé aux cadres sur la 3e avenue (à New York) ou d'un avion à réaction plus spacieux, je n'ai pas l'attitude d'un administrateur ou d'un propriétaire. » (Extrait de Mace 1971, p. 64)

On entend parler du « tabou » généralement accepté, comme quoi les « administrateurs extérieurs ne doivent pas traiter directement avec le personnel de direction sans l'approbation du P.-D.G. » (Bacon et Brown 1975, p. 26). Plus flagrant encore, on voit que « si un administrateur ressent l'ombre d'un doute et a un sentiment désapprobateur à l'égard de la direction, la plupart des présidents interrogés pensent qu'il devrait démissionner. » (Mace 1971, p. 188)

Les sociétés ou entreprises américaines ont subi une nette évolution depuis l'époque où le mot même de « société » évoquait le type d'organisation dans lequel un conseil d'administration contrôlait la direction ! Mais ce n'est pas exclusivement un phénomène américain. Au Canada, on trouve la compagnie d'assurance Sun Life qui a racheté toutes ses actions, faisant en sorte que ceux qui décident de sa politique soient aussi les propriétaires, réalisant ainsi la dilution de la propriété la plus large qui soit. Et puis il y a eu ces cadres d'une autre entreprise qui cherchaient à stopper une offre publique d'achat ; ils prirent en compte à l'occasion d'un vote destiné à défendre leurs propres intérêts, des titres de l'entreprise, détenus par une succursale jusqu'à ce qu'une Cour de justice de l'Ontario ne repousse cette idée. En fait, les directeurs de cette entreprise essayaient d'empêcher que leur système clos ne devienne un instrument en se servant du principe de la propriété pour combattre les propriétaires.

Il se peut que l'entreprise de taille géante, soumise à un contrôle lâche du conseil d'administration soit la forme la plus patente de configuration de pouvoir comme système clos dans le monde occidental ; ce n'est certainement pas la seule. En fait, pratiquement n'importe quelle organisation dont les circonstances commanderaient qu'elle corresponde à une configuration de pouvoir de type de l'instrument, pour peu que les détenteurs d'influence externes ne parviennent pas à s'organiser pour la contrôler, cette entreprise aura tendance à revenir au système clos. Il y a par exemple, l'organisation charitable sans contrôle externe qui recherche des fonds ; elle devient de plus en plus charitable envers elle-même, offrant à ses administrateurs des salaires très confortables, des bureaux luxueux, des notes de frais professionnels généreuses, et ainsi de suite. Il y a aussi l'entreprise contrôlée d'une façon stricte, qui agit comme si elle était contrôlée de loin, car ses propriétaires, ayant hérité de leurs actions en deux ou trois générations ne se soucient pas de la contrôler (Mace 1971). De même, bien que ce soit sur une base plus temporaire, on trouve la succursale contrôlée par une maison-mère trop occupée par ses propres difficultés pour s'inquiéter de ses instruments. Puis il y a le « menu fretin » dont on a parlé au chapitre 7, la succursale ou l'agence qui compte si peu pour la maison-mère qu'elle est libre d'agir comme un système clos, aussi longtemps qu'elle ne se fait pas remarquer. Seuls les gros gibiers en tant qu'instruments, méritent qu'on les surveille de près.

Dans ces cas-là, on trouve un détenteur d'influence externe dominant, qui pour une raison ou une autre ne parvient pas à contrôler l'organisation. Un système clos peut aussi voir le jour lorsqu'un certain nombre de détenteurs d'influence externes qui s'opposent et qui forment visiblement une coalition externe divisée, s'embrouillent tellement dans leurs propres problèmes politiques qu'aucun ne peut exercer une quelconque influence significative sur la coalition interne ; la coalition externe devient véritablement passive, les administrateurs prennent le pouvoir, et la configuration devient un système clos.

Il est une forme très différente mais néanmoins importante de système clos qui revient fréquemment dans *les grandes organisations de bénévoles* et dont les membres élisent leurs chefs. Conçues pour être des missionnaires — par exemple, des mutuelles destinées à remplir une mission importante pour leurs membres —, au lieu de cela, elles finissent par s'occuper d'elles-mêmes en tant que systèmes. C'est la situation que décrit Michels (1915) concernant les partis politiques et les syndicats révolutionnaires européens au début du siècle. Ayant observé la manière dont les chefs de ces organisations, qui normalement militaient en faveur de réformes sociales et de principes démocratiques, en étaient venus à s'occuper plus du maintien de leur propre pouvoir à l'intérieur de l'organisation que d'obtenir le pouvoir social pour ces organisations, Michels proposait « sa loi impitoyable de l'oligarchie » « applicable universellement » : « L'oligarchie est pour ainsi dire, une forme préétablie de la vie normale des grands groupes sociaux. » (p. 390). Michels concluait que « l'on trouve partout des électeurs et des élus, et on voit partout que le pouvoir des chefs élus sur les masses électrices est presque illimité » (p. 401). Ce n'est que dans les petites organisations que tout le monde conserve une part d'engagement et que les chefs restent à l'écoute des membres. A mesure que l'organisation grandit, ses membres deviennent indifférents ; ceux qui ont des qualités de chef obtiennent du pouvoir et le conservent ; au fur et à mesure que de nouveaux membres ayant ces qualités apparaissent, les chefs en place les cooptent ou bien s'en débarrassent.

La description de Michels semble cadrer avec celle de notre autocratie, mais elle est en fait, plus proche de notre système clos, car ce qu'il entend par chef semble concerner les administrateurs en tant que groupe, et non pas seulement le P.-D.G. Et ce qu'il décrit, c'est l'autorité bureaucratique de ces administrateurs, et non pas leur autorité personnelle. (A l'autocratie correspond l'autorité personnelle du P.-D.G. ; le système clos signifie et implique l'autorité bureaucratique qui naît de l'alliance implicite de tous les administrateurs.) Ainsi, nous trouvons dans la description de « l'oligarchie » par Michels, bien des traits de notre système clos : une organisation comme étant « une fin en soi », « machine » soigneusement huilée (p. 373), « un État dans l'État » (p. 394) ; la propension à gonfler la taille de la machine pour elle-même ; et le « besoin d'une vaste organisation dont la force centrale se trouve dans une bureaucratie stable et éprouvée, dont les membres sont bien payés » (p. 394). Aussi lorsque Michels écrit « qui dit organisation, dit oligarchie », il veut dire que lorsque les membres externes élisent les dirigeants de l'organisation, ils perdent le contrôle au profit de ces dirigeants et des administrations bureaucratiques qu'ils construisent. Comme le dit Jenkins : « Une augmentation du nombre de membres mène inévitablement, selon certains, à une augmentation du nombre d'administrateurs. En fin de compte, cela revient à transférer le contrôle effectif de la politique qui passe des membres aux directeurs et au personnel spécialisé. » (1076, p. 569). Et la « cause principale » selon Michels, « réside dans le fait que les dirigeants sont techniquement indispensables » (1915, p. 400). Au départ les dirigeants surgissent « spontanément » et œuvrent gratuitement. Mais bientôt ils deviennent des « professionnels » « inamovibles » (pp. 400-401)[6].

Ce ne sont pas seulement les administrateurs qui peuvent transformer un système missionnaire en un système clos. Lorsque les membres d'une petite organisation de bénévoles, qu'ils dirigent eux-mêmes, détournent l'idéologie au bénéfice de leurs besoins propres, on peut considérer qu'une certaine forme de système clos s'est constituée. Par exemple, lorsque, dans une église ou une organisation charitable, occuper une fonction ou tenir des réunions mondaines prend le pas sur l'aide aux pauvres ou la recherche du salut, alors nous sommes en présence d'une organisation qui fonctionne pour servir ses propres agents internes, et c'est là un trait caractéristique essentiel du système clos.

Ces organisations sont conçues pour être autre chose, mais elles donnent naissance à des systèmes clos. Par contre ce qui ressemble à un système clos mais devient en définitive autre chose c'est ce que Goffman (1961) appelle « l'institution totale ». Nous l'avons vu, cela correspond pour lui à une organisation dont les membres vivent et travaillent à l'intérieur d'un périmètre circonscrit, tels que les orphelinats, les prisons, les hôpitaux psychiatriques, les navires et les monastères. De telles institutions sont certes fermées au sens physique du terme. Mais en terme de pouvoir, certaines sont très ouvertes — comme nous l'avons vu au chapitre 17, elles sont les instruments d'une société qui cherche à placer certains de ses membres ailleurs. Et

---

[6] Au chapitre suivant, on examinera d'autres types de syndicats et d'organisations de bénévoles qui en fait donnent véritablement naissance à l'autocratie. Et dans celui qui suit, nous en verrons qui réussissent à être les missionnaires souhaités.

d'autres, on le verra au chapitre 21, correpondent mieux à des missionnaires, unis par des normes idéologiques plutôt que par des règles bureaucratiques.

Mais un autre type d'organisation qui est censé être un instrument donne souvent naissance à un système clos, à l'image de l'entreprise qui s'agrandit. C'est le *ministère puissant et tentaculaire* dont la mission ne suscite pas vraiment un fort concensus social. Lorsque le président Dwight David Eisenhower, qui était lui-même issu de l'armée, se plaignait au bout de huit années passées à la Maison blanche du « complexe militaro-industriel », il entendait par là que le Pentagone qu'il connaissait si bien, était devenu, de concert avec ses puissants fournisseurs, un système largement fermé à tout contrôle politique externe. Et cela concerne également bien d'autres ministères.

En dernier ressort, l'exemple même du système clos pourrait bien être *les gouvernements eux-mêmes*. Toutes les caractéristiques de cette configuration de pouvoir semblent cadrer en particulier avec l'État communiste. Il n'a pas de détenteur d'influence externe dominant, (du moins l'Union soviétique n'en a pas, ses « satellites » européens sont ainsi désignés, car ils apparaissent comme ses instruments). Et la population envers laquelle il est normalement responsable reste en grande partie passive. Ses procédures électorales, en n'offrant véritablement qu'un seul choix, ressemblent à l'élection des directeurs des entreprises américaines soumises à très peu d'emprise extérieure et de contrôle. La structure du gouvernement est terriblement bureaucratique, avec une seule hiérarchie d'autorité et une technostructure très élaborée[7]. En vérité, l'économie est essentiellement constituée en une structure divisionnalisée unique, gigantesque et omniprésente, dont les industries et les usines, en tant que division, sont sujettes aux systèmes extensifs de contrôle des performances. Toutes les ressources importantes sont la propriété de l'État — du système collectiviste —, et non pas de l'individu. Et comme dans d'autres systèmes clos, les administrateurs se taillent la part du lion, en ce qui concerne les profits :

> ... au lieu qu'une productivité accrue bénéficie au plus grand nombre, l'augmentation de la capacité de production bénéficie en premier à la bureaucratie elle-même. Dans le cas de l'Union soviétique, le niveau de vie de la bureaucratie a nettement plus augmenté que celui de n'importe quel autre groupe, et a tendance à augmenter encore... l'écart entre le haut et le bas de la structure sociale en Russie en ce qui concerne le niveau de vie et le rang social, est beaucoup plus large qu'aux États-Unis et fait encore plus significatif, il se creuse... » (Constas 1961-1962, p. 294)[8]

---

[7] Comme le note Worthy, « Le management scientifique » de Frédérick Taylor « s'est le plus largement épanoui » non pas en Amérique, mais en Russie soviétique (1959, p. 77).

[8] Le jour où est mort Alexei Kosygin, président du Conseil des ministres de l'U.R.S.S., un diplomate canadien qui le connaissait, a été interviewé par la station de radio C.B.S. Kosygin lui rappelait plus, dit-il, un homme d'affaires américain que le président d'un État totalitaire ; il fut visiblement surpris de sa découverte ; il n'aurait pas dû l'être. L'Union soviétique est en grande partie organisée comme une grande firme américaine, et inversement, on l'a vu dans ce chapitre, sous bien des rapports, la grande firme américaine est dirigée à l'intérieur en grande partie comme un État totalitaire (dont la définition du dictionnaire est : « contrôle absolu par l'État ou un Département prédominant dans une institution hautement centralisée »).

Mais le lecteur occidental ne devrait pas se réjouir trop vite, car la « démocratie » occidentale a des tendances similaires. En France, par exemple, la démocratie, c'est en partie le droit d'élire le président de la République tous les sept ans, ainsi que les députés de l'Assemblée nationale. A supposer que les électeurs ne soient pas trop manipulés par les campagnes des medias, ils ont donc la possibilité de faire un choix réel. Mais cela ne change peut-être pas grand-chose, tout comme le droit d'élire des représentants au conseil d'administration ne change pas grand-chose pour l'ouvrier d'usine. Car la vie du citoyen français est fortement réglée par une lourde bureaucratie sur laquelle il ou elle a peu de prise. Comme le dit l'un des théoriciens français le plus connu en matière d'organisation, dans un article intitulé : « Pourquoi la France est-elle bloquée ? » :

> « En tant que nation, nous avons atteint le point de non-retour de la centralisation, nous sommes maintenant complètement coincés dans un système où nous nous broyons mutuellement. Notre système administratif actuel se caractérise par tout un ensemble de chaînes de dépendance hiérarchiques, au moyen desquelles s'exerce le pouvoir local, régional et national. (Crozier 1974, p. 49)

Ce n'est pas tant le député élu sur le plan national qui affecte la vie quotidienne des citoyens français, que le fonctionnaire local qui exerce grâce à une chaîne d'autorité à un échelon bien inférieur. La bureaucratie est parfois si opaque que même les ministres les plus puissants ne parviennent quelquefois pas à y voir au travers (Theoning et Fredberg 1976). Par exemple, le système scolaire emploie à peu près un million de personnes dépendant toutes d'un ministère central à Paris. De même les systèmes des postes, du téléphone et de l'électricité sont d'énormes bureaucraties couvrant l'ensemble de la nation, dont les employés ne sont pas toujours les fonctionnaires modèles d'un service dit public. Autrement dit, non seulement le gouvernement dans son ensemble, mais aussi d'importants secteurs en dépendant apparaissent comme des systèmes clos. De plus, le président nomme directement les quatre-vingt-seize préfets des départements, dont la fonction se rapproche, le plus de celle du gouverneur aux États-Unis ou de Chef de province au Canada, sauf qu'en France il est chargé de faire appliquer les lois et les réglementations édictées par Paris. Le préfet est également à la tête d'une importante bureaucratie. Ainsi, « il n'existe pas de pouvoir intermédiaire qui ait une autorité suffisante pour prendre des risques et faire preuve d'esprit d'initiative ». (Crozier, p. 49)[9]

---

[9] Les maires sont élus, mais comme il reste tant de pouvoir dans la hiérarchie centrale, leur liberté d'action est grandement circonscrite : « ... tous les experts à qui les autorités locales doivent faire appel sont liés directement ou indirectement à la hiérarchie de l'administration publique » (Crozier, p. 49). Cependant, des changements promis par le gouvernement de Mitterand et votés par l'Assemblée nationale, juste au moment de l'impression de cet ouvrage (au milieu de 1981), introduisent des conseils régionaux élus indirectement par la population. Il reste à savoir si cela renversera vraiment la tendance quasiment bi-centenaire à une concentration du pouvoir de plus en plus forte au sein du gouvernement central.

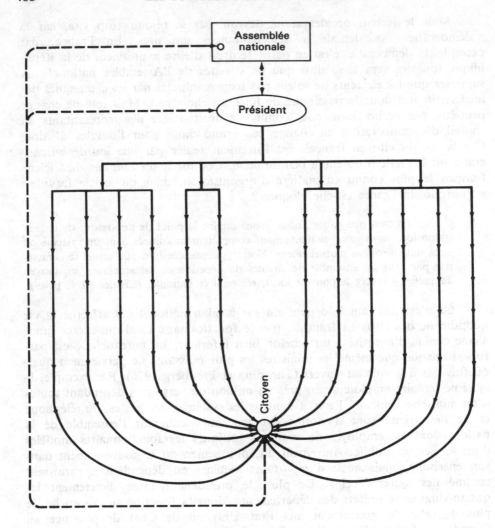

Figure 19-2. « *Démocratie* » *de type système clos*
Remarque : voir la note concernant un changement intervenu en 1981

Ainsi, comme le montre la figure 19-2, le citoyen français « souverain » d'une société « démocratique », porte sur ses épaules le fardeau d'une bureaucratie énorme et incroyablement complexe. Comment peut-il concilier la nature fermée de ce système avec le fait que quelque part, d'une manière ou d'une autre, perché tout là-haut siège l'homme qu'il a élu pour le contrôler ?

Les démocraties anglo-saxonnes n'en sont pas encore là. Elles ont tendance à avoir des services publics plus dispersés, et moins importants (certains d'entre eux étant du ressort du secteur privé comme les systèmes et

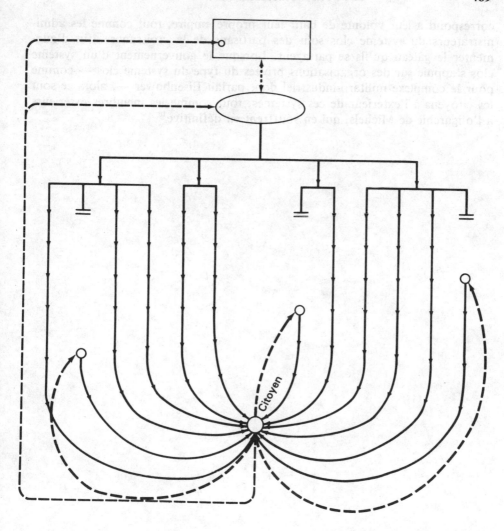

Figure 19-3. *Rupture de la chaîne d'autorité, afin d'ouvrir le système*

agences de téléphone par exemple). Et ils élisent des types de fonctionnaires plus diversifiés, comme les gouverneurs d'État, les premiers ministres des provinces et des conseils d'administration des écoles. Comme le montre la figure 19-3, ceux-ci ont pour effet de briser la chaîne d'autorité à des niveaux intermédiaires, ouvrant la hiérarchie à l'influence des citoyens. Mais il existe des tendances similaires dans ces démocraties, également. A vrai dire, il y a ceux qui voient dans le gouvernement de ces sociétés non pas l'instrument du peuple, mais une coalition d'hommes politiques, de fonctionnaires et de groupes d'intérêts correspondants, décidés à élargir le secteur public. Cela

correspond à leur volonté de bâtir leur propre empire, tout comme les administrateurs du système clos sont des partisans de la croissance, afin d'augmenter le gâteau qu'ils se partagent. Lorsque le gouvernement d'un système
clos s'appuie sur des organisations privées du type du système clos — comme
pour le complexe militaro-industriel dont parlait Eisenhower —, alors ce sont
les citoyens à l'extérieur de ces systèmes, tout comme les membres extérieurs
à l'oligarchie de Michels, qui en souffrent en définitive[10].

---

[10] Une autre forme de gouvernement à l'image du système clos se fait jour — plus directe,
mais moins hégémonique —, lorsque les représentants élus, voulant peut-être servir les citoyens,
se laissent tellement prendre aux jeux de leur propre politique qu'ils perdent le contrôle de
l'administration qui peut alors faire ce que bon lui semble. (Cas exceptionnel d'une situation exa-
minée antérieurement.) Selon notre terminologie, le législatif, en tant que coalition externe (comparable à un conseil d'administration) dépasse une situation de divisions pour devenir effectivement passif, et les fonctionnaires, les administrateurs de la coalition interne prennent le pouvoir.
Nous le voyons, par exemple dans les gouvernements minoritaires du système parlementaire, qui
n'ont pas été conçus pour faire face à cette éventualité ou dans la confusion qui régnait sous la
Quatrième République en France, ou dans l'Italie d'aujourd'hui, et qui ont été malheureusement
conçus semble-t-il, pour maximiser les conflits politiques.

UNE PRESTATION EN SOLO

Avec en Vedette : Le Président directeur général

Résumé du solo : Le P.-D.G. émerge comme seul centre de pouvoir, contrôlant personnellement la C.I., à l'exclusion de toute autre forme de pouvoir ; procédures bureaucratiques et politiques peuvent être virtuellement éliminées de la C.I., tandis que la compétence n'est pas conseillée, et tandis que l'idéologie est autorisée à se développer seulement dans la mesure où elle dépend du P.-D.G. et reflète ses opinions. La C.E. est passive, et si il semble qu'elle devienne active, le P.-D.G. a tendance à emmener l'organisation vers un autre point de son environnement, où peuvent être mis à l'écart les détenteurs d'influence externes. Aussi cette configuration connait-elle le plus faible flux de pouvoir entre les deux coalitions ; les buts de l'organisation sont ceux-là même que le P.-D.G. choisit de lui imposer, qu'ils soient opérationnels ou non, mission et suivie comptant souvent parmi les principaux.

Sur scène, actuellement : L'autocratie est surtout fréquentée dans les petites organisations qui interviennent dans des secteurs simples mais porteurs, souvent des organisations qui voient à court terme (et pour toutes ces raisons sont fragiles) l'exemple classique étant l'entreprise battante. Elle est également présente dans presque toutes les organisations jeunes, ainsi que dans bon nombre d'anciennes, quand elles sont encore dirigées par leurs fondateurs ; en fin de compte, dans presque n'importe quelle sorte d'organisation confrontée à une crise sérieuse, ou dirigée par un individu à forte volonté, comme par exemple, dans de nombreux syndicats américains purs et durs, se battant pour le « gagne-pain » des ouvriers, pendant leurs années de croissance, ainsi que dans les régimes dictatoriaux.

En passant de l'instrument au système clos, on a vu que le système de pouvoir était partiellement tronqué, en particulier par l'élimination virtuelle de ce qui est au-dessus du P.-D.G. Et ici nous assistons à une amputation supplémentaire, l'élimination effective de ce qui est en dessous du P.-D.G. Cette troisième configuration de pouvoir se caractérise par une C.E. passive et une C.I. personnalisée : la seule personne qui reste, le P.-D.G., dirige le système de pouvoir tout entier en monarque absolu, comme une autocratie (voir figure 20-1)[1].

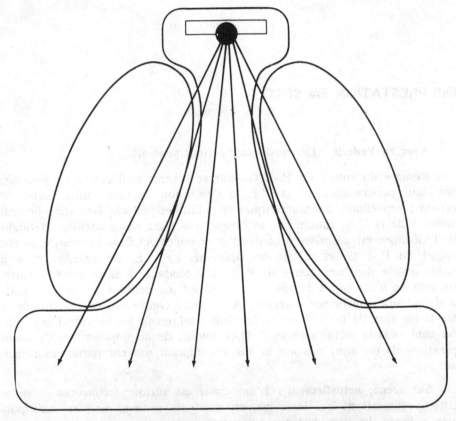

Figure 20-1. *L'autocratie*

[1] Le mot *autocratie* a été choisi parce qu'il dépeint au mieux cette configuration du pouvoir : « une autorité incontrôlée ou illimitée sur les autres, investie en une seule personne », selon le dictionnaire. Ici nous ne donnons pas à ce mot de sens péjoratif, et le P.-D.G. n'est pas nécessairement un « autocrate » selon l'acception fréquente de ce terme. Un autre terme plus neutre pour désigner cette configuration : « monocratie », n'a pas été retenu. Peu connu, il aurait introduit un terme de jargon supplémentaire dans cet ouvrage.

CONDITIONS FAVORISANT LA DIRECTION PERSONNALISÉE

Pour pouvoir parler de la distribution de pouvoir dans l'autocratie, on doit d'abord comprendre comment naît un tel système de pouvoir. Parfois la présence d'un chef puissant suffit, quelqu'un qui peut pacifier la C.E. et diriger la C.I. d'une main de fer. A d'autres moments, c'est une crise sévère qui pousse dans cette voie une organisation, au moins temporairement. Lorsqu'une organisation est menacée dans sa survie, quelle que soit sa configuration naturelle de pouvoir, ses détenteurs d'influence ont tendance à s'en remettre à son chef, pour qu'il redresse la situation. Les détenteurs d'influence externes suspendent leurs exigences, — à quoi bon faire pression sur un système qui peut s'effondrer, et leur refuser toute influence à l'avenir —, tandis que les détenteurs d'influence interne mettent de côté leurs procédures bureaucratiques, jeux politiques, etc. Hamblin (1958) montre qu'en situation de crise, situation étudiée en laboratoire, le groupe centralisera son pouvoir entre les mains de son chef, au moins assez longtemps pour lui donner une chance d'essayer d'en sortir.

Mais, dans une situation normale, — absence de crises, dirigeants classiques —, il existe une condition essentielle qui fait naître l'autocratie : c'est un environnement dynamique mais pourtant simple à appréhender. Un environnement dynamique exige une organisation flexible et qui réagisse. On doit éviter les contrôles bureaucratiques à cause de leur rigidité, tout comme on ne doit pas trop se reposer sur l'idéologie, qui plonge ses racines dans la tradition. Et lorsque cet environnement est également simple, un seul individu peut facilement l'appréhender. Aussi la manière la plus efficace d'assurer flexibilité et réactions rapides, c'est de centraliser le pouvoir dans les mains d'un seul individu, tout naturellement le P.-D.G., puis permettre à cet individu de contrôler en personne la C.I. L'autocratie est donc la structure simple présentée dans notre livre « Structure et dynamique des organisations ».

Deux autres conditions associées à l'autocratie sont la jeunesse et la petite dimension. Presque toutes les organisations doivent s'en remettre à des dirigeants fermes pour démarrer, et donc les nouvelles organisations sont presque inévitablement des autocraties au départ, et le demeurent au moins jusqu'à ce qu'elles soient bien établies. En fait, beaucoup conservent cette configuration tant que leur dirigeant fondateur reste à la direction. Pour ce qui est de la petite dimension, c'est dans les petites organisations que l'autorité personnalisée est la plus efficace, puisqu'un seul individu peut maintenir un contact direct avec tous les autres. C'est seulement lorsque l'organisation se développe qu'elle doit se tourner vers des formes de communication et de contrôle plus impersonnelles. Bien entendu, jeunesse et petite dimension vont naturellement de pair avec des environnements simples et dynamiques. Ces organisations tendent à commencer leur carrière par de petites opérations dans ces environnements, en particulier dans des secteurs porteurs mais facilement exploitables sur le marché. C'est à ce moment-là que les chefs à forte personnalité peuvent garder un contrôle personnel tout en évitant d'avoir affaire à une bureaucratie plus importante et mieux établie. Comme nous l'avons vu lors de notre étude de l'instrument et du système clos, ces dernières ont tendance à rechercher des environnements plus stables.

Tout ceci nous mène à une autre caractéristique souvent associée à l'autocratie : la précarité. Une organisation de petite dimension et qui occupe un petit créneau du marché est une organisation précaire du point de vue économique. Quant à ceci s'ajoute un pouvoir centralisé entre les mains du P.-D.G., l'organisation est précaire d'une autre manière, plus sérieuse encore. Il ne se trouve personne autour d'elle pour la protéger si elle trébuche. Toutes les caractéristiques de l'autocratie servent à décourager toute influence extérieure, ce qui a pour effet positif de lui amener une certaine indépendance, mais il y a aussi une contrepartie négative. De même que les détenteurs d'influence externes n'inquiètent pas l'organisation, ils ne s'en préoccupent pas non plus. Si l'organisation a une vue court terme et est l'instrument de son P.-D.G., alors elle ne vaut pas la peine qu'on s'en inquiète si elle a des ennuis. Si le gouvernement ne peut pas laisser couler une très grosse entreprise, il ne remarque rien quand un monsieur Dupont, fabricant de trains miniatures, est en train de sombrer.

Il s'en suit que l'autocratie, l'une des formes de pouvoir les plus autonomes, et celle où le flux de pouvoir entre les deux coalitions est certainement le plus faible, paye le prix de son indépendance. Lorsque l'organisation a des problèmes, il n'y a personne pour se porter à son secours. Même les agents internes, qui devraient se sentir concernés en raison de leur statut de salariés à temps plein, hésiteront peut-être, car ils n'ont jamais eu de réelles responsabilités. De plus, ils ne sont pas nombreux et ont peu de pouvoir. Des années de pouvoir personnel peuvent les désorganiser et les démotiver. Le P.-D.G. est le seul qui s'inquiète vraiment (comme il a fait son lit, il faut qu'il se couche).

Cela rend l'autocratie précaire pour une troisième raison ; le pouvoir est si concentré que si le P.-D.G. trébuche pour quelque raison que ce soit, il n'existe aucun moyen naturel de succession. Dans l'instrument, le détenteur d'influence dominant se tient prêt à remplacer le P.-D.G. Dans le système clos, un corps de directeurs ambitieux se tiennent prêts à assumer eux-mêmes leurs fonctions. Parfois ils donnent à son départ un coup de pouce. Et nous le verrons dans chacune des configurations de pouvoir, des personnes du même genre se tiennent prêtes à prendre volontiers le relais. Mais il n'y en a pas dans l'autocratie, ce qui fait que lorsque le P.-D.G. est incapable d'assurer ses fonctions, ou pire s'il est tellement attaché à sa stratégie qu'il ne peut percevoir le besoin de changement, la survie même de l'organisation est menacée.

A propos du système clos, nous avons aussi parlé de précarité, plus exactement de vulnérabilité, mais il y a une différénce essentielle. Le système clos apparaît vulnérable comme *configuration du pouvoir,* pour des raisons de légitimité. Mais, comme nous avons décrit les conditions du système clos comme étant vastes, bureaucratiques et puissants, l'organisation elle-même est loin d'être précaire. Dans l'autocratie, c'est *l'organisation* qui est précaire. A vrai dire, comparée au système clos, la configuration de pouvoir autocratique devrait être plutôt stable. (Nous verrons que ce n'est pas le cas au chapitre 24 et que le système clos apparaît non sans ironie, comme une configuration plutôt stable en dépit de son illégitimité). La plupart des gens voient dans l'autocratie une configuration de pouvoir légitime (même si, par principe, ils rejettent la forme autocratique de gouvernement comme étant incompatible avec la démocratie), pour un certain nombre de raisons. D'abord, beaucoup d'autocraties sont la propriété des personnes qui les contrôlent, et sont donc considérées comme leurs instruments légitimes. Ensuite, une autorité personnelle forte peut apparaître comme la seule manière de fonder une organisation et lui faire franchir les caps difficiles. Enfin, c'est souvent ce genre de direction qui établit de nouvelles directions passionnantes dans une société. Et donc ce type de direction en vient à être très prisé sous certaines conditions, en dépit de son incompatibilité avec les principes démocratiques. Comme le notent Larçon et Reitter, « la légitimité... est beaucoup plus facile à obtenir dans un système charismatique », où un dessin clairement défini et innovateur ne s'incarne pas seulement dans celui qui dirige, mais également dans ceux qui sont prêts à le suivre de leur plein gré (1978 p. 6 ; cf. aussi 1979).

Gardons tout cela à l'esprit et étudions maintenant la distribution du pouvoir dans cette configuration avant de considérer l'ensemble des buts et les diverses formes que la configuration peut prendre.

LA DISTRIBUTION DU POUVOIR : ELLE N'EXISTE PAS

On l'a vu au chapitre 17, les détenteurs d'influence externes ne voient pas d'un bon œil le contrôle de la C.I. par une seule personne. Le contrôle est trop serré, trop impénétrable et ne leur laisse que trop peu d'influence. De plus, il rend l'organisation trop précaire. Alors ils ont tendance à chercher ailleurs lorsqu'ils tombent sur une organisation de ce type, surtout si elle n'est pas très importante. Si ce n'est pas le cas, s'ils font mine d'essayer d'exercer une influence afin de faire de cette organisation leur instrument, le P.-D.G. tendra, lui, à éloigner d'eux l'organisation, à rechercher un autre créneau qui offre une plus grande autonomie. Le P.-D.G. rendra certainement les coups, si on l'accule, mais son penchant naturel est d'éviter toute confrontation, car il est conscient de la petitesse et de la précarité de son organisation.

Ces caractéristiques se reflètent dans diverses formes de passivité dans la C.E. de l'autocratie. Les associés des marchés choisis par l'organisation, s'en tiennent d'ordinaire à des relations strictement économiques, tout comme les associations d'employés, du moins si tant est qu'elles existent. (Peu d'entre elles sont confrontées à des syndicats, et une bonne partie de celles qui le sont, ont soit des syndicats « maison » sous le contrôle des cadres supérieurs, soit ont affaire à des syndicats locaux qui se regroupent lors des négociations concernant toute une branche d'industrie.) De même, il se peut qu'il n'existe pas de propriétaire externe, — beaucoup de P.-D.G. étant propriétaires de leurs propres autocraties —, ou alors ils restent inactifs. Et les gouvernements ou les groupes d'intérêts particuliers prêtent peu d'attention à ces organisations.

En conséquence, l'organisation connaît peu de contraintes formelles, de campagne pour faire pression ou de contrôles directs. Et à cause de son insignifiance aux jeux des agents externes, elle est bien moins affectée par les normes sociales que les autres organisations. Son environnement n'a pas de « véritable système de valeurs », comme le dit Rhenman, mais contient « un nombre minime de normes... dont toutes sont de nature générale, pouvant s'appliquer à toutes les organiations » (1973 p. 46). Et comme le flux de pouvoir entre les deux coalitions est faible, le conseil d'administration, qui est censé s'interposer entre elles, n'est souvent guère plus qu'une façade, n'existant que par obligation légale.

Avec une C.E. aussi passive, tout le pouvoir réside dans la C.I. Et il siège à un seul endroit, n'ayant aucune délégation d'autorité formelle significative, et il y a peu de chances pour que des centres de pouvoir informel, — de compétences politique ou même bureaucratique —, ne voient le jour. Une seule personne possède toute l'autorité formelle, contrôle toutes les fonctions cruciales et centralise tous les flux d'informations. C'est le P.-D.G. qui prend toutes les décisions stratégiques, et assure leur exécution au travers de ses consignes personnelles adressées souvent directement aux opérateurs. Le P.-D.G. construit aussi son propre réseau d'informations, — basé sur des contacts personnels avec clients et opérateurs —, enlevant par là aux informateurs et aux conseillers le contrôle des informations servant de base à l'élaboration de ses décisions.

Ainsi, au moyen du système de contrôle personnel, le P.-D.G. conserve le pouvoir absolu — à la fois formel et informel — dans la C.I., ce qui aide bien sûr à conserver à la structure sa simplicité : en l'absence de contrôles bureaucratiques, et en présence de contacts personnels entre le P.-D.G. et les opérateurs, la nécessité d'une technostructure ou de cadres moyens se fait très peu sentir. A vrai dire, le contrôle personnel se renforce dans cette structure, éliminant les autres formes de contrôle. Les autocraties ont tendance à être dirigées par des chefs qui ont horreur des rigidités du contrôle bureaucratique et encore moins de restituer le pouvoir aux technocrates analystes qui les ont conçues. Ces contrôles ont du mal à s'imposer, même lorsque le besoin s'en fait sentir. De même, le contrôle personnel qui peut apparaître en l'absence d'experts importants dans la C.I., tend, en retour, à décourager la présence de telles compétences, lorsque le besoin s'en fait vraiment sentir. La compétence appelle la décentralisation, qui est incompatible avec l'autocratie. Aussi les opérateurs des autocraties sont-ils souvent non qualifiés, tout comme les personnels auxiliaires, qui sont de toute façon peu nombreux, puisque tout est fait pour que l'organisation n'ait pas de personnel en surnombre.

Comme l'autocratie (tout comme le missionnaire) est de toutes les configurations celle qui a le plus de concentration de pouvoir, elle est aussi la moins politisée. Le contrôle individuel étant serré, si personnel et si absolu, il y a peu à gagner à vouloir réorienter les buts du dirigeant et à jouer à des jeux politiques. Les agents internes ont le choix essentiellement entre la fidélité, la démission, mais non la protestation[2]. Il n'existe pas de buts formels à changer peu de détenteurs d'influence externes avec qui établir des liens directs, peu d'occasions de créer des groupes informels ; et avec une structure administrative simple, il n'existe pas beaucoup de pression à réduire, de fins et de moyens à intervenir ; il n'y a pas lieu de prendre part aux jeux si répandus dans les structures bureaucratiques, tels que le jeu d'opposition entre la direction et le personnel, ou la construction d'empire. Il n'y a de place que pour la construction d'un seul empire dans cette configuration, celui du directeur général. Les jeux de « Révoltes » sont risqués, — les défis au pouvoir du P.-D.G. rapidement éliminés — et jouer aux jeunes Turcs ou donner les coups de sifflet d'arrêt est futile, puisque seul le P.-D.G. peut écouter. Même le jeu des candidats à placer à des positions stratégiques est peu indiqué, vu que le P.-D.G. exerce un contrôle strict de l'information, nécessaire pour prendre des décisions stratégiques. Le parrainage est peut-être le seul jeu que l'on puisse espérer pour se ménager les faveurs du P.-D.G.

L'idéologie peut être un facteur de cette configuration, aussi longtemps qu'elle soutient le pouvoir du P.-D.G. Les dirigeants forts ont souvent des qualités charismatiques, ainsi que des opinions bien ancrées, c'est-à-dire, des idéologies de leur cru. Celles-ci peuvent attirer des partisans qui s'identifient au style du dirigeant ou à sa mission. L'organisation adopte donc l'idéologie de son dirigeant. Mais il y a des limites à l'influence du système d'idéologie. Trop d'idéologie peut menacer un pouvoir personnel, puisqu'elle peut exiger un partage du pouvoir. Ainsi, alors que le P.-D.G. peut fort bien encourager l'idéologie qui se cristallise autour de lui, il veille à ce qu'elle ne se forme pas autour de l'organisation, en tant que fin en soi. Ce qui signifie que l'idéologie à elle seule ne peut pas susciter les contributions nécessaires venant des agents internes. Ils considèrent nécessairement l'organisation comme celle du P.-D.G., pas comme la leur. Ils sont là pour appliquer ses ordres, pour le servir. En conséquence, leur identification sera faible, donc il faudra avoir recours à des incitations matérielles pour s'assurer de leurs efforts.

---

[2] Et suivant les arguments de Hirschman (1970, p. 84), les possibilités de « sortie » sont d'ordinaire nombreuses.

LES BUTS : CEUX DU CHEF

Évidemment, les objectifs de l'autocratie sont ceux que le P.-D.G. choisit de lui imposer ; il a toute latitude pour poursuivre ses objectifs personnels, que ce soit pour maximiser les profits ou trouver des excuses pour voyager. L'organisation devient en effet une extension de la propre personnalité du P.-D.G.

En dépit de la vaste gamme d'objectifs possibles dans l'autocratie, on peut néanmoins donner quelques indications générales sur ceux qui paraissent possibles. D'abord comme l'organisation est une extension de la personnalité du P.-D.G., sa mission a souvent l'allure d'un objectif. Ce que l'organisation produit, de même manière dont elle le produit — le niveau de qualité, de fiabilité, ou encore l'esprit d'innovation —, peuvent devenir des fins en soi, que le chef considère comme des reflets de lui-même. En conséquence, de nombreuses autocraties deviennent solidaires d'industries particulières, et même de produits ou de services uniques. Dans cette configuration, le P.-D.G. n'est pas vraiment un directeur professionnel qui passe allégrement d'une industrie à une autre ; c'est un individu dévoué à une sphère particulière de l'entreprise humaine.

Ensuite, comme ces configurations ont tendance à avoir des chefs à forte personnalité — des hommes ou des femmes qui ont quelque chose à dire ou à faire —, ils ont souvent des systèmes de buts solides, c'est-à-dire, dans lesquels on maximise un seul but. Parfois cet objectif est particulier à cette organisation, comme le perfectionnement d'une technologie particulière ou le changement d'un aspect de la société. Nous verrons plus loin l'exemple de Hans Isbrandtsen qui a utilisé sa compagnie maritime pour combattre le soutien apporté par le gouvernement des États-Unis au cartel maritime international (Perrow 1970, pp. 157-58).

Il faut noter que les buts de l'autocratie, même quand ils sont très solides, ne sont pas forcément opérationnels. C'est-à-dire que le P.-D.G. n'est pas obligé de chiffrer le but à atteindre dans un système d'objectifs, afin de donner une orientation à d'autres décideurs. Car, après tout, il n'y a pas d'autres décideurs importants. Le P.-D.G. prend les décisions pour toutes les questions importantes, il suffit que les buts soient clairs dans son esprit. Aussi, les buts non opérationnels, y compris les buts sociaux, ne sont pas supplantés par des buts économiques dans cette configuration. Bien au contraire, le fait que le comportement de l'organisation se reflète en son dirigeant, le sensibilise parfois aux problèmes sociaux. Et ses interventions peuvent être décisives dans ce domaine, puisqu'il est le seul à devoir être convaincu du bien fondé d'une question. Bien entendu, les mêmes forces peuvent jouer dans l'autre sens : le P.-D.G. peut aussi être du genre « je me moque du qu'en dira-t-on », et il peut être quasi impossible de lui faire changer d'avis.

Enfin, il est un but qui apparaît primordial à ces organisations : la survie. On l'a noté ; elles ont tendance à être des organisations précaires, et leur obsession, c'est donc souvent de se maintenir à flot (préoccupation qui, bien entendu, peut aller à l'encontre des buts sociaux). Une bonne partie des études de l'université McGill portait sur de petites entreprises à structure d'autocratie. L'immense majorité des étudiants de M.B.A. (maîtrise en Administration des entreprises), ayant effectué ces études, les ont décrites comme ayant la survie pour but prioritaire, suivi de certains autres, tels que la qualité des produits quand c'est possible. La croissance a également été mentionnée. Mais dans cette configuration, cet objectif-là est limité par un facteur essentiel : le P.-D.G. sait que diriger une grande entreprise exige des procédures bureaucratiques, qui réduisent donc son pouvoir interne et sa flexibilité externe, rendant finalement inévitable le recours à une autre configuration de pouvoir, probablement l'instrument ou le système clos. Aussi, il est fort possible qu'il hésite à poursuivre à fond l'objectif de la croissance. Et, bien sûr, sans la croissance, le but qui consiste à vouloir contrôler l'environnement ne peut être mené à bien. Voilà pourquoi, alors que les systèmes clos ont tendance à faire front aux tentatives de prise d'influence, les autocraties, elles, tendent à éviter de telles tentatives en s'efforçant de s'orienter autrement.

LES FORMES D'AUTOCRATIE

D'après ce que nous avons vu, l'autocratie classique devrait être de petite taille, afin de pouvoir être contrôlée par le P.-D.G., insignifiante aux yeux de la plupart des détenteurs d'influence externes, et jeune, pour ne pas être mûre pour les procédures bureaucratiques ; elle serait dirigée par son fondateur et propriétaire, et opérerait d'une manière simple à partir d'un créneau dynamique de son environnement. Toutes ces caractéristiques suggèrent que « la firme entreprenante » est l'exemple classique d'autocratie. Elle est d'ordinaire petite et jeune — beaucoup n'arrivent pas à maturité, du moins sans devenir de larges bureaucraties dirigées par des professionnels —, elle opère surtout dans un créneau du marché ; et elle est d'habitude contrôlée étroitement par son propriétaire-fondateur.

Mais il n'est pas nécessaire que toutes ces conditions soient réunies pour qu'on ait une autocratie. En fait, il existe des autocraties qui ne satisfont qu'à une ou deux de ces conditions, parfois même à aucune d'elles, et au lieu de cela, à d'autres conditions plus contraignantes.

Prenons par exemple l'entreprise qui a atteint sa maturité ; elle est dirigée par son propriétaire ; c'est une firme entreprenante qui a vieilli, s'est peut-être agrandie, et pourtant reste sous l'emprise personnelle de son P.-D.G. Il se peut qu'elle ait perdu de sa soif d'entreprendre, mais non pas sa configuration de pouvoir. Les dernières années de Henry Ford, dont le contrôle personnel inadéquat, a bien failli détruire la compagnie automobile géante qu'il avait créée, offrent un exemple extrême. Plus fréquent probablement, et plus approprié à cause de sa petite taille, est le cas d'un marchand d'automobiles, cas étudié par l'un des groupes préparant un M.B.A. à l'université McGill. Sa coalition externe était passive, sauf en ce qui concerne certaines contraintes imposées par son principal fournisseur, un fabricant d'automobiles. Le P.-D.G. maintenait consciemment la structure interne en l'état, fonctionnant selon lui dans « un désordre planifié » ; il prenait toujours ses employés au dépourvu, pour empêcher l'émergence d'un homme fort de qui il dépendrait nécessairement. Pour ce P.-D.G., la motivation, c'était la carotte et le bâton, un point c'est tout. En conséquence, aux yeux des étudiants, il avait des employés très dociles, qui faisaient ce qu'on leur disait, mais n'étaient prêts à prendre aucune initiative. Les étudiants croyaient que les buts de l'entreprise reflétaient ceux du patron, à savoir : « La nécessité impérative d'aboutir, son réel besoin d'être indépendant et son besoin de réussite. » Et, par dessus tout, il « n'avait confiance en personne, si ce n'est en lui-même »[3].

Dans ce dernier exemple, l'organisation conservait toutes le caractéristiques de la firme entreprenante, sauf qu'elle n'était pas jeune. Le type d'autocratie suivant se situe à l'opposé : l'organisation n'a besoin de conserver qu'une seule caractéristique ; la jeunesse. *L'organisation jeune* — quels que soient sa taille, son marché ou le type de propriété, tend à ressembler à l'autocratie simplement par le fait que les organisations doivent compter sur leurs chefs, pour les faire tourner. Au départ, leurs structures sont organiques, de façon intrinsèque. Tout ce qu'elles expérimentent est nouveau, et n'a pas encore été mis à l'épreuve ; les procédures standardisées sont encore à mettre au point, les relations sociales sont fluides. Seul un commandement centralisé basé sur un contrôle personnel peut maintenir tout cela ensemble. Ainsi, même si l'organisation — disons un ministère — peut émerger de façon plus appropriée sous la forme d'une autre configuration de pouvoir, lorsqu'elle atteint une certaine stabilité, au cours de ses années de formation, ce peut être seulement quelques mois, elle fonctionne comme une autocratie. Les loups qui attendent à la porte — les divers détenteurs d'influence internes ou externes qui par la suite atteindront des positions de pouvoir — laissent le temps au P.-D.G. de mettre sur pied l'organisation. Et après tout, si tous les agneaux étaient mangés à leur naissance, qui donc aurait jamais la possibilité de porter des vêtements de laine ?

Bien des organisations conservent des configurations autocratiques aussi longtemps que leurs P.-D.G. fondateurs restent à la barre. C'est le fondateur qui choisit les personnes et établit les procédures. Il s'ensuit que les personnes ont tendance à lui être fidèles, ce sont *ses* gens comme on dit, tandis que les procédures tendent à calquer son style et ses points forts. Tant qu'il reste en place, le pouvoir se concentre autour de lui. De plus, ces *Organisations diri-*

---

[3] D'après un mémoire soumis à l'auteur dans le cadre d'un cours de Politique de management 276-661, Université McGill (1971) par F. Pitre, E. Cahady, R. Gee, A. Kane et B. Rickhaus.

gées par leur fondateur ont tendance à être des autocraties, car les P.-D.G. fondateurs sont souvent des individus solides et indépendants. De tels individus sont enclins à être sélectionnés pour fonder des organisations, et aussi à se sélectionner eux-mêmes. Ils font l'objet d'une sélection, quand on se rend compte que les années de mise en place d'une organisation peuvent être cruciales. C'est à ce moment-là que se constituent des modèles de comportement qui se perpétuent tout au long de la vie de l'organisation. En général il faut du temps pour détruire une organisation construite sur des bases solides, tandis qu'il est d'ordinaire très difficile de corriger les défauts d'une organisation qui dès le départ est mal construite. Et de plus, les individus indépendants et solides se sélectionnent eux-mêmes en ce sens qu'ils recherchent de nouvelles organisations à cause de la liberté d'action qu'elle leur permet d'avoir. Alors, au moins pour un temps, ils peuvent construire leur propre affaire, avec un minimum d'interférences.

Puis il y a les formes d'autocratie qui ne satisfont à aucune des conditions ci-dessus. Certaines surgissent du simple fait qu'un chef est si puissant, qu'il est capable de dominer tous les détenteurs d'influence à l'intérieur et à l'entour de l'organisation. Perrow rappelle l'histoire de la compagnie aérienne Eastern Airlines sous la direction d'Eddie Rickenbacker, le célèbre pilote de chasse de la Première Guerre mondiale, qui en dépit de ses faibles avoirs (3 % des titres, le reste étant dispersé), et de la grande taille de sa compagnie « l'a dirigée de 1935 à 1959 comme s'il la possédait en entier ».

> « Personne n'était disposé à contester ses qualités de chef, car la compagnie était celle qui gagnait le plus régulièrement de l'argent, dans un commerce aérien tout à fait aléatoire... Rickenbacker faisait un numéro d'acteur dont le grand jeu était l'économie... Sa frugalité était devenue légendaire dans la compagnie. Il sermonnait même ses employés sur l'importance d'économiser non seulement les francs, mais encore les centimes. Son objectif principal concernant la compagnie, semblait être la réduction des coûts, et cela a marché pendant bien des années (1970, p. 147). »

Mais l'obsession de Rickenbacker a mal tourné lorsque la compagnie a été confrontée à la concurrence de compagnies aériennes plus axées sur les services, et tout comme Ford vingt ans auparavant, elle a presque fait faillite, peu de temps après que son directeur général ait pris sa retraite. Ces deux exemples montrent la précarité de l'autocratie et cela même dans le cas d'entreprises de très grande taille.

Une direction forte a, bien sûr, tendance à surgir à l'occasion d'un vide du pouvoir, ce qui explique mieux la présence de l'autocratie dans bon nombre de grands syndicats américains (ceux que l'on appelle les « internationaux ») durant leurs années de plein développement. Ces syndicats ont été pris en main par des individus très volontaires qui les ont dirigés comme des empires privés, parfois pendant des décennies. Au chapitre précédent, on a vu que les syndicats européens à orientation idéologique dont les membres étaient dispersés, sont devenus des systèmes clos. Ici on constate que les syndicats américains, dont les membres étaient dispersés, mais dont les préoccupations étaient « alimentaires » avant tout, et non idéologiques sont devenus des autocraties. Tannenbaum (1965) donne les preuves que ces « syndicats affairistes », précoccupés de salaires, de conditions de travail, et ainsi de suite, étaient enclins « à développer des directions fortes et des formes de gouvernement autocratiques » (p. 752). Leurs quartiers généraux nationaux en vinrent à exercer « un contrôle important sur les sections locales » (p. 744). Leurs constitutions interdisaient la publication de critiques « non approuvées par les dirigeants » (p. 745), et « les manquements supposés aux lois du syndicat (étaient) souvent jugés par ceux qui administraient cette loi, à savoir en général le président » (p. 745).

Tannenbaum attribue à certains facteurs la montée de ce qu'on pourrait appeler *l'autocratie imposée par un chef* à l'intérieur de ces syndicats. Il y avait peut-être surtout la nécessité d'une direction forte pour négocier avec les patrons autour d'une table. A vrai dire : « il y a de fortes chances pour qu'un contrôle par un leader puissant soit précisément ce que souhaitent bien des adhérents — en particulier s'il prouve son efficacité » en « mettant du beurre dans les épinards » (p. 744). De plus, comme les dirigeants des syndicats n'avaient souvent d'autre alternative que de retrouver un emploi subalterne — avec une perte significative de statut, de revenus et d'un travail stimulant —, ils s'efforcait « de trouver les moyens de protéger leur position, à savoir, souvent, le muselage de l'opposition à l'intérieur du syndicat » (p. 752). Et ces tendances ont été renforcées par la grande taille des syndicats, qui a éloigné les leaders de leur base, aussi bien que par la taille des organisations avec lesquelles ils devaient négocier ; également pour une bonne part, les dirigeants de ces organisations préféraient traiter avec des autocrates : « ... la plupart aimaient mieux avoir affaire à un dirigeant syndical qui contrôle bien ses adhérents » (p. 753). D'autres facteurs ont donc contribué à éliminer pour les autocraties, l'obligation de rester petite pour garantir la viabilité d'un contrôle personnel.

Ainsi, ironiquement, alors que les syndicats européens à vocation idéologique se sont rapprochés de la configuration du système clos, les syndicats américains à vocation alimentaire semblent avoir favorisé l'autocratie. Du moins, cela a été le cas jusqu'à la disparition de leurs puissants dirigeants, et à ce moment-là, beaucoup de ces syndicats se sont rapprochés de la configuration du système clos, à mesure que des dirigeants moins puissants, plus « professionnels » ont succédé aux leaders à forte personnalité et que d'autres administrateurs ont consolidé leur pouvoir par des procédures bureaucratiques[4].

---

[4] Ainsi, il y a quelques années, Tannenbaum (1965) et surtout Wilensky (1961) ont constaté des tendances « embryonnaires » à une bureaucratisation croissante des syndicats et un pouvoir grandissant des permanents, en général. Ces tendances se sont nettement renforcées depuis lors. Tannenbaum a également constaté que les syndicats américains qui s'occupaient « d'objectifs sociaux au sens large » tendaient à maintenir leurs structures démocratiques (p. 753), ce qui voulait probablement dire qu'ils formaient des configurations de type missionnaire et tendaient à le rester (comme on le verra au chapitre 21).

Une autre forme d'autocratie tend à voir le jour, lorsqu'une organisation est confrontée à une crise grave, par exemple une menace pesant sur sa survie. Une crise ne permet pas une période de débats ou de jeux politiques, ni non plus de procédures normales. L'organisation doit agir vite, d'une manière décisive, en intégrant toutes les ressources. Aussi la tendance est-elle à la suspension de la distribution du pouvoir qui est habituelle dans l'organisation et le directeur général se voit attribuer des pouvoirs exceptionnels. Dans ces cas-là, on les appellera des organisations « en état de siège » ; le P.-D.G. peut s'arroger des prérogatives, telles que l'anéantissement de dissidents, ce qui, en temps normal semblerait inacceptable. Rien de tel qu'un coup dur pour rassembler les détenteurs d'influence disparates, et en faire un seul groupe soudé, facile à diriger, c'est ce qu'a noté Kenneth Boulding :

> « Un conflit simplifie habituellement les projets d'une organisation, simplement parce que l'objectif de gagner ou de survivre au conflit, en vient à dominer tous les autres. Ainsi, en temps de paix, une nation a une multitude de buts et d'objectifs... les factions et les intérêts divers en son sein tendent à la déchirer. Un ennemi puissant, cependant, représente une grande force d'unification (1962, p. 162). »

Bien entendu, si le chef est assez fort, il se peut qu'il conserve toute l'étendue de son pouvoir après que la crise soit passée, tout comme le fondateur conserve le pouvoir après les années de formation de l'organisation, pour bien des raisons similaires. Les périodes de crise peuvent amener un chaos interne important, permettant au chef de faire déplacer des personnes et de modifier les procédures selon ses besoins propres, et en général de consolider son pouvoir, pouvoir qu'il peut conserver pendant un bon nombre d'années. En d'autres termes, le chef d'une entreprise ou le leader d'un syndicat peut exploiter la confusion suscitée par la crise et cela à son propre avantage.

Les crises sont parfois liées à l'état politique de l'organisation elle-même, donnant naissance à une forme d'autocratie que nous appelons « organisation post-politisée ». Dans ce cas, l'organisation surmonte un état de sérieuses querelles politiques pour émerger en tant qu'autocratie. Le conflit devient si intense dans les coalitions, et l'atmosphère de confusion si grande, qu'un P.-D.G. fort, est capable d'exploiter la situation pour s'attribuer le pouvoir. Tout comme il existe une marge de manœuvre même dans la structure la plus bureaucratisée, par exemple en faisant jouer un règlement contre un autre, on peut également trouver une marge de manœuvre, même dans les situations les plus politisées, en opposant un détenteur d'influence à un autre. C'est un jeu dangereux que ne jouent efficacement que les P.-D.G. les plus habiles et les plus ambitieux. Mais on y joue tout de même. Les détenteurs d'influence dépensent tant d'énergie à se battre entre eux, que d'une certaine manière, l'objet de cet exercice — contrôler les actions de l'organisation — se perd. Le P.-D.G. tire les marrons du feu derrière leur dos, et lorsqu'ils reviennent à eux, il est trop tard[5].

Le même phénomène apparaît, à beaucoup plus grande échelle, lors de l'émergence d'une dictature, l'autocratie ultime. Dans ce cas, habituellement après une période de troubles économiques ou politiques intenses, un leader parvient à calmer la population (l'équivalent de la coalition externe), grâce à son charisme ou à un système de terreur ; ensuite il dirige les structures de gouvernement (la coalition interne) d'une manière stricte et personnalisée. On l'a vu en Union soviétique sous Staline et en France sous Napoléon, dans les deux cas, après des révolutions. (Il est intéressant de noter que toutes deux ont donné naissance à des administrations hautement bureaucratisées, — surtout des systèmes clos —, après la mort de leur dirigeants.) Même de Gaulle, élu pour conduire les affaires de la Vᵉ République, était à certains points de vue un autocrate qui a émergé pour faire face à la confusion de la IVᵉ République et à la crise d'Algérie.

En conclusion, il existe de nombreuses occasions pour que se développent des autocraties dans les sociétés que nous qualifions de démocratiques. A vrai dire, ces sociétés ne peuvent fonctionner, sans cette configuration de pouvoir, en certains endroits. Un leadership — ferme et libre de contrôle externe ou de procédure interne —, demeure un facteur important dans le monde que nous connaissons.

---

[5] Quand le conflit se limite à la coalition externe, son intensité la rendant plus passive que divisée, comme on l'a vu au chapitre précédent, les administrateurs en général, et non pas seulement le P.-D.G., peuvent fort bien prendre le pouvoir, auquel cas l'organisation devient un système clos.

UN JEU DE LA PASSION (EN UNE SEULE ÉVOCATION)

Avec en Vedette : L'idéologie de l'organisation et tous ses membres en renfort.

Résumé de la séance : Une idéologie, dont le centre des préoccupations est un rôle missionnaire qui domine toute l'activité de l'organisation, passant avant les systèmes d'autorité, des compétences spécialisées, des politiques ; tous les membres s'identifient fortement à l'objectif visant à préserver, étendre ou perfectionner la mission de l'organisation et y jurent fidélité ; ainsi on peut leur permettre de prendre des décisions dans l'intérêt de l'organisation ; cela donne un haut niveau de participation, qui s'accompagne d'une structure très simple (bien que bureaucratique, car elle fonde sa coordination sur une sorte de standardisation, à savoir les normes) ; la coalition interne, soit évite toute influence externe ou alors apaise de manière agressive tout détenteur d'influence potentiel dans la coalition externe, dans l'intention d'imposer la mission qui est la sienne à son environnement.

Sur scène actuellement : Partout où la mission d'une organisation est claire et ciblée, spécifique et inspiratrice (du moins pour ses membres), la configuration du missionnaire se trouve souvent dans les organisations de bénévoles, relativement petites ou fédérées en petites enclaves, confrontées à des environnements relativement simples ; on la trouve notamment chez les « partisans de réformes », tels que les mouvements révolutionnaires, les groupes d'activistes sociaux et les organisations charitables décidées à changer un aspect précis de la société ; chez les « prosélytes », tels que les « Alcooliques anonymes » et les Kibboutzim israéliens quand ils furent créés ;

tous ces mouvements sont conçus pour changer la société en attirant des membres et les transformer ; et les « cloîtrés », tels que les monastères isolés et certains ordres religieux qui se replient sur eux-mêmes pour éviter toute contamination externe de leurs idéologies fortes et puissantes ; également dans certaines organisations qui devraient se classer dans d'autres configurations de pouvoir mais qui, en fait, apparaissent comme des organisations « quasi missionnaires », à cause de leur idéologie puissante provenant d'histoires héroïques, et /ou de leaders charismatiques anciens (mais non pas dans des organisations qui, tout en semblant satisfaire à toutes les caractéristiques du missionnaire ou presque, ont une attitude telle qu'elles servent les besoins personnels de leurs agents internes au lieu des nobles idéaux de leur mission, et donc font place à des systèmes clos que nous appelons pseudo missionnaires).

Lorsque la mission d'une organisation est a) claire et ciblée, de sorte que les gens peuvent aisément s'identifier à elle, b) spécifique dans ses buts ou son exécution, plaçant par là même l'organisation dans un créneau et c) attirante ou inspiratrice tout au moins pour certains, si bien qu'ils sont attirés vers cette voie pour s'identifier à la mission, alors il est probable que surgisse une configuration de pouvoir appelée « missionnaire ». Bien entendu, la gamme des missions correspondant à ces critères est infinie, allant de la construction d'automobiles de qualité jusqu'aux habits pour animaux. Les idéologies tendent à se fixer autour de missions possédant ces caractéristiques, qui incitent les adeptes à les rechercher, la loyauté étant l'élément principal de cette configuration de pouvoir. Ainsi, à propos de la saga de cette organisation, Clark écrit : « ... le symptôme le plus marquant est un sentiment intense d'unicité. Les hommes se comportent comme s'ils connaissaient un beau secret que personne hormis quelques rares élus ne partageraient jamais. » (1970, p. 235). D'autre caractéristiques associées d'ordinaire à cette configuration de pouvoir sont un leader hautement charismatique appartenant au passé de l'organisation, et une longue et glorieuse histoire dans un certain domaine. D'ordinaire ces deux caractéristiques vont de pair. Le leader charismatique expose l'idéologie au départ, de manière claire et éloquente, pour attirer les premiers adeptes, ce qui à son tour fournit à l'organisation une riche palette de traditions, sagas et croyances, qui constituent une histoire glorieuse.

Notre missionnaire, c'est l'organisation normative d'Etzioni (à l'exclusion des organisations professionnelles qu'il inclut et que nous considérons comme des méritocraties), et l'institution de Selznick. « Au moment où une organisation acquiert une identité propre et distincte, elle devient une institution (Selznick 1957, p. 21). »

Nous commencerons cette étude par le système de buts, clé de voûte pour comprendre cette configuration de pouvoir, puis nous passerons à la distribution du pouvoir en son sein, avant d'en venir aux diverses formes qu'elle peut prendre.

LE SYSTÈME DE BUTS :
LA MISSION EN TANT QUE BUT ESSENTIEL

C'est la configuration de pouvoir pour laquelle mission et but coïncident. Les décisions et les actions sont motivées avant tout par le désir de faire progresser la mission de l'organisation : la préserver, l'étendre et la perfectionner. La mission, comme on l'a vu plus haut, doit être spécifique, attirante, claire et aisément compréhensible, sans nécessairement être opérationnelle au sens formel du terme. Les membres adhèrent à l'organisation non pas essentiellement pour des incitations matérielles, ni pour construire une base de pouvoir, ni pour satisfaire à un besoin social, mais par identification au but fondamental de l'organisation, en fait ses buts idéologiques. Ils voient dans l'organisation un moyen de servir et peut-être d'améliorer la société, et non pas un moyen de se servir ou de progresser eux-mêmes. Ainsi, pour paraphraser une vieille histoire, lorsqu'on lui demande ce qu'il fait, le maçon de l'instrument, du système clos ou de l'autocratie répond qu'il pose des briques, celui de la méritocratie répondra sûrement qu'il construit une église, mais celui du missionnaire répliquera qu'il participe à la création d'un vaste monument[1].

Les membres de l'organisation, par suite de leur attachement à la mission, opposent une forte résistance à toute tentative faite en vue de la changer ou qui interfère avec la tradition. La mission et tout ce qui accompagne l'idéologie doivent être préservés à tout prix.

« (Une identification d'ordre affectif lie) l'organisation à des buts et des procédures spécifiques, tout en limitant souvent et d'une manière considérable la liberté de la direction quand elle essaie de déployer ses ressources et en réduisant la capacité de l'organisation à survivre dans des conditions nouvelles...

... il y a une résistance au changement. Les gens ressentent cela comme un échec personnel ; « l'identité du groupe ou de la communauté semble être violée en quelque sorte ; ils ne s'inclinent devant des considérations d'ordre économique ou technologique qu'avec réticence, comme à regret (Selznik 1957, pp. 18, 19)[2].

Cela forme un contraste frappant avec le système clos dont les membres n'ont que faire de la mission, qu'ils considèrent comme un moyen arbitraire

---

[1] Dans l'arène politique, il dira probablement qu'il construit une base de pouvoir personnelle.

[2] Ce qui nous amène à une remarque intéressante : le missionnaire est certainement révolutionnaire pour changer le monde, mais conservateur lorsqu'il s'agit de se changer lui-même : « ... ainsi dans les partis marxistes, les facteurs d'idéologie conservatrice telles que la prépondérance de la tradition, la dévalorisation de la jeunesse et la rigidité des procédures touchant à l'organisation, peuvent aller de pair avec un programme franchement révolutionnaire en ce qui concerne les événements politiques extérieurs » (Selznick 1943, p. 54).

de générer leurs récompenses matérielles ; c'est dans ce cas-là que le système, et non ce qu'il fait, doit être protégé à tout prix. Comme le dit Simon :

> « L'individu qui est loyal par rapport aux *objectifs* de l'organisation, s'opposera à la modification de ces objectifs, et pourra même refuser de continuer à y participer s'ils devaient changer trop radicalement. L'individu qui est loyal à *l'organisation,* soutiendra des changements opportunistes des objectifs qui sont calculés pour promouvoir sa survie et sa croissance (1957, p. 118). »

Ainsi de buts des systèmes n'ont pas d'importance particulière dans cette configuration. Ils sont subordonnés au but idéologique de la mission. La survie n'importe que pour soutenir la mission, et non pas l'organisation. Même chose pour l'efficacité, qui permet de faire progresser la mission. Le contrôle de l'environnement n'est pas un but en soi ; mais comme nous le verrons, dans certains cas, le fait d'imposer une mission peut avoir des conséquences sur l'environnement. Et la croissance n'importe que dans la mesure où il faut étendre la mission, bien qu'elle se limite souvent à vouloir préserver la nature idéologique de l'organisation.

Une conséquence de l'attachement des membres à la mission de l'organisation, est que leurs principales récompenses sont collectives et psychiques par nature. Elles proviennent de la conscience de participer à ce que l'organisation elle-même accomplit. Aussi, nombreuses sont dans cette configuration, les organisations de bénévoles dont les membres — quelquefois même à temps plein — font don de leur temps et de leurs efforts sans aucune contrepartie matérielle. Le cas extrême est celui des ordres religieux où les nouvelles recrues, en y adhérant, font vœu de pauvreté, en remettant en fait à cet ordre toute rémunération qui résulte de leur travail. Ce sont des organisations qui réinvestissent vraiment tout ce qu'elles gagnent, pour utiliser une expression associée au système clos : toutes les ressources, matérielles, aussi bien qu'affectives sont investies pour faire avancer la mission. En ce sens, le missionnaire est le type d'organisation le plus maximisateur qui soit.

LA DISTRIBUTION DU POUVOIR : LA PARTICIPATION INTERNE

Le pouvoir de cette configuration réside essentiellement dans son idéologie que tous les membres partagent. Et la clé de cette configuration, c'est la fidélité, le dévouement strict à l'idéologie. Comme le note Niv à propos des « communes » :

> « La survie du « commune » dépend des engagements de ses membres. Les individus doivent renoncer à des fins personnelles et se conformer à des normes et des règles fondamentales qui ont évolué avec le temps. Le renonce-

ment, la soumission sont des termes essentiel du vocabulaire de tous les "communes" (1978, p. 13). »

En général, les membres adhèrent au missionnaire ou sont sélectionnés par lui à cause de leur propensité naturelle à s'identifier à l'idéologie. Par la suite, cette identification est consolidée par la socialisation, associée à l'endoctrinement si nécessaire. Et, une fois que ce processus — qui peut être très long — est achevé, la fidélité est acquise, et les diverses formes de contrôle sont superflues. Les membres sont fermement liés à l'idéologie de l'organisation ; laissé à lui-même, chacun prendra des décisions et mènera des actions en concordance avec ses objectifs :

> « Une fois, saint Augustin a donné la seule règle de conduite chrétienne, "Aime Dieu, et fais ce qu'il te plaît". Ce qui est bien sûr sous-entendu, c'est que si on aime véritablement Dieu, alors on ne peut vouloir faire uniquement que ce qui est acceptable à Ses yeux. De même, les prêtres jésuites ne reçoivent pas constamment des coups de fils ou des notes émanant de la direction de la Compagnie. La longue formation intensive subie pendant des années à Rome est une garantie que, partout où ils iront par la suite, et quel que soit le laps de temps qui s'écoule avant qu'ils ne revoient un autre jésuite, ils feront toujours leur travail en accord avec les normes de la Compagnie (Jay 1970 ; p. 70). »

En fait, la configuration du missionnaire parvient à une forme de coordination, grâce à la standardisation des croyances ou des normes (sans parler de celle de ses membres, par le biais de la sélection). Cela en fait une sorte de bureaucratie, que nous avons définie dans l'ouvrage « Structure et dynamique des organisations », comme une structure dont « le comportement est prédéterminé ou prévisible, en fait standardisé » (Mintzberg 1979 a, p. 86). Cela est bien sûr conforme à la réticence du missionnaire face au changement et à la nécessité de s'adapter. Mais c'est une forme de bureaucratie très différente, ni professionnelle, ni machine bureaucratique, mais une *bureaucratie normative*. A la différence des bureaucraties dont nous avons parlé, à la fois ici et dans la partie « Structure simple » (autrement dit, au contraire de l'instrument, du système clos et de l'autocratie), tout le système d'autorité du missionnaire — qui va des contrôles bureaucratiques aux contrôles personnels — est faible. Le pouvoir repose sur l'idéologie, non pas sur l'autorité, sur les croyances, non pas sur les positions. Mais d'un autre côté, la configuration du missionnaire se rapproche beaucoup plus de la structure simple (et de l'autocratie) que des autres formes de bureaucratie : très peu de structures élaborées sont nécessaires. Sa coordination s'effectuant surtout par la standardisation des normes, la configuration du missionnaire exige peu de contrôles bureaucratiques, ou d'analystes pour les élaborer. Comme le note Sills à propos de la Fondation de la paralysie infantile, qui constitue un excellent exemple de missionnaire : « ... assez peu de procédures bureaucratiques concernant des affaires purement internes ont été établies. Les chapitres n'ont pas de lieu de réunion régulier... et la plupart des affaires du chapitre se font par téléphone ou lors de réunions de comités (1957, p. 204). » De même, il n'y a guère besoin de cadres hiérarchiques de niveau intermédiaire, ou de hiérarchies complexes qui seraient requises pour les accueillir. En fait, une mission clairement comprise par tout le monde n'a pas besoin d'être canalisée dans une chaîne de fins et de moyens, ni d'avoir une importante division du travail. En conséquence, le missionnaire connaît peu de spécialisation ou de division en départements. Même ses services de support logistique tendent à se fondre dans les activités de fonctionnement de base. Le système du missionnaire consiste essentiellement, en un groupe de personnes qui savent ce qu'elles ont à faire et le font, avec un minimum de supervision, de normes de travail, de plans d'action, de contrôle de performances, et tous les autres attirails liés à la structure d'une organisation. Sa bureaucratie est inhérente à ses normes (bien que dans ce sens elle puisse être bien ancrée profondément que lorsqu'elle est imposée par des procédures formelles).

Toutes ces caractéristiques permettent au système du missionnaire de

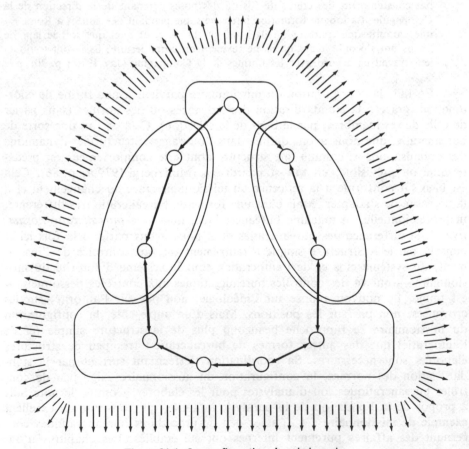

Figure 21-1. *La configuration du missionnaire*

parvenir à une forme de décentralisation satisfaisant les puristes. Autrement dit, elle apparaît comme la configuration de pouvoir, qui fait le plus appel à la participation. La plus égalitaire ou démocratique, si l'on veut —, comme le montre la figure 21-1. Selon les instructions du fondateur de l'ordre des Bénédictins :

> « Qu'il ne se fasse aucune distinction entre les personnes du monastère. Que personne ne soit aimé plus qu'un autre, hormis s'il se trouve exceller dans les bonnes œuvres ou pour son obéissance. Que personne de noble naissance ne soit placé au-dessus de celui qui était jadis esclave, si ce n'est qu'une autre cause raisonnable entre en jeu (Saint Benoît, Règles sacrées, chap. 2, cité par Gofman 1961, p. 339). »

Comme nous l'avons vu pour les Jésuites, une fois qu'il est reconnu être prêt — c'est-à-dire, ayant intériorisé l'idéologie de manière satisfaisante pour les membres en place —, chacun des nouveaux membres peut, on lui fait confiance, agir au mieux des intérêts de l'organisation, et ainsi on peut lui accorder une large autonomie. Toute coordination qui ne peut s'effectuer grâce à une standardisation des normes, peut être réajustée par les membres entre eux, sans autorité hiérarchique ; les membres sont tout à fait motivés pour coopérer entre eux, puisqu'ils partagent des objectifs communs et ne cherchent pas de récompenses personnelles. Comme le note Khandwalla, lorsqu'une organisation existe en tant que « communauté bien soudée... dans laquelle les membres partagent une même destinée », alors « le travail de coordination n'est pas laissé à quelques personnes chargées de cette responsabilité, mais assumé par la plupart des individus de l'organisation, de la même façon que les membres d'une équipe de hockey ou de cricket bien soudée œuvrant tous spontanément pour maintenir une action ayant pour but de gagner » (1976, pp. 5, 10).

Mais pour maintenir une telle égalité, il importe que toute source potentielle de différence de statut entre les membres soit éliminée. Et cela signifie décourager non seulement l'autorité et l'administration, mais aussi les compétences spécialisées. Le système des compétences spécialisées met en avant la réussite individuelle et le pouvoir personnel, sans parler du fait qu'il requiert l'abandon du contrôle des normes à des sociétés professionnelles extérieures, ce qui s'avère incompatible avec l'idéologie du missionnaire.

Dans le plus grand des systèmes missionnaires, la Chine pendant la Révolution culturelle, afin de réduire l'influence de l'administration et des compétences spécialisées, obligeait les cadres à travailler en usine et les responsables des services publics devaient travailler à la ferme pendant un certain nombre de jours chaque année. Sills (1957), dans la Fondation, décrit « l'antagonisme solidement ancré à l'égard des organisations hiérarchiques et bureaucratiques en général » (p. 207), et envers les « organisateurs » payés à plein temps d'autres organisations charitables en particulier, comme ceux de la Croix-Rouge. « Les gens n'apprécient pas que quelqu'un arrive dans un break luxueux en étant payé pour superviser la collecte des fonds. » dit un volontaire de la Fondation (p. 208). La Fondation est même allée jusqu'à interdire aux médecins de tenir des responsabilités dans les sections locales, afin d'éviter le développement d'une élite spécialisée. On constate le même phénomène à propos du Kibboutz israélien, qui sous sa forme la plus pure est un exemple classique de missionnaire. Voici le tableau comparatif établi par Rosner (1969, p. 38) portant sur les principes d'une organisation purement bureaucratique, telle que l'a définie Max Weber (et que l'on trouve dans les instruments et les systèmes clos), et ceux d'un kibboutz :

Principes de l'organisation bureaucratique	Principes du kibboutz
1. Poste permanent.	Poste non permanent.
2. Le poste comporte des devoirs et des privilèges définis et impersonnels.	La définition du poste est floue : devoirs et privilèges ne sont pas officiellement définis et dépendent souvent de la personnalité du détenteur du poste.
3. Une hiérarchie d'autorités fonctionnelles est exprimée par l'autorité des détenteurs du poste.	Hypothèse de départ : toutes les fonctions sont d'importance égale ; absence d'une hiérarchie formelle de l'autorité.
4. La nomination des détenteurs de postes intervient d'après des qualifications objectives formelles.	Les fonctionnaires sont élus, et non pas nommés. Les qualifications d'une manière objective, ne sont pas déterminantes, les qualités personnelles comptent plus lors de l'élection.
5. Le poste est une occupation à plein temps.	Le poste vient d'ordinaire s'ajouter à l'occupation à plein temps du fonctionnaire.

D'après Rosner, 1969, p. 38

L'importance de la participation dans la coalition interne ne devrait pas cependant cacher le fait que les chefs ont encore une influence particulière dans cette configuration. Mais elle dérive de leurs liens avec l'idéologie, et non pas de l'autorité. Revenons un peu en arrière pour comprendre cela. Le charisme, comme nous l'avons vu précédemment, joue un rôle de premier plan dans l'émergence de cette configuration. Au départ, il était fréquent de voir un chef charismatisque créer l'organisation ou du moins établir l'idéologie. Tant qu'il restait maître à bord, la configuration était une autocratie, c'est-à-dire, n'était guère égalitaire. Mais après sa disparition, son idéologie était institutionnalisée — consolidée par la tradition, sous forme de précédents, de mythes, de sagas, et ainsi de suite —, et la configuration se changeait en missionnaire. Alors il lui fallait un chef d'un genre différent, toujours charismatique, mais moins quelqu'un d'indépendant qui crée de nouvelles croyances, que quelqu'un de dévoué qui renforce les croyances déjà créées et ne soit l'émanation. Autrement dit, un dirigeant du système du missionnaire *incarne* l'idéologie, et c'est de là qu'il tire son influence. Dans la Fondation :

« L'identification aux personnes du Quartier général national frise l'adulation. "Je pense que les chefs de l'organisation vous élèvent si bien l'esprit" déclarait la présidente des activités féminines à Steel City. Ce sont de merveilleux orateurs... J'apprécie toutes les réunions publiques lorsqu'ils y participent. On sait quant on rentre chez soi, "qu'on va donner le meilleur de soi-même (Sills 1957, pp. 216-217). »

Exprimons cette conclusion différemment : les membres du missionnaire placent tout à fait naturellement et *volontairement* leur foi dans leurs chefs, et cela littéralement selon l'étude citée par Etzioni qui porte sur 245 églises, dont presque toutes ont des chefs laïques « étaient prêts à accepter de la part du pasteur, conseils, indications, décisions ou même un contrôle complet. Seulement 6,1 % insistaient pour partager le pouvoir à égalité avec lui ». (1961, p. 104)

Bien entendu, les chefs ne conservent leur influence qu'aussi longtemps qu'ils soutiennent l'idéologie. La seule chose qu'ils ne peuvent faire, c'est changer les traditions fondamentales, à moins, bien sûr, qu'ils ne désirent commander par leur seule autorité ou personnalité et par ce processus reconvertir le missionnaire en autocratie. Ce dernier fait révèle une différence essentielle dans la conduite des affaires entre ces deux configurations, qui va de pair avec la distinction entre les styles de gestion telle qu'elle est proposée par McClelland (1970) dans son article intitulé « Les deux visages du pouvoir ». Dans le système du missionnaire, le chef « n'oblige pas ses adeptes à se soumettre et à le suivre par la simple magie tout à fait impressionnante de sa personnalité et de ses pouvoirs de persuasion » (ni, pourrait-on ajouter, de son autorité formelle), car cette attitude est associée à « une sorte de syndrome du pouvoir personnel » (p. 37), que nous avons associée à l'autocratie. Au lieu de cela, en accord avec le besoin de participation active exprimé par les membres, le chef les inspire, les fortifie, les élève spirituellement, les amène à se sentir « plus puissants plutôt que moins puissants et plus soumis... Le chef fait naître la confiance chez ses adeptes, qui se sentent plus à même de mener à bien tout objectif qu'ils partagent avec lui » (pp. 37-38). En l'absence d'idéologie, le chef dit : « Faites comme je dis, car je suis fort et je sais ce qu'il convient de faire » (p. 38), ou alors « car c'est moi qui commande ». Une fois l'idéologie mise en place, le chef dit au contraire : « Voici les buts vrais et justes que nous partageons. Voici comment les atteindre. Vous êtes forts et capables. Vous pouvez atteindre ces buts (p. 38). »

Dans la configuration du missionnaire, comme le fait remarquer Etzioni, les structures formelles et informelles tendent à coïncider. Il n'y a nullement besoin d'un commandement informel ou clandestin, parce que, par l'intermédiaire d'un processus qu'il nomme « absorption », « les dirigeants disposant d'un pouvoir informel potentiel sont recrutés par des organisations pour occuper des postes à temps plein » (1961, p. 103). Cela est dû au « large consensus... touchant aux valeurs suprêmes, les mœurs et les normes » qui unissent membres et dirigeants, à une « forte vocation positive » à servir l'organisation et à coopérer avec ses dirigeants, et au fait que « la plupart des membres actifs tendent à être extrêmement dévoués à l'organisation » et à soutenir largement ses actions ; « membres les plus isolés de l'organisation — y compris ceux qui sont des chefs potentiels — ils tendent à être inactifs ou à la quitter » (p. 105).

Ces liens entre pouvoir formel et informel, ainsi que les caractéristiques présentées précédemment, font ressortir un autre aspect essentiel de la coalition interne du missionnaire : l'absence de politisation. « ... la doctrine trace une ligne droite qui exclut les zigzags de l'opportunisme » (Clark 1970, p. 9). Comme l'indiquent les passages précédents tirés d'Etzioni, on met une sourdine aux protestations dans le missionnaire ou du moins ces dernières sont endiguées par suite de la fidélité ; ceux qui sont réticents à se conformer sont censés quitter l'organisation[3]. Dans cette configuration, il n'existe pas de centres informels du pouvoir pour jouer à des jeux politiques ; pas de contrôles bureaucratiques à repousser ou à défaire ; il n'y a pas d'empires privés à bâtir, l'ambition personnelle étant absorbée par la mission commune : les buts étant clairs et très largement acceptés, il n'existe pas d'inversion des fins et des moyens, ni de raisons de les sous-optimiser, ni d'incitation à créer des alliances ; un découpage en sections limité, le peu d'importance accordé aux positions de prestige, font qu'il n'y a pas de camps rivaux à combattre ou de compétences à étaler ; une faible autorité ne donne pas lieu à des révoltes, à des conflits entre la hiérarchie et le personnel, ni à de jeunes Turcs de se livrer à leurs jeux. Il se peut que des candidats à des postes stratégiques aient une promotion, pour améliorer l'efficacité de l'organisation ; mais comme il n'y a pas d'empires à bâtir, et qu'il existe une réticence innée à l'égard des changements, même ce jeu de candidats à des postes stratégiques tend à être inoffensif, dans le contexte de l'idéologie en question. Le seul jeu politique quelque peu en vogue, serait de se croire supérieur, ce qui permet aux membres de regarder de haut ceux qui ne partagent pas leurs croyances. En réalité, le seul conflit véritable à l'intérieur de la configuration de pouvoir du missionnaire, intervient au niveau de l'interprétation de la « parole » — l'héritage idéologique — comme par exemple lorsque des érudits spécialistes du Talmud débattent interminablement du sens réel d'un minuscule passage de leurs très anciens livres. Le fait est que tous les membres du missionnaire s'unissent pour construire un unique empire, celui qui remplira au mieux la mission de l'organisation.

Il n'est guère besoin de s'étendre sur la coalition externe du missionnaire, car dans cette configuration, c'est la coalition interne qui est une force active ; la coalition externe est passive par comparaison. D'une part, la mission précise de l'organisation la place dans un créneau qui est relativement

---

[3] Comme le note Hirschman (1970), « dans les organisations ou, pour être admis, il faut payer cher ou subir une initiation rigoureuse, les membres ne reconnaîtront que la situation se détériore qu'avec retard, et ce n'est qu'à ce moment-là que débuteront les protestations » (p. 93). Et même dans ce cas, les protestations seront tempérées par la fidélité (p. 84).

peu sensible à l'influence externe. D'autre part, même lorsqu'il existe une influence potentielle, l'idéologie de l'organisation tend à agir comme un écran de proctection. Voilà ce que l'auréole de la ligne 21-1 est censée signifier.

L'organisation peut conquérir son autonomie de diverses manières, comme le remarque Niv à propos des « ermitages » :

> « Autonomie veut dire que "l'ermitage" conserve des frontières claires. Une idéologie unique... c'est l'une des façons de définir une telle frontière. D'autres façons sont par exemple de fixer des critères d'adhésion, d'établir "l'ermitage" dans un environnement géographique à part, de contrôler les déplacements des membres à l'intérieur et à l'extérieur de "l'ermitage" et de développer "l'ermitage" comme un système indépendant (comprenant toutes les fonctions nécessaires à la satisfaction des besoins physiques et psychiques de ses membres)... En résumé, "l'ermitage", quelle que soit sa taille, est un microcosme(1978, pp. 1-2). »

Certains missionnaires, tels que les monastères isolés, poussent la notion d'autonomie jusqu'à l'extrême, en choisissant leurs missions et leurs sites pour être séparés le mieux possible du reste du monde. Mais d'autres font tout à fait le contraire. Ils remplissent des missions qui, tout en ne permettant qu'à très peu de pouvoir de s'infiltrer dans l'organisation, favorisent l'emprise du pouvoir de l'organisation sur son environnement (d'où les flèches partant de l'auréole à la figure 21-1). Dans ce cas, le missionnaire devient l'agresseur, cherchant à imposer sa mission directement à son environnement — pour convertir les païens, vaincre la poliomyélite, et ainsi de suite.

Quelquefois une mission agressive exige la cooptation d'agents extérieurs, afin d'amener des détenteurs d'influence externes passifs (parfois pas aussi passifs que cela) à adopter une attitude de fidélité, afin qu'ils fournissent un soutien externe à la mission. Comme le note Clark à propos des collèges universitaires « spéciaux » dans lesquels des idéologies puissantes ont transformé en missionnaires, ce qui aurait autrement été des méritocraties :

> ... une université cherchant à se singulariser doit transformer en croyants des milliers de personnes de l'extérieur dont la vie n'est pas directement liée au sort du collège. Dans la mesure où les agents extérieurs croient en lui, le collège universitaire parvient à une position différenciée et privilégiée sur les marchés et aux yeux des membres des instances qui allouent l'argent, le personnel et les étudiants » (1970, p. 250).

Ces efforts ont parfois été couronnés de succès à tel point que les détenteurs d'influence externes sont apparus comme étant les pincipaux gardiens de l'idéologie. De fait, bien des collèges universitaires différents ayant dû faire un effort d'adaptation ont vu leurs associations d'anciens étudiants s'y opposer vigoureusement. La vieille Alma Mater ne peut mal faire... aussi longtemps qu'elle ne change jamais[4].

Au contraire du système clos, cependant, le missionnaire ne cherche pas à contrôler son environnement pour lui-même, mais dans certains cas du moins, à le modifier. Bien sûr, le résultat est identique : le pouvoir, si tant est qu'il circule dans cette configuration, va de la coalition interne à la coalition externe, et non pas vice versa. Ainsi, les contraintes formelles imposées à l'organisation sont peu nombreuses, les normes sociales (au contraire des normes internes) sont relativement insignifiantes, les campagnes de pression peu fréquentes, et les contrôles directs sont virtuellement absents. A vrai dire, souvent le flux de pouvoir en sens inverse signifie que c'est l'organisation qui cherche à changer l'une des normes sociales acceptées de la société, en montant ses propres campagnes de pression à l'encontre d'autres organisations. Voilà l'un des buts réels du missionnaire : changer un aspect de la société. Une dernière indication de la relation entre le pouvoir interne et le pouvoir externe, est que lorsque le missionnaire a un conseil d'administration, il tend soit à être un conseil interne (une façade en termes de contrôle externe) ou alors à servir d'outil pour coopter les détenteurs d'influence externes, et aussi, comme pour le reste, à faciliter l'accomplissement de la mission.

LES FORMES DU MISSIONNAIRE

Pour des raisons de commodité, nous distinguerons les organisations *missionnaires classiques,* les *quasi-missionnaires* et les *pseudo-missionnaires.* En gros, le premier type de missionnaire est censé de par ses caractéristiques, être un missionnaire et il l'est réellement, le second n'est pas censé l'être, mais l'est néanmoins et le troisième est censé l'être, mais ne l'est pas en réalité.

Quelles sont donc les conditions requises pour forger une configuration de pouvoir de type missionnaire ? On l'a vu, la fidélité est le principal ingrédient de cette configuration, encouragée surtout par le sentiment d'avoir une mission à remplir, — une intention d'améliorer un aspect quelconque de la société, pour son bien, plutôt que pour en tirer profit. C'est pourquoi une mission spécifique et motivante, donne en général le jour à cette configura-

---

[4] Et, si tel est le cas, elle reste une configuration du missionnaire. Mais une situation intéressante se fait jour lorsque les agents internes s'efforcent d'effectuer des changements malgré l'opposition des anciens étudiants. Les premiers cherchent peut-être à la convertir en une autre configuration, peut-être en une méritocratie ou un système clos, ou même en un missionnaire avec une idéologie différente, tandis que les autres, par le fait qu'ils s'opposent à ces changements n'œuvrent finalement pas tant à lui conserver son aspect de missionnaire qu'à en faire leur instrument. Et jusqu'à la victoire de l'un ou l'autre camp, le conflit risque de transformer le missionnaire en arène politique.

tion de pouvoir. Au contraire, on ne s'attendra pas à ce que l'entreprise commerciale typique, créée pour que ses propriétaires en tirent un profit matériel, se transforme en missionnaire. Plus généralement, on ne s'attendra pas à voir un système du missionnaire, dans une organisation qui satisfait naturellement aux conditions d'une autre configuration, en d'autres termes, qui soit constituée pour bénéficier principalement à un détenteur d'influence externe ou au P.-D.G. (et être ainsi instrument ou autocratie), une organisation qui pourvoie aux besoins matériels, sociaux et de considération de ses administrateurs (système clos), ou qui serve les divers besoins personnels de tous ses détenteurs d'influence (arène politique).Quant à la méritocratie, sa mission peut être aussi motivante, par exemple pour soigner les malades. Mais son besoin en compétences spécialisées crée des différences de statut et introduit des normes externes qui se révèlent incompatibles avec une idéologie interne forte. Finalement ses principaux bénéficiaires sont ses experts.

D'autres conditions auxquelles on pourrait s'attendre dans la configuration du missionnaire, c'est le volontariat de ses membres, ou du moins des membres qui se regroupent pour d'autres raisons que des raisons matérielles, ainsi que pour trouver un environnement simple. Le missionnaire doit avoir une mission claire et compréhensible pour tous, que l'on peut accomplir sans trop dépendre de compétences spécialisées. Ce qui veut dire que, quel qu'intrépide qu'elle soit, la mission doit en principe être simple à exécuter, et donc conçue pour un environnement qui est également simple à comprendre.

Finalement, que dire de l'âge et de la taille du missionnaire ? Il est remarquable de voir que ces deux caractéristiques vont dans les deux sens. D'une part, on ne doit pas vraiment s'attendre à ce que l'organisation soit très ancienne, car il est difficile de préserver une ferveur missionnaire sur de longues périodes de temps. Le temps devrait atténuer l'enthousiasme et changer l'organisation en une autre configuration. D'un autre côté, l'idéologie est, par nature, très ancrée dans l'histoire et la tradition, et donc le temps devrait la renforcer. Et donc, on s'attendait à ce que le missionnaire type ne soit ni très nouveau, ni très ancien, bien qu'on puisse aisément trouver des exceptions. Il y a les missionnaires qui s'embrasent d'un coup, comme un feu de paille — il s'agit là des mouvements subits qui s'épuisent rapidement — et ceux dont le feu couve, ceux qui se développent lentement et rougeoient encore plus avec l'âge. (Bien entendu, un feu de paille peut aussi laisser derrière lui des cendres qui couvent.)

Pour ce qui est de la taille, d'un côté on s'attend à ce que le missionnaire soit de faible taille, car le contact personnel entre ses membres est crucial pour conserver un sentiment de cohésion et d'identification à l'idéologie. Le caractère impersonnel des grandes organisations doit être évité à tout prix. D'un autre côté, de petites organisations ne peuvent aisément changer le monde. Bien sûr, tous les missionnaires n'ont pas des buts aussi ambitieux. Pour ceux dont la mission a un rayon d'action limité, une petite taille est tout à fait acceptable. Mais comment les ambitieux peuvent-ils résoudre ce dilemme ? Comme nous le verrons dans bon nombre d'exemples, ils parviennent simultanément à une petite et à une grande taille en se fédérant — se transforment en petites enclaves intimes et plutôt autonomes, reliées entre elles par une idéologie commune (l'une d'entre elles servant peut-être d'archives, de dépositaires de reliques). Si chaque enclave réussit à changer son environnement immédiat, ensemble elles peuvent changer le monde.

Ainsi, comme le note Niv (dans sa correspondance personnelle), il arrive que les missionnaires « croissent », mais ils ne se « développent » pas à la manière des organisations conventionnelles, par la division du travail et la différenciation en des formes toujours plus complexes. Ils conservent plutôt leurs structures simples, se séparant comme les amibes en unités similaires plus petites lorsque leur croissance a été trop forte. Niv fait remarquer que : « Deganya, le premier Kibbout, s'est séparé en Deganya A et B, lorsque le nombre de ses membres a atteint le nombre 30. La raison invoquée à l'époque : impossible de conserver la qualité et l'esprit particuliers de la communauté avec un nombre de membres plus élevé. »

Nous pouvons décrire au moins trois formes de missionnaire qui satisfont à toutes ou à la plupart de ces caractéristiques attendues, autrement dit, trois missionnaires *classiques*. Nous les appelerons les *réformateurs,* les *prosélytes* et les *cloîtres*.

LES RÉFORMATEURS

Ce que nous appelerons le réformateur, c'est une importante forme de missionnaire que Selznick (1952) appelle « l'arme organisationnelle ». Selon lui, elle est conçue comme une arme qui fomente des changements révolutionnaires dans la société. Selznick a étudié les bolcheviks russes, mais d'autres groupes similaires viennent à l'esprit, l'I.R.A. en Irlande du Nord, les Mau Maus du Kenya et les Brigades rouges en Italie.

Ici, il est bien clair que l'organisation est considérée comme un instrument visant des fins au-delà d'elle-même, l'instrument d'une idéologie. Certaines « armes organisationnelles » peuvent être classées comme des « missionnaires feux de paille », en ce sens qu'elles s'embrasent comme des maisons en feu, mais s'éteignent tout aussi rapidement. Cela n'a bien sûr pas été le cas pour le parti bolchevique. D'après la description de Selznick, le noyau dur du parti c'était son squelette de membres entraînés, qui sont devenus les « chefs de groupes plus importants ». On exigeait « une conformité totale » des adhérents, et « par l'intermédiaire des activités et de l'endoctrinement, (le parti) absorbait et isolait le membre, coupant ses liens avec le monde extérieur et maximisant sa participation au mouvement... la contestation politique à l'intérieur du parti était minimisée. Les centres de pouvoir qui défiaient la direction officielle étaient prohibés... Toutes les possibilités de l'idéologie marxiste en vue de fabriquer un moral d'acier » étaient exploitées. (p. 72-73).

Selznick montre que ces organisations sont confrontées à d'épineux problèmes de maintien d'équilibre, qui sont en fait communs à toutes des formes du missionnaire. D'abord, la nécessité de conserver une discipline sans avoir recours à l'autorité. Le danger est qu'un cercle interne prenne le pouvoir, et selon notre terminologie, convertisse le missionnaire en système clos ou peut-être en autocratie. Nous en avons des exemples très nets dans les deux derniers chapitres, en particulier dans la description par Michels de ce qui est advenu des partis politiques révolutionnaires en Europe. Ensuite, plus sérieux peut-être, il y a « les deux dangers inhérents que sont la liquidation et l'isolation » (p. 73). D'un côté, le missionnaire est attiré dans une société plus vaste, dans laquelle il tend à noyer son énergie et à prendre son idéologie. Le missionnaire se fait coopter et dès lors il cesse d'exister. Par ailleurs, le missionnaire qui se replie sur lui-même devient incapable de fournir le changement désiré. Sa propre isolation le tue. Comment conserver des membres fidèles, non contaminés par des forces externes, tout en œuvrant au milieu de ces forces, c'est là le principal dilemme du missionnaire réformateur, qu'il ne peut résoudre que partiellement par l'intermédiaire de la socialisation et de l'endoctrinement.

Bien entendu, point n'est besoin pour un missionnaire de fomenter une révolution ou d'utiliser la violence pour servir d'arme organisationnelle, de réformateur. Il lui faut simplement chercher à changer un aspect quelconque de la société extérieure. Les groupes d'activistes sociaux comme les « Raiders » de Nader ou la Société pour vêtir les animaux, sont des réformateurs, tout comme de petits syndicats locaux dont les membres s'unissent pour obtenir le départ d'une direction ou bien des syndicats plus importants qui œuvrent pour un changement de société plus large (du moins, aussi longtemps qu'ils ne succombent pas à l'oligarchie)[5]. Il en est ainsi des organisations dites « missionnaires » au sens propre : ordres religieux dont les membres font vœu de pauvreté et s'en vont convertir les païens.

La Fondation pour la poliomyélite décrite par Sills, qui, nous l'avons vu, illustre bien des caractéristiques du missionnaire, est un autre exemple intéressant de réformateur. Pendant deux décennies, la Fondation a eu son attention fermement rivée sur le changement essentiel qu'elle cherchait à effectuer dans la société :

« Si nous nous penchons sur ce qu'a accompli la Fondation, il est bien clair qu'elle n'a pas dévié de la réalisation de ses principaux buts. En fait, depuis presque vingt ans qu'elle existe, elle a parrainé des recherches qui ont considérablement accru les connaissances médicales sur la poliomyélite ; elle a amené des changements révolutionnaires dans les méthodes de traitement des victimes de la poliomyélite ; elle a introduit une conception tout à fait nouvelle qui consiste à faire prendre en charge par tous les membres d'une communauté les frais médicaux et les factures d'hôpital ; elle a parrainé le développement du

---

[5] Ainsi Tannenbaum a découvert que les syndicats locaux seraient plus démocratiques que les nationaux, grâce à un « contact personnel plus rapproché » dans l'usine (1965, p. 744). Il a aussi découvert que « la recherche par un syndicat de buts sociaux plus larges... est parfois considérée comme étant associée à des procédures démocratiques » ; l'idéologie conduit à sacrifier les buts immédiats et matérialistes à des idéaux à plus long terme (p. 753).

vaccin anti-polio Salk ; et elle est à présent sur le point de parvenir à son but essentiel : l'élimination des épidémies de poliomyélite (1957. p. 69). »

Parmi les facteurs que Sills mentionne comme contribuant à l'unicité du but recherché, se trouvaient le volontariat des membres de la Fondation et l'absence de vestiges de bureaucratie : « ... la proportion d'employés par rapport aux volontaires est très faible » ; il n'existe pas de hiérarchie élaborée dans l'organisation, par exemple, « aucune société d'État... n'occupe de position intermédiaire entre le Quartier général national et les sections ou chapitres locaux ». Il y avait « une absence relative de récompenses de prestige liées à des postes de responsabilité » (p. 70) ; et il existait « peu d'occasions pour que les bénévoles montent dans la hiérarchie de la Fondation » (p. 71).

LES « CONVERTISSEURS »   Le deuxième type de missionnaire classique c'est celui qui essaie simplement de changer la société en essayant d'en transformer les membres. Autrement dit, il cherche à attirer de nouveaux membres et à les convertir à un nouveau mode de vie. Ces « *convertisseurs* », comme nous les appellerons, lorsqu'ils attirent assez de membres — et certains en attirent des millions —, transforment la société. La différence entre les deux premiers types classiques du missionnaire, entre les réformateurs et les « convertisseurs », est celle que l'on trouve entre l'Union chrétienne des femmes pour la tempérance et les Alcooliques anonymes, entre des organisations qui essayent d'obliger ou de convaincre des agents externes à changer de comportement, et celles qui s'efforcent de modifier le comportement de leurs propres membres. L'une s'attaque à l'environnement extérieur, l'autre se concentre sur ses propres adhérents. Bien des mouvements religieux qui promettent le salut en échange d'un dévouement actif, sont des mouvements de prosélytisme, tout comme certains des mouvements qui apparaissent régulièrement en Californie, qui promettent la découverte de nouveaux secrets touchant à la vie intérieure (bien que beaucoup d'autres semblent être des autocraties, des exemples d'aventures de l'esprit d'entreprise défilant sous la bannière du missionnaire pour obtenir des profits rapides).

Le kibboutz israélien peut être considéré comme un mouvement de prosélytes ou de réformateurs. Niv (dans sa correspondance personnelle) le décrit comme celui d'un réformateur, un moteur dans l'État juif, visant à la réalisation des objectifs sionistes essentiels et à la promotion d'une idéologie et d'une pratique socialistes. Les kibboutzim ont aidé à coloniser des régions éloignées, ont développé l'agriculture du pays, ont contribué,par leur implantation à la défense des frontières, et ont joué un rôle majeur dans les gouvernements travaillistes et dans l'implantation des secteurs de coopératives dans l'économie en général. Mais les kibboutzim faisaient aussi du prosélytisme. Dans leur conception originelle, ils encourageaient les colons s'installant en Israël à vivre et travailler selon les plus purs principes du socialisme. Dans le kibboutz idéal, il y a un roulement pour les travaux à effectuer, un partage équitable de toutes les formes de richesse, un refus des différences visibles de statut, et les décisions importantes sont prises dans des assemblées ouvertes à tous les membres. Le pays a pris une coloration socialiste en grande partie, par suite du prosélytisme de ses kibboutzim.

Le prosélytisme exige un engagement total de l'individu, et dans cette forme de missionnaire, le résultat est que souvent les membres travaillent et vivent physiquement à l'intérieur de l'organisation. Autrement dit, nous sommes ici en présence de certaines des « institutions totales » de Goffman (1961). Même si elle n'est pas « totale » dans ce sens-là, l'organisation du missionnaire étend néanmoins largement son influence jusqu'au cœur de la vie privée de ses membres. Par exemple, faire partie des Alccoliques anonymes, implique que l'on prenne conscience de cette appartenance, chaque fois que quelqu'un verse de l'alcool.

Mais les missionnaires « convertisseurs » risquent davantage de disparaître et d'être isolés que les réformateurs. Ces derniers savent quel doit être leur choix : ils ne peuvent parvenir au changement qu'ils souhaitent qu'en se mêlant à la société, même si cela les menace de disparition. Mais les « convertisseurs » eux, se trouvent vraiment sur le fil du rasoir. D'un côté, il faut qu'ils se protègent autant que possible pour éviter que le processus de conversion ne soit contaminé de l'extérieur ; après tout, ils cherchent à insuffler à leurs membres des valeurs qui les différencieront du reste de la société. Ce processus exige l'engagement total de ses membres, exige qu'ils soient libre de toute influence extérieure. D'un autre côté, pour survivre et accomplir leur tâche, les missionnaires « convertisseurs » ont également besoin que leurs membres soient un certain nombre, ainsi que de conserver des ressources matérielles ; ceci exige certains liens, une certaine ouverture, avec la société au sens large.

Peu survivent à ce dilemme à longue échéance. Niv (1978) a étudié les « communes » en Amérique en tant qu'« expérience sociale » et a découvert à la fois dans d'autres publications et dans ses recherches personnelles « la triste histoire d'un échec et d'une déception » (p. 1). En dépit de la facilité avec laquelle on pouvait fonder un « commune » :

> « L'immense majorité des expériences communautaires échouait dans les premiers mois de leur existence. Sur plus d'une centaine de "communes" ayant vu le jour au dix-neuvième siècle, seulement une douzaine est parvenue à maturité... A notre époque, les tentatives ne sont pas plus couronnées de succès (p. 3). »

Mais même le fait d'atteindre une sorte de maturité, ne promettait aucune sécurité. Ceux qui « avaient surmonté avec succès les obstacles associés à la phase de démarrage », et « mis au point les ingrédients nécessaires à une maturité et un succès à long terme », « tôt ou tard... disparaissaient dans le cimetière de l'expérimentation communautaire » (p. 4). Avançant sur le fil du rasoir, elles tombaient d'un côté ou de l'autre, disparaissant soit par « assimilation », soit par « stagnation », ce qui équivaut chez Niv à la liquidation et à l'isolement. Ainsi, soit le « commune », et très probablement le missionnaire « convertisseur » en général, s'ouvre à la société qui se situe au-delà de ses portes, qui finira par l'absorber ; soit il se replie sur lui-même pour protéger son idéologie (devenant de ce fait un cloître) et épuise ainsi son énergie, disparaissant de façon caractéristique, par suite de son incapacité à remplacer les membres qui meurent ou qui désertent. Il ne peut guère échapper à une forme de « désintégration » ou une autre :

> « La stagnation est un problème auquel sont confrontées toutes sortes d'organisations sociales. Ce n'est pas le cas pour l'assimilation. Cette dernière est cet unique aboutissement dont seuls les systèmes anormaux doivent s'inquiéter. En fait, réussir à éviter la stagnation, conduit souvent à une assimilation. » (Niv, p. 12)

LES CLOÎTRES   Quelques-uns des missionnaires qui se replient sur eux-mêmes réussissent cependant à survivre, se perpétuant quelquefois pendant de nombreuses années sous forme de grandes institutions autarciques. C'est ce que nous appelons les « cloîtres », troisième type classique du système du missionnaire. Si les « convertisseurs » évoluent sur le fil du rasoir, et que les réformateurs prennent place d'un côté, alors les « cloîtres » prennent place de l'autre, totalement fermés à l'environnement. Les Hutteristes, par exemple, présentés par Margaret Mead comme « Une forteresse s'opposant à l'introduction d'idées nouvelles » (1964, p. 209), ont survécu en maintenant un taux de natalité très élevé et en créant sans cesse de nouvelles enclaves indépendantes, à chaque fois qu'elles atteignaient les 130 membres (Melcher 1976, p. 192). Les ordres religieux, comme les Bénédictins, ont aussi réussi à se perpétuer pendant plus d'un millénaire, dans leurs divers monastères, couvents et autres enclaves, en dépit de leur dépendance par rapport à l'extérieur par le recrutement de nouveaux membres. Autre exemple impressionnant : le monastère orthodoxe grec appelé Sainte-Catherine, au pied du Mont Sinaï sur lequel les chrétiens croient que Moïse a reçu les dix commandements. Le monastère se dresse à cet endroit depuis quatorze siècles, en dépit d'un isolement total (jusqu'à une période récente). Le nombre de ses membres a varié de six à trois cents, et aujourd'hui, avec l'accès direct par la route et par les airs, ils sont environ quatorze.

Les « cloîtres » sont de véritables systèmes clos, les plus autarciques des institutions totales de Goffman, et en termes d'échanges avec leur environnement bien plus fermés que les organisations étudiées précédemment sous cette appellation. Mais s'ils sont fermés, c'est dans un sens radicalement différent. Ce que nous avons appelé « système clos », est un système qui cherche à récupérer tout ce qu'il peut de son environnement et à redonner aussi peu que possible pour que ses membres puissent vivre sur les excédents. Il est fermé à l'influence, mais non pas aux ressources matérielles. (En fait, il fonctionne comme une soupape, encourageant l'entrée des ressources et l'échappée de l'influence). Au contraire, le missionnaire « cloîtré » est fermé de toutes parts, à l'entrée et à la sortie, aux ressources comme à l'influence. Ses membres y adhèrent pour échapper à la société ; et non pas pour profiter de son exploitation. De fait, c'est le côté missionnaire du « cloître » qui lui permet de survivre : l'idéologie est le seul moyen qui lui permette d'attirer et de retenir ses membres[6].

Les récentes expériences des kibboutzim israéliens illustrent bien un certain nombre de problèmes liés à la configuration du missionnaire. En tant qu'expérimentation d'un socialisme pur, le kibboutz a plutôt été un succès. Du moment qu'il restait de faible taille et s'en tenait à des buts agricoles simples, le kibboutz en tant que tel semblait pouvoir préserver ses idéaux socialistes. En d'autres termes, en tant que « cloître », c'était un succès. En tant que réformateur, le mouvement des kibboutzim a également connu des succès remarquables, particulièrement en ce qui concerne l'impact qu'il a eu sur les valeurs sociales de l'État. Un assez petit nombre de « kibboutzniks » a été en grande partie à l'origine d'une bonne pénétration du socialisme dans la société. Mais en tant que « convertisseur », le mouvement n'a pas eu beaucoup de succès dans sa volonté de généraliser la vie communautaire. Depuis des années le nombre de ses membres ne dépasse pas 3 % de la population israélienne. Nombreux sont les jeunes qui l'ont quitté pour vivre en ville ou cultiver des terres de façon indépendante[7], et ceux-ci n'ont pas été remplacés dans des proportions croissantes.

Ceux qui sont restés ont vu trois formes menacer l'idéologie socialiste. L'une est le matérialisme, qui découle souvent directement du succès financier. Étant plus riches et moins directement menacés par l'hostilité de leur environnement, de nombreux kibboutzim ont réduit leur engagement idéologique. Selon notre terminologie, ils en sont venus à rassembler plus à des systèmes clos attentifs à faire profiter leurs membres, qu'à des missionnaires absorbés par l'accomplissement d'un but plus élevé. La deuxième force est la croissance du kibboutz individuel. Alors que les premiers kibboutzim se séparaient dès qu'ils atteignaient les trente membres, d'autres ont par la suite pu croître au-delà de mille membres. La grande taille des kibboutzim en rendant les relations impersonnelles, affaiblit la ferveur idéologique. Mais les kibboutzim peuvent conserver une petite taille, ce qui est de plus en plus le cas. (Aujourd'hui, le chiffre 600 à 700 membres, c'est-à-dire adulte, est fréquemment donné comme le maximum souhaitable, et peu de kibboutzim dépassent actuellement ce chiffre.)

La troisième force, peut-être la plus menaçante de toutes, est la diversification, le passage de l'agriculture à l'industrie (ainsi que la mécanisation

---

[6] A moins, bien sûr, qu'il n'ait recours à la coercition, comme pour la secte de Jim Jones, dont 779 membres se sont suicidés en masse à Jonestown, en Guyane hollandaise en 1978. La coercition transforme bien entendu cette configuration de pouvoir en autocratie, ou peut-être même en configuration de l'instrument.

[7] Souvent le cas dans ce que l'on appelle des « moshavs », fermes dont la propriété est privée, mais fonctionnant un peu comme des coopératives. La proportion de « moshavs » dans la population a pratiquement atteint celle des kibboutzim.

même de l'agriculture). Comme les kibboutzim cherchent à emboîter le pas à l'économie israélienne en expansion, et à répondre au désir de leurs membres de faire un travail plus stimulant, ils ont installé de nombreuses petites usines. Le problème de ces usines, à l'opposé de l'agriculture sous sa forme traditionnelle, c'est que l'on conserve moins facilement des normes égalitaires. Les travaux effectués dans les vergers, même ceux de direction, étant très simples, peuvent fréquemment être assurés à tour de rôle. Au contraire, une fabrique de verre de lunettes exige une division du travail plus précise et plus durable. Cette situation crée de nouveaux besoins en compétences spécialisées. Dès que quelqu'un donne la preuve de ses talents, s'il sait diriger des opérations ou établir des contacts commerciaux, le kibboutz a tendance à le maintenir en place et le laisse prendre tout seul les décisions importantes. Autrement dit, l'industrie comme les formes les plus modernes d'agriculture requièrent spécialisation et compétence, et mène le kibboutz tout droit vers d'autres configurations de pouvoir. Aujourd'hui, par suite de l'industrialisation croissante, les 3 % restant dans les kibboutzim sont menacés d'une dilution de leur idéologie traditionnelle. Peut-être que cette idéologie ne pourra survivre que dans des kibboutzim comme celui d'Ein Gedi, une petite communauté vouée à l'agriculture et au tourisme située sur les rives de la mer Morte à 400 mètres au-dessous du niveau de la mer, le point le plus bas du globe, configuration plus proche de celle du « cloître » que de celle des « convertisseurs »[8].

Les trois missionnaires classiques semblent se retrouver dans l'exemple le plus marquant, celui de la Révolution culturelle chinoise commencée dans les années 1960. Était-ce une configuration proche du missionnaire réformateur, dans laquelle les Gardes rouges essayaient de changer la société au sens large ? Ou bien correspondait-elle à celle des missionnaires « convertisseurs », dans laquelle tous les citoyens de la société (ou du moins ceux qui ont survécu à l'expérience) étaient des membres qu'il fallait transformer ? Ou encore un « cloître », dans lequel la société chinoise cherchait à se couper du reste du monde ? Évidemment, l'on peut opter pour n'importe lequel de ces points de vue, voire tous les trois à la fois. D'après Eoyang : « La Révolution culturelle de 1968 a été une réaction violente contre la bureaucratisation et les valeurs élitistes qui l'accompagnaient », conçue pour purger la technocratie de ses chefs et rétablir la prééminence de l'idéologie socialiste (1972, p. 15). En d'autres termes, il la considère comme une tentative faite en vue de réinstaurer une configuration du missionnaire qui avait été dévoyée en système clos. Dans les entreprises chinoises, pendant la révolution, et selon une étude de Laaksonen (1977), les cadres supérieurs passaient treize heures par semaine en formation idéologique en plus de la journée qu'ils devaient passer

---

8 Ces conclusions sont tirées d'une visite personnelle en Israël pendant l'été 1978, visite effectuée en partie pour passer quelque temps dans un kibboutz et en partie pour assister à une conférence à l'Institut Ruppin qui réunissait des théoriciens de l'organisation et qui étudiaient les kibboutzim.

ensemble chaque semaine avec d'autres personnels de bureau, à travailler aux côtés des opérateurs ; on considérait que tout « côté humain de la vie affectait le comportement qu'a un individu au sein d'une organisation », y compris le temps des loisirs passés en famille, et aussi avec les camarades de travail (p. 80) ; il y eut des tentatives « pour éviter d'accorder trop d'importance aux compétences spécialisées », car cela risquait de « détruire l'esprit d'initiative des travailleurs de la base » (p. 81) ; et bien qu'il y ait des normes, les règlements et les méthodes étaient bousculés de temps à autre.

LES QUASI-MISSIONNAIRES Nous passons d'un extrême à l'autre ; ce que nous avons appelé précédemment le *quasi-missionnaire,* un type d'organisation qui en tout état de cause, ne devrait pas être un missionnaire, mais se révèle en être un. Voila une organisation dont la mission peut, en apparence, sembler ordinaire, à laquelle les membres ont peut-être adhéré au départ pour des raisons matérielles, et dont les caractéristiques générales sembleraient requérir une autre configuration de pouvoir. Mais, de même qu'un dirigeant puissant peut passer outre certaines caractéristiques, afin de créer une autocratie, de même une idéologie puissante peut par elle-même créer une configuration du missionnaire. Une telle idéologie peut émerger lentement, bénéficiant d'une longue et glorieuse histoire, de manière tout à fait singulière, ou encore voir le jour plus rapidement grâce aux efforts d'un chef charismatique.

Au chapitre 16, nous avons vu comment Perrow (1970) rapporte qu'une tradition de qualité, d'expérimentation et de perfection dans la mission consistant à produire des automobiles est devenu la base d'une puissante idéologie chez Daimler-Benz. Et au chapitre 11, comment Clark (1970) décrit le « collège universitaire différent des autres ». Les facteurs que Clark considère comme susceptibles d'aider à transformer en configuration du missionnaire ce qui aurait normalement été des méritocraties, se trouvent déjà mentionnés dans ce chapitre : en ce qui concerne certains d'entre eux : l'organisation prend son « rôle que nous appelons une mission d'une manière résolue » ; « l'effort d'innovation... conçu, proclamé et mis en route par un homme doté d'une volonté très forte, et qui occupe le fauteuil de président » ; « le développement des croyances et du pouvoir au sein d'un groupe du personnel... en général, les enseignants ayant le plus d'ancienneté » ; « un programme de travail... qui incarne et exprime le particularisme du collège » ; et « la puissance de l'idéologie de l'organisation ». « Ces principaux éléments communiquent entre eux et, semble-t-il, sont inévitablement les outils fondamentaux permettant la construction d'une saga universitaire (pp. 8-9). »

Ouchi et Jaeger (1978) ont montré comment une influence culturelle peut pousser des entreprises commerciales à devenir des configurations du missionnaire. Dans le tableau reproduit ci-dessous, ils opposent la grande compagnie américaine type (que nous avons déjà définie comme un système clos) à son homologue japonaise :

TYPE A (américaine)	TYPE J (japonaise)
Emploi à court terme	Emploi à vie
Prise de décision individuelle	Prise de décision par consensus
Responsabilité individuelle	Responsabilité collective
Évaluation et promotion rapides	Évaluation et promotion lentes
Contrôle formel et explicite	Contrôle informel et implicite
Carrière spécialisée	Carrière non spécialisée
Préoccupations divisées	Préoccupations holistiques

D'après Ouchi et Jaeger 1978, p. 308

Toutes les caractéristiques de ce que ces auteurs appellent l'entreprise de type J correspondent à notre description du missionnaire. Les relations personnelles entre l'individu et l'organisation, la nature collective des responsabilités et des choix, les préoccupations holistiques plutôt que des tendances à la spécialisation, la mise à l'écart des contrôles formels au profit des contrôles implicites (probablement normatifs), tout ceci fait apparaître la fidélité et une idéologie puissante comme étant des éléments centraux de cette configuration de pouvoir[9]. Ouchi et Jaeger proposent un exemple dans lequel les configurations du missionnaire et du système clos se rencontrent et se font front, exemple qui permet de mettre en lumière une différence fondamentale entre eux :

« ... lors d'une visite de l'auteur faite à une banque japonaise en Californie, le président japonais et les vice-présidents américains de la banque s'accusaient mutuellement d'être incapables de formuler des objectifs. Les Américains voulaient dire que le président Japonais ne pouvait ou ne voulait pas leur donner des cibles explicites et quantifiables à atteindre pour les trois ou six mois à venir, alors que le Japonais laissait entendre que les Américains n'arrivaient pas à comprendre qu'il suffisait de saisir la philosophie de la compagnie bancaire pour pouvoir déduire soi-même les objectifs convenant à n'importe quelle situation imaginable (p. 309). »

Dans une étude empirique sur le même sujet, Ouchi et Johnson (1978) opposent une entreprise américaine typique à une autre qui comporte certaines des caractéristiques d'une firme japonaise (bien qu'elle soit la propriété d'Américains)[10]. Dans cette firme américaine, ils ont relevé bien des caracté-

---

[9] Une autre preuve supplémentaire est dans la tendance qu'ont les entreprises japonaises à loger leurs travailleurs et même à organiser leurs vacances, de telle sorte que ces organisations commencent à ressembler à des « institutions totales », terme utilisé par Goffman.

[10] Ils la décrivent comme étant « une version américaine du prototype d'organisation japonais » (p. 293) et l'étiquettent « type Z ». Ouchi (1981) a écrit par la suite un ouvrage largement vendu, intitulé « Théorie Z » : *Comment les milieux d'affaires américains peuvent relever le défi japonais.*

ristiques du missionnaire, une plus grande fidélité, une orientation marquée vers des comportements collectifs, moins de spécialisation, et une plus grande confiance dans les contrôles informels. Par exemple, « un nouveau directeur ne sera pas opérationnel avant quatre ou cinq ans. C'est le temps qu'il faut à la plupart des gens pour savoir si le nouveau venu s'intègre réellement, si on peut lui faire confiance ou non ». Cette attitude contrastait nettement avec l'impression d'ambiance de « vente aux enchères » qu'offrait l'autre compagnie : « ... c'est presque comme si on pouvait ouvrir les portes chaque jour à 100 cadres et ingénieurs sélectionnés au hasard dans la région, et l'organisation marcherait tout aussi bien qu'en ce moment » (p. 302).

LES PSEUDO-MISSIONNAIRES   Pour finir, nous en venons à ce que nous avons appelé précédemment l'organisation *pseudo missionnaire* : de par ses caractéristiques, ce devrait-être un missionnaire ; mais ce n'est pas le cas, car le plus souvent il se mue en système clos (cf. chapitre 19). L'organisation a bien un personnel bénévole, mais ceux-ci n'y sont pas attirés pour réaliser la mission externe (qui est le but ostensible de l'organisation), mais plutôt pour satisfaire un besoin personnel, que ce soit un goût pour les mondanités, la recherche du pouvoir et de prestige ou quelque chose d'autre.

> « La formulation de buts (officiels) fait l'objet de soins attentifs, car cela est essentiel pour attirer des collaborateurs : les buts doivent être socialement acceptables, et même socialement approuvés, car le prestige d'une organisation en dépend. Pourtant ces buts sont largement secondaires. (Georgiou 1973, p. 302). »

On trouve ce type de configuration de pouvoir dans bon nombre d'associations d'anciens combattants, de clubs et de congrégations religieuses. Pour leurs adhérents, c'est le jeu d'interaction à l'intérieur du groupe qui compte, et non pas le sentiment réel d'une mission, le « loto » plutôt que le salut. Ou bien, comme le note Etzioni, dans certaines organisations religieuses, « on abrège les prières... pour laisser plus de temps aux danses folkloriques » (1964, p. 13). Quelquefois, les orientations de la configuration du missionnaire sont entravées par le fait que les buts idéologiques officiels ne sont ni clairs ni accessibles : « ... le salut n'est ni clairement défini, ni facilement obtenu » (Demerath et Thiessen 1966, p. 684). Aussi les buts officiels sont-ils déplacés. Et ce sont généralement les buts du système qui font surface à leur place, surtout pour maintenir l'organisation en tant que système social et peut-être aussi pour l'agrandir, même si c'est au détriment de la mission. Ainsi cette organisation se transforme en système clos.

Etzioni a décrit certaines congrégations américaines juives et protestantes, où l'élite laïque est plus puissante que les responsables religieux ; cette situation est la cause de « la trop grande importance accordée aux activités matérielles de la congrégation ; par exemple, on agrandit les installations, comme des bâtiments, alors qu'on néglige dans une certaine mesure le salut et d'autres buts religieux » (1961, p. 308). Nous avons vu précédemment un phénomène similaire avec les kibboutzim israéliens, où l'objectif visant à amener la société israélienne à vivre en communauté, s'étant révélé inaccessible quand il s'agissait d'une large échelle, est progressivement remplacé dans certaines de ces organisations par des objectifs plus matérialistes. Et au chapitre 13, on a vu le plus bel exemple de mise à l'écart d'un but, en montrant comment certaines agences de réinsertion gardaient « les aveugles séduisants » sous leur coupe, afin de les utiliser pour récolter des fonds, alors qu'elles ne s'occupaient pas des aveugles plus âgés et plus nécessiteux. En se servant elles-mêmes, au lieu de servir leur clientèle, en laissant des buts tout à fait égoïstes remplacer les visées idéologiques plus larges, ces organisations elles aussi deviennent des pseudo missionnaires, des systèmes clos.

Vues de l'extérieur, les organisations pseudo missionnaires semblent identiques aux missionnaires classiques ; par contre, lorsqu'on étudie leurs actions spécifiques et les intentions qui les sous-tendent, l'on remarque de réelles différences. La Fondation de Sills aurait pu être une organisation pseudo missionnaire ; de fait, il semble que bien des organisations charitables le soient. Mais Sills prend bien soin de faire des distinctions qu'il fait ressortir à certains moments de sa démonstration. Par exemple, en faisant remarquer que les bénévoles n'avaient guère l'occasion de progresser dans la hiérarchie, il explique que : « cette situation tranche nettement avec celle qui prévaut dans les organisations telles que les syndicats ou la Légion américaine, dans lesquels il existe généralement une vive concurrence pour le poste de président régional ou de commandant de poste, ainsi que pour les mêmes fonctions au niveau national ou au niveau des États » (1957, p. 71). Il décrit également un certain nombre « d'activités liées à l'organisation » qui étaient mises en veilleuse, car elles auraient pu gêner l'accomplissement de la mission sur laquelle la Fondation mettait tous ses efforts, à savoir : rites d'initiation, cérémonies d'investiture, uniformes et badges, ainsi que lieux de réunion « faisant l'objet d'un cérémonial pompeux » (p. 74). De toutes ces manières-là, la Fondation s'assurait que sa mission restait bien son but primordial. C'est ce qui faisait qu'elle restait un missionnaire.

En conclusion, on a vu que la configuration du missionnaire, tout en étant sujette à toutes sortes de pression visant à la transformer en d'autres configurations, conserve toute son importance dans nos sociétés. A vrai dire, la désillusion croissante à l'égard des formes de bureaucratie conventionnelle les plus répandues, et la crainte de l'instabilité qu'apportent les alternatives, en particulier l'adhocratie en vogue actuellement, rendront peut-être inévitable une attirance de plus en plus forte pour le missionnaire. L'éclosion de nombreux mouvements de masse aux États-Unis, ces dernières années, va dans ce sens. Et comme cela transparaît dans notre étude, cela sera pour le meilleur et pour le pire.

Chapitre 22
La méritocratie

PIÈCE EN PLUSIEURS ACTES
PRÉSENTATION DE PERSONNAGES DE TALENT

Avec en vedettes : Les experts du centre opérationnel et le personnel de soutien logistique, quelquefois le P.-D.G. et d'autres administrateurs dans des rôles secondaires.

Résumé de la pièce : Les experts forts de leur savoir-faire et de leurs connaissances gagnent en pouvoir et ils dominent la coalition interne ; leur travail ne peut être ni réglementé par les analystes de la technostructure, ni supervisé par les cadres hiérarchiques de niveau intermédiaire qui dans bien des cas représentent souvent les experts ; en conséquence, l'autorité dans son expression personnelle ainsi que bureaucratique, tend à être fragile et le P.-D.G. apparaît ici comme le plus fragile par rapport à toutes les configurations du pouvoir (bien qu'il soit loin d'en être démuni). De même, l'idéologie de l'organisation est fragile, en partie parce que l'idéologie professionnelle est puissante ; une autorité et une idéologie fragiles doublées d'une distribution du pouvoir assez large mais mal définie, donne naissance à une forte politisation, les jeux politiques les plus populaires étant le montage d'alliances et la construction d'empires, les jeux à propos du budget, les candidats à placer, les camps rivaux et les jeux des experts. Les objectifs formels de l'organisation n'étant pas opérationnels (comme par exemple faire progresser les connaissances ou améliorer la santé), ils sont aisément remplacés par les objectifs personnels et les moyens des experts (en particulier l'autonomie professionnelle et l'excellence des compétences spécialisées) qui en même temps que la mission, sont parmi les quelques buts prioritaires dont on s'occupe systématiquement et qui sont sujets à une multitude de contraintes. Pendant ce temps-là, dans la coalition externe, bien que divers détenteurs d'influence essaient d'exercer le pouvoir, les experts internes apaisent la plupart d'entre eux ; seules les associations professionnelles peuvent acquérir un pouvoir considérable, mais plutôt que de l'utiliser pour dominer la coalition externe et par là même contrôler l'organisation, ils l'utilisent en conjonction avec les professionnels pour calmer tous les autres. Ainsi la coalition externe qui apparaît divisée s'avère en fait être mieux décrite comme étant passive.

Sur scène actuellement : Il s'agit des organisations dont l'environnement ou les systèmes techniques sont complexes, ce qui les oblige à s'en remettre aux experts dans une structure de type fédérée que l'on appelle bureaucratie professionnelle, où chaque expert travaille de façon autonome au centre opérationnel pour appliquer un savoir-faire standardisé, comme dans les hôpitaux, les universités et dans les cabinets d'experts comptables. Il s'agit également des structures où la collaboration est de mise et qui sont appelées adhocratie, dans lesquelles des experts en provenance de tous les horizons de l'organisation travaillent en équipe sur des projets, quelquefois directement pour le compte de clients, comme par exemple les cabinets d'ingénieurs-conseil et leurs « réservoirs de cerveaux » ou les agences cinématographiques (structure surnommée adhocratie opérationnelle) ou parfois pour le compte de l'organisation elle-même, comme dans le cas des firmes d'électronique ou des agences aérospatiales (structure surnommée adhocratie administrative).

> « De nos jours, nous avons une élite sélectionnée d'après ses capacités mentales et éduquée selon ses mérites avec des bases en philosophie et en gestion ainsi qu'en science et en sociologie... On reconnaît volontiers aujourd'hui que la démocratie ne peut guère être plus qu'une aspiration et ne peut être vraiment dirigée que par les gens les plus intelligents et non pas par le peuple, non pas par une aristocratie de naissance, ni une plutocratie de la richesse mais par une véritable méritocratie du talent (Young 2034, pp. 18-19)[1]. »

Dans chacune des quatre premières configurations, le siège du pouvoir était visible. Dans deux d'entre elles le pouvoir est centré sur un individu, un détenteur d'influence externe dominant ou le P.-D.G. Dans les deux autres, il

---

[1] Selon l'auteur, son ouvrage « L'essor de la méritocratie » : 1870-2033, a été écrit en 2034 (bien que l'éditeur prétende qu'il ait été publié en 1959). Dans une note Young ajoute que :

> « L'origine de ce temps déplaisant (méritocratie) tout comme celle "d'égalité des chances" reste obscure. Il semble avoir été utilisé couramment pour la première fois dans les années 60 du siècle dernier, dans des revues à faible tirage dépendant du Parti travailliste britannique, et n'être devenu courant que beaucoup plus tard. (p. 153) »

est centré sur un système d'influence interne que les agents internes en tant que groupe acceptent, l'idéologie de l'organisation ou l'organisation elle-même en tant que système, représentée par l'autorité bureaucratique. Dans chacun de ces cas, le siège du pouvoir, en permettant une concentration du pouvoir sert à prévenir bon nombre de conflits dans la coalition interne et même dans une large mesure dans la coalition externe. Maintenant nous en venons à une configuration dans laquelle bien que le pouvoir soit à nouveau concentré dans un système d'influence interne, le sytème ne sert pas tant à concentrer le pouvoir qu'à le répandre. Ce système, c'est celui des experts et le résultat en est que divers agents internes ayant des degrés de compétence différents, acquièrent des degrés de pouvoir différents. Il en résulte une configuration de pouvoir plus fluide avec un plus grand degré de politisation de la coalition interne et des pressions plus disparates provenant de la coalition externe que ce que nous avons constaté dans les quatre autres configurations. Comme dans celle-ci le pouvoir va vers ceux qui ont le savoir-faire et les connaissances essentielles au fonctionnement de l'organisation, vers ceux qui en un sens le méritent, nous appellerons cette configuration la *méritocratie*, tout comme Young.

Il existe une condition indispensable pour donner naissance à une méritocratie. Pour accomplir sa mission, l'organisation, par suite de la complexité de son environnement ou peut-être de son système technique, doit s'en remettre à des employés hautement qualifiés : souvent des experts d'un niveau hautement professionnel pour son centre opérationnel et ses supports logistiques. Elle doit ensuite leur attribuer un pouvoir considérable. C'est le cas des hôpitaux avec les médecins, des universités avec les professeurs, des agences spatiales avec leurs savants, des fabricants d'électronique ou encore des firmes automatisées avec leurs ingénieurs[2]. Mais avant de pouvoir décrire les conséquences de ce phénomène, c'est-à-dire la distribution du pouvoir dans la coalition interne et la coalition externe, le flux de pouvoir allant de l'une à l'autre et les objectifs qui en résultent, il nous faut d'abord présenter deux formes fondamentales de méritocratie.

---

[2] Le pouvoir basé sur les compétences spécialisées au niveau du centre opérationnel et du personnel de soutien logistique ne doit pas être confondu avec celui qui va aux spécialistes analytiques de la technostructure. On confond souvent les deux dans les publications, ce qui provient principalement de ce qu'on classe tous les personnels experts sous la même étiquette. Le pouvoir des analystes de la technostructure, provient non pas de leur compétence en soi, mais de leur autorité qui vient de leurs rôles dans les développements des contrôles bureaucratiques à l'intérieur du système d'autorité, et ce pouvoir donne naissance non pas à une méritocratie, mais à une configuration de pouvoir du type système clos. Ainsi, lorsque les publications se réfèrent aux membres du personnel ou à des membres experts qui prennent le contrôle d'une organisation, il y a de fortes chances qu'on veuille parler du personnel technocratique et que les publications décrivent un système clos.

DEUX FORMES ESSENTIELLES DE MÉRITOCRATIE : LA MÉRITOCRATIE FÉDÉRÉE ET PARTICIPATIVE

On peut séparer les méritocraties en deux catégories de base. Là où leur environnement est stable, et par conséquent prévisible, les experts peuvent appliquer un savoir-faire standardisé, directement aux besoins du client et ainsi travailler de façon relativement autonome dans le centre opérationnel. Chaque fois qu'un client se présente, l'organisation classe ou étiquette ses besoins en fonction du catalogue de savoir-faire professionnel courant et disponible et le dirige vers le spécialiste adéquat (ou vers un ensemble de spécialistes qu'il rencontre l'un après l'autre). Le résultat est une structure de *type fédérée* que nous avons appelée au chapitre 14 : bureaucratie professionnelle. Là où l'environnement au contraire est dynamique, les besoins du ou des clients ne peuvent être prédéterminés ni les réponses données d'après un modèle standard ; et ainsi les experts doivent mettre en commun leurs divers savoir-faire pour innover tout en travaillant en équipe sur un projet. Le résultat, c'est une structure à participation active faite de collaboration précédemment surnommée adhocratie.

La *fédération,* que l'on aurait pu traiter comme un autre type de configuration du pouvoir est une forme d'organisation dans laquelle des individus autonomes ou des groupes se rassemblent en vue de poursuivre une mission commune. Des firmes de courtage créent un marché pour échanger leurs actions, les syndicats se fédèrent pour consolider leur pouvoir, les hommes d'affaires créent des chambres de commerce pour promouvoir leurs villes, les nations des Indiens d'Amérique se sont regroupées, il y a des années, afin de mieux se défendre (Zald et Berger 1978 ; Swanson 1971[3] ; Rice et Bishoprick 1971). Sous sa forme la plus simple (voir figure 22-1), la fédération consiste seulement en une assemblée d'administrateurs formée à partir des membres ou de leurs représentants qui se réunissent périodiquement pour prendre des décisions en commun. Chaque unité conserve son autonomie propre sauf dans les domaines concernant des préoccupations communes pour lesquelles ils prennent les décisions conjointement. Il s'ensuit que : le nombre de conflits est minime, et qu'ils se limitent à ces domaines de préoccupations communes dans lesquelles les manœuvres politiques se montrent ouvertement sous forme de négociations explicites (Zald et Berger 1978, p. 833).

Mais la fédération a souvent besoin d'une structure administrative pour faire exécuter les décisions de l'assemblée. Et ainsi l'assemblée devient un conseil d'administration qui nomme un directeur général qui à son tour met sur pied une organisation comprenant des employés à temps plein comme le montre la figure 22-2. Dans la véritable fédération, cette organisation-là est sensée être au service des membres et non vice versa. En d'autres termes, elle est leur instrument. Comme l'indiquent Zald et Berger (1978, p. 832), la fédé-

---

[3] Swanson qualifie la fédération de « hétérarchie ».

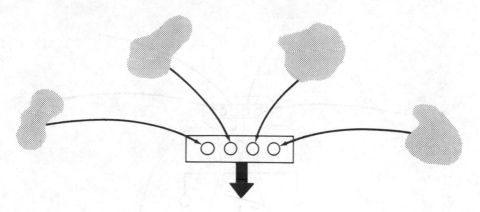

Figure 22-1. *La fédération simple*

ration est une organisation « mise à l'envers », les administrateurs dépendant des membres « ... le dirigeant ne dicte pas sa politique. Au lieu de cela, il doit obtenir le soutien des membres » (Rice et Bishoprick 1971, p. 60).

Jusqu'à maintenant nous avons vu un certain nombre d'organisations qui ressemblaient à des fédérations. En premier lieu, celles qui étaient dominées par leurs membres et qui étaient d'accord entre eux ; elles ont été décrites comme des instruments au chapitre 18, et c'est de cette manière que les marchés des valeurs ont été établis au départ. Ensuite nous avons vu le cas du missionnaire constitué en une série d'enclaves autonomes se regroupant autour d'une idéologie commune. Cela ressemble fort à un genre de fédération si ce n'est que l'organisation n'a pas été créée pour être au service des unités qui en font partie. Ce sont plutôt les unités qui sont créées — plus exactement des sous-unités issues d'unités existantes —, en vue d'accomplir une mission. Pourtant, en fin de compte, le missionnaire avec ses multiples enclaves ressemble bien à une véritable fédération et agit comme telle.

Par ailleurs nous avons vu comment le pouvoir « sens dessus dessous » de la fédération peut être remis d'aplomb (du moins pour son côté conventionnel), lorsque les administrateurs à plein temps en prennent le contrôle et le convertissent en système clos. A mesure que les administrateurs utilisent l'organisation pour répondre à leurs propres besoins au lieu de ceux des membres qui la constituent, le pouvoir commence à aller dans l'autre sens. De nombreuses organisations qui étaient au départ de véritables fédérations, subissent en fait le même sort. Quelquefois elles s'agrandissent et leurs membres en devenant passifs abandonnent le contrôle aux administrateurs, comme le décrit Michels à propos des partis et des syndicats socialistes européens. A d'autres moments, comme les membres dépendent plus particulièrement de leur structure administrative centrale — c'est le cas des agriculteurs vis-à-vis de leur agence de commercialisation —, ils deviennent les subalternes des

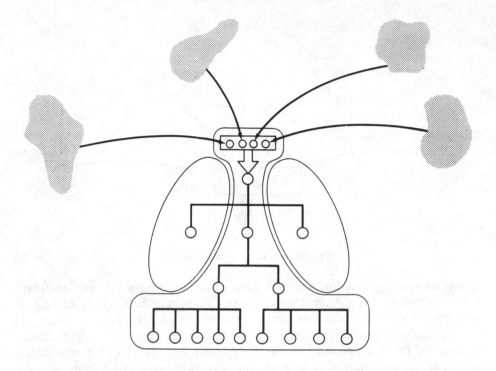

Figure 22-2. *Fédération avec une structure administrative (semblable à l'instrument)*

administrateurs. Ces organisations deviennent donc des pseudo ou fausses fédérations.

La structure divisionnalisée est une autre version de la pseudo fédération, car bien qu'elle soit constituée d'unités semi-autonomes (divisions), articulées autour d'un noyau administratif central (le quartier général) ; le flux de pouvoir va du quartier général aux sections et non vice versa. En d'autres termes, « l'autorité légitime se situe au centre » ; les unités sont en sa « possession » ; elles n'ont pas « de droit de propriété, ni de liberté d'action bien définis... instaurés par une constitution » (Zald et Berger 1978, p. 832). Les sections ont du pouvoir uniquement parce que le quartier général le leur délègue ; comme on l'a vu au chapitre 18, elles sont les instruments du quartier général et non pas l'inverse.

BUREAUCRATIE PROFESSIONNELLE EN TANT QUE MÉRITOCRATIE DE TYPE FÉDÉRÉ Une véritable fédération, on la vu, n'est pas tant une organisation intégrée qu'un rassemblement d'individus ou d'unités réunis pour leur commodité. C'est pourquoi nous avons choisi de ne pas en parler comme d'une autre configuration de pouvoir, mais plutôt de traiter son administration centrale (quand il y en a une) en tant qu'instrument.

Mais il existe une configuration dont les caractéristiques sont proches de la fédération, c'est notre premier type de méritocratie : la bureaucratie professionnelle. Celle-ci est en fait mise sur pied comme une organisation, mais ses composantes se comportent comme si elles étaient les unités d'une fédération. En ce sens, cette forme de méritocratie est l'opposé d'une pseudo fédération : c'est une fédération de fait, mais non pas de droit, et nous pourrions l'appeler une quasi-fédération. En d'autres termes, ce n'est pas légalement une fédération : « elle n'est pas définie constitutionnellement par les droits attribués aux unités » (Zald et Berger 1978, p. 853), mais néanmoins elle manifeste bien des caractéristiques d'une véritable fédération. Les experts sont engagés par l'organisation, mais la considèrent comme une structure d'accueil commode où ils peuvent pratiquer leur profession en tant qu'individus avec un soutien administratif commun. Les médecins, les avocats, les experts comptables et les chercheurs qui ont besoin de ce soutien se regroupent dans des bureaucraties professionnelles. Une fois à l'intérieur, comme ils appliquent des procédures standardisées, ils peuvent satisfaire leur clientèle en ayant une large autonomie et une importante responsabilité personnelle. (Parfois, ils se groupent pour former des unités autonomes, comme dans le cas de ces sections universitaires qui pratiquent leur propre recrutement, sélectionnent leurs propres étudiants et délivrent leurs propres diplômes, menant ainsi à une sorte de fédération à deux étages). Mais ils partagent des installations et des personnels de support logistique. Et, du fait que les membres de ce type de fédération œuvrent à l'intérieur de l'organisation, — ce sont des détenteurs d'influence internes et non des membres externes —, ils peuvent conserver le contrôle de la structure administrative. Cette structure qui souvent se compose des représentants des experts eux-mêmes, répond à leurs propres besoins, par exemple en supervisant le personnel de support logistique qui leur est commun, en réglant les conflits entre experts et en s'occupant des détenteurs d'influence externes. Cette *méritocratie de type fédérée* apparaît à la figure 22-3.

L'ADHOCRATIE EN TANT QUE MÉRITOCRATIE DE TYPE PARTICIPATIF

La deuxième forme de méritocratie appelée adhocratie dans l'ouvrage « Structure et dynamique des organisations » n'a rien d'une fédération. En ce qui la concerne, comme l'environnement de l'organisation est dynamique, les arrangements du point de vue de travail doivent être beaucoup plus flexibles ; aussi les experts ne peuvent pas appliquer des procédures standardisées telles quelles. Ils doivent davantage utiliser leur talent à innover, ce qui exige qu'ils collaborent entre eux, afin de travailler dans des équipes sur des projets temporaires ou dans des constellations de travail qui évoluent, en vue de combiner leurs différents savoir-faire et connaissances. En conséquence, aucun expert ne peut se considérer comme autonome ; ils dépendent tous de l'organisation pour leur regroupement. De plus, alors que les administrateurs de la bureaucratie professionnelle se soucient très peu du travail des experts — qui est de toute façon si fortement standardisé et contrôlé par chacun d'entre eux —, les administrateurs de l'adhocratie, eux, doivent être intimement impliqués dans le travail qu'ils font. Par suite de la nécessité d'une collaboration et à cause de la fluidité du travail, la coordination devient une fonction vitale. Bien qu'une bonne part de cette coordination se fasse par réajustements mutuels entre les experts eux-mêmes, une bonne partie est laissée aux administrateurs, non pas tellement en supervisant d'une manière directe, mais en participant à divers rôles de liaison et d'intégration entre les différentes équipes ou constellations de travail. De même, à la différence de la bureaucratie professionnelle où les experts sont concentrés dans le centre opérationnel, aux côtés des travailleurs non qualifiés du support logistique, dans l'adhocratie on ne peut pas distinguer aussi facilement les diverses parties de l'organisation. On peut trouver des experts dans l'administration, le personnel de soutien logistique et dans le centre opérationnel. Ainsi, l'organisation tout entière peut apparaître comme une masse amorphe d'experts qui n'a guère à voir avec une fédération.

L'administration de l'adhocratie a aussi tendance à être contrôlée par des experts, mais d'une manière différente et moins caractéristique. Dans la

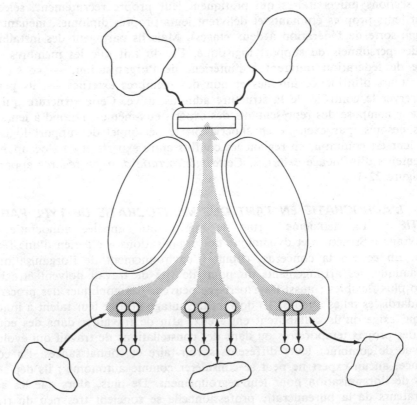

Figure 22-3. *La méritocratie de type fédéré :*
La bureaucratie professionnelle

bureaucratie professionnelle, certains spécialistes appartenant au centre opérationnel offrent à l'occasion, de travailler bénévolement comme administrateurs. Ils le font pour le compte de leurs collègues en activité et souvent reprennent leur travail dans le centre opérationnel quelque temps plus tard, L'adhocratie a aussi besoin d'experts dans son administration. Mais une fois qu'un expert est transféré dans l'administration, il a davantage tendance à y rester et à monter dans la hiérarchie, et il a moins tendance à considérer qu'il agit pour le compte de ses collègues. En fait, un besoin plus fort de coordination dans l'adhocratie créé une stucture administrative quelque peu plus résistante et contrôlée moins directement par les employés ayant des compétences spécialisées.

Dans l'adhocratie on peut trouver des experts partout : dans le personnel de soutien logistique, le centre opérationnel et les postes administratifs de la ligne hiérarchique et de la technostructure. Les équipes « collaboratrices » prennent leurs experts dans toutes les parties de la structure. Le résultat en est que si la méritocratie de type fédérée est relativement bien décentralisée dans sa dimension horizontale — en d'autres termes une bonne partie du pouvoir réside dans le centre opérationnel hors de portée des administrateurs, et reste entre les mains de spécialistes isolés —, la méritocratie de type participative est décentralisée de manière sélective : le pouvoir de prendre diverses décisions se trouve à toutes sortes d'endroits différents de la structure, à tous les niveaux de la hiérarchie et parmi les cadres de la ligne hiérarchique, les spécialistes des supports logistiques et les opérateurs. En d'autres termes, la distribution du pouvoir dans l'adhocratie n'est pas prévisible. Les décisions sont prises partout où se rassemblent les compétences spécialisées requises. Ceci apparaît de manière symbolique dans la figure 22-4.

Il existe une méritocratie de type participative nommée *adhocratie opérationnelle* qui mène à bien ses projets directement pour le compte de ses clients. En fait, elle fonctionne souvent dans la même sphère que la bureaucratie professionnelle, mais avec une orientation différente. Par exemple, une société d'ingénieurs-conseil fonctionnant comme une adhocratie opérationnelle traite chacun des problèmes de sa clientèle de façon unique, en mettant sur pied une équipe d'experts interdisciplinaires pour s'en occuper. Une compagnie d'ingénieurs-conseil fonctionnant comme une bureaucratie professionnelle au contraire, classera le problème dans une catégorie donnée et fera appel à un expert individuel (ou à plusieurs qui se succéderont) pour y appliquer une procédure normalisée. L'une sélectionne la partie dynamique, l'autre la partie statique de l'industrie dans laquelle elle fonctionne.

Un second type de méritocratie de type participative est *l'adhocratie administrative* qui innove pour son propre compte. Par exemple, une firme d'électronique met en place des équipes sur un projet pour fabriquer de nouveaux produits à commercialiser, ou bien une firme d'industrie chimique met en place des équipes du même genre pour amener au niveau de la production un nouvel équipement automatisé. Dans ce type d'entreprises, les opérations sont nettement séparées du reste de l'organisation, mais en un sens presque à l'opposé de celui de la bureaucratie professionnelle. Le centre opérationnel est tronqué : organisé en tant que structure séparée (comme dans le cas d'un équipement automatisé) ou bien simplement éliminé (par exemple en sous-traitant le travail opérationnel à d'autres organisations). Les compétences spécialisées se retrouvent dans ce qui reste — dans l'administration et en particulier le personnel de soutien logistique — dont le rôle principal est de mener à bien des projets pour concevoir, créer et modifier les activités du centre opérationnel[4].

DISTRIBUTION DU POUVOIR DANS LA COALITION INTERNE : UN POUVOIR INÉGAL, BASE SUR LES COMPÉTENCES SPÉCIALISÉES

Les experts exigent et obtiennent qu'on leur laisse toute latitude en ce qui concerne leur travail. Ce travail est trop complexe pour être contrôlé personnellement par les directeurs ou bureaucratiquement par les simples normes des analystes. L'apprentissage de ce travail prend des années. Même le rendement ne peut être réglementé, car les buts d'un travail complexe sont généralement non opérationnels. Comment quelqu'un peut-il mesurer les progrès accomplis en vue de « l'amélioration des connaissances » dans une université ou d'une « guérison » dans un hôpital psychiatrique ? Comme le note Zald à propos de l'objectif de réhabilitation, en association avec un travail professionnel dans une maison de redressement, « les critères d'efficacité sont difficiles à établir... puisque le succès d'une réhabilitation ne peut être établi que sur une longue période de temps » (1962-63, p. 30). Souvent, on n'accorde pas aux administrateurs le contrôle des rémunérations, car les salaires des experts sont fixés par leurs associations professionnelles et identiques quelle que soit l'organisation. De plus, le pouvoir des experts a plus de poids du fait que ceux qui le possèdent sont généralement très recherchés et donc mobiles, ce qui les rend très peu dépendants de l'organisation.

Pour toutes ces raisons, le système d'autorité tend à être relativement faible dans la méritocratie. En fait, comme on l'a vu précédemment, dans la bureaucratie professionnelle, il est souvent sous le contrôle direct des spécialistes eux-mêmes qui placent aux postes administratifs importants des gens qui agissent pour leur compte. Même dans l'adhocratie, la plupart des postes clés de l'administration sont en général occupés par des experts, bien qu'ils ne se considèrent pas comme agissant directement pour le compte de leurs collè-

---

[4] La bureaucratie professionnelle, ainsi que les deux types d'adhocratie font l'objet d'une longue étude dans l'ouvrage intitulé « Structure et dynamique des organisations » (Mintzberg 1979 a, chap. 19 et 21). On s'est efforcé de ne répéter ici que ce qui est absolument nécessaire à l'étude de la configuration de pouvoir correspondante.

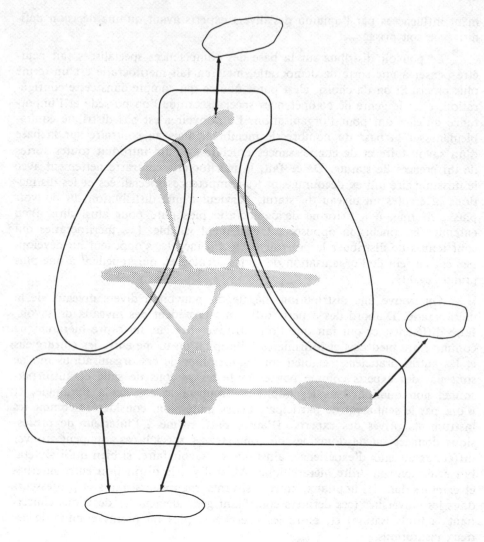

Figure 22-4. *La méritocratie de type participatif : l'adhocratie*

gues. Le résultat en est que d'une façon ou d'une autre, ce ne sont pas seulement les décisions opérationnelles mais également les décisions stratégiques qui tendent à passer sous le contrôle des experts. Beaucoup d'entre elles sont en fait effectuées par des experts opérationnels ou des experts dans le domaine des supports logistiques — par les spécialistes isolés dans l'une des formes de méritocratie qui décident du genre de travail qu'ils souhaitent effectuer et dans quelle condition, et par des équipes d'experts qui prennent des décisions en relation avec leur projet, dans l'autre forme de méritocratie. Et les décisions qui incombent aux administrateurs ont tendance à être fortement influencées par l'opinion des divers experts avant qu'une décision définitive ne soit prise.

Le pouvoir distribué sur la base des compétences spécialisées fait peut-être penser à une sorte de démocratie, mais en fait méritocratie est un terme plus précis. Si on l'a choisi, c'est parce que ce qui compte dans cette configuration, c'est le genre de compétences spécialisées que l'on possède et l'importance qu'elles ont pour l'organisation. Le pouvoir n'est pas distribué équitablement sur la base du nombre de membres, mais au contraire sur la base d'un savoir-faire et de connaissances cruciales, ce qui introduit toutes sortes de différences de statuts. De ce fait, la méritocratie contraste nettement avec le missionnaire qui en décourageant les compétences spécialisées et les distinctions afférentes au niveau du statut, parvient à une distribution du pouvoir plus uniforme, à une forme de démocratie plus pure pour ainsi dire. Bien entendu, la conclusion opposée est également valable. Les méritocraties qui sont tenues de distribuer le pouvoir de façon inégale, s'opposent au développement au sein de l'organisation de fortes idéologies, qui appellent à une plus grande égalité.

On trouve une distribution inégale du pouvoir à divers niveaux de la méritocratie. D'abord des experts différents possèdent des niveaux de savoir-faire différents, ce qui fait que l'on retrouve chez eux un ordre hiérarchique comme entre médecins et infirmières à l'hôpital ou même entre les chirurgiens et les autres praticiens ; et bien sûr les membres de ces organisations qui ne sont pas des experts comme par exemple les garçons de salle et autre personnel non qualifié dans les hôpitaux occupent le bas de la pyramide, et n'ont pas le sentiment de participer. Leurs unités sont considérées comme les instruments privés des experts. D'autre part, même à l'intérieur de professions données ou de domaines de compétences spécialisées, on peut trouver différents niveaux d'expérience, ainsi que de savoir-faire, si bien qu'il s'y établit également un ordre hiérarchique. Ainsi il y a la distinction entre internes et externes dans les hôpitaux, entre assistants, maîtres-assistants et professeurs dans les universités (ces derniers contrôlant généralement les décisions concernant la titularisation) et, entre les chercheurs plus ou moins connus de ces deux institutions.

Non seulement le pouvoir est inégalement distribué dans la méritocratie, mais cette distribution tend à être fluide, au moins dans une partie de sa structure. L'adhocratie confrontée à des conditions changeant perpétuellement (ce que nous avons appelé un environnement dynamique) est obligée de changer fréquemment sa distribution de pouvoir et ce presque partout. Au fur et à mesure que de nouveaux domaines de compétences spécialisées deviennent cruciaux, ils doivent en supplanter d'autres par ordre d'importance. Ainsi, des équipes se font et se défont continuellement, et à l'intérieur de chacune, le pouvoir est fréquemment redistribué, car il importe de savoir quel expert peut traiter au mieux le problème en question. Aussi, partout où on trouve des équipes sur un projet au sein de l'adhocratie opérationnelle et dans l'administration et le personnel de soutien logistique de l'adhocratie administrative, on peut s'attendre à des relations de pouvoir très fluides.

Dans le cas de la bureaucratie professionnelle, l'ordre hiérarchique est relativement stable dans le centre opérationnel et il en est donc de même pour la distribution du pouvoir. Mais il se crée bien des ambiguïtés aux points de contact de responsabilités différentes, en particulier, à cause du processus d'étiquetage et de l'imprécision des buts. Ceci crée des conflits et des pressions visant à redéfinir la distribution du pouvoir. Mais comme ces pressions ont tendance à être très perturbatrices, et qu'elles nuisent à la stabilité dont les spécialistes ont besoin pour continuer d'appliquer leur savoir-faire normalisé, les conflits tendent à s'étendre jusqu'au niveau administratif, où l'on s'attend à ce que les représentants des spécialistes les prennent en main. C'est donc à ce niveau qu'on aura tendance à trouver les relations de pouvoir fluides de la bureaucratie professionnelle.

James March et ses collègues (voir March et Olsen 1976), dont les recherches se sont largement concentrées sur les processus de décision administrative des bureaucraties professionnelles, les décrivent comme « des anarchies organisées » ou des « poubelles ». Cette dernière appellation signifie pour les chercheurs que les problèmes, les solutions, les choix et les personnes sont tous déversés au hasard dans les processus de décision, sans qu'aucune relation clairement définie ne soit établie entre eux. Au lieu d'une stabilité dans la division administrative du travail — matière de choix, de participation et de pouvoir —, ils développent les arguments suivants : 1) « les choix à faire sont souvent problématiques », « l'organisation opère à partir de préférences diverses mal définies et contradictoires. On devrait plutôt parler d'un assemblage vague d'idées, plutôt que d'une structure cohérente » ; 2) « la technologie est souvent peu claire... ses propres processus ne sont pas compris de ses membres » ; 3) « la participation est souvent fluide... l'engagement varie d'une moment à un autre » (Cohen, March et Olsen 1976, p. 25). Le résultat est le suivant :

> « Les choix sont fondamentalement ambigus. Une organisation est un ensemble de procédures visant à argumenter et à interpréter, ainsi qu'à résoudre des problèmes et à prendre des décisions. Une situation dans laquelle il faut faire des choix, offre l'occasion de faire apparaître des solutions à des problèmes, de comparer ces solutions et de donner libre cours à des opinions qui sont également des réponses. C'est aussi l'occasion pour les participants de rechercher des problèmes ou des plaisirs (p. 25). »

LES DIRECTEURS DE LA MÉRITOCRATIE : PLUS FRAGILES MAIS NON SANS POUVOIR

Une autorité et un pouvoir fragiles reposant sur des compétences spécialisées, se combinent pour réduire l'influence du directeur général, ainsi que des autres directeurs de cette configuration de pouvoir. Etzioni va même jusqu'à dire — conformément à la nation inversée de fédération — que « s'il existe bien une relation ligne hiérarchique — personnel de soutien logistique, ce sont les experts qui constituent la ligne hiérarchique (en fait l'autorité principale) et ce sont les directeurs qui constituent le personnel de soutien logistique » (1959, p. 52). Mais bien que cela pourrait être le cas, en particulier dans la bureaucratie professionnelle, il semble bien qu'Etzioni ait trop mis l'accent sur ce fait. Dans la méritocratie, le P.-D.G. et dans une moindre mesure les autres responsables de la ligne hiérarchique, tout en étant loin de dominer cette configuration, ne sont pourtant pas sans pouvoir. Comme le notent Cohen et March à propos du président d'une université américaine : « on lui en veut parce qu'il est plus puissant qu'il devrait l'être, on le méprise et il est frustré parce qu'il est plus faible que ce que l'on croit qu'il est » (1976, p. 197).

Assez curieusement, c'est la fluidité même des structures qu'ils dirigent, ainsi que leur position centrale à l'intérieur de celle-ci qui procurent aux directeurs de la méritocratie — du moins à ceux qui sont astucieux —, leur marge de manœuvre, en particulier dans l'adhocratie. Leur pouvoir est en grande partie informel et il a deux sources principales. D'abord, les différences d'appartenances professionnelles et des statuts donnent naissance à un grand nombre de conflits à l'intérieur de ces structures. Et ce sont les directeurs qui sont normalement les plus à même de résoudre bon nombre d'entre eux : « ... le chef est un médiateur, un négociateur, quelqu'un qui manœuvre entre des blocs de pouvoir tout en essayant d'établir une ligne d'action possible » (Baldridge et al. 1978, p. 45). En d'autres termes, la résolution des conflits est une fonction cruciale dans ces organisations ; aussi, les directeurs qui sont capables d'en venir à bout, acquièrent un pouvoir considérable. « Sans l'aide du "politicien plein de charme", les systèmes scolaires urbains, les instances locales, les universités, les hôpitaux psychiatriques, les systèmes d'entraide sociale et d'autres organisations complexes du même genre seraient paralysés (Thompson 1967, p. 143). »

La deuxième source de pouvoir directorial dans le cas du directeur général du moins, c'est que celui-ci sert de relais principal avec un groupe d'agents externes très importants, à savoir : les bailleurs de fonds. C'est généralement le président de l'université qui négocie avec le ministère de l'éducation, le P.-D.G. d'un hôpital qui négocie avec les riches administrateurs, l'associé d'une entreprise de consultants qui ramène les nouveaux contrats.

Ces deux sources de pouvoir directorial informel sont renforcées par deux autres, à savoir la volonté et l'habileté politiques. D'abord, ce sont les directeurs qui ont du temps et de l'énergie à consacrer aux activités politiques ; s'occuper des conflits, on l'a vu, est une composante essentielle de leur travail. Les experts à plein temps sont trop absorbés par leur propre travail. Ensuite, les directeurs de ces organisations sont en général d'habiles politiciens, car il est fort probable que c'est leur habileté politique qui les a amenés à assumer des responsabilités administratives depuis le début. Ceux qui sont apolitiques, préfèrent adopter une position de retrait, utilisant leurs compétences spécialisées dans le centre opérationnel ou avec le personnel de soutien logistique.

Mais il faut insister sur une des principales limites du pouvoir directorial. Dans cette configuration, le directeur dépend du bon vouloir des experts. Tant qu'ils lui conservent leur confiance, il détient un pouvoir considérable. En fait, les experts sont tributaires d'un administrateur efficace, car c'est lui qui les libère des préoccupations économiques et politiques pour qu'ils se consacrent au travail qu'ils ont choisi. Mais son pouvoir, reposant davantage sur des moyens informels que sur une autorité formelle, diminue rapidement sans leur soutien. Comme le note Thompson, « un individu peut fort bien être puissant, peut représenter le pouvoir de l'organisation et peut exercer une autorité significative ; mais uniquement avec l'approbation et le consentement de la coalition dominante. Aussi l'organisation hautement complexe n'est pas l'endroit où puisse apparaître un dictateur ou un généralissime » (1967, p. 142). Ceci apparaît clairement dans l'étude importante qu'a consacré Gross à la perception des buts et du pouvoir dans les universités américaines. Les administrateurs de haut niveau étaient régulièrement considérés par les enseignants comme ayant un pouvoir considérable. Pourtant à la fois chez les administrateurs et les enseignants, il y avait un « consensus étonnant » sur ce qu'étaient ou devraient être les buts (1968, p. 538). En d'autres termes, les administrateurs détenaient apparemment du pouvoir parce qu'ils reflétaient les opinions des enseignants.

Ceci étant dit, il faut noter que les directeurs de l'adhocratie, en particulier de l'adhocratie administrative, ont tendance à avoir plus de pouvoir que ceux de la bureaucratie professionnelle, comme nous l'avons déjà vu au cour de cette étude et comme nous le verrons encore. Bien entendu, plus les administrateurs ont de pouvoir et cela aux dépens des experts, plus la configuration va ressembler à un système clos. Ainsi, alors que la bureaucratie professionnelle peut bien être considérée comme la forme de méritocratie la plus pure, suivie par l'adhocratie opérationnelle, l'adhocratie administrative elle, apparaît comme la moins pure ; parfois, cette dernière semble être proche d'une structure hybride dans laquelle les compétences spécialisées doivent coexister avec l'autorité, ce qui bien entendu peut en faire une arène politique, lorsque les deux systèmes d'influence entrent en conflit.

Les directeurs de l'adhocratie ont plus de pouvoir dans un autre sens également. Car peu importe combien de pouvoir relatif, un directeur peut ou ne peut pas posséder à l'intérieur de son organisation, d'une manière plus générale, ce qui compte vraiment, c'est l'usage qu'il fait du pouvoir, pour le compte de son organisation. Les bureaucraties professionnelles, étant soumises à des procédures normalisées, sont des organisations qu'il est difficile de changer. « Le président d'université a plus de moyens potentiels que n'importe qui pour faire avancer l'université. Néanmoins, les présidents découvrent qu'ils ont moins de pouvoir que ce que l'on croit... » (Cohen et March 1974, pp. 197-198). Les présidents de adhocraties, au contraire, ont peut-être plus de pouvoir que ce que l'on croit, car ils dirigent l'une des formes d'organisation les plus novatrices et les plus flexibles.

UNE ACTIVITÉ POLITIQUE CONSIDÉRABLE   Lorsque le pouvoir est concentré entre les mains d'un seul individu, comme c'est la cas de l'autocratie ou de l'instrument, il reste peu de pouvoir à saisir. L'individu dominant se tient prêt à taper sur les doigts de ceux qui essayent de le prendre. Et lorsque les agents internes se rassemblent autour d'un système de buts bien définis, comme dans le cas du missionnaire ou du système clos, il ne reste guère de place pour les manœuvres politiciennes. Mais là où il n'existe ni un centre unique de pouvoir, ni des buts clairs, — c'est le cas de la méritocratie —, les jeux politiques apparaissent inéluctablement. Le système des compétences spécialisées, dans lequel le pouvoir va naturellement vers ceux qui ont le savoir-faire nécessaire, empêche bien évidemment des jeux politiques. Mais ce n'est pas toujours le cas. D'une part, le système des compétences spécialisées opère une large distribution du pouvoir et plutôt que d'encourager un consensus, il suscite toutes sortes d'occasions visant à poursuivre des buts étroits et particuliers. D'autre part, en tant que moyen de distribution du pouvoir, le système des compétences spécialisées est souvent peu précis, laissant subsister des ambiguïtés considérables, grâce auxquelles la politique prospère.

Toutes les caractéristiques présentées au chapitre 13 comme étant la cause du remplacement des objectifs formels et de l'essor du système des politiques, sont présentes dans la méritocratie, à profusion. D'abord, comme les performances du travail d'un expert ne sont pas facilement mesurables, on peut facilement faire dévier les buts imposés d'en haut. Ensuite, comme les experts s'en tiennent à leur propre savoir-faire, ils ont souvent tendance à inverser les fins et les moyens, et à se concentrer sur le savoir-faire qu'ils fournissent, plutôt que sur la mission pour laquelle ils l'utilisent. Puis, comme les spécialistes s'identifient fortement à leur propre association professionnelle, et comme la méritocratie tend à employer des spécialistes provenant de différentes associations — la psychiatrie, la chirurgie et d'autres spécialités hospitalières, divers domaines scientifiques dans les laboratoires de recherche —, les groupes se constituent en factions et des conflits se font jour entre eux. Enfin, dans la méritocratie de type fédéré, le fait que des spécialistes traitent directement avec leurs propres clients, mène à la fois à une tendance à la sous-optimisation et à la création de liens directs avec les détenteurs d'influence externes. Pour les experts de la bureaucratie professionnelle, il n'existe pas un seul but central lié à l'organisation, mais seulement une multitude de buts spéciaux.

Ainsi, il existe, dans la méritocratie, bien des occasions de se livrer à des jeux politiques. La souplesse de la structure de la méritocratie, ainsi que le fait que les experts désirent en général poursuivre leur travail spécialisé, expliquent qu'il suffise de faire un seul petit effort pour que le mécanisme des jeux politiques se mette à fonctionner, ainsi que March et ses collègues l'ont montré dans leur description de l'organisation considérée comme une poubelle : « ... l'influence par rapport au flot des événements semblait dépendre (en partie) de... la présence. Comme peu de gens se trouvaient impliqués et que ceux qui étaient impliqués, allaient et venaient, quelqu'un qui était prêt à faire un effort pour être présent, pouvait souvent devenir influent » (March et Romelaer, p. 272).

Les jeux qui comptent dans la méritocratie ne sont pas tellement ceux qui contrent l'autorité ; il n'y a pas de contestation ouverte, de conflit entre la hiérarchie et le personnel, de volonté d'arrêter ou de jouer aux jeunes Turcs ; ceci est rendu possible, simplement parce que l'autorité dans cette configuration est faible. Dans le cas où la hiérarchie s'oppose au personnel, une technostructure faible dans la bureaucratie professionnelle, et la diminution de la distinction hiérarchie — personnelle, dans l'adhocratie, rendent ce jeu bien peu important. Bien entendu, on se livrera à des jeux tels que la contestation ouverte ou encore celui des jeunes Turcs, chaque fois que les directeurs seront condescendants à l'égard des experts. Mais dans cette configuration, les directeurs n'ont pas toujours le dessus, du moins aussi longtemps que les divers experts parviennent à coopérer[5]. De plus, comme ce sont les professionnels les plus anciens qui ont le plus de pouvoir dans cette configuration, c'est parfois eux que l'on défie dans cette sorte de jeu, ce qui est surtout le fait des jeunes Turcs.

Les jeux qui importent réellement dans la méritocratie, sont ceux qui permettent de bâtir des bases de pouvoir et ceux qui dressent des collègues de même rang les uns contre les autres, comme par exemple, le jeu des alliances, de la construction d'empires, les manœuvres à propos du budget, les camps rivaux et les candidats à placer. On joue également, bien entendu, à des jeux faisant intervenir les compétences spécialisées ; c'est le cas de ceux qui disposent d'un savoir-faire, qui cherchent à le protéger, ainsi que de ceux qui n'ont pas de savoir-faire, ces non-qualifiés qui sont oubliés et qui sont nombreux dans le personnel de soutien logistique de la bureaucratie professionnelle ; ils cherchent non seulement à résister à l'autorité, tout comme les experts, mais aussi à se protéger du pouvoir de ces derniers. (On joue aussi au jeu du parrainage, mais pas tant chez les directeurs que parmi les experts qui essayent de faire progresser leur carrière en s'alliant avec des collègues à des postes élevés). On utilise aussi le jeu du mépris (des compétences spécialisées), afin d'apaiser les détenteurs d'influence externe, comme on le verra.

Dans la bureaucratie professionnelle, l'activité politique tourne en priorité autour des processus d'allocations des ressources et d'étiquetages et en second lieu autour de la sélection des candidats à placer.

L'attribution de ressources est un foyer naturel de conflits dans la

---

[5] Ainsi Zald et Berger (1978) n'ont trouvé aucun cas de coup d'État dans les universités, bien qu'on y ait ouvertement appelé à la démission de certains présidents. Ils estiment que pour un coup d'État : « les subalternes doivent entièrement dépendre des cadres en ce qui concerne leurs positions dans l'organisation » (p. 835), ce qui n'est pas le cas quand il y a une mobilité professionnelle, surtout si elle va de pair avec un poste de titulaire pour une bonne partie de ceux qui restent.

bureaucratie professionnelle pour un certain nombre de raisons qui sont liécs. D'abord, la nature fédérée de la structure implique que les spécialistes et souvent aussi leurs unités, travaillent relativement indépendamment les uns des autres. Il leur suffit de partager les ressources communes, tels que les fonds propres, les équipements et le personnel de soutien logistique (c'est ce que Thompson (1967) appelle l'interdépendance « mise en commun », par opposition à une interdépendance séquentielle ou réciproque dans laquelle le travail effectué par diverses personnes est directement lié). Aussi, l'attribution de ressources apparaît comme une source importante de conflits, surtout lorsque celles-ci sont rares. Si l'on pouvait aisément mesurer le rendement ou les performances des spécialistes, on pourrait trouver des critères objectifs en vue de l'attribution de ces ressources ; ces critères seraient liés aux besoins de l'organisation. Mais cela est impossible aussi les critères d'attribution peuvent aisément donner lieu à des plates-formes politiques, offrant des occasions nombreuses de constructions d'empires. Lorsque le chef d'un service de psychiatrie prétend avec insistance que le taux de guérison dans son service augmenterait considérablement s'il avait seulement trois lits de plus, qui peut dire si sa demande est fondée ou s'il essaye d'étendre son empire.

De fait, on tend à attribuer des budgets sur la base du pouvoir, en premier lieu en fonction du prestige associé aux compétences spécialisées, et ensuite en fonction des appuis politiques. Comme l'ont découvert Pfeffer et Salancik (1974), à l'occasion d'une recherche portant sur une université, l'importance des budgets alloués aux départements était liée de manière significative au pouvoir qu'ils détenaient ; ce pouvoir était perçu par les chefs de département et apparaissait à l'occasion de leur représentation au sein des principales instances universitaires ; ce phénomène se produisait, même après qu'une péréquation ait été effectuée en fonction des charges de travail et du nombre des enseignants. « Plus ce département est puissant, moins les ressources allouées sont fonction de la charge de travail du département et des demandes des étudiants concernant l'éventail des cours (p. 135). »

Une autre source de conflit importante dans la bureaucratie professionnelle est la procédure que nous avons appelé « le processus de classement » (Mintzberg 1979 a, pp. 352-354). Alors que l'on peut aisément définir les savoir-faire que les spécialistes cherchent à appliquer, les situations auxquelles ceux-ci devraient s'appliquer sont rarement identifiables. En d'autres termes, les divers savoir-faire professionnels se chevauchent considérablement, ce qui conduit à d'innombrables conflits d'attribution. Le processus de classement fait que chaque client est dirigé vers un spécialiste ou un autre, en dépit d'une ambiguïté possible dans la définition de ses besoins. L'étudiant qui s'intéresse aux services administratifs de l'éducation doit choisir entre les sciences de l'éducation et l'administration des entreprises ; l'hôpital soigne les patients, soit pour des symptômes physiques, soit pour des symptômes psychiques ; les maladies psychosomatiques ne sont pas reconnues. Le processus de classement à l'hôpital veut que le corps soit une collection d'organes et non un système intégré. Il en est de même à l'université,

l'homme de la Renaissance n'existe pas ; la connaissance humaine est frac-
tionnée en une série de catégories souvent arbitraires. En l'absence de
mesures des performances du travail professionnel, les chevauchements entre
ces distinctions artificielles ne peuvent être rationalisées de manière analytique. Aussi, ces distinctions deviennent des enjeux politiques. Lorsque les
chirurgiens et les gynécologues se disputent pour savoir qui devraient faire les
masectomies — les premiers étant les spécialistes des interventions chirurgi-
cales, et ces derniers, des maladies de la femme — malgré des demandes de
prise en compte du bien-être des patientes, il est clair pour tout le monde,
qu'il s'agit là d'une querelle de pouvoir pour savoir quel empire s'agrandira.

Ce qui est intéressant, c'est de voir que les processus, aussi bien d'attribution de ressources que de classement, même s'ils sont désordonnés et qu'ils
sèment la discorde, servent en fait également à réduire les conflits et les jeux
politiques dans la bureaucratie professionnelle. S'il en est ainsi, c'est qu'une
fois prises les décisions les concernant, qu'elles soient arbitraires ou non, elles
servent à isoler et à protéger les spécialistes et leurs départements les uns des
autres. En fait, c'est au niveau administratif que l'on se livre à des jeux
politiques : c'est à ce niveau-là que les budgets sont alloués et que les classe-
ments sont établis. Une fois effectués, ces processus permettent aux spécialistes de poursuivre au niveau de la réalisation, leur travail normalisé, sans
qu'ils soient entravés par des interférences politiques. Les spécialistes sont
tout heureux d'abandonner aux directeurs qui représentent leurs intérêts, tous
ces jeux politiques ; ils peuvent ainsi consacrer leur énergie à leur tâche
favorite : faire leur travail de spécialiste.

Le jeu des candidats à placer se joue parfois dans la bureaucratie professionnelle, mais de façon inhabituelle, car ces organisations ne sont pas
conçues pour subir des réorientations majeures. D'une part, chaque opérateur
professionnel formule sa stratégie d'une manière indépendante, chacun développe sa propre stratégie pour traiter avec ses propres clients. D'autre part, la
responsabilité d'un changement de stratégie n'est pas clairement délimitée à
l'intérieur de ces organisations. N'importe qui — qu'il soit administrateur ou
expert — peut assumer le rôle d'instigateur de changement, mais ce sont les
opérateurs professionnels qui doivent accepter ce changement. Bien des candidats sont en fait promus par des opérateurs, bien que cela ne se fasse pas
souvent. Généralement, un opérateur met en valeur une activité qu'il accom-
plira pendant des années, comme par exemple, lorsqu'un professeur œuvre en
vue de la création d'un centre de recherches ou qu'un médecin lance une nouvelle forme de traitement.

Certains de ces changements stratégiques ne viennent pas de l'organisation elle-même, mais des associations professionnelles qui représentent ces
experts. Ces associations arrêtent des règlements qui concernent tous leurs
membres, et de ce fait imposent leurs stratégies aux bureaucraties professionnelles. Mais il est à noter que ces associations sont des institutions conservatrices qui acceptent avec réticence les innovations. Aussi, celui qui pousse un
candidat sur l'échiquier — du moins un candidat engagé dans une nouvelle

procédure professionnelle — doit souvent faire face aux réticences de son association professionnelle, en même temps qu'à celles de sa propre organisation. A vrai dire, c'est dans les associations professionnelles que se jouent les jeux les plus importants qui consistent à promouvoir des candidats.

C'est souvent le P.-D.G. qui veut promouvoir un changement, et ce sont les opérateurs (peut-être en liaison avec leur association professionnelle) qui s'y opposent. Thoenig et Friedberg (1976) décrivent la tentative faite par un ministre du gouvernement français qui voulait introduire une réforme d'ordre structurel au ministère des Travaux publics. Le ministre pensait pouvoir garder le contrôle de la conception, laissant la réalisation aux opérateurs professionnels dans le domaine concerné. Il avait tort.

> « N'ayant pas les informations nécessaires, les réformateurs furent contraints de décider en fonction de critères impersonnels, abstraits et universels. Ainsi, pour modifier les agences locales, ils ne pouvaient que définir un organigramme très général, qu'il fallait ensuite adapter aux conditions locales dominantes (p. 333). »

C'est à ce moment-là, que les spécialistes possédant le pouvoir et les connaissances indispensables, sabordèrent les changements proposés. Autrement dit, c'est le jeu de la révolte qui a immobilisé le candidat poussé par le ministre, un jeu qui ne présentait guère de difficultés pour les opérateurs. Thoenig et Friedberg en ont conlu que « ceux qui sont au sommet, sont tout aussi prisonniers que les directeurs des organisations qu'ils doivent diriger... Le changement dans l'organisation... devient un processus permanent de négociation entre les divers groupes de cette organisation. » (pp. 314-315).

Ainsi, dans la bureaucratie professionnelle, seul un directeur général assez rusé politiquement, est capable d'effectuer un changement de stratégie. Il promet ce changement lentement, en utilisant la persuasion, la négociation, en se livrant de temps à autre à certaines manipulations de personnes et en exploitant toutes les formes de pouvoir formel ou informel qu'il possède. Surout, il sait jusqu'où il peut faire avancer chaque dossier, et à quelle vitesse. Le P.-D.G. autocratique conduit la méritocratie vers une arène politique, à mesure que les spécialistes s'opposent à lui ; le P.-D.G. faible devient le garçon de course des spécialistes, leur procurant des moyens financiers, gardant intactes leurs relations extérieures, tout en évitant les problèmes internes. Seul celui qui possède une certaine finesse politique, laisse son empreinte sur l'organisation.

Dans l'adhocratie — la méritocratie de type participative — le mélange de jeux politiques est quelque peu différent, et cela pour deux raisons. En premier lieu, les processus de travail y sont bien plus fluides ; il y a davantage d'activité politique. La politique dans la méritocratie de type fédéré est quelque peu atténuée, du fait que les opérateurs passent le plus clair de leur temps, seuls avec leurs clients, à exécuter des procédures normalisées. Par contre, dans l'adhocratie, où pratiquement tout le travail s'effectue dans des équipes temporaires travaillant à des projets et évoluant dans des constellations mouvantes d'experts, la propension à tirer partie des ambiguïtés pour se livrer à des jeux politiques est très forte. Lorsque l'énergie des experts peut être canalisée vers des occupations de nature constructives et participatives, l'organisation peut accomplir sa mission avec efficacité. Mais quand la politique devient incontrôlable, cette forme de méritocratie, toujours à la limite de l'arène politique en devient une.

La deuxième raison qui explique le mélange différent de jeux politiques dans l'adhocratie, est que les processus d'élaboration de stratégies sont bien plus complexes. Les organisations qui utilisent cette structure n'ont pas tant des stratégies fixées *a priori* — des stratégies délibérées — que des stratégies fluides qui se font jour à partir de la cohérence interne des décisions qui proviennent des projets des organisations[6]. Ceci implique que quiconque ayant de l'influence dans un projet a également de l'influence dans la mise en œuvre d'une stratégie. Et dans l'adhocratie, cela peut vouloir dire pratiquement tout le monde dans l'organisation. Cela veut également dire que le jeu qui consiste à pousser des candidats, se révèle capital dans l'adhocratie. A vrai dire, étant donné l'importance de tout ce qui touche à un projet dans la structure, la promotion de candidats à placer peut pratiquement être considérée comme l'essence même du travail de l'adhocratie.

Nous ne souhaitons nullement nier l'importance d'autres jeux politiques dans l'adhocratie. Les alliances, les constructions d'empires, les jeux à propos du budget, les manœuvres liées aux compétences spécialisées et surtout la rivalité entre les factions sont chose courante, dans la mesure où les individus et les unités luttent pour le pouvoir dans ces structures fluides. Qui plus est, pour les raisons citées précédemment, le haut niveau de fluidité accorde aux directeurs et en particulier au P.-D.G. davantage de pouvoir que dans la bureaucratie professionnelle — il faut bien que quelqu'un essaye de mettre de l'ordre dans tout le système — ce qui augmente quelque peu l'incidence de jeux, tels que le parrainage et les jeunes Turcs.

LES DÉTENTEURS D'INFLUENCE EXTERNES : BIEN DÉCIDÉS A EXERCER LEUR INFLUENCE

Un certain nombre de groupes de détenteurs d'influence s'efforce d'avoir un rôle actif dans la coalition externe de la méritocratie. Parmi les plus importants, se trouve un éventail de diverses associations professionnelles, et souvent, même le gouvernement intervient à différents niveaux, en

---

[6] Voir Mintzberg (1978) pour l'étude des stratégies délibérées, comparées à celles qui émergent des faisceaux de décision. La mise en place de stratégie dans l'adhocratie est décrite en détail dans le livre « Structure et dynamique des organisations » (Mintzberg 1979 a. pp. 442-447).

plus des groupements de clientèle, et quand ils existent, les propriétaires de l'organisation. Ces groupes ont deux sortes d'intérêt. En premier lieu, les services fournis par bien des méritocraties — par exemple, les hôpitaux, les universités —, sont perçus comme étant essentiels pour la société, et attirent ainsi l'attention de détenteurs d'influence externes. En second lieu, il existe de nombreux liens directs entre les experts internes et des détenteurs d'influence externes, avec pour résultat que les premiers cherchent parfois à impliquer les derniers dans leurs conflits.

Les associations professionnelles sont peut-être le seul groupe de détenteurs d'influence externes le plus important, car elles ont un certain pouvoir sur leurs membres, qui en général, constituent les détenteurs d'influence les plus importants de la méritocratie. Par l'intermédiaire de leurs membres, ces associations peuvent imposer certaines contraintes, voire des stratégies à l'organisation. Une bonne partie de ces contraintes s'accomplit indirectement, en vertu du contrôle que ces associations exercent en parallèle avec les universités, à propos de la sélection des candidats à une profession, leur formation ainsi que leur habilitation à la pratiquer. En d'autres termes, ces associations peuvent souvent décider qui peut faire partie de l'organisation et avec quel savoir-faire et quelles connaissances. Beaucoup limitent également le nombre de spécialistes, afin d'augmenter la demande et les salaires de ceux qui sont déjà accrédités. Comme on l'a vu précédemment, la protection de leurs membres est une préoccupation primordiale de ces associations, quelquefois au détriment des services offerts aux clients. Une fois que les spécialistes ont été formés et ont adhéré à une organisation, ils ont moins besoin d'être contrôlés, puisqu'ils ont « intériorisé » les normes de leur profession. Mais ils peuvent aussi l'être plus directement, étant donné que ces associations édictent à l'occasion des règlements spécifiques pour leurs membres, en imposant, par exemple, qu'une procédure spécifique est obligatoire ou inacceptable pour un problème donné.

Cette forme de contrôle a un impact plus profond sur la bureaucratie professionnelle qui dépend en général de l'accréditation formelle de ses experts. L'adhocratie y est moins sensible, car elle a moins l'usage de procédures normalisées. Mais les contrôles professionnels peuvent néanmoins exister, sous forme de pressions venant de la société ou des pairs concernant les comportements qui sont acceptables pour les membres d'une profession donnée. En d'autres termes, les normes professionnelles, si ce n'est les normes de conduite, sont imposées à l'organisation. Comme nous l'avons fait remarquer dans un chapitre précédent, les experts s'identifient à leur propre profession ; et c'est là, la base de leur idéologie. Il en résulte, une idéologie fragile dans l'organisation, puisque la fidélité des membres de la méritocratie se situe ailleurs, mais des idéologies professionnelles fortes dans les méritocraties différentes.

Enfin, on peut remarquer que la méritocratie typique abrite toute une gamme d'experts et subit en conséquence l'influence de diverses associations professionnelles. Celles-ci n'ont pas toujours la même vision des choses. Parfois elles entrent en conflit et en viennent à tirer la méritocratie dans des directions différentes. Mais elles peuvent aussi être en désaccord et annuler leur influence réciproque.

Les syndicats professionnels, tout au contraire, qui sont apparus plus récemment dans certaines bureaucraties professionnelles, contournent ce type de problèmes en ayant une représentation de tous les spécialistes dans une organisation donnée. Connaissant l'importance du système des compétences spécialisées dans la méritocratie, cela devrait donner aux syndicats un pouvoir énorme. En fait, comme le syndicat agit dans la coalition *externe,* cela devrait véritablement lui permettre de dominer cette coalition. Mais l'effet de la syndicalisation est tout autre. Nous reverrons ce problème plus tard ; disons simplement pour l'instant que la syndicalisation va à l'encontre du système des compétences spécialisées en l'affaiblissant plutôt qu'en l'exploitant, et dans le même temps écarte l'organisation de la configuration d'une méritocratie (et l'écarte encore plus si de telles tendances ont favorisé la syndicalisation dès le début).

L'administration peut également être un important détenteur d'influence externe, surtout dans le cas de la bureaucratie professionnelle. Des gouvernements peuvent être en partie entraînés dans ce rôle par suite de l'attitude de certaines associations professionnelles. Là où une association tarde à protéger les clients des malversations de spécialistes peu scrupuleux, on fait généralement appel au gouvernement ou à l'administration pour agir à sa place. Le gouvernement peut bien entendu légiférer directement contre l'association professionnelle et de ce fait en venir à réglementer les régulateurs. Mais le travail de spécialistes est difficile à réglementer, et cela même par les spécialistes eux-mêmes, à plus forte raison par un gouvernement qui intervient de loin. Aussi les gouvernements ont-ils donc eu tendance à s'efforcer de réglementer les bureaucraties professionnelles en imposant des contrôles divers. Une bonne partie de ces organisations, telles que les universités et les hôpitaux publics, reçoivent en fait leurs crédits du gouvernement ; à vrai dire, beaucoup sont la propriété effective du gouvernement. Ainsi, bien qu'un gouvernement préoccupé par un déficit budgétaire dans le secteur de la santé, puisse lutter contre l'ordre des médecins et chirurgiens, afin qu'ils modifient leurs honoraires, il est d'ordinaire bien plus aisé d'amputer le budget des hôpitaux qui sont sous son contrôle.

Le pouvoir du gouvernement, à influencer les buts de certaines bureaucraties professionnelles — du moins tel que le perçoivent les participants —, apparaît dans l'étude de Gross, qui a découvert des différences significatives entre les universités américaines d'État et les universités privées, à propos de vingt-quatre sur les quarante-sept buts qu'il a étudiés :

> « Dans les universités privées, les buts privilégiés tournent autour de sujets concernant les étudiants, tels que le développement de leur intelligence, les moyens de leur insuffler de grandes idées de manière permanente et les aider à s'analyser en toute objectivité. Pour ces universités privées, il s'agit également

de former les étudiants aux méthodes de recherches spécialisées et créatives, de servir de centres diffuseurs d'idées dans la région environnante et de faciliter le travail des étudiants au niveau du doctorat. Au contraire, les universités d'État mettent l'accent dans une plus large mesure que les universités privées sur la préparation des étudiants à des carrières utiles et d'apporter une aide aux citoyens dans le développement de leurs entreprises et en se livrant à davantage de recherches appliquées. Les libertés universitaires, bien qu'elles soient partout étendues, se trouvent l'être davantage dans les universités privées, ce qui reflète la capacité de ces dernières à conserver un plus grand degré d'autonomie (1968, pp. 533-534). »

Évidemment, celui qui paye le joueur de flûte, peut bien lui demander de jouer quelques airs particuliers, quel que soit le talent du musicien. Mais si cela va trop loin, la méritocratie, on le verra, devient un instrument. Lorsqu'on oblige le joueur de flûte à appuyer sur les pédales d'un piano mécanique, la musique n'est plus du tout la même.

Il se peut, comme nous l'avons vu, que le gouvernement soit propriétaire d'une bureaucratie professionnelle. Il peut l'être aussi d'une adhocratie — comme dans le cas de la NASA — bien que ce soit moins courant. Bien d'autres méritocraties, appartenant aux deux types, sont la propriété des experts qui y travaillent, quelquefois de la totalité d'entre eux, quelquefois seulement de ceux qui occupent un grade supérieur, comme c'est le cas pour les cabinets d'ingénieurs-conseil, d'experts-comptables et d'hommes de loi, cabinets possédés par des « partenaires ». Selon la terminologie de Blau et Scott, ce sont des mutuelles (bien que Blau et Scott mettent dans la catégorie « entreprises de services », ce que nous appelons bureaucraties professionnelles et adhocraties opérationnelles).

Certaines bureaucraties professionnelles — universités et hôpitaux privés, agences d'aide sociale indépendantes et assimilées — sont constituées officiellement en « sociétés ». Elles n'ont pas pour ainsi dire de propriétaires, et l'autorité formelle réside finalement dans leur conseil d'administration. Les membres de ces conseils peuvent être désignés officiellement, mais en règle générale ils sont reconduits dans leur fonction, les administrateurs en poste, nommant ceux qui sont à remplacer. De riches donateurs ont souvent dominé de tels conseils, en particulier là où les organisations dépendaient d'eux pour leur soutien, comme par exemple dans bien des hôpitaux et universités privés aux États-Unis. A une époque, cela a pu permettre aux donateurs d'exercer un pouvoir considérable sur les organisations. Mais aujourd'hui, les compétences spécialisées, à l'intérieur de ces organisations, étant beaucoup plus développées, il semble que les donateurs se trouvent dans une position de cooptation plutôt qu'une position qui leur permettrait de contrôler ces organisations (Perrow 1961). En échange de leurs donations, ils acceptent avec joie le prestige et les marques extérieures du pouvoir, à savoir, le fait de siéger dans un conseil, de voir des bâtiments porter leur nom et ainsi de suite. Une gratification occasionnelle ou une réorientation de la stratégie peuvent être exigées, comme par exemple, lorsqu'un homme d'affaires, administrateur d'un conseil d'université, demande à ce que son fils passe au travers des commissions d'admission ou favorise l'établissement d'une école de commerce. Mais la plupart du temps, il semble que la cooptation formelle soit efficace.

Ensuite, il y a les organisations professionnelles dont la propriété est privée, comme par exemple, les cabinets d'ingénieurs-conseil qui ont été créés à la suite d'une initiative individuelle. Bien des adhocraties administratives, en particulier celles qui opèrent dans le secteur commercial, sont des propriétés privées, bien que les actions soient détenues par un grand nombre de personnes. Dans le cas contraire, quand il y a une concentration des actions, comme par exemple dans le cas d'une firme d'électronique, le propriétaire a bien entendu un pouvoir considérable, mais à cause de l'importance des experts, il est loin d'avoir le pouvoir d'un propriétaire d'une machine bureaucratique ou d'une structure simple. Il se peut que l'organisation devienne un hybride de la méritocratie et de l'autocratie, si le propriétaire fait office de directeur général, ou alors un hybride de la méritocratie et de l'instrument, si tel n'est pas le cas. Dans le cas d'une adhocratie administrative de taille importante et qui n'est pas soumise à un contrôle étroit du conseil d'administration, comme par exemple une entreprise pétrochimique, il sera possible de s'attendre à voir en elle un hybride de la méritocratie et du système clos, dans la mesure où les experts sont obligés de partager une bonne partie du pouvoir avec les administrateurs.

Un dernier groupe de détenteurs d'influence externes, en particulier dans la bureaucratie professionnelle (et à un moindre degré dans l'adhocratie opérationnelle), est celui des clients. Ceux-ci devraient avoir un pouvoir considérable, car plus que dans toute autre configuration de pouvoir, les relations entre opérateurs et clients peuvent être directes et personnelles. Les médecins, les hommes de loi et les comptables rencontrent leurs clients un à un et face à face. Ceci permet aux membres de la coalition externe d'avoir directement accès aux opérateurs influents de la coalition interne, en évitant le conseil d'administration, le P.-D.G. et toute la structure administrative. Aussi les clients devraient pouvoir influer de façon significative, sur le comportement de l'organisation. Malheureusement, il leur manque la compréhension du savoir-faire essentiel de leurs « fournisseurs » ; aussi ils demeurent en général passifs, voire soumis à leurs fournisseurs, même si cela leur déplaît. C'est uniquement lorsque les opérateurs professionnels prennent sur eux-mêmes de représenter les intérêts de leurs clients — ainsi que les idéaux professionnels les y encouragent — que les clients ont voix au chapitre dans la coalition interne. Comme le notent Blau et Scott :

> « Dans le cas de figure typique... le client ignore ce qui servira au mieux ses propres intérêts. Par exemple, le patient n'est pas qualifié pour juger si oui ou non, il vaudrait mieux pour sa santé qu'il subisse une opération ; il est donc vulnérable, susceptible d'être exploité et il dépend de l'intégrité du spécialiste vers lequel il s'est tourné pour trouver une aide. D'autre part, le client d'un grand magasin, peut vraisemblablement s'occuper de ses propres intérêts. En

conséquence, alors que les décisions de l'homme d'affaires sont censées être prises en fonction de ses intérêts personnels — selon l'expression bien connue « caveat emptor » — les décisions des spécialistes ne sont pas censées dépendre de leurs intérêts personnels, mais de ce qu'ils estiment servir au mieux les intérêts de leurs clients (1962, p. 51). »

LA COALITION EXTERNE :
EN APPARENCE DIVISÉE, EN FAIT PASSIVE

D'après ce qui a été dit précédemment, la coalition externe de la méritocratie devrait être active et divisée, et constituer une force avec laquelle la coalition interne doit compter. Les clients peuvent être soumis et des donateurs cooptés mais les gouvernements, les propriétaires et les autres semblent résolus à exercer leur influence. Et puis, il y a les associations professionnelles. Mais, d'après ce que nous avons dit ci-dessus, le pouvoir des experts dans la coalition interne permet également d'apaiser les détenteurs d'influence externes. Il s'en suit que le flux du pouvoir entre la coalition externe et la coalition interne — à la différence de celui de nos quatre premières configurations, dans lesquelles il circulait clairement dans une direction ou une autre (si tant est qu'il existât) — semble être plutôt complexe et pouvoir aller dans un sens ou l'autre.

Le cadre de la configuration est simple : la coalition interne recherche l'autonomie, tandis que la coalition externe recherche le contrôle. Bidwell (1965), en étudiant les systèmes scolaires, décrit ainsi « ce problème... propre aux organisations dont le personnel est constitué de spécialistes » (p. 1012) « consiste à conserver toute latitude professionnelle sans que diminuent les réactions favorables du public » (p. 1016). La latitude professionnelle est nécessaire pour « les jugements concernant tout d'abord, la nature des résultats spécifiques... qui servent au mieux... la circonscription, et ensuite la nature des procédures qui seront les mieux adaptées pour parvenir à ces fins ». Une réaction favorable du public correspond à « demeurer sensible au contrôle de la circonscription » (p. 1012).

Entre la coalition interne et la coalition externe, rivalisant chacune pour le pouvoir, se trouve le P.-D.G. Par suite de la profusion de liens directs entre les experts et des divers détenteurs d'influence externes, le P.-D.G. peut apparaître comme une sorte de spectateur. Malheureusement pour lui, cependant, sa place n'est pas dans les tribunes mais sur le terrain, inoccupé entre les deux coalitions. Quelquefois, on lui tire directement dessus, dans l'espoir que cela ricochera sur l'autre parti. Les gouvernements, par exemple, ainsi que les directeurs qui cherchent à faire des économies, comptent sur les directeurs des hôpitaux publics, des universités et autres institutions, pour restreindre les dépenses, tandis que les experts comptent sur eux pour maintenir les budgets. Le P.-D.G. est considéré à la fois comme le mandataire de détenteurs d'influence externes puissants et comme le chef des détenteurs d'influence internes. Le problème étudié par Bidwell devient le problème du P.-D.G., à savoir, comment conserver une latitude professionnelle permettant à ceux qui ont les connaissances requises de prendre des décisions importantes, tout en satisfaisant l'attente du public en ce qui concerne la poursuite efficace des buts considérés comme importants.

Mais la bataille pour le contrôle fait moins rage au milieu du terrain que sur les côtés. Si l'on considère la coalition externe, comme on l'a déjà vu, ce qui stimule essentiellement les détenteurs d'influence externes — en particulier les bureaux d'assistance sociale, les écoles, les hôpitaux et autres établissements — c'est l'importance de la mission envers la société. Par ailleurs, ce qui leur donne une base de pouvoir, c'est par-dessus tout la dépendance de l'organisation vis-à-vis de fonds extérieurs. Les détenteurs d'influence externes essayent d'utiliser tous les moyens d'influence à leur portée. Ils invoquent des normes sociales et peuvent peser lourdement sur la conscience des spécialistes, puisqu'une partie de leur formation comprenait un endoctrinement concernant l'importance des services qu'ils peuvent rendre à la société. Des campagnes de pression sont mises sur pied, comme à l'occasion des soulèvements des étudiants contre les universités à la fin des années soixante. Le conseil d'administration est un autre moyen d'influence, grâce aux sièges parfois attribués formellement à différents groupes de détenteurs d'influence externes. Au chapitre 7, nous avons donné l'exemple des hôpitaux du Québec, où certains sièges sont alloués aux « utilisateurs », au gouvernement, aux personnels, médical et non médical, aux universités qui sont affiliées et ainsi de suite. Puis il y a les contraintes formelles imposées aux spécialistes par leurs associations, comme nous l'avons déjà vu, ainsi que les contrôles directs qui peuvent également être imposés par les gouvernements quand ils décident des budgets d'une université ou d'un hôpital.

Quelquefois, les agents internes eux-mêmes, stimulent les détenteurs d'influence externes avec lesquels ils ont des liens directs pour s'assurer de leur soutien dans les jeux politiques internes. Les factions extrémistes du personnel des universités par exemple, recherchent le soutien des étudiants militants, tandis que les groupes de conservateurs se tournent vers les anciens étudiants pour maintenir le statu quo. Dans la bureaucratie professionnelle, les opérateurs attireront souvent dans la bataille leurs associations professionnelles respectives, tandis que dans l'adhocratie administrative, les différents spécialistes fonctionnels feront de même avec les détenteurs d'influence externes qu'ils représentent : les spécialistes de marketing et de commercialisation se tourneront vers les clients, les chercheurs vers les membres de la communauté scientifique, et ainsi de suite.

Mais bien que parfois les experts cherchent à rendre actifs les détenteurs d'influence externes pour que ces derniers les aident à gagner dans les jeux politiques, le plus souvent, ils s'efforcent de les apaiser, afin de protéger leur propre pouvoir et leur prérogative. Et sur ce point, les agents internes peuvent compter sur deux facteurs. Tout d'abord, il y a leurs compétences spécialisées qu'ils peuvent mettre en avant, par rapport aux « béotiens » de la coalition externe. Et cela suffit souvent à faire pencher la balance du pouvoir en faveur de la coalition interne. Les spécialistes apaisent les détenteurs d'influence externes en prétendant qu'ils sont seuls à posséder les connaissances requises pour déterminer ce que devrait faire l'organisation. Cela apparaît clairement dans l'étude de Cressey portant sur le régime des prisons, qui ont une orientation en vue d'une réhabilitation, comparé à celles qui ont comme orientation, la détention. Les premières requièrent un travail de spécialiste dans leur centre opérationnel, alors que les dernières correspondent à un travail non qualifié pour une large part. Alors qu'au chapitre 18, nous avons décrit ces dernières comme des instruments, dominés à la suite d'un consensus, ici nous voyons que les premières correspondent à des méritocraties avec des coalitions externes pacifiées. Comme le note Cressey, les prisons qui ont pour finalité le traitement des prisonniers, tendent à « conserver des alliances » avec les détenteurs d'influence externes qui soutiennent les efforts des experts internes ; ces mêmes détenteurs leur permettent d'avoir leur propre vision de la finalité impliquée, de la politique menée et des moyens appropriés pour atteindre les buts. Comme le travail est technique et spécialisé, il doit être jugé par les membres des groupes techniques et spécialisés qui sont concernés et non par le public :

> « En conséquence, les groupes spécialisés, tels que les psychiatres, les assistants sociaux et les groupes techniques, tels que les visiteurs de prisons et les responsambles des centres pénitentiaires ont constitué le public qui s'intéresse de manière significative aux prisons orientées vers la réinsertion. Ceci a laissé l'évaluation des compétences techniques ou spécialisées aux mains des agents ou techniciens spécialisés, et non pas aux mains du contribuable non informé (1958, p. 46). »

Un second facteur sur lequel les agents internes peuvent compter pour aider à pacifier la coalition externe est la difficulté d'évaluer le travail des experts grâce à des contrôles bureaucratiques. Comme on l'a vu au chapitre 18, ces contrôles bureaucratiques sont généralement nécessaires pour transformer une organisation en instrument de ses détenteurs d'influence externes. Mais le travail des experts ne permet pas un tel contrôle. Les analystes de la technostructure ne peuvent véritablement par formaliser les procédures, simplement parce que celles-ci sont trop complexes et nécessitent des années de formation. Aussi, elles doivent être contrôlées par les travailleurs eux-mêmes, avec le soutien de leurs associations professionnelles. Les analystes ne peuvent pas non plus aisément mesurer le rendement et les performances de l'organisation, de manière à pouvoir définir des objectifs spécifiques. La mission de l'université, par exemple, est de diffuser les connaissances. Mais de quelle activité imaginable, que ce soit lire des bandes dessinées ou se baigner tout nu, ne peut-on dire qu'elle ne recherche à poursuivre cette mission ? C'est pourquoi, les gouvernements ont sans cesse vu étouffer leurs tentatives de contrôler étroitement les universités, ainsi que les hôpitaux et autres établissements. Ils ont simplement été incapables de lier leurs financements à une mesure raisonnable des performances. Aussi ont-ils recours à des évaluations artificielles et grossières qui consistent, par exemple, à compter les publications ou les individus. Ainsi, on trouve dans l'université, comme l'ont étudié Butler et autres :

> « Un plus grand pouvoir interne qui semble être associé à une plus grande "ambiguïté" et à un "manque de clarté"... Les critères pour l'évaluation de l'enseignement et de la recherche sont principalement entre les mains d'unités qui ont un intérêt interne qui les relie à un système de connaissances international et cosmopolite... Les intérêts externes de l'organisation, tels que la commission d'attribution des bourses universitaires : les ministères ou l'industrie trouvent qu'il est beaucoup plus difficile d'évaluer l'université et donc de lui imposer leurs intérêts, que cela ne l'est avec l'office de l'électricité (1977-78, pp. 56-57). »

Comme l'indique l'analyse de Butler et autres, la coalition interne est capable de mettre en place toutes sortes de dispositifs destinés à la protéger de l'influence externe, et par là même à rendre passive sa coalition externe. Telle université publique, par exemple, était à bien des égards, légalement indépendante du gouvernement qui la finançait. Son directeur était nommé par le conseil d'université, plutôt que par le gouvernement et son budget était déterminé par une commission nationale d'enseignants, plutôt que par des fonctionnaires. Le pouvoir interne était, qui plus est, renforcé par une majorité d'enseignants titulaires, par la possibilité de choisir librement des programmes et de contrôler les admissions ; et le fait de recevoir une enveloppe globale en matière de budget, lui permettait de décider de la répartition interne.

Tout cela nous mène à conclure que les organisations de spécialistes peuvent se trouver face à une large variété de coalitions externes, et que les *méritocraties* se trouvent face à des coalitions externes, qui bien qu'en apparence divisées sont en fait passives. Ce que nous voulons dire, c'est que les organisations de spécialistes peuvent en fait se trouver face à des coalitions externes, véritablement divisées ou dominées, mais que cela a pour effet d'affaiblir le système des compétences spécialisées jusqu'à un point où la configuration de pouvoir ne peut être décrite comme une méritocratie, du moins sous sa forme la plus pure. Au mieux, il en résulte une configuration hybride, qui d'après notre analyse du chapitre 17, peut fort bien amener l'organisation à une forme d'arène politique. On peut escompter ce résultat, que les pressions externes viennent du gouvernement, des propriétaires, et même des syndicats des spécialistes eux-mêmes, ou qu'elles proviennent de tous ces éléments réunis, puisqu'elles divisent le pouvoir dans la coalition externe.

Dans la méritocratie idéale, dont l'université de Butler et autres semble être un exemple, la clientèle est submergée par les experts, et les donateurs sont cooptés, tandis que le gouvernement et les propriétaires sont d'une certaine manière pacifiés. Peut-être, ont-ils abandonné tout espoir après des années de tentatives infructueuses, d'exercer une influence directe. Seules les associations professionnelles conservent quelque pouvoir dans la coalition externe ; mais comme cela était clair dans la description de Cressey, plutôt que d'essayer de dominer, ils se liguent en fait avec les spécialistes pour permettre de pacifier tous les autres. Ainsi, les experts à l'intérieur de l'organisation, dominent le système de pouvoir, soutenus qu'ils sont par des experts équivalents à l'extérieur.

Certes, ce ne sont pas toutes les universités ou autres organisations professionnelles qui parviennent à l'autonomie de l'université étudiée par Butler et autres, ce qui revient à dire, qu'on ne peut pas toutes les décrire comme de pures méritocraties. Lorsque les détenteurs d'influence externes, notamment les gouvernements, réussissent véritablement à y exercer un contrôle strict, il y aura probablement émergence d'une forme hybride. Ceci semble être le cas des universités publiques américaines étudiées par Gross, à partir des résultats déjà mentionnés. Les gouvernements, que ce soit en Angleterre, en Amérique ou ailleurs, contrôlent les budgets des universités publiques. Tant qu'ils ne font pas plus qu'attribuer une enveloppe globale, ils n'en ont le contrôle que de loin. Ces universités peuvent conserver une autonomie professionnelle, pour décider de leur orientation, du moins dans les limites de leurs ressources. Mais les gouvernements subissent toutes sortes de pressions pour exercer davantage d'influence. Divers cas de gaspillage et d'inefficience se font jour, ainsi que l'insensibilité de certains spécialistes, sans parler de la poursuite de buts que certaines portions de la population considèrent comme subversifs. En conséquence, le gouvernement s'efforce parfois de contrôler plus directement leur comportement et de faire de l'université, l'instrument de la société. Et comme on l'a vu au chapitre 18, cela veut dire essayer de lui imposer des contrôles bureaucratiques, des normes de travail ou de production. Soit le gouvernement y dépêche ses propres analystes, afin de prescrire des règles, des règlements, des mesures de performance, et ainsi de suite, ou bien il s'attend à ce que les analystes de la technostructure propre à l'université le fassent. (Bien entendu, en l'absence d'influence externe, les administrateurs internes peuvent essayer de faire la même chose.)

D'une façon comme d'une autre, du fait que les contrôles bureaucratiques mettent en question le contrôle qu'exercent les experts sur leur propre travail, ils ont tendance à les combattre. Et tant que cela dure, les experts dépensent leur énergie à faire de la politique au lieu d'exercer leurs compétences spécialisées, et ainsi, la configuration de l'arène politique tend à remplacer celle de la méritocratie. Au mieux, on peut arriver à une alliance fragile entre experts et administrateurs, avec des conflits latents, toujours prêts à éclater. Si par hasard, les experts cessent toute résistance face aux contrôles bureaucratiques, le système d'autorité remplacera celui des compétences spécialisées, à mesure que la force prédominante dans la coalition interne et que l'organisation commenceront à ressembler à un instrument (ou à un système clos, si les administrateurs internes sont aux commandes).

De telles forces sèment bien sûr la perturbation, dans la mesure où l'organisation a besoin des experts. Exercer un contrôle externe est toujours nécessaire pour limiter les dépenses et empêcher les spécialistes d'abuser de leur pouvoir. Mais trop de contrôle peut sérieusement affecter la qualité des services des spécialistes. Ainsi Gross (1968) découvre dans son étude portant sur les buts perceptibles des universités américaines que « lorsque les enseignants ont le pouvoir, le but touchant à l'éveil intellectuel des étudiants est fortement mis en valeur. Lorsqu'un corps législatif a le pouvoir, ce même but est nettement dévalorisé... C'est aussi le cas pour la formation à l'érudition et à la recherche, pour les carrières des étudiants, la diffusion des idées, la préservation de l'héritage culturel, le recrutement de bons étudiants uniquement », et ainsi de suite (p. 541).

Bien entendu, les arguments en faveur des contrôles bureaucratiques peuvent se suffire à eux-même. Le contrôle à l'intérieur de la méritocratie — l'auto-contrôle des experts — présupposent des qualités professionnelles manifestes. En d'autres termes, les experts méritent le pouvoir, lorsqu'ils ont une formation de haut niveau, sont hautement qualifiés et en plus responsables. Mais les contrôles bureaucratiques réduisent la capacité de l'organisation à attirer des experts compétents, et enlèvent toute initiative à ceux qui y sont déjà. Les savoir-faire s'atrophient, l'autonomie est mise à mal et l'irresponsabilité prévaut. Donc la base du contrôle par les experts s'effrite, ce qui amène à exiger qu'elle soit encore plus réduite, en serrant encore plus les vis technocratiques. Si les professeurs enseignent mal, s'ils ne se préoccupent pas de leurs étudiants, s'ils sont incapables de conserver un haut niveau dans leur domaine et évitent de faire de la recherche, pourquoi donc leur travail ne serait-il pas réglementé plus sévèrement par les analystes ou supervisé de plus près par les administrateurs ? Sur quelle base est-ce que des spécialistes incompétents peuvent justifier leur autonomie ? Il se forme ainsi un cercle vicieux, qui fait de plus en plus ressembler l'organisation à une machine bureaucratique qui est probablement politisée et qui est de moins en moins capable d'accomplir la mission qui lui a été confiée.

NOTE SUR LA SYNDICALISATION DANS LA BUREAUCRATIE PROFESSIONNELLE

Récemment, des spécialistes soumis à des pressions de ce genre, ont essayé de résister de manière différente : ils se sont syndiqués. Autrement dit, ils ont choisi de donner collectivement libre cours à leur frustration. Comme les compétences spécialisées et les formes conventionnelles de collégialité n'ont pas suffi pour faire échec à ces pressions, ces spécialistes ont rassemblé formellement leurs forces à l'intérieur de l'organisation, pardelà leurs différents domaines de spécialisation (ou au-delà de leurs professions), tout comme le font les travailleurs non qualifiés, lorsqu'ils forment des syndicats liés à une industrie. Certes, la syndicalisation ne résulte pas forcément et uniquement de forces perturbatrices, déjà à l'œuvre dans l'organisation professionnelle. Elle peut également résulter de la fragilité des compétences spécialisées au départ, d'experts incompétents ayant besoin de syndicats pour se protéger et cacher le fait qu'ils ne pourront jamais justifier une autonomie professionnelle, ou parvenir à une collégialité véritablement professionnelle. En fait, selon le cercle vicieux dont nous avons parlé, on devrait s'attendre à ce que ces deux ensembles de forces — les pressions administratives perturbatrices et des compétences spécialisées fragiles — se combinent dans bien des organisations professionnelles qui se syndicalisent. Les méritocraties fortes, les plus idéales du point de vue de la forme, ne sont pas celles qui se sont généralement syndicalisées.

En tout cas, la syndicalisation ne résoud pas le problème de fond ; elle l'aggrave. Elle s'attaque à un système de compétences spécialisées affaibli et l'affaiblit encore plus, éloignant l'organisation de la méritocratie, ce qui la rapproche d'une forme de machine bureaucratique (ou d'arène politique). Les clients en font les frais, ainsi que les spécialistes compétents. En voici les raisons.

La clé d'un fonctionnement efficace de la bureaucratie professionnelle se trouve dans la *responsabilité individuelle,* le dévouement du spécialiste envers son client, reposant sur une relation proche et personnelle entre eux deux. (Dans l'adhocratie opérationnelle, l'équivalent, c'est la responsabilité d'une équipe travaillant sur un projet.) Il y a une nuance qui mérite d'être soulignée. Il s'agit de structures fortement décentralisées, et une bonne partie du pouvoir va directement au centre opérationnel. Mais ce pouvoir n'est pas diffusé vers la collectivité des spécialistes, pour qu'ils prennent ensemble les décisions importantes. Il est ventilé vers les individus et les petits effectifs des services pour qu'ils prennent les décisions spécifiques concernant leur propre travail et pour servir de groupes de pression à l'intérieur de la structure administrative pour les problèmes plus importants. Certes, il est vrai, que les experts tiennent les rênes du pouvoir dans la bureaucratie professionnelle, mais non pas en tant que collectivité homogène. Ces organisations abritent toutes sortes d'experts, chacun d'eux ayant des besoins et des intérêts propres. Au niveau opérationnel, on laisse une large autonomie aux individus, pour qu'ils accomplissent leur travail de base ; au niveau administratif, il faut qu'ils s'opposent les uns aux autres, souvent entre groupes appartenant à des services, pour prendre les décisions. Ainsi, la prise de décisions au niveau administratif de la bureaucratie professionnelle est un labyrinthe complexe de négociations, de trafics d'influence, de persuasion, autrement dit, d'activités politiques.

La syndicalisation, en cachant les différences professionnelles et celles des services, et plus encore, en mettant en cause le contrôle individuel du travail, cause de sérieux dommages à l'autonomie professionnelle et à la responsabilité individuelle. La responsabilité collective ne peut jamais remplacer la responsabilité individuelle dans ce genre d'organisations.

La syndicalisation fait aussi du tort à une deuxième clé caractéristique du fonctionnement efficace de ces organisations : la collégialité ; ceci implique en partie, un contrôle des spécialistes dans les prises de décisions administratives, soit directement par les spécialistes opérationnels ou par l'intermédiaire de leurs représentants occupant des positions administratives. La collégialité suppose que spécialistes opérationnels et administrateurs travaillent ensemble en ayant un intérêt commun. La syndicalisation, au contraire, suppose un conflit d'intérêt entre les deux. En prenant l'attitude « eux et nous », en considérant les directeurs comme des « patrons » au lieu de collègues, la syndicalisation creuse un fossé entre opérateurs et administrateurs (ou creuse le fossé encore plus profondément, lorsque de telles forces perturbatrices ont précédé la syndicalisation). Ceci met à mal la notion de collégialité.

De façon plus significative, la syndicalisation prend de l'influence, non seulement en dehors de la structure administrative, mais également en dehors de la coalition interne, comme on l'a vu au chapitre 4. En agissant collectivement par l'intermédiaire de leurs représentants, qui négocient directement avec les cadres supérieurs, les spécialistes contournent toute la structure administrative. Cela a bizarrement pour effet de laisser le contrôle de la coalition interne aux directeurs généraux, centralisant de cette façon le pouvoir dans l'organisation. Les divers cadres moyens et subalternes, ainsi que les spécialistes isolés — acteurs-clés lorsque la collégialité existe — sont courtcircuités dans le jeu du pouvoir entre les représentants syndicaux et les directeurs généraux, ils en ressortent sérieusement affaiblis.

En agissant à partir de la coalition externe, les syndicats cherchent à imposer à l'organisation, des contraintes formelles au bénéfice de ses membres. Mais quels besoins les membres ont-ils en commun ? Le principal besoin est de contrôler la prise de décisions individuellement, ainsi qu'en sections séparées, car à vrai dire, les spécialistes ont des exigences différentes pour la plupart des problèmes qui les concernent. C'est là un besoin que les syndicats ne peuvent accepter. Comme les syndicats doivent présenter un front uni lors des négociations centrales avec l'administration, les syndicats sont obligés de nier ces différences et de se concentrer sur les traits communs. Ceux-ci tendent à se situer au niveau des questions les plus élémentaires et les plus individualistes, en particulier celle des rémunérations pour des services effectués par des spécialistes. Aussi, bien que les spécialistes puissent gagner sur ce problème particulier, ils sont perdants sur tous les autres terrains. Tout cela pour dire que si l'on suppose qu'il existe un intérêt collectif des spécialistes en face de l'administration — c'est la raison même de la syndicalisation —, ceci est inexact quand il s'agit de la vraie bureaucratie professionnelle.

Là où les syndicats réussissent à imposer des contraintes formelles à l'administration, cela se résume à l'imposition de normes sous forme de règles et de réglementations, au niveau de l'ensemble de l'organisation. Aussi, bien qu'étant imposées pour le bénéfice des spécialistes, les contraintes de par leur nature même servent à formaliser la structure, qui permet d'affaiblir le pouvoir des experts en faveur de l'autorité. La formalisation associée à la centralisation, on l'a vu au chapitre 14, correspond à la machine bureaucratique. En d'autres termes, les effets immédiats de la syndicalisation consistent à transformer une bureaucratie professionnelle en machine bureaucratique, sous forme d'instrument ou de système clos. C'est exactement la tendance qui a du inciter les spécialistes à se syndiquer en premier lieu.

En résumé, tout en comprenant les raisons qui poussent les détenteurs d'influence externes — en particulier le gouvernement — à vouloir exercer un contrôle rapproché sur certaines organisations professionnelles, nous devons également en reconnaître les conséquences ; évoquer des processus perturbateurs dans la structure, peut amener des réactions de la part de spécialistes, réactions elles-mêmes encore plus perturbatrices. On en trouve des illustrations tout autour de nous : dans les systèmes scolaires inefficaces, surchargés de règlements, ainsi que dans les universités, les hôpitaux et les organismes sociaux. Pour corriger les problèmes de départ, à savoir, un mauvais usage de l'autonomie professionnelle, de faibles compétences spécialisées, et ainsi de suite, la société devra au contraire améliorer tout d'abord la formation professionnelle, favoriser la Formation Continue là où c'est nécessaire, et surtout jouer sur la responsabilité du spécialiste et l'idéologie de sa profession (son « code éthique »), afin de pouvoir rendre à la société des services efficaces. Quant aux spécialistes confrontés à une pression administrative excessive, il devra la contrebalancer grâce à la force de la collégialité — par exemple, en travaillant petit à petit à réinstaurer le contrôle par les experts des prises de décisions —, plutôt qu'en se syndiquant. En d'autres termes, la société et les spécialistes eux-mêmes devront renforcer la responsabilité individuelle en même temps que les compétences. Ceci signifie, un retour à une forme de méritocratie idéale, loin de la machine bureaucratique.

LE SYSTÈME DES BUTS : NON OPÉRATIONNEL, ORIENTÉ VERS DES BUTS SPÉCIALISÉS

Pour clore cette étude, revoyons brièvement les buts de la méritocratie, afin de rassembler quelques conclusions.

On a vu que les méritocraties ont tendance à avoir des buts officiels liés à leurs missions, buts vagues et non opérationnels, on les appelle souvent buts « maternels » qui consistent par exemple à faire avancer les connaissances, améliorer le sort des défavorisés, soigner les malades mentaux, et ainsi de suite. Bidwell fait le commentaire suivant :

> « Les buts des écoles tendent à être exprimés en termes ambigus et imprécis, probablement parce que les résultats obtenus par les systèmes éducatifs sont particulièrement vagues, c'est-à-dire très variables par rapport à un niveau minimum. Cette particularité des buts déclarés crée sans aucun doute des difficultés internes aux systèmes scolaires pour ce qui est de spécifier les résul-

tats souhaités de l'instruction et pour ce qui est de faire cadrer les appréciations des spécialistes avec les exigences de la communauté. Mais cette particularité leur permet aussi une latitude relativement importante pour porter de telles appréciations tout en conservant aux yeux du public concerné la légitimité de leurs opérations; » (1965, pp. 1016-1017).

Ces commentaires s'appliquent particulièrement à la bureaucratie professionnelle ; les adhocraties, surtout celles de type administratif, ont parfois des buts officiels plus clairement définis, comme par exemple, celui de placer un homme sur la lune avant 1970, dans le cas de la NASA, ou encore de se développer et de réaliser un certain bénéfice, dans le cas d'une firme d'électronique.

Ce qui nous intéresse ici, ce sont les buts réels de l'organisation, les intentions qui sous-tendent les actions qu'elles mènent. Comme les experts s'attribuent la part du lion, en ce qui concerne le pouvoir, on s'attendait à ce que les buts recherchés présentent une certaine cohérence. Mais, comme l'organisation abrite toutes sortes d'experts et comme les détenteurs d'influence externes détiennent un certain pouvoir pour imposer des contraintes, voire déterminer des buts primordiaux, on s'attend à ce qu'il y ait également une certaine diversité. Le système des buts correspond donc bien à un enchevêtrement de contraintes liées à quelques buts primordiaux que l'on traite successivement comme l'indiquent Cyert et March (1963). En ce sens, la méritocratie ressemble davantage à l'arène politique qu'à l'instrument d'un détenteur d'influence ou au système clos à la recherche de ses propres buts, bien qu'on y trouve malgré tout certaines caractéristiques de ces deux dernières configurations.

Les clients de la méritocratie se préoccupent évidemment de sa mission elle-même en tant que but. Cela ne devrait pas faire une grande différence, puisque comme on l'a déjà noté dans cette configuration, ils n'ont généralement pas de pouvoir. Mais il se trouve, tout au moins dans une certaine mesure, que les experts rejoignent leurs intérêts, en particulier dans la bureaucratie professionnelle. Et même si les spécialistes ont une liberté d'action assez importante leur permettant de remplacer la mission en tant que but par leurs propres buts personnels, les relations personnelles qu'ils entretiennent souvent avec leurs clients, ainsi que leurs idéologies professionnelles les poussent à mettre les notions de service et de mission tout en haut de leur liste de buts. Évidemment les spécialistes ont leur pouvoir. En fait, vu la faiblesse des clients, ce sont souvent les spécialistes qui finissent par représenter leurs intérêts et cela quelquefois paradoxalement se fait en opposition avec les administrateurs, loin des clients et davantage préoccupés d'efficacité économique. Entre parenthèses, ce n'est pas le cas pourtant d'organisations telles que les sociétés d'ingénieurs-conseil, dans lesquelles les cadres supérieurs sont les vendeurs et se trouvent donc proches des clients et de leurs besoins. Ainsi Brager a découvert dans son étude de la « Mobilisation pour la jeunesse » que les opérateurs professionnels faisaient preuve d'un « engagement nettement plus évident » envers la mission de l'organisation que les administrateurs ou le personnel de soutien logistique (1969, p. 173).

La mission apparaît donc comme l'un des buts importants de la méritocratie, comme l'ont fait remarquer des auteurs tels qu'Etzioni (1961) et Dent (1959). Ce dernier a découvert dans son étude, alors que « seulement les deux cinquième des directeurs commerciaux disent se préoccuper du service public, tous les administrateurs d'hôpitaux l'indiquent comme but » (p. 370). En fait, on verra au chapitre suivant, que lorsqu'une organisation professionnelle chercher à remplir plus d'une mission, comme par exemple l'enseignement et la recherche à l'université, il se dépense beaucoup d'énergie politique en affrontements pour savoir quelle doit être la priorité.

Pour les experts de l'organisation, la recherche de leurs propres intérêts professionnels se situe en parallèle à la mission et même fréquemment audessus d'elle. Deux buts sont particulièrement importants pour eux : l'un consiste à préserver leur autonomie individuelle ou collective de toute interférence qui viendrait des administrateurs ou des détenteurs d'influence externes, l'autre c'est l'excellence professionnelle. Ces deux buts ont été étudiés dans ce chapitre, ainsi qu'au chapitre 9, quand nous faisions remarquer le rôle du spécialiste en tant que détenteur d'influence. Ce qui encourage l'expert à produire ou à faire, ce n'est ni la carotte, ni le bâton — du moins pas ceux de l'organisation elle-même — mais c'est le fait qu'il s'investisse à fond dans son savoir-faire et sa profession. Ceci peut également créer une obsession visant à perfectionner le savoir-faire ; le résultat peut être que l'expert en vient à oublier le but de son souci de perfection, comme dans le cas du chirurgien qui prétend que son opération a été un succès, bien que le patient soit mort. Il peut donc, parfois en résulter une inversion des fins et des moyens par des méritocraties tout entières. Un troisième but important pour les experts, particulièrement pour les administrateurs qui représentent de groupes spécifiques d'experts, c'est le renforcement du prestige lié à leur spécialité. Ce phénomène apparaît bien entendu, dans le jeu de construction d'empires, quand diverses factions d'experts rivalisent pour obtenir une plus grande latitude dans la pratique de leur spécialité, ainsi que des ressources plus importantes qui leur permettent de la pratiquer. De tels efforts créent naturellement des pressions en vue d'agrandir l'organisation.

En recherchant ces deux ensembles de buts — la mission de l'organisation et les intérêts personnels des experts — la méritocratie semble bien avoir un système de buts qui ressemble à la fois au missionnaire et au système clos. Mais aucune de ces ressemblances n'est vraiment exacte. La méritocratie, à vrai dire, ne part pas très vigoureusement à la conquête des buts du système, car les experts qui se taillent la part du lion, en ce qui concerne le pouvoir, croient généralement qu'ils n'ont pas grand-chose à gagner du renforcement de l'organisation en tant que système indépendant. Leur engagement s'inscrit dans leur spécialisation et non pas dans l'organisation. Ils sont qualifiés et mobiles ; beaucoup ne s'intéressent pas aux fonctions administratives ; leur rémunération est souvent liée à des normes qui s'appliquent à toute la profession. Et en fait comme l'ont noté Beyer et Lodahl, en ce qui concerne les professeurs d'université, « nombreux sont ceux qui reçoivent une part importante de leur récompense, à savoir le fait d'être connu, de leur communauté scientifique ou de spécialistes » (1976, p. 124). Ainsi la survie et l'efficacité de l'organisation ne sont pas des buts importants en eux-mêmes, bien que le contrôle de l'environnement par cette organisation tend à l'être indirectement, car c'est là le moyen d'assurer une autonomie professionnelle. Et la croissance tend également à constituer un but, on l'a vu, par suite de la persistance des efforts visant à la construction d'empires.

Ces mêmes facteurs vont également à l'encontre du développement de buts importants dans l'idéologie de l'organisation. Le travail des experts peut certainement s'entourer d'une bonne dose d'idéologie et même parfois également, d'une orientation missionnaire. Mais ce processus concerne généralement les professions elles-mêmes — leur histoire, leurs traditions, leurs légendes — plutôt que l'organisation où se pratiquent ces spécialités. Une idéologie d'organisation peut bien sûr grandir indépendamment des idéologies professionnelles, comme on l'a vu dans le cas des « collèges universitaires particuliers » dont fait état Clark. En fait, l'importante diffusion du pouvoir, à la fois dans la méritocratie et le missionnaire, semblerait rendre ces deux configurations compatibles. Mais, on l'a vu dans ce chapitre et le précédent, les différences de statuts inhérentes aux compétences, ces différences entrent en conflit avec les normes égalitaires de l'idéologie organisationnelle et créent ainsi une certaine incompatibilité entre ces deux configurations. Et bien qu'on puisse trouver maintes exceptions, dans le cas général, on ne s'attendrait pas à une forte idéologie à l'intérieur d'une organisation qui a les caractéristiques de la méritocratie, particulièrement une méritocratie de type fédérée où l'identification des experts à l'organisation, tend à être la plus faible.

L'un des buts des systèmes — l'efficacité économique— fait l'objet d'un souci certain dans la méritocratie. Comme nous l'avons vu, c'est le but que favorisent les détenteurs d'influence qui fournissent le financement, en particulier le gouvernement et des donateurs. Ils se préoccupent particulièrement de veiller à ce que l'organisation ne gaspille pas ses ressources, une tendance qu'ils trouvent particulièrement forte, chaque fois qu'on autorise les experts à perfectionner leur savoir-faire au détriment de quelqu'un d'autre.

Mais ce ne sont pas les experts qu'ils tiennent pour responsables du but qui vise à l'efficacité économique et ce pour des raisons. D'abord, ils ont des relations formelles avec l'organisation, c'est-à-dire qu'ils ont affaire à ceux de ses membres qui ont des positions d'autorité. Ensuite, ils travaillent eux-mêmes d'ordinaire dans des structures plus autoritaires — les donateurs dans des entreprises commerciales, les administrateurs du gouvernement dans des bureaucraties publiques — généralement soit des autocraties, soit des instruments, ou des systèmes clos. Aucune de ces configurations ne laisse apparaître une large distribution du pouvoir fondé sur les compétences spécialisées. Aussi, ces détenteurs d'influence externes tendent-ils à tenir le P.-D.G. et également les autres administrateurs pour responsables de l'attitude des experts, probablement au travers de l'imposition de contrôles bureaucratiques, tout comme eux-mêmes sont tenus pour responsables du comportement de leurs propres subalternes.

Mais bien entendu, la méritocratie ne fonctionne pas de cette manière. Les spécialistes ont en horreur les contrôles bureaucratiques et acceptent difficilement que le P.-D.G. ait des comptes à rendre à quelqu'un d'autre pour le travail qu'ils effectuent. C'est donc surtout le but d'efficacité qui emprisonne le P.-D.G. dans un no man's land compris entre la coalition externe et la coalition interne. D'un côté, les détenteurs d'influence externes ne peuvent pas comprendre pourquoi le « directeur », qui est supposé avoir la responsabilité de l'organisation, ne peut combattre l'augmentation des coûts ; d'un autre côté, les spécialistes ne comprennent pas pourquoi « l'administrateur », qui les représente, semble tellement obnubilé par les buts économiques. Les premiers ne parviennent pas à apprécier la distribution du pouvoir dans la coalition interne, les autres ne parviennent pas à se rendre compte que si le P.-D.G. ne s'occupait pas des buts économiques, personne d'autre ne le ferait.

UN CIRQUE QUI COMPTE PLUSIEURS PISTES

Avec en vedette : Tous les détenteurs d'influence, car tout le monde peut participer.

Aperçu général du cirque : L'organisation est une arène où la politique domine ; les détenteurs d'influence rivalisent entre eux et poursuivent semble-t-il — c'est généralement le cas — des buts personnels. Parfois un conflit surgit dans la coalition externe qui devient alors divisée ; parfois c'est dans la coalition interne, celle-ci devient politisée ; quelquefois le conflit se situe entre elles deux, chacune étant unifiée à sa façon ; pour l'une et l'autre, il arrive que le conflit en vienne à s'étaler dans le temps et à engloutir les deux coalitions, et avec elles, tout ce qui les lie ; le résultat en est une organisation incapable de poursuivre un but, d'une manière cohérente ; au mieux, elle s'occupe d'un certain nombre d'entre eux, en les traitant l'un après l'autre, ou simplement encore, elle satisfait à plusieurs contraintes ; au pire, elle est paralysée et incapable de poursuivre le moindre but.

Sur scène actuellement : L'ordre en place est mis en cause, par suite, soit du changement d'une condition essentielle à l'organisation, soit d'une cassure dans le fonctionnement de la hiérarchie établie, ou et encore à la suite de pressions de la part d'un détenteur d'influence qui cherche à remettre sur ses rails une coalition ou bien la configuration ; le conflit peut être intense, bref et limité à l'une des coalitions ou peut également se situer au niveau de leurs relations, donnant ainsi naissance à une forme d'arène politique appelée « confrontation » ; ce conflit peut être intense, bref et envahissant et donner naissance à ce qu'on appelle l'« arène politique complète » ; si le conflit doit persister, il faut généralement qu'il s'atténue, donnant naissance à ce qu'on appelle une « alliance bancale » s'il reste circonscrit ou bien à une « organisation politisée » s'il envahit toutes les relations de pouvoir. Bien que toute forme d'arène politique semble causer à l'organisation des perturbations dans le fonctionnement, par suite des ressources gâchées et perdues, certaines formes de l'arène politique peuvent être considérées comme ayant un fonctionnement normal, comme par exemple celles qui amènent ou accélèrent des réalignements fonctionnels dans la coalition ou des changements fonctionnels de configuration, celles qui corrigent les changements ayant mené à des troubles de fonctionnement dans la coalition ou la configuration, ou encore les alliances bancales qui sont le reflet de forces naturelles, équilibrées et irréconciliables, pesant sur une organisation et même les arènes politiques complètes qui accélèrent la disparition d'organisation usées.

> « ... tout individu du groupe participe de son plein droit à un jeu essentiellement compétitif. Ce jeu, c'est celui de la politique... (Le modèle politique) ne dispose pas d'un acteur unique, mais plutôt de nombreux acteurs qui sont autant de joueurs, des joueurs qui ne se concentrent pas sur une seule question stratégique, mais se préoccupent également de bien d'autres problèmes divers ; il s'agit de joueurs qui n'agissent pas en fonction d'un ensemble d'objectifs stratégiques, mais davantage selon des conceptions diverses portant sur des buts personnels, organisationnels et nationaux ; des joueurs qui prennent des décisions non pas en s'appuyant sur un choix unique et rationnel, mais en tirant sur toutes les cordes de ce qui s'appelle la politique (Allison 1971, p. 144). »

Comme notre étude a consisté à examiner les configurations les unes après les autres, nous avons pu constater une diminution progressive des forces d'intégration, depuis la chaîne complète d'autorité de l'instrument jusqu'à la chaîne tronquée du système clos, pour aboutir à la faible autorité de la méritocratie. En même temps, s'est fait jour une augmentation progressive de l'activité politique. Mais même la méritocratie abritait des forces qui tempéraient cette activité politique et permettaient de la contrôler. Maintenant, nous en venons à une configuration qui est essentiellement politique, une configuration où les conflits prédominent. Elle se situe à l'opposé du missionnaire, qui est une configuration où tout le monde travaille volontairement à la poursuite d'un but commun. Dans la configuration qui nous intéresse maintenant, au contraire, tout le monde peut s'avérer tirer dans toutes les directions possibles, à la poursuite de ce qui semble être des buts personnels. Cette organisation apparaît comme une arène politique, comme un système qui est la proie de conflits. En français, il existe un terme imagé pour décrire cette situation, c'est ce que l'on appelle le panier de crabes, où chacun pince les autres pour arriver au sommet.

De même qu'un chef à forte personnalité peut surmonter certaines conditions et mener une organisation à devenir une autocratie, de même une idéologie forte peut aboutir à la configuration du missionnaire ; une politisation forte peut également l'emporter sur toutes les autres conditions au point de transformer une organisation en arène politique, du moins jusqu'à ce que d'autres conditions réapparaissent. En fait, on verra que l'arène politique est souvent une configuration de nature temporaire ; elle est parfois un passage obligé du changement d'une configuration de pouvoir stable à une autre, quelquefois elle constitue une aberration par rapport à des relations de pouvoir plus naturelles, ou encore simplement, une tentative arbitraire de réajustement du pouvoir.

Peu importe l'endroit où le conflit éclate, lorsqu'il se prolonge, il a tendance habituellement à s'étendre aussi bien à l'intérieur qu'à l'entour de l'organisation. Quelquefois, il prend naissance dans la coalition externe, mais comme les membres de cette coalition ne peuvent pas prendre de décisions, ils font subir aux agents internes diverses pressions contradictoires, et ceci tend à politiser la coalition interne. Plus souvent encore, peut-être, le conflit prend naissance dans la coalition interne, mais comme il est avantageux pour les détenteurs d'influence internes de rechercher le soutien d'agents externes, il existe une tendance à diviser et à politiser la coalition externe également. Le conflit peut aussi éclater non pas dans une seule coalition, mais entre les deux, chacune étant unie au départ dans sa lutte contre l'autre (comme lorsque les agents internes qui partagent la même idéologie organisationnelle, combattent un détenteur d'influence externe dominant). Mais encore une fois, chaque camp s'efforcera de se trouver des soutiens dans le camp adverse, ce qui a pour résultat de diviser et politiser les deux coalitions.

Lorsqu'en fait, le conflit s'étend aux deux coalitions, ainsi qu'aux relations qu'elles ont entre elles, et qu'il est, de plus, de nature *intense*, il apparaît une forme que nous appelons *l'arène politique complète*.

Peu d'arènes politiques peuvent être complètes de cette façon, du moins elles ne peuvent pas l'être longtemps. En d'autres termes, peu d'organisations peuvent subir une politisation intense et envahissante sans courir à leur propre perte. Ainsi la plupart des arènes politiques que nous nous attendons à trouver dans la réalité, hormis quelques—unes qui ne durent que peu de temps, devraient être partielles, c'est-à-dire, qu'elles limitent le conflit qui les touche à l'une des coalitions ou aux relations entre les deux coalitions ou encore qu'elles atténuent l'intensité du conflit qui s'insinue entre elles.

Ce chapitre s'ouvre sur une brève description de la forme complète de l'arène politique, afin de montrer l'épanouissement le plus complet de cette configuration et de la présenter sous sa forme la plus pure et la plus absolue. Puis nous en présenterons trois autres qui constituent des formes partielles d'arène politique, qui semblent bien être courantes et nous les utiliserons pour expliquer les divers cycles de la vie des arènes politiques ; comment elles tendent à faire surface et à se résorber. Nous en arriverons à des conclusions portant sur la question de savoir si l'arène politique peut être décrite comme une configuration fonctionnelle ou dysfonctionnelle. Enfin, nous verrons des illustrations des trois formes partielles d'arène politique, pour renforcer cette étude de la plus fluide et la plus complexe des configurations du pouvoir.

L'ARÈNE POLITIQUE COMPLÈTE

Cette brève description, quelque peu stylisée, étudie les conflits, d'abord dans la coalition externe, puis dans la coalition interne, enfin, entre elles deux. C'est la présence d'un conflit intense en ces trois endroits — surtout l'effondrement complet de tout centre de pouvoir pour l'organisation dans son ensemble, ou même pour l'une ou l'autre des coalitions — qui rend « complète » une arène politique. L'étude de cette forme d'arène politique se terminera par un aperçu de certains systèmes de buts, qu'elle peut adopter.

LA COALITION EXTERNE EST DIVISÉE   Quand l'arène politique est complète, la coalition externe est divisée. Les propriétaires, le gouvernement à tous les niveaux et dans toutes ses manifestations, les fournisseurs, les clients, les concurrents, toutes sortes d'associations d'employés et en particulier des groupes d'intérêts spéciaux de tous bords, cherchent à profiter des actions de l'organisation. L'arène politique complète connaît toutes sortes de dépendances extérieures et doit donc réagir aux actions de tout détenteur d'influence externe. Elle est constamment en première ligne.

Dans certaines organisations, lorsque le conflit voit le jour dans la coalition interne, les détenteurs d'influence externes préfèrent rester passifs. Parfois, ils y parviennent, mais certaines forces se font jour qui les entraînent dans les luttes internes. De plus, une fois qu'ils ont pris part à ces luttes, leur seule présence intensifie ces luttes d'autant plus. Considérons l'exemple cité par Mumford et Pettigrew portant sur l'achant d'équipements considérables :

> « Lorsqu'il faut prendre, sur une large échelle, des décisions techniques concernant l'achat de matériels onéreux, les fabricants extérieurs de ce matériel seront fortement incités à vouloir influencer le processus de décision interne... On peut dire que l'un des objectifs du service des ventes d'un fabricant d'équipements est de créer une espèce d'incertitude, surtout par rapport aux offres des fournisseurs concurrents... Un bon vendeur doit comprendre les facteurs politiques régnant à l'intérieur d'une entreprise qui influencent ces décisions techniques et il doit intervenir sur ces facteurs de telle façon que cela puisse servir les intérêts de son entreprise... Ces tentatives visant à influencer et à interférer dans les processus politiques internes, ajouteront à leur tour une dose d'incertitude, parmi ceux qui sont chargés de prendre des décisions et l'activité politique régnant à l'intérieur des groupes responsables de la prise de décision finale, risque de s'intensifier (1975, pp. 111-112). »

Étant donné la nature ouverte de la politique qui sème la discorde, tous les moyens d'influence externes, sans exception, tendent à être utilisés dans l'arène politique complète. Les détenteurs d'influence externes s'efforcent d'imposer à l'organisation, toutes sortes de contraintes formelles, dont un bon nombre sont contradictoires. Ils la surveillent attentivement pour vérifier si elle ne viole pas les normes sociales, du moins leurs normes à eux. Ils cherchent constamment à avoir accès directement aux agents internes et s'efforcent de se faire inclure dans les processus de décisions et à placer leurs représentants à l'intérieur de la coalition interne, chaque fois que c'est possible. Mais leur moyen d'influence le plus important réside dans les campagnes de groupes de pression. Ce qui caractérise par-dessus tout la coalition externe de l'arène politique complète, c'est la fréquence et l'intensité des campagnes de groupes de pression qu'elle dirige contre l'organisation.

Bien entendu, le conseil d'administration est également utilisé comme moyen d'influence externe. Il constitue rarement une façade, car bien qu'on puisse aisément le contourner, il reste un centre de pouvoir légitime. Pour les agents externes, c'est un moyen potentiel de contrôle ; pour les agents internes, il représente un outil potentiel permettant de parer au contrôle externe. « Il se peut que les conseils d'administration soient surtout impliqués dans des décisions, lorsque la chaîne unifiée de commande est brisée. Par exemple, les hôpitaux ressemblant de plus en plus à des administrations pluralistes, il s'en suit que les conseils peuvent réintégrer l'arène du pouvoir, soit à la demande des deux parties en conflit..., soit de leur propre chef (Zald 1969, p. 110). » Aussi, les détenteurs d'influence de l'arène politique complète se battent-ils pour obtenir des sièges au conseil d'administration et essayent ensuite d'utiliser la fonction d'administrateur pour en retirer un profit personnel. Parfois, à la suite des facteurs historiques, le conseil d'administration d'une organisation hautement politisée, reste la chasse gardée d'un ensemble de détenteurs d'influence, ce qui oblige les autres à rechercher d'autres moyens d'influence. Mais dans un tel environnement conflictuel, les anciens administrateurs ne peuvent tenir qu'un temps, le temps que d'autres détenteurs d'influence ne parviennent à élargir la représentation, transformant par là même, le conseil lui aussi en arène de marchandage acharné[1].

LA COALITION INTERNE EST POLITISÉE
La coalition interne de l'arène politique complète comprend toutes les caractéristiques du système des politiques, décrites au chapitre 13. Les groupes de pression et les liens directs avec des détenteurs d'influence externes abondent ; les besoins personnels des agents internes commandent leurs comportements : les buts et objectifs formels, si par hasard ils existent, sont déformés ; la sous-optimisation est de règle ; et les fins et les moyens sont souvent intervertis. Les informations privilégiées et l'accès aux personnes influentes sont utilisés jusqu'à leur extrême limite. Les parties se gagnent et se perdent en fonction des efforts consentis

---

[1] Voir l'étude de la coalition externe divisée au chapitre 7, pour plus de détails sur la nature de la coalition externe de l'arène politique complète et des formes qu'elle peut prendre.

et de l'habileté politique des joueurs, et les systèmes d'influence légitimes — dans la mesure où ils existent — sont exploités de façon illégitime, sans la moindre hésitation.

Le fait est, cependant, que ces systèmes légitimes — en particulier ceux de l'aurorité et de l'idéologie, clés de l'intégration des efforts des agents internes — tendent à être faibles dans cette configuration. L'unité de commandement n'a pas d'importance particulière, et les traditions et le sens d'une mission comptent peu. Tout est subordonné au système des politiques. Il se peut que les systèmes d'autorité et d'idéologie aient été faibles au départ, créant un vide qui a permis à la politique de surgir. Ou bien encore, c'est l'intensité de l'activité politique qui les a peut-être affaiblis, les agents internes ayant recherché des objectifs locaux ou conflictuels, parfois encouragés par les agents externes qui ont contourné la chaîne d'autorité. De toute façon, ce à quoi on assiste dans l'arène politique complète, c'est l'effondrement de l'autorité et de l'idéologie, autrement dit, l'effondrement des forces d'intégration.

De même, les formes conventionnelles de compétences spécialisées, sont supplantées par les forces politiques dans l'arène politique. Ce n'est pas tant l'habileté technique qui compte ici, que l'habileté en matière politique, comme par exemple, savoir persuader, négocier, contraindre. Ce ne sont pas tant les connaissances techniques qui comptent, mais bien les informations privilégiées, une bonne connaissance de l'organisation, de ses acteurs, de leurs intérêts et de leurs faiblesses qui importent. En résumé, dans cette configuration, c'est la politique — le jeu d'un pouvoir informel, essentiellement illégitime — qui détermine les résultats :

> « ... ce qui arrive n'est pas choisi comme la solution d'un problème, mais résulte plutôt de compromis, de conflits et de la confusion qui règne chez les responsables ayant des intérêts divers et une influence inégale ; tout cela est "politique", au sens où l'activité dont émanent les actions et les décisions, peut être qualifiée véritablement de marchandage... » (Allison 1971, p. 162).

Les jeux politiques abondent dans l'arène politique complète, en particulier, les plus intenses d'entre eux ; ce sont des jeux qui consistent à s'opposer ou à se substituer aux systèmes d'influence légitimes, plutôt que de vouloir coexister avec eux ; on y trouve la construction d'alliances, l'existence de camps rivaux et de jeunes Turcs. Les alliances sont particulièrement importantes, car lors d'un conflit, l'union fait la force. Ce qui favorise les alliances, c'est la présence de tous les agents internes qui peuvent ainsi prendre part à des jeux politiques. En fait, dans cette sorte de configuration — où « qui n'est pas avec nous est contre nous » — il est difficile de rester neutre ou passif. A la différence des jeux pratiqués, comme par exemple, dans la configuration de l'instrument, ceux qui sont en vigueur dans l'arène politique, n'ont pas d'arbitre. Aussi, ressemblent-ils davantage à des guerres. Les opérateurs, les cadres de toutes sortes, les analystes, et même les personnels de soutien logistique, tous les membres de l'organisation se trouvent impliqués.

La position du directeur général est délicate dans l'arène politique complète. D'une part, le P.-D.G. se situe entre les coalitions internes et externes, chacune des deux se retrouvant dans une position conflictuelle, de son propre chef, et toutes les deux étant par ailleurs mutuellement en conflit. De plus, les principaux moyens d'influence du P.-D.G., à savoir, les systèmes de contrôle personnels et bureaucratiques, ne lui sont ici d'aucun secours. Même l'idéologie ne sert guère. Au moins dans la méritocratie, le P.-D.G. savait à qui il avait affaire. Le pouvoir était réparti sur la base des compétences spécialisées ; on savait clairement qui en disposait. Dans l'arène politique complète, la distribution du pouvoir est si fluide et la politisation si intense, que personne ne sait jamais vraiment où réside le pouvoir réel. Les détenteurs d'influence externes occupent une bonne partie du temps du P.-D.G. : il doit les écouter, négocier avec eux et s'efforcer de les apaiser. De même, du fait qu'il occupe une position qui semble du moins importante, il est constamment harcelé par les détenteurs d'influence internes. Bien entendu, ici encore, comme dans la méritocratie et surtout dans l'adhocratie qui, par certains aspects, ressemble à l'arène politique, la fluidité de la situation du pouvoir peut également favoriser le P.-D.G. S'il est politiquement astucieux, il peut en exploiter l'ambiguïté ; il devient un lion dans l'arène politique, mais s'il est dépourvu de cette habileté politique, son rôle redevient celui du chrétien, et il se fait mettre en pièces par d'autres lions.

LE FLUX DU POUVOIR ENTRE LES DEUX COALITIONS EST COMPLEXE ET RÉCIPROQUE

Le flux du pouvoir entre les coalitions externe et interne de l'arène politique complète est généralement très complexe, circulant dans les deux sens, et empruntant des parcours très variés. Dans une certaine mesure, le conflit dans l'arène politique complète prend la forme d'une guerre entre les deux coalitions, dans la mesure où les détenteurs d'influence externes cherchent à prendre le contrôle des actions de l'organisation, tandis que les détenteurs d'influence internes cherchent à repousser ce contrôle et à coopter des agents externes, en espérant garder les avantages pour eux-mêmes. Ce qui favorise le pouvoir des agents internes, est leur connaissance intime du fonctionnement de l'organisation, ainsi que leurs compétences techniques qu'ils se trouvent avoir. De plus, en tant que participants à temps plein, ils ont de l'énergie à revendre pour s'occuper des luttes politiques. Mais les agents externes contrôlent souvent, non seulement les ressources vitales dont dépend l'organisation, mais également ses prérogatives légales. Aussi la guerre est-elle quelque peu équilibrée.

C'est beaucoup plus qu'une guerre qui sépare les deux coalitions. Des conflits endémiques, des défections et des alliances clandestines sont affaire courante dans les deux coalitions. Il en résulte un enchevêtrement de relations confuses et complexes entre les deux coalitions, qui dans bien des cas, semble aboutir à une situation d'anarchie, plutôt que de guerre. Les moyens d'influence des agents externes sont tellement directs, personnels et concentrés, et les contacts entre les deux groupes tellement imbriqués, qu'il est parfois difficile de distinguer un agent interne d'un agent externe, sans avoir à vérifier une liste des employés salariés.

A la différence de toutes les autres configurations de pouvoir, la distinction entre coalition interne et coalition externe tend ici à s'estomper. Comme on le voit dans la figure 23-1, toutes deux se fondent en un réseau continu d'activité politique. Dans l'instrument, le système clos, l'autocratie et le missionnaire, les limites entre ces deux coalitions — entre l'organisation et son environnement — sont nettement définies. Même dans la méritocratie, les repérages sont clairs (en particulier dans la bureaucratie professionnelle, et à un moindre degré dans l'adhocratie)[2]. Dans l'arène politique, cependant, les détenteurs d'influence changeant constamment, ces distinctions s'estompent. Il est sûr, qu'un certain pouvoir externe se glisse traditionnellement dans la coalition interne au travers du conseil d'administration et du P.-D.G. : dans l'arène politique, on ne néglige aucun canal d'influence. Mais bien plus d'influence encore évite les canaux traditionnels et passe directement des détenteurs d'influence externes aux détenteurs d'influence internes et vice versa. Rien n'est simple ni ordonné dans les flux de pouvoir de l'arène politique complète

LE SYSTÈME DE BUTS EST FLUIDE ET INSTABLE

« Prenons l'exemple d'un terrain de football rond, en pente, avec plusieurs buts sur lequel plusieurs individus jouent au football. Bien des personnes différentes, mais pas tout le monde, peuvent participer au jeu ou le quitter à différents moments. Certains peuvent mettre des ballons en jeu ou les retirer. Tant qu'ils sont sur le terrain, les individus essayent de frapper tout ballon qui passe à côté d'eux, en direction des buts qu'ils veulent atteindre, et loin des buts qu'ils veulent éviter. La pente du terrain modifie le rebond du ballon, et change la direction des buts atteints, et il n'est pas facile d'anticiper la trajectoire d'une décision spécifique, ni de prévoir des résultats véritables (March et Romelaer 1976, p. 276). »

Comme l'implique cette citation, l'arène politique complète tend à avoir autant de buts que de détenteurs d'influence, car c'est le terrain idéal sur lequel tous se rassemblent à la recherche de ce qui semble être leurs buts personnels et particuliers à leur groupe. Même l'agent interne qui souhaite exprimer sa fidélité envers l'organisation, et en poursuivre les buts, parvient difficilement à savoir ce qu'ils sont.

Tout comme les buts de l'autocratie, ceux de l'arène politique ne peuvent pas être spécifiés en général, puisque virtuellement tous les buts individuels sont possibles. Mais au moins dans l'autocratie, si l'on connaît et com-

---

[2] C'est ce qu'indiquent les similitudes entre la figure 22-4, page 519 montrant une adhocratie, et la figure 23-1.

prend le P.-D.G., l'on peut prédire la nature des buts que l'organisation recherche vraisemblablement à atteindre. Et dans les autres configurations, d'après la nature du système de pouvoir, l'on peut savoir quels sont les buts vraisemblablement recherchés : buts dans le système clos, excellence professionnelle dans la méritocratie, et ainsi de suite.

Mais dans l'arène politique complète, la présence de tant de détenteurs d'influence à la recherche de buts personnels, dans une situation tellement

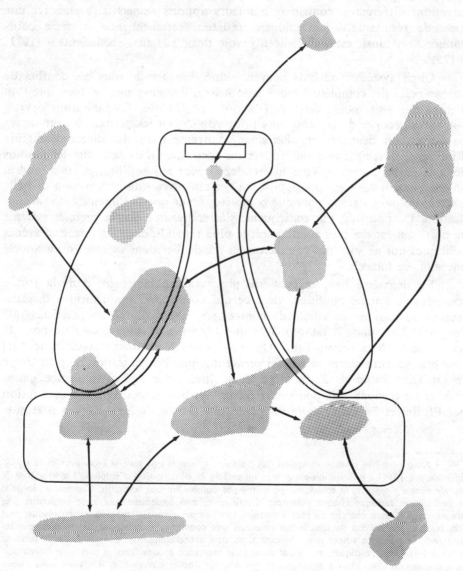

Figure 23-1. *L'arène politique complète*

fluide, ne permet pas en général de faire une prédiction quelconque, comme par exemple, vouloir anticiper les résultats de n'importe quel processus particulier de marchandage. N'importe qui peut finir par emporter un morceau de l'action — sous forme de bonifications, de gratifications annexes — ou une partie des orientations stratégiques de base. Allison résume cela parfaitement : « ... l'action ne présuppose pas... l'intention ». Le résultat « dépend rarement de l'intention d'un individu ou d'un groupe. Ce que l'on voit plutôt généralement, ce sont des individus différents, poussés par des intentions différentes, contribuer par leurs apports respectifs, à élaborer une sorte de résultante... les actions... reflètent rarement une stratégie coordonnée... et ainsi, est-il difficile d'y voir des ''signaux'' conscients » (1971, p.175)[3].

Quels systèmes de buts peuvent donc émerger de tous ces conflits de l'arène politique complète ? Nous pensons qu'il y en a quatre, bien que l'un d'entre eux soit moins certain. D'abord, en théorie, l'organisation devrait pouvoir s'occuper de certains buts primordiaux, en les prenant les uns après les autres, ou peut-être en alternance. Autrement dit, les divers détenteurs d'influence devraient pouvoir trouver un accord, afin de satisfaire les besoins des uns et des autres. « Vous me rendez service aujourd'hui, je vous rendrai service demain . » Ceci présuppose un certain niveau de coopération difficile à atteindre dans l'arène politique complète, étant donné l'intensité de sa politisation. On pourrait, par conséquent, s'attendre à ce que ce premier système de buts, qui est des plus solides, soit le plus répandu dans les formes d'arènes politiques qui ne sont pas complètes, en particulier dans ce que l'on a appelé une alliance bancale.

En deuxième lieu, et peut-être plus vraisemblablement dans la forme complète de l'arène politique, vient ce qui correspond simplement à la satisfaction de tout un ensemble de contraintes. Étant donné les pressions que l'organisation subit, il est probable que bien peu d'énergie subsiste pour la recherche de buts primordiaux. Ou bien, selon le troisième système de buts possible, les contraintes se font si pressantes que l'organisation ne peut guère en satisfaire qu'un certain nombre. A la limite, elle devient totalement paralysée et est incapable de poursuivre même des buts importants. La description par Pfeffer et Salancik, de la manière dont la ville de New York a pratique-

---

[3] Avec peut-être comme exception, les buts des systèmes que sont la croissance et la survie (cf. chapitre 15). La politisation encourage ou reflète la construction d'empires. Lorsque tout le monde veut s'y essayer, la croissance peut émerger comme un but commun. Cependant, lorsque la politisation fait que chaque détenteur d'influence, non seulement essaye de construire son propre empire, mais cherche en plus à détruire ceux de ses rivaux, l'attitude qui en résulte peut fort bien ne pas refléter du tout le but commun que constitue la croissance. De même, tous les détenteurs d'influence voient dans l'organisation une arène commune, dans laquelle ils peuvent jouer à leurs jeux politiques, et ils ont donc tous tendance à considérer la survie de l'organisation comme un but. Mais n'ayant aucune espèce de fidélité envers elle, il n'y en aura aucun parmi eux qui sera prêt à s'investir. On peut toujours trouver d'autres arènes.

ment fait faillite, montre une tentative faite pour s'occuper des buts les uns après les autres, démarche qui a conduit à la paralysie :

> « Le cas de la ville de New York, présente une bonne illustration des problèmes que l'on rencontre dans l'administration d'un système aux contraintes trop astreignantes. Dans le passé, divers intérêts qui ensemble fournissaient le support de l'administration de la ville, faisaient partie de la coalition et on leur accordait des faveurs spéciales : des retraites importantes (et salaires élevés) pour les employés municipaux, appartements à loyer sous contrat pour les classes moyennes, H.L.M. pour les pauvres et ainsi de suite. Le jour où le coût de ces diverses concessions est devenu trop écrasant, l'administration municipale a perdu toute liberté d'action et marge de manœuvre (1977, p. 22)[4]. »

Le quatrième système de buts reflète également la paralysie, mais pour une raison différente. Chaque détenteur d'influence, ne se contentant pas seulement d'imposer ses propres buts à l'organisation, cherche activement à empêcher l'organisation de s'occuper des buts des autres. Chacun considère qu'il perd ce que les autres gagnent. Tout le monde a son rival. En effet, les détenteurs d'influence se situent et se comportent de manière à ce que, non seulement, personne n'y gagne, mais même que d'aucuns y perdent. Au lieu de se mettre d'accord implicitement, pour se partager les dividendes, comme c'est le cas dans le premier système de buts, ils s'assurent, au contraire, de ce que personne n'obtienne rien. Et bien entendu, la seule manière de s'en assurer, c'est d'empêcher l'organisation de réaliser une action quelconque, puisque toute action entraîne inévitablement un profit pour quelqu'un. De ce fait, si nous poussons l'arène politique complète jusqu'à sa conclusion logique, les rouages utiles de l'organisation se retrouvent entièrement bloqués. La véritable arène politique complète devient un système totalement fermé à toute influence interne ou externe. Toute l'énergie de l'organisation se consume dans son propre fonctionnement. Pour en revenir à la ville de New York, et dans ce cas précis, à sa Commission pour l'éducation :

> « (Rogers) décrit un système de prise de décision dans lequel une multitude de factions — professeurs, responsables administratifs, associations de parents d'élèves d'un même quartier, organisations religieuses et ethniques, syndicats, conseillers municipaux — œuvrant exclusivement pour leurs intérêts propres, se sont mutuellement neutralisés et ont mis en échec tout progrès. La Commission pour l'éducation n'osait pas soutenir une innovation de manière cohérente, de peur qu'on l'accuse de s'aligner sur l'une ou l'autre faction. Au lieu de cela, elle avait une politique qui ne satisfaisait personne (1972, pp. 2-3). »

Les deux derniers cas décrivent tous deux une organisation

---

[4] Au chapitre suivant, néanmoins, on étudiera le cas de l'organisation qui est tellement étouffée par les contraintes, que celles-ci perdent toute signification. Tel le phénix qui renaît de ses cendres, l'organisation redevient un système clos.

« paralytique », dont la politisation les empêche d'accomplir quoi que ce soit[5]. En effet, au-delà d'une certaine limite, plus le niveau de conflit dans une organisation est élevé, moins elle a de pouvoir, en tant que système, pour faire aboutir quelque chose. A l'intérieur de cette limite, certains détenteurs d'influence ont tout à gagner d'un conflit, pendant que l'organisation continue à fonctionner. On l'a vu, dans la méritocratie, en particulier sous sa forme d'adhocratie qui prospère là où il y a des conflits constructifs ; et de fait, elle s'atrophierait sans cela. Mais au-delà de cette limite, la paralysie s'installe et tout le monde semble y perdre[6]. « Semble », parce que, ainsi qu'on le verra, même la paralysie peut avoir une fonction utile dans les organisations.

Pour conclure, les principales caractéristiques de l'arène politique complète, sont une coalition externe divisée active, une coalition interne politisée, un état de guerre, ainsi qu'un réseau complexe de relations entre les deux, et un système de buts qui semble refléter une multitude de besoins personnels, plutôt que ceux spécifiques à une organisation. Ce système de buts peut parfois permettre qu'on s'occupe de certains buts primordiaux les uns après les autres, mais il est plus vraisemblable qu'il permet au mieux la satisfaction d'une foule de contraintes, ou encore en amenant l'arène politique complète jusqu'à sa conclusion logique, qu'il empêche la poursuite de tout but quel qu'il soit. L'organisation devient alors paralytique.

Mais il existe peu d'arènes politiques complètes. Aucune organisation ne peut survivre longtemps à un conflit généralisé intense. Il nous faut donc présenter les formes partielles que peut prendre l'arène politique. Mais avant cela, il faut d'abord passer en revue diverses propositions concernant les conflits dans les organisations.

PROPOSITIONS SUR LES CONFLITS DANS LES ORGANISATIONS OÙ ILS ABONDENT

Il faut que le conflit dans l'arène politique éclate quelque part. Ainsi, on peut penser que, **1) le conflit, au départ, tend à être limité,** éclatant à l'intérieur de la coalition interne, de la coalition externe, ou entre elles deux. Il peut éclater de manière intense, c'est-à-dire, exploser brusquement. Ou

---

[5] Butler et autres (1977-1978) utilisent également le terme « paralytique », mais comme on l'a vu au chapitre 18, c'est pour décrire l'instrument, organisation qui ne peut rien accomplir *pour elle-même*. L'arène politique que nous décrivons ici, est encore plus handicapée, elle ne peut rien accomplir *pour qui que ce soit*.

[6] A moins, bien sûr, qu'il y ait un détenteur d'influence à qui profite cette paralysie ; on verra ce point plus tard.

bien, il peut se développer progressivement, ou encore conserver une forme modérée. Prenons d'abord le cas du conflit intense.

On suppose souvent, qu'avec l'arène politique complète, un conflit intense, quel que soit l'endroit où il prend naissance, débordera de ses frontières originelles, pour s'étendre aux deux coalitions, ainsi qu'à leurs relations mutuelles. Ainsi, on peut conclure que **2) lorsqu'il est intense, le conflit tend à s'étendre à tout le système du pouvoir au bout de quelque temps.**

Mais, **3) peu d'organisations peuvent supporter une situation de conflit intense.** En d'autres termes, l'arène politique complète ne peut pas durer ; elle représente une orientation certaine, mais c'est une situation qui ne peut se maintenir. L'arène politique complète exige simplement trop d'énergie pour ce qu'elle a à offrir en retour. Au bout du compte, il faut qu'elle consomme toutes les ressources de l'organisation, et l'arène politique la tue.

Certaines organisations, bien entendu, ont des bienfaiteurs qui les maintiennent en vie artificiellement. Mais avec le temps, un conflit intense fera fuir les bienfaiteurs, sans parler des autres détenteurs d'influence. Ce n'est pas le conflit qui leur apporte des bénéfices, mais sa résolution. S'il n'y a aucune solution, ni même d'atténuation en vue, les détenteurs d'influence hésiteront à continuer d'investir leur énergie politique. Au fur et à mesure, qu'ils se mettent à la quitter, soit l'organisation meurt, soit ceux qui restent, parviennent à un compromis. Autrement dit, il faut que quelque chose cède dans l'arène politique intense.

Plus simplement, le conflit se résorbe et l'arène politique disparaît en faveur d'une autre configuration de pouvoir. Mais tous les conflits ne sont pas résolus rapidement : autrement dit, toutes les arènes politiques ne sont pas temporaires. Il en est qui durent, mais uniquement si leur conflit est modéré. En d'autres termes, **4) s'il veut se maintenir, l'état de conflit doit être modéré en intensité.** Les détenteurs d'influence doivent rabattre de leurs exigences, et peut-être même en venir à se faire des concessions réciproques. Ils s'engagent dans une guerre froide, plutôt que dans une guerre réelle. Par exemple, il se peut que les détenteurs d'influence essayent d'éviter toute confrontation directe entre eux, permettant à l'organisation de s'occuper de divers buts, au fur et à mesure. Une telle modération permet à l'organisation de consacrer plus d'énergie à la poursuite de sa mission, et peut effectivement lui permettre de survivre. Elle ne peut pas, bien sûr, poursuivre cette mission aussi efficacement qu'une organisation équivalente, ou qui soit épargnée par les conflits ; mais au moins, elle s'en tire mieux que l'organisation qui est confrontée à un conflit intense.

Notre deuxième proposition voulait que la tendance à une politisation intense, envahisse l'ensemble du système de pouvoir. Mais lorsque la politisation est modérée, elle peut être plus facilement contenue dans une partie de celui-ci. D'où, **5) un conflit modéré peut subsister en étant restreint à l'une des coalitions ou aux relations qu'elles ont entre elles.** Généralement, deux centres de pouvoir se font face — il peut s'agir de deux alliances ou de deux camps, voire simplement de deux détenteurs d'influence puissants — mais ils ne cherchent pas à se détruire mutuellement. Ils cherchent plutôt à parvenir à une sorte d'accord ou d'alliance implicite et vague, qui mettent une sourdine à leurs désaccords, afin de garder en vie l'organisation et de continuer à en retirer des bénéfices. Il est vraisemblable qu'ils continueront de retirer ces profits, car un conflit qui est à la fois restreint et modéré, ne grève guère l'organisation.

Bien entendu, un conflit modéré peut également s'étendre, ce qui a pour conséquence, que plutôt que de se focaliser sur deux parties ayant un léger désaccord, il recouvre un bon nombre d'entre elles. Mais un conflit modéré qui envahit l'organisation, pèse beaucoup plus qu'un conflit modéré et restreint à l'une de ses parties. Ceci nous amène à la conclusion que 6) **pour qu'une situation de conflit endémique, bien que modéré persiste, l'organisation a besoin d'un support artificiel.** Un conflit généralisé, consomme tant d'énergie que l'organisation n'est pas viable, s'il n'y a pas moyen de renflouer ses pertes. Elle peut, par exemple, être soutenue par un bienfaiteur qui trouvera peut-être quelque avantage à la conserver en vie. Ou encore, l'organisation, elle-même, trouvera peut-être un moyen politique, (c'est-à-dire illégal) de se maintenir, comme par exemple, appartenir à un cartel ou coopter les hommes politiques qui conviennent. Nous verrons plus loin, des organisations où le conflit modéré est endémique, et qui en fait obtiennent véritablement un tel soutien, et au chapitre suivant, on verra, pourquoi il en est ainsi ; ce soutien provient essentiellement du reliquat de pouvoir que les organisations ont conservé de l'époque où elles étaient des systèmes clos.

QUATRE FORMES DE L'ARÈNE POLITIQUE

De notre étude, il se dégage trois dimensions que nous avons utilisées pour décrire l'arène politique :

Intense ←————→ Modéré

Endémique ←————→ Restreinte

Brève (ou passagère) ←————→ Durable (ou stable)

La dimension *d'intensité* se réfère au degré de discorde créé par un conflit ; il importe de savoir si les désaccords mènent à un combat à outrance (guerre ouverte), afin de briser l'opposition, ou si les antagonistes sont d'une certaine façon capables d'atténuer leurs désaccords (guerre froide), voire même de parvenir à des accords implicites entre eux. La dimension *endémique* se réfère simplement au fait de savoir si le conflit est restreint d'une manière ou d'une autre, à l'intérieur de l'une des coalitions ou entre elles deux, ou s'il est présent partout à l'intérieur et à l'entour de l'organisation. La dimension de *durée,* quant à elle, concerne le fait de savoir si le conflit est durable ou non, et en dernier lieu de savoir si la situation de conflit est brève et transitoire, ou peut, au contraire, parvenir à une sorte de situation stable et persister.

Si l'on combine ces dimensions de diverses manières, on obtient quatre formes de base pour l'arène politique :

* Ce que nous appellerons la *confrontation,* c'est une arène politique qui se caractérise par un conflit *intense, restreint* et *bref* (passager). En d'autres termes, un conflit d'une nature intense, s'embrase dans l'une des coalitions ou entre elles deux, mais ne peut pas subsister sous cette forme. La confrontation semble être la forme sous laquelle apparaissent le plus souvent les arènes politiques, généralement, à cause d'une vive contestation d'un ordre de pouvoir existant.

* Ce que nous appellerons *l'alliance bancale,* se caractérise par un conflit *modéré, restreint* et *durable* (relativement stable), ce qui signifie généralement que l'on parvienne à une sorte d'accord vague et implicite entre deux ou plusieurs centres de pouvoir, afin de mettre une sourdine à leur conflit, pour que l'organisation puisse fonctionner et se maintenir. L'alliance bancale surgit le plus souvent après une confrontation (mais parfois également à partir de la montée graduelle d'un conflit jusqu'à un niveau modéré), à un moment où aucun des camps concernés par le conflit ne peut dominer les autres, ni ne souhaite se retirer, quand bien même tous dépendent de la survie de l'organisation.

* Ce que nous appellerons *l'organisation politisée,* connaît un conflit *modéré, endémique* et *durable* (relativement stable). Autrement dit, le conflit est partout, mais sous une forme atténuée, si bien que les détenteurs d'influence peuvent tolérer cette situation pendant quelque temps. Cependant, le caractère endémique du conflit, exige que cette forme d'arène politique ait un bienfaiteur, ou alors trouve quelque autre moyen artificiel comme soutien pour pouvoir durer. A vrai dire, cette forme d'arène politique voit souvent le jour, lorsque l'organisation n'est plus viable. L'organisation politisée surgit le plus souvent à la suite de la montée graduelle et de l'envahissement d'un conflit modéré, bien qu'elle puisse également émerger d'une confrontation qui envahit l'organisation mais reste modérée.

* Ce que nous avons déjà appelé *l'arène politique complète,* connaît un conflit *intense, endémique* et *bref* (passager). Elle voit généralement le jour, lorsqu'une confrontation se développe, sans qu'on puisse la contrôler, et envahit à la fois les coalitions et les relations qu'elles ont entre elles, ou alors, lorsque le conflit dans l'organisation politisée, s'intensifie, et que de nouveau on en perde le contrôle. Mais ce genre d'arène politique ne peut aisément durer, et est souvent, en fait, le signal de la disparition imminente d'une organisation.

L'une de nos quatre formes d'arène politique est totale et complète, d'après la description que nous en avons faite et c'est ainsi que nous l'avons appelée. Les trois autres sont partielles, l'une modérant les conflits, l'autre les contenant, la troisième faisant les deux. Les deux formes qui modèrent les conflits sont décrites comme étant relativement stables et relativement durables, bien que nous ayons conclu que l'une d'elles — l'organisation politisée — l'est seulement à cause d'un soutien artificiel : ceci veut dire, qu'abandonnée à elle-même, elle ne pourrait survivre. En ce sens, elle est moins stable que l'autre — l'alliance bancale — bien qu'elle le soit certainement beaucoup plus que les deux formes d'arène politique dont les conflits sont intenses[7].

LES CYCLES DE VIE DES ARÈNES POLITIQUES

En ayant à l'esprit ces propositions et ces quatre formes d'arène politique, nous pouvons maintenant décrire la manière dont les arènes politiques prennent naissance, se maintiennent (lorsque c'est le cas), et en fin de compte disparaissent. Nous avons construit un modèle en trois étapes des « cycles de vie » des arènes politiques, comprenant l'impulsion, le développement et la résolution. La figure 23-2 montre ce modèle en termes d'étapes et fait apparaître nos quatre formes d'arène politique. Il illustre également bon nombre de nos propositions.

L'IMPULSION : DES EXIGENCES CONFLICTUELLES   Pour commencer, nous admettrons l'hypothèse que l'organisation est parvenue à une stabilité du point de vue du pouvoir et s'est donné un certain ordre, à condition que cette organisation ne soit pas nouvelle. En d'autres termes, elle a établi un centre de pouvoir ou davantage sont parvenus à une sorte d'arrangement réciproque, afin de stabiliser leurs relations.

Pour l'une de ces conditions, l'arène politique prend naissance à partir d'une sévère contestation de l'ordre de pouvoir en place. En l'absence d'un

---

[7] A noter que nos trois dimensions donnent lieu à huit combinaisons possibles, donc huit formes concevables d'arène politique. Nous en avons laissé quatre de côté. Deux d'entre elles (intenses, envahissantes et durables ; intenses, restreintes et durables) ont été laissées de côté, parce qu'elles contredisent la proposition 4, qui veut qu'une arène politique ne peut être intense et durer. Les deux autres sont des formes qui sont toutes deux modérées et brèves (l'une envahissante ou endémique, l'autre restreinte). L'une d'entre elles est courante probablement, il s'agit de celle qui est restreinte. (Si un conflit est modéré et bref, et voit le jour selon la proposition 1 dans une forme restreinte, alors il n'est pas susceptible, vraisemblablement, d'avoir le temps de se développer ni d'ailleurs la possibilité.) Mais nul de ces conflits croyons nous, ne mérite l'étiquette d'arène politique. Un conflit modéré, de courte durée, surtout lorsqu'il est restreint, ne signale pas vraiment un changement de configuration de pouvoir. Il implique plutôt une augmentation temporaire de l'activité politique dans les limites d'une autre configuration de pouvoir, décrite au chapitre 13 comme étant une cinquième colonne de l'activité politique, comprenant les jeux politiques les plus anodins (ceux qui peuvent coexister avec les systèmes d'influence légitimes). C'est seulement lorsque le conflit est intense, même s'il est bref ou durable, même s'il est modéré, que nous pouvons raisonnablement le décrire comme ayant, en un certain sens, capturé le système de pouvoir de l'organisation.

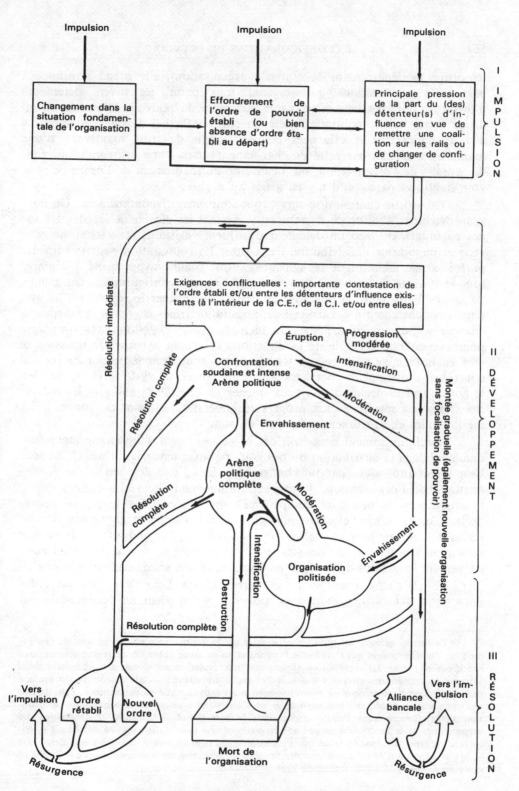

Figure 23-2. *Les cycles de vie de l'arène politique*

tel ordre au départ (dans la nouvelle organisation), elle prend naissance à partir des contestations qui se font jour parmi les divers détenteurs d'influence qui cherchent à se placer au centre du pouvoir. D'une façon ou d'une autre, l'arène politique reflète un état conflictuel d'exigences imposées à l'organisation. Ces exigences peuvent surgir de trois manières : d'une manière spontanée, par suite de changements dans l'une des conditions fondamentales de l'organisation, ou à cause de l'effondrement de l'ordre de pouvoir établi, ou parce qu'il n'y en a pas au départ.

D'abord, la contestation surgit tout simplement, spontanément. Un nouveau détenteur d'influence cherche en y mettant les moyens à accéder à l'une des coalitions, ou bien un détenteur d'influence existant, recherche une nouvelle et importante redistribution des cartes. La contestation peut se ramener parfois à une tentative de réalignement d'une coalition, ou même à déplacer tout le système du pouvoir, en vue d'une nouvelle configuration. Un groupe de jeunes Turcs défie la direction en place pour gagner le contrôle d'un système clos, cherchant à conserver la configuration, mais cherchant également à changer ses acteurs principaux ; ou bien un groupe d'actionnaires s'organise pour contester le contrôle de la direction, cherchant à convertir un système clos en instrument ; ou encore les directeurs contestent les propriétaires qui contrôlent l'instrument, cherchant à le convertir en un système clos ; ou bien le gouvernement décide d'essayer d'amener les hôpitaux publics et les universités sous le contrôle de ses propres technocrates, essayant de convertir les méritocraties en instruments ; et ainsi de suite.

Plus fréquemment peut-être, ces exigences visant à un changement fondamental dans la distribution du pouvoir, ne surgissent pas du néant. Ils sont bien plutôt provoqués par un changement dans l'une des conditions fondamentales de l'organisation. Il se peut qu'une nouvelle technologie requière l'introduction de nouvelles compétences spécialisées dans le noyau opérationnel, ou il se peut que l'organisation se soit élargie et ait besoin de systèmes de contrôle plus formalisés, ou bien encore, l'organisation soit obligée de s'approvisionner à une nouvelle base de ressources, ou encore qu'un environnement longtemps dynamique par nature, se soit soudainement stabilisé[8].

De tels changements sont très perturbateurs. Leur faire face exige des glissements dans la distribution du pouvoir, à l'intérieur de l'organisation et

---

[8] Ce dernier exemple est utilisé pour insister sur le fait que ce n'est pas un *état* de changement de l'environnement qui transforme l'organisation en arène politique, mais une discontinuité spécifique et propre à l'organisation elle-même : une évolution au niveau des schémas établis. Lorsque le changement externe est continu et par suite attendu — autrement dit, lorsqu'une organisation est confrontée à un environnement qui est dynamique en permanence, cela devient alors son schéma établi, son état normal, et on s'attendrait à ce qu'elle devienne une configuration stable. Comme nous l'avons étudié dans le livre intitulé « Structure et dynamique des organisations », ce serait certainement une structure simple (autocratie), ou une adhocratie (méritocratie de type participatif), selon que l'environnement dynamique est simple ou complexe. Une soudaine disparition de ces conditions dynamiques — autrement dit une discontinuité —, voilà ce qui peut amener une configuration de l'arène politique.

souvent tout autour d'elle, parmi les détenteurs d'influence, aussi bien, dans bien des cas, que parmi les systèmes d'influence. Les détenteurs d'influence qui se croient mieux à même de faire face aux nouvelles conditions, ou du moins de les utiliser pour leur propre compte, exercent des pressions pour changer l'une des coalitions, voire même l'entière configuration du pouvoir. Comme le notent Mumford et Pettigrew : « Pendant les périodes de grands changements, il est possible de voir éclater au grand jour, un conflit qui était latent. » ; « Le fait même de changer, introduit un élément d'instabilité, dans la mesure où l'on abandonne des procédures et des méthodes bien établies, et que l'on en introduit de nouvelles. » ; des comportements politiques qui ne cachent pas leur jeu se font jour, car « certains utilisent la fluidité de la situation de changement pour promouvoir leurs intérêts propres ou les protéger » (1975, pp. 207, 208, 219).

Parmi les changements qui ont le plus de chance d'engendrer une arène politique, se trouvent les innovations majeures et les réductions sévères des ressources dont dispose l'organisation (Hills et Mahoney 1978 ; Mumford et Pettigrew 1975). Dans le cas d'une réduction importante des ressources, les détenteurs d'influence qui ont pu jusque-là conserver un équilibre stable — par exemple, ceux d'un système clos qui étaient plus ou moins satisfaits de la distribution des dividendes — se trouvent soudain en conflit les uns avec les autres, puisque chacun s'efforce de garder sa part d'un gâteau plus petit. Quand il s'agit d'une innovation importante, cette dernière offre toutes sortes d'occasions pour se saisir d'un nouveau pouvoir, et elle tend ainsi à favoriser les conflits.

> « L'innovation implique d'ordinaire une certaine redistribution de ressources peu abondantes. Cela donne l'occasion à des groupes ou à des services de prendre le contrôle d'avantages qu'ils ne possédaient pas auparavant. Ceci implique à son tour, un certain contrôle des pressions sociales, et il en résulte une activité intensément politique (Mumford et Pettigrew 1975, p. 22). »

Bien des innovations requièrent une modification dans l'ordre du pouvoir établi, et en conséquence, dans la configuration du pouvoir elle-même ; de même, lorsqu'une nouvelle technologie requiert un système clos, pour engager de nouveaux experts dans le noyau opérationnel et s'en remettre à eux, il s'ensuit que la configuration du pouvoir de ce système clos devient une méritocratie. Mais l'innovation peut aussi simplement exiger un changement d'acteurs à l'intérieur de la configuration du pouvoir existante. Par exemple, le développement d'un nouveau produit peut nécessiter un changement de stratégie, sans changer les systèmes d'influence. Lorsque les cadres supérieurs sont totalement acquis à la stratégie existante, il se peut qu'une bande de jeunes Turcs, soit obligée d'avoir recours à un coup d'État, afin de remplacer les personnes et les idées.

La troisième impulsion menant à l'arène politique, est l'effondrement de l'ordre du pouvoir établi (ou bien l'absence d'ordre établi au départ). De nouveaux détenteurs d'influence se précipitent pour combler le vide du pouvoir, et jusqu'à ce que l'on en vienne à dominer les autres, ou que l'on en arrive à une sorte d'accord, le conflit règne en maître. Le P.-D.G. d'une autocratie meurt, une idéologie s'affaiblit, le détenteur d'influence externe dominant d'un instrument s'en désintéresse. Divers agents internes et peut-être même externes, se disputent un pouvoir accru, et l'organisation devient une arène politique jusqu'à ce qu'un nouveau centre de pouvoir émerge. Dans certains cas, quand la mort d'une organisation devient imminente, il se produit un effondrement général de toutes les formes légitimes de pouvoir. Tout le monde se lance dans la bagarre, pour en retirer un dernier profit, avant que tout ne soit perdu.

Bien entendu, l'absence de tout foyer ou centre de pouvoir, a pour commencer le même effet sur le système de pouvoir. Divers détenteurs d'influence sont attirés vers l'organisation, comme des piranhas vers un animal blessé ; ils luttent pour en obtenir le contrôle, et jusqu'à ce que l'un d'entre eux émerge dans une position dominante, l'organisation fonctionne comme une arène politique. Comme on l'a noté au chapitre 20, dans la nouvelle organisation, le P.-D.G., en général intervient dès le départ et devient le centre de pouvoir initial, ce qui a pour effet d'empêcher la politisation. L'organisation naît en tant qu'autocratie. Dans certains cas, pourtant, le P.-D.G. doit partager le milieu de la scène avec d'autres détenteurs d'influence, peu après la naissance de l'organisation et il se développe ainsi, une forme d'arène politique qui remplace l'autocratie.

Ces trois formes d'impulson, menant à l'arène politique — changement d'une condition fondamentale, effondrement de l'ordre établi, pressions de la part d'un nouveau détenteur d'influence en vue d'un réalignement —, sont reliées de diverses manières, comme le montre la figure 23-2. D'abord, il faut répéter que c'est seulement l'une de ces formes — pression d'une influence majeure en vue d'un réalignement de pouvoir — qui représente la condition nécessaire d'une arène politique. C'est aussi une condition suffisante. En d'autres termes, les pressions venant du détenteur d'influence, surgissant spontanément, peuvent créer une arène politique.

Mais nous pensons que les pressions venant d'un détenteur d'influence, proviennent le plus souvent de l'un des deux autres facteurs. L'effondrement de l'ordre de pouvoir établi, ou bien un changement dans l'une des conditions fondamentales de l'organisation, encourage les détenteurs d'influence à rechercher plus de pouvoir et ainsi à contester l'ordre existant (ou à se contester mutuellement). Ces trois facteurs peuvent également jouer les uns à la suite des autres, comme le montre la figure 23-2, un changement dans une condition faisant d'abord s'effondrer l'ordre établi, et qui provoque ensuite la contestation. La forme la plus courante d'impulsion donnée à l'arène politique, commence par un changement de conditions qui provoque simultanément effondrement et contestation. Ces deux facteurs se renforcent mutuellement en se renvoyant la balle pour ainsi dire, comme le montre la figure 23-2. La croissance peut rendre une autocratie trop vaste pour rester soumise au contrôle personnel d'un seul individu. Ou bien un nouveau système technique peut rendre superflues les compétences existantes dans le noyau opérationnel, de telle sorte que les experts d'une méritocratie perdent leur base d'influence. Les directeurs de la ligne hiérarchique essayeront peut-être d'usurper le pouvoir d'un directeur général ou d'experts affaiblis, ou bien des cadres du soutien logistique les contesteront-ils, grâce à l'imposition de normes technocratiques. Le P.-D.G. ou les experts résistent, des moyens d'influence politiques entrent en jeu des deux côtés et le conflit s'intensifie.

Si l'on veut résumer sous forme de propositions, il faut dire que, **7. comme préalable à l'émergence d'une arène politique se trouvent de nouvelles pressions importantes de la part de détenteurs d'influence, visant à réaligner une coalition ou à modifier la configuration de pouvoir. 8. Ces pressions peuvent surgir spontanément, ou être provoquées, soit par un effondrement de l'ordre de pouvoir établi, soit par un changement dans l'une des conditions fondamentales de l'organisation (qui peut elle-même faire s'effondrer l'ordre établi, et mener à de telles pressions). Et 9. les pressions en vue d'un réalignement et l'effondrement de l'ordre établi, tendent à se renforcer mutuellement (qu'elles soient provoquées par un changement de conditions ou non).**

LE DÉVELOPPEMENT, UNE INTENSIFICATION BRUTALE OU GRADUELLE DU CONFLIT

Quelle que soit l'impulsion donnée, le résultat des pressions tend à être une contestation importante de l'ordre du pouvoir existant, s'il existe, ou alors, une contestation parmi les détenteurs d'influence, cherchant à se propulser vers le centre du pouvoir. Autrement dit, comme le montre la figure 23-2, la condition essentielle de l'émergence d'une arène politique consiste en un ensemble d'exigences conflictuelles et irréconciliables envers l'organisation, de la part d'un détenteur d'influence. Ces exigences font qu'il n'y a pas de centre de pouvoir pendant un certain temps, ou ce qui revient au même, plus d'un centre de pouvoir. Il se produit des affrontements entre détenteurs d'influence — entre ceux qui sont installés au centre et ceux qui les défient de la périphérie, ou bien entre différents contestataires — chacun cherchant à prendre le contôle du centre de pouvoir. Il en ressort qu'une organisation tend à être attirée vers la configuration de l'arène politique, lorsqu'elle doit effectuer une transition d'une configuration au pouvoir centralisé à une autre, ou bien lorsqu'elle doit effectuer une importante redistribution du pouvoir parmi les acteurs d'une configuration donnée.

Bien entendu, les pressions en vue d'un réalignement ne résultent pas toujours nécessairement d'exigences conflictuelles. En d'autres termes, la configuration de l'arène politique peut être carrément évitée, comme le montre la ligne de gauche sur la figure 23-2. Quelquefois, la contestation est tuée dans l'œuf ; quelquefois elle réussit immédiatement, car son opposition s'écroule. De même, après l'effondrement soudain de l'ordre établi, les pressions parmi les détenteurs d'influence en concurrence, peuvent parfois se résorber immédiatement. Le P.-D.G. d'une autocratie meurt, son successeur naturel prend rapidement le pouvoir, et le tour est joué. Ou alors les jeunes Turcs d'un système clos fomentent leur coup d'État de manière nette et rapide, si bien que la nouvelle direction est en place, lorsque tout le monde vient travailler le lendemain matin.

Les exemples ci-dessus, décrivent des changements d'acteurs à l'intérieur d'une configuration donnée, car il est davantage vraisemblable que le changement se fera sans conflit, si la configuration de pouvoir reste intacte. Lorsque les moyens et les systèmes d'influence n'ont pas à être changés, les déplacements de pouvoir peuvent parfois s'effectuer rapidement et sans encombre. Bien entendu, même le passage d'une configuration de pouvoir à une autre, peut parfois s'effectuer avec un minimum de conflits, c'est-à-dire, sans avoir recours à l'arène politique comme étape de transition ; ceci a tendance à se produire, lorsque la transition s'est longtemps faite attendre, que tout le monde reconnaît qu'elle est nécessaire et jouit donc d'un très large soutien. Tout comme un liquide saturé à l'excès, se fige soudain lorsqu'on le remue, une organisation que l'on empêche d'effectuer une transition naturelle, peut fort bien y parvenir rapidement et sans heurt, lorsqu'elle en a la possibilité. Par exemple, la mort du fondateur d'une autocratie, qui a maintenu un contrôle personnel jusqu'à sa dernière heure, en dépit de la nécessité de standardiser et de formaliser, peut amener une transition rapide et indolore sous forme de système clos ou d'instrument vers la bureaucratie mécaniste.

Mais il est peu de transitions — d'acteurs ou de systèmes d'influence entiers — qui s'effectuent avec autant de douceur, même celles qui paraissent nécessaires. La plupart d'entre elles comportent des blocages, et c'est habituellement la politique qui doit servir de lubrifiant pour les faire avancer. On trouve ainsi souvent l'arène politique pendant les transitions de pouvoir. Et bien entendu, lorsque le pouvoir change, mais sans résultats apparents — lorsqu'il n'y a pas de successeur visible, ni de systèmes d'influence de remplacement —, l'apparition de l'arène politique doit être considérée comme presque inévitable. L'organisation est, pour ainsi dire, offerte en pâture : tout le monde est encouragé à essayer d'en saisir un morceau et la politique joue un rôle essentiel pour déterminer qui se servira.

On l'a vu précédemment, les conflits peuvent surgir en trois endroits : 1) dans la coalition externe, lorsque deux groupes d'actionnaires se combattent par procuration pour prendre le contrôle d'une entreprise ; 2) dans la coalition interne, lorsque deux camps rivaux s'en disputent la domination, ou bien lorsque le pouvoir des experts s'oppose à une idéologie établie ; 3) entre la coalition externe et la coalition interne, sous forme de guerre, lorsqu'un détenteur d'influence externe dominant est contesté par un directeur général ou par les experts du noyau opérationnel. Autrement dit, l'arène politique tend à voir le jour, d'abord sous l'une de ses formes partielles, restreinte d'une manière ou d'une autre.

Il est fréquent que le conflit initial concerne deux groupes, habituellement un ensemble de détenteurs d'influence en place et un groupe de contestataires, comme nous l'avons dit maintes fois, une vieille garde et des jeunes

Turcs. Mais là où il n'y a pas d'ordre établi, le conflit se réduira rapidement à la lutte pour la suprématie entre deux camps rivaux. En fait, bien qu'un grand nombre de détenteurs d'influence différents, souhaitent se disputer le pouvoir dans une situation ambiguë, la nécessité d'être soutenu, conduira, la plupart d'entre eux à former des factions et des alliances qui tendront à se combiner jusqu'à ce qu'il n'en reste que deux à s'affronter, à moins, bien entendu, que l'équilibre du pouvoir ne penche fortement en faveur de l'un d'eux, ce qui risque de provoquer un effet d'entraînement et un consensus.

Que le conflit s'étende ou non, que oui ou non, l'arène politique qui en résulte soit stable et durable — en d'autres termes, quelle que soit la forme d'arène politique qui en résulte — tout cela dépend de la rapidité et de l'intensité avec lesquelles se développe le conflit. Un changement dans une condition fondamentale peut être soudain et brutal, comme l'ont découvert bien des compagnies, lorsque les nations de l'O.P.E.P. ont augmenté les prix du pétrole en 1973. Ou alors ce changement peut être lent et progressif, ce qui est typique dans le cas de pressions économiques ou de changements dans les goûts des consommateurs. De même, un effondrement de l'ordre de pouvoir établi, peut être soudain ou progressif, comme la différence qu'il y a entre un P.-D.G. qui a une crise cardiaque et un P.-D.G. qui vieillit. Aussi, les pressions qui en résultent de la part des détenteurs d'influence et même celles qui surgissent spontanément, peuvent être soudaines et intenses — peuvent entrer en éruption ou s'embraser — ce qui amène une vive contestation, ou bien alors, elles peuvent s'échafauder progressivement, produisant une contestation plus modérée. (On peut penser, cependant, que c'est la premier forme qui est la plus répandue, les changements progressifs ou les effondrements étant longtemps négligés jusqu'à ce qu'ils deviennent critiques, en prenant la forme d'une vive contestation.)

10. **Les pressions venant des détenteurs d'influence qui entrent en éruption brutalement et intensément, mènent à ce que nous avons appelé, la forme de confrontation de l'arène politique, que nous pensons être instable et par conséquent temporaire ou éphémère.** Étant intense, 11. **le conflit peut s'étendre rapidement, envahissant tout le système de pouvoir, si bien que la forme de confrontation se transforme en arène politique complète,** comme le montre la figure 23-2. Mais cette forme tend à être encore plus instable et ne peut donc durer. Elle risque de détruire l'organisation, voire les acteurs concernés. Aussi le conflit intense — que ce soit une arène politique de confrontation ou une arène politique complète — doit-il être rapidement réglé ou du moins tempéré, afin de pouvoir parvenir à une forme plus stable d'arène politique.

Par ailleurs, les pressions venant de détenteurs d'influence qui se développent progressivement, tendent tour à tour à mener droit à une forme d'arène politique plus modérée et potentiellement plus stable (elle sera donc étudiée lors de la phase de résolution qui suit). Bien entendu, à n'importe quel moment, un conflit modéré qui aurait tendance à se développer progressivement, peut soudainement s'embraser et mener à une confrontation, voire à atteindre la forme complète de l'arène politique, et ceci pendant une courte période, comme on le voit sur la figure 23-2.

LA RÉSOLUTION : VICTOIRE, MODÉRATION OU DISPARI-TION

Que peut-il résulter de tout ceci en fin de compte ? Quelle distribution du pouvoir peut garantir des situations permanentes ou des états stables ? Comme on le voit sur la figure 23-2, on peut envisager quatre voire cinq possibilités de situations stables. Dans les deux premières, le conflit est pleinement résolu et l'organisation retrouve une configuration de pouvoir stable et focalisée. Dans la troisième, le conflit détruit l'organisation, et dans les deux dernières, des formes plus persistantes de l'arène politique émergent, l'une d'elles ne pouvant être stable que si elle est maintenue artificiellement.

D'abord, et c'est la possibilité la plus évidente, le conflit est pleinement résolu. L'un des systèmes de pouvoir, et le(s) détenteur(s) d'influence qui se trouve(nt) derrière elle, en sort(ent) vainqueur(s). En d'autres termes, l'organisation revient à une configuration de pouvoir stable, clairement focalisée. Il existe ici deux possibilités de situations stables : l'ancienne et la nouvelle. Parfois, l'ordre établi parvient à repousser l'attaque qui vise sa suprématie et l'ancienne configuration, tout comme les coalitions sont conservées intactes et il en est de même des acteurs précédents. Le gouvernement, par exemple, renonce à contrôler directement un hôpital public ou une université, par l'intermédiaire de normes technocratiques, et se contente de fixer leur buget général, comme il le faisait auparavant, et abandonne le contrôle aux mains des spécialistes. A d'autres moments, bien entendu, la contestation réussit. Une nouvelle configuration émerge, généralement avec de nouveaux acteurs, comme lorsqu'un P.-D.G. remplace un détenteur d'influence externe en position dominante, et convertit l'instrument en autocratie.

Ou bien, un nouvel alignement émerge dans l'ancienne configuration, comme lorsque les jeunes Turcs réussissent leur coup d'État à l'intérieur d'un système clos, et parviennent à changer la direction, voire même la stratégie, mais ne peuvent rien contre les systèmes d'influence. Une équipe de joueurs en remplace simplement une autre. Même s'il n'existe aucun ordre établi au départ, il peut évidemment en surgir un du conflit, si bien que l'arène politique se transforme en l'une ou l'autre des configurations de pouvoir plus stables. Un nouveau centre de pouvoir se forme autour d'un groupe d'acteurs et autour d'un système d'influence.

12. **La résolution complète semble être le résultat le plus vraisemblable de la confrontation de l'arène politique,** comme l'indique la figure 23-2, l'embrasement étant suivi par la victoire d'un camp ou de l'autre. L'arène politique complète peut également se résorber de cette manière, encore que, lorsque l'arène politique comporte davantage d'acteurs et de foyers de conflit, un seul système d'influence avec un seul groupe d'acteurs, éprouve davantage de difficultés pour s'imposer.

Ensuite, vient le cas où le conflit tue tout simplement l'organisation. La politisation enlève tant d'énergie à l'organisation, et peut-être également à ses participants, que le système ne peut plus fonctionner et meurt. La forme de confrontation de l'arène politique peut raisonnablement déboucher sur la mort de l'organisation elle-même, mais on peut penser que le conflit restreint qu'elle connaît, sera plus vraisemblablement résolu, entièrement ou partiellement, ou bien alors, envahira tout le système de pouvoir avant de tuer l'organisation. Ainsi, comme le montre la figure 23-2, 13. **l'arène politique complète précède très fréquemment la mort d'une organisation, soit en la tuant, soit en agissant comme révélateur de son inévitable disparition due à d'autres causes.** D'un côté, l'arène politique complète peut aisément tuer une organisation. L'intensité et l'envahissement de cette forme d'arène politique rendent cette organisation trop exsangue. D'un autre côté, et cela en fin de compte revient au même, il apparaît clairement qu'une organisation est sur le point de mourir, même si c'est pour d'autres raisons, quand tous les détenteurs d'influence se précipitent pour arracher tout ce qu'ils peuvent au dernier moment. L'organisation devient une arène politique complète, une mêlée générale — un animal agonisant, assailli par des prédateurs — ce qui hâte bien sûr sa disparition.

Finalement, le conflit peut s'apaiser, permettant à l'organisation de survivre sous une forme modérée de l'arène politique, forme qui est plus stable et plus durable. En fait, le conflit est partiellement résolu. Deux de nos quatre formes de l'arène politique ont été décrites comme modérées — l'alliance bancale et l'organisation politisée — et c'est là, qu'on pouvait s'attendre à les trouver.

L'alliance bancale — conflit modéré, restreint d'une certaine façon — est probablement celle qui des deux a le plus de chance de voir le jour. 14. **L'alliance bancale émerge, lorsque la confrontation d'une arène politique débouche sur une situation, où chacun des camps reste sur ses positions ;** aucun des camps ne peut gagner, et pourtant ni l'un ni l'autre ne veut renoncer. Aussi, ils tempèrent leurs différends et parviennent à une sorte d'accord qui permet à l'organisation de survivre. Les différents centres de pouvoir — deux, en général, mais en tout cas pas plus de quelques-uns — apprennent à vivre ensemble.

Bien entendu, une organisation ne passe pas forcément par une période de conflits intenses — proches de la forme de confrontation de l'arène politique — pour finir par prendre la forme d'une alliance bancale. 15. **L'alliance bancale peut aussi émerger directement, à la suite d'un embrasement progressif du conflit.** En fait, c'est la forme d'arène politique qui naîtra le plus vraisemblablement, lorsque le conflit se développe progressivement dans une organisation, ainsi qu'on le voit dans la figure 23-2. 16. **L'alliance bancale peut également voir le jour au tout début de la vie d'une organisation lorsqu'il n'existe pas un seul centre de pouvoir évident, mais deux ou plusieurs qui doivent s'accommoder de la présence de l'autre, ou des autres.** Le conflit, dans ce cas, ne résulte pas de l'apaisement d'une politisation soudaine et intense, ni ne se développe progressivement pour exister sous une forme modérée. Il existe déjà sous une forme modérée, pratiquement au départ (et fait suite généralement, comme on l'a vu au chapitre 20, à une règne d'autocratie bref qui était nécessaire pour faire démarrer l'organisation). Autrement dit, c'est en tant qu'alliance bancale que l'organisation a grandi ; elle n'a jamais rien connu d'autre depuis ses débuts.

L'alliance bancale, on l'a vu précédemment, équivaut à une guerre froide, dans laquelle les détenteurs d'influence, ayant des buts fondamentalement différents — surtout adverses — trouvent un compromis pour ne pas détruire l'organisation. D'une certaine façon, ils se mettent d'accord — en général implicitement — pour atteindre leurs buts réciproques, au fur et à mesure. Cela nous rappelle les guérilleros, retranchés dans les montagnes, qui après plusieurs années passées à essayer de renverser un gouvernement sans y parvenir, parviennent à un accord implicite avec celui-ci. Chaque camp se rend compte, qu'il ne peut détruire l'autre, mais qu'il pourrait très bien se détruire lui-même, en essayant de le faire. Aussi, afin de survivre et de sauver la face, tous deux n'entretiennent qu'un semblant de combat, menant à un raid occasionnel, de manière presque rituelle. En un sens, les deux camps ont presque besoin l'un de l'autre, tout comme les vieilles personnes grincheuses ont besoin de leur compagnon ou de leur compagne : elles seraient perdues, si elles n'avaient personne à harceler.

Bien entendu, le fait que les deux camps en soient venus à une sorte d'alliance implicite, ne devrait pas occulter le fait que cette alliance est inévitablement bancale. Un conflit direct — la guerre déclarée — n'est jamais loin et peut refaire surface. Si l'un des camps faiblit, l'autre interviendra rapidement pour usurper ses prérogatives. Autrement dit, ce qui rend l'alliance bancale relativement stable — il n'existe aucune forme d'arène politique qui puisse être décrite comme étant totalement stable — c'est un équilibre approximatif mais délicat entre les centres de pouvoir. Il faut qu'ils soient plus ou moins de la même force. Tout changement apporté à cet équilibre délicat — dû à un changement de coalition ou à un effondrement du pouvoir dans l'un des camps — amènera vraisemblablement de nouvelles pressions visant à redistribuer le pouvoir. En fait, comme l'indique la flèche sortant de l'alliance bancale dans la figure 23-2, la boucle remonte à la case départ pour reprendre une nouvelle impulsion, après avoir traversé le modèle. Une arène politique du type de la confrontation verra vraisemblablement le jour, jusqu'à ce qu'un nouvel équilibre soit réalisé ou qu'une résolution plus complète soit obtenue.

Bien des hybrides de nos configurations sont véritablement des alliances bancales de ce genre. On a déjà mentionné l'exemple de l'orchestre symphonique qui est un hybride réalisé à partir d'une autocratie et d'une méritocratie ; il est représenté par la figure 23-3.

On pourrait également trouver l'alliance bancale d'un détenteur d'influence externe dominant et la présence d'un directeur général pour le contrôle personnel de la coalition interne (l'autocratie en tant qu'instrument), ou l'alliance d'une idéologie forte et de compétences spécialisées bien établies (le missionnaire méritocratique), ou encore l'alliance de contrôles bureaucrati-

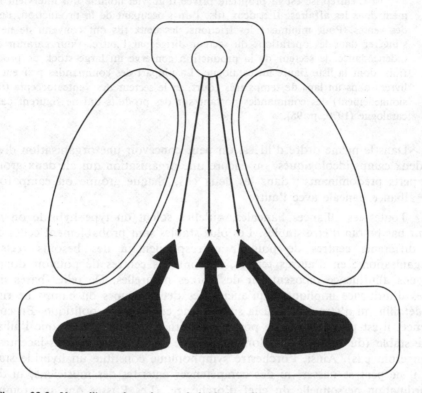

Figure 23-3. *Une alliance bancale : un hybride issu d'une autocratie et d'une méritocratie*

ques étendus et de compétences spécialisées bien établies (la méritocratie dominée ou le système clos).

Bien entendu, tous les hybrides définis en termes correspondant à nos six configurations de pouvoir, ne sont pas nécessairement des alliances bancales. Dans la quatrième hypothèse du chapitre 17, nous avons fait état de ce que ces combinaisons hybrides « engendrent *fréquemment* des niveaux de conflit modérés ou intenses ». Mais ceci ne se produit pas nécessairement. Les « universités particulières » de Clark, semblent être d'harmonieuses combinaisons de compétences spécialisées et d'idéologie, autrement dit, des hybrides de méritocratie et de missionnaire non conflictuels.

Et toutes les alliances bancales ne doivent pas nécessairement être les hybrides des configurations les plus focalisées. Toutes sortes d'autres combinaisons sont possibles également, par exemple, des combinaisons d'acteurs différents, plutôt que des combinaisons de systèmes d'influence différents. Ainsi, Agersnap décrit le cas d'une organisation coupée en deux, chaque moitié étant sous la domination personnelle de son propre directeur, ce qui constitue une sorte d'autocratie double :

« L'entreprise est la propriété privée d'un viel homme qui intervient rarement dans les affaires. Il a deux fils, l'un s'occupant de la production, l'autre des ventes. Pour minimiser les frictions, les deux fils ont convenu de ne pas s'ingérer dans les opérations du secteur dirigé par l'autre. Pour garantir cette indépendance, le secteur de la production conserve un large stock de produits finis, dont la liste figure au catalogue. La plupart des commandes peuvent être livrées dans un laps de temps très court, et le secteur des ventes accepte (occasionnellement) des commandes portant sur des produits qui ne figurent pas au catalogue (1970, p. 98). »

Dans le même ordre d'idées, on peut concevoir une organisation divisée en deux camps idéologiques, ou encore une organisation qui ait deux groupes d'experts prédominants ; dans les deux cas, chaque groupe ou camp forme une alliance bancale avec l'autre.

Toutes les alliances bancales, qu'elles soient du type hybride ou non, n'ont pas besoin d'être stables. Les plus stables sont probablement celles dont les différents centres de pouvoir correspondent à des besoins réels de l'organisation ; en d'autres termes, ce sont des centres de pouvoir dont les moyens d'influence reposent sur des forces naturelles. De telles bases naturelles d'influence impliquent qu'aucun des deux groupes ou camps ne risque de défaillir, ni d'être écarté, à la suite d'une contestation politique. En conséquence, il est probable que le pouvoir restera équilibré et donc que l'alliance sera stable (du moins aussi longtemps que les conditions sous-jacentes ne changeront pas). Ainsi, l'orchestre symphonique constitue un hybride stable, car il ne peut se passer, ni des compétences émérites des musiciens, ni de la coordination personnelle du chef d'orchestre. (Les Russes ont apparemment essayé de faire jouer un orchestre sans chef, appelé Persimfans, et ceci peu après la révolution ; des disputes sans fin parmi les musiciens obligèrent la réintroduction d'un chef d'orchestre). De même, la tentative d'un détenteur d'influence externe, pour prendre le contrôle d'un missionnaire — en vue d'en faire son instrument — devrait se révéler fragile, dès lors qu'il n'y a pas de base de contrôle externe face à une idéologie interne forte. Des conflits intenses s'embraseront probablement, jusqu'à ce que le détenteur d'influence externe se retire, ou que l'idéologie soit anéantie (à moins, bien sûr, que l'organisation ne soit détruite en premier).

La deuxième issue possible d'un conflit modéré constitue ce que nous avons appelé l'organisation politisée, situation dans laquelle un conflit modéré envahit l'organisation. On le verra plus loin, certaines agences de réglementation et certaines grandes entreprises s'avèrent en être des exemples.

Dans aucune forme d'arène politique, il n'existe de centre de pouvoir prédominant unique, qu'il s'agisse d'un unique détenteur d'influence externe ou d'un ensemble de détenteurs d'influence externes derrière l'un des systèmes légitimes d'influence. Mais dans l'alliance bancale, quelques détenteurs d'influence externes, normalement deux, sont relativement puissants. Dans l'organisation politisée, ils sont, au contraire, tous faibles. C'est le système des politiques qui domine, même s'il apparaît sous sa forme modérée. Et comme le conflit l'envahit, cette forme d'arène politique ne peut se maintenir. On l'a déjà vu, sans un bienfaiteur ou quelqu'autre moyen de soutien artificiel, il est vraisemblable que l'organisation va être à court d'énergie et mourra. C'est pour cette raison que nous avons décrit l'organisation politisée comme n'étant stable, au mieux, que d'une façon marginale ; sur la figure 23-2, elle se situe à mi-chemin de la phase de résolution, puisqu'on peut considérer qu'elle correspond autant à une phase de développement intermédiaire, qu'à une forme de résolution finale.

L'organisation politisée peut voir le jour de diverses manières. 17. **Très probablement, l'organisation politisée provient directement de l'embrasement progressif et de l'envahissement d'un conflit,** de telle sorte qu'aucune autre forme d'arène politique ne la précède. On verra plus tard, que cette forme d'arène politique est en fait souvent précédée d'une configuration qui est celle du système clos. A mesure que divers détenteurs d'influence externes se précipitent pour combler le vide de la coalition externe, les divers détenteurs d'influence internes voient un désaccord grandir entre eux, et le système clos, miné progressivement par le politique, émerge comme une organisation politisée. 18. **Une organisation politisée peut aussi connaître une forme plus intense de l'arène politique, et ceci particulièrement, lorsque le conflit est modéré (tout en restant omniprésent) dans une arène politique complète, ou bien, peut-être, le conflit est-il modéré, mais il devient omniprésent et la confrontation devient la forme de l'arène politique.**

La figure fait également apparaître que 19. **le principal moyen de sortir de l'organisation politisée est au bout du compte la mort de l'organisation, qui sera passée par l'arène politique complète.** La résolution complète apparaît, cependant, comme une possibilité lointaine dans la figure 23-2 (et il en va de même pour l'arène politique complète). Craignant la mort de l'organisation, les détenteurs d'influence peuvent être tentés de reculer et de permettre à une configuration de pouvoir davantage focalisée, de voir le jour. Mais à notre avis, la plupart des organisations en proie à un conflit omniprésent, ont peu de chance de s'en débarrasser.

Pour nous résumer, en ce qui concerne la phase de résolution du cyle de vie de l'arène politique, nous avons laissé entendre que quatre ou cinq États relativement stables sont possibles, après qu'une organisation ait été partiellement ou entièrement soumise à un conflit. D'abord, ce conflit peut être entièrement résolu, l'organisation retrouvant son ordre de pouvoir établi ou accédant à un nouvel ordre. Ensuite, l'organisation peut mourir, achevée par le conflit, ou bien encore le conflit apparaît tout simplement, lorsque la mort de l'organisation est imminente. Et enfin, le conflit est peut-être partiellement résolu, si bien qu'une forme d'arène politique plus modérée voit le jour : l'alliance bancale qui est quelque peu stable naturellement, ou du moins virtuellement, ou alors, il s'agit de l'organisation politisée qui ne semble stable que lorsqu'elle est maintenue artificiellement.

BOUCLES DE RETOUR : UNE NOUVELLE IMPULSION   Avant d'achever l'étude des cycles de vie de l'arène politique, il nous faut insister sur le fait qu'aucun système de pouvoir n'est jamais totalement stable. Nous en avons fait état au chapitre 16, quand nous étudiions le système du pouvoir considéré comme un équilibre *dynamique*. Il s'ensuit que tous les états de résolution apparaissant dans la figure 23-2 (sauf un) comportent des boucles de retour qui sont censées retourner vers l'impulsion.

L'alliance bancale peut facilement s'embraser et revenir à la forme de confrontation de l'arène politique, en traversant le modèle grâce à une boucle de retour. Mais tant que les différentes bases d'influence, qui ont sous-tendu l'alliance, sont naturelles et restent en équilibre, on peut penser que la confrontation se modérera rapidement et que l'alliance bancale réapparaîtra. Ainsi, on peut considérer le pouvoir dans l'alliance bancale naturelle, comme oscillant autour d'un moyeu central ou d'un point d'équilibre, et parvenant en fait, à un état d'homéostasie. D'autres alliances bancales auront néanmoins des difficultés à maintenir un tel état constant. Ceci inclut les alliances qui ne sont pas naturelles, les alliances dans lesquelles un ou plusieurs centres de pouvoir ne sont pas ancrés dans une des conditions essentielles de l'organisation. La même chose est vraie de l'alliance bancale, qui était autrefois naturelle et où une modification d'une condition essentielle a miné la base d'influence de l'un des centres du pouvoir et a fait ainsi basculer l'équilibre fragile en faveur de l'autre. Dans ces cas, les embrasements s'avèrent plus fréquents et plus intenses, au fur et à mesure que les détenteurs d'influence recherchent une nouvelle distribution du pouvoir plus naturelle et plus stable.

Même ce que nous avons appelé une résolution complète, peut se révéler instable, si la base d'influence du vainqueur se révèle être une position intenable qui ne correspond à aucune condition naturelle de l'organisation ; ceci signifie qu'une fausse résolution est une résolution temporaire, que ce soit la vieille garde qui s'accroche artificiellement au pouvoir ou les jeunes Turcs qui y parviennent sur des bases fallacieuses. 20. **Lorsque le pouvoir repose sur une base artificielle, les pressions visant au réalignement, se maintiennent juste en dessous de la surface, attendant de faire passer l'organisation par un nouveau cycle de l'arène politique, en vue de rechercher un rétablissement qui puisse être permanent.** Ceux qui sont au centre d'un pouvoir dépourvu de base, ne peuvent s'y accrocher qu'un temps, avant de s'écrouler ou de lâcher prise. Il se peut que leurs challengers doivent se retirer et quelquefois panser leurs blessures, mais en fin de compte, ce sont eux qui l'emporteront (à moins que l'organisation ne meure en premier). Les musiciens auront peut-être un orchestre sans chef, mais la stabilité qui pourrait suivre est trompeuse, une flambée de conflits pouvant surgir à la première occasion. Les experts qui utilisent une technologie nouvelle, dont l'organisation a besoin, étant peu nombreux au départ, risquent de perdre les premiers défis qu'ils lanceront en direction de l'ordre du pouvoir établi. La vieille garde — les gardiens de l'ancienne technologie — contrôlent la plupart des moyens d'influence existants. Mais le temps joue en faveur des experts, et cela est vrai même si l'organisation doit être sérieusement affaiblie, avant que les experts ne gagnent la partie à l'occasion d'un prochain défi. De la même façon, les pseudo-experts qui réussissent effectivement à prendre le pouvoir, sans détenir aucune base de compétence réelle, constituent de fausses méritocraties qui, on l'a vu précédemment, sont condamnées à succomber sous les coups de la politisation. Une combinaison incongrue de situation particulière et de pouvoir, ne peut subsister qu'un certain temps. Il faudra qu'elle soit rectifiée, ou alors l'organisation succombera.

Bien entendu, peu de cas sont aussi nets que ceux-ci. Un changement dans une condition fondamentale, ou l'écroulement de l'ordre du pouvoir établi, s'effectuent souvent d'une manière progressive, ce qui fait que les premiers défis sont en fait prématurés, et sont en conséquence repoussés de façon adéquate. Ce n'est qu'à l'occasion d'une manifestation plus profonde d'un changement ou d'un effondrement, qu'un défi est adéquat et qu'il peut aboutir.

Pourtant, même une résolution convenable de conflit doit être considérée, en fin de compte, comme instable. Aucun ordre de pouvoir établi n'est jamais à l'abri d'un défi ou d'une contestation. Il peut être défié artificiellement ou arbitrairement à n'importe quel moment : il peut devenir vulnérable, à la suite d'un effondrement spontané ou par suite d'une confrontation avec un environnement qui a changé et qui mine sa base d'influence. La figure 23-2 montre qu'il n'existe qu'un seul endroit véritablement stable et ce de manière permanente : la mort de l'organisation !

LES DIVERS CYCLES DE VIE COURANTS DE L'ARÈNE POLITIQUE-
Voici pour conclure la liste ceux qui semblent être les cycles les plus communs, apparaissant dans notre étude.

Cycle de vie n° 1. L'embrasement : La contestation de l'ordre établi donne naissance à une arène politique de confrontation qui se résoud en faveur de challengers ou bien de l'ordre établi (un risque d'embrasement est toujours possible, s'il n'y a pas eu de résolution de façon naturelle).

Cycle de vie n° 2. Le moratoire : La contestation donne naissance à une arène politique de confrontation, qui aboutit à un moratoire ; aucun des deux camps ne souhaitant se retirer, et tous deux dépendant de la survie de l'organisation, ils modèrent le conflit et forment une alliance bancale qui existe aussi longtemps que le pouvoir reste équilibré de façon naturelle et que l'organisation reste viable ; il existe une variante peut-être moins courante, où les conflits prévalent dans la forme de confrontation qui mène à une arène politique complète ; ensuite le conflit se tempère mais ne se restreint pas ; il en résulte une organisation politisée, qui reste stable aussi longtemps qu'elle est entretenue artificiellement. Si par hasard, les détenteurs d'influence refusaient de tempérer les conflits, et continuaient, au contraire, à se battre dans les deux cas, avec acharnement, afin de dominer l'arène politique, l'organisation ne pourrait qu'être détruite.

Cycle de vie n° 3. La politisation progressive : De multiples défis, à l'intérieur des deux coalitions et des défis entre les deux coalitions elles-mêmes, qui s'accompagnent d'un lent effondrement du pouvoir légitime, mènent progressivement à l'organisation politisée, qui finalement meurt, si elle ne trouve ni ne conserve aucun moyen de soutien artificiel (voir cycle de vie n° 5 ci-dessous).

Cycle de vie n° 4. L'alliance bancale à vie : La nécessité d'avoir plusieurs bases d'influence, fait apparaître une alliance bancale peu après la naissance d'une organisation ; en dépit d'embrasements occasionnels, cette alliance reste intacte, aussi longtemps que les bases d'influence restent équilibrées de façon naturelle.

Cycle de vie n° 5. L'agonie : La faiblesse fondamentale de l'organisation (due à son inefficacité intrinsèque, à la perte de marchés ou de ses bases de soutien, etc.) résulte en un effondrement total des systèmes légitimes d'influence et l'arène politique complète se met en place, à mesure que les détenteurs d'influence se jettent dans la mêlée, ce qui accélère la disparition inévitable de l'organisation[9].

L'ARÈNE POLITIQUE EN TANT QUE CONFIGURATION FONCTIONNELLE

Les arènes politiques apparaissent nettement comme des dysfonctions, comme des aberrations du pouvoir. Elles dévorent de l'énergie, qui pourrait, au lieu de cela, servir à l'accomplissement de la mission de l'organisation. Le but d'une organisation est après tout, de produire des marchandises et des services, et non pas de fournir une arène, dans laquelle les participants puissent se battre entre eux. Les autres configurations, en limitant les conflits, peuvent accomplir davantage de choses en tant que systèmes et également apporter davantage de profits à leurs principaux détenteurs d'influence. Ainsi, l'efficacité de l'organisation semble dépendre, soit de l'harmonie, ou dans certains cas — comme l'adhocratie — de degrés modérés de conflits qui sont canalisés vers des buts constructifs.

Mais cette conclusion n'apporte que des vues à court terme. L'arène politique ne doit pas être seulement évaluée en fonction de l'énergie qu'elle gaspille ; elle doit également être jugée pour ses effets à long terme, pour ce qui se serait passé si elle n'avait jamais existé. A cet égard, l'arène politique peut être véritablement fonctionnelle, si elle permet à l'organisation de mieux poursuivre sa mission à long terme. Aussi la question n'est pas de savoir si

---

[9] D'autres cycles de vie sont bien sûr possibles, tels que la montée progressive d'un conflit qui soudain s'embrase, ou encore l'arène politique de confrontation, dont le conflit se tempère mais s'élargit, et qui donne lieu à une organisation politisée. Nous pensons pourtant que ces cycles-ci sont moins courants que les cinq décrits précédemment.

l'arène politique gaspille des ressources aussi longtemps qu'elle existe, mais si son existence est nettement profitable à l'efficacité, à long terme, de l'organisation. Et la réponse à cette question — comme cela devrait ressortir de notre étude — est « parfois ». Plus précisément 21. **l'arène politique est fonctionnelle lorsque (a) elle occasionne ou accélère un réalignement dans une coalition ou un glissement dans une configuration, rendus nécessaires par un changement dans une condition fondamentale de l'organisation, ou un effondrement de son centre de pouvoir existant ; (b) elle corrige une précédente modification de coalition ou de configuration qui était elle-même dysfonctionnelle ; (c) elle existe en tant qu'alliance bancale, reflétant des forces naturelles, équilibrées et irréconciliables dans l'organisation ; ou encore (d) elle accélère la mort d'une organisation arrivée à son terme.**

La première partie de notre hypothèse — il s'agit de la rubrique (a) — indique que, lorsque l'ordre établi n'a plus son utilité, généralement à cause d'un changement d'une condition fondamentale de l'organisation, ou peut-être parce qu'elle s'effondre toute seule, alors une arène politique qui s'embrase pour s'opposer à l'ordre établi et le changer, peut être fonctionnelle. En fait, lorsque la politisation est le seul moyen de remplacer un pouvoir légitime, lui-même devenu dysfonctionnel, l'arène politique alors, basée sur un pouvoir techniquement illégitime, doit être considérée comme fonctionnelle. L'arène politique devient le moyen de parvenir au changement nécessaire dans l'organisation ; elle sert d'étape sur le parcours allant d'une configuration de pouvoir focalisé, ou d'un ensemble d'acteurs ou de convictions au sein d'une telle configuration, à une autre. Cette étape peut se révéler dysfonctionnelle et instable, pendant toute sa durée, mais elle sert de but fonctionnel, puisqu'elle permet à l'organisation de trouver un nouvel équilibre.

Chacun des systèmes légitimes d'influence — l'autorité de nature personnalisée ou bureaucratique, l'idéologie, les compétences spécialisées — peut faire obstacle au changement nécessaire. Au contraire, la politisation, on l'a vu au chapitre 14, peut promouvoir ce changement, en permettant aux détenteurs d'influence de contester ceux qui, au centre du pouvoir établi, soutiennent des façons d'opérer largement acceptées mais totalement démodées. Pour mettre à la porte le président qui, vu son grand âge, n'a plus les facultés nécessaires pour contrôler personnellement son organisation, ou qui au fil des ans, s'est enfoncé dans la routine, pour introduire des contrôles technocratiques qui doivent remplacer un groupe d'experts désormais inefficaces, ou vice versa, pour remplacer une idéologie surannée qui sert à renforcer la tradition et la continuité, plutôt que le changement, il faut d'habitude faire appel à une intense activité politique.

Il faut se souvenir que quatre de nos six configurations de pouvoir sont pratiquement imperméables à toute influence externe sérieuse. En conséquence, lorsque le besoin de changement se fait sentir, elles ont tendance d'abord à l'ignorer, puis à lui résister. La politique est le véhicule qui permet à la société de changer ses organisations quand elles se sont égarées. Une coalition externe passive devient active pendant un certain temps, réalisant parfois un consensus pour défier les agents internes ; parfois cette coalition externe devenue active peut se diviser pour imposer diverses pressions à la coalition interne, et ce faisant, la coalition externe en vient à politiser la coalition interne. Ou bien alors, certains agents internes eux-mêmes, défient ceux qui sont au centre du pouvoir, ce qui a pour résultat de politiser la coalition interne. Même lorsque le changement nécessaire ne concerne pas la configuration, mais la stratégie, l'idéologie ou les acteurs eux-mêmes au sein d'une configuration donnée, un défi sera encore nécessaire, comme par exemple, le coup d'état fomenté par un groupe de jeunes Turcs, constitue la seule manière de sauver une organisation menacée par une direction léthargique. Un système clos devient une arène politique et cela pendant un certain temps, le temps de changer ses dirigeants, avant de revenir à un système clos.

Bien entendu, ces défis n'améliorent pas toujours la situation. Quelquefois, ils l'aggravent, la solution se révélant pire que le problème. De même, la politique peut également servir de moyen d'influence pour ceux qui sont près du centre du pouvoir, servant à faire obstacle au changement nécessaire. Tout comme l'on peut utiliser un barrage pour empêcher l'eau de trouver son cours naturel, de même la politique peut être utilisée pour maintenir en vie ou pour créer une configuration de pouvoir contraire à la nature, une configuration qui gaspille les ressources et empêche l'organisation de remplir sa mission. Un changement de technologie peut nécessiter un glissement du pouvoir d'un groupe d'experts à un autre. Mais les administrateurs peuvent fort bien utiliser des moyens politiques pendant la période de perturbations pour se saisir de l'organisation, la transformant en système clos dysfonctionnel, au lieu de lui imposer une forme nécessaire de méritocratie. Bien entendu, dans des cas pareils, l'arène politique s'avère dysfonctionnelle.

Mais comme nous l'avons indiqué précédemment, de telles situations de dysfonctionnement ont fort peu de chance de rester stables longtemps. On peut s'attendre à de nouvelles confrontations. Un excès d'eau retenue artificiellement par un barrage, débordera de ses limites et trouvera son propre niveau. De même, le système des politiques gravitera vers un point où il est nécessaire et la pression s'accumulera jusqu'à ce qu'elle fasse éclater les limites du système pour pouvoir effectuer les changements nécessaires. A l'affût, près de toutes les configurations de pouvoir peu naturelles, se trouve une arène politique latente, qui à la première occasion, s'efforcera de donner à l'organisation une stabilité plus naturelle.

La politique constitue donc une composante intrinsèque de toutes les configurations de pouvoir peu naturelles ; la politique est utilisée, aussi bien par l'ordre établi que par ceux qui le défient. Comme leurs bases d'influence manifestement légitimes sont devenues artificelles, ceux qui se trouvent au centre du pouvoir en place, doivent s'en remettre à des moyens d'influence illégitimes, c'est-à-dire, de nature politique. Ils doivent, par exemple, imposer ou exploiter leur pouvoir légitime par des moyens illégitimes, afin de s'accrocher à leurs positions. Pour en revenir à un exemple présenté précédemment, illustrant une situation dans laquelle des spécialistes qui ne sont ni très qualifiés, ni très savants, s'efforcent de garder le pouvoir par l'intermédiaire du système des compétences spécialisées — situation à laquelle nous avons fait référence sous le nom de fausse méritocratie — nous ne pouvons que souligner la politisation intense qui résulte nécessairement d'une telle situation. Étant donné que la base servant aux experts à distribuer le pouvoir est surtout artificielle, les spécialistes devront faire usage de moyens politiques pour conserver leur pouvoir. Ils auront tendance à limiter l'information, à constituer des alliances, à mettre en avant leur statut par rapport aux autres, et surtout à tirer parti de formes insignifiantes de compétences, en investissant davantage d'énergie dans ces jeux que dans leurs activités professionnelles normales. On assiste à un résultat similaire dans le cas opposé, où une organisation requérant des experts de haut niveau tombe sous la coupe des administrateurs qui la gèrent comme une bureaucratie mécaniste, en tirant parti de leur autorité de toutes les manières possibles, afin de dominer les experts. Dans toute situation de cette nature, étant donné que l'ordre établi utilise la politique pour survivre, ceux qui défient cet ordre, doivent également utiliser la politique pour pouvoir s'opposer à lui. Des conflits éclatent inévitablement, et c'est cela peut-être qui permet en fin de compte de résoudre les problèmes.

Ainsi, il existe des aberrations de pouvoir — telles que les configurations focalisées mal placées, ainsi que les arènes politiques dysfonctionnelles qui les créent — mais ces dernières ont leurs propres tensions inhérentes qui tendent à corriger le tir. La politisation — nous l'avons vu au chapitre 14 — si elle peut parfois être terriblement dysfonctionnelle, s'avère également être un moyen de remise en ordre. Tout comme les anarchistes, qui sont toujours à l'affût, ne réussissent en fait à fomenter des révolutions que lorsque de larges pans de la population se sentent frustrés, et ressentent un besoin de changement, de même, la politique est à l'état latent dans toute organisation, et tend à s'emparer d'elle, lorsque ce que la politique met en avant, est en fin de compte nécessaire à l'organisation. Voilà pourquoi notre proposition (b) affirme que la politique peut avoir ce rôle fonctionnel, qui consiste à corriger un précédent changement dysfonctionnel du pouvoir.

Que dire de la contestation politique qui surgit spontanément, en d'autres termes, en l'absence de tout changement fondamental de condition, d'un effondrement de l'ordre établi du pouvoir, ou d'un précédent changement dysfonctionnel du pouvoir ? Un détenteur d'influence veut simplement une nouvelle donne. A l'évidence, on peut considérer un tel défi comme dysfonctionnel, dès lors qu'il affaiblit la capacité de l'organisation à accomplir une mission donnée ; par exemple, c'est la cas lorsqu'une technostructure gouvernementale impose des contrôles à un système scolaire ; non seulement cette technostructure ne parvient pas à susciter les comportements voulus, mais elle finit par faire baisser également la qualité de l'enseignement. Mais on peut aussi considérer qu'un tel défi est neutre — ni fonctionnel, ni dysfonctionnel — si le changement qu'il suscite conserve à l'organisation la même capacité d'accomplir la mission qui lui est donnée, ou alors remplace cette mission par une autre tout aussi appropriée.

Qui peut qualifier le résultat d'être « fonctionnel » ou « dysfonctionnel », lorsqu'un actionnaire arrache le contrôle d'une entreprise à un autre (à moins, bien sûr, que le challenger n'ait la capacité de renforcer l'organisation) ? De même, lorsque deux individus également qualifiés, luttent pour la direction d'une autocratie, ou qu'un détenteur d'influence externe essaye de prendre le contrôle d'un système clos pour en faire son instrument, ou que des experts essayent de convertir un missionnaire en méritocratie, pour se concentrer sur le perfectionnement de certains savoir-faire, plutôt que d'exposer une idéologie, alors il ne peut être question de bien ou de mal, il n'y a pas de vainqueur naturel, il n'y a simplement qu'un combat arbitraire pour le pouvoir. L'arène politique restera certainement dysfonctionnelle tant qu'elle durera ; elle empêchera l'organisation de poursuivre sa mission quelle qu'elle soit ou qu'elle devienne, mais le changement qu'elle fait naître ne peut être qualifié ni de fonctionnel, ni de dysfonctionnel.

Il faut cependant nuancer quelque peu cette conclusion. Lorsqu'un défi est neutre, qu'il ressemble à celui que nous venons de décrire, on peut penser que l'arène politique qui en résulte aura tendance à durer plus longtemps que celle qui surgit d'une contestation nettement fonctionnelle ou dysfonctionnelle. La raison en est, qu'il n'existe pas de forces naturelles pour ramener l'organisation à son ancien système de pouvoir ou l'amener à un nouveau. Aussi les conflits ont-ils tendance à s'étirer dans le temps, ce qui veut dire, que la période d'arène politique — de dysfonctionnement — persiste. Cette situation peut, bien sûr, affaiblir l'organisation. Aussi, bien que le défi puisse être neutre d'un point de vue politique, il peut avoir un effet dysfonctionnel du point de vue de l'organisation. Cette dernière serait mieux lotie si une résolution rapide pouvait être obtenue, que ce soit un retour au système de pouvoir en place ou une transition vers un nouveau pouvoir. D'une façon comme d'une autre, l'organisation fonctionnerait plus efficacement, en gaspillant moins d'énergie. C'est l'absence de résolution qui la rend plus mal en point, et cela même si les deux camps forment une alliance bancale.

Cette conclusion nous amène au point (c) de notre proposition. Comme on vient de le souligner, les alliances bancales arbitraires — celles qui ne reflètent aucune des forces naturelles qui pèsent sur l'organisation — sont dysfonctionnelles, car elles consument à l'occasion de ces conflits, des ressources qui pourraient autrement aider à l'accomplissement de la mission. Comme elles doivent généralement concurrencer les organisations qui peuvent établir des configurations de pouvoir plus harmonieuses, elles ne sont pas viables, et comme les organisations politisées qui souvent ne sont pas viables pour cette même raison, il est peu probable qu'elles survivent si elles ne sont pas soutenues artificiellement. Ainsi, un groupe d'étudiants de maîtrise en Administration des entreprises de l'université McGill, s'est penché sur une université que le président essayait d'organiser en adhocratie, avec une structure matricielle fluide pour les programmes et les départements, au lieu d'une bureaucratie professionnelle plus stable, comportant des départements puissants, tels que le souhaitent les professeurs. L'organisation — étant entièrement subventionnée par le gouvernement — a évidemment survécu, mais a connu des conflits importants. C'est uniquement lorsque la balance du pouvoir a penché vers les départements, que les conflits sont revenus à un niveau plus tolérable.

On a vu, cependant, que bien des alliances bancales ne sont pas du tout arbitraires. Elles reflètent diverses forces pesant sur l'organisation, des forces qui sont naturelles, à peu près égales et irréconciliables. En d'autres termes, l'organisation ne pourrait pas fonctionner si elle ne tenait pas compte de chacune d'elles. Le seul choix qui lui est offert, est de se transformer en alliance bancale ; il s'agit là souvent d'une combinaison de nos systèmes d'influence, qui consiste à former un hybride à partir de nos configurations. Cet hybride est fonctionnel dans son cas, sans être nécessairement efficace. Le conflit peut être tempéré, afin que le travail soit effectué, même si une certaine mesure de conflit est la conséquence inévitable de l'accomplissement de ce travail. On pourrait dire la même chose de l'organisation politisée, où l'extension du conflit rend davantage probable la paralysie, à savoir l'incapacité pour l'organisation d'accomplir le travail correspondant à sa mission. Autrement dit, il est *plus* naturel, parfois, de fonctionner avec une combinaison de systèmes d'influence qui est moins que naturelle.

Pour revenir à nos exemples préférés, l'orchestre symphonique est fonctionnel en tant qu'hybride de méritocratie et d'autocratie, car nous ne pouvons imaginer aucune autre manière de coordonner les efforts de nombreux musiciens talentueux. Tant que les musiciens et le chef d'orchestre font en quelque sorte alliance, en modérant les conflits naturels qui existent entre eux, sans nécessairement enlever toute tension, le résultat est bon. Mais faire pencher la balance d'un côté ou d'un autre, fait du tort au système. Affaiblir les compétences des opérateurs revient à remplacer l'harmonie par la cacophonie, tandis qu'affaiblir l'autorité du chef peut produire l'anarchie. Un film récent de Fellini, qui a pour titre « Provo della orchestra » (la répétition de l'orchestre) montre cela à la perfection. Les musiciens, quelle que soit leur compétence, ne peuvent arriver à rien s'ils agissent en individus rejetant toute direction. Ce n'est que lorsqu'ils acceptent le rôle du chef, même à contre-cœur, qu'ils parviennent à interpréter des œuvres de toute beauté[10]. Le système scolaire, d'autre part, qui doit fonctionner en tant qu'hybride de l'instrument et de la méritocratie (bureaucratie professionnelle et bureaucratie mécaniste), afin de répondre aux besoins d'ordre et de contrôle des administrateurs du gouvernement, peut être considéré comme dysfonctionnel. La configuration idéale de la méritocratie (sous la forme d'une bureaucratie professionnelle), semble être plus efficace ; nous voulons dire par là, qu'elle donne une meilleure éducation aux enfants. (Nous reprendrons cet exemple bientôt.)

Le quatrième et dernier point de notre proposition, le point (d) étudie l'organisation qui est sur le point de disparaître, car elle ne peut plus accom-

---

[10] Fellini prenait apparemment l'exemple de l'orchestre pour décrire l'attitude de la société italienne dans son ensemble, face à son gouvernement.

plir efficacement sa mission. Il se peut qu'elle soit si moribonde, qu'il y ait peu d'espoir de lui redonner vie ; ou plus précisément, il vaudrait mieux créer à sa place une nouvelle organisation plus dynamique. Ou encore, il se peut que sa mission ne soit plus nécessaire et que l'organisation ne puisse pas s'adapter aisément à une nouvelle mission. En tout cas, lorsque la mort est inévitable, plut tôt elle intervient, mieux c'est ; cela permet de minimiser le gaspillage des ressources pendant l'agonie. Et puisque, comme on l'a déjà vu, l'arène politique émerge parfois au cours de cette période, sous sa forme complète, avec pour effet d'accélérer son trépas, il faut bien considérer qu'elle sert alors un but fonctionnel. Il en va de même quand les prédateurs qui pullulent autour des carcasses, jouent, on le sait, un rôle positif dans la nature ; de même, les conflits politiques, quand ils engloutissent une organisation agonisante, jouent eux aussi un rôle positif dans la société. Dans l'un et l'autre cas, ces phénomènes servent à accélérer le recyclage des ressources nécessaires.

Ceci, bien sûr, part du principe que le conflit est amené à suivre son cours naturel. Lorsque des forces artificielles maintiennent l'organisation dans un état de politisation endémique — comme le font parfois des gouvernements, dans le cas de très grandes sociétés, souvent au bord de la faillite, par crainte des prolongements politiques que leur mort entraînerait — alors, l'arène politique, pendant l'agonie prolongée de ces organisations, devient dysfonctionnelle de manière significative.

En résumé, nous avons montré que la forme de confrontation de l'arène politique peut être fonctionnelle ou dysfonctionnelle, voire neutre, suivant les circonstances. Mais lorsqu'elle est provoquée par un changement dans l'une des conditions fondamentales de l'organisation, ou par l'effondrement de l'ordre du pouvoir établi, elle tend à être fonctionnelle, si ce n'est au début, tout au moins à la fin, dans un embrasement tardif. L'alliance bancale également, peut s'avérer fonctionnelle ou dysfonctionnelle, encore que l'on puisse penser que les alliances bancales dysfonctionnelles ne durent pas longtemps. Par contre, celles qui sont neutres, ayant tendance à persister, deviennent dysfonctionnelles. Les alliances bancales fonctionnelles ont tendance à refléter des forces naturelles, équilibrées et irréconciliables qui pèsent sur l'organisation : elles sont en d'autres termes inévitables, pour peu que l'organisation veuille accomplir sa mission avec efficacité. La forme d'arène politique, dite organisation politisée et selon nous, d'ordinaire, dysfonctionnelle, car sa politisation endémique, bien que modérée, consume trop d'énergie. Souvent, l'organisation en est complètement paralysée. Quand à l'arène politique complète, elle est principalement dysfonctionnelle selon nous, sauf lorsqu'elle sert à accélérer la mort d'une organisation dépassée.

Pour conclure, nous avons proposé l'hypothèse qu'il existe un ordre naturel, parmi les configurations organisationnelles, du même ordre que l'ordre naturel décrit par Darwin pour les espèces biologiques, un ordre qui reflète les états et les changements liés à l'environnement. Dans le monde des organisations, la politique semble être une forme majeure qui permet de promouvoir les adaptations nécessaires, et cela de deux façons. En premier lieu, les organisations, à la différence des espèces biologiques, peuvent se restructurer au cours de leur existence, afin de mieux répondre à de nouvelles conditions, et la politisation est souvent ce qui les encourage à le faire. Dans bien des cas, cependant, les organisations existantes sont incapables d'opérer les changements nécessaires, et dans ce cas, l'adaptation doit s'effectuer à travers un passage obligé qui est celui de la mort de l'organisation et son remplacement, comme c'est le cas des espèces biologiques. Celles qui sont les mieux adaptées aux conditions prédominantes survivent, tandis que les autres meurent. Ici la politisation joue un deuxième rôle dans le processus d'adaptation, en aidant à accélérer la mort des organisations qui ne sont plus adaptées à leur environnement. A cet égard, l'arène politique a manifestement un rôle fonctionnel à jouer. Mais il est indéniable, qu'il se produit également un bon nombre d'aberrations.

ILLUSTRATIONS D'ARÈNES POLITIQUES PARTIELLES

Nous avons identifié les quatre formes de base de l'arène politique : l'arène politique complète, la confrontation, l'alliance bancale et l'organisation politisée. L'une d'entre elles, à savoir l'arène politique complète, a déjà été étudiée et a été décrite comme la forme la plus pure des quatre et comme étant la moins susceptible de voir le jour, ou du moins de se maintenir longtemps. Aussi, pour étoffer notre description de l'arène politique, et pour conclure ce chapitre, nous allons nous concentrer sur les trois dernières formes, à savoir les formes partielles de l'arène politique.

En pratique, l'arène politique peut apparaître avec un grand nombre d'aspects variables. Nous n'avons pas ici affaire, à une configuration de pouvoir ordonnée, mais il s'agit d'une configuration essentiellement ouverte, pouvant aller d'un conflit modéré entre deux centres de pouvoir à une guerre à outrance entre plusieurs adversaires, et qui à la limite peut aller jusqu'à l'anarchie. Passons maintenant à la présentation de diverses illustrations de chacune des trois formes partielles.

LA PRISE DE CONTRÔLE EN TANT QU'ARÈNE POLITIQUE DE CONFRONTATION
Il arrive communément dans la vie d'une organisation, qu'un groupe de détenteurs d'influence tentent d'en arracher le contrôle à un autre. L'exemple le plus frappant de *prise de contrôle* que nous connaissons, a nécessité un très fort consensus parmi les détenteurs d'influence externes, qui cherchaient à faire passer sous leur contrôle, un chef d'entreprise ayant une très forte personnalité. L'opposition dont il a fait preuve, a conduit à une guerre entre les coalitions, chacune étant dominée à sa façon. Il s'agit de l'histoire de Hans Isbrandtsen, qui dirigeait sa compagnie de navigation en opposition totale à tous ses concurrents, tout en s'opposant également aux

vœux du gouvernement des États-Unis. Le gouvernement américain, tout comme les concurrents de Hans Isbrandtsen étaient en faveur d'une politique de subventions massives de la marine marchande américaine — jusqu'à 60 % des coûts opérationnels globaux en 1960 — : parallèlement à cela, ils soutenaient un cartel international très fermé qui fixait les prix et délimitait les zones où il opérait. Tant que l'entreprise d'Isbrandtsen a fait des bénéfices, il pouvait continuer sa stratégie, et il conservait le contrôle personnel de la coalition interne. Mais les forces extérieures étaient puissantes, et lorsqu'elles sont enfin parvenues à affaiblir sa position financière, et qu'en même temps, il y eut un effondrement soudain de son propre centre de pouvoir, elles ont réussi à prendre le contrôle et à transférer le pouvoir qu'il détenait à la coalition externe. Perrow rappelle ce qui s'est passé :

> « Hans Isbrandtsen et sa compagnie gagnaient de l'argent, non pas énormément, mais suffisamment pour continuer le combat. L'efficacité était leur arme dans une industrie où rien, ni personne n'incitait à en avoir. Ils ont également pris des risques spectaculaires du point de vue politique, tout en restant dans les limites de la loi, mais organisant néanmoins des blocus, comme par exemple, le blocus par Taïwan de la Chine continentale, au grand dam du Département d'État, poursuivant le gouvernement pour des pratiques illégales, attaquant le Secrétaire d'État dans de pleines pages de publicité, et ainsi de suite. Le gouvernement américain refusait de faire des affaires avec Hans Isbrandtsen, ou de lui vendre des navires en surplus, et finalement la Commission maritime autorisa une guerre des tarifs dans le Pacifique, qui était dirigée uniquement contre Isbrandtsen. L'arme utilisée était un ensemble de changements et de restrictions de tarifs, qui par la suite fut déclaré illégal par la Cour suprême, mais non pas avant que le mal ne fût fait et que l'entreprise ait quitté le Pacifique. Les marchandises étaient transportées par Isbrandtsen et par le cartel à 80 % en dessous des tarifs établis. En conséquence, Isbrandtsen payait plus pour charger et décharger la cargaison, que ne lui rapportaient les bénéfices du fret. Hans Isbrandtsen mourut au cours de cette guerre des tarifs, et plus tard, son fils accepta de se joindre au cartel. Le fils fit une demande de subvention gouvernementale, à laquelle le gouvernement répondit qu'il l'examinerait favorablement (1970, pp. 157-158). »

L'organisation d'Isbrandtsen, si elle semblait être au départ une autocratie, devint une forme de confrontation de l'arène politique, du fait qu'elle s'était opposée à ce que le cartel en prenne le contrôle et en fasse son instrument. Larçon et Reitter (1978, 1979) décrivent une arène politique qui est apparue après une prise de contrôle formelle, parce que les membres de l'organisation se sont opposés à la consolidation de cette prise de contrôle. L'organisation en question, était la filiale française — qui jouissait d'une très grande autonomie — d'une compagnie-mère américaine ; elle produisait des meubles d'intérieur, et bénéficiait d'une longue tradition de qualité et d'exclusivité. En ce sens, elle ressemblait plus à un missionnaire qu'à un instrument, tout en ayant quelques éléments de l'autocratie et de la méritocratie. Mais après que la maison-mère ait été vendue pour le compte de la famille, à une entreprise « diversifiée et à orientation financière », des directeurs américains furent envoyés à la filiale française, afin de la restructurer, en vue de la production de masse de meubles de bureau, et afin de la gérer avec des moyens de contrôle plus formalisés. Ces changements, bien entendu, suscitèrent une résistance considérable :

> « De tels changements ne peuvent s'effectuer en un seul jour, particulièrement, lorsque tout un corps social s'y oppose. A l'intérieur de l'entreprise, cadres et employés se sont opposés aux changements ; à l'extérieur de l'entreprise, les médias, les revendeurs et d'anciens acheteurs se sont opposés aux changements et à la perte de l'image de marque. L'identité de l'entreprise était à cette époque totalement de nature schizophrénique ; ceci provoqua alors, des effets regrettables sur le fonctionnement quotidien de cette entreprise (1978, p. 10). »

La maison-mère a bien sûr triomphé : « L'entreprise française a progressivement évolué vers un style de gestion plus professionnel et plus orthodoxe — c'est-à-dire, plus bureaucratique — et a développé un nouveau système de valeurs propres à l'entreprise. » Mais le prix à payer s'est avéré élevé. Des années plus tard, l'entreprise connaissait encore des difficultés, ayant perdu « une bonne partie de son savoir-faire originel » (p. 11).

Nous assistons là à une prise de contrôle en douceur, du point de vue légal, suivi d'un conflit, quand il s'est agi de consolider cette prise de contrôle légale. Le pouvoir formel a été volontairement abandonné à un nouveau détenteur d'influence externe. Mais une bonne partie du pouvoir informel est resté dans le système d'idéologie, ainsi que dans celui des compétences spécialisées. Pour faire d'une organisation son instrument, le nouveau détenteur d'influence externe, a dû détruire l'idéologie et limiter les compétences spécialisées, les remplaçant par des contrôles bureaucratiques, seuls moyens permettant à ce détenteur d'influence d'étendre profondément son pouvoir formel au sein de la coalition interne. Mais il y a eu opposition des agents internes, ainsi que des autres détenteurs d'influence externes, si bien que l'organisation a pris pour un temps, la forme de l'arène politique qui correspond à la confrontation.

Les prises de contrôle que nous avons vues jusqu'ici, étaient essentiellement des guerres de coalitions, entre les coalitions externes et les coalitions internes, les premières essayant de prendre ou de consolider le contrôle sur ces dernières. On pourrait également imaginer le cas inverse : des agents internes cherchant à prendre le contrôle d'agents externes dominants. Puis il y a le cas, où les agents externes se battent entre eux pour gagner le contrôle, tandis que les agents internes les observent passivement, hésitant à prendre une décision jusqu'à ce qu'un vainqueur émerge. Dans le domaine des affaires, cela peut prendre des aspects très formalisés, quand est mis en jeu, par exemple, une monnaie libératoire, des combats par procuration, et ainsi de suite. Dans cette situation, les agents internes peuvent, bien sûr, s'impliquer : ils peuvent s'aligner sur un camp, ou s'opposer aux deux, en essayant de favoriser la distribution la plus large d'actions. La prise de contrôle peut aussi se produire exclusivement à l'intérieur de la coalition interne, lorsque le personnel en fonction se mutine contre l'autorité centrale, ou lorsqu'un groupe de jeunes Turcs se livre à un coup d'État. Dans ce cas, la prise de contrôle implique un changement de configuration, dans l'autre, uniquement un changement d'acteurs.

L'ORGANISATION DIVISÉE EN TANT QU'ARÈNE POLITIQUE DE CONFRONTATION   Il arrive parfois qu'une organisation se divise politiquement en deux camps rivaux, parce qu'un changement de condition fait peut-être s'opposer des réformateurs à une vieille garde, ou encore, parce qu'un important groupe de détenteurs d'influence recherche peut-être, simplement, le réalignement d'une coalition.

Cela se passe fréquemment, lorsque deux individus qui se partagent la direction — disons, par exemple, deux partenaires dans une petite entreprise — se disputent, à propos de la direction stratégique qu'ils veulent donner à l'organisation. Cette division de l'autorité partage l'organisation en deux camps, comme le montre la figure 23-4, chacun ayant son propre chef.

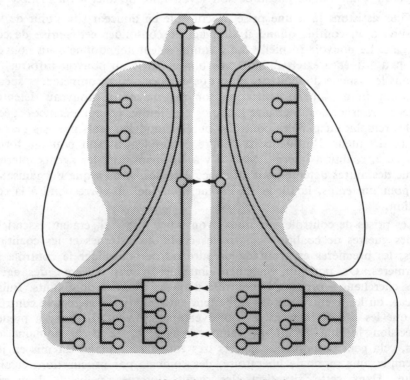

Figure 23-4. *L'organisation divisée*

Tous deux parviendront, peut-être, à une alliance bancale, c'est ce que l'on verra plus tard. Mais il est vraisemblablement plus courant, qu'une bataille acharnée pour le contrôle éclate, jusqu'à ce que l'un des camps l'emporte et impose une nouvelle stabilité, ou que l'organisation soit détruite. Comme il est écrit dans la Bible : « Si une maison est divisée en son sein, cette maison ne peut survivre (Marc III.25). »

Nous avons découvert un certain nombre de maisons divisées de ce genre, presque toutes instables. Peut-être, l'étude la plus intéressante, émanant d'étudiants français en Gestion des entreprises, portait sur la fusion récente de trois sociétés, qui a produit un mélange particulier. Trois chefs d'entreprise, chacun d'eux ayant l'habitude de diriger sa propre société, se sont soudain retrouvés à partager le pouvoir ; l'un était le « président », s'occupant surtout des affaires externes, le second, le « directeur général », s'occupant seulement des affaires internes et le troisième, « directeur des finances et de l'administration ». Le mariage n'a jamais été consommé, et déjà à l'époque de cette étude, les performances de cette organisation s'étaient sérieusement détériorées. La nécessité d'en revenir à une base centrale d'autorité, se faisait visiblement sentir, et de fait, six mois après cette étude, le « président » et le « directeur des finances » démissionnaient. Comme l'a noté Rumelt, dans une entreprise qui a fusionné, « les décisions portant sur les allocations de ressources, peuvent fort bien être centrées sur la question de savoir, quel camp va obtenir ce soutien, plutôt que sur des propositions d'investissement individuel », et cela au détriment des performances (1974, p. 152)[11].

Une organisation peut également se diviser, selon qu'elle opte pour une orientation idéologique ou pour une orientation missionnaire ; nous avons remarqué ce fait, à propos du conflit portant sur la question de savoir, si la véritable mission de la prison, devrait être la réhabilitation ou bien la détention. La mission est si essentielle au fonctionnement de toute organisation, qu'un conflit portant sur ce que cette mission devrait être, fait se désintégrer une organisation ; pratiquement tous les détenteurs d'influence sont obligés de choisir un camp et de se constituer en camps rivaux. Le P.-D.G. essaye, soit de choisir un camp — le conflit se poursuit si son pouvoir est faible —, soit de s'installer entre les deux camps dans une sorte de territoire neutre, ce qui est un autre signe de faiblesse.

Même lorsque la mission ne figure pas normalement parmi les objectifs fondamentaux d'une organisation — en d'autres termes, lorsque son système d'idéologie est fragile — la mission se propulsera néanmoins pour atteindre une position de prééminence, au cours d'un conflit de ce genre. La poursuite d'autres objectifs sera suspendue, puisque chaque camp se concentre, afin de

---

[11] Rumelt faisait référence à la fusion de deux entreprises impliquées dans des domaines commerciaux différents, mais on peut penser que d'après notre exemple, les mêmes problèmes peuvent surgir avec la fusion d'entreprises appartenant au même domaine commercial, jusqu'à ce que la fusion soit véritablement réalisée.

promouvoir la mission qu'il a retenue. Souvent, cependant, ce ne sont pas seulement les missions qui se font concurrence, mais les configurations de pouvoir fondamentalement différentes, qui sous-tendent chacune d'entre elles, tout comme, bien entendu, les détenteurs d'influence qui ont tout à gagner d'une configuration ou d'une autre. Ainsi, dans les prisons soumises au conflit dont nous avons parlé ci-dessus, la mission de détention nécessitait une configuration de l'instrument, et le pouvoir allait dans ce cas aux administrateurs et aux détenteurs d'influence externes, et quant aux gardiens, ils conservaient un contrôle considérable sur les prisonniers, tandis que, la mission de réhabilitation demandait une configuration de la méritocratie, le pouvoir allant au personnel spécialisé.

QUELQUES HYBRIDES AYANT LA FORME D'ALLIANCE BANCALES
Comme on l'a vu précédemment, différents systèmes d'influence en viennent à coexister parfois et entretiennent des relations relativement équilibrées et d'autant plus durables, que chacun des systèmes reflète quelques conditions naturelles ou quelques besoins de l'organisation. Ce sont des hybrides, selon la terminologie que nous avons proposée à propos des configurations. Bien sûr, nul n'est besoin qu'un tel hybride soit toujours conflictuel. Nous l'avons vu précédemment, les collèges universitaires dont parle Clark, paraissaient relativement harmonieux, tout en présentant, à la fois, des traits de la configuration de la méritocratie et de celle du missionnaire. Dans le même sens, avant qu'elle ne soit reprise, l'entreprise de meubles dont nous venons de parler, était probablement parvenue à un mélange harmonieux d'idéologie et de compétences spécialisées, avec également une part de contrôle personnalisé : d'une certaine façon, elle avait créé sa propre configuration. Mais un bon nombre de ces hybrides, engendre généralement beaucoup plus de conflits, que dans les cas de configurations plus pures. Ce sont des alliances bancales, dans lesquelles la politisation diminue, pour atteindre un niveau raisonnable, ce qui fait que l'organisation peut fonctionner, mais cette politisation reste néanmoins présente et est toujours prête à s'embraser.

Nous avons rencontré un bon nombre d'exemples de ces alliances bancales, et nous pouvons conclure, que bien des organisations connaissent des pressions conflictuelles, qu'elles ne peuvent neutraliser. Ce sont vraisemblablement celles qui ont de la chance, qui peuvent favoriser une orientation unique — avec un seul système d'influence et un seul mécanisme de coordination — ce qui leur permet de parvenir à la cohérence et à l'équilibre harmonieux d'une configuration pure.

L'orchestre symphonique, une méritocratie autocratique, pour ainsi dire, a servi de premier exemple d'hybride fonctionnel. On peut trouver un hybride similaire, également fonctionnel, dans diverses petites organisations, dans lesquelles le professionnalisme des experts peut coexister avec le contrôle personnel des propriétaires ; il peut s'agir d'une petite agence de publicité, d'un cabinet d'ingénieurs-conseil ou d'architectes, aussi bien que d'une entreprise dynamique de technologie de pointe.

Si l'orchestre symphonique est notre exemple préféré d'hybride fonctionnel, alors le système scolaire, les hôpitaux ou les universités qui sont contrôlés de près par le gouvernement, correspondent, en quelque sorte, à la méritocratie dominée, qui est notre exemple favori d'hybride dysfonctionnel. Cet hybride apparaît à la figure 23-5, où l'on voit les opérateurs spécialisés et les cadres moyens dans un camp, s'opposer au gouvernement, à la technostructure, et aux cadres supérieurs qui se situent dans l'autre camp. Bien entendu, les cadres supérieurs pourraient aussi s'aligner avec les agents spécialisés, ou bien les cadres moyens avec les cadres supérieurs ; il faut bien que quelque part, il y ait une ligne de démarcation, et que des cadres placés à la périphérie, se trouvent, peut-être, sur un territoire neutre, entre les deux camps ; comme on l'a vu au chapitre 22, c'est souvent le destin du P.-D.G.

Cet hybride tend à voir le jour, chaque fois qu'une prétendue méritocratie, dépend pour une bonne part, d'un seul détenteur d'influence externe ; c'est le cas de bien des organisations professionnelles qui dépendent du gouvernement. Une telle dépendance peut encourager le détenteur d'influence externe, à essayer d'exercer un contrôle strict, dont la conséquence pourra être davantage que la centralisation habituelle, une formalisation plus importante que d'ordinaire, ainsi qu'un intérêt plus marqué pour l'objectif d'efficacité économique, tout ceci se faisant aux dépens des objectifs de la mission et de l'excellence professionnelle. Comme le montre la figure 23-5, les pressions administratives s'exercent en deux endroits ; elles descendent la ligne hiérarchique, elles passent par les cadres moyens, qui cherchent à superviser directement les opérateurs, et à partir de la technostructure, elles passent par les analystes, qui cherchent à imposer des normes de travail et de production aux opérateurs. Dans un cas, comme dans l'autre, l'intention est la même ; il s'agit d'usurper les prérogatives sur les professionnels des méritocraties indépendantes, tiennent pour acquises. Ces professionnels ou ces spécialistes, résistent à leur tour — on le voit à la figure 23-5 — principalement par l'intermédiaire de leurs représentants, qui sont, en fait, les directeurs des niveaux inférieurs de la ligne hiérarchique, accessoirement, en se syndiquant peut-être et en exerçant des pressions sur l'autre camp au moyen de la coalition externe. Des conflits en résultent, et il s'en suit, qu'une bureaucratie professionnelle n'est pas seulement transformée en partie en bureaucratie mécaniste, mais qu'elle est également politisée. Il est probable qu'il y aura un affrontement direct, ou alors que les deux camps formeront une alliance bancale ; il s'agira, en fait, d'un hybride de la configuration de la méritocratie et de celle de l'instrument, qui, on l'a vu au chapitre 22, se révélera probablement moins efficace que la méritocratie pure.

On peut voir une tentative de créer un hybride similaire, mais qui est abordé par l'autre bout, lorsqu'une organisation structurée, comme une bureaucratie mécaniste, sentant le besoin d'innover, met sur pied, dans un coin, une structure de projet, en fait, une mini-adhocratie. Souvent la greffe ne prend pas, car des contrôles bureaucratiques de l'organisation plus grande, ont tendance à tout envahir et à se faufiler dans tous les coins. Les contrô-

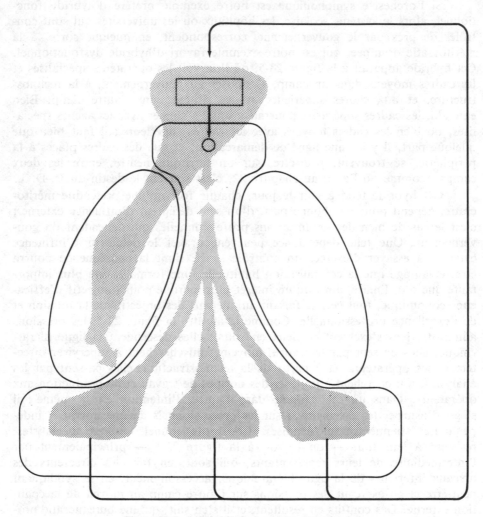

Figure 23-5. *L'hybride de la méritocratie dominée*

leurs insistent pour que les performances soient mesurées, les responsables de la planification veulent des schémas directeurs, le service du personnel insiste pour qu'on applique des procédures normalisées à l'évaluation des candidats, même pour un travail non soumis à des conventions. La bureaucratie mécaniste balaye l'adhocratie. Mais l'hybride peut émerger, lorsque le besoin d'innover est si grand, que la composante adhocratique est sur un pied d'égalité avec celle de la bureaucratie mécaniste, ce qui fait qu'aucune des deux ne peut dominer l'autre. En d'autres termes, l'équilibre entre les différents systèmes d'influence reste la clé du maintien d'un hybride. A noter, que cet hybride n'entremêle pas directement les différents systèmes d'influence, comme le fait l'organisation professionnelle du domaine public, dont nous avons parlé ci-dessus. En réalité, chacun est installé dans une structure indépendante et parallèle, celle-ci n'étant reliée l'une à l'autre que de manière très lâche. D'un côté, il y a la composante adhocratique, une méritocratie dans laquelle les experts règnent dans le but d'innover ; de l'autre, il y a la composante de la bureaucratie mécaniste, un instrument ou un système clos dominé par l'autorité, afin d'exécuter systématiquement les innovations de l'adhocratie.

Nous avons vu précédemment, qu'une maison divisée et qui est l'objet de conflits internes, ne peut tenir debout, ni survivre. Nous voyons ici, qu'une bonne part des maisons de ce type, réussissent en fait à tenir debout et à durer, du moins aussi longtemps que leurs divisions sont modérées, et si ces divisions ne sont pas d'ordre fonctionnel, ces maisons se maintiennent aussi longtemps qu'elles sont étayées d'une manière ou d'une autre. Le dernier exemple, concernant une maison de ce genre, sert à indiquer que nous n'avons fait qu'effleurer le sujet des hybrides, qui peuvent apparaître dans les organisations. Cette maison, une filiale canadienne, a fait l'objet d'une étude dans le cadre d'une maîtrise de Gestion des entreprises à l'université McGill. Cette entreprise fabriquait des meubles, mais d'une manière tout à fait différente de celle de la société mentionnée précédemment. Comme le montre la figure 23-6, elle était constituée d'un ensemble d'alliances plutôt bancales. La maison-mère dominait la coalition externe. A l'intérieur de l'entreprise, le directeur général contrôlait le personnel fonctionnel, c'est-à-dire, les membres de la technostructure et des fonctions de support logistique, ainsi que le chef de fabrication, et cela de manière personnelle et directe. Mais aucun d'entre eux, n'avait de contrôle sur l'usine, qui était dirigée comme si elle était le fief de son directeur. De même, la force de vente était administrée comme si elle était la réserve personnelle du directeur des ventes. Ceci revenait à avoir quatre centres de pouvoir relativement indépendants : trois pseudo-autocraties et un pseudo-instrument. Cet arrangement ne peut guère passer pour un modèle de viabilité, mais cela marchait vraisemblablement parce que l'organisation était soutenue par le savoir-faire technologique de la maison-mère.

Le grand nombre d'alliances bancales que nous avons rencontrées, avec toutes sortes de distributions du pouvoir bizarres et souvent contradictoires, porte à penser que tout n'est pas très net dans le monde des organisations. Le compromis est souvent au menu du jour. Comme nous l'avons indiqué, une bonne part de compromis est nécessaire, dictée qu'elle est, par les diverses situations, auxquelles une organisation doit faire face. Mais une bonne partie est aussi dysfonctionnelle, prenant sa source moins dans les conditions fondamentales, que dans des anomalies non corrigées, comme par exemple, dans des centres de pouvoir existants ou des proches périphériques de pouvoir, qui devraient être plus forts ou plus faibles qu'ils ne sont. Ces anomalies peuvent donner naissance à des arènes politiques persistantes, dès lors qu'elles ont quelques supports artificiels, mais leur résultat ultime, consiste à affaiblir l'organisation, et même dans certains cas, la détruire.

L'AGENCE OFFICIELLE CONTROVERSÉE : UNE ORGANISATION POLITISÉE   Nous en arrivons ici à une autre anomalie, mais d'un genre très différent. Les conflits, au lieu de se limiter aux relations entre des systèmes d'influence spécifiques, comme dans le cas de l'hybride, envahissent, au contraire, toutes les relations, ce qui fait que l'organisation dans son ensemble, apparaît comme une anomalie dans la société. Nous allons voir deux exemples d'organisations politisées, le premier dans le secteur public, le deuxième, manifestement dans le secteur privé, encore que, nous le verrons, ce soit un point litigieux.

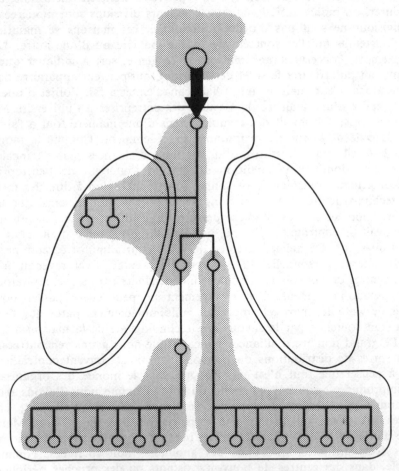

Figure 23-6. *Un système bancal d'alliances*

L'organisation politisée, celle qui subit un conflit modéré, apparaît souvent dans les agences officielles du service public, pour au moins deux raisons. D'abord, tout service gouvernemental, à cause de son mandat officiel et de ses actions visibles, ainsi que des conséquences importantes de ces actions, possède un fort potentiel de politisation. Lorsque tout ceci va de pair avec une mission controversée, c'est-à-dire, qu'elle attire de nombreux détenteurs d'influence externes ayant des besoins contradictoires, il ne peut, en conséquence, en résulter qu'une forme d'arène politique. Bien entendu, tous les services publics n'accomplissent pas des missions controversées ; les services postaux, par exemple, ont une mission assez évidente, qui reçoit l'approbation générale, pour qu'elle soit accomplie avec l'efficacité la plus grande possible. On l'a vu au chapitre 18, la poste peut fort bien être un instrument, présentant une coalition externe dominée par consensus. En second lieu, le service public peut connaître un état permanent de politisation, car il a le soutien garanti du gouvernement. Il n'a nul besoin d'être confronté à la loi du marché pour son efficacité, s'il veut survivre ; en réalité, c'est le désaccord lui-même, à propos des objectifs que le service public devrait avoir en vue, qui est la cause de ce que personne ne puisse vraiment mesurer les performances globales de ce service public en question.

La société d'aménagement de la vallée du Tennesse (Tennessee Valley Authority), telle qu'elle est décrite par Selznick en 1949, semble être un bon exemple de ce que nous appelons l'agence officielle controversée. Il est intéressant de noter, que l'on trouve des caractéristiques de toutes nos configurations dans sa description : la méritocratie, pour le type de travail exécuté, le missionnaire, pour l'aspect idéologique, l'autocratie, quand on voit le pouvoir de certains de ses chefs, l'instrument, par suite de l'alliance des détenteurs d'influence externes, qui ont pu modifier certains des objectifs officiels, et le système clos, par suite des tentatives faites pour coopter ces détenteurs d'influence. Le fait de devoir combiner toutes caractéristiques présentes en filigrane dans cette description, nous oblige à voir dans la société d'aménagement de la vallée du Tennessee, une organisation qui ressemble fort à ce que nous avons décrit comme une organisation politisée. Cela vient du fait que, comme la complexité de l'alliance bancale augmente, au fur et à mesure que le nombre de centres de pouvoir qui doivent trouver un compromis, s'accroît, cette forme d'arène politique se fond dans la forme d'organisation politisée. Les conflits s'étendent au-delà des points litigieux particuliers, pour envahir le système tout entier.

En dépit des conflits, la société d'aménagement de la vallée du Tennessee que décrit Selznick, a pu, apparemment, fonctionner. Peut-être, était-ce dû à la solidité des fondations posées par son premier directeur. Mais d'autres agences officielles controversées, se voient parfois paralysées à la suite de leurs conflits. Nous avons vu précédemment, l'exemple de l'Office municipal de l'éducation de la ville de New York. On a souvent constaté les mêmes situations dans les services de réglementation et de contrôle. Manifestement mis sur pied pour contrôler les autres, ils finissent par être contrôlés par tout le monde. Le service de réglementation et de contrôle s'embrouille parfois tellement dans sa propre politique, qu'il finit par être totalement inefficace et à correspondre à une organisation véritablement paralytique[12].

Une agence ou un office du service public, peuvent être poussés à prendre la configuration de l'arène politique, et à atteindre un degré de politisation, qui dépend, bien entendu, du type de système gouvernemental, dans lequel ils se trouvent. Dans la démocratie pluraliste américaine, les agences publiques ou officielles, ont tendance à être davantage politisées, que celles, par exemple, qui dépendent d'un gouvernement parlementaire, sans parler de celles qui sont sous une dictature. La démocratie parlementaire concentre beaucoup plus de pouvoir dans l'exécutif, en supposant que le parti au pouvoir détient une majorité de sièges au Parlement ; la transformation des agences et offices publics en instruments du gouvernement au pouvoir, est ainsi rendue beaucoup plus aisée. Les contre-pouvoirs et les systèmes de contrôles et de pondération des modes de fonctionnement politique américain, l'absence relative de discipline de parti, les encouragements donnés à la pratique des groupes de pression ou lobbies, tout cela tend à diviser la coalition externe des agences et offices publics controversés, et à politiser leur coalition interne.

A vrai dire, on peut décrire le système de gouvernement américain, dans son ensemble, comme une sorte d'arène politique, qui connaît des conflits modérés et permanents, tels qu'on les trouve dans l'organisation politisée. Au contraire, le système de gouvernement majoritaire, propre au régime parlementaire, ressemble davantage à une bureaucratie mécaniste intégrée, qui peut prendre la forme de l'instrument — instrument du peuple ou de la nation —, ou la forme du système clos — celui des hommes politiques ou des fonctionnaires —, en fonction des orientations et du cynisme de chacun, encore que ce système ne soit guère dépourvu des caractéristiques de l'arène politique également. En conséquence, du moins selon nous, les Américains bénéficient d'un système de gouvernement plus ouvert, mais davantage tourmenté par les conflits et la polarisation, et donc moins capable d'agir de façon catégorique et unifiée.

Nous avons déjà fait allusion à des gouvernements qui reflètent les caractéristiques de nos diverses configurations de pouvoir. Bien que cet ouvrage traite de la théorie de l'organisation et non pas de sciences politiques, il serait néanmoins profitable de rapprocher toutes ces conclusions. Après tout, nous vivons dans un monde de plus en plus organisé, dans lequel, même les gouvernements tendent à ressembler davantage à des ensembles d'organisations plutôt qu'à des assemblées de représentants élus. Cette tendance n'est pas forcément encourageante, mais elle indique bien le rôle que la théorie de l'organisation peut jouer, pour nous aider à comprendre le comportement de ceux qui nous dirigent.

Nous avons déjà vu des exemples de la configuration de l'autocratie

---

[12] Bien entendu, ce sont ceux que l'on doit contrôler, qui tirent le plus souvent profit de l'inactivité du service de réglementation et de contrôle. On peut dire, qu'en ce sens, la paralysie fait de ce service leur instrument.

dans le cas de la dictature, mais aussi dans le cas d'un gouvernement élu démocratiquement, quand il est dirigé par un chef tout puissant. L'exemple d'un de Gaulle en France, montre que des conditions de crise, peuvent amener cette configuration dans des états démocratiques. L'instrument, bien entendu, apparaît sous la forme de la colonie dirigée par la mère patrie. De même, le gouvernement parlementaire élu par un consensus public très net, peut être considéré comme un instrument de la société. Si on le mène à sa conclusion logique, l'État providence peut également être décrit de cette manière-là. Au chapitre 19, nous avons fait remarquer que l'État communiste, du moins quand il s'agit d'États indépendants qui ont dépassé le culte de la personnalité, semble rappeler d'assez près notre configuration du système clos. Nous avons également trouvé des traces importantes de cette configuration dans les gouvernements occidentaux, en particulier ceux qui sont les plus centralisés, la France en étant peut-être le meilleur exemple. La révolution culturelle dans la Chine des années 60, reflétait, quand à elle, bien des caractéristiques de notre configuration du missionnaire.

On vient de le voir, le pluralisme en vigueur aux États-Unis, ressemble par bien des côtés à notre arène politique, du moins sous sa forme modérée et permanente, ce qui est certainement voulu. L'Italie, au contraire, semble être tombée dans cette configuration de pouvoir, sans le vouloir, tout comme la France d'après guerre, avant que la crise algérienne n'amène de Gaulle au pouvoir. D'une manière générale, il semble évident que l'on trouvera une arène politique, là où il y a un effondrement d'une forme de gouvernement, dans des conditions faisant souvent penser à l'anarchie ou à la révolution. L'anarchie dans la société, ressemble à l'effondrement de l'ordre de pouvoir en place dans l'organisation, tandis que la révolution correspond à une transition de pouvoir induite par la politique, dans une coalition ou dans la configuration d'une organisation.

Bien entendu, aucun gouvernement moderne n'est dépourvu des caractéristiques de l'arène politique, ni à vrai dire, de celles de système clos. Étant donné le pouvoir, la taille et la bureaucratisation massive des gouvernements partout dans le monde, ils sont tous, dans une certaine mesure, imperméables aux contrôles extérieurs, même par des hommes politiques et encore moins par des citoyens. Pourtant, en même temps, ils connaissent des conflits endémiques. De même, bien qu'il n'existe guère de gouvernements qui méritent véritablement le nom de méritocratie, bien que Young, comme on l'a indiqué au chapitre 22, pense que c'est uniquement une question de temps, tous les gouvernements aujourd'hui, reflètent certaines de ces caractéristiques, par suite de leurs besoins en compétences spécialisées. Si l'on considère les effets combinés des six forces qui sous-tendent nos configurations, du moins dans les nations les plus riches, il apparaît que la direction personnalisée et les croyances idéologiques, sans parler du contrôle direct de la part des détenteurs d'influence externes, que sont les citoyens, ont été remplacés dans une large mesure et de façon significative, par les forces envahissantes de la bureaucratie, de la méritocratie et de la politique. Peut-être, sommes-nous gouvernés, de plus en plus, par un hybride dysfonctionnel.

LA GRANDE ENTREPRISE EN TANT QU'ORGANISATION POLITISÉE
Ce n'est pas seulement l'agence officielle controversée qui peut prendre la forme de l'organisation politisée. Dans d'autres sphères, des organisations laissent parfois apparaître des caractéristiques similaires, en particulier, lorsque leurs activités également sont visibles, controversées et conséquentes. Vers la fin des années 60, par exemple, les universités et d'autres institutions ont été l'objet de controverses et sont devenues ainsi politisées. Mais c'était là un phénomène plutôt éphémère. Plus significative a été la politisation lente mais régulière des grandes entreprises commerciales.

Reprenons l'histoire de l'entreprise là où nous l'avons laissée au chapitre 19, quand nous traitions la configuration du système clos. Certaines entreprises n'étant pas vraiment embarrassées par des détenteurs d'influence externes, et dans certains cas, encouragées par leur capacité à dominer les marchés, elles se sont immensément agrandies et leurs actions en sont venues à avoir un impact de plus en plus significatif sur la société. Les prémisses traditionnelles, à propos de l'autonomie des entreprises — la doctrine du laissez-faire — d'Adam Smith, disait que la loi du marché règlerait le comportement des entreprises — ont été de plus en plus contestées. L'opinion qui a remplacé cette doctrine, veut que la grande entreprise, contrôlée de façon lâche, soit un système fermé à l'influence externe, une institution dont les chefs, apparemment s'auto-sélectionnent et se perpétuent, et détiennent un immense pouvoir social, aussi bien qu'économique. Comme l'a écrit Lodge :

> « Maintenant il va de soi que les très grandes entreprises ne sont plus du tout des propriétés privées. Le million et demi d'actionnaires de la General Motors ne peuvent contrôler, diriger, ni véritablement être responsables de « leur » société... mais nous dira-t-on, si G.M. et les centaines d'autres grandes entreprises du même genre, ne sont pas des propriétés, alors que sont-elles donc ? Tout ce qu'on peut dire, c'est qu'elles constituent une sorte de collectif, flottant dans les limbes philosophiques, terriblement vulnérables à l'accusation d'illégitimité et à l'accusation de ne pas relever du contrôle de la communauté (1974, p. 65). »

Comme on l'a vu au chapitre 17, la nature a horreur du vide, et plus que tout, la société a horreur du vide. Lorsqu'il est difficile de se démettre, comme l'a noté Hirschman (1970), ce sont les protestations qui s'efforceront de contrôler directement un comportement. Dans le cas qui nous occupe, bien des citoyens en sont venus à penser qu'ils ne peuvent échapper aux conséquences des actions des entreprises, parfois même, à l'action d'une seule entreprise, comme dans le cas de la fermeture d'une usine, ou de la commercialisation d'un produit dangereux, ou même parfois aux actions d'un groupe d'entreprises, comme dans le cas de la promotion de produits alimentaires douteux, ou de dégâts causés à l'environnement. Ainsi, certains citoyens ont-ils essayé d'occuper le vide du pouvoir, laissé par les actionnaires qui ont battu en retraite, afin de se faire entendre et de forcer la grande entreprise à agir en vue d'intérêts, autres que les siens.

La conséquence en a été, que les entreprises, les unes après les autres, ont pris conscience du fait que, leur coalition externe n'était plus aussi passive qu'autrefois. Berle et Means, qui ont été les premiers à décrire, en 1932, le passage d'une coalition externe dominée à une coalition externe passive, au sein des grandes entreprises, ont eu également l'intuition de prophétiser, à cette époque, le passage ultérieur d'une coalition externe passive à une coalition externe divisée :

« D'un côté, les propriétaires de biens passifs, (les actionnaires) en abandonnant le contrôle et la responsabilité de leurs biens actifs, ont abandonné leur droit à ce que l'entreprise fonctionne dans leur seul intérêt... En même temps, les groupes qui en ont le contrôle, (la direction) en développant les pouvoirs de l'entreprise, ont dans leur propre intérêt, brisé les contraintes de la tradition, qui exigent que l'entreprise fonctionne uniquement dans l'intérêt des propriétaires de biens passifs. Éliminer les seuls intérêts des propriétaires passifs, ne prépare pas nécessairement le terrain à la revendication de rechange, qui voudrait que les nouveaux pouvoirs soient utilisés dans l'intérêt des groupes qui en ont le contrôle. Ces derniers n'ont pas présenté, que ce soit en actes ou en paroles, une défense acceptable de la proposition, qui voudrait que ces pouvoirs soient ainsi utilisés. Il n'existe pas de traditions qui étayent cette proposition. Les groupes de contrôle ont, en fait, préparé le terrain, pour les revendications d'un groupe bien plus large, que celui des propriétaires ou des groupes de contrôle. Ils ont placé la communauté dans une position qui lui permet d'exiger que l'entreprise moderne ne serve pas seulement les propriétaires ou les groupes de contrôle, mais la société tout entière (1968, pp. 311-312). »

Ces exigences ont vraiment fait du chemin, depuis que Berle et Means ont exprimé ces idées. Les plus importantes des grandes entreprises — General Motors, AT&T, Exxon — ont été attaquées de tous les côtés. Comme l'entreprise a été perçue comme n'étant responsable devant personne, tout d'un coup, elle est devenue responsable devant tout le monde. General Motors est contesté par Ralph Nader et ses associés, d'abord pour avoir négligé les problèmes de sécurité, et ensuite, parce que son conseil d'administration n'est pas perçu comme étant assez représentatif ; AT&T est accusé par des groupes de femmes et des minorités, d'avoir des mesures discriminatoires dans sa politique du personnel ; Exxon est accusé par le gouvernement canadien, de détourner du pétrole brut, destiné à sa filiale canadienne, et de le destiner au marché intérieur américain ; cette entreprise aux États-Unis est régulièrement menacée, tout comme ses six sociétés sœurs, par des lois antitrust et d'autres mesures gouvernementales. Et cela continue à l'infini. Là où la grande entreprise, ne subissait autrefois pas de pression d'ordre public, hormis dans le cas de mauvaises conduites évidentes, comme par exemple, des tentatives pour étouffer la concurrence, la mise en danger des employés, etc, elle est aujourd'hui contestée dans toutes ses activités, voire même, pour ne pas prendre d'initiatives dans le domaine social. Autrefois, on ne s'occupait que des objectifs des propriétaires, plus tard, des objectifs des systèmes. Aujourd'hui, on demande à l'entreprise de réagir à une profusion déroutante d'objectifs publics, sociaux aussi bien qu'économiques.

Ackerman (1975) a décrit quelques-uns des effets imposés par les nouvelles pressions sociales sur la grande entreprise : complexité grandissante de la gestion de l'organisation, prolifération de systèmes de comptes rendus non financiers, et réajustement des bases d'évaluation des cadres ; conseils d'administration confrontés à des problèmes de responsabilité d'ordre social, missions de plus en plus ambiguës et de plus en plus difficiles pour les cadres du milieu de la ligne hiérarchique, engendrant des tensions et des pressions plus grandes dans leurs relations, à la fois à l'intérieur et à l'extérieur de l'entreprise ; flou des responsabilités dans la structure et « une dilution importante du contrôle effectif sur les décisions opérationnelles » (p. 326).

Il s'ensuit que toutes ces pressions n'ont pas servi seulement à diviser la coalition externe de la grande entreprise, mais aussi à commencer de politiser sa coalition interne. Par exemple, de nouveaux détenteurs d'influence externes ont forgé des liens directs avec des agents internes, en contournant le système d'autorité, et en les encourageant à s'occuper de buts n'ayant aucun rapport avec ceux qui proviennent à la hiérarchie. Le directeur du personnel devient le membre d'un groupe de pression interne, cherchant à engager des gens, appartenant à des groupes minoritaires ; le directeur de l'usine, membre de la communauté locale, s'adresse directement à son siège social, en vue d'installer des équipements permettant de réduire la pollution ; les requêtes des mouvements de consommateurs se voient satisfaites dans les laboratoires de recherches, où sont conçus les nouveaux produits. « Ainsi, par exemple, au lieu que le personnel médical et celui de la recherche d'une entreprise pharmaceutique, ne s'enquièrent à propos d'un nouveau médicament, de savoir s'ils pourront le vendre, s'il satisfera aux normes officielles de la réglementation en vigueur, ils demanderont peut-être, également, si ce nouveau produit peut apporter quelque chose à la médecine, quelque chose de plus que les autres médicaments existants ne permettent pas d'obtenir, s'il vaut la peine d'être mis au point et d'être commercialisé ? » (Kaysen 1967, p. 218). Tout ceci introduit une foule d'influences sociales nouvelles dans la prise de décision, et suscite des conflits avec les influences économiques traditionnelles. Le résultat peut être constructif sur le plan social, mais il politise également la coalition interne. Comme l'a noté Macrae :

> « Les grandes entreprises commerciales sont maintenant confrontées à une difficulté : elles sont trop grandes pour inciter les gens à former des meutes, pour chasser ensemble ; aussi, derrière bien des façades, les employés, depuis ceux qui sont juste en dessous du directeur général, jusqu'à ceux qui se regroupent autour du délégué syndical, forment des meutes séparées qui se donnent la chasse mutuellement (1976, p. 60). »

En résumé, la grande entreprise, en dépit de son statut officiel de propriété privée, en vient, de plus en plus, à être considérée de facto comme un organisme officiel, qu'entourent bon nombre de controverses. A partir de son état actuel de système clos, nous assistons au début d'une « politisation de l'entreprise », selon la terminologie de Blumberg (1971), à son émergence en tant qu'arène politique. Étant la victime de conflits de nature relativement modérée, elle prend la forme que nous avons appelée « l'organisation politisée ». Elle peut fort bien se révéler une forme durable, puisque bien des grandes entreprises pourront, sans aucun doute, utiliser leur pouvoir politique et commercial, pour conforter les aspects inefficaces que la politisation ne manquera pas d'amener. La survie dépendra, peut-être, plus de la taille d'une entreprise, des relations de ses cadres, que de sa façon de traiter la clientèle. La description qu'a faite Perrow, de la manière dont Consolidated Edison de New York a circonvenu l'inefficacité de son fonctionnement, grâce à sa capacité de coopter des politiciens, est, peut-être, une bonne indication de ce qui se produira à l'avenir. « En achetant la sécurité, grâce à des relations politiques, Consolidated Edison n'a apparemment pas eu de souci à se faire à propos de ses carences (1970, p. 155). » « L'organisation politisée » est peut-être là pour durer, du moins aussi longtemps que la société qui la tolère peut elle-même survivre[13].

Pour conclure, à mesure que les organisations en tout genre, — publiques, privées et entre les deux, sans parler du gouvernement lui-même — deviennent de plus en plus importantes et puissantes, l'arène politique devient une configuration de pouvoir plus fréquente et plus persistante, ce qui entraîne certaines conséquences inévitables et à bien des égards regrettables pour les sociétés qui leur ont donné naissance.

---

[13] On voit se refléter principalement ces tendances, parmi les publications sur la théorie des organisations, dans ce que l'on appelle le point de vue de « la dépendance des ressources », qui est le plus populaire des sujets nouveaux dans ce domaine. Mais l'accent est plutôt mis sur la manière dont les entreprises réagissent, et devraient réagir aux pressions, sur la manière dont elles peuvent et pourraient utiliser des moyens politiques pour se protéger en tant que systèmes clos, comme l'ont montré les travaux de Pfeffer et Salancik (1978), dont on a parlé au chapitre 19. Mais lorsque les organisations en viennent à assurer leur survie par des moyens politiques au lieu de moyens fonctionnels dans l'accomplissement de leur mission, et par là même, menacent les intérêts de la société, il devient impératif de les étudier, et de mettre au point des remèdes d'un point de vue relatif à la société. Les hypothèses de départ, à l'origine de tant de réflexion contemporaine sur les organisations, et en particulier, sur les entreprises commerciales, voire sur des entreprises étudiées séparément, deviennent singulièrement déficientes. L'hypothèse sociale plus large, qui veut que toute organisation fait partie d'un ensemble appelé société, et contribue directement par ses actions à la détermination des objectifs sociaux, devient indispensable dans la théorie des organisations.

Chapitre 24
Transitions
entre les configurations de pouvoir

Au terme du chapitre 16 — c'était le dernier chapitre à traiter des éléments du pouvoir —, nous avons décrit le système du pouvoir, ainsi que le système des buts à l'intérieur et à l'entour de l'organisation, comme étant dans un état d'équilibre dynamique. Nous voulions dire par là, que le pouvoir tend à parvenir à un état permanent, en dépit de faibles changements continus, interrompus par de grands changements périodiques et bien plus gênants. A ce moment-là, nous avions présenté les configurations de pouvoir, et nous avions laissé entendre, qu'elles correspondaient à ces états permanents. Ainsi, nous en sommes venus à décrire chacune de ces configurations, comme si elles correspondaient à des états stables, du moins jusqu'au dernier chapitre. C'est en étudiant l'arène politique, que nous avons réintroduit la notion de dynamisme dans notre étude. D'abord, nous avons décrit certaines formes de l'arène politique comme instables à court terme, puis nous avons suggéré, que toutes les configurations de pouvoir devaient, à long terme, être considérées comme instables. Chacune d'elles ne reste stable, que dans les conditions qui la soutiennent naturellement, et est destabilisée, dès que ces conditions changent, à moins, bien entendu, qu'elle ne soit contestée de prime abord.

En effet, dans chacune des configurations se trouvent des forces qui peuvent surgir, pour modifier ses conditions, et ainsi la détuire. Comme le note Perrow : « les gens entrent et sortent (des organisations) avec de la boue collée à leurs chaussures, qu'ils amènent du monde extérieur... En outre, les portes et les fenêtres sont toujours ouvertes, car l'organisation transforme des matières premières... Vu sous cet angle, il est très difficile de maintenir un contrôle dans une organisation » (1970, p. 56). A vrai dire, comme on le verra bientôt, certaines des forces qui travaillent à la destruction de chacune des configurations, sont déjà en germe dans chaque configuration elle-même. Autrement dit, chaque configuration aide à semer les graines de sa propre destruction. A long terme, par conséquent, toutes les configurations du pouvoir sont instables.

Ceci nous ramène à la description du pouvoir organisationnel au chapitre 14, en tant que phénomène à pulsations : « parfois implosant ou se concentrant sur un centre, à d'autres moments, explosant ou se disséminant vers la périphérie ». Comme nous l'avons vu, les cycles de faible amplitude, d'ordinaire de courte durée, ne menacent pas l'état stable et permanent. En fait, en oscillant autour d'une moyenne, ils aident à le définir. Ils peuvent être fréquents et envahissants, mais n'induisent pas de changements significatifs. Ils ressemblent aux vibrations d'un moteur qui de loin semble être stationnaire. Plus importants sont les cycles de haute amplitude ; ce sont eux qui détruisent les systèmes de pouvoir en place, et donnent naissance à des nouveaux systèmes, en d'autres termes, ce sont eux qui effectuent les *transitions* entre les configurations de pouvoir et parmi elles.

L'analyse de ces transitions est tout particulièrement intéressante pour deux raisons. D'abord, elle introduit un aspect dynamique dans cette section, qui jusqu'à présent — sauf au chapitre précédent — a présenté une perspective plutôt statique. Ensuite, l'analyse des transitions nous permet d'étudier les schémas des interconnexions entre les configurations, et ainsi d'apprendre comment ces organisations évoluent avec le temps. Nous avons étoffé l'étude de ces configurations, non pas pour y trouver une simple typologie, mais pour constituer un cadre qui nous permette de construire une théorie intégrée. Autrement dit, nous avons conçu les configurations, afin de pouvoir jouer avec elles, et un jeu intéressant — une sorte de légo, si l'on veut — consiste à les utiliser commes des cubes, pour échaffauder des théories sur les cycles de vie des organisations. Ainsi, l'analyse des transitions entre organisations, nous permet-elle d'étoffer et de dynamiser notre étude des configurations de pouvoir. Elle devrait également permettre au lecteur, d'évaluer l'utilité de la réflexion sur les organisations en termes de configurations.

Notre étude se divise en deux parties. L'essentiel porte sur une description des transitions *entre* les configurations, en les prenant une à une. Puis nous conclurons le chapitre par la description des transitions *parmi* l'ensemble des six configurations, présentées en un modèle revu et corrigé des étapes du développement des organisations.

L'étude des transitions entre les configurations se déroulera comme suit. A propos de chaque configuration, nous étudierons d'abord les conditions qui poussent ou attirent une organisation vers cette configuration. Nous en avons déjà parlé dans les chapitres précédents, mais un bref rappel servira ici à replacer l'étude des transitions dans son contexte. A chacune des conditions est attribuée une catégorie, approximativement, selon qu'elle est (a) *nécessaire* pour provoquer l'apparition de la configuration en question, autrement dit, une condition pratiquement obligatoire pour qu'elle existe ; (b) *suffisante* pour faire se développer la configuration, autrement dit, qu'elle puisse y parvenir toute seule ; (c) *utile,* autrement dit une condition qui aide à provoquer l'apparition de la configuration, sans être ni nécessaire, ni suffisante ; et (d) *primordiale,* autrement dit, capable de dominer la plupart des autres conditions qui pousseraient l'organisation vers une autre configuration ; une condition primordiale est évidemment une forme très forte de condition suffisante. Le lecteur retrouvera la liste de ces conditions, et les catégories pour chacune des configurations sur le tableau 17-1, pages 418 et suivantes.

Puis en supposant que la configuration est en place, il faudra se demander quel est son degré de stabilité. Nous examinerons ses buts dans le monde des organisations, dont la liste est également donnée par le tableau 17-1 ; nous étudierons sa légitimité, en termes de finalité et de modalité du fonctionnement du pouvoir. Nous verrons qu'ironiquement, dans bien des cas, la stabilité d'une configuration est inversement proportionnelle à la légitimité connue de ses relations de pouvoir. Certaines des configurations les moins légitimes, semblent disposer d'une très grande capacité pour survivre et vice versa.

Enfin, nous étudierons les forces qui poussent une organisation hors d'une configuration donnée et les transitions que ces forces induisent. Nous sommes plus particulièrement intéressés de savoir quelles configurations sont susceptibles de succéder à d'autres, lorsque celles-ci trébuchent. On étudiera deux systèmes de forces, qui apparaissent également dans le tableau 17-1, comme étant les principales conditions qui affaiblissent chacune des configurations. Les forces *externes* sont indépendantes de la configuration. Il se peut qu'elles surgissent ou non ; si c'est le cas, elles cherchent à pousser l'organisation vers une autre configuration. Les forces inhérentes ou *intrinsèques,* qui sont davantage intéressantes, sont carrément encastrées dans la configuration. Elles proviennent de la nature même de la configuration, et à moins que des forces extérieures n'interviennent, elles causeront finalement sa chute, en la poussant vers des transitions particulières. C'est en termes de forces intrinsèques, que nous verrons comment chacune des configurations sème les graines de sa propre destruction, et dans certains cas, de la destruction de l'organisation également. Les transitions qui résultent de ces forces intrinsèques, sont considérées comme naturelles pour chacune des configurations, puisque, en l'absence de forces externes, elles indiquent la direction vers laquelle une organisation ayant une configuration donnée, est susceptible d'aller.

Le tableau 24-1 résume nos conclusions sur les transitions entre les configurations, dans une matrice de six par six. Chaque configuration apparaît dans chacune des deux dimensions, en ordonnée où est représentée l'origine de la transition — la provenance — et en abscisse qui indique le résultat — la destination. Il faut noter que les trente-six cases sont remplies ; ceci veut dire, que les transitions en provenance de toutes les configurations et à destination de chacune des autres, sont étudiées, de même que les transitions qui mènent à elles-mêmes, lorsqu'il y a, par exemple, changement de pouvoir sans changement de configuration, comme lors d'un changement de joueurs, mais que le moyen d'influence retenu et préféré, reste le même. Ainsi nous conclurons qu'il existe des forces qui peuvent pousser n'importe quelle configuration vers n'importe quelle autre, ou vers une différente forme d'elle-même. Mais la plupart d'entre elles sont des forces externes. Nous conclurons aussi, qu'en l'absence de telles forces, les forces intrinsèques poussent, en fin de compte, chacune des configurations vers des transitions spécifiques : pour deux d'entre elles vers une configuration spécifique, pour deux autres, vers une seule autre configuration spécifique, ou vers une différente forme d'elle-même, par une configuration, la possibilité d'aller vers n'importe laquelle de quatre configurations différentes, et pour la configuration restante, une transition qui mène à l'oubli. Nous faisons ressortir — ces transitions particulières — à la fois dans le tableau 24-1 et dans le texte, présentées comme des propositions — en caractère gras, car comme nous l'avons déjà dit, nous les considérons comme étant les plus naturelles. C'est l'ensemble de ces propositions que nous utiliserons pour construire notre modèle des différentes étapes du développement des organisations, à la fin de ce chapitre.

LES TRANSITIONS QUI ONT POUR DESTINATION ET POUR PROVENANCE L'INSTRUMENT

L'instrument émerge lorsque le pouvoir dans la coalition externe d'une organisation est (a) focalisé, (b) organisé, et (c) tient un discours clair, c'est-à-dire, qu'il impose des buts clairs et opérationnels à l'organisation. Toutes ces conditions sont nécessaires, aucune n'est suffisante. Toute autre condition qui concentre d'importantes bases de pouvoir dans la coalition externe peut susciter l'apparition des deux premières conditions, et par conséquent, est une condition utile. L'une est l'existence d'une dépendance cruciale dans l'environnement de l'organisation, par exemple, le fait de dépendre d'un seul client ou fournisseur. Une autre condition est la présence d'une prérogative légale clé, concentrée dans les mains de détenteurs d'influence capables de l'organiser et de l'exploiter à leur avantage, comme dans le cas de l'entreprise commerciale, fermement tenue en main par ses propriétaires. L'instrument a aussi tendance à émerger, lorsque les détenteurs d'influence externes d'une organisation, trouvent un consensus autour d'un système de buts clairs, comme dans le cas de la surveillance dans les prisons, ou de l'efficacité des pompiers.

Un certain nombre d'autres conditions, du fait qu'elles favorisent l'installation d'une structure de bureaucratie mécaniste au sein de la coalition interne, peuvent également faciliter l'émergence de cette configuration. L'une, est un environnement simple et stable, une deuxième est un système technique qui est simple et règlemente le travail des opérateurs, comme c'est le cas pour une bonne partie de la production de masse, et une troisième condition réside dans l'existence d'un corps de travailleurs qui est non qualifié. Si toutes ces conditions sont réunies, le travail de l'organisation peut être facilement com-

Tableau 24-1. *Transitions entre les configurations de pouvoir*

Les transitions naturelles sont indiquées en caractère gras

Destination - Provenance	Instrument	Système clos	Autocratie
Instrument	Remplacement d'un membre influent dominant par un autre (ex. : lutte par procuration)	**Réussite et croissance amenant à la diffusion de l'influence externe et à une difficulté accrue de surveillance (ex. : dispersion des actions).** Également trop de réglementation	Lutte du P.-D.G. pour arracher le pouvoir des mains des membres influents externes, ou bien remplacement du P.-D.G. par un membre influent externe ; tout cela accompagnée d'une crise et de l'émergence d'un chef très volontaire
Système clos	Augmentation de la dépendance externe	**Stagnation menant au remplacement de la direction (souvent au moyen d'un coup d'État) comme moyen de renouveau**	Émergence d'un chef volontaire, quelquefois **temporairement pour apporter le renouveau nécessaire, avant de retourner au système clos.** Il y a aussi des crises n'ayant pas pour seule cause une incapacité à s'adapter
Autocratie	**Fragilité, ou organisation qui est en train de s'établir, conduisant à une prise de contrôle obligatoire ou à une transmission du pouvoir au membre influent externe ; c'est-à-dire, séparation de la direction et du contrôle ; ex. : vente de la petite entreprise à un conglomérat, ou passation du pouvoir aux héritiers.** Également stabilisation de l'environnement conduisant à la prise de contrôle	**Départ du P.-D.G. fondateur ou du chef à forte personnalité d'une vaste organisation (une organisation dotée d'une administration bien établie) ; réalisation d'un renouveau du système clos en stagnation**	Remplacement d'un chef solide par un autre (probablement extérieur) ceci est plus fréquent dans le cas d'une organisation qui continue à faire face aux conditions de l'autocratie (ex. : petite taille ; environnement stable et simple)

Missionnaire	Prise de contrôle de l'organisation et destruction de l'idéologie	**Croissance et vieillissement de l'organisation, conduisant à l'atrophie de l'idéologie ; accroissement de l'administration (la loi implacable de l'Oligarchie de Michels), peut-être pour approfondir l'institutionnalisation de la mission ou à cause de la faiblesse de l'entreprise ;** remplacement des buts de l'organisation ; remplacement des buts de l'entreprise par les besoins des membres, et idéologie exagérée	Apparition d'un chef volontaire (dans quelques cas, capable de contraindre des partisans loyaux) crise
Méritocratie	Rationalisation des compétences spécialisées en présence d'une influence externe focalisée, ou transfert par un membre influent externe dominant, en vue d'une nouvelle mission plus simple (ex. : l'innovation de la production de masse de l'adhocratie)	Rationalisation des compétences spécialisées en l'absence de dépendance externe ; transfert par les administrateurs en vue d'une mission nouvelle et plus simple ; vraisemblablement, également, syndicalisation des experts	Apparition d'un chef volontaire capable de transférer l'organisation en vue d'une mission nouvelle plus simple ; crise
Arène politique	**Résolution du conflit pendant la transition de l'autocratie à l'instrument.** Politisation outrée de la coalition interne en présence d'un membre externe solide ; équilibre en position favorable dans n'importe quelle alliance bancale comprenant l'instrument ; résolution du conflit dans n'importe quelle transition ayant pour destination l'instrument	**Résolution du conflit pendant la transition du missionnaire, de l'instrument, ou de l'autocratie vers une organisation de système clos, ou pendant le renouveau du système clos.** Politisation outrée de la coalition externe en présence d'une administration forte ; équilibre avantageux dans n'importe quelle alliance bancale comprenant un système clos ; résolution du conflit par n'importe quelle transition vers le système clos	**Renouveau de l'organisation politisée pour la sauver.** Politisation outrée de la coalition interne et de la coalition externe (ou de la C.E.) en présence d'un chef rusé ; équilibre avantageux dans n'importe quelle alliance bancale comprenant l'autocratie ; résolution du conflit dans n'importe quelle transition vers l'autocratie

Destination - Provenance	Instrument	Système clos	Autocratie
Instrument	Émergence d'une idéologie pour distraire l'attention des agents internes	Changement dans la technologie ou le système technique nécessitant l'utilisation d'un savoir-faire et des connaissances approfondis (ex. : changement en faveur de la réhabilitation dans les prisons)	Résistance du membre influent dominant au défi lancé par les administrateurs ou n'importe qui d'autre
Système clos	Émergence d'une idéologie forte qui reflète peut-être la déception ressentie envers les contrôles bureaucratiques et les normes utilitaires (ex. : Révolution culturelle)	Changement dans la technologie ou le système technique nécessitant l'utilisation d'un savoir-faire et de connaissances approfondis	Accumulation d'une grande puissance suivie de son exploitation, conduisant à des défis externes et des conflits internes, et résultant en une organisation politisée. Résistance des administrateurs à tout défi, et plus particulièrement, résistance de la direction générale au renouveau du système clos, menant à la confrontation
Autocratie	Départ du chef charismatique suivi de l'institutionnalisation des croyances du chef en une forte idéologie	L'organisation des experts devient établie. Changement dans la technologie ou le système technique nécessitant l'utilisation d'un savoir-faire et de connaissances approfondis	Conflit pour la succession entre les divers administrateurs ou entre les agents internes en faveur de l'idéologie et les agents externes décidés à contrôler ; résistance du chef au défi lancé par les agents externes, les administrateurs, les experts ou autres personnes ; aussi, tentative pour fonctionner avec une direction divisée et personnalisée ; et exagération du culte du contrôle personnalisé et de la direction

Missionnaire	Remplacement d'une idéologie par une autre (d'ordinaire dans une enclave ou alors lancement d'une nouvelle organisation ; en fin de compte peut-être, retour à l'organisation originelle)	Introduction de différences de statut à cause du changement de technologie ou de système technique nécessitant l'utilisation d'un savoir-faire ou de connaissances étendus	**Résistance des membres loyaux à la destruction de l'idéologie poursuivie par les administrateurs ou autres personnes**
Méritocratie	Émergence d'une idéologie conduisant l'organisation vers une mission nouvelle et plus simple	**Remplacement d'un corps d'experts par un autre, d'ordinaire pour renouveler l'organisation.** Glissement de l'adhocratie vers un environnement stable (et une forme de bureaucratie professionnelle)	**Exploitation du pouvoir des experts à travers la dureté des experts, ceci donnant lieu à des défis externes et des conflits internes, et résultant en organisations politisées ; résistance des experts établis envers un renouvellement de la méritocratie : résistance des experts aux défis des membres influents externes ou autres**
Arène politique	Équilibre en position avantageuse dans toute alliance bancale comprenant un missionnaire ; résolution de conflit dans toute transition vers le missionnaire	**Résolution de conflit pendant la transition de l'autocratie à la méritocratie ou pendant le renouvellement de la méritocratie.** Équilibre en position avantageuse dans toute alliance bancale comprenant la méritocratie ; résolution de conflit dans toute transition vers la méritocratie	**Intensification du conflit de l'organisation politisée (pour terminer une Arène politique avant la mort de l'organisation.** Embrasement de l'alliance bancale (face à la confrontation) ; modération de la confrontation ou de l'Arène politique complète (face à l'alliance bancale ou l'organisation politisée) ; confrontation envahissante pour terminer l'Arène politique

Voir tableau 17-1 pages ??? pour le résumé des conditions qui favorisent ou affaiblissent chaque configuration.

pris, et son rendement mesuré, et ainsi, ses buts peuvent être imposés sous une forme opérationnelle par des agents externes, et ensuite contrôlés par eux. Quelquefois une organisation qui s'inquiète de sa propre précarité, se laissera transformer en instrument, ou même favorisera cette attitude, se glissant sous le contrôle d'un détenteur d'influence externe, afin de se protéger. Un chef d'entreprise en danger vend son affaire à un conglomérat, ou abandonne toute la production de son entreprise à un gros client, perdant son indépendance, afin de sauver son organisation.

Quelle est la stabilité de l'instrument ? Considérons cette question en examinant sa légitimité et sa finalité. Les organisations parviennent à une légitimité dans la société, en étant au service de fins qui vont au-delà des leurs. Dans une certaine mesure, elles le font toutes, dans les produits qu'elles fabriquent et les services qu'elles rendent. Mais la société exige généralement plus que cela : l'efficacité dans l'accomplissement de leur mission, des à-côtés positifs à leurs actions (profits externes), et une distribution équitable des plus-values. L'objectif de cette configuration de l'instrument est de s'assurer que les organisations servent leurs circonscriptions respectives de cette manière (ou du moins celles qui sont dominantes), et que, ce que les organisations font, est déterminé par ceux pour qui elles sont supposées le faire. L'instrument, on le verra, sert également de moyen, permettant d'atteindre à l'efficience sous certaines conditions, et d'aider à créer les organisations nécessaires, lorsque l'initiative des chefs d'entreprise ne se manifeste pas.

L'instrument, par conséquent, est synonyme de contrôle externe de l'organisation, et de contrôle externe implique d'ordinaire un contrôle légitime. Aussi, une fois en place, ce devrait être une configuration plutôt stable. Du fait que l'instrument sert quelqu'un d'autre, ou encore mieux, sert un consensus externe, on ne peut l'accuser de se servir lui-même. Néanmoins, certaines forces surgissent, afin de le modifier. En fait, comme on le verra, en dépit de légitimité évidente, l'instrument apparaît comme l'une des configurations les moins stables, comme un aménagement du pouvoir que l'on peut modifier relativement aisément.

Comme on l'a vu précédemment, l'instrument crée une chaîne continue de pouvoir depuis le(s) détenteur(s) d'influence externe(s), en passant par le P.-D.G. et en descendant la ligne hiérarchique jusqu'aux opérateurs. Mais il y a un maillon fragile dans cette chaîne, celui qui se trouve entre le(s) détenteur(s) d'influence externe(s) et le P.-D.G. La clé de cette configuration, c'est la capacité du détenteur d'influence externe à en conserver le contrôle, tout en restant à l'extérieur des processus de management de l'organisation. C'est ce qu'il fait, grâce à sa capacité d'imposer des buts clairs et opérationnels à la direction, qui à son tour est censée rendre ces buts opérationnels, dans le cadre de l'autorité hiérarchique. Mais cet arrangement entre la coalition externe et la coalition interne est vulnérable en un certain nombre d'endroits.

Le premier endroit vulnérable existe dans la coalition externe. Il implique un danger de dispersion de l'influence externe, si bien que la coalition externe ne peut plus faire entendre un seul son de cloche. Un détenteur d'influence externe peut devoir faire face à une contestation venant d'un autre, ou à la dilution de son pouvoir parmi bon nombre d'autres détenteurs d'influence. Ou bien dans le cas d'un consensus, parmi un certain nombre de détenteurs d'influence externes, il existe évidemment la menace d'un effondrement du consensus, ou encore, ce qui est moins évident, mais peut-être plus probable, un effondrement de leur capacité à s'organiser, ce qui fait qu'ils deviennent passifs vis-à-vis de la direction. Le deuxième endroit vulnérable se trouve entre les deux coalitions, c'est le besoin d'une surveillance régulière des performances de la coalition interne. Tout relâchement revient à une invitation lancée aux agents internes à poursuivre leurs propres buts. Une telle surveillance requiert de l'énergie, et les agents externes sont externes, parce qu'ils ont une énergie limitée à vouer à l'organisation. Quelquefois, ils épuisent leur énergie disponible, à d'autres moments, ils perdent tout intérêt ; on l'a vu précédemment dans le cas d'actionnaires de la deuxième génération qui ne désirent nullement exercer un contrôle sur leur héritage. Et le troisième endroit vulnérable, situé également entre les deux coalitions, c'est le danger de l'émergence de buts non opérationnels, ce qui enlève un préalable essentiel au contrôle externe. Passons maintenant en revue les diverses transitions possibles, à partir de l'instrument, en tenant compte de ces points vulnérables.

D'après nous, **la transition naturelle pour l'instrument, est d'aller vers le système clos.** En d'autres termes, les forces qui lui sont intrinsèques, celles qui sèment les graines de sa propre destruction, le poussent vers le système clos.

Les détenteurs d'influence externes font d'une organisation leur instrument, en partie en y installant une structure de bureaucratie mécaniste, qui se caractérise par une autorité hiérarchisée très nette, où les contrôles bureaucratiques prévalent. Aussi, grâce aux agents externes, les agents internes deviennent très organisés, le pouvoir dans la coalition interne étant concentré au sommet d'une autorité hiérarchisée. Or, peu d'agents internes montrent de l'enthousiasme pour atteindre des buts qui leur sont imposés de l'extérieur. Aussi à la moindre occasion, ils seront ravis d'arracher le pouvoir aux agents externes. Et lorsque cela arrive, le résultat est évidemment un système clos, puisque cela n'entraîne pas de changement dans la coalition interne. Le système de contrôle bureaucratique reste dominant et intact, les cadres supérieurs — ceux qui ont probablement mené la résistance à l'encontre du contrôle externe — continuent de diriger. Un système clos n'est après tout, rien de plus qu'un instrument libre de toute influence externe. L'organisation devient simplement l'instrument de ses administrateurs.

Comme on l'a suggéré ci-dessus, la dilution de l'influence externe, l'effondrement du consensus, ou la capacité des agents externes à s'organiser, des relâchements dans la surveillance externe, tous ces éléments offrent aux agents internes plus d'une occasion pour se saisir du contrôle de l'organisation. En fait, toute réduction du pouvoir externe encourage la naissance d'un système clos. Mais les réductions de pouvoir externe ne se produisent pas extrinsèquement, indépendamment de la configuration de pouvoir. Ils sont aussi encouragés par la nature même de la configuration, par des facteurs qui lui sont intrinsèques. A mesure qu'un instrument réussit, il grandit. La surveillance devient plus difficile, et conserver le contrôle, nécessite de plus en plus d'informations. Les détenteurs d'influence externes deviennent plus nombreux, et leur capacité à s'organiser diminue. Dans les entreprises, la croissance tend, non seulement, à disperser l'actionnariat directement, mais également, comme on l'a vu, à augmenter la diversité des lignes de produits, ce qui réduit leur dépendance à l'égard d'une seule catégorie de clients. Dans les coopératives, la croissance augmente le nombre des membres, ce qui complique le fait de vouloir s'organiser d'une manière indépendante, pour pouvoir contrôler la direction. De plus, toutes sortes de témoignages déjà mentionnés, donnent à penser que les administrateurs à qui l'on délègue le pouvoir, en tant que représentants des détenteurs d'influence externes, exploitent souvent ce pouvoir pour faire avancer ces processus et ainsi affaiblir le contrôle externe. Limiter les informations vitales pour le contrôle externe, en est un exemple évident. Il en est un autre, qui est de s'engager dans des activités de fusion et d'acquisition qui, on l'a vu au chapitre 19, peuvent servir, non seulement, à disperser l'actionnariat, mais également à réduire les informations disponibles pour les actionnaires, qui souhaitent exercer un contrôle.

De diverses manières, l'instrument crée donc naturellement les conditions qui subtilisent aux détenteurs d'influence externes, leur contrôle, et le fait glisser vers les administrateurs, effectuant ainsi une transition vers le système clos. Et bien sûr, **la résistance naturelle des détenteurs d'influence externes, à une perte de contrôle, peut pousser l'organisation vers une forme d'arène politique de confrontation, pendant le temps que dure la transition, ou même vers la forme de l'alliance bancale, lorsque les deux camps se partagent le pouvoir pendant une période intérimaire.**

D'autres transitions sont également possibles, bien entendu, bien qu'elles soient poussées davantage par des forces externes que par des forces inhérentes à la configuration même de l'instrument. L'une d'entre elles est la transition de l'instrument vers lui-même : un détenteur d'influence dominant en remplace un autre, en maintenant la configuration intacte, comme c'est le cas, lorsqu'on vend une entreprise ou qu'un combat par procuration a pour conséquence, un transfert du pouvoir d'un actionnaire important à un autre. Une autre forme est la transition vers l'autocratie, qui peut se produire au moins de deux manières différentes. D'un côté, un P.-D.G. puissant peut arracher le pouvoir à un détenteur d'influence dominant, puis consolider ce pouvoir tout autour de lui. D'un autre côté, le détenteur d'influence externe, cherchant à contrôler l'organisation de plus près, qu'il ne le peut, quand il essaye d'imposer des buts opérationnels, ou quand il est incapable de contrôler l'organisation, alors dans ce cas, il s'implique dans la direction de l'organisation si directement, qu'il en devient en fait le P.-D.G. Comme il pénètre effectivement dans la coalition interne, un instrument contrôlé de l'extérieur devient une autocratie contrôlée de l'intérieur. Les acteurs et même la distribution du pouvoir restent les mêmes, mais les moyens de contrôle, et de ce fait, la configuration, changent.

Des transitions vers d'autres configurations sont certainement possibles, mais moins vraisemblables. Une idéologie forte peut se développer au sein de l'instrument, détournant vers elle l'attention des agents internes, et les isolant ainsi de l'influence externe et donnant naissance alors, à une configuration du missionnaire. Jenkins (1977) décrit la manière dont les employés à plein temps du conseil national des églises ont arraché le contrôle à ses membres, qui représentaient un certain nombre de dénominations protestantes qui envoyaient des représentants à l'assemblée générale. Mais contrairement à ce qui aurait dû se passer d'après la loi de Michels, ils ont transformé l'organisation en une configuration du missionnaire, afin de poursuivre des buts « extrémistes », qui consistaient à « promouvoir des actions militantes, visant à provoquer des changements sociaux au bénéfice de groupes défavorisés » (p. 576).

De même, le besoin de compétences spécialisées peut surgir au sein de la coalition interne, introduisant des experts qui contestent le(s) détenteur(s) d'influence externe(s) dominant(s). En rendant non opérationnels les buts de l'organisation, ces experts peuvent pousser un instrument vers la méritocratie. C'est ce que nous avons vu dans les prisons, où les professionnels internes ont réussi à promouvoir la mission de réhabilitation, arrachant ainsi le contrôle aux détenteurs d'influence externes, qui avaient formé un consensus autour de but opérationnel et autour de la mission qui s'appuyaient sur la notion de détention. L'instrument peut, bien entendu, en revenir également à une arène politique, lorsque le détenteur d'influence externe dominant est contesté par d'autres détenteurs d'influence dans la coalition externe et la coalition interne et qu'il résiste, ce qui adviendra dans bien des transitions dont nous avons déjà parlé. Les formes transitoires de l'arène politique sont examinées ensemble, au moment de l'étude de cette configuration.

Ce qui compte pour chacune des configurations, est ce qui arrive lorsqu'elles sont excessives, en d'autres termes, lorsqu'un moyen ou un système d'influence primordial est surexploité par le(s) détenteur(s) d'influence clé(s). On le verra à plusieurs reprises, plutôt que de renforcer la configuration, de tels efforts servent à l'affaiblir en transcendant son état naturel, la poussant parfois dans une transition qui l'amène à une autre configuration de pouvoir. Dans le cas de l'instrument, on a la preuve que trop de contrôles externes — la réglementation exagérée — le poussent vers le système clos[1]. Franck (1958-1959) décrit ce phénomène dans les usines soviétiques. Nous avons présenté son étude au chapitre 7 et l'avons mentionné également au chapitre 15 : cette

---

[1] A noter que ceci est différent de la situation qui vient d'être évoquée, dans laquelle le détenteur d'influence externe, cherchant à la contrôler par des moyens personnels, la pousse vers l'autocratie, et là, les moyens d'influence changent. Dans ce dernier cas, le détenteur d'influence dominant continue à exercer extérieurement son contrôle, par l'intermédiaire de l'imposition de buts opérationnels et autres, mais il en fait de trop.

étude faisait remarquer que trop de contrôles de la part du gouvernement, endormaient une coalition externe dominée ostensiblement. Ces contrôles provenant d'une multitude de ministères, consistaient en une profusion de buts et d'autres contraintes imposées aux directeurs d'usine :

> Les supérieurs hiérarchiques administratifs établissent les plans pour l'entreprise, et envoyent d'innombrables instructions au directeur, pour qu'il modifie et amplifie ou qu'il neutralise les plans et autres directives antérieures. Ces directives concernant généralement le type, la quantité, la qualité et la variété de la production ; la quantité de matériaux et de main-d'œuvre à utiliser ; les salaires qui doivent être payés ; les normes de production que les travailleurs doivent atteindre. Il est à noter que les normes... sont toujours difficiles à atteindre, en fonction des possibilités offertes à l'entreprise. Fréquemment, elles sont mutuellement incompatibles...
>
> Une autre série de normes peut être regroupée sous les rubriques, telles que priorités, campagnes et compétition socialiste... De temps à autre, des ordres de priorité, plus ou moins bien définis, se superposent aux priorités existantes, ainsi qu'à des accords contractuels et autres arrangements, auxquels les normes en vigueur ont donné naissance. De la même façon le parti communiste organise fréquemment des campagnes dont le but est d'encourager les entreprises à satisfaire à de nouvelles normes, ou à mieux répondre aux anciennes ; et il offre des récompenses spéciales pour ceux qui participent avec succès à ces campagnes (pp.8-9).

Et il se peut que chaque norme, but ou contrainte ait été opérationnel séparément, mais ils ne l'étaient pas en tant qu'ensemble : aucun directeur d'usine n'aurait pu y répondre en totalité. Et cela, non sans ironie, offrait au directeur une bonne marge de manœuvre. Puisque tout le monde savait quelles normes étaient hors de portée, on tolérait des attitudes clandestines différentes. L'une d'elle consistait à prendre en compte « une marge de sécurité », c'est-à-dire, à fixer des normes souples et généreuses et à développer une forme de laisser-aller dans l'organisation, en permettant, par exemple, de stocker inutilement du matériel. Une autre attitude clandestine, consistait à laisser croire que les normes étaient respectées, en trichant simplement sur les résultats obtenus, ou en appliquant une norme à la lettre, plutôt que dans son esprit ; on parvenait, par exemple, à un quota de rendement, en réduisant la qualité, et de ce fait, on remplaçait une norme mesurée moins facilement par une autre. Une troisième attitude revenait à utiliser un moyen d'influence personnel, ou « à jaser » pour contourner les contraintes du système. En un sens, comme « la priorité parmi les normes était ambiguë » (p. 11), les directeurs avaient une certaine liberté pour sélectionner les priorités qu'ils désiraient satisfaire. Et ceci faisait passer une bonne partie du pouvoir de la coalition externe à la coalition interne :

> « L'existence de conflits à propos des normes empêche (les directeurs d'usine) de se fier aux règles seules, les oblige à traiter chaque problème séparément, et à prendre des décisions individuelles, et de ce fait, transforme tous les

membres du système, des subordonnées jusqu'aux cadres supérieurs, en décideurs politiques (p. 11). »

Comme on le voit d'après l'étude de Frank, la réglementation excessive,
à la limite, pousse l'organisation de l'instrument vers le système clos : la coalition interne rejette le système de buts comme étant impraticable, et poursuit
à la place ses propres buts :

> « Pendant des années, l'entreprise Magnitogorsk n'a pas respecté son plan
> financier et a enfreint les lois de l'État. Elle a accumulé d'énormes dettes auprès
> de ses fournisseurs, car ses fonds étaient immobilisés dans l'accumulation illé-
> gale de capitaux et dans la fourniture de biens de consommation à ses travail-
> leurs. Elle avait donné des articles non existants en guise de « garanties » pour
> obtenir des prêts de la banque d'État. Pourtant, bien que ces conditions aient
> été révélées dans un périodique à diffusion nationale, le directeur de l'entreprise
> a été maintenu à son poste, et en moins de deux ans, a même obtenu le
> deuxième poste dans la hiérarchie de toute l'industrie lourde. La raison était
> évidente : dans l'ensemble, sa gestion avait été un succès (Granick, cité par
> Frank, p. 10). »

LES TRANSITIONS QUI ONT POUR DESTINATION ET POUR PROVENANCE LE SYSTÈME CLOS

Le système clos représente la prise de contrôle d'une organisation par
ses administrateurs, et en particulier le P.-D.G. et les cadres de la ligne hiérarchique épaulés par les analystes de la technostructure. La coalition externe
ne peut exercer son influence, les contrôles bureaucratiques dominent la coalition interne, et les buts des systèmes occupent le devant de la scène. Qu'est-ce
qui attire l'organisation vers une telle configuration du pouvoir ? En d'autres
termes, qu'est-ce qui permet de neutraliser les détenteurs d'influence externes
et de faire passer le pouvoir dans le système de contrôle bureaucratique, et en
particulier, à ceux qui le détiennent ?

Comme le système clos partage avec l'instrument une coalition interne
bureaucratique, il partage également avec lui les caractéristiques qui facilitent
l'émergence d'une telle coalition interne, à savoir un environnement simple et
stable, un système technique simple et régulateur, et une main-d'œuvre non
qualifiée.

Mais qu'est-ce qui distingue le système clos de l'instrument ? Toute
caractéristique qui affaiblit la coalition externe, comme par exemple, la dispersion des détenteurs d'influence externes, l'effondrement du consensus
externe, et ainsi de suite, participe à cette distinction. Peut-être plus importante encore, d'après ce que nous avons dit, est la maturation de l'organisation, à savoir son vieillissement, ainsi que sa croissance qui lui permet

d'atteindre une dimension importante. Ceci, dilue le contrôle externe, et favorise également la bureaucratisation mécaniste (Mintzberg 1979 a), et ceci se produit parfois aux dépens des formes de contrôle personnelles ou de l'idéologie en place.

Quelle est la finalité d'un système clos ? Pourquoi la société le tolère-t-elle ? En partie, sans aucun doute, parce qu'elle n'a pas le choix. Il se peut que le système clos par certains côtés, soit dysfonctionnel, mais il survit, car il est organisé, alors que la société ne l'est pas. Il s'impose à la société. (A vrai dire, la société dans son ensemble, particulièrement la société communiste, ressemble de plus en plus à un système clos, ou à un ensemble de systèmes clos, hors de contrôle.) Mais ce n'est pas tout. Cette configuration aussi a une finalité. De fait, en accélérant le processus d'institutionnalisation, souvent doublée d'une croissance de l'organisation jusqu'à ce qu'elle atteigne une dimension importante, le système clos permet aux missions d'être accomplies systématiquement et à une grande échelle. Le prix à payer, bien sûr, c'est la perte du contrôle de l'organisation qui passe aux administrateurs, qui prennent bien des décisions qui les arrangent.

A cet égard, comme on l'a vu au chapitre 19, le système clos souffre d'un problème aigu de légitimité. Ce devrait être, par conséquent, l'une des configurations de pouvoir les moins stables. Voici une organisation qui se sert en premier et a souvent l'audace d'imposer de plus en plus son contrôle à son environnement. Le système n'est clos qu'à l'influence externe ; l'objet de l'exercice dans le système clos, est d'importer plus d'énergie qu'il n'en exporte, afin que ses administrateurs puissent vivre confortablement de ses plus-values.

Et pourtant, en pratique, cela semble être l'une des configurations les plus stables, car l'organisation a fréquemment pu tisser autour d'elle-même, un cocon douillet pour écarter toute influence externe. L'organisation est en général de dimension importante, stable, bien établie, et mieux encore a réussi à neutraliser, voire contrôler ses détenteurs d'influence externes. Comment faire alors pour déloger cette configuration ?

Diverses forces surgiront peut-être pour effectuer une transition vers n'importe quelle autre configuration. Il se peut qu'un important détenteur d'influence émerge dans la coalition externe, par suite peut-être d'une nouvelle dépendance, et en prenne le contrôle pour en faire son instrument. Ou bien, un P.-D.G. pourvu d'une forte personnalité, peut se manifester et parvenir à consolider le pouvoir autour de lui-même, et à convertir l'organisation en autocratie. De même, l'avènement d'une nouvelle technologie complexe, ou d'un nouveau système technique, peut enlever le pouvoir aux administrateurs et le faire passer dans les mains d'un groupe d'experts, poussant alors l'organisation vers une méritocratie. Ou encore, « une révolution culturelle », provoquée par un facteur quelconque — à la suite, peut-être d'un désenchantement vis-à-vis des contrôles bureaucratiques excessifs, ainsi que des normes utilitaires — peut donner naissance à une forte idéologie, ce qui aura pour résultat, de remplacer les buts des systèmes par une mission, et de mener à une configuration du missionnaire.

Mais chacune de ces transitions est le produit de forces extérieures à la configuration du système clos elle-même. Et il faut que ces forces soient véritablement puissantes pour vaincre la résistance naturelle d'un système qui est à la fois fermé aux influences externes, et organisé à l'intérieur en une stricte hiérarchie d'autorité. Ce qui veut dire, que généralement le système clos est une configuration résistante, difficile à transformer en instrument, en autocratie, en missionnaire ou en méritocratie. Elle repousse aisément des forces de contrôle externe, l'autorité personnelle, l'idéologie ou les compétences spécialisées, à moins qu'elles ne reflètent un changement radical dans la condition de l'organisation.

Mais il est une force que le système clos ne peut aisément repousser, car elle émerge intrinsèquement ; il s'agit des excroissances naturelles qui proviennent de ses propres caractéristiques. Les germes destructeurs du système clos poussent sur le terrain de son propre refus de toute influence externe. Ce qui la perd en fin de compte, c'est l'exploitation qu'elle fait de son propre pouvoir absolu : elle se laisse tout simplement entraîner. Puisqu'il n'existe pas de forces naturelles pour brider le pouvoir du système clos, ce dernier a naturellement tendance à satisfaire à tous ses caprices. Autrement dit, alors que les autres configurations *peuvent* parfois aller trop loin, le système clos, lui, semble y *être obligé*.

Le processus d'exploitation ne peut continuer indéfiniment. Il faut qu'il s'arrête à un moment donné. Au fur et à mesure que le système s'élargit, devient plus puissant et aussi plus laxiste vis-à-vis de lui-même, deux forces intrinsèques vont surgir dans le but de l'affaiblir. Dans la coalition externe, l'illégitimité de sa distribution du pouvoir, se fait de plus en plus évidente, et divers groupes commencent à rassembler les énergies nécessaires pour le contester. Selon Hirschman (1970), au fur et à mesure qu'il est moins facile de trouver une porte de sortie — l'influence de l'organisation étant devenue de plus en plus omniprésente et inévitable —, donner de la voix devient une activité qui a de plus en plus de partisans. Et au sein de la coalition interne, les agents internes réclament de plus en plus leur butin, à savoir, la part de gâteau de plus en plus grande, qu'ils considèrent comme la leur. En conséquence, ils ont de plus en plus tendance à se heurter les uns les autres.

Ce sont ces deux forces qui dictent la transition naturelle pour le système clos. Les différentes contestations venant de l'extérieur, non seulement divisent la coalition externe, mais donnent également naissance à une guerre entre les deux coalitions, car les agents internes ne sont pas d'accord pour abandonner tout pouvoir réel. Et les conflits à l'intérieur servent à politiser la coalition interne. Autrement dit, le conflit tend à être omniprésent. Mais il tend également à se développer progressivement. On s'attendra donc à ce qu'il soit modéré et persistant. Ainsi nous conluons que **le système clos est poussé tout naturellement avec le temps vers une configuration de l'arène politique, sous forme d'organisation politisée** (caractérisée par des conflits modérés, endémiques et persistants). C'est, bien entendu, exactement ce que nous avons découvert à la fin du chapitre précédent, dans le cas de l'entreprise commerciale géante, qui devient une organisation politisée, car elle est trop importante, trop visible et trop controversée pour pouvoir rester un système clos.

Il existe un autre défi qui paraît être intrinsèque à cette configuration, et donc est susceptible de survenir. Il ne concerne pas la configuration de pouvoir elle-même, mais ses dirigeants. Il est bien connu que les systèmes clos, ayant des structures de bureaucratie mécaniste, ne s'adaptent pas (Mintzberg 1979 a, pp. 342-347). Avec le temps, ils perdent le contact avec leurs environnements. « Plus il y a de pouvoir institutionnalisé à l'intérieur d'une organisation, plus il est vraisemblable que cette organisation sera déphasée par rapport aux réalités auxquelles elle est confrontée (Salancik et Pfeffer 1977, p. 19). » Et donc, périodiquement, afin de se maintenir en tant que système clos, l'organisation a besoin d'une forme de renouvellement. Pour changer sa stratégie, ou peut-être simplement pour balayer une administration poussiéreuse, elle doit remplacer ses dirigeants. Puisque sa direction est installée au sommet de la hiérarchie — l'apogée du pouvoir dans cette configuration — il est peu probable qu'elle se remplace elle-même, il faut la déloger. Autrement dit, n'ayant pas de moyens naturels pour effectuer le remplacement en douceur de ses dirigeants, **le système clos s'en retourne naturellement vers la forme de confrontation de l'arène politique et ce, à intervalles réguliers, mais brefs, afin de se renouveler.**

Souvent ce renouvellement s'accomplit au moyen d'une activité que nous avons appelée le jeu des jeunes Turcs. Certains agents internes défient des dirigeants bien établis, afin de les remplacer. Ainsi, Zald et Berger constatent « qu'une tendance à la conspiration dans la hiérarchie des entreprises », se reflète dans les coups d'État, les révoltes et les mouvements de masse (1978, p. 833). C'est un type de conspiration en particulier, le coup d'État — un rapide changement d'acteurs est effectué, tandis que la structure reste intacte — qui semblerait le plus susceptible de se produire dans le système clos.

> « ... (les coups d'État) ne sont pas liés à un quelconque changement de structures sous-jacent. Les coups d'État dans l'organisation peuvent parfois avoir relativement peu de conséquences pour les personnes qui se situent en dessous des élites de l'organisation. Le coup d'État mène à un changement de directeur général, et peut-être même, à quelques modifications allant jusqu'au niveau du vice-président. Au-delà de ce point, il n'y a pas forcément de changement (pp. 836-837). »

Une fois les nouveaux dirigeants installés, ils peuvent reprendre les rênes du pouvoir, telles qu'elles existaient précédemment, et donc conserver la configuration exactement comme elle est. Mais lorsqu'il faut effectuer des changements importants, par exemple, lorsqu'il faut redéfinir des stratégies essentielles, il se peut qu'il faille suspendre les procédures bureaucratiques et concentrer le pouvoir dans les mains du P.-D.G., pour lui permettre de concevoir et d'imposer les changements de manière globale et intégrée, sans l'effet contraignant des normes. Une fois ceci accompli, on peut instaurer à nouveau des procédures bureaucratiques (bien que parfois cela nécessite un autre changement de dirigeants), et l'organisation est alors prête à fonctionner comme auparavant. En d'autres termes, comme on l'a dit dans l'ouvrage « Structure et dynamique des organisations », **il se peut que le système clos doive en revenir temporairement à une forme d'autocratie** (et sa structure passer de la bureaucratie mécaniste à la structure simple), **après être passé par l'arène politique de confrontation, afin de réussir son renouveau.**

Il faut noter que ce renouvellement temporaire peut déclencher ce que nous considérons comme la transition à plus long terme et plus permanente de la configuration du système clos vers l'arène politique. En s'adaptant périodiquement à des changements de conditions, tout en restant fermé à une influence externe directe, le système clos peut fort bien y gagner un sursis concernant les pressions externes et les conflits internes soutenus auxquels il devra faire face finalement. En fin de compte, pourtant, le fait de s'auto-renouveler ne suffira pas, et il y a de fortes chances pour que le système clos succombe une fois pour toutes à l'assaut de ces forces plus profondément enracinées.

LES TRANSITIONS QUI ONT POUR DESTINATION ET POUR PROVENANCE L'AUTOCRATIE

Autocratie veut dire domination d'un président directeur général ; le contrôle est incarné par une direction personnalisée. Qu'est-ce qui amène cette configuration ? La jeunesse semble être une condition suffisante ; au tout début au moins, la plupart des organisations prennent naturellement la configuration d'une autocratie lorsqu'elles sont créées. Le pouvoir se concentre dans les mains de leur P.-D.G., afin de leur donner l'impulsion du départ. En fait, une bonne partie des organisations conserve cette configuration tout au long de leurs années de formation, puisque cela prend du temps pour établir les procédures bureaucratiques qui remplaceront la direction personnalisée. A vrai dire, comme on l'a vu chapitre 20, le pouvoir dont est investi le président fondateur, ne se dissipe pas facilement, une fois que l'organisation est bien mise en place. La capacité de ce dirigeant à mettre sur pied l'organisation comme il l'entend, avec les gens qu'il veut, signifie que tant qu'il sera en place, quelquefois jusqu'à ce que la maturité de l'organisation soit déjà bien entamée, il se peut que le pouvoir reste concentré autour de lui. Souvent la configuration ne change qu'après le départ de son dirigeant fondateur.

La petite dimension d'une organisation, est une condition utile, car il est bien plus facile de conserver pleinement le contrôle personnel d'une petite organisation que d'une grande. Ainsi, lorsqu'un dirigeant fondateur perd effectivement le contrôle personnel, alors qu'il est encore en poste, c'est généralement dû au fait que l'organisation a grandi trop vite pour qu'il la contrôle. Une environnement simple et dynamique est également une condition utile et souvent suffisante d'ailleurs. Un environnement simple, pouvant être facilement appréhendé par un seul individu, facilite la centralisation du pouvoir. Et le dynamisme prévient l'utilisation de contrôles bureaucratiques, permettant au contrôle personnalisé de prendre une place prééminente. Avec tous ces contrôles qui entourent un dirigeant central, l'organisation peut réagir rapidement et de façon flexible à un environnement imprévisible.

Certaines conditions peuvent l'emporter sur la plupart des autres, pour pousser une organisation vers une configuration de pouvoir particulière. Autrement dit, ce ne sont peut-être pas des conditions nécessaires pour une configuration donnée, mais elles sont suffisantes. Deux d'entre elles s'appliquent à l'autocratie, comme on l'a vu chapitre 20. L'une d'elles consiste en une direction forte. Les capacités des dirigeants — le pouvoir qu'a un individu de contrôler les autres par la volonté et le talent, ou de les attirer au moyen de ce que l'on appelle le charisme — peuvent par elles-mêmes suffire à produire une autocratie, bien que toutes les autres caractéristiques fassent penser au système clos, à l'arène politique ou à autre chose, comme étant la configuration naturelle. Une crise peut être la deuxième condition prédominante. En étant confrontées à une menace touchant à leur survie, bien des organisations, quelle que soit leur configuration de pouvoir habituelle, concentreront ce pouvoir dans les mains de leur P.-D.G. Les détenteurs d'influence des deux coalitions se rassemblent autour du chef, laissant de côté leurs exigences habituelles et leurs moyens d'influence normaux, pour lui permettre d'agir de manière rapide et globale, pour rétablir la situation.

Quelle stabilité a donc l'autocratie ? Considérons d'abord cette question en examinant la légitimité et la finalité de cette configuration. D'un côté, la société semble accorder une certaine légitimité à l'autocratie, en particulier au dirigeant solitaire et volontaire qui crée une organisation nouvelle et lui sert de guide, tout au long des bonnes et mauvaises périodes. Ces personnes-là, en particulier les chefs d'entreprise du secteur commercial, font l'objet de tout un folklore dans le monde de la gestion, en particulier aux États-Unis. Le but premier d'une autocratie, c'est de créer de nouvelles organisations, afin de rendre de nouveaux services ou d'offrir de nouveaux buts à la société ; c'est également de faire traverser les périodes de crise aux organisations en place, et de permettre à de petites organisations de fonctionner efficacement et en particulier, celles qui appartiennent à des environnements simples mais dynamiques, des organisations qui tendent à fournir un flot régulier d'innovations toutes simples. Toutes ces raisons rendent légitime la direction personnalisée.

D'un autre côté, l'autocratie est considérée comme un anachronisme dans les sociétés démocratiques, comme une configuration de pouvoir totalement déphasée par rapport aux normes de la société qui l'abrite. Mais l'absence de démocratie ne semble pas miner l'autocratie, pas plus que son folklore n'assure sa survie.

Ce qui menace réellement l'autocratie, c'est sa précarité fondamentale. Elle dépend totalement d'un seul individu : une crise cardiaque peut littéralement anéantir sa base de coordination et de contrôle. Qui plus est, l'organisation étant la chasse gardée d'un seul individu, d'autres détenteurs d'influence potentiels, perdent tout intérêt dans l'organisation. Ceux qui sont externes, cherchent ailleurs, et ceux qui ont une influence interne, deviennent passifs. Cela veut dire, qu'il peut très bien ne se trouver personne pour s'inquiéter de cette organisation, ou la protéger si elle est menacée. De fait, son pouvoir étant si centralisé, la menace vient en fait, souvent, du P.-D.G. lui-même, qui perd tout contact avec l'environnement et cependant, il n'y a personne pour le convaincre de la nécessité de s'adapter, ou pour l'obliger à quitter son poste. Enfin, les autocraties sont précaires, simplement parce qu'il y en a tant qui sont petites et vulnérables, jeunes et pas encore solidement installées, implantées dans des environnements à risques, et simplement confrontées à des problèmes de survie. Aussi, **la transition la plus naturelle et la plus répandue pour l'autocratie s'effectue peut-être par la dissolution de l'organisation,** la transition mène à la désintégration, plutôt qu'à une autre configuration de pouvoir.

Mais lorsque l'organisation réussit à survivre, combien de temps dure sa configuration de pouvoir autocratique ? D'après ce que nous avons dit précédemment, les autocraties sembleraient être pour la plupart éphémères. Celles qui ont émergé, parce que des situations de crise, ou bien l'existence de dirigeants puissants, ont terrassé des forces plus naturelles, ces forces en question seraient toujours en train de les attirer vers d'autres configurations. De plus, l'essence même d'une crise, c'est qu'elle soit rapidement résolue, ou alors l'organisation en meurt. Aussi la période d'autocratie doit-elle être courte, avant qu'une autre configuration ne soit réinstallée. Lorsqu'un dirigeant puissant surmonte d'autres conditions pour fonder une autocratie, il se peut qu'il lui faille contenir bien des forces naturelles pour la maintenir à flot. Le temps qu'il tiendra sera fonction de sa force, de sa capacité à consolider son pouvoir tout autour de lui-même.

La plupart des autocraties apparaissent dans les années de formation des organisations. Quelle est donc la durée de ces périodes ? Dans certains cas, elles peuvent être très courtes : juste assez longues pour construire les installations et embaucher le personnel. Les milieux professionnels, tels que les hôpitaux, embauchent des gens qui ont déjà reçu une formation de base dans leur spécialité. Il leur faut peu de temps pour s'adapter à leur travail et faire preuve de leur influence habituelle. Autrement dit, une courte période d'autocratie suffit, avant que ne s'installe une méritocratie. De même, comme on l'a vu au chapitre précédent, les organisations qui dès le départ, subissent des forces irréconciliables, qui sont naturelles et équilibrées, tendent rapidement à devenir des alliances bancales, et cela après de courtes périodes d'autocratie. D'autres organisations, cependant, peuvent connaître des périodes de formation plus longues, en particulier, lorsqu'elles doivent mettre sur pied, leurs propres procédures de fonctionnement, et ne sont pas confrontées à des forces conflictuelles équilibrées.

Il existe deux conditions qui tendent, en fait, à maintenir l'autocratie à flot naturellement : la petite taille de l'organisation et un environnement simple et dynamique. Toutes deux permettent et même favorisent une direction personnalisée. Et pourtant, toutes deux, en rendant sa situation précaire, exposent l'organisation à l'attaque de forces destructrices.

Étant donné qu'une transition doit être effectuée — après qu'une organisation ait échappé à son fondateur, ou du moins à sa façon de diriger, qu'elle a résolu sa crise, qu'elle s'est beaucoup agrandie, ou a dépassé son environnement simple et dynamique — à quelle configuration, une autocratie a-t-elle tendance à céder la place ? Contrairement aux autres configurations, nous devons constater ici, qu'une grande diversité de transitions est parfaitement naturelle et inhérente à la nature de la configuration elle-même. En particulier, dans le cas de la nouvelle organisation qui s'est implantée, son fondateur ayant bien fait son travail, ou pour celle qui est installée et que le fondateur ou le dirigeant avec une forte personnalité quitte, n'importe quelle transition parmi les quatre suivantes, est selon nous naturelle.

D'abord, **de nombreuses autocraties deviennent naturellement des instruments, à cause de leur précarité inhérente.** Cette précarité pousse leurs dirigeants, ou ceux qui héritent de la responsabilité de direction, à rechercher la protection d'un détenteur d'influence externe puissant. A mesure qu'un chef d'entreprise prend de l'âge, par exemple, il se peut que la précarité de son organisation commence à lui donner du souci. Recherchant la sécurité, il vend son entreprise à un conglomérat, qui la convertit rapidement en instrument. Dans d'autres cas, c'est après le départ du chef d'entreprise fondateur, que l'autocratie est convertie en instrument, lorsque les héritiers de l'entreprise la revendent. Il existe, bien entendu, une autre manière de réduire la précarité, bien que cela puisse mener à la même transition. Le chef d'entreprise fondateur s'efface et nomme un directeur pour diriger l'organisation, de manière plus systématique, c'est-à-dire, plus bureaucratique, la convertissant en son propre instrument. Ou bien la famille fait de même à la mort du fondateur de l'entreprise. Chacun de ces cas reflète le même phénomène très répandu dans l'évolution de l'entreprise commerciale ; il s'agit de la séparation de la propriété et de la gestion de l'organisation, au fur et à mesure que celle-ci avance en âge. Il en est fréquemment de même dans des organisations non commerciales ; des détenteurs d'influence externes, peut-être même, ceux qui ont commandité la fondation de l'organisation, consolident leur pouvoir formel, après le départ du président fondateur.

Bien entendu, la transition vers l'instrument ne s'effectue pas toujours en douceur. Elle est souvent involontaire, un détenteur d'influence externe prenant le contrôle d'une autocratie, contre le gré de son dirigeant. Souvenez-vous de l'exemple significatif et dramatique que constitue l'histoire de la compagnie de navigation de Hans Isbrandtsen. Encore une fois, dans cet exemple et en règle générale, c'est la précarité inhérente à l'autocratie qui la rend vulnérable à ces tentatives de prise de contrôle. Étant généralement petite, et peut-être également située dans un environnement à hauts risques, elle n'a vraisemblablement que peu de ressources lui permettant de soutenir un conflit. De plus, elle ne possède qu'un seul véritable détenteur d'influence qui puisse contre-attaquer. Et lorsqu'une organisation est revenue à la forme de l'autocratie pour régler une crise, elle est alors particulièrement vulnérable à une prise de contrôle.

D'autres conditions externes peuvent également pousser une organisation vers l'instrument. Lorsque l'environnement se stabilise, par exemple, le contrôle personnalisé peut en arriver à mal fonctionner, et l'organisation est peut-être mûre pour la prise de contrôle d'un détenteur d'influence externe qui peut faire appliquer les formes de contrôle bureaucratiques requises.

Une autre transition naturelle pour l'autocratie, c'est d'aller vers le missionnaire, conséquence d'une direction charismatique. Les dirigeants des autocraties sont souvent des individus au charisme fort. Lorsqu'ils en partent, ce qu'ils laissent derrière eux, peut devenir institutionnalisé, donnant naissance à une configuration de pouvoir du missionnaire. Le dirigeant charismatique lègue un ensemble d'expérience qui peuvent devenir et constituer une idéologie. Ce sont ces expériences qui donnent naissance au missionnaire. En fait, nous ne sommes pas loin de penser que l'autocratie est un préalable indispensable à la formation d'un missionnaire, et qu'il doit exister une forte direction personnalisée, et nature charismatique, avant qu'une idéologie solide ne puisse se constituer comme centre d'un système de pouvoir. De la même manière, cependant, le dirigeant charismatique doit s'en aller avant l'émergence de la configuration du pur missionnaire, c'est-à-dire, avant que le pouvoir ne se dilue aux quatre coins de la coalition interne, sur la base d'une standardisation des normes, au lieu d'être concentré en son sommet stratégique.

On peut considérer ces deux configurations — l'instrument et le missionnaire — comme les successeurs les plus naturels de l'autocratie, en d'autres termes, celles qui voient le jour, à partir de conditions inhérentes à l'autocratie. L'une profite de sa précarité, l'autre de sa nature charismatique. Le destin d'une autocratie dépend probablement de la solidité du système de croyances, par rapport à la précarité de l'organisation, et aussi au pouvoir et à la volonté qu'ont les détenteurs d'influence externes, à exploiter celle-ci. De fait, les autocraties coupées de leurs chefs charismatiques, connaissent souvent des conflits, du fait que leurs agents internes, favorables à une transition vers le missionnaire, s'opposent aux tentatives d'agents externes, visant à détruire leur idéologie et à en prendre le contrôle pour en faire leurs instruments. **En général, la transition de l'autocratie vers l'instrument, s'accompagne souvent d'une courte période d'arène politique, présentant une forme de confrontation et/ou d'alliance bancale.**

Deux autres transitions sont également possibles, mais dans des conditions plus restreintes. **L'autocratie peut tout naturellement devenir un système clos, lorsqu'elle a déjà atteint une dimension importante, et que son administration est bien en place (encore que ces occurences ne soient pas les plus naturelles pour une autocratie).** Lorsque l'idéologie est faible, et qu'aucun détenteur d'influence externe puissant, ne se tient prêt à en prendre le contrôle, mais que c'est un ensemble d'administrateurs qui s'y tient prêt, il se peut alors, que dans ce cas, le pouvoir du P.-D.G. soit institutionnalisé dans la hiérarchie administrative. En réalité, il y a un groupe visible d'agents internes à l'affût pour prendre le contrôle, qui naturellement viennent combler le grand vide du pouvoir laissé par un dirigeant affaibli, un vide créé à la suite de son départ. C'est ainsi que s'est faite la consolidation du pouvoir par des bureaucrates et des technocrates, après la mort de Staline, de Mao Tsé-Toung, et ce fait s'est répété des milliers de fois à plus petite échelle. Mais pas trop petite tout de même, car l'une des conditions préalables à la transition vers le système clos, c'est l'existence antérieure d'une administration forte. Autrement dit, la conversion en un système clos, n'est naturelle que dans le cas d'autocraties relativement grandes, dont les dirigeants ont pu conserver un contrôle personnel *en dépit* de leur grande taille. Mais, comme on l'a vu, le fait d'atteindre une aussi grande taille n'est pas naturel pour une autocratie, car il est difficile pour un seul dirigeant de conserver le contrôle personnel d'une vaste organisation. Donc, cette transition vers le système clos doit être considérée comme moins naturelle que celle vers l'instrument ou le missionnaire. Dans l'autocratie typique, qui reste petite, la composante administrative ne parvient jamais à s'installer très solidement. Aussi la transition vers l'une des autres configurations est-elle plus plausible. Ce n'est que plus tard, lorsque l'administration a l'occasion de se développer sous l'une ou l'autre de ces configurations, que l'organisation effectue une transition plus naturelle vers le sytème clos.

Lorsqu'une autocratie se développe véritablement, les tensions qui surgissent naturellement entre son chef et les autres administrateurs, favorisent généralement le début d'une transition vers le système clos, avant même que son chef ne la quitte. A mesure que l'organisation se développe et que son dirigeant prend de l'âge, le contrôle personnel commence à céder du terrain aux contrôles bureaucratiques, et il perd progressivement du pouvoir au bénéfice des cadres du niveau intermédiaire de la ligne hiérarchique et des analystes de la technostructure. Il se peut fort qu'un chef d'entreprise conserve officiellement la direction de son entreprise jusqu'à sa mort. Mais c'est seulement en partageant le pouvoir avec des administrateurs, en établissant une sorte d'alliance bancale, qu'il pourra maintenir la viabilité de cette entreprise, au fur et mesure qu'elle se développe. Il semble que cela était également vrai pour certains grands syndicats américains. L'ère de la domination d'un dirigeant a progressivement fait place à celle de la gestion des bureaucrates et des technocrates, processus dont Wilensky (1961) a étudié les débuts. Ainsi, **pendant la transition de l'autocratie au système clos, On s'attendrait à l'éclosion d'une arène politique, probablement sous la forme d'une alliance bancale,** entre directeur général et administrateurs, mais peut-être aussi à une confrontation entre eux.

Enfin, **une autocratie peut tout naturellement devenir une méritocratie, lorsqu'elle n'a surgi que pour donner naissance à une organisation d'experts.** Dès que l'organisation est sur pied, ce qui parfois ne saurait tarder, la conversion en méritocratie commence à s'effectuer. Bien entendu, n'importe quelle autocratie peut être poussée vers une méritocratie, lorsqu'à l'extérieur, apparaît une nouvelle technologie qui oblige l'organisation à distribuer un pouvoir substantiel au personnel et aux experts de fabrication. **Et cette transition est susceptible d'entraîner en sus une période d'arène politique, si les experts s'opposent au dirigeant en place ou bien constituent avec lui une alliance bancale.**

Que dire d'une autocratie qui effectue une transition vers une autre autocratie, lorsqu'un directeur général dominant en remplace un autre ? Cela peut apparaître comme une transition naturelle pour cette configuration, puisque les structures existantes favorisent le contrôle personnalisé. Cependant, il y a une chose qu'un chef puissant ne tolérera pas, c'est un autre chef puissant. (Si deux d'entre eux sont en présence, cela favorise les affrontements ou au mieux une alliance bancale, c'est-à-dire, que ces situations correspondent à deux formes d'arène politique.) Aussi, lorsque le chef d'une autocratie s'en va, il est peu probable que son remplaçant fasse partie de la coalition interne. C'est surtout vrai des petites organisations, où les individus à forte personnalité ne peuvent se cacher nulle part. (Et une grande organisation, on l'a vu, ne tolèrera probablement pas que le pouvoir continue à être personnalisé.) A vrai dire, le fait que le P.-D.G. d'une autocratie ait souvent tendance à être entouré de « benis-oui-oui », favorise la transition vers une autre configuration, une fois qu'il disparaît. Ils disent « Amen » au contrôle externe, ou à son idéologie, ou à leurs propres tendances bureaucratiques, trouvant de fait, une nouvelle béquille pour soutenir leurs propres faiblesses. Si par hasard l'organisation requiert en fait la persistance d'une autocratie parce qu'elle est petite, ou encore en train de se développer, ou a besoin de continuer à occuper un créneau simple et dynamique de son environnement, alors il lui fraudra probablement trouver un nouveau chef ailleurs.

Pour terminer, qu'advient-il de l'autocratie dont le chef met trop l'accent sur un contrôle personnalisé ? Ce phénomène, parfois appelé « culte de la personnalité », peut créer tant de craintes et de tensions au sein de l'organisation, que l'émergence d'une arène politique peut paraître inévitable, si ce n'est pendant le mandat de son dirigeant, du moins dès son départ.

LES TRANSITIONS QUI ONT POUR DESTINATION ET POUR PROVENANCE LA CONFIGURATION DU MISSIONNAIRE

Le missionnaire se caractérise par-dessus tout par la fidélité à une idéologie, le dévouement de ses membres à un ensemble de croyances, tournant principalement autour de l'accomplissement d'une mission. Toute une série de conditions donne naissance à cette configuration : une mission claire, focalisée, particulière, et surtout qui insuffle de l'inspiration, tout au moins à un groupe de personnes. Ce sont des conditions nécessaires, elles sont suffisantes, et peuvent être primordiales, amenant des organisations attirées vers d'autres configurations à émerger au contraire comme des missionnaires. Les conditions qui sous-tendent généralement une telle mission — autrement dit, les conditions nécessaires pour l'apparition d'un missionnaire typique — sont une histoire fabuleuse de l'organisation et la présence d'un chef charismatique dans son passé.

D'autres conditions facilitent également l'émergence de cette configuration, à savoir, la petite taille de l'organisation, qui fait qu'un contact personnel peut persister entre ses membres ; une organisation d'âge mûr, puisque les idéologies exigent généralement du temps pour se constituer et tendent à décliner avec l'âge ; un environnement et un système technique simples, si bien qu'il n'existe pas de nécessité primordiale à la présence d'experts, qui tendrait à enfreindre les normes égalitaires de l'idéologie ; et le bénévolat qui réduit les pressions utilitaires. Mais, comme on l'a vu, les conditions d'une mission peuvent en éclipser d'autres, de sorte que les configurations du missionnaire, en activité, sont d'anciennes et vastes organisations qui opèrent dans un environnement complexe, avec des systèmes techniques complexes, et dont les membres sont des employés rémunérés.

De par sa nature même, le missionnaire semble être une configuration très stable, ses comportements étant ancrés dans des normes, des croyances et des traditions. Comme le fait remarquer Hirschman, des membres qui payent leur adhésion chèrement — sous forme d'implication sur le plan social et d'un endoctrinement très poussé — n'abandonnent pas facilement leurs convictions : Ils « se battront jusqu'au bout, pour prouver qu'ils ont bien eu raison de payer un droit d'entrée élevé » (1970, p. 93). En réalité, cependant, tout comme l'autocratie, cette configuration a tendance à être très vulnérable, à être soumise à l'action de forces destructrices qui se déclenchent en elle-même et devant lesquelles, elle cède fréquemment. Le fait de se soumettre, ne signifie pas seulement la destruction de la configuration de pouvoir, mais de l'organisation elle-même. Voilà une configuration qui dans bien des cas, préférerait mourir, plutôt que de se transformer. Ainsi, **une transition naturelle pour la configuration du missionnaire, c'est la dissolution de l'organisation, par suite de sa réticence à s'adapter aux exigences utilitaires du monde qui l'entoure.**

Le problème pour la configuration du missionnaire — on en a débattu longuement au chapitre 21 —, c'est de conserver son idéologie, sans perdre complètement le contact avec son environnement, autrement dit, de se différencier, afin de garder son caractère particulier, sans pourtant se couper du reste du monde. Cette situation place cette configuration du missionnaire sur le fil du rasoir, entre l'isolation et l'assimilation. D'un côté, il y a des configurations du missionnaire qui disparaissent, car elles s'isolent, plutôt que de risquer de voir leurs idéologies être contaminées ; elles épuisent tout simplement leur énergie. On a vu précédemment que l'immense majorité des communautés ou « communes » avaient disparu, car elles étaient incapables de subvenir à leurs besoins et de remplacer les membres qui partaient ou décédaient. D'autre part, des configurations du missionnaire plus ouvertes, tissent des liens avec le monde qui les entoure, et qui tend progressivement à les coopter. Dans ce cas, l'organisation survivra peut-être, mais l'idéologie et la configuration de pouvoir s'éteindront.

La transition naturelle pour les configurations du missionnaire qui survivent, c'est le système clos, car leurs coalitions externes sont très passives, et la diffusion du pouvoir interne, favorise les administrateurs centraux. Comme le fait remarquer Selznick (1952), le problème fondamental de ce genre d'organisation, c'est la nécessité de conserver une discipline, sans avoir recours à l'autorité. Aussi longtemps que les croyances et les fidélités restent solides, l'idéologie demeure le système d'influence dominant. Mais un certain nombre de forces surgissent naturellement dans cette configuration et l'affaiblissent.

L'une d'elles est la nécessité d'avoir une administration. Cette configuration est constamment confrontée à la menace d'un cercle interne fermé — composé d'administrateurs, qui se croient idéologiquement purs et durs, qui s'estiment être d'une nature supérieure, ou simplement avides d'avantages personnels — cercle de personnes qui prendraient le pouvoir et l'institutionnaliseraient, en créant un système d'autorité, poussant l'organisation vers la configuration du système clos. Il s'ensuit, que l'excès de zèle dans cette configuration, par l'exploitation excessive d'une croyance idéologique, tend à favoriser la transition vers le système clos. Bien entendu, il se peut qu'au contraire, un seul dirigeant prenne le pouvoir et l'exerce personnellement, donnant naissance à une autocratie. Mais la standardisation étant déjà répandue dans l'organisation, on s'attendrait plutôt à ce que le système de contrôle bureaucratique émerge comme étant prédominant. Des normes standardisées sont plus aisément converties en règlements standardisés, qu'en directives personnelles. C'est ce qu'attestent bon nombre d'études déjà publiées, de transitions du missionnaire au système clos, en particulier dans la description faite par Michels (1915) de sa loi implacable de l'oligarchie.

Michels considère qu'une telle transition fonctionne mal. Pourtant, assez curieusement, elle est parfois nécessaire, afin de mener à bien la mission de l'organisation, telle qu'elle est prévue. La finalité de la configuration du missionnaire, c'est de changer les normes de la société, soit directement, soit en transformant les membres qui la composent. Aussi cette configuration ajoute-t-elle l'inspiration au travail, permettant aux organisations d'accomplir leurs missions avec davantage d'enthousiasme et peut-être plus d'efficacité. De fait, la configuration type du missionnaire voit le jour, lorsqu'il s'agit de rendre institutionnelles les croyances de son propre chef charismatique : de répandre la bonne parole, pour ainsi dire. Mais ce processus d'institutionnalisation ne permet pas toujours d'aller assez loin, l'organisation sous sa forme de configuration du missionnaire, étant réduite en taille et en efficacité. Autrement dit, l'idéologie ne peut servir de substitut à l'effort administratif, afin d'amener des changements radicaux et étendus. Bien des configurations du missionnaire sont tout simplement trop petites, trop pauvres ou trop pures pour faire partager très largement les changements qu'elles désirent. C'est seulement lorsqu'une forme plus complète d'institutionnalisation se met en place, que l'organisation peut mener à bien l'augmentation de la richesse, de la dimension, de la sécurité et du pragmatisme nécessaires pour parvenir aux changements voulus. La mission sera certainement poursuivie avec moins d'inspiration et moins de dévouement, et aussi probablement moins de soin, mais elle le sera peut-être d'une manière plus systématique. Autrement dit, la bureaucratie mécaniste se révélera peut-être le seul type de structure, capable d'accomplir la mission ambitieuse que l'organisation s'est fixée. Et pour cela, il faut une configuration de pouvoir du système clos (ou de l'instrument, mais c'est moins vraisemblable, étant donné la passivité de la coalition externe).

Le temps est un autre facteur qui affaiblit l'idéologie et fait basculer tout naturellement le pouvoir vers les administrateurs. Même s'ils ne recherchent pas activement le pouvoir, le vieillissement de l'organisation le leur offrira peut-être. Il est difficile de conserver une ferveur idéologique sur une longue période de temps, sauf si la mission a un poids formidable, si les traditions sont très fortes et si l'organisation est à même de maintenir un niveau élevé de réalisations. A mesure qu'une organisation prend de l'âge, la dimension spirituelle tend à disparaître de l'idéologie. Les normes deviennent des procédures rigides, les croyances des règles. Les membres en viennent de plus en plus à considérer l'organisation comme un moyen de servir leur intérêts, plutôt que de se considérer comme un moyen permettant à l'organisation d'être au service d'un idéal. La croissance peut avoir le même effet, car il est difficile de reproduire l'esprit d'un petit groupe dans un autre plus grand, dans lequel tous les membres ne peuvent se connaître personnellement. Les vastes configurations du missionnaire essayent de se séparer en petites enclaves pour éviter ce problème, mais toutes ne réussissent pas, car il est d'autant plus difficile d'assurer la fidélité à une idéologie unique, au travers d'unités indépendantes.

Comme on l'a vu précédemment, cette transition de la configuration du missionnaire au système clos, apparaît dans un certain nombre de publications. Nous avons déjà cité l'ouvrage de Michels, dans lequel il décrit la manière dont les administrateurs à plein temps ont arraché le pouvoir aux bénévoles dans les partis socialistes et les syndicats européens, au début de ce siècle. D'autres études apportent des précisions, non pas tant sur la prise de pouvoir par quelques élus, que sur le repli sur soi effectué par tous, les idéaux étant remplacés par le besoin des membres, d'obtenir une gratification personnelle. Le système en arrive à servir ses agents internes, et donc émerge comme une sorte de système clos, comme nous l'avons vu précédemment. Là où auparavant la mission était la raison d'être, ou constituait le but primordial, elle est devenue plus tard, le moyen de servir les buts personnels des membres.

On a déjà fait état d'un certain nombre de ces analyses au chapitre 21 ; par exemple, les congrégations religieuses, ou les sections régionales de la légion américaine, dont la mission est devenue un prétexte pour des rencontres mondaines : le jeu du loto ou bingo a pris la place du salut. On a aussi parlé des kibboutzim israéliens, où le matérialisme a remplacé le zèle missionnaire. La description par Gussfield (1957) du vieillissement de l'union des femmes pour la tempérance chrétienne, montre bien le poids, à la fois du besoin de rencontres et de l'influence de l'administration. Créée en tant que mouvement de réhabilitation, pour aider les pauvres, en prônant l'abstinence totale de toute boisson alcoolisée, l'union connut une transformation radicale après l'abrogation de l'amendement portant sur la prohibition. La doctrine s'est alors transformée en « indignations morales envers la classe moyenne américaine contemporaine » (p. 323). Le pouvoir a fini par être détenu par une « minorité active » de membres qui avaient tendance à se maintenir au pouvoir à vie. Les fonctions nationales — des emplois à plein temps non rémunérés — étaient plutôt réservées à des femmes habitant près du siège social, des femmes dont la fortune des maris facilitait la disponibilité.

Bien entendu, toutes les configurations du missionnaire ne se transforment pas en système clos. Il existe également d'autres transitions. Parfois, un dirigeant parvient à se saisir du pouvoir à l'occasion d'une crise, et le missionnaire devient alors une autocratie[2]. Étant donné le haut degré de fidélité de ses membres, un autocrate qui s'empare de la direction d'une organisation, peut aisément les contraindre à l'obéissance. A d'autres moments, un besoin de compétences spécialisées se fait sentir dans l'organisation, comme cela a été le cas dans bien des kibboutzim, et le pouvoir est attribué de manière disproportionnée à certains individus qui possèdent ces compétences, ceci faisant du tort aux normes égalitaires nécessaires au maintien de la configuration du missionnaire. Une méritocratie surgit à sa place.

Une configuration du missionnaire peut également devenir un instrument, lorsqu'un détenteur d'influence externe parvient à en prendre le contrôle et à détruire son idéologie, en se débarrassant de ses traditions et de ses croyances. C'est le cas de l'exemple cité par Larçon et Reitter, à propos de la fabrique française de mobilier. Un autre exemple apparaît dans l'étude de Jenkins (1977), portant sur le conseil national des églises. Nous avons vu pré-

---

[2] La description faite par Gussfield, déjà citée, montre également les caractéristiques de l'autocratie.

cédemment, comment les agents internes ont saisi le contrôle de l'organisation pour l'amener à une configuration du missionnaire. Mais l'histoire s'est arrêtée là, car les membres de la congrégation « étaient de plus en plus hostiles aux programmes (de réforme), au fur et à mesure que... cette réforme apparaissait au grand jour, et menaçait leurs intérêts économiques et politiques » (p. 580). Une guerre a éclaté entre les membres externes et les réformateurs internes, dont le résultat a été la réorganisation de l'assemblée générale. On a accordé plus de pouvoir aux membres laïques, et l'expansion des programmes des militants activistes a été réduite. Finalement, l'assemblée générale a « ordonné » à ses cadres de « cesser de promouvoir de vastes programmes nationaux et de mettre l'accent sur la nécessité d'apporter des aides techniques aux programmes locaux » (p. 581) ; cette situation a modifié la base sur laquelle le conseil s'appuyait pour s'assurer l'obéissance.

Il faut noter qu'il n'y a pas eu de transition immédiate vers une configuration de l'instrument dans les deux exemples qui précèdent. C'est plutôt un conflit qui en a résulté, étant donné que les deux camps se sont disputé le contrôle de l'organisation. Autrement dit, la configuration du missionnaire est devenue une arène politique pendant un temps, jusqu'à ce qu'elle se soit transformée en instrument. Ceci donne à penser, que **lorque son idéologie est contestée, la résistance de ses défenseurs pousse le missionnaire vers une arène politique pendant un temps, sous forme d'alliance bancale ou de confrontation.**

L'étude de Jenkins montre également comment une configuration du missionnaire peut se transformer en une autre configuration du missionnaire. L'un des programmes les plus radicaux du conseil — affilié au syndicat des travailleurs agricoles — s'est mis en place hors du conseil et est devenu un missionnaire de plein droit, soutenu financièrement par les confessions et les organes ecclésiastiques les plus à gauche. Dans ce cas, bien entendu, l'idéologie n'a pas changé, ce n'est que l'endroit où elle était appliquée qui a changé. Mais on pourrait s'attendre à un résultat similaire, si une nouvelle idéologie menaçait une ancienne : l'attachement de la plupart des membres aux croyances existantes, devrait forcer les réformateurs à créer une nouvelle organisation, ou du moins une nouvelle enclave pour mettre en pratique leurs propres croyances, de manière indépendante (Leeds 1964). Ce n'est qu'avec le temps peut-être, qu'ils réussiront à remplacer l'idéologie de toute l'organisation[3].

---

[3] « Dans son étude des changements idéologiques intervenus dans les séminaires protestants américains, Adams (1968) a découvert que, juste avant ou après la formation d'une nouvelle doctrine idéologique, la proportion d'enseignants qui partent à la retraite, meurent ou sont licenciés, ainsi que ceux qui sont engagés, augmente. Il en conclut, que la revitalisation en théologie repose sur la présence de nouveaux visages, et non pas sur le fait de modifier la théologie des enseignants déjà en place. » (McNeil et Thompson 1971, p. 633).

LES TRANSITIONS QUI ONT POUR DESTINATION ET POUR PROVENANCE LA MÉRITOCRATIE

Le but de la méritocratie est de satisfaire aux besoins de la société, en connaissances et savoir-faire complexes — soit sous une forme standardisée, par l'intermédiaire de la bureaucratie professionnelle, ou sous une forme innovatrice, au travers de l'adhocratie — ; cette configuration surgit, lorsque la dépendance d'une organisation à l'égard de ces savoir-faire et de ces connaissances, nécessite une importante redistribution du pouvoir en faveur de ses experts. Une seule condition en est à l'origine : une technologie, c'est-à-dire, une base de connaissances, un élément de ce que nous avons appelé « l'environnement », ou encore un système technique, de nature complexe, tel que les instruments de production ou les opérations. C'est une condition nécessaire, suffisante, qui peut normalement primer sur toute autre, pour imposer une méritocratie. L'organisation peut être grande ou petite, peut fonctionner dans un environnement stable ou dynamique, peu importe. A moins, qu'elle ne vienne juste de voir le jour, l'organisation a de fortes chances d'adopter la configuration de pouvoir correspondant à la méritocratie, et cela dans son ensemble, ou du moins en grande partie.

Comme la condition *sine qua non* de son apparition — une technologie ou un système technique complexe — tend à surclasser la plupart des autres conditions, et du fait que cette condition a tendance à se maintenir pendant de longues périodes de temps, la méritocratie en soi, est peut-être la plus stable des six configurations de pouvoir. Par essence, une organisation dépendante de ses experts, reflétera inévitablement des caractéristiques de la méritocratie. La présence d'autres conditions — disons un détenteur d'influence externe dominant ou une forte idéologie — peut également donner naissance à d'autres caractéristiques, mais celles-ci doivent toujours aller de pair avec celles de la méritocratie au sein d'un hybride. Inversement, essayer d'imposer la méritocratie à une organisation n'ayant ni connaissances, ni savoir-faire complexes, est un exercice futile. On l'a vu au chapitre précédent, le résultat sera vraisemblablement une arène politique, du fait que les détenteurs d'influence essayent de s'accrocher à leur pouvoir, par des moyens artificiels, tels que de prétendues compétences spécialisées.

Ceci laisse à penser que la meilleure manière de déloger une méritocratie, c'est soit d'écarter l'organisation de la mission qui exige des compétences spécialisées, soit de rationaliser ces compétences spécialisées. Un dirigeant puissant, ou encore un détenteur d'influence externe, ou un groupe d'administrateurs, peuvent s'efforcer pour consolider leur pouvoir, de faire passer l'organisation dans un environnement moins complexe, où l'on peut s'occuper d'une mission qui n'exige pas de compétences spécialisées particulières. Les experts s'efforcent peut-être de s'y livrer eux-mêmes, lorsqu'une forte idéologie, liée à l'organisation et à laquelle ils croient, nécessite un tel changement de mission.

Mais modifier une mission est plus facile à dire qu'à faire. Le seul autre moyen sûr de modifier la configuration, c'est de rationaliser ou de « programmer » les connaissances et le savoir-faire des experts, autrement dit, de les découper en composantes simples, dont chacune peut s'apprendre rapidement et aisément, sans aucune formation antérieure. Cela coupe l'herbe sous les pieds des experts qui voient leur pouvoir s'affaiblir ; les savoir-faire que l'on ne peut acquérir qu'après des années de formation, sont éliminés. Des travailleurs non qualifiés peuvent alors remplacer les experts et le pouvoir pénètre dans la technostructure, touchant les analystes qui font la programmation. La coalition interne professionnelle devient bureaucratique, et l'organisation devient un instrument, s'il y a un détenteur d'influence externe puissant, sinon un système clos. Bien entendu, la rationalisation peut simplifier les tâches, à tel point que même les contrôles bureaucratiques deviennent superflus, et qu'une autocratie émerge, s'il existe un chef puissant ou encore une configuration du missionnaire peut émerger, s'il existe une forte idéologie. Et si par hasard, la rationalisation d'un ensemble de compétences spécialisées donne naissance à un autre ensemble, ou si un autre corps d'experts est tout prêt à le remplacer, alors une méritocratie se transforme simplement en une autre.

Crozier (1964) prétend que toutes les compétences spécialisées sont susceptibles d'être rationalisées, que ce n'est qu'une question de temps, avant qu'un ensemble de connaissances ou de savoir-faire ne devienne programmé de la sorte, et que les experts ne perdent leurs assises du pouvoir. A son avis, « les experts n'ont le pouvoir que sur le front du progrès, ce qui signifie que leur pouvoir est toujours changeant et fragile » (p. 165).

Mais Crozier décrivait là des secteurs de compétences spécialisées dans les bureaucraties mécanistes, telles que celles des équipes d'entretien dans les manufactures de tabac. Il est douteux que les experts aient un pouvoir fragile dans les méritocraties, qui sont des organisations dominées par des experts. Hôpitaux, universités et entreprises d'experts-comptables, ont depuis des décennies, donné la preuve d'un renforcement, plutôt que d'un déclin de leurs systèmes de compétences spécialisées. L'affirmation de Crozier concernant les glissements de pouvoir, peut mieux se justifier cependant. Les tâches individuelles sont réellement simplifiées dans ces organisations. Mais ces tâches sont simplement déléguées pour soutenir des gens, ou encore sont carrément en dehors de l'organisation, tandis que les experts n'arrêtent pas de faire continuellement l'inventaire des tâches de plus en plus complexes qui les attendent. Cela peut arriver si régulièrement, que certaines méritocraties ont toujours l'air d'être en état de transition perpétuelle, à la recherche de nouvelles formes d'elles-mêmes. Cependant, ces changements sont d'ordinaire progressifs, ce qui fait que la transition n'est pas trop perturbatrice, et à vrai dire, à peine évidente. C'est seulement lorsqu'un changement important se produit, exigeant le soudain remplacement d'un ensemble de compétences spécialisées par un autre, que la transition devient évidente et perturbatrice, entraînant d'ordinaire maints conflits entre les divers groupes d'experts.

Et si la rationalisation est bien le moyen le plus évident pour déloger la configuration de la méritocratie, ce n'est ni le plus facile, ni le plus naturel. Même le changement de mission, tout en étant concevable, n'est guère naturel. État donné le pouvoir des experts dans cette configuration, un changement aussi important exige inévitablement, qu'ils s'entendent. Mais pourquoi devraient-ils s'entendre, alors que leur pouvoir même, est ancré dans les savoir-faire et les compétences spécialisées, qu'exige la mission en place. En l'absence d'accord, il faudrait qu'un dirigeant, qu'un détenteur d'influence externe, ou qu'un ensemble d'administrateurs décidés à changer la mission, les renvoient tous. Il se passe quelque chose de semblable, lorsque les propriétaires d'une adhocratie, convertissent l'organisation en bureaucratie mécaniste, pour mettre en place une production massive de l'une de ses innovations. En principe, comme on l'a vu, les experts risquent de s'entendre, quand le changement de mission est rendu nécessaire par la présécence d'une forte idéologie qu'ils soutiennent eux-mêmes. Mais puisque l'idéologie est ancrée dans la mission, pour commencer, on ne devrait guère s'attendre à ce qu'elle nécessite un changement de mission.

Il existe une situation dans laquelle le changement de mission est courant, mais cela ne déloge pas la méritocratie, cela change seulement sa forme. A mesure qu'une adhocratie et ses experts prennent de l'âge, et en ont assez des années de turbulences dans leur environnement et d'arrangements de travail élastiques, ils éprouvent souvent le désir de s'installer dans une structure plus stable, dans laquelle ils peuvent se concentrer sur quelques techniques standardisées, au lieu de devoir tout le temps innover. Aussi, ils changent la nature de la mission et font glisser l'organisation vers une structure de bureaucratie professionnelle. Mais la configuration de pouvoir reste une méritocratie et le pouvoir des experts n'est pas réduit (cf. « Structure et dynamique des organisations »).

Donc, les forces de rationalisation et de transformation de la mission, qui pourraient fort bien détruire la méritocratie, ne sont pas inhérentes à la façon dont elle est constituée, tout au contraire. Aussi, la transition vers l'instrument ou le système clos, ou même vers l'autocratie ou le missionnaire, pour toutes ces raisons, n'est guère naturelle pour la méritocratie.

Cela signifie-t-il que la méritocratie représente le terminus pour l'organisation qui requiert des compétences spécialisées, et donc que la méritocratie est une configuration naturelle *ad vitam aeternam* ? Pas tout à fait. Il existe un ensemble de forces qui menacent cette configuration, forces qui sont inhérentes à sa nature même.

Par certains côtés, la méritocratie ressemble beaucoup au système clos. Tous deux sont des arrangements de pouvoir, qui veulent qu'une élite d'agents internes contrôle l'organisation, pour satisfaire à certains de leurs besoins personnels. Dans le système clos, ces agents internes sont les administrateurs ; dans la méritocratie, ce sont les experts. Mais au vu des forces qui œuvrent à la destruction de la configuration, cela ne fait guère de différence. Comme dans le système clos, certains agents internes de la méritocratie, tendent à se laisser emporter par leur propre pouvoir. Le pouvoir des experts dans cette configuration, peut être pratiquement absolu, n'étant pratiquement pas entravé par des forces administratives ou externes, et comme l'a fait remarquer Acton, « le pouvoir absolu est source de corruption absolue ». Nous avons déjà parlé de l'insensibilité qui existe au sein des organisations professionnelles : le chirurgien qui est prêt à faire passer sur le billard, tous ceux qui lui tombent sous la main, le professeur qui délaisse ses étudiants, pour s'occuper de ses chères recherches, l'assistant social qui est décidé à donner du pouvoir même à ceux qui n'en veulent pas. Dépasser les bornes dans une méritocratie, implique que les experts s'éprennent tellement de leurs propres compétences spécialisées, que tout le reste ne compte pas, ni l'organisation, ni même les clients de celle-ci.

Il y a une part d'insensibilité dans toute méritocratie. Elle est d'ordinaire circonscrite par des normes professionnelles. Même lorsque celle-ci dépasse les bornes, ces mêmes normes peuvent souvent la mettre au pas. Mais s'il n'y a aucun autre moyen de contrainte, parfois l'insensibilité peut trouver une base plus permanente et plus large, l'intérêt personnel parvenant à dominer les normes professionnelles. Qu'ils soient temporaires ou permanents, ces excès poussent la méritocratie vers l'arène politique, tout comme le fait le laisser-aller des agents internes du système clos.

L'insensibilité s'apparente à la cupidité : des gens obnubilés par le désir ardent de se servir, aux dépens des autres. Comme dans le système clos, la cupidité au sein de la méritocratie, fait s'opposer entre eux, les détenteurs d'influence internes. De plus en plus préoccupés à se servir eux-mêmes, les experts se disputent de plus en plus fréquemment entre eux, et les moyens d'influence politiques, remplacent les compétences spécialisées comme point de départ pour effectuer des choix. Ainsi, l'insensibilité, force intrinsèque à toute méritocratie, peut lui faire franchir le mur de l'arène politique.

Il est à noter, qu'inévitablement, les méritocraties sont proches de ce mur. C'est la configuration la plus politisée, à l'exception de l'arène politique elle-même, on l'a vu chapitre 22. Les experts s'attirent mutuellement dans des jeux politiques : débats budgétaires, constructions d'empires, candidats à placer, et ainsi de suite. Il en faut bien peu — réduction des ressources, introduction d'une nouvelle technologie, augmentation de l'insensibilité — pour faire basculer cette organisation du côté de l'arène politique.

Dans l'adhocratie, où les experts dépendent étroitement des autres experts, car ils doivent travailler en équipes temporaires, dans des structures très fluides, il existe de fortes probabilités pour qu'il se produise des excès politiques. La ligne de partage entre les conflits constructifs et les conflits destructeurs, — les premiers constituant la condition nécessaire de toute adhocratie, les seconds illustrant une caractéristique sous-jacente de l'arène politique — est toujours très floue. Quant à la bureaucratie professionnelle, comme les experts travaillent en grande partie d'une manière isolée, on peut plus facilement maintenir le couvercle sur l'activité politique. Mais ce n'est pas facile pour autant, car cela peut fréquemment s'embraser, du fait que les professionnels s'affrontent, à propos des attributions des ressources, ou des zones obscures dans le processus de découpage des responsabilités.

A tout ceci s'ajoute le fait — que les détenteurs d'influence externes, sont constamment sur le qui-vive. La méritocratie, comme le système clos est généralement visible et conséquente. Au chapitre 22, nous avons décrit sa coalition externe, comme étant tout juste passive, et nous avons dit que le pouvoir des compétences spécialisées internes, l'empêchait tout juste de se diviser. Encore une fois, il en faut peu pour rompre l'équilibre. Parfois un changement d'environnement suffit, ou peut-être il suffit simplement que certains détenteurs d'influence externes aient le sentiment que les temps sont venus d'exercer un contrôle. Ce qui est le plus susceptible de faire bouger les détenteurs d'influence externes, c'est le fait qu'ils s'aperçoivent de l'insensibilité croissante des experts. Mais quelle qu'en soit la cause, les tentatives des détenteurs d'influence externes de prendre le contrôle de l'organisation, font naturellement surgir la résistance des experts, et c'est ce qui amène la guerre — froide ou ouverte — entre les deux coalitions.

Étant donné les forces intrinsèques qui s'efforcent de politiser sa coalition interne, diviser sa coalition externe, et/ou susciter une guerre entre elles deux, la transition naturelle pour la méritocratie, c'est d'aller vers l'arène politique, parfois temporairement sous la forme de confrontation (peut-être pour se renouveler), parfois de manière plus durable sous la forme d'une organisation politisée. En réalité, ce qui se passe dans l'organisation des experts, c'est une lutte perpétuelle entre les forces de compétences spécialisées d'une part, et des politiques d'autre part. Toujours sur la corde raide, les méritocraties basculent parfois pour se transformer en arènes politiques.

Cette transition peut n'être que temporaire. En fait, une bonne partie de ces retours temporaires à la forme de confrontation de l'arène politique reflète les efforts accomplis par l'organisation pour se renouveler, après avoir effectué des modifications essentielles dans son fief des compétences spécialisées. De tels changements font généralement entrer en conflit divers groupes d'experts entre eux. Les jeunes Turcs pourvus de nouvelles techniques et de nouvelles connaissances, cherchent à remplacer une vieille garde d'experts, luttant pour maintenir son pouvoir.

Dans la forme fédérée de la méritocratie — la bureaucratie professionnelle —, les compétences spécialisées changent de temps à autre, exigeant des professionnels qu'ils se disputent les places dans la hiérarchie. Mais la plupart de ces changements sont mineurs, ne portant que sur des conflits entre une poignée de professionnels, et donc ne sont pas vraiment gênants. Lorsque ces changements sont importants, et qu'ils impliquent de nombreux professionnels de manière significative, alors l'organisation tend à devenir très politisée pendant la transition. Des experts bien implantés, soudés à leurs techniques standardisées, abandonnent rarement la partie sans combattre. Mais une fois la confrontation terminée, l'organisation retrouve généralement sa vie paisible de méritocratie[4].

Sous sa forme de collaboration — l'adhocratie —, de tels glissements de compétences sont plus fréquents et plus significatifs, par suite de la nature dynamique de l'environnement. A vrai dire, les adhocraties semblent conçues pour s'occuper des principaux glissements dans le pouvoir des experts, de manière régulière, presque en suivant le cours naturel des événements (Galbraith 1973). En tant que telle, l'organisation semble continuellement faire l'ascenceur entre la méritocratie et l'arène politique, entre ce qui paraît être un conflit constructif et un autre destructeur. Mais ces périodes d'arène politique, suscitées par des changements importants au niveau des compétences spécialisées, ne sont véritablement destructrices dans aucune forme de méritocratie, car ils représentent la manière la plus naturelle et la plus abordable pour cette configuration de se renouveler. En l'absence d'une autorité forte, la politique devient le véhicule nécessaire pour apporter les changements nécessaires. Tout comme le système clos, la méritocratie se renouvelle donc en devenant une forme de confrontation de l'arène politique, pendant une courte période, le temps que les agents internes se défient mutuellement. De cette façon, la méritocratie effectue une transition vers une nouvelle forme d'elle-même.

La transition naturelle vers l'arène politique peut cependant se produire sur des bases plus permanentes. L'insensibilité des experts s'accroît de manière déraisonnable et les détenteurs d'influence externes réagissent — ou alors, l'influence externe augmente, et les professionnels réagissent en augmentant leur insensibilité — et les conflits empoisonnent les relations à l'intérieur et à l'entour de l'organisation. Ces conflits se tempèrent, mais persistent — les experts tout comme les agents externes, ne souhaitent pas détruire l'organisation entièrement —, et ainsi émerge la forme d'arène politique, que nous avons appelée l'organisation politisée.

Cette transition menant à une forme d'arène politique plus permanente, peut être considérée, on l'a vu, comme naturelle pour la méritocratie, car elle prend sa source dans des forces intrinsèques à sa propre constitution. Bien des forces externes cependant, tendent à susciter le même genre de transition, c'est-à-dire que, même une bonne partie des forces qui surgissent indépendamment de la méritocratie, la poussent, non pas vers une autre configuration focalisée ou repérée, mais également vers l'arène politique. Cela peut s'expliquer par la ténacité des experts. Tant que la technologie ou le système technique restent complexes, le système des compétences spécialisées doit rester solide dans l'organisation. Ainsi, lorsqu'une force extérieure veut favoriser un autre système d'influence, elle ne remplace pas tant le système des compétences spécialisées, qu'elle suscite une opposition envers ce système.

---

[4] Une illustration graphique d'une confrontation de ce type, comprenant les résistances à l'introduction d'une nouvelle forme de traitement dans un hôpital psychiatrique, se trouve dans Mintzberg, Raisinghani et Theorêt (1976, pp. 268-270).

Une escalade dans le conflit en serait la suite logique, car les experts n'aiment généralement pas d'autres formes d'influence, qu'il s'agisse de contrôles externes personnels ou bureaucratiques, voire idéologiques, dans bien des cas. Au mieux, le conflit s'apaise pour donner naissance à une sorte d'alliance bancale. Par exemple, l'essor d'une dépendance externe cruciale peut amener un détenteur d'influence externe dominant sur le devant de la scène, et celui-ci s'efforcera de convertir l'organisation en un instrument, et ce, pour son propre compte. Les experts s'y opposent, et il peut s'ensuivre une confrontation directe, ou alors les deux parties peuvent se satisfaire d'une situation tendue, qui correspond à un hybride de l'instrument et de la méritocratie[5].

Pour conclure, c'est par l'intermédiaire des forces destructrices — intrinsèques ou externes —, que la méritocratie sera probablement poussée vers l'arène politique, sous une forme ou une autre, du moins tant que sa base de compétences spécialisées restera intacte.

LES TRANSITIONS QUI ONT POUR DESTINATION ET POUR PROVENANCE L'ARÈNE POLITIQUE

Nous avons déjà longuement étudié au chapitre précédent les conditions qui attirent une organisation vers l'arène politique, ainsi que ses raisons d'être dans la société et la stabilité des différentes formes qu'elle peut prendre. Nous ne nous y attarderons donc pas.

Ce qui distingue l'arène politique des autres configurations, c'est qu'elle constitue une organisation gagnée par un conflit, soit entièrement, soit en partie. Et la cause en est les exigences contradictoires qui lui sont imposées : soit un sérieux défi à son ordre établi, soit de sérieux défis entre ses détenteurs d'influence du moment. C'est une condition nécessaire, elle est suffisante, et elle primera habituellement sur les autres, transformant n'importe quelle organisation en arène politique, jusqu'à ce que le conflit soit résolu.

Certains facteurs peuvent favoriser cette situation : un changement fondamental dans une importante condition de l'organisation, un effondrement de l'ordre de pouvoir établi, pas d'ordre du tout, ou une mauvaise adaptation à un changement ou à un effondrement antérieurs. Chacune de ces conditions favorise la contestation des détenteurs d'influence externes, qui souhaitent

---

[5] De fait, tandis qu'une réglementation excessive de l'instrument — qui est censé être réglementé —, le convertira en système clos, une réglementation exagérée de la méritocratie — qui n'est pas censée être réglementée —, la poussera vers l'arène politique. Et la syndicalisation des experts (cf. chapitre 22), en réaction au contrôle externe, sert à renforcer la mainmise des administrateurs, favorisant l'émergence de caractéristiques typiques du système clos, ce qui peut encore rendre l'hybride plus compliqué encore, et intensifier le conflit.

réaligner une coalition ou modifier la configuration, bien que de telles contestations puissent aussi surgir spontanément.

S'il existe une forte résistance directe à un défi particulier, un conflit éclate, et la forme de confrontation de l'arène politique surgit. L'émergence de l'arène politique est également facilitée par la présence de forces équilibrées, mais irréconciliables, qui pèsent sur l'organisation, ce qui favorise l'apparition de l'arène politique, sous la forme d'une alliance bancale, au travers d'une mission à la fois visible et controversée, ce qui tend à donner naissance à la forme appelée « organisation politisée » ; et au travers d'un sérieux affaiblissement et peut-être de la mort imminente d'une organisation, il peut s'ensuivre ce que nous avons appelé l'arène politique complète.

Comme son principal système d'influence est celui de la politique, que nous avons défini au chapitre 13 comme un pouvoir illégitime, l'arène politique apparaît comme la moins légitime des six configurations de pouvoir. Elle peut parfois être tolérée, mais n'est pas estimée, et la tendance naturelle est d'essayer d'en finir au plus vite avec elle. Lorsque cela s'avère impossible, on s'efforce tout au moins de la déguiser, pour que sa présence ne soit pas trop criante. La politique n'est pas une activité respectable dans le monde des organisations, du moins pas en dehors des corps législatifs. Mais enfin, l'arène politique (cf. chapitre 23) remplit un certain nombre de buts importants dans la société, et elle en retire une certaine légitimité : elle induit des changements nécessaires, mais mal acceptés dans le pouvoir organisationnel, elle permet à certains hybrides indispensables de fonctionner, et elle accélère parfois la disparition d'organisations exsangues, et donc, aide à recycler leurs ressources.

La stabilité de l'arène politique, on l'a vu, est largement fonction de la forme qu'elle revêt. L'arène politique intense — sous sa forme complète ou contenue, en tant que confrontation —, est hautement instable. Elle doit se résoudre elle-même, tempérer l'intensité de son conflit, sinon elle détruira l'organisation. Les formes modérées sont plus stables cependant, bien qu'aucune forme d'arène politique ne peut être considérée comme vraiment stable. L'alliance bancale n'est rien de plus que cela, une alliance qui a tendance à s'embraser fréquemment dans des confrontations. Mais tant que ses forces sous-jacentes restent en équilibre, ces embrasements ne sont guère plus que des variations infimes de température, et la configuration de base reste intacte. Quant à l'organisation politisée et ses conflits modérés et endémiques, elle reste stable, aussi longtemps qu'elle conserve quelques moyens artificiels qui permettent de la soutenir.

Quelles sont les transitions naturelles pour les diverses formes de l'arène politique ? Qu'est-ce qui suit la confrontation, l'alliance bancale, l'arène politique complète et l'organisation politisée ?

Nous en avons parlé en détail au chapitre 23, dans la section intitulée « Cycles de vie de l'arène politique », et les résultats apparaissent sur la figure 23-2, à la page 563. Voici ces conclusions en résumé : la forme de confrontation tend à mener, soit à la pleine résolution du conflit, soit à une position d'attente, si le conflit ne peut être apaisé, sus la forme d'une alliance bancale ou peut-être d'une organisation politisée, bien qu'une intensification menant à une arène politique complète, ne saurait être exclue. L'alliance bancale tend à rester stable, tant que ses forces sous-jacentes restent en équilibre, bien qu'elle s'embrase périodiquement et prend la forme de la confrontation. Lorsque l'équilibre est rompu, une transition vers une configuration plus focalisée et mieux repérée, devient possible. L'organisation politisée tend à effectuer une transition vers l'arène politique complète, bien qu'une résolution totale du conflit soit également une lointaine possibilité, alors que l'arène politique complète amène généralement la disparition de l'organisation, bien qu'encore une fois, une résolution complète soit possible, ou peut-être bien, une modération menant à l'organisation politisée.

Mais lesquelles de ces transitions devrait-on considérer comme naturelles ? D'après nos conclusions, être la proie d'un conflit, ne peut être considéré comme un état de fait naturel pour une organisation, si ce n'est à deux conditions : d'abord que le conflit se soit déclaré pendant une transition naturelle d'une configuration focalisée et repérée, à une autre, comme lorsqu'une confrontation ou une alliance bancale surgissent pendant le passage, disons, d'un instrument à un système clos, et ensuite qu'une forme d'arène politique soit bien le résultat d'une transition naturelle, provenant de l'une des autres transitions, comme lorsqu'un système clos ou une méritocratie deviennent une organisation politisée. Examinons-les tour à tour.

Premièrement, prenons la situation dans laquelle une arène politique sert à induire une transition entre deux configurations focalisées et repérées, ou davantage, disons, entre l'autocratie et la méritocratie, ou entre l'instrument et le système clos. Dans ce cas, l'arène politique prend ordinairement la forme d'un embrasement, comprenant la forme de la confrontation ou peut-être encore la forme complète de l'arène politique, bien qu'elle puisse aussi apparaître sous la forme de l'alliance bancale, si la transition s'effectue progressivement. Dans cette situation, ce qui suivra forcément l'arène politique — autrement dit, sa propre transition —, sera la nouvelle configuration focalisée et repérée de pouvoir. Ainsi, toutes les autres transitions étudiées jusqu'à présent, qui sont naturelles, mais entraînent des conflits, doivent être considérées comme des transitions naturelles pour l'arène politique, également. Nous avons étudié jusqu'ici huit transitions de ce genre, plus deux autres qui vont des configurations focalisées jusqu'aux formes de l'arène politique elle-même, sans parler des transitions entre les différentes formes de l'arène politique. On les a fait ressortir en caractères gras dans le texte et dans les cases du tableau 24-1. Prenons tour à tour les conflits qui se font jour dans chacune d'entre elles :

* L'instrument effectue sa transition naturelle vers le système clos. Pour ce faire, les administrateurs doivent arracher le pouvoir à un détenteur d'influence externe dominant. Cela provoquera certainement des conflits, sous forme de confrontation, mais le changement peut aussi s'effectuer pro-

gressivement et mettre en œuvre une sorte d'alliance bancale, pendant un certain temps.

* Le système clos effectue sa transition naturelle vers l'arène politique elle-même, sous la forme de l'organisation politisée. De plus, elle se renouvelle naturellement au moyen de périodes de confrontation interne, effectuant de fait, une transition vers un état d'elle-même différent.

* L'autocratie peut effectuer sa transition naturelle vers l'instrument, le système clos, le missionnaire ou la méritocratie. La transition vers le missionnaire devrait être harmonieuse — s'effectuer sans conflit —, puisqu'elle a l'aval des agents internes, après le départ d'un dirigeant charismatique. En fait, c'est essayer de provoquer par la force, l'une des autres transitions qui cause généralement des conflits, car les agents internes qui sont en faveur du missionnaire, ou d'autres agents, pour différentes raisons, offrent de la résistance. Souvent, c'est le chef lui-même qui est encore en fonction, qui s'oppose à l'abandon de son pouvoir personnalisé. De toute façon, il en résulte une confrontation, ou alors une alliance bancale émerge pendant la transition. En particulier, la tentative d'un détenteur d'influence externe, pour prendre le contrôle de l'organisation et en faire son instrument, provoque d'ordinaire l'opposition du chef et des autres agents internes qui restent sur place après son départ : les efforts des administrateurs, visant à rendre institutionnel le pouvoir dans le système clos, se heurtent d'habitude à l'hostilité du chef, aussi longtemps qu'il est à son poste ; et l'émiettement du pouvoir du chef au bénéfice des experts, peut être contré par le dirigeant fondateur en personne, ou peut-être même par les administrateurs, après son départ.

* Le missionnaire effectue sa transition naturelle vers le système clos. Dans ce cas, les administrateurs prennent le pouvoir pour eux-mêmes, et détruisent l'idéologie, ou alors des membres moins attachés à l'idéologie, et désireux de s'occuper de leurs propres besoins individuels, font de même. Quelle que soit la manière dont cette transition s'effectue, elle suscite des conflits, du moment que des membres restés fidèles à l'idéologie, s'opposent à sa destruction. Une courte confrontation ou une période plus prolongée d'alliance bancale, sont probablement inévitables.

* Enfin, la méritocratie effectue sa transition naturelle vers l'arène politique elle-même, sous la forme de l'organisation politisée. Aussi, tout comme le système clos, elle se renouvelle naturellement, au moyen de périodes de confrontations internes, effectuant de fait une transition vers un autre état d'elle-même.

Notre conclusion générale sera que **l'arène politique sous sa forme de confrontation ou d'alliance bancale, est susceptible d'apparaître naturellement dans les transitions naturelles, à partir de l'autocratie en direction, soit de l'instrument, du système clos, ou de la méritocratie, et à partir de l'instrument ou du missionnaire en direction du système clos, ainsi que lors du renouvellement naturel du système clos et de la méritocratie, qui constituent des transitions menant à d'autres états de ces mêmes configurations.** Ceci ne veut pas dire, bien sûr, que l'arène politique ne peut apparaître pendant d'autres transitions que nous n'avons pas étiquetées comme naturelles, celles qui sont causées par des forces externes. Toutes les cases du tableau 24-1 sont remplies, ce qui veut dire que n'importe quelle configuration peut effectuer une transition vers une autre configuration, ou vers elle-même quand elle a changé de condition. Et pratiquement n'importe laquelle de ces transitions peut amener des conflits, poussant l'organisation vers les formes d'arène politique, de confrontation ou d'alliance bancale, pendant un temps[6].

C'est seulement dans des conditions particulières, qu'une organisation est susceptible d'éviter une étape de conflit intermédiaire, pendant une transition, par exemple, lorsqu'un changement spécifique est retardé depuis longtemps, et bénéficie d'un large consensus, lorsqu'un vieux centre de pouvoir se désintègre rapidement, et que son successeur prévisible prend immédiatement la suite, ou bien, lorsque les convictions d'un dirigeant se transforment naturellement en idéologie, au moment de son départ. De manière plus générale, cependant, la destruction d'une configuration et son remplacement par une autre, ou bien par un autre état de la même configuration, tout cela prend du temps et implique des frictions, donnant naissance à une forme d'arène politique, dans l'intervalle. Les idéologies ne disparaissent pas du jour au lendemain, les experts ne baissent pas les bras sans combattre, même lorsque leur savoir-faire a été rationalisé ; et ce n'est pas le cas non plus des administrateurs, dont les systèmes de contrôle bureaucratiques sont devenus superflus. Autrement dit, les transitions à partir du missionnaire, de la méritocratie ou du système clos, exigent inévitablement un passage par l'arène politique. Également, dans bien des cas, la transition, à partir d'un instrument ou d'une autocratie, lorsque le détenteur d'influence externe dominant ou le P.-D.G. montrent des réticences à s'écarter du pouvoir de bon gré. Notre conclusion générale est que l'on peut voir l'arène politique dans toutes les transitions du tableau 24-1, en tant que halte possible entre les anciennes et les nouvelles configurations. Ainsi, la rangée du bas et la colonne sur la droite du tableau 24-1, pourraient comporter toutes sortes de possibilités ; plutôt que de surcharger ce tableau, nous nous sommes contentés d'indiquer le cas général.

Jusqu'ici, nous avons étudié l'arène politique qui apparaît pendant la transition entre deux configurations de pouvoir. Mais certaines transitions commencent ou finissent avec l'arène politique elle-même. Qu'advient-il alors ? Parfois une arène politique apparaît en fait, pendant ce qui devrait être une autre transition, mais celle-ci est déviée, et l'arène politique devient le point terminus. Par exemple, une confrontation finit dans une impasse, si bien que la transition est stoppée au beau milieu et qu'émerge à la place une arène politique sous forme d'une alliance bancale. Ou bien, la confrontation envahit l'organisation, mais s'affaiblit en intensité, ce qui mène à l'organisation politisée.

---

[6] Bien que pour simplifier, nous ayons passé cet aspect-là sous silence jusqu'ici, décrivant chaque transition pour ainsi dire, à partir de la configuration initiale stable, jusqu'à la configuration finale.

Sachant que l'organisation est confrontée à une forme stable de l'arène politique — alliance bancale ou organisation politisée — quelles transitions pouvons nous en attendre ?

Pour l'alliance bancale, tant que les différentes forces qui la sous-tendent, restent en équilibre, on peut s'attendre à ce qu'elle reste intacte. Des embrasements périodiques auront lieu, qui résulteront en des transitions temporaires vers l'arène politique de confrontation. Mais pour les forces sous-jacentes en équilibre, on peut s'attendre à un retour rapide à l'alliance bancale. Un changement intervenant dans l'une des forces sous-jacentes, peut cependant la faire basculer et faire passer l'organisation vers l'une des configurations de pouvoir les plus focalisées. (Encore une fois, nous n'avons pas voulu encombrer le tableau 24-1, car les possibilités sont très nombreuses.)

L'organisation politisée, on l'a vu, peut émerger dans le réseau des transitions naturelles, entre nos cinq configurations focalisées. Elle suit naturellement le système clos et la méritocratie, une fois que ces configurations se sont écroulées, à cause des forces destructrices qui leur sont intrinsèques. Ces forces divisent leurs coalitions externes, politisent leurs coalitions internes et créent des conflits entre les deux. A mesure que le conflit s'étend à tout le système de pouvoir, l'organisation politisée fait surface. Mais qu'advient-il donc ensuite !

On l'a déjà noté, comme elle consomme beaucoup d'énergie dans des conflits, l'organisation politisée ne peut subvenir à ses propres besoins, et doit donc être considérée comme n'ayant une stabilité qu'en fonction de son support. Retirez lui ses béquilles, et la voilà qui tombe. Bien entendu, ces béquilles peuvent être bien implantées, après des années passées sous la forme d'un puissant système clos ou d'une puissante méritocratie : mais ces béquilles ne peuvent durer éternellement. Au bout du compte, l'organisation doit utiliser ses ressources en réserve, surexploiter sa position de monopole, épuiser son bienfaiteur, ou faire quelque chose d'autre. Et ensuite ? Qu'advient-il de l'organisation envahie par des conflits ?

Ils peuvent, bien entendu, se résoudre (cf. chapitre 23). Face à une menace mettant en cause la survie de leur organisation, les détenteurs d'influence peuvent se retirer complètement et permettre à une nouvelle configuration davantage focalisée, d'émerger pour sauver l'organisation. Puisqu'une menace mettant en cause sa survie, est l'ultime crise pour une organisation, et comme les conditions de crise tendent à donner naissance à l'autocratie (cf. chapitre 20), c'est cette configuration que l'on s'attendrait à voir apparaître, lorsque le conflit de l'organisation politisée est suspendu. Les détenteurs d'influence mettent le pouvoir dans les mains d'un seul dirigeant, dans le but de sauver l'organisation, lui laissant une chance de mettre en œuvre un important programme de redressement qui couvre tous les domaines.

Il faut mentionner autre chose concernant la résolution des conflits dans cette forme d'arène politique. Une organisation politisée revient à un trop plein de conflits, car le conflit est à la fois endémique et persistant, affabilissant sérieusement l'organisation. Et un trop plein de conflits, tout comme l'excès dans toute autre forme d'influence, peut être à l'origine d'une transition vers une autre configuration de pouvoir. A laquelle faut-il s'attendre ? Lorsque l'excès de conflits se limite à la coalition interne, les détenteurs d'influence externes peuvent avoir le dessus, comme les agents internes se détruisent mutuellement, renvoyant l'organisation vers l'instrument. Le cas échéant, un excès de conflits se situant uniquement dans la coalition externe, renforcera les agents internes et poussera l'organisation vers l'une des configurations dont le pouvoir est focalisé intérieurement, par exemple, le système clos. Mais, être une organisation politisée, signifie connaître des conflits dans les deux coalitions. Et, comme on l'a vu au chapitre 20, si un excès général de conflits peut renforcer le pouvoir de quelqu'un, il y a de fortes chances que ce soit le P.-D.G., ou du moins celui qui sera capable d'exploiter l'extrême confusion qui règne à son profit, pour renforcer sa base de pouvoir. Là aussi, on s'attendrait à voir émerger une autocratie. Ainsi, on peut conflure que **l'organisation politisée peut retourner naturellement vers l'autocratie, afin de trouver son salut dans le renouvellement.**

Une telle transition peut être naturelle, car elle est le reflet de certaines forces inhérentes à l'organisation politisée. Mais il y a peu de chances, pour que cela se passe ainsi. Une organisation résoudra probablement le conflit intense de l'arène politique de confrontation, car ce conflit est restreint. Mais lorsqu'il touche le système de pouvoir dans son ensemble, comme c'est le cas pour l'organisation politisée, il y a fort à penser (cf. chapitre 23), que l'organisation n'est guère susceptible de s'en libérer complètement.

Une deuxième transition provenant de l'organisation politisée est donc, selon nous, plus naturelle et davantage plausible. Plutôt que de résoudre le conflit, on peut s'attendre à ce qu'elle s'intensifie au bout du compte. L'intérêt égoïste se mue en avidité de consommation, et le processus de l'organisation s'effondre totalement. Autrement dit (cf. chapitre 23), **une fois qu'une organisation est la proie des conflits endémiques de l'organisation politisée, la transition finale est la plus naturelle de cette configuration, c'est d'aller vers l'arène politique complète, suivie naturellement par la mort de l'organisation.** On peut donc penser que la transition la plus naturelle pour l'organisation politisée, n'est pas de retourner à une configuration plus focalisée, mais de poursuivre sa route vers la forme d'arène politique la plus intense et la plus ramifiée, à savoir l'arène politique complète. Et la transition naturelle mène à partir de là, à la mort de l'organisation. En d'autres termes, l'organisation politisée apparaît au bout de la ligne de vie d'une organisation, plutôt que pour servir, de relais vers un autre état plus stable et plus harmonieux. Il semble, en effet, peu vraisemblable, que des compagnies politisées puissent faire marche arrière et redevenir des instruments, des systèmes clos ou des autocraties. Une fois considérées comme des institutions significatives et quasi publiques, qui donc parmi les principaux groupes de détenteurs d'influence, les abandonnerait à leur sort ? En étant politisée à l'extrême, une organisation semble bien devoir le rester, jusqu'à ce que l'explosion finale de ses conflits, ne la détruise.

MODÈLE REVU ET CORRIGÉ DES ÉTAPES DU DÉVELOPPEMENT D'UNE ORGANISATION

Jusqu'ici, nous nous sommes contentés de décrire les transitions effectuées *entre* les configurations, et d'observer la direction qu'elles prenaient, en se désintégrant spontanément, ou sous l'effet de forces externes. Nous en arrivons maintenant à la manière dont ces transitions peuvent s'emboîter, pour constituer des schémas de changement pour le pouvoir. Nous allons donc aborder maintenant, les transitions qui sont courantes *parmi* les configurations de pouvoir.

On se réfère généralement aux publications qui traitent des schémas de transition entre les divers types d'organisations, par l'intermédiaire du vocable : théorie des « étapes du développement ». Cette théorie suppose, comme nous l'avons fait ici, que certaines forces intrinsèques mènent naturellement les organisations d'un type à un autre, par étapes, au fur et à mesure qu'elles vieillissent, croissent et élaborent leurs structures. On pense que les organisations passent le plus clair de leur temps dans l'état permanent d'un seul type cohérent, un état interrompu périodiquement par la transition vers un nouveau type, ce qui est fréquemment un processus perturbateur, provoquant une sorte de révolution dans l'organisation.

Comme on l'a vu en détail dans l'ouvrage « Structure et dynamique des organisations » (Mintzberg 1979 a), les différents articles portant sur les étapes du développement des organisations, dont la plupart sont centrés spécifiquement sur les transitions entre divers types de structures organisationnelles, ont révélé des convergences frappantes. En particulier, la plupart des articles décrivent tout ou partie d'une séquence en trois étapes ; selon notre terminologie à ce moment-là, le passage de la structure simple à la bureaucratie mécaniste et à la structure divisionnalisée[7]. Personne ne prétend que cette séquence soit inévitable. D'aucuns ont d'ailleurs montré que certains types d'organisations ont tendance à se fixer à certaines étapes et de ne plus avancer ou même de rompre la séquence, en sautant des étapes ou en opérant des retours en arrière vers d'autres. Mais l'hypothèse qui sous-tend toutes les étapes de la théorie du développement, veut que certains schémas sont plus naturels que d'autres — autrement dit, sont entraînés par des forces inhérentes aux organisations elle-mêmes, au cours de leur développement — et dont on s'attend par suite, qu'elles soient plus courantes.

---

[7] Certains articles plus récents, ont fait allusion à une quatrième étape, de structure matricielle, ou adhocratie ; mais cette conclusion demeure hypothétique.

Selon la terminologie utilisée ici, cette séquence en trois étapes, se résume à : une autocratie suivie peut-être de l'instrument, et puis probablement du système clos, puisque la bureaucratie mécaniste se trouve, à la fois dans l'instrument et le système clos, tandis que la structure divisionnalisée semble être plus généralement associée au système clos. Voilà, à notre avis, une séquence naturelle, dans une certaine mesure, mais que nous trouvons également incomplète. Elle est tout à fait cohérente avec ce que les chercheurs nous expliquent, en général, sur la structure des organisations, mais fait peu de cas de ce que nous avons appris du pouvoir dans l'organisation. De plus, elle traite de la croissance des organisations, mais ne dit rien de leur disparition. Elle présente un cycle de vie qui se termine à la maturité, comme si la vieillesse et la mort ne faisaient pas partie du cycle de vie. En utilisant ce que nous avons appris sur le pouvoir, à l'intérieur et à l'entour des organisations, nous pouvons étoffer cette théorie conventionnelle, en décrivant un tableau plus complet des cycles de vie des organisations. C'est ce que nous appelerons un modèle revu et corrigé des étapes du développement de l'organisation.

Si l'on pense que les cycles de vie reflètent les forces inhérentes aux organisations, à mesure qu'elles se développent, alors les propositions que nous avons présentées ici et qui décrivent ce que nous avons appelé les transitions « naturelles » — celles qui sont en caractères gras et qui occupent certaines des cases du tableau 24-1 —, devraient, dans leur ensemble, servir de base à notre modèle revu et corrigé. En réalité, pour faire fonctionner notre modèle, il suffit de relier les configurations en suivant ces propositions. C'est ce qui a été fait pour la figure 24-1, qui présente le modèle dans son ensemble.

Ce qui sous-tend ce modèle, c'est la conviction, étayée par un certain nombre d'arguments déjà présentés dans ce chapitre, que les configurations ont tendance à se mettre à leur place, à différentes étapes dans la vie des organisations, selon leur finalité propre. L'Autocratie apparaît souvent très tôt — généralement dans les années de formation —, dans le but, en premier lieu, d'asseoir l'organisation. Mais, comme elle dépend d'une seule personne, elle a également tendance à être éphémère.

L'instrument et le missionnaire tendent aussi à apparaître dans les premières années, lors d'une sorte d'adolescence, pendant laquelle la croissance est soutenue et la maturité en vue. Mais également, ni l'un, ni l'autre, ne donnent naissance à une organisation. Tous deux exigent par contre, d'être mis en place d'abord par un chef ; dans le cas du missionnaire, par un individu charismatique, qui met en place un solide système de convictions. Tous deux, pourtant, se tiennent prêts, chacun à sa manière, à prendre la suite de ce dirigeant, afin de rendre institutionnelles ses innovations ou ses convictions. D'autre part, aucune de ces deux configurations n'est capable de se maintenir au-delà d'une certaine limite du développement de l'organisation. L'instrument nécessite une organisation assez petite et malléable, pour accepter un contrôle externe direct, tandis que le missionnaire exige une fidélité inconditionnelle à une mission. Au fur et à mesure que les organisations se développent, elles tendent à devenir moins malléables, et les fidèlités à s'atrophier.

Le sytème clos et la méritocratie ont été décrits comme les configurations de pouvoir les plus stables. Ainsi, elles semblent aller de pair avec l'étape de la maturité et de l'âge adulte. Toutes deux doivent être précédées par d'autres configurations qui mettent en place l'organisation, mais une fois que l'une de ces deux configurations s'empare de l'organisation, celle-ci semble pouvoir se maintenir sur une longue période de temps. En même temps que le but du système clos, est d'institutionnaliser davantage la mission de l'organisation, et en particulier de faciliter l'accomplissement de cette mission sur une large échelle, la présence de cette configuration indique également une détérioration de la mission et un remplacement progressif des buts externes ou des buts qui servent la société, par des buts internes et servant l'intérêt propre de l'organisation. On peut dire à peu près la même chose de la méritocratie, qui existe dans le but d'institutionnaliser une mission exigeant des connaissances et un savoir-faire complexes, mais qui peut fort bien remplacer les buts liés à cette mission, au bénéfice d'autres qui servent les agents internes.

Enfin, nous avons vu, que l'arène politique apparaît à la fin du cycle de vie d'une organisation sous deux formes. D'abord, en tant qu'organisation politisée, elle représente l'état de décomposition, équivalent à la vieillesse. Puis, sous la forme de l'arène politique complète, elle soutient l'organisation dans son agonie, servant à la débarrasser de ses ressources. D'autres formes de l'arène politique, cependant, sont apparues à d'autres étapes. La forme de confrontation et parfois les alliances bancales, ont été considérées comme nécessaires, pour amener bien des transitions entre les étapes, et aussi pour régénérer les méritocraties et les systèmes clos inactifs. De la sorte, ils ressemblent aux périodes transitoires de la vie humaine, comme la puberté, la crise de l'âge mûr, ou de la ménopause.

En résumé donc, notre modèle (cf. figure 24-1), indique que les organisations sont, en général, à la naissance, les autocraties. Celles qui survivent, tendent, au bout du compte, à effectuer une transition, soit vers l'instrument, soit vers le missionnaire, ce qui équivaut à l'étape de l'adolescence, ou à un développement rapide, bien que quelques-unes passent directement à la maturité d'un système clos ou méritocratie. Les instruments et les missionnaires qui survivent, finissent par devenir des systèmes clos. Toutes les transitions vues jusqu'ici, sauf celle de l'autocratie vers le missionnaire, comprennent fréquemment l'étape intermédiaire de l'arène politique, sous la forme de confrontation et/ou d'alliance bancale. Les systèmes clos et les méritocraties tendent à subsister extrêmement longtemps, en partie à cause de leur capacité de renouvellement via l'arène politique de confrontation — parfois survie d'une courte période d'autocratie, dans le cas du système clos —, mais ces configurations tendent progressivement à se politiser, émergeant finalement à l'étape du déclin ou de la disparition de l'organisation, sous la forme de l'organisation politisée. Et bien qu'un renouvellement général de l'organisation soit possible, par le biais d'une régression vers l'autocratie — pour commencer un nouveau cycle de vie —, il est plus probable que l'organisation politisée soit une impasse, menant en fin de compte, par l'intermédiaire de l'arène politique complète, à la mort de l'organisation.

Passons maintenat à l'étude individuelle de ces étapes.

NAISSANCE DE L'ORGANISATION

Il est fréquent qu'une organisation démarre dans la vie comme une autocratie, mise sur pied par un chef volontaire. Au moins jusqu'à ce que qu'elle soit installée, les détenteurs d'influence externes la laissent tranquille. Et les détenteurs d'influence internes, généralement embauchés par le chef, tendent à lui être fidèles, ce qui a comme conséquence, que la configuration de pouvoir de l'autocratie peut fort bien durer tout le temps qu'il restera en place. Pour savoir si c'est vraiment le cas, tout dépend de la nature de l'organisation. Celles qui employent beaucoup de professionnels, connaissent des périodes d'autocratie plus brèves, par exemple, que celles qui opèrent avec des travailleurs non qualifiés, dans un environnement simple et dynamique.

Certaines organisations ont bien sûr été créées pour faire office d'instruments. Un individu décidé à rester en dehors de l'organisation, engage quelqu'un qui la mettra en place pour son compte. Mais là encore, le besoin d'une direction forte au départ et l'attirance qu'éprouvent les chefs volontaires et puissants pour les situations dans lesquelles ils peuvent créer des organisations donnent souvent naissance aux caractéristiques de l'autocratie, du moins pendant quelque temps. Et cela facilite encore la tâche de ceux qui recherchent une organisation pour en faire leur instrument : ils peuvent ainsi prendre le contrôle d'une organisation déjà en place, plutôt que d'essayer de voir une nouvelle organisation créée pour eux[8].

DÉVELOPPEMENT DE L'ORGANISATION

On l'a vu, les autocraties ont tendance à être vulnérables, et bien des organisations meurent en ayant cette configuration. La disparition de l'organisation apparaît à la figure 24-1, sous forme de deux lignes parallèles. Mais les autocraties qui survivent et se développent au point d'abandonner naturellement leur configuration, ont quatre possibilités.

Les dirigeants fondateurs sont souvent charismatiques. A leur départ,

---

[8] Comme on l'a noté au chapitre 22, certaines organisations commencent comme des fédérations, leurs structures administratives étant prévues pour être les instruments des membres fondateurs. Là où le conseil de la fédération a une dimension significative, par rapport à son appareil administratif, c'est bien ce qui risque de se produire. Mais lorsque l'appareil administratif devient important, et surtout lorsque les membres en dépendent fortement, c'est l'autocratie qui peut, en fait, émerger dans la période de formation, suivie par le système clos, alors que s'installe l'institutionnalisation et que l'administration créée pour parvenir à coordonner ses membres, consolide le pouvoir qu'elle a sur eux. Le flux de pouvoir s'inverse, et la fédération ressemble, de plus en plus, à une structure divisionnalisée à l'envers, le pouvoir étant concentré au quartier général, puis délégué aux divisions subordonnées.

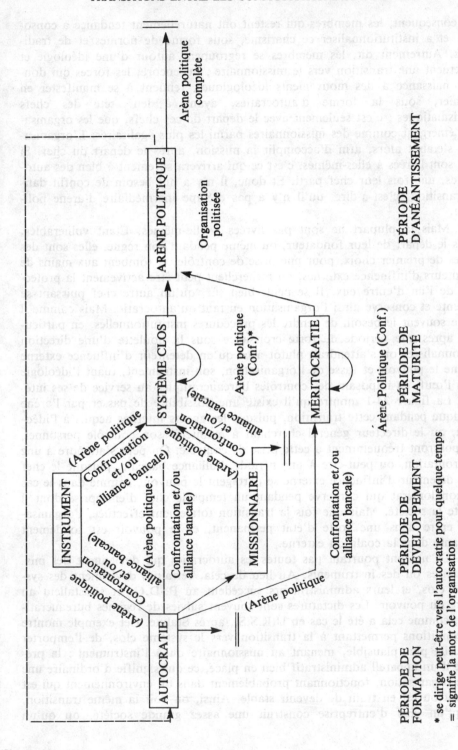

Figure 24-1. *Un modèle revu et corrigé des étapes du développement d'une organisation*

par conséquent, les membres qui restent ont naturellement tendance à consolider et à institutionnaliser ce charisme, sous forme de normes et de traditions. Autrement dit, les membres se regroupent autour d'une idéologie et effectuent une transition vers le missionnaire ; ou encore, les forces qui donnent naissance à des mouvements idéologiques, tendent à se manifester en premier, sous la forme d'autocraties, ayant à leur tête des chefs charismatiques ; c'est seulement avec le départ de ces chefs, que les organisation émergent comme des missionnaires parmi les plus égalitaires. L'organisation s'établit alors, afin d'accomplir la mission, après le départ du chef. Si elles sont livrées à elles-mêmes, c'est ce qui arrivera sûrement à bien des autocraties, une fois leur chef parti. Et donc, il n'y a nul besoin de conflit dans la transition, c'est-à-dire, qu'il n'y a pas d'étape inermédiaire d'arène politique.

Mais la plupart ne sont pas livrées à elle-mêmes. Étant vulnérables, après le départ de leur fondateur, ou même pendant son règne, elles sont des proies de premier choix, pour une prise de contrôle, et tombent aux mains de détenteurs d'influence externes, ou recherchent peut-être activement la protection de l'un d'entre eux. Il se peut, bien sûr, qu'un autre chef puissant se présente et conserve ainsi l'organisation en tant qu'autocratie. Mais comme il existe souvent le besoin de rendre les procédures institutionnelles, en particulier, après une période de forte croissance sous la houlette d'une direction personnalisée, on s'attendrait plutôt à ce qu'un détenteur d'influence externe prenne le pouvoir et fasse de l'organisation, son instrument, tuant l'idéologie dans l'œuf, en imposant des contrôles bureaucratiques au service de ses intérêts. La figure 24-1 montre qu'il existe une possibilité de passer par l'arène politique pendant cette transition, puisque les agents internes acquis à l'idéologie, ou le directeur général cherchant à maintenir son contrôle personnel, s'opposeront fréquemment à cette prise de contrôle. On peut s'attendre à une confrontation, ou peut-être à une période d'alliance bancale, puisque le chef et le détenteur d'influence externe se partagent le pouvoir, comme dans le cas du conglomérat qui conserve pendant un temps le chef d'entreprise dont il achète la société. Mais une fois la transition totalement effectuée, l'organisation entre dans une sorte d'état permanent, et le pouvoir est solidement implanté dans la coalition externe.

Ce ne sont pourtant pas toutes les autocraties qui deviennent des missionnaires ou des instruments. Au lieu de cela, certaines deviennent des systèmes clos, et leurs administrateurs succèdent au P.-D.G. et s'installent au centre du pouvoir. Les dictatures sont souvent suivies de régimes bureaucratiques, comme cela a été le cas en U.R.S.S., après Staline. Cet exemple montre les conditions permettant à la transition vers le système clos, de l'emporter sur celle plus plausible, menant au missionnaire ou à l'instrument : la présence d'un appareil administratif bien en place, ce qui signifie d'ordinaire une vaste organisation, fonctionnant probablement dans un environnement qui est devenu ou est en train de devenir stable. Ainsi, on voit la même transition, lorsqu'un chef d'entreprise construit une assez grande société, ou qu'un leader syndical monte un grand syndicat. Un dirigeant ne peut éviter la mise sur pied d'un appareil administratif, avec lequel il doit partager le pouvoir, dans ce qui deviendra, à coup sûr, une alliance bancale pendant la transition, connaissant des confrontations tendues périodiques. Et après le départ du chef, à moins que la succession ne soit clairement déterminée, on peut s'attendre à d'autres confrontations. Les rivalités pour le pouvoir en haut de la hiérarchie, opposeront divers administrateurs. Ou bien les administrateurs, en faveur d'un contrôle bureaucratique, peuvent se heurter à d'autres détenteurs d'influence, par exemple, à divers agents internes, qui souhaitent institutionnaliser les convictions du chef, sous forme d'idéologie, et convertir l'organisation en un missionnaire, ou bien, à des détenteurs d'influence externes, cherchant à faire de l'organisation leur instrument, ou peut-être même à un agent interne cherchant à prendre le contrôle de la direction, et la transformer en autocratie pour son propre compte. La figure 24-1 montre la possibilité de l'occurence d'une arène politique, sous forme d'alliance bancale ou de confrontation, pendant la transition provenant de l'autocratie et allant vers le système clos.

Peu d'autocraties deviennent directement des systèmes clos, cependant, car la plupart sont petites et il leur manque l'appareil administratif requis, pour prendre le contrôle de l'organisation. Ils tendent, au lieu de cela, à devenir des instruments ou des missionnaires, deux configurations grâce auxquelles cet appareil peut commencer à se développer ; surtout dans le cas de l'instrument, ce qui favorise l'installation de procédures bureaucratiques. Ensuite, plus tard, une fois cet appareil en place, la transition vers le système clos peut commencer.

Il y a une autre transition que l'autocratie peut effectuer, qui est parfaitement naturelle, sous une condition particulière. Confrontée à la nécessité d'avoir des connaissances et des techniques poussées, elle devient une méritocratie. Si c'est le cas, la période d'autocratie sera probablement courte, puisque les experts vont commencer à prendre le contrôle d'une bonne partie du pouvoir, une fois installés, surtout dans la bureaucratie professionnelle, où pratiquement, dès le départ, l'organisation adopte des programmes normalisés déjà en vigueur dans d'autres organisations. On pourrait encore connaître pourtant, une période transitoire d'arène politique. Une confrontation peut avoir lieu entre le P.-D.G., peu pressé d'abandonner le pouvoir, et les experts déterminés à l'obtenir rapidement. Ou alors, il se peut que les deux camps forment une alliance bancale temporairement. De toute façon, la période de conflit devrait être brève, et généralement moins anarchique que celle qui existe pendant la transition de l'autocratie vers le système clos, ou même vers l'instrument, car la base du pouvoir des experts est clairement définie.

MATURITÉ DE L'ORGANISATION   Jusqu'ici, nous avons vu des organisations qui débutaient comme des autocraties, et la plupart sont devenues, soit des missionnaires, soit des instruments, s'il y avait intervention de détenteurs d'influence externes, sauf si, à cause de leur besoin de compétences spécialisées, elles étaient destinées à devenir des méritocraties, ou alors, gérées pour atteindre une grande dimension, elles étaient détournées au profit de leurs administrateurs vers une configuration du système clos. Qu'arrive-t-il ensuite aux missionnaires et aux instruments ? A notre avis, la réponse est la suivante : Au bout du compte, c'est la même chose qui est arrivée plus brusquement aux autocraties qui sont devenues très grandes. En supposant qu'ils survivent et se développent, instruments comme missionnaires, sont de plus en plus attirés vers une configuration du système clos. Petit à petit, leurs procédures deviennent routinières, sous forme de normes formelles ; les administrateurs augmentent leur propre pouvoir, et les agents internes en viennent à considérer l'organisation comme étant à leur propre service, plutôt qu'au service d'un agent externe, ou d'une noble mission.

Dans l'instrument, les administrateurs engagés pour atteindre les buts de détenteur d'influence dominant, en viennent de plus en plus à exploiter pour leur propre compte, le contrôle direct qu'ils exercent sur les décisions. Ils font même des efforts pour endormir la coalition externe, et en particulier, son détenteur d'influence dominant. Ces efforts sont, bien entendu, soutenus par la croissance de l'organisation qui se développe, qui aide à diluer le contrôle externe, et à rendre une surveillance externe de plus en plus difficile.

Quant au missionnaire, le temps peut émousser l'idéologie en convertissant l'enthousiasme en obligation, les traditions en dogmes, et les normes en règles. L'exaltation diminue, lorsque des espérances irréalistes ne sont pas suivies d'effets. Au contraire d'autres, qui elles sont réalistes aboutissent. A mesure que l'organisation se développe, une mission qui auparavant apparaissait motivante, peut devenir fade. L'influence administrative, toujours une menace pour la nature égalitaire de cette configuration, grandit au fur et à mesure que l'idéologie dépérit, et contribue à accélérer sa disparition. Des différences de statut se font jour entre agents internes, ce qui renforce la hiérarchie, et l'intérêt personnel remplace le zèle missionnaire. Peu à peu, le missionnaire se mue en système clos.

Bien sûr, tous les missionnaires ne survivent pas tous assez longtemps pour effectuer cette transition. On l'a noté, ils sont tous sur le fil du rasoir, entre l'isolation et l'assimilation. Ceux qui s'assimilent et survivent, plutôt que de se désintégrer dans le monde qui les entoure, tendent à être poussés rapidement vers une configuration du système clos. Appartenir à ce monde-là, signifie ressentir les pressions, visant à bureaucratiser la structure, et la présence d'une administration en expansion, libre de toute influence externe, implique un système clos. C'est seulement en restant tout à fait à l'écart, afin de conserver les caractéristiques uniques de l'idéologie, que l'on peut résister aux pressions visant à formaliser les procédures, construire une hiérarchie et concentrer le pouvoir au sommet. Parmi les organisations qui s'isolent en tant que missionnaires, cependant, bon nombre d'entre elles épuisent leurs ressources, se retrouvent à court de membres et meurent sous la forme de la configuration du missionnaire, conservant leurs idéologies jusqu'à la fin. Voilà pourquoi nous avons tracé deux lignes parallèles provenant également du missionnaire, dans la figure 24-1, pour expliquer que la disparition de l'organisation est une conséquence naturelle de cette configuration. Les instruments meurent aussi parfois, mais la probabilité est moins forte, et ce n'est pas une conséquence naturelle de cette configuration, étant donné le soutien extérieur et la protection dont elle dispose. Mais même les missionnaires qui s'isolent et survivent, ont tendance à effectuer finalement une transition vers le système clos, à mesure que leurs membres en viennent à se préoccuper davantage de leurs propres besoins, que d'accomplir la mission de l'organisation.

Ces deux transitions — départ de l'instrument ou du missionnaire vers le système clos —, sont susceptibles de donner le jour à une forme d'arène politique. Soit les administrateurs et le détenteur d'influence externe dominant, ou les membres acquis à l'idéologie, s'affronteront de manière intense, ou alors il se formera une alliance bancale pendant cette transition, entre, d'une part, l'influence administrative, et de l'autre, le contrôle externe ou l'idéologie. Ce sont peut-être ces deux formes d'arène politique qui vont le plus souvent de concert ; à partir d'une rupture d'équilibre en faveur de l'une des configurations, il se construit progressivement un équilibre du pouvoir, jusqu'à ce que la rupture se fasse dans l'autre sens, ce qui provoque une confrontation qui consolide définitivement le pouvoir dans les mains des administrateurs.

Ainsi, notre modèle nous permet de conclure que les organisations qui survivent et prospèrent, après la phase de formation de l'autocratie, tendent à devenir des systèmes clos dans leur âge mûr, sauf si la présence de compétences spécialisées provoque l'apparition d'une méritocratie. De fait, la méritocratie ressemble beaucoup au système clos, c'en est presque une variante, et c'est la raison pour laquelle, ces deux configurations sont montrées en parallèle sur la figure 24-1. Toutes deux ferment l'organisation à l'influence externe et mettent le pouvoir dans les mains d'agents internes, qui l'utilisent généreusement pour servir leurs propres intérêts. Dans l'un des cas, ce sont les administrateurs qui obtiennent le pouvoir, dans l'autre, ce sont les experts ; tout dépend du niveau de compétences spécialisées requis par l'organisation, mais les conséquences ne sont pas très différentes. A vrai dire, on a déjà affirmé que ces deux configurations étaient les plus stables, car il est difficile de conquérir le pouvoir en le ravissant à des administrateurs ou des experts qui sont très bien implantés.

C'est pourquoi, on considérera cette période d'âge mûr ou de maturité, comme très persistante. Les organisations peuvent se maintenir très longtemps, sous la forme de systèmes clos ou de méritocraties. Ce n'est pas seulement à cause de la capacité des agents internes à consolider leur pouvoir, mais parce que chacune de ces configurations — et seulement celle-ci —, fait preuve d'une capacité à se renouveler, après une période de stagnation. Comme le montrent les boucles au-dessous de chacune d'elles, sur la figure 24-1, l'une des transitions naturelles et courantes, est pour chacune d'elles de se diriger vers un autre état renouvelé d'elle-même, en passant par l'arène politique de confrontation. A mesure que des changements significatifs ont lieu dans les besoins de compétences spécialisées de la méritocratie, de nouveaux experts contestent ceux qui sont en place, afin de les déloger de leur pouvoir hiérarchique, et de prendre leur place. De même, dans le système clos, c'est souvent en remplaçant simplement les administrateurs de haut rang, à mesure qu'ils perdent le contact avec un environnement changeant, usés qu'ils sont par des années passées à appliquer une stratégie donnée, avec des procédures normalisées, que l'organisation est capable de se renouveler et de se revitaliser. Comme le système clos ne comporte aucun moyen naturel de succession, en dehors du fait que les dirigeants en place peuvent nommer leurs successeurs, la politique devient le moyen naturel de remplacer les dirigeants, par exemple, par un coup d'État dans l'organisation, fomenté par un groupe de jeunes Turcs. Et si un changement radical de stratégie devait se révéler nécessaire après ce remplacement, la forme d'arène politique de confrontation, peut être suivie d'une courte période d'autocratie, pendant laquelle le nouveau chef peut effectuer les changements nécessaires, sans être encombré par des procédures bureaucratiques, avant que l'organisation ne s'installe à nouveau dans sa vie en tant que système clos.

Les autres configurations, lors des premières phases de leur cycle de vie, n'ont pas cette capacité de se renouveler, pour diverses raisons. Le dirigeant d'une autocratie peut également perdre le contact avec la réalité, mais le reste de l'organisation est en général si faible, qu'il ne s'y trouve personne pour vouloir ou pouvoir le remplacer. Dans l'instrument, c'est la séparation du contrôle et de la gestion — le pouvoir, du savoir — qui souvent peut empêcher l'auto-renouvellement, bien que le détenteur d'influence externe puisse certainement remplacer le P.-D.G. selon son bon vouloir. Quant au missionnaire, comme son idéologie est sacro-sainte, l'auto-renouvellement est exclu. Dans chacun de ces cas, la stagnation mène donc généralement à la mort de l'organisation, en particulier pour l'autocratie et le missionnaire, ou alors à une nécessaire transition vers une autre configuration. Et donc la période d'autocratie, de missionnaire ou d'instrument, tend à être courte, équivalent dans un cas à l'enfance, dans les deux autres cas, à l'adolescence, par rapport à celles du système clos ou de la méritocratie, qui représentent l'âge mûr.

DÉCLIN DE L'ORGANISATION

Une fois que les organisations ont atteint la phase de système clos ou de méritocratie, elles meurent rarement. Elles sont tout simplement trop stables, trop bien implantées et surtout dans le cas du système clos, trop puissantes[9]. Parfois seulement après de très longues périodes de temps, elles tendent à effectuer une transition vers une autre configuration de pouvoir. Comme on l'a vu, les systèmes clos ont l'habitude de devenir puissants et arrogants, leurs détenteurs d'influence internes ont tendance à devenir cupides, ce qui les oblige à s'affronter pour le partage des

---

[9] Certaines formes d'adhocratie, en particulier l'adhocratie opérationnelle, incertaines de pouvoir maintenir un flux régulier de projets à effectuer, sont parfois des exceptions.

dépouilles, politisant ainsi la coalition interne. Enfin, ils attirent l'attention de détenteurs d'influence externes, qui en contestant l'organisation, divisent la coalition externe et poussent à la guerre entre les deux coalitions. Ainsi, tout naturellement, le système clos tend à faire place progressivement à l'arène politique, sous forme d'organisation politisée.

C'est à peu près la même chose qui peut arriver à la méritocratie. La coalition interne est en permanence au bord de la politisation. Lorsque bon nombre d'experts deviennent insensibles, ce qui peut arriver à des individus soumis à très peu de contrôles externes, les conflits augmentent. Dans la coaliton externe, les détenteurs d'influence se tiennent toujours prêts à contester le pouvoir absolu des agents internes ; ils n'hésitent qu'à cause des difficultés que cela entraîne. Mais en observant l'organisation devenir influente tout en restant fermée à l'influence externe, et en s'apercevant d'une insensibilité croissante de la part des experts, ils se jettent finalement à l'eau. Ainsi, la coalition interne devient politisée, la coalition externe est divisée, il s'ensuit une guerre entre les deux coalitions, et l'organisation politisée tend à faire surface, comme c'est le cas pour le système clos.

Toutes les flèches de la figure 24-1 pointent vers l'arène politique, sous cette forme persistante. Est-ce donc le terminus pour l'organisation type ? Autrement dit, peut-il avoir un retour en arrière de l'envahissement politique ? Nous avons prétendu qu'en général la réponse devrait être négative. L'arène politique devrait être considérée comme la fin du voyage, en général, mais pas toujours. Une fois qu'une organisation est saisie par les conflits — une fois qu'elle a attiré divers détenteurs d'influence externes en désaccord et que ses agents internes se sont habitués à rechercher leur propre profit au moyen de jeux politiques —, il se peut bien qu'il n'y ait pas de possibilité de retour en arrière. L'organisation politisée peut survivre longtemps, en dépit de ses déficiences, maintenue en vie par sa position antérieure comme système clos ou méritocratie, peut-être avec le soutien d'un bienfaiteur extérieur. Comme l'ont noté Pfeffer et Salancik, « les grandes organisations, comme elles sont interdépendantes avec tant d'autres organisations et tant de personnes, tels les employés et les investisseurs, sont soutenues par la société longtemps après qu'elles ne peuvent plus satisfaire la demande efficacement » (1978, p. 131). Mais une fois que cette manne artificielle se tarit, l'organisation meurt. Lorsque sa disparition est imminente, l'organisation effectue une ultime transition, vers l'arène politique complète, avant de se consumer, comme l'indiquent les lignes parallèles tout à fait à droite de la figure 24-1.

Certaines organisations, bien entendu, réussissent à se sortir de cette phase de conflit et à se renouveler, tel le phénix légendaire qui renaît de ses cendres tous les cinq cents ans, pour entamer un nouveau cycle. Comme le cycle de vie de l'organisation commence avec l'autocratie, comme le conflit menant pratiquement à sa disparition, représente les crises ultimes et que l'autocratie résout la crise, et comme dans la confusion qui règne lors d'un conflit étendu, le seul qui puisse se saisir du pouvoir, s'il le peut, c'est un dirigeant habile, alors on peut prédire que le renouveau commence par l'autocratie. Un P.-D.G. avec un pouvoir presque absolu pour effectuer des changements, détient tous les espoirs visant à restaurer l'ordre et reconstruire l'organisation. Ceci correspond à notre conclusion qui dit que trop de politisation conduit à l'autocratie. L'organisation politisée en fait certainement trop en politique, non pas en intensité, mais en extension et peut-être en durée.

La renaissance est-elle une bonne chose ? Elle n'est certainement jamais aussi rafraîchissante que la naissance. Le phénix mythique peut renaître à la fraîcheur de la jeunesse : pas l'organisation réelle. Les antécédents restent, ce qui ne peut qu'influer sur le comportement. L'organisation a peut-être acquis plus de sagesse, grâce à ses expériences, mais aussi plus de fatigue, elle a pris le poids des ans. Il aurait peut-être mieux valu la laisser mourir, en permettant à une organisation véritablement jeune, de prendre sa place.

Il y a fort à parier, cependant, qu'une telle renaissance est bien moins répandue que la disparition progressive. De fait, notre hypothèse selon laquelle l'arène politique apparaît à la fin du cycle de vie de l'organisation, et tend à se maintenir sur de longues périodes, semble être étayée par le nombre croissant d'organisations politisées que l'on trouve dans nos sociétés développées. Ce qui a de profondes répercussions sociales.

RENOUVELLEMENT DU MONDE DES ORGANISATIONS   De plus en plus souvent, les organisations géantes — publiques ou privées —, semblent être entourées et envahies par une politisation modérée, comme on l'a vu à la fin du chapitre précédent. Toutes les aberrations de pouvoir semblent se rassembler à proximité de la fin des cycles de vie des organisations, autrefois efficaces. Il y a les méritocraties sujettes aux contrôles gouvernementaux et les entreprises que contestent toutes sortes de groupes de pression, toutes deux étant devenues politisées, et bien entendu, tous les ministères dans lesquels abondent les intérêts particuliers de toutes sortes. Il est possible de déterminer la source de chacune de ces pressions. Pourtant, elles ont pour effet d'amputer gravement la capacité de ces organisations à servir la société comme elles le devraient, au travers de l'accomplissement sans faille de la mission qui leur a été attribuée.

Assez curieusement, aujourd'hui toutes les configurations de pouvoir sont vulnérables, sauf l'arène politique, sous sa forme d'organisation politisée. Les autocraties sont plutôt petites et précaires dans un monde d'organisations géantes ; de plus, elles violent les principes démocratiques. Les missionnaires sont les configurations les plus démocratiques, mais ce sont des anarchonismes dans un monde obsédé par la bureaucratie mécaniste. Il semble que ce soit de plus en plus vieux jeu, de croire à quelque chose qui aille au-delà d'un intérêt personnel, sauf bien sûr, d'un intérêt pour le système lui-même, l'intérêt de l'administration officielle avec ses règles impersonnelles, ses règlements et ses normes. Les agents externes peuvent créer des instruments, mais les pressions du culte de l'administration détachent d'eux leurs organisations. Le pouvoir est dirigé vers les administrateurs, ou lorsqu'il y a des compétences spécialisées vers les experts. Mais le pouvoir absolu corrompt de manière absolue, comme l'a dit Acton, et à mesure que les agents internes se font plus avides, les groupes externes deviennent alertes et actifs. Les conflits s'étendent. La société finit par être engorgée d'organisations politisées, capables de se sustenter toutes seules, ainsi que mutuellement, par des moyens illégitimes. Le problème, c'est que bien des arènes politiques géantes sont des aberrations, incapables d'œuvrer dans le sens pour lequel elles ont été créées.

Ce qui serait préférable, ce n'est pas le renouvellement de vieilles organisations, mais leur remplacement par de nouvelles. Ce n'est qu'en se réapprovisionnant constamment en organisations, que pourra subsister une société dynamique. Comme les personnes, les organisations ont tendance à suivre des cycles de vie. Lorsqu'on interfère avec ceux-ci — par exemple, en portant à bout de bras des organisations usées et les maintenant en vie artificiellement —, le renouvellement de l'espèce est en danger. Les jeunes n'auront jamais l'occasion de naître, ou du moins de recevoir le soutien nécessaire pour grandir, jusqu'à ce qu'ils atteignent la maturité.

Pourtant c'est exactement ce qui se passe dans le monde des organisations. Les organisations géantes ont appris comment se maintenir en vie artificiellement : en monopolisant les marchés, en manipulant l'opinion publique, en exerçant leur pouvoir en conjonction avec d'autres organisations géantes. Pire encore, les gouvernements géants semblent décidés à les soutenir, ces institutions au passé glorieux, qui une fois la proie des conflits, n'auront probablement qu'une utilité limitée. Les gouvernements agissent ainsi, en partie, sans aucun doute à cause du pouvoir que ces organisations ont sur les hommes politiques, et également parce que les gouvernements sont eux aussi constitués d'organisations géantes politisées, interdépendantes avec d'autres. De plus, les gouvernements craignent les embarras que peut provoquer la mort d'une organisation géante. Aucun gouvernement démocratiquement élu, ne se sent à l'aise quand il s'agit de laisser au chômage, plusieurs centaines de milliers de travailleurs de l'industrie automobile, ou d'obliger un monopole bien installé, à se confronter à un nouveau concurrent. Et pourtant, éviter la mort naturelle de trop d'organisations usées et dépassées — Arènes politiques géantes —, peut avoir pour conséquence à terme, une autre mort, celle de la société qui les soutient.

CYCLES DE VIE DES ORGANISATIONS
Nous avons proposé ici un modèle qui décrit certains des cycles de vie naturels des organisations. Il nous faut une fois encore insister sur le fait que seules quelques organisations empruntent les chemins tracés selon ce modèle. Une organisation peut s'arrêter à tout endroit de ces chemins, ou être déviée d'un point à un autre, en amont, derrière lui, ou en parallèle avec lui. Autrement dit, n'importe quelle transition entre les six configurations de pouvoir est possible. Savoir laquelle verra le jour, dépend de diverses forces qui peuvent surgir, quelques-

unes externes à la configuration, et qui peuvent supplanter les forces qui lui sont intrinsèques. La situation de l'environnement peut changer de manière soudaine, les détenteurs d'influence vont et viennent, des avancées technologiques surviennent, et ainsi de suite.

Nous croyons cependant que ces forces externes sont des discontinuités qui interrompent le cours naturel des événements, et que ce cours naturel est dicté par des forces intrinsèques aux configurations elles-mêmes. Autrement dit, sauf interruption, les forces intrinsèques tendent à pousser les organisations le long des itinéraires indiqués sur le modèle. Ces itinéraires deviennent donc ceux que les organisations empruntent le plus naturellement, lorsqu'elles se développent, et sont donc probablement les plus courants. On a indiqué sur le modèle, trois itinéraires, de la naissance jusqu'à la mort, ce qui suggère trois cycles de base dans la vie des organisations.

* *Le cycle des compétences spécialisées,* commun aux organisations professionnelles, commence après une courte période d'autocratie, suivie, peut-être après un conflit, sous forme de confrontation ou d'alliance bancale, d'une longue vie sous la forme de la méritocratie ; celle-ci est interrompue par des périodes de confrontration, puisque les conflits font rage entre les experts, pour renouveler l'organisation ; la méritocratie devient finalement la proie d'une forme endémique d'arène politique, puisque des conflits se font jour, d'abord dans la coalition interne, puis dans la coalition externe, ce qui fera disparaître l'organisation, sauf si l'autocratie parvient d'une manière ou d'une autre, à émerger pour la remettre sur pied en tant que méritocratie.

* *Le cycle d'idéologie,* courant dans les organisations de bénévoles, voit le jour, sous la forme d'une autocratie, suivie d'une transition harmonieuse vers le missionnaire, après le départ d'un chef charismatique, du fait que ses convictions sont institutionnalisées, sous la forme d'une idéologie. Avec le temps, l'idéologie s'affaiblit, et si l'organisation continue à survivre, une deuxième forme d'institutionnalisation a lieu, avec transition vers le système clos, si les normes sont officialisées ; cette transition peut entraîner bien des conflits, sous forme de confrontation ou d'alliance bancale ; le système clos peut persister longtemps, interrompu par de courtes périodes de confrontation, et parfois d'autocratie, à mesure que l'organisation cherche tardivement à s'adapter aux changements de son environnement ; finalement, le système clos sera probablement la proie d'une arène politique, sous forme d'organisation politisée, car les conflits éclatent généralement à l'intérieur, puis se propagent, envahissant les deux coalitions, ainsi que leurs relations mutuelles ; l'organisation se maintiendra sous cette forme, pendant un certain temps, jusqu'à ce que le conflit s'intensifie et que l'arène politique complète provoque sa disparition finale, à moins, encore une fois, que l'autocratie ne parvienne à émerger et être à l'origine d'un nouveau cycle de vie.

* *Le cycle de la bureaucratie,* surtout courant dans les organisations privées, débute par ce qui peut être une longue période de croissance en tant qu'autocratie. Si l'organisation survit, il s'ensuit une prise de contrôle, sous forme de l'instrument, tandis que les germes de l'idéologie sont détruits, et

que les comportements sont institutionnalisés, en tant que procédures bureaucratiques ; la résistance à cette prise de contrôle cependant, mène généralement l'organisation à la confrontation ou à l'alliance bancale, pendant cette transition ; par la suite, ce cycle se déroule tout à fait comme le précédent : l'institutionnalisation se poursuit jusqu'au moment où le contrôle externe est lui-même affaibli, et qu'une deuxième transition, entraînant le même genre de conflit, intervient et mène au système clos, bien que, lorsque l'organisation s'agrandit, sous la houlette d'une direction personnalisée, cette phase de l'instrument peut être contournée ; le système clos tend à durer relativement longtemps, maintenu en place par de courtes périodes de confrontation, parfois suivies d'une autocratie, au cours de laquelle, une organisation qui périclite, se renouvelle. N'ayant dans son passé aucune idéologie solide, l'organisation est encore plus susceptible que celle du cycle précédent, à être la proie d'une arène politique, sous forme d'organisation politisée, les conflits surgissant dans la coalition interne, ainsi qu'entre les deux coalitions, pour des questions de légitimité, puis s'étendent encore plus rapidement et en faisant plus de dégâts que dans le cycle précédent : mais comme l'organisation a probablement une base de pouvoir plus solide, elle peut se maintenir plus longtemps, en tant qu'organisation politisée ; puisqu'il y a moins de chances qu'une autocratie émerge, pour faire repartir un nouveau cycle de vie, par suite d'une politisation plus intense, et d'un reste d'idéologie moins important, la conclusion attendue, c'est que le conflit va s'intensifier et être suivi de la mort de l'organisation quand elle correspond à une arène politique complète.

Ce dernier cycle de vie, surtout pour les trois premiers quarts, est apparu comme caractéristique de l'entreprise commerciale. De fait, la note du chapitre 16, portant sur le remplacement d'une mission, en tant que but par les buts des systèmes, montre que cela a bien été le cycle de vie du secteur privé dans son ensemble, au cours de ces deux derniers siècles.

L'entreprise commerciale voit généralement le jour, grâce à un chef d'entreprise, qui la gère comme son domaine privé. L'entreprise, si elle réussit, se développe et commence à adopter une structure plus bureaucratique. Finalement, le chef d'entreprise la quitte, ou est mis dehors, par suite de son incapacité à maintenir un contrôle personnel, et le « management professionnel » occupe la place et prend le contrôle. Au départ, le pouvoir tend à se concentrer dans la coalition externe, entre les mains des héritiers du chef d'entreprise, ou d'un autre groupe qui prend le pouvoir. L'autocratie est devenue un instrument. Mais comme l'entreprise continue de grandir, l'actionnariat tend à se disperser de plus en plus, ce qui fait que la coalition externe est rendue passive. L'instrument devient un système clos. Mais cet arrangement ne tient qu'aussi longtemps que l'organisation ne dérange aucun détenteur d'influence externe important, ou parvient à contrôler ceux dont c'est la cas, et réussit également à restreindre les conflits internes. Le problème est que, en tant que système clos, l'entreprise tend à s'agrandir démesurément, à étendre son influence et à acquérir une bonne partie du pouvoir sur son environnement. Finalement, elle attire les agents externes décidés à influer sur elle, et augmente également l'appétit de ses agents internes, qui vont s'affronter de plus en plus. Le système clos commence à ressembler à une arène politique.

L'entreprise géante deviendra-t-elle, en fait, une arène politique ou bien pourra-t-elle rester un système clos, ou même en revenir à une forme d'autocratie ou d'instrument pour ses propriétaires, ou peut-être même pour la société qui la soutient ? Qui devrait contrôler cette entreprise ? C'est par cette question, qui suscite bien des débats aux États-Unis et ailleurs, que se termine notre étude du pouvoir, à l'intérieur et à l'entour des organisations.

Bibliographie

OUVRAGES ET PUBLICATIONS EN FRANÇAIS

ANSOFF, H.I., Stratégie du développement de l'entreprise. Analyse d'une politique de croissance et d'expansion. Éd. 1976, Hommes et Techniques.

ARROW, K.J., Choix collectif et préférences individuelles. 1974. Calman Lévy.
Les limites de l'organisation. 1976, P.U.F.

CROZIER, M., Le phénomène bureaucratique. Éd. 1964, Seuil (Point).
La Société bloquée. 1970, Seuil.
La Société bloquée. Seuil 1980 (Point politique).

CROZIER, M., et E. FRIEDBERG, L'acteur et le système. Paris : Éd. du Seuil, 1977.

DAHL, R.A., Qui gouverne ? Éd. 1971, Colin.

ETZIONI, A., Les Chemins de la paix. Vers une nouvelle stratégie. 1964. Éd. Bruxelles, U.

GALBRAITH, J.K., Le nouvel état industriel. Éd. 1979, Gallimard.

HALBERSTAM, D., Le pouvoir est là. 1980, Fayard.

HIRSCHMAN, A.O., Face au déclin des entreprises et des institutions. Éd. Ouvrières, 1972.

KAST, F.E. et J.E. ROSENZWEIG, Théorie, conception et gestion des systèmes. 1970, Dunod.

LARCON, J.P. et R. REITER, Structures de pouvoir et identité de l'entreprise. Milan, France. Éd. Fernand Nathan, 1979.

MARCH, J.G. et H.A. SIMON, les organisations, problèmes psycho-sociologiques. 1981. Dunod.

MASLOW, A.H., Vers une psychologie de l'être, 1972, Fayard.

MICHELS, R., Les partis politiques. Essais sur les tendances oligarchiques des démocraties. 1971 (Champs) Flammarion.

MINTZBERG, H., Structure et dynamique des organisations. Éd. d'Organisation, 1982.
Le manager au quotidien. (1984) Éd. d'Organisation.

NEUSTADT, R.E., Les pouvoirs de la Maison-Blanche. Éd. Economica, 1980.

OLSON, M. Jr., Logique de l'action collective. Éd. P.U.F., 1978.
Grandeur et décadence des nations. Croissance économique, stagflation et rigidités sociales. (1983) Bonnel.

OUCHI, W.G., Théorie Z. Faire face au défi japonais. Interéditions, 1982.

PARKINSON, C.N., Les lois de Parkison. Éd. Laffont, 1983.

PARSONS, T., Le système des sociétés modernes. Éd. Dunond, 1974.

PETER, L.J. et R. HULL, Le principe de Peter. Poche 3118, éd. 1971.

PETER, L.J., Pourquoi tout va mal. Dunod, 1986.

PIRSIG, R.M., Traité du Zen et de l'entretien des motocyclettes. Seuil (Points-Roman 151) éd. 1984.

SAMPSON, A., I.T.T. état souverain. Éd. Moreau. A., 1973

SCHIEN, E.H., Psychologie et organisations. (1971) Hommes et Techniques.

SCHELLING, T.C., La tyrannie des petites décisions. (1980) P.U.F.

SIMON, H.A., Administration et processus de décision. (1984) Éd. Economica.

SMITH, A., Recherche sur la nature et les causes de la richesse des nations. 1976, Gallimard (idées).

TANNENBAUM, A.S., Psychologie sociale de l'organisation industrielle. (1967) Hommes et Techniques.

THOENIEG, J.C., L'Administration des routes et le pouvoir départemental, Cujas, 1980.

THOENIG, J.C. et D. ASHFORD, Les aides financières de l'État aux collectivités locales en France et à l'étranger. Litec, 1981.

THOENIG, J.C. et F. DUPUIS, Réformer ou déformer. Cujas, 1981.

THOENIG, J.C. et F. DUPUIS, Sociologie de l'Administration française, Colin, 1983.

YOUNG, M., La méritocratie en mai 2033. 1969 (Futuribles) Hachette.

OUVRAGES ET PUBLICATIONS EN ANGLAIS

ACKERMANN, R.W., « Public Responsibility and the Businessman : A Review of the Literature », in Top Management, éd. B. Taylor and K. Macmillan. New York : Longman, 1973. Copyright 1971 by President and Fellows of Harvard College.
The Social Challenge to Business. Cambridge, Mass. : Harvard University Press, 1975.

ACKOFF, R.L., A Concept of Corporate Planning. New York : John Wiley, 1970.

ADAMS, R.L., « The Process of Ideological Change in American Protestant Seminaries. » Unpublished dissertation, Vanderbilt University, 1968 ; cited in McNeil and Thompson, 1971.

AGERNAP, F., « Organization and Environnement : An Analysis of Goals », in Behavioral Approaches to Modern Management, Vol. 1, ed. W. Goldberg. Gothenburg : Studies in Business Administration, 1970.

AGTHE, K.E., « Mitbestimmung : Report on a Social Experiment », Business Horizons, February 1977, pp. 5-14. Copyright 1977, by the Foundation for the School of Business at Indiana University.

ALEXANDER, G.J. and R.A. BUCHHOLZ, « Corporate Social Responsibility and Stock Market Performance », Academy of Management Journal, 1978, pp. 479-86.

ALLEN, T.S. and S.I. COHEN, « Information Flow in Research and Development Laboratories », Administrative Science Quarterly, 1969, pp. 12-19.

ALLISON, G.T., Essence of Decision : Explaining the Cuban Missile Crisis. Boston : Little, Brown, 1971. Copyright 1971 by Graham T. Allison.

AMERICAN ASSEMBLY, Corporate Governance in America. Fifty-fourth meeting, 1978.

ANTHONY, R.N, « The Trouble with Profit Maximization », Harvard Business Review, November-December 1960, pp. 126-34.

ARCHBOLD, S., « Dimensions of Participation », Journal of General Management, Spring 1976, pp. 52-66.

ARROW, K.J., « Social Responsibility and Economic Efficiency », « Public Policy, 1973, pp. 303-17.

ASTLEY, W.G., R.J. BUTLER, D.J. HICKSON and D.C. WILSON, « Decision Making : Theory III », Working Paper, University of Bradford Management Centre, 1980.

ATLANTIC REPORTER, « A.P. Smith Manufacturing Compagny v. Barlow », Second Series, Vol. 98 A.2d. St. Maul, Minn. : West, 1953.

BACON, J., Corporate Directorship Practices : Membership and Committees of the Board. New York : The Conference Board and the American Society of Corporate Secretaries, Inc. 1973.

BACON, J. and J.K. BROWN, Corporate Directorship Practices : Role, Selection and Legal Status of the Board. New York : The Conference Board and the American Society of Corporate Secretaries, Inc., 1975.

BALDRIDGE, J.V., D.V. CURTIS, G. ECKER and G. RILEY, Policy Making and Effective Leadership. San Francisco : Jossey-Bass, 1978.

BALKE, W.M., K.R. HAMMOND, and G.D. MEYER, « An Alternate Approach to Labor-Management Relations », Administrative Science Quarterly, 1973, pp. 311-27.

BARNARD, C.I., The Functions of the Executive. Cambridge, Mass : Harvard University Press, 1938.

BARON, P.A. and P.M. SWEEZY, Monopoly Capital : An Essay on the American Economic and Social Order, New York : Modern Reader Paperbacks, 1966.

BAUMOL. W.J., Business Behavior, Value and Growth. New York : Macmillan, 1959.

BECKER, S.W. and D.M. NEUHAUSER, The Efficient Organization. New York : ELsevier, 1975.

BELL, D., « The Corporation and Society in the 1970s », The Public Interest, 1971, pp. 5-32.

BERGMANN, A.E., « Industrial Democracy in Germany — The Battle for Power », Journal of General Management, Summer 1975, pp. 20-29.

BERLE, A.A.Jr., « The Corporation in a Democratic Society », in Management and Corporations 1985, eds. M. Anshen and G.L. Bach. New York : McGraw-Hill, 1960.

BERLE, A.A.Jr. and G.C. MEANS, The Modern Corporation and Private Property, rev. ed. New York : Harcourt, Brace & World, 1968. Copyright 1982 by Macmillan Publishing Co., Inc., renewed 1960 by Adolph A. BERLE, Jr., and Gardiner C. Maens.

BERLINER, J.S., « A Problem in Soviet Business Administration », Administrative Science Quarterly, 1965, pp. 86-101.

BERLSON, B. and G.A. STEINER, Human Behavior : An Inventory of Scientific Propositions, New York : Harcourt, Brace & World, 1964.

BEYER, J.M. and T.M. LODAHL, « A Comparative Study of Patterns of influence in United States and English Universities », Administrative Science Quarterly, 1976, pp. 104-29.

BIDWELL, C.E., « The School as a Formal Organization », in the Handbook of Organizations, ed. K.G. March, chicago : Rand McNally, 1965.

BLAU, P.M, The Dynamics of Bureaucracy. Chicago : University of Chicago Press, 1963.

BLAU, P.M. and W.R. SCOTT, Formal Organizations : A Comparative Approach. San Francisco : Chandler, 1962.

BLUMBERG, P.I., « The Politicalization of the Corporation », The Business Lawyer, 1971, pp. 1551-87. Copyright 1971 by the American Bar Association.
« Reflections on Proposals for Corporate Reform Through Changes in the Composition of the Board of Directors : "Special Interest" or "Public" Directors », in The Unstable Ground : Corporate Social Policy in a Dynamic Society, ed. S.P. Sethi. Los Angeles : Melville, 1974.
The Megacorporation in American Society : The Scope of Corporate Power, Englewood Cliffs, N.J. : Prentice-Hall, 1975.

BOLING, T.E., « The Management Ethics "Crisis" : An Organizational Perspective », Academy of Management review, 1978, pp. 360-65.

BOULDING, K.E., Conflic and Defense, New York : Harper & Row, 1962.
« The Ethics of Ractional Decision », Management Science, 1966, pp. B161-69.
Beyond Economics : Essays on Society, Religion, and Ethics. Ann Arbor : University of Michigan Press, 1968.

BOULTON, W.R., « The Nature and Format od Director Information Flows : An Exploratory Study. » Unpublished doctoral dissertation, Graduate School of Business Administration, Harvard University, 1977.
« The Evolving Board : A Look at the Board's Changing roles and Information Needs », Academy of Management Review, 1978, pp. 827-36.

BOWER, J.L., « Planning Within the Firm », The American Economic Review : Papers and Proceeding of the 82nd Annual Meeting, May 1970, pp. 186-94.
« On the Amoral Organization : An Inquiry into the Social and Political Consequences of Efficiency », in The Corporate Society, ed. R. Marris, New York : Wiley, 1974.

BOWMANN, E.H., « Corporate Social Responsibility and the Investor », Journal of Contemporary Business, Winter 1973, pp. 21-43.
« Some Reflections on Corporate Strategy and Corporate Governance », International Studies of Management and Organization, Winter 1979, pp. 100-107.

BOWMAN, E.H. and M. HAIRE, « A Strategic Posture Toward Corporate Social Responsibility », California Management Review, Winter 1975, pp. 49-58.
« Social Impact Disclosure and Corporate Annual Reports », Accounting, Organizations and Society, 1976, pp. 11-21.

BOWMAN, J.S., « Managerial Ethics in Business and Government », Business Horizons, October 1976, pp. 48-54.

BRADSHAW, T.F., « Corporate Social Reform : An Executive's Viewpoint », in The Unstable Ground : Corporate Social Policy in a Dynamic Society, ed. S.P. Sethi. Los Angeles : Melville, 1974.

BRAGER, G., « Commitment and Conflict in a Normative Organization », American Sociological Review, 1969, pp. 482-91.

BRAYBROOKE, D., « Skepticism of Wants, and Certain Subversive Effects of Corporations on American Values », in Human Values and Economic Policy, ed. S. Hook. New york : New York University Press, 1967.

BRENNER, S.N. and E.A. MOLANDER, « Is the Ethics of Business Changing ? » Harvard Business Review, January-February 1977, pp. 57-71. Copyright 1977 by the President and Fellows of Harvard College ; all rights reserved.

BROWN, C.C. and E.E. SMITH, eds., The Director Looks at His Job. New York : Columbia University Press, 1957.

BRUCKNER, D.J.R., « The Sovereignty of Big Business », The Montreal Star, January 19, 1972, p. 11.

BUCK, V.E., « A Model for Viewing an Organization as a System of Constraints », in Approaches to Organizational Design, ed. J.D. Thompson. Pittsburgh, Pa : University of Pittsburgh Press, 1966.

BUCKLEY, J.W., « The Empirical Approach and MIS Design », Organizational Dynamics, Winter 1972, pp. 19-30.

BUEHLER, V.M. and Y.K. SHETTY, « Managerial Response to Social Responsibility Challenge », Academy of Management Journal, 1976, pp. 66-78.

BURNS, T., « Micropolitics : Mechanisms of Institutional Change », Administrative Science Quarterly, 1961-1962, pp. 257-81.

BURNS, T. and G.M. STALKER, The Management of Innovation, 2nd ed. London : Tavistock, 1966.

BUTTLER, R.J., D.J. HICKSON, D.C. WILSON and R. AXELSSON, « Organizational Power, Politicking an Paralysis », Organisation and Administrative Sciences, Winter 1977-1978, pp. 45-59.

CARR, E.H., What is History ? St Paul, Minn. : Vintage Books, 1961.

CARTER, E.E., « The Behavioral Theory of the Firm and Top Level Corporate Decisions », Administrative Science Quaterly, 1971, pp. 413-28.

CARTWRIGHT, D., « Influence, Leadership, and Control », in Handbook of Organizations, ed. J.G. March, Chicago : Rand-McNally, 1965.

CHAMBERLAIN, N.W., The Firm : Micro-Economic Planning and Action. New York : McGraw-Hill, 1962.
The Limits of Corporate Responsibility. New York : Basic Books, 1973.

CHANDLER, A.D., Strategy and Structure. Cambridge, Mass. : MIT Press, 1962.
The Visible Hand : The Managerial Revolution in American Business. Cambridge, Mass. : Harvard University Press, 1977.

CHANDLER, M., « It's Time to Clean up the Boardroom », Harvard Business Review, September-October 1975, pp. 73—82.

CHEIT, E.F., « The New Place of Business : Why Managers Cultivate Social Responsibility », in The Business Establishment, ed. E.F. Cheit. New York : John Wiley, 1964.

CHILD, J., « Industrial Participation in Israel : A Personal Impression. » Working Paper, The University of Aston Management Centre, 1975.

CLARK, B.R., The Distinctive College. Chicago : Aldine, 1970.
« The Organizational Saga in Higher Education », Administrative Science Quarterly, 1972, pp. 178-84.

CLENDENIN, W.D., « Company Presidents Look at the Board of Directors », California Management Review, Spring 1972, pp. 60-66.

COHEN, M.D. and J.G. March, Leadership and Ambiguity : The American College President. New York : McGraw-Hill, 1974.

« Décisions, Presidents and Status », in Ambiguity and Choice in Organizations, ed. J.G. March and J.P. Olsen. Bergen, Norway : Universitetsforlaget, 1976.

COHEN, M.D. and J.P. OLSEN, « People, Problems, Solutions and the Ambiguity of Relevance », in Ambiguity and Choice in Organizations, ed. J.G. March and J.P. Olsen, Bergen, Norway : Universitetsforlaget, 1976.

COLLINS, J.W. and C.G. GANOTIS, « Managerial Attitudes Toward Coporate Social Responsibility », in The Unstable Ground : Corporate Social Policy in a Dynamic Society, ed. S.P. Sethi. Los Angeles : Melville, 1974.

CONSTAS, H., « The USSR — From Charismatic Sect to Bureaucratic Society », Administrative Science Quarterly, 1961-1962, pp. 282-98.

CRESSEY, D.R., « Achievement of an Unstated Organizational Goal : An Observation of Prisons », The Pacific Sociological Review, Fall 1958, pp. 43-49.

CUMMING, L.L. and A.M. ELSALMI, « Empirical Research on the Bases and Correlates of Managerial Motivation : A Review of the Literature », Psychological Bulletin, 1968, pp. 127-44.

CYERT, R.M. and J.G. MARCH, A Behavioral Theory of the Firm. Englewood Cliffs, N.J. : Prentice-Hall, 1963.

CYERT, R.M., H.A. SIMON and D.B. TROW, « Observation of a Business Decision », Journal of Business, 1956, pp. 237-48.

DACHLER, H.P. and B. WILPERT, « Conceptual Dimensions and Boundaries of Participation in Organizations : A Critical Evaluation », Administrative Science Quarterly, 1978, pp. 1-39.

DAHL, R.A., « The Concept of Power », Behavioral Science, 1957, pp. 201-15.
« After the Revolution ? Authority in a Good Society », New Haven, Conn. : Yale University Press, 1970b.
« Citizens of the Corporation », The Montreal Star, May 3, 1971, p. 9.

DALTON, M., Men Who Manage, New York : John Wiley, 1959.

DAVIS, K., « The case For and Against Business Assumption of Social Responsibilities », Academy of Management Journal, 1873, pp. 312-22.
« Social Responsibility is Inevitable », California Management Review, Fall 1976, pp. 14-20.

DEAN, J., Managerial Economics. Englewood Cliffs, N.J. : Prentice-Hall, 1951.

DEARBORN, D.C., and H.A. SIMON, « Selective Percpetion : A Note on the Departmental Identifications of Executives », Sociometry, 1958, pp. 140-44.

DEMERATH, N.J. III, and V. THIESSEN, « On Spitting Against the Wind : Organizational Precariousness and American Irreligion », American Journal of Sociology, 1966, pp. 674-87.

DENT, J.K., « Organizational Correlates of the Goals of Business Managements », Personnel Psychology, 1959, pp. 365-93.

DEUTSCH, K.W., « On the Concepts of Politics and Power », in Internal Politics and Foreign Policy, ed. J.N. Rosenau, rev. ed. New York : Free Press, 1969.

DILL, W.R., « Business Organizations », in Handbook of Organizations, ed. J.G. March. Chicago : Rand-McNally, 1965.

DOKTOR, R. and D.M. BLOOM, « Selective Lateralization of Cognitive Style Related to Occupation as Determined by EEG Alpha Asymmetry », Psychophysiology, 1977, pp. 385-87.

DONALDSON, G., « Financial Goals : Management vs. Stockholders », Harvard Business Review, May-June 1963, pp. 116-29.

DOOLEY, P.C., « The Interlocking Directorate », The American Economic Review, 1969, pp. 314-23.

DRUCKER, P.F., Management : Tasks, Responsibilities, Practices. New york : Harper & Row, 1973.

EDMUNDS, S.W., « Unifying Concepts in social Responsibility », Academy of Management Review, 1977, pp. 38-45.

EDWARDS, J.P., « Strategy Formulation as a Stylistic Process », International Studies of Management and Organization, Summer 1977, pp. 13-27.

EELLS, R. and C. WALTON, The Conceptual Foundations of Business, 3rd ed. Homewood, Ill. : Irwin, 1974.

EILSON, S., « Goals and Constraints », The Journal of Management Studies, 1971, pp. 292-303.

EISENBERG, M.A., « Voting Membership in Publicity Held Corporations », in The Unstable Ground : Corporate Social Policy in a Dynamic Society, ed. S.P. Sethi. Los Angeles : Melvill, 1974.

ELBING, A.O., « The Value Issue of Business : The Responsibility of the Businessman », Academy of Management Journal, 1970, pp. 79-89.

ENGLAND, G.W., « Personal Value Systems of American Managers », Academy of Management Journal, 1967, pp. 53-68.

EOYANG, C.K., « Differentiation and Integration in Communist China », Working Paper, Graduate School of Business, Stanford University, 1972.

EPSTEIN, E.M., « Dimensions of Corporate Power : Part I », California Management Review, Winter 1973, pp. 9-23.
« Dimensions of Corporate Power : Part II », California Management Review, Summer 1974, pp. 32-47.
« The Social Role of Business Enterprise in Britain : An American Perspective : Part II », The Journal of Management Studies, 1977, pp. 281-316.

ESTES, R.M., « The Emerging Solution to Corporate Governance », Harvard Business Review, November-December 1977, pp. 20-26, 164.

ETZIONI, A., « Authority Structure and Organizational Effectiveness », Administrative Science Quarterly, 1959, pp. 43-67.
A Comparative Analysis of Complex Organizations. New York : Free Press, 1961.
Modern Organizations, Englewood Cliffs, N.J. : Prentice-Hall, 1964.

EVERS, F.T., J.M. BOHLEN and R.D. WARREN, « The Relationships of Selected Size and Structure Indicators in Economic Organizations », Administrative Science Quarterly, 1976, pp. 326-42.

FELDMANN, J. and H.E. KANTER, « Organizational Decision Making », in Handbook of Organizations, ed. J.G. March, Chicago : Rand-McNally, 1965.

FENN, D.H. Jr., « Dilemmas for the Regulor », in The Unstable Ground : Corporate Social Policy in a Dynamic Society, ed. S.P. Sethi.
Los Angeles : Melville, 1974.

FIEDLER, F.E., « The Contingency Model : A Theory of Leadership Effectiveness », in Basic Studies in Social Psychology, ed. H. Proshansky and B. Seidenberg. New York : Holt, Rinehart, & Winston, 1966.

FINDLAY, M.C. III and E.F. WILLIAMS, « Capital Allocation and the Nature of Ownership Equities », Financial Management, Summer 1972, pp. 68-76.

FOLLET, M.P., « Constructive Conflict », in Dynamic Administration : The Collected Papers of Mary Parker Follet, ed. H.C. Metacalf and L. Urwick. New York : Harper & Row, 1942.

FRANK, A.G., « Goal Ambiguity and Conflicting Standards : An Approach to the Study of Organization », Human Organization, Winter 1958-1959, pp. 8-13. Reproduced by permission of the Society for Applied Anthropology.

FRENCH, J.R.P. Jr. and B. RAVEN, « The Bases of Social Power », in Studies in Social Power, ed. D. Cartwright, pp. 150-67. Ann Arbor : Institute for Social Research, University of Michigan, 1959.

FRIEDMAN, M., Capitalism and Freedom. Chicago : University of Chicago Press, 1962.
« A Friedman Doctrine : The Social Responsibility of Business Is to Increase Its Profits », The New York Times Magazine, September 13, 1970, pp. 32, 33, 122, 124, 126.

GALBRAITH, J.K., American Capitalism : The Concept of Countervailing Power. Boston : Houghton Mifflin, 1952.

GALBRAITH, J.R., Designing Complex Organizations. Reading, Mass. : Addison-Wesley, 1973.

GALLUP, G.H., The Gallup Poll : Public Opinion, 1972-1977, Wilmington, Del. : American Institute of Public Opinion, 1978.

GAMSON, W.A., « A Theory of Coalition Formation », American Sociological Review, 1961, pp. 373-82.

GARSON, G.D., « The Codetermination Model of Workers' Participation : Where is it Leading ? » Sloan Management review, 1977, pp. 63-78.

GEORGIO, P., « The Goal Paradigm and Notes Towards a Counter Paradigm », Administrative Science Quarterly, 1973, pp. 291-310.

GLOVER, J.D., The Attack on Big Business. Boston : Division of Research, Graduate School of Business Administration, Harvard University, 1954.

GOFFMAN, E., « The Characteristics of Total Institutions », in Complex Organizations : A Sociological Reader, ed. E. Etzioni, pp. 312-40. New York, Rinehart & Winston, 1961.

GORDON, R.A., Business Leadership in the Large Corporation. Washington, D.C. : Brookings Institution, 1945.

GORE, W.T., « Administrative Decision Making in Federal Field Offices », Public Administration Review, 1956, pp. 281-91.

GOSSELIN, R., « A Study of the Interdependence of Medical Specialists in Quebec Teaching Hospitals », Ph. D. thesis, McGill University, 1978.

GOULDNER, A.W., « Cosmopolitans and Locals : Toward an Analysis of Latent Social Roles », Administrative Science Quarterly, 1957-1958, pp. 281-306.
« Organizational Analysis », in Sociology Today, ed. R.K. Merton, L. Broom, and L.S. Cottrell, Jr., pp. 400-428. New York : Basic Books, 1959.

GROSS, E., « Universities as Organizations : A Research Approach », American Sociological Review, 1968, pp. 518-44.
« The Definition of Organizational Goals », British Journal of Sociology, 1969, pp. 277-94.

GUETZKOW, H., « Communications in Organizations », in Handbook of Organizations, ed. J.G. March. Chicago : Rand-McNally, 1965.

GUETZKOW, H. and H.A. SIMON, « The Impact of Certain Communication Nets upon Organization and Performance in Task-Oriented Groups », Management Science, 1954-1955, pp.233-50.

GUSSFIELD, J.R., « The Problem of Generations in an Organizational Structure », Social Forces, 1957, pp. 323-30.

GUSTAVSEN, B., « Redefining the Role of the Board », Journal of General Management, Spring 1975, pp. 34-44.

HALBERSTAM, D., The Best and the Brightest. New York : Random House, 1972.

HALL, R.H., Organizations : Structure and Process. Englewood Cliffs, N.J. : Prentice-Hall, 1972.

HAMBLIN, R.L., « Leadership and Crises », Sociometry, 1958, pp. 322-35.

HAMMOND, J.S., III, « The Roles of the Manager and Management Scientist in Successful Implementation », Sloan Management Review, Winter 1974, pp. 1-24.

HARRIS, H., American Labor. New Haven, Conn. : Yale University Press 1938.

HARVARD LAW REVIEW, « Developments in the Law — Corporate Crime : Regulating Corporate Behavior Through Criminal Sanctions », 1979, pp. 1227-1845.

HAYEK, F.A., « The Corporation in a Democratic Society : In Whose Interest Ought it and Will it Be Run ? » in Management and Corporations 1985, ed. M. Anshen and G.L. Bach. New York : McGraw-Hill, 1960.

HAYNES, E., « Executives Wanted : Innovators and Risk Takers Only Should Apply », Colombia Journal of World Business, May-June, 1969, pp. 7-12.

HENDERSON, H., « Should Business Tack Society's Problems ? » Harvard Business Review, July-August 1968, pp. 77-85. Copyright 1968 by the President and Fellows of Harvard College ; all rights reserved.
« Unrestrained Growth Baits the Hook of Inflation », Planning Review, March 1977, pp. 3-7, 12, 28.

HEYDEBRAND, W.V., « Autonomy, Complexity, and Non-Bureaucratic Coordination in Professional Organizations », in Comparative Organizations, ed. W.V. Heydebrand, pp. 158-89. Englewood Cliffs, N.J. : Prentice-Hall, 1973.

HICKSON, D.L. R.J. BUTTLER, R. AXELSSON, and D. WILSON, « Decisive Coalitions. » Paper presented to International Conference on Coordination and Control of Group and Organizational Performance, Munich, West Germany, 1976.

HICKSON, D.J., C.A. LEE, R.E. SCHNECK and J.M. PENNINGS, « A Strategic Contingencies' Theory of Intraorganizational Power », Administrative Science Quarterly, 1971, pp. 216-29.

HILL, W., « The Goal Formation Process in Complex Organizations », The Journal of Management Studies, 1969, pp. 198-208.

HILLS, F.S., and T.A. MAHONEY, « University Budgets and Organizational Decision Making », Administrative Science Quarterly, 1978, pp. 454-65.

HINNINGS, C.R., D.J. HICKON, J.M. PENNINGS and R.E. SCHNECK, « Structural Conditions of Intraorganizational Power », Administrative Science Quarterly, 1974, pp. 22-44.

HOFER, E., The True Believer. New York : Harper & Row, 1966.

HOLDAWAY, E.A., J.F. NEWBERRY, D.J. HICKSON and R.P. HERON, « Dimensions of Organizations in Complex Societies : The Educational Sector », Administrative Science Quarterly, 1975, pp. 37-58.

HOOVER, J.D., R.M. TROUB, C.J. WHITEHEAD and L.G. FLORES, « Social Performance Goals in the Peruvian and the Yugoslav Worker Participation Systems », in Proceedings of the National Meeting of the Academy of Management, 1978, pp. 241-45.

HUNT, J.W., The Restless Organization. Sydney, Australia, Wiley International, 1972.

HUYSMANS, J.H.B.M., The Implementation of Operations Research. New York : Wiley-Interscience, 1970.

IJURI, Y., R.K. JAEDICKE and K.E. KNIGHT, « The Effects of Accounting Alternatives on Management Decisions », in Informations for Decision Making, ed. A. Rappaport, pp. 421-35. Englewood Cliffs, N.J. : Prentice-Hall, 1970.

IZRAELI, D.N., « The Middle Manager and the Tactics of Power Expansion : A Case Study », Sloan Management Review, Winter 1975, pp. 57-70.

JACOBS, D., « Dependency and Vulnerability : An Exchange Approach to the Control of Organizations », Administrative Science Quarterly, 1975, pp. 45-59.

JACOBSEN, K.D., « Public Administrations Under Pressure : The Role of the Expert in the Modernization of Traditional Agriculture », Scandinavian Political Studies, 1966, pp. 59-93.

JAY, A., Management and Machiavelli. New York : Penguin, 1970.

JENKINS, C., Power at the Top. Westport, Conn. Greenwood Press, 1976.
« Radical Transformation of Organizational Goals », Administrative Science Quarterly, 1977, pp. 568-86.

JONSSON, S. and R. LUNDIN, « Role and Function of Myths for Planning : A Case of Local Government. » Working Paper FE-rapport 52, University of Gothenburg, 1975.

KANTER, R.M., Men and Women of the Corporation. New York : Basic Books, 1977.

KAPLAN, A., The Conduct of Inquiry : Methodology for the Behavioral Sciences. New York : Chandler, 1964.

KASPER, D.M., « Competition and Regulation : Public Policy Considerations for Controlling Corporations », in Proceedings of the National Meeting of the Academy of Management, 1976, pp. 291-95.

KAST, F.E. and J.E. ROSENZWEIG, Organization and Management : A Systems Approach, 2nd ed. New York : McGraw-Hill, 1974.

KATZ, D. and R.L. KAHN, The Social Psychology of Organizations. New York : John Wiley, 1966.

KATZ, R.N., « Business Impact on Regulatory Agencies », in the Unstable Ground : Corporate Social Policy in a Dynamic Society, ed. S.P. Sethi. Los Angeles : Melville, 1974.

KAYSEN, C., « The corporation : How Much Power ? What Scope ? » in The Corporation in Modern Society, ed. E.S. Mason. Cambridge, Mass. : Harvard University Press, 1959.
« The Business Corporation as a Creator of Values », in Human Values and Economic Policy, ed. S. Hook, pp. 209-23. New York : New York University Press, 1967.

KEIM, G.D., « Corporate Social Responsability : An Assessment of the Enlightened Self-Interest Model », Academy of Management review, 1978, pp. 32-39.

KHANDWALLA, P.N., « Organizational Design for Change », Learning Systems, Conceptual Reading 5. New Delhi, India : 1976.
The Design of Organizations. New york : Harcourt, Brace, Jovanovich, 1977.

KIPNIS, D., « The Powerholder », in Perspectives on Social Power, ed. J.T. Tedeschi, pp. 82-122. Chicago : Aldine, 1974.

KOENIG, T., R. GOGEL and J. SONQUIST, « Models of the Significance of Interlocking Corporate Directorships », American Journal of Economics and Sociology, 1979, pp. 173-86.

KOHLMEIER, L.M. Jr., « Effective Regulation on the Public Interest », in The Unstable Ground : Corporate Social Policy in a Dynamic Society, ed. S.P. Sethi. Los Angeles : Melville, 1974.

KRALJ, J., « Is There a Role for Managers ? » Journal of General Management, Winter 1976-77, pp. 7-16.

KRISHNAN, R., « Democratic Participation in Decision Making by Employees in American Corporations », Academy of Management Journal, 1974, pp. 339-47.

KRISTOL. I., « On Corporate Capitalism in America », The Public Interest, Fall 1975, pp. 124-41.

LAAKSONEN, O.J. « The Power Structure of Chinese Enterprises », International Studies of Management and Organization, Spring 1977, pp. 71-90.

LEARNED, E.P., A.R. DOOLEY and R.L. KATZ, « Personal Values and Business Decisions », Harvard Business Review, March-April 1959, pp. 111-20.

LEEDS, R. « The Absorption of Protest : A Working Paper », in New Perspectives in Organizational Research, ed. W.W. Cooper, H.J. Leavitt, and M.W. Shelly II. New York : John Wiley, 1964.

LENTZ, A. and H. TSCHIRGI, « The Ethical Content of Annual Reports », The Journal of Business, 1963, pp. 387-93.

LEVINE, J.H., « The Sphere on Influence », American Sociological Review, 1972, pp. 14-27.

LEVITT, T., « The Dangers of Social Responsibility », Harvard Business Review, September-October 1958, pp. 41-50.
« Why Business Always Loses », Harvard Business Review, March-April 1968, pp. 81-89. Copyright 1968 by the President and Fellows of Harvard College ; all rights reserved.

LEWIN, A.Y. and C. WHOLF, « The Theory of Organizational Slack : A Critical Review ». Paper presented at the Twentieth Conference, The Institute of Management Sciences, Tel Aviv, 1973.

LEWIS, B.W., « Power Blocs and the Operation of Economic Forces : Economics by Admonition », The American Economic Review, Papers and Proceedings of the Seventy-first Meeting of the American Economic Association, 1959, pp. 384-98.

LEYS, W.A., « The Value Framework of Decision-Making », in Concepts and Issues in Administrative Behavior, ed. S. Mailick and E.H. Van Ness. Englewood Cliffs, N.J. : Prentice-Hall, 1962.

LIKERT, R., New Patterns of Management. New York : McGraw-Hill, 1961.

LINDBLOM, C.E., The Intelligence of Democracy. New York : Free Press, 1965.
The Policy-Making Process. New York : Prentice-Hall, 1968.

LITTERER, J.A., The Analysis of Organizations. New York : John Wiley, 1965 : rev. ed. 1973.

LODGE, G.C., « The Utility of Ideology for Environmental Analysis », in Formal Planning Systems, ed. R.F. Vancil. Conference for Planning Executives, Harvard Business School, 1972.
« Business and the Changing Society », Harvard Business Review, March-April 1974a, pp. 59-72. Copyright 1974 by the President and Fellows of Harvard College ; all rights reserved.
The New American Ideology. New York : Knopf, 1975.

LONG, N.E., « The Corporation, Its Satellites, and the Local Community », in The

Corporation in Modern Society, ed. E.S. Mason. Cambridge, Mass. : Harvard University Press, 1960.

LOURENCO, S.V. and J.C. GLIDEWELL, « A Dialectical Analysis of Organizational Conflict », Administrative Science Quarterly, 1975, pp. 489-508.

LOVING, R. Jr., « Raymond Mason Needs More Than Opitmism Now », Fortune (November 1975) pp. 120ff.

MACCOBY, M., The Gamesman ? New York : Simon & Schuster, 1976.

MACE, M.L. Directors : Myth and Reality. Boston : Division of Research, Harvard Business School, 1971.

MACRAE, N., « The Coming Entrepreneurial Revolution : A Survey », The Economist, December 25, 1976, pp. 41-44, 53-65.

MADDEN, C., « Forces Which Influence Ethical Behavior », in The Ethics of Corporate Conduct, ed. C. Walton, pp. 31-78. Englewood Cliffs, N.J. : Prentice-Hall, 1977.

MANIHA, J., and C. PERROW, « The Reluctant Organization and the Aggressive Environment », Administrative Science Quarterly, 1965-1966, pp. 238-57.

MARCH, J.G. and J.P. OLSEN, Ambiguity and Choice in Organizations. Bergen, Norway : Universitetsforlaget, 1976.

MARCH, J.G. and P.J. ROMELAER, « Position and Presence in the Drift of Decisions », in Ambiguity and Choice in Organizations, eds. J.G. March and J.P. Olsen. Bergen, Norway : Universitetsforlaget, 1976.

MARTIN, L.C., « How Beatrice Foods Sneaked up on $ 5 Billion », Fortune, April 1976, pp. 118-21, 124, 126, 129.

MARTIN, N.H. and J.H. SIMS, « The Problem of Power », in Industrial Man : Businessmen and Business Organizations, eds. W.L. Warner and N.H. Martin. New York : Harper, 1959.

MASLOW, A.H., Motivation and Personality. New York : Harper & Row, 1954.

McCall, M.W. Jr., « Power, Authority, and Influence », in Organizational Behavior, ed. S. Kerr. Columbus, Ohio : Grid, 1979.

McCLEERY, R.H., Policy Change in Prison Management. East Lansing, Mich. : Michigan State University, 1957.

McCLELLAND, D.C., « The Two Faces of Power », Journal of International Affairs, 1970, pp. 29-47.

McCLELLAND, D.C. and D.H. BURNHAM, « Power is the Great Motivator », Harvard Business Review, March-April 1976, pp. 100-110.

McDONALD, J., « How the Man at he Top Avoids Crises », Fortune, January 1970a, pp. 121-22, 152, 154-56.

McNEIL, J., « Understanding Organizational Power : Building on the Weberian Legacy », Administrative Science Quarterly, 1978, pp. 65-90.

McNEIL, K. and J.B. THOMPSON, « The Renegeration of Social Organizations », American Sociological Review, 1971, pp. 624-37.

McNULTY, M.S., « A Question of Managerial Lefitimacy », Academy of Management Journal, 1975, pp. 579-88.

MEAD, M., « From the Stone Age to the Twentieth Century », in Development and Society : The Dynamics of Economic Change, ed. D.E. Novack and R. Lekachman. New York : St. Martin's Press, 1964.

MECHANIC, D., « Sources of Power of Lower Participants in Complex Organizations », Administrative Science Quarterly, 1962, pp. 349-64.

MEDAWAR, C., « The Social Audit : A Political View », Accounting, Organizations and Society, 1976, pp. 389-94.

MERTON, R.K., Social and Social Structures. New York : Free Press, 1957.

MILLER, D. and P. FRIESEN, « Archetypes of Organizational Transition », Administrative Science Quarterly, 1980, pp. 268-99.

MILLER, D. and H. MINTZBERG, « The Case for Configuration », Working Paper, McGill University, 1980.

MILLER, G.A., « The Magic Number Seven, Plus or Minus Two : Some Limits on Our Capacity for Processing Information », The Psychological Review, 1956, pp. 81-97.

MINTZBERG, H., « A National Goals Hierarchy », Optimum, 1974, pp. 5-16.
« Patterns in Strategy Formation », Management Science, 1978, pp. 934-48.
« Beyond Implementation : An Analysis of the Resistance to Policy Analysis », in Operational Research' 78, ed. K.B. Haley. Amsterdam, Netherlands : North Holland, 1979b.
« Organizational Power and Goals », in Stategic Management : A New View of Business Policy and Planning, eds. D.E. Schendel and C.W. Hofer. Boston : Little, Brown, 1979c.

MINTZBERG, H., D. RAISINGHANI and A. THEORET, « The Structure of "Unstructured" Decision Processes », Administrative Science Quarterly, 1976, pp. 246-75.

MINTZBERG, H. and J.A. WATERS, « Tracking Strategy in an Enterpreneurial Firm », Academy of Management Journal, forthcoming.

MITCHELL, J., « Management and the Consumer Movement », Journal of General Management, Summer 1976, pp. 46-54.

MOHR, L.B., « The Concept of Organizational Goals », The American Political Science Review, 1973, pp. 470-81.

MONSEN, R.J., « Ownership and Management : The Effect of Separation on Performance », Business Horizons, August 1969, pp. 45-52.

MONSEN, R.J., J.S. CHIU and D.E. COOLEY, « The Effect of Separation of Ownership and Control on the Performance of the Large Firm », Quarterly Journal of Economics, 1968, pp. 435-51.

MONSEN, R.J. and A. DOWNS, « A Theory of Large Managerial Firms », The Journal of Political Economy, 1965, pp. 221-36.

MOORE, P.W., « Corporate Social Reform : An Activist's Viewpoint », in The Unstable Ground : Corporate Social Policy in a Dynamic Society, ed. S.P. Sethi. Los Angeles : Melville, 1974.

MOYER, R.C., « Berle and Means Revisited : The Conglomerate Merger », Business and Society, Spring 1970, pp. 20-29.

MUDLER, M., « Power Equalization through Participation ? Administrative Science Quarterly, 1971, pp. 31-39.

MUMFORD, E. and A. PETTIGREW, Implementing Strategic Decisions. New York : Longman, 1975.

MURPHY, T.A., « Businessman, Heal Thyself », Newsweek column « My Turn », December 20, 1976, p. 11.

NADER, L., « Power and Continuity ». Paper presented to the Conference on the Exercice of Power in Complex Organizations, Wenner-Gren Foundation, 1980.

NATIONAL INDUSTRIAL CONFERENCE BOARD, Corporate Directorship Practices. Studies in Business Policy, November 12, 1967.

NESLON, R.L., Merger Movements in American Industry 1895-1956. Princeton, N.J. : Princeton University Press, 1959.

NIV, A., « Survival of Social Innovation : The Case of Communes », Working Paper, The Jerusalem Institute of Management, 1978.

NORMANN, R. and E. RHENMAN, Formulation of Goals and Measurement of Effectiveness in the Public Administration. Stockholm : Scandinavian Institutes for Administrative Research, 1975.

OLSON, M. Jr., « A Theory of Groups and Organizations » in Economic Theories of International Politics, ed. B.M. Russett. Chicago : Markham, 1968.

OLTON, C.S., Artisans for Independence : Philadelphia Mechanics and the American Revolution. Syracuse, N.Y. : Syracuse University Press, 1975.

ORGANIZATION FOR ECONOMIC CO-OPERATION AND DEVELOPMENT, Concentration and Competition Policy. Paris OECD, 1979.

ORNSTEIN, M.DM. « Assessing the Meaning of Corporate Interlocks : Canadian Evidence », Social Science Research, 1980, pp. 287-306.

OUCHI, W.G. and A.M. JAEGER, « Type Z Organization : Stability in the Midst of Mobility, Academy of Management Review, 1978, pp. 305-14.

OUCHI, W.G. and J.B. JOHNSON, « Types of Organizational Control and Their Relationship to Emotional Well Being », Administrative Science Quarterly, 1978, pp. 293-317.

PALMER, D.A., « Broken Ties : Some Political and Interorganizational Determinants of Interlocking Directorates Among Large American Corporations. » Paper presented at the Annual Meetings of the American Sociological Association, 1980.

PAPANDREOU, A.G., « Some Basic Problems in the Theory of the Firm », in A Survey of Contemporay Economics, Vol. 2, ed. B.F. Haley. Homewood, III. : Irwin, 1952.

PATCHEN M., « The Locus and Basis of Influence on Organizational Decisions », Organizational Behavior and Performance, 1974, pp. 195-221.

PELLERZI, L.M. « A Conceptual View of the Regulatory Process », in The Unstable Ground : Corporate Social Policy in a Dynamic Society, ed. S.P. Sethi. Los Angeles : Melville, 1974.

PERROW, C., « The Analysis of Goals in Complex Organizations », American Sociological Review, 1961, pp. 854-66.

Organizational Analysis : A Sociological View. New York : Wadsworth, 1970. Reprinted by permission of the publisher, Brooks/Cole Publishing Co., Monterey, Calif.

Complex Organizations : A Critical Essay. Glenview, III. : Scott, Foresman, 1972a.

« Is Business Really Changing ? » Organizational Dynamics, Summer 1974, pp. 31-44.

PETTIGREW, A.M., « Information Control as a Power Resource », Sociology, 1972, pp. 187-204.

The Politics of Organizational Decision-Making. London : Tavistock, 1973.

PFEFFER, J., « Size and Composition of Corporate Boards of Directors : The Organization and Its Environment », Administrative Science Quarterly, 1972, pp. 218-28.

« Size, Composition, and Function of Hospital Boards of Directors : A Study of Organization-Environment Linkage », Administrative Science Quarterly, 1973, pp. 349-64.

« Beyond Management and the Worker : The Institutional Function of Management », Academy of Management Review, 1976, pp. 36-46.

PFEFFR, J. and G.R. SALANCIK, « Organizational Decision Making as a Political Process : The Case of a University Budget », Administration Science Quarterly, 1974, pp. 135-51.

« Organization Design : The Case for a Coalitional Model of Organization », Organizational Dynamics, Autumn 1977, pp. 15-29.

The External Control of Organizations : A Resource Dependence Perspective. New York : Harper & Row, 1978.

PFIFFNER, J.M., « Administrative Rationality », Public Administration Review, 1960, pp. 125—32.

PFIFFNER, J.M. and F. SHERWOOD, Administrative Organization. Englewood Cliffs, N.J. : Prentice-Hall, 1960.

PONDY, L.R., « Effects of Size, Complexity and Ownership on Administrative Intensity », Administrative Science Quarterly, 1969, pp. 47-60.

PUGH, D.S., D.J. HICKSON, C.R. HINNINGS and C. TURNER, « Dimensions of Organizational Structure », Administrative Science Quarterly, 1968, pp. 65-105.

« The Context of Organization Structures », Administrative Science Quarterly, 1969, pp. 91-114.

REID, S.R., Mergers, Managers, and the Economy. New York : McGraw-Hill, 1968.

REILMANN, B.C., « On the Dimensions of Bureaucratic Structure : An Empirical Reappraisal », Administrative Science Quarterly, 1973, pp. 462-76.

RHENMAN, E., Organization Theory for Long-Range Planning. New York : John Wiley, 1973.

RICE, G.H. Jr. and D.W. BISHOPRICK, Conceptual Models of Organization. New York : Appleton-Century-Crofts, 1971.

RICHARDS, M.D., Organizational Goal Structures. St Paul, Minn. : West, 1978.

RIDGWAY, V.F., « Dysfunctional Consequences of Performance Measurements », Administrative Science Quarterly, 1956, pp. 240-47.

RIESER, C., « The Chief Shows Them How at Indian Head », Fortune, May 1962, pp. 129-31, 160-68.

RIKER, W.H., The Theory of Political Coalitions. New Haven, Conn. : Yale University Press, 1962.

ROGERS, D., 110, Livingston Street : Politics and Bureaucracy in the New York City School System. New York : Random House, 1968.

ROOSEVELT, F.D., « Economic Individualism and the Public Weal », in Management and Society, ed. L.H. Peters. Encino, Calif. : Dickenson, 1968.

ROSNER, M., « Principle Types and Problems of Direct Democracy in the Kibbutz. » Working Paper, social Research Center on the Kibbutz, Givat Haviva, Israel, 1969.

ROSS, I., « How Lawless are the Big Companies ? » Fortune, December 1, 1980, pp. 56—64.

ROSSEL, R.D., « Autonomy in Bureaucracies », Administrative Science Quarterly, 1971, pp. 308-14.

RUMELT, R.P., Strategy, Structure, and Economic Performance. Boston : Division of Research, Graduate School of Business Administration, Harvard University, 1974.

RUSSELL, B., Power : A New Social Analysis. London : George Allen & Unwin, 1938.

SALANCIK, G.R. and J. PFEFFER, « The Bases for Use of Power in Organizational Decision Making : The Case of a University », Administrative Science Quarterly, 1974, pp. 453-73.

« Who Gets Power — an How They Hold on to It : A Strategic-Contingency Model of Power », Organizational Dynamics, Winter 1977, pp. 3-21.

SALES, A., « The Firm and the Control of its Environment », International Studies of Management and Organization, 1972, pp. 230-57.

SAMUEL, Y. and B.F., MANNHEIM, « A Multidimensional Approach Toward a Typology of Bureaucracy », Administrative Science Quarterly, 1970, pp. 216-28.

SAUNDERS, C.B., « Setting Organizational Objectives », Journal of Business Policy, Summer 1973, pp. 13-20.

SCHEFF, T.J., « Control over Policy by Attendants in a Mental Hospital », Journal of Health and Human Behavior, 1961, pp. 93-105.

SCHIEN, E.H., « Organizational Socialization and the Profession of Management », Industrial Management Review, Winter 1968, pp. 1-16.

SCHIEN, E.H. and J.S. OTT, « The Legitimacy of Organizational Influence », American Journal of Sociology, 1961-1962, pp. 682-89.

SCHELLING, T.C. « Bargaining, Communication, and Limited War », Journal of Conflict Revolution, 1957, pp. 19-36.

SCHIFF, M. and A.Y. LEWIN, « The Impact of People on Budgets », The Accounting Review, 1970, pp. 259-68.

SCHNEIDER, L. and S. LYSGAARD, « Deficiency' and "Conflict" Thinking in Industrial Sociology », American Journal of Economics and Sociology, 1952, pp. 49-61.

SCOTT, B.R., « The New Industrial State : Old Myths and New Realities », Harvard Business Review, March-April 1973, pp. 133-48.

SELZNICK, A., « An Approach to a Theory of Bureaucracy », American Sociological Review, 1943, pp. 47-54.

« Foundations of the Theory of Organization », American Sociological Review, 1948, pp. 25-35.

The Organizational Weapon : A Study of Bolshevik Strategy and Tactics. New York : Mc Graw-Hill, 1952.

Leadership in Administration : A Sociological Interpretation. New York : Harper & Row, 1957.

TVA and the Grass Roots, 2nd ed. Berkeley : University of California Press, 1966. (First published in 1949).

SETHI, S.P., ed., The Unstable Ground : Corporate Social Policy in a Dynamic Society. Los Angeles : Melville, 1974.

« Dimensions of Corporate Social Performance : An Analytical Framework », California Management Review, Spring 1975, pp. 58-64.

« A Conceptual Framework for Environmental Analysis of Social Issues and Evaluation of Business Response Patterns », Academy of Management Review, 1979, pp. 63-74.

SIAR, Annual Report 1973. Stockholm : Scandinavian Institutes for Administrative Research, 1973.

SILK, L. and D. VOGEL, Ethics and Profits : The Crisis of Confidence in American Business. New York : Simon & Schuster, 1976.

SILLS, D.L., The Volunteers. New York : Free Press, 1957.

SIMON, H.A., « On the Concept of Organizational Goal », Administrative Science Quarterly, 1964, pp. 1-22.

SIMON, H.A. and A.C. STEDRY, « Psychology and Economics », in The Handbook of Social Psychology, 2nd ed., ed. G. Lindzey and E. Aronson. Reading, Mass. : Addison-Wesley, 1968.

SINGER, E.A. and L.M. WOOTON, « The Triumph and Failure of Albert Speer's Administrative Genius : Implications for Current Management Theory and Practice », Journal of Applied Behavioral Science, 1976, pp. 79-103.

SMITH, L., « The Boardroom is Becoming a Different Scene », Fortune, May 8, 1978, pp. 150-54, 158, 162, 168.

SOELBERG, P., « Structure of Individual Goals : Implications for Organizations Theory » in The Psychology of Management Decision, ed. G. Fisk. Lund. Sweden : Gleerup, 1967.

« Unprogrammed Decision Making », Industrial Management Review, Spring, 1967, pp. 19-29.

STAGNER, R., « The Analysis of Conflict », in The Dimensions of Human Conflict, ed. R. Stagner. Detroit : Wayne State University Press, 1967.

STARBUCK, W.H., « Organizational Growth and Development », in Handbook of Organizations, ed. J.G. March. Chicago : Rand-McNally, 1965.

STARR, M.K., Management : A Modern Approach. New York : Harcourt, Brace, Jovonovich, 1971.

STEDRY, A.C., Budget Control and Cost Behavior. Englewood Cliffs, N.J. : Prentice-Hall, 1960.

STERBA, R.L.A., « Clandestine Management in the Imperial Chinese Bureaucracy », Academy of Management Review, 1978, pp. 69-78.

STIGLER, G.J., « Review of P.S. Samuelson's Foundations of Economic Analysis », Journal of the American Statistical Association, 1948, pp. 603-5.

STRAUSS, G., « Tactics of Lateral Relationships : The Purchasing Agent », Administrative Science Quarterly, 1962-1963, pp. 161-86.

« Workflow Frictions, Interfunctional Rivalry, and Professionalism : A Case Study of Purchasing Agents », Human Organization, 1964, pp. 137-49.

STRAUSS, G. and E. ROSENSTEIN, « Workers Participation : A Critical View », Industrial Relations, 1970, pp. 197-214.

STURDIVANT, F.D. and J.L. GINTER, « Corporate Social Responsiveness : Management Attitudes and Economic Performance », California Management Review, Spring 1977, pp. 30-39.

STYMNE, B., Values and Processes : A Systems study of Effectiveness in Three Organizations. Stockholm : Scandinavian Institutes for Administrative Research, 1972.

« A Behavioral Theory of Strategy Formulation. » Working Paper, Stockholm School of Economics, 1975.

SUKEL, W.M., « Third Sector Organizations : A Needed Look at the Artistic-Cultural Organization », Academy of Management Review, 1978, pp. 348-54.

SWANSON, G.E., « An Organizational Analysis of Collectivities » American Sociological Review, 1971, pp. 607-24.

TAGUIRI, R., « Value Orientations and the Relationship of Managers and Scientists », Administrative Science Quarterly, 1965, pp. 39-51.

TANNENBAUM, A.S., « Unions », in Handbook of Organizations, ed. J.G. March. Chicago : Rand-Mc Nally, 1965.

TANNENBAUM, A.S. and R.L. KATZ, « Organizational Control Structure », Human Relations, 1957, pp. 127-40.

TERKEL, S., Working. New York : Pantheon Books, a Division of Random House, Inc., 1972.

THOENIG, J.C. and E. FRIEDBERG, « The Power of the Field Staff : The Case of the Ministry of Public Works, Urban Affairs and Housing in France », in The Management of Change in Government, ed. A.F. Leemans. The Hague : Martinus Nijoff, 1976.

THOMPSON, J.D., Organizations in Action. New York : McGraw-Hill, 1967.

THOMPSON, J.D., and A TRUDEN, « Strategies, Structures and Processes of Organizational Decision », in Readings in Managerial Psychology, ed. H.J. Leavitt and L.R. Pondy, Chicago : University of Chicago Press, 1964.

TUMIN, M., « Business as a Social System », Behavioral Science, 1964, pp. 120-30.

UDY, S.H. Jr., Organization of Work. New Haven, Conn. : HRAF Press, 1959.

VICKERS, G., The Art of Judgment : A Study of Policy Making. New York : Basic Books, 1965.

WALLICH, H. and J.J. McGOVAN, « Stockholder Interest and the Corporation's Role in Social Policy », in A New Rationale for Corporate Social Policy, pp. 39-59. New York : Committee for Economic Development, 1970.

WALTERS, K.D., « Corporate Social Responsability and Political Ideology », California Management Review, Spring 1977, pp. 40-51.

WALTON, C., ed., The Ethics of Corporate Conduct. Englewood Cliffs, N.J. : Prentice-Hall, 1977.

WARNER, W.K. and A.E. HAVENS, « Goal Displacement and the Intangibility of Organization Goals », Administrative Science Quarterly, 1968, pp. 539-55.

WARRINER, C.K., « The Problem of Organizational Purpose », Sociological Quarterly, 1965, pp. 139-46.

WATERS, J.A., « Catch 20.5 : Corporate Morality as an Organizational Phenomenon », Organizational Dynamics, Spring 1978, pp. 3-19.

WEAVER, P.H., « Corporations Are Defending Themselves with the Wrong Weapon », Fortune, June 1977, pp. 186-96.

WEBER, M., « The Three Types of Legitimate rule », trans. H. Gerth, in A Sociological Reader on Complex Organizations, 2nd ed., ed. A. Etzioni. New York : Holt, Rinehart, & Winston, 1969, pp. 6-15.

WESTLIN, A.F., « Good Marks but Some Areas of Doubt », Business Week, Mays 14, 1979, pp. 14, 16.

WILDAVSKY, A.B., « Budgeting as a Political Process » in International Encyclopedia of the Social Sciences, Vol. 2, ed. D.L. Stills. New York : Crowell, Collier, Macmillan, 1968.

WILENSKY, H.L., « The Trade Union as Bureaucracy » in Complex Organizations : A Sociological Reader, pp. 221-34, ed. A Etzioni. New York : Holt, Rinehart & Winston, 1961.

WILLIAMSON, O.E., « A Model of Rational Managerial Behavior », in A Behavioral Theory of the Firm, ed. R.M. Cyert and J.G. March, pp. 237-52. Englewood Cliffs, N.J. : Prentice-Hall, 1963.

The Economics of Discretionary Behavior : Managerial Objectives in a Theory of the Firm. Englewood Cliffs, N.J. : Prentice-Hall, 1964.

Markets and Hierarchies : Ananlysis and Anti-trust Implications. New York : Free Press, 1975.

WORTHY, J.C., Big Business and Free Men. New York : Harper & Row, 1959.

WRIGLEY, L., « Diversification and Divisional Autonomy. » DBA thesis Graduate School of Business Administration, Harvard University, 1970.

ZALD, M.N., « Power Balance and Staff Conflict in Correctional Institutions », Administrative Science Quarterly, 1962-1963, pp. 22-48.
« Comparative Analysis and Measurement of Organizational Goals : The Case of Correctional Institutions for Delinquents », The Sociological Quarterly, 1963, pp. 206-30.
« Who Shall Rule ? A Political Analysis of Succession in a Large Welfare Organization », Pacific Sociological Review, 1965, pp. 52-60.
« Urban Differenciation, Charateristics of Boards of Directors, and Organizational Effectiveness », American Journal of Sociology, 1967-1968, pp. 261-72.
« The Power and Functions of Boards of Directors : A Theoretical Synthesis », American Journal of Sociology, 1969, pp. 97-111.

ZALD, M.N. and M.A. BERGER, « Social Movements in Organizations : Coup d'État, Insurgency, and Mass Movements », American Journal of Sociology, 1978, pp. 823-61.

ZALEZNIK, A. and M.F.R. KETS DE VRIES, Power and the Corporate Mind. Boston : Houghton Mifflin, 1975.

Achevé d'imprimer
par Corlet, Imprimeur, S.A.
14110 Condé-sur-Noireau

N° d'Éditeur : 699
N° d'Imprimeur : 7885
Dépôt légal : septembre 1986

Imprimé en France